중국 조선인 이주사

한국학술진흥재단 [2003] 연구항목

중국 조선인 이주사

주성화 지음

1870년 통화현 하전자에 이주한 김씨라는 조선농민은 소택지와 수렁을 논으로 개답하여 벼농사에 성공했다. 때는 1875년이다. 이는 근대 만주수전개발의 첫 시작이다. 벼농사는 조선이주민의 천혜의 지혜이며 만주의 수전은 조선이주민을 제쳐놓고는 운운할 수도 없는 것이다.

KSi 한국학술정보㈜

머리말을 대신하여

　우연한 기회에 조선인 중국 이주에 관심을 가지게 되었고 또 한국학술진흥재단의 연구항목으로 선정되어 그나마 원고가 완수될 수 있게 되었다.

　본서는 학술적인 분석, 연구결과에 초점을 둔 것이 아니라 제목에서 보듯이 사적인 자료와 서술에 역점을 두었으며 특히 양적 서술을 표방하고 있어 앞으로 많은 학자들의 진일보로 되는 후속연구에 도움이 되면 소망을 이룬 셈이다.

　또 조선인 이주에 대하여 학계에서는 그 개념의 표현에 대해서도 많은 논쟁이 있는바 본서는 서술의 편의를 위하여 엄격한 "이주"와 "천이"의 개념을 구분하지 않았으며 이 점에 대하여 널리, 편안하게 생각하기 바란다.

　오늘에 이르기끼지의 연구에 많은 도움을 주신 나의 가족과 신배, 친구 분들께 이 자그마한 지면을 빌려 진심으로 감사의 뜻을 전하는 바이다.

저자로부터
2007년 5월
한국. 춘천에서

일러두기

1. 만주라는 개념은 순수한 지리적 의미에서 사용하였다. 만주와 동북이 지역 구분에서 적지 않은 차이가 있기에 동북이란 개념을 사용하지 않았다.

2. 사료에 중문으로 표기된 외국인의 이름은 원문대로 옮겼다.

3. 중국인 인명은 중국어 원음으로, 지명은 중국어의 한글로 표시한다. 이미 굳어진 지명은 이해의 편리를 위하여 그대로 옮겼다.

4. 재중국 조선인을 "조선이주민"이라고 통칭했다. "한국인", "조선족", "조선인" 등 개념은 회피하려 했다. 단 "조선이주민"과 "조선인"을 구분하기 힘든 경우는 "조선인"으로, 중화인민공화국 건국 후의 사료에서는 "조선족"으로 통칭했다.

5. 면적 단위는 사료 원문대로 적었다. 동일한 단위에도 크기의 차이가 있으나 정확히 파악할 수 없기 때문이다.

6. 사료에 똑똑히 밝혀지지 않은 글자 또는 불확정적인 것은 "??"으로 대체했다.

차 례

제1편 만주지방

제2편 중국 관내지방

제1편

만주지방

만주의 실반상황

제1절 자연상황

1. 개 황

　만주(滿洲)는 아시아대륙의 동북쪽에 위치하였다. 동쪽은 동경 135°20´, 서쪽은 동경 115°20´, 남쪽은 북위 38°40´, 북쪽은 북위 53°50´이며 전체 길이는 7890킬로미터, 그중 해안선은 불과 20분의 1밖에 안된다.

　만주의 총 면적은 130만 3143.3평방킬로미터, 인구밀도는 34명/평방킬로미터(1942년도)이며 행정구역은 19개 성, 1개 특별시(1945년도)로 이루어졌다.

2. 지 세

　만주 지세의 형태는 동서남북을 네 개 정점으로 하는 사변형으로서 네 변은 산맥 또는 해만에 포위되어 있으며 그 내부는 광활한 대평원이다.

동북에서 남서로 뻗은 산맥이 위주이고 서북에서 남동으로 뻗은 산맥이 다음으로 간다. 전자에 속하는 것은 대흥안령 산맥과 백두산맥이며 후자에 속하는 것은 소흥안령 산맥과 송령, 연산의 두 산맥이다.

백두산맥은 대체로 2000미터 정도의 고원상태의 지모를 나타내고 있는 곳이 많으며 산지의 대체 모양은 실북형으로서 길이는 약 1400킬로미터, 중앙부는 가장 폭이 넓어 약 500킬로미터에 달한다. 주요한 암석은 동부에는 편마암석이 많고 서부에는 화강암이, 남부에는 석회암이 많다.

3. 하 천

흑요분수령은 남만과 북만의 주요 하천을 두 개로 나눈다. 북만의 각 하천은 흑룡강의 지류로 되고 남만의 각 하천은 요하의 지류로 되고 있다.

흑룡강은 대흥안령의 고원에서 발원하여 동강(同江) 부근에서 서남에서 흘러오는 송화강과 합류한다. 또 남에서 흘러오는 우수리강과 합쳐 나중엔 間宮 해협의 북부에 흘러든다. 총 길이는 약 4300킬로미터, 유량이 풍부하여 수상운수에 편리하며 기선은 약 3000킬로미터 운행이 가능하다. 겨울은 결빙기가 길어 4, 5월 후에야 수상운수가 가능하다.

흑룡강의 지류인 송화강은 백두산에서 발원되어 길림을 지나 북으로 흘러 할빈을 통과하여 흑룡강과 합류한다.

눈강(嫩江)은 소흥안령 산맥의 북부에서 시작하여 치치하얼을 경유하여 부여 부근에서 송화강과 합류한다.

요하(遼河)는 압록강 대흥안령산맥의 남부에 원점을 두고 동으로 흘러 정가툰 부근에서 서남으로 방향을 바꾸어 영구(營口)에서 발해로 흘러든다.

호수와 늪은 극히 적은바 저명한 것은 흥개호, 경박호와 후룬토례호(呼倫湖), 베얼호(貝爾湖) 등이다.

요동 반도는 만주의 바다를 동서로 나누었는데 동쪽은 황해고 서쪽은 발해의 일부인 요동만이다. 황해는 옅은 바다이며 황하의 영향으로 바닷물이 누렇게 흐리었다. 발해도 황해와 같은 성질을 갖고 있으나 더 옅은바 물깊이가 30미터 정도에 불과하다.

4. 토 양

농가의 토양분류법으로 나누면 남만주는 홍·황토가 많고 북만주에는 흑·남색토가 많다. 만주 토양의 결점은 유기물 및 질소 함량이 적은 것과 알칼리염이 많은 것이다. 겨울철 찬 기후는 동결로 토양의 풍화를 추진하여 공기 중의 질소를 흡수하고 있다.

지질은 산지와 고원은 원시대 및 고생대고기의 암층이 그 주요 부분이고 송화강, 요하 등 유역의 평원은 신생대의 제4기층이며 그 중간의 중생대층의 발달은 비교적 적다. 북만주의 하천 연안에 노출된 부분은 제3기층이 많으며 특징은 해성층의 새로운 부분이 상부석탄기의 것으로 이후 육성층이 되었고 주로 늪과 기타 담수의 침적층으로 이루어졌다.

5. 기 후

만주의 기후는 온대의 북부에 해당하나 대륙성기후의 특색을 지니고 있다. 즉 여름과 겨울의 기온 차이가 심하며 낮과 밤의 기온 차이도 극히 크다.

만주라 하면 우선 혹한을 연상하게 된다. 하지만 만주의 어느 곳도 시베리아처럼 추운 곳은 없다. 바람은 대체로 강하지 않으며 겨울철이라 해도 '삼한사온(三寒四溫)'의 현상이 지속된다.

연평균기온은 남만주는 약 10℃, 북만주는 0℃ 정도, 신경(현 장춘)은 5℃좌우이다. 만주의 최저기온은 1922년 1월 15일, 해라얼지방관측대에 의해 영하 49.3℃로 기록됐고 그다음으로는 1915년 1월 21일 만주리가 영하 46.9℃의 저온으로 내려갔다. 최고기온은 1919년 7월 23일 흥안령지방의 부투하치가 42.6℃, 그다음으로는 1937년 8월 12일 쏠렌이 40.8℃였다. 하이랄에 있어서 최고 온도와 최저 온도는 90℃의 차이를 두고 있다.

만주 지방별 평균기온은 표 1-01-01을, 등온선도는 사진 1-01-1 참조하자.

표 1-01-01 만주 각지의 평균기온

단위: 섭씨

	12월	1월	2월	7월	8월	9월	년
승 덕	− 8.5	− 9.6	− 3.9	25.5	24.3	17.8	9.2
금 주	− 6.9	− 9.6	− 4.6	26.2	25.3	21.2	10.0
봉 천	− 9.9	−13.0	− 9.3	24.8	23.6	17.0	7.2
요 원	−12.4	−15.3	−11.6	23.6	21.9	15.8	5.4
장 춘	−13.7	−16.9	−12.6	23.5	21.9	15.0	4.7
연 길	−14.1	−15.9	−12.0	24.2	23.2	16.3	5.0
조 남	−13.8	−17.0	−12.8	23.7	21.3	14.6	4.3
할 빈	−17.1	−20.2	−16.0	23.2	21.5	14.3	3.1
밀 산	−18.2	−19.9	−15.8	21.5	20.6	13.8	2.0
치치할	−16.4	−20.2	−15.9	22.5	20.3	13.8	2.4
해라얼	−25.2	−28.3	−24.8	21.0	17.9	10.0	−2.5
흑 하	−22.8	−23.5	−16.5	21.6	19.4	12.6	0.1

자료출처: 「支那及滿洲国現勢地理」(下)

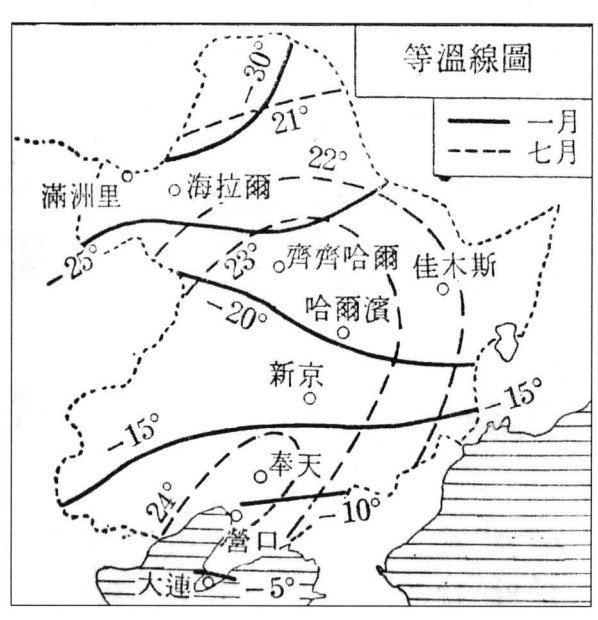

사진 1-01-01 만주 등온선도

6. 강우량

만주 각지의 연평균 강우량을 보면 500밀리미터 좌우인 지방이 비교적 많다. 남만
에 있어서 우기는 연평균 70일, 즉 일 년의 1/5이고 그것도 6, 7, 8 등 석 달에 연
강우량의 3/4를, 나머지 아홉 달에 1/4를 내리게 된다. 우기는 북으로 갈수록 짧아
진다. 수분하는 118일, 할빈은 108일, 치치하얼은 95일, 만주리는 71일이다.

아시아계절풍의 영향으로 여름철 압록강유역지대는 연평균 강우량이 900밀리미터
로 만주에서 비가 가장 많이 내리는 지역이며 만주와 몽골의 변경 지대는 연평균
100밀리미터로 비가 가장 적게 내리는 지역이다. 일 년 치고 겨울이 길고 여름이 짧
아 봄이나 가을 같은 양호한 계절이 극히 드물다. 첫 서리는 9월 하순 또는 10월 상
순에, 마지막 서리는 4월 중순 또는 5월 중순까지 지속된다.

만주 지방별 강우량은 표 1-01-02를, 강우량도는 사진 1-01-02 참조하자.

표 1-01-02 만주 각지의 강우량

단위: mm

	7월	8월	9월	12월	1월	2월	년
밀 산	117.7	192.2	67.0	4.3	0.4	2.3	645.9
연 길	57.6	83.8	31.4	6.6	0.1	3.1	323.6
할 빈	165.6	121.7	57.1	5.2	4.5	6.3	577.3
장 춘	177.7	137.7	57.3	6.7	6.2	6.0	660.9
심 양	158.2	154.6	78.8	8.6	4.8	6.1	678.4
흑 하	150.2	112.6	55.0	6.1	2.5	6.1	515.1
치치할	137.2	90.2	59.1	1.6	1.2	1.8	464.0
조 남	132.2	124.3	47.8	1.5	1.4	2.3	426.1
요 원	162.5	153.2	39.0	2.4	1.5	3.3	517.9
금 주	174.3	293.7	86.2	4.2	0.1	1.9	763.8
승 덕	101.7	112.5	115.8	0.2	0.3	1.5	506.1
해라얼	88.1	73.1	44.6	4.2	4.3	4.4	322.8

자료출처: 「支那及満洲国現勢地理」(下)

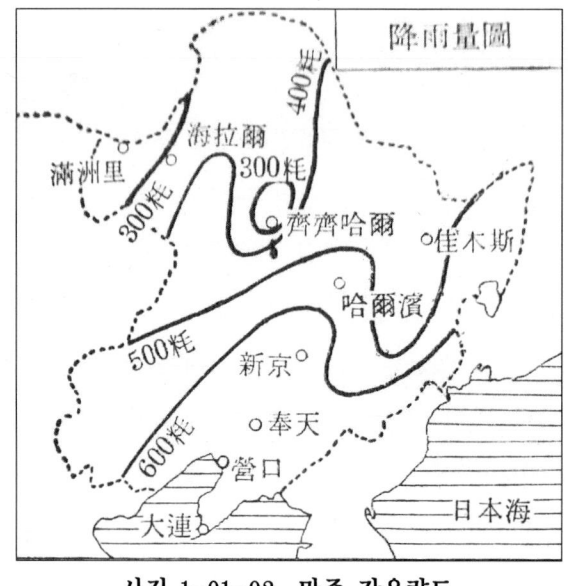

사진 1-01-02 만주 강우량도

7. 지하자원

만주의 지하자원은 비금속광물이 많다. 종류는 20종에 불과하나 막대한 양을 가지고 있다. 금속광물은 금, 사금, 철, 동, 연, 망간, 유화철강 등이 주되고 비금속광물은 석회, 탄산고토광, 고희암개화점토, 알루미나혈암, 유모혈암 등이다.

제2절 산업 및 교통

1. 산 업

만주의 산업은 농업이 주되고 목축업, 수산업, 임업, 광산업 등은 상당히 풍부한 자원을 갖고 있으나 큰 발전은 보지 못하였다.

농업은 만주의 기본산업으로서 만주 땅 절반 이상이 경작지와 목장이며 85% 인구가 농민이다. 경작물은 콩, 팥, 녹두, 조, 수수, 옥수수, 밀, 보리, 귀리, 벼 외에 목화,

잎담배, 청마, 아마, 낙화생, 사탕무, 박씨, 해바라기, 약용인삼이 있으며 콩, 수수, 조, 옥수수, 밀은 전체 농작물의 70-80%를 점한다.

축산업은 소, 말, 당나귀, 돼지, 양, 오리, 거위 등의 사양을 위주로 하며 돼지는 만주인의 주요한 식용육류로 되고 있다.

수산업은 하천, 늪과 요동 반도의 동서 연안에서 진행되고 그 어종도 다수에 달하고 있으나 해안선을 얼마 갖지 않은 관계로 대규모적인 발전은 없었다.

임업은 난벌 또는 화재로 인해 많은 침식을 입어 불경기상태에 처해있다.

광산업은 철과 석탄의 풍부한 자원과 더불어 개발, 이용되고 있었다.

공업은 일제의 국방이 이곳에 집중되어 있어 여러 가지 대규모의 공장이 운영되었다.

2. 교 통

1) 육상운수

만주는 말이나 마차를 유일한 교통수단으로 삼았으며 육상운수를 위한 자동차도로는 20세기에 들어와, 특히는 일제의 만주침략 이후 약탈의 수요에 의해 진전을 보아 1936년에는 국도의 총 길이가 1만 킬로미터에 달하였고 새로 개량한 지방도로까지 합치면 2만 킬로미터를 돌파하였다. 1940년 말에는 2만 9754킬로미터에 달하였으며 그 후 급속히 확충되었다.

만주의 철도는 1895년에 부설한 동청철도가 첫 시작이다. 그 후 남만철도주식회사 창립과 위만주국의 건립에 의해 계획적인 진전을 보아 1936년에는 철도 총 길이가 1만 킬로미터를 돌파, 그중 국유철도는 36개 선로 8700킬로미터, 만주철도주식회사는 12개 선로 1100킬로미터, 기타 개인이 부설한 철도가 7개 선로 300킬로미터를 차지한다. 1943년에 이르러서는 철도 총 길이가 1만 3000킬로미터였다.

2) 수상운수

겨울에는 천연적인 교통, 즉 하천의 동결로 인한 썰매운수가 큰 비중을 점하고 있다.

만주와 구소련 국경을 동서로 흐르는 흑룡강과 북만 벌판을 동서로 가로지른 송화강 등은 철도 발전이 비교적 더딘 지역에 있어 뱃길로 이용되는 것은 물론 남만 벌판을 남북으로 흐르는 요하 역시 철도의 보조수단이 되었다. 내륙하천의 항행노정은 총 길이 6000킬로미터에 달한다.

해상교통은 대련을 경유하는 것이 대부분이며 이밖에 만주의 항구로서는 안동, 영구, 일려도 등 3개가 있다.

3) 항공운수

만주는 땅이 넓고 도시 사이의 거리가 멀어 항공교통은 이상적인 교통수단이다. 기상 상태가 안정되어 비행에 장애가 없으며 자연적인 초원에 아무 때건 비행장을 건설할 수 있어 어느 모로 보나 항공교통 조건은 우월하였다.

'치안유치'와 삼림조사에 비행기를 사용할 경우가 많으며 급한 여객을 운수하는 데도 널리 사용되었다.

정기운행은 만주항공회사를 위주로 대일본항공회사, 에쯔우(惠通) 항공회사가 협력하여 운영하였다.

사진 1-01-03   만주항공주식회사

제3절 연 혁

만주에는 옛적부터 허다한 민족의 성쇠가 있었지만 중국의 춘추시대에 요동에 있던 조선은 그중에서 가장 저명한 자이며 이밖에 숙신(肅愼)이라는 부족이 있어 흑룡강 하류에서 활동하였다.

중국 전국시대 진나라 친쓰황(秦始皇)은 흉노를 막기 위해 장성을 구축하였는데 동쪽은 요하유역에 접했다. 이즘에 대개 3개 종족이 이 지방을 차지하였다. 하나는 서쪽으로 사막을 끼고 사는 목축민인 동호(東胡) 또는 흉노족이며 하나는 동쪽으로 산악 지대에 널려 사는 수렵민인 읍루(挹婁), 후의 무길(勿吉), 말갈(靺鞨)족이며 다른 하나는 양자의 가운데서 송화강, 요하 유역에 퍼져 사는 농업유목민 부여(扶餘)족이다. 한(漢)나라에 있는 부여의 근본부는 장춘, 농안 사이에 있었는데 발전하여 나간 일부가 동해의 가까이에 동부여를 만들고 졸본의 골(압록강상류)에서 졸본(卒本)부여를 만들고 멀리 반도로 내려가서는 남부여를 만들었다. 이리하여 최초의 부여는 북부여라 일컬었다. 졸본부여는 국도를 집안현 통구(通沟)에 두고 국호를 고구려라 불렀으며 기원전 37년에 건국을 보았다. 후에 수도를 평양으로 옮겨갔다.

후한말기 위진(魏晉)대에 고구려는 점차 대국으로 성장하였으며 동진(東晉)대에 광개토왕(廣開土王)이 나타나 국세는 절정에 달했다. 668년, 당나라와 신라의 연합군에 의해 9백년 고국이 모래 위의 탑처럼 하염없이 무너지고 말았다.

고구려가 강성할 때 그 통치하에는 송화강 유역에서 사는 말갈족(읍루의 유종)이 있었는데 고구려가 망하자 당나라는 고구려의 유민 수십만을 영주(營州)로 옮겨 살게 하였다. 696년 거란의 추장 이진충이 당나라반대운동을 일으킨 틈에 영주에 있던 고구려 유장 대조영(大祚榮)은 그 유민을 이끌고 돈화(敦化) 부근에 나라를 세워 국호를 진(震)이라 했다. 때는 698년이다.

당나라 말기에서 송나라 초기 사이에 요하 상류에 거란(契丹)족이 대국을 흥기하였으며 926년 발해국도 거란에 의해 망하고 동단이라고 개칭됐다. 거란(후에 요(遼)라 함)의 세력은 남만주를 지배하였으나 북만주까지는 미치지 못하였고 특히 흑룡강

하류 지방에 있었던 여진족의 남진을 막지 못하였다. 결국 1125년 여진족에 의해 멸망되었다. 契丹-'가다이' 또는 '기단'의 명칭은 먼 곳에까지 펼쳐져 후세에 중아시아의 토이기인이 '가대', 러시아인이 '기다이'라고 하는 것 등의 이름을 써 중국을 부르는 것은 그때 세력의 컸음을 나타내는 것이다.

간도지방에서 차차 할빈 부근인 아성(阿城)으로 옮겨간 여진의 완연(完顔) 부가 후에 강성하여 1115년에 금(金)국을 세웠으며 마침내 중원으로 진출하여 대제국을 출현하였다.

1234년 몽골족은 처음 북만에서 일어나서 외몽골지방에서 커가지고 동으로 금나라와 송나라를 멸하고 만주와 중원을 통일하고 다시 서쪽으로 동아, 동유럽의 땅을 정복하여 동서 양안에 걸친 사상 최대의 대제국을 건설하고 국호를 원이라 했다. 원나라는 1376년에 명나라에 멸망되었다.

명나라 영락 제왕 때에는 멀리 흑룡강 지방에까지 손을 뻗쳐 위력을 떨치었으나 그 후 명나라는 만주 통치에 있어 주로 개원 이남에 중점을 두었으며 요양은 만주 통치의 중심지였다. 만주에 널리 산재한 여진족은 건주(建州), 해서(海西), 야인(野人) 3대 부분으로 나누어졌으며 건주여진은 목단강 유역으로부터 조선 북쪽변경에 걸쳐 거주하고 해서여진은 송화강 유역, 야인여진은 우수리강 내지 흑룡강 하류 일대에 거주하였다.

건주여진의 일부는 압록강을 거쳐 휘하(渾河) 상류인 소자하(蘇子河) 유역으로 옮겨가다가 차차 인근의 동족을 합병하고 동몽골 각 부락과 손잡아 세력이 강해져 1616년에 흥경성을 중심으로 대금(大金)을 세우고 국도를 요양 또는 심양에 두고 1636년에 국호를 청(淸)이라 하였으며 누르하치(奴爾哈赤)가 태조가 되었다. 청나라를 건설한 부족이 만주족이기에 만주가 민족명, 지명에 여러 가지로 쓰이게 되었다. 순치(順治) 때에 와서는 리즈청(李自成)의 봉기가 일어나는 혼란한 틈을 타서 국도를 북경에 옮기는데 성공하였으며 강희(康熙) 때에 와서는 완전히 중국을 통일하였다.

청나라는 만주를 종족의 발원지로 존중하고 또 그 경제내원을 확보하고 일단 유사시 중국에서의 퇴로를 고려하여 처음엔 타민족, 즉 한족, 조선이주민, 몽골인의 유입을 방지하는 봉금정책을 취하였으나 만주인 특히 이들 귀족들의 생활이 어려워짐에 따라 한족을 이용하는 개간의 필요성을 느꼈으며 이로 하여 능묘, 삼산(參山), 수렵장 등 특수구역 외 많은 지역에서, 특히는 요동 반도에서의 빈곤한 한족인의 유입은 중단되지 않았고 그 양이 많아짐에 따라 도리어 민정 시설이 늘어나게 되었다. 청나라 초에는 만주의 범위가 봉천(현 심양), 길림 2개 성에 그치었으나 17세기 말 러시아인의 침입으로 인해 흑룡강 일대의 영토 소유권을 분명히 하고자 이에 만주 전역을 봉천, 길림, 흑룡강 3개 성으로 나누어 장군으로 수뇌를 삼았고 1907년에 이르러 비로소 중국내정과 같은 정치 조직을 실시하여 성동(盛東) 장군을 동삼성 총독으로 대처하고 봉천, 길림, 흑룡강 3성에 각각 순무(巡撫)를 두었다.

러시아는 19세기 중엽 영국, 프랑스 연합군사변 등 틈을 타서 1858년에 흑룡강 이북을, 2년 후에는 우수리강 이동 즉 연해주를 차지하였으며 1898년 3월에 여순, 대련의 조계권에 이어 1899년 9월에는 관동주를 설정하는 등 남진의 세력을 확충하였다. 1900년 의화단의 봉기를 기회로 드디어 대병으로 만주를 점령하였다. 이때 신흥국 일본은 일청전쟁을 계기로 권력보장에 혈안이 되었고 이로 하여 일·러전쟁이 폭발하였다. 결과 일본은 러시아를 누르고 1906년 만수진출의 교두보인 관동주에 대한 권력을 러시아로부터 넘겨받았으며 동시에 중동철도의 일부를 양도 받았다. 일본의 대륙침입은 중요한 한보를 내디디었다. 1912년 삼민주의를 창도하는 쑨쭝산 국민당의 혁명이 성공되어 중화민국이 탄생되었다. 중국의 국민정부는 중국내륙을 통일하는 동시에 각 성에 독군(督軍)을 두어 본토에 완전히 귀속시키는 한편 외국세력의 구축에 분망했다.

이 시기 장쭤린(張作霖)의 동북정권이 출현되어 종종의 파문이 일어났고 '21개조약' 체결 후 장씨정권의 반일정서가 깊어갔다. 1931년 9월 18일, 만주에 대한 야심을 실현하기 위해 일본은 만주사변을 조작하였고 무력으로 봉천, 치치하얼을 강점하는 동시에 상해를 공격, 그 후 만주는 일본군에 의해 완전히 지배되었다. 1932년 3월 9일, 위만주국이 세워졌으며 장춘을 신경으로 개칭하고 국도로 정하였다. 1945년 8월 15일 일본의 전패와 함께 역사의 무대에서 사라졌다. 1946년 2월 국민당이 접수했으며 1947년 요심전역을 계기로 중국공산당의 통치하에 들어왔다.

제4절 행정구역의 변화

청나라 이전, 만주는 국토라는 개념보다는 부속지의 색채가 짙으며 행정요소는 거의 찾아볼 수 없었다. 청나라 이후, 만주에 대한 관심도가 높아져 조정에서는 봉천에 흥경 장군을 최고 관리로 두었고 1907년에 이르러서는 중국내지와 같은 정치 조직을 실시하여 동삼성 총독(제1임은 쉬쓰창(徐世昌))을 설치, 성(省)제를 선택하여 봉천성, 길림성, 흑룡강성 3개 성으로 구획하였다.

1929년 봉천성이 요녕성으로 개칭되었으며 1930년에는 동북정무위원회를 최고행정기구로 하고 열하성(熱河省)을 포함한 4개 성을 통관하였으며 현(縣)제와 구촌(區村)제를 실시하는 행정조직을 건립하였다.

9·18사변 후 일본은 기존의 만주행정통치제도를 전면 개혁하여 중간행정단위로서의 성을 축소하고 중앙집권제에 의한 지방행정제를 실시하였다. 1934년 12월, 4성을 폐하고 새로 길림, 용강, 흑하, 삼강, 빈강, 간도, 안동, 봉천, 금주, 열하 등 10개 성으로 하고 흥안 동서남북 4개 성을 합하여 14성 행정구역의 확립을 얻었다.

구체적으로 보면 길림성은 길림시, 영길현, 액목현, 돈화현, 화전현, 반석현, 이통현, 쌍양현, 구태현, 장춘현, 회덕현, 장령현, 부안현, 농여현, 건안현, 덕혜현, 유수현, 고르모스전기를 포함하며 룽강성은 치치할시, 용강현, 경성현, 감남현, 부유현, 눌하현, 눈강현, 덕도현, 용진현, 통북현, 극동현, 극산현, 배천현, 명수현, 이안현, 림전현, 태강현, 태래현, 진동현, 대뢰현, 안광현, 조안현, 개통현, 첨유현, 돌천현, 도르보드기, 이흐밍안기를 포함하며 흑하성은 애훈현, 막하현, 구포현, 호마현, 기극현, 료하현, 우운현, 불산현을 포함하며 삼강성은 화천현, 부금현, 보청현, 발리현, 이란현, 방정현, 통화현, 봉산현, 탕원현, 나북현, 수빈현, 동강현, 무원현, 요하현을 포함하며 빈강성은 호란현, 빈현, 아성현, 오상현, 쌍성현, 조주현, 조동현, 란서현, 안달현, 청강현, 망규현, 해룬현, 수릉현, 수화현, 경성현, 철려현, 동흥현, 파언현, 목란현, 연수현, 주하현, 위하현, 영안현, 목릉현, 동녕현, 밀산현, 호림현, 고르모스후기를 포함하며 간도성은 연길현, 왕청현, 훈춘현, 화룡현, 안도현을 포함하며 안동성은 안동현, 장하현,

곡엄현, 봉성현, 관전현, 환인현, 통화현, 집안현, 림강현, 무송현, 장백현을 포함하며 봉천성은 봉천시, 심양현, 무순현, 본계현, 료양현, 료중현, 해성현, 영구현, 개평현, 복현, 신민현, 철령현, 법고현, 강평현, 요원현, 쌍산현, 리수현, 창도현, 개원현, 서풍현, 서안현, 해룡현, 청원현, 동풍현, 흥경현, 유하현, 금천현, 휘남현, 몽강현을 포함하며 금주성은 금현, 북진현, 흑산현, 대안현, 반석현, 수중현, 흥성현, 금서현, 의현, 조양현, 부신현, 장무현을 포함하며 열하성은 승덕현, 만평현, 풍녕현, 룡화현, 위장현, 적봉현, 건평현, 릉원현, 릉남현, 청룡현, 평천현, 녕성현을 포함하며 흥안서성은 바이린우익기, 바이린좌익기, 알호르친기, 쟈루드기우익기, 쟈루드기좌익기, 나이만기, 옹뉴트좌익기, 헤식텐기, 개로현, 임서현을 포함하며 흥안남성은 호르친우익전기, 후레기, 호르친좌익전기, 호르친좌익후기, 호르친좌익중기, 호르친우익중기, 호르친우익후기, 쟈라이드기, 통료현을 포함하며, 흥안동성은 부트하기, 시쟈걸기, 아룬기, 모린다와기, 비얀기를 포함하며 흥안북성은 쏠렌기, 신바라그우익기, 신바라그우좌익기, 천바라그우익기, 얼군좌익기, 얼군우익기를 포함한다.

1938년에는 **통화**, 목단강 2개 성을 새오 내오고 1939년에는 동안과 북안 2개 성을 증설하고 1941년 7월에는 사평성을 신설하여 총 19개 성에 달하였다. 그 성들을 상세히 소개하면 봉천성, 사평성, 길림성, 빈강성, 용강성, 금주성, 열하성, 안동성, 간도성, 삼강성, 목단성, 동안성, 북안성, 흑하성, 흥안동성, 흥안서성, 흥안남성, 흥안북성이며 이외에 신경특별시가 있다.

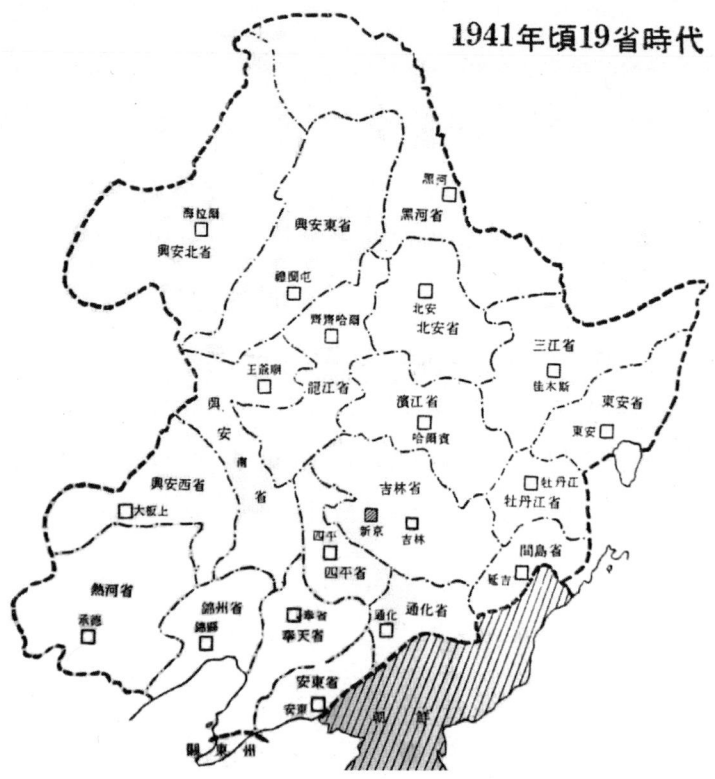

사진 1-01-04 만주 19개 성 시대 행정구분도(1941년)

제5절 타민족의 만주 진출

1. 한(漢)족

한족의 강성한 시기였던 한나라, 당나라, 명나라 때 만주진출사가 있었다. 하지만 근근이 남만주에 국한되었으며 관리, 군벌들이 정치, 군사 등의 원인으로 심양에 주둔한 적은 있었으나 생활의 터전으로 대대손손 이어가지는 못했다. 명나라 말에 요동 반도와 압록강 연안에 이주민을 보낸 것이 한족이 만주에 정착생활을 시작한 처음일 것이다.

그 후 만주인의 궐기와 청나라의 건립으로 하여 한족의 생활범위는 요동 반도에 국한되었으며 1653년 중국 본토 정복을 위한 만주인의 관내 진출은 만주지역을 재차 인가가 드문 황폐지로 만들었다. 이에 대비해 청나라는 많은 한족개간민을 만주에 끌어들였다. 하지만 한편으로 한족이 만주 땅을 점령할까 두려워 1658년 봉금령을 선포하여 요동에서의 북진을 엄금하였으며 1668년에는 초민개간업을 폐지하였다. 하지만 한족의 만주진입은 흐르는 시냇물처럼 계속 이어지고 있었다.

청나라는 순치 14년(1657년)부터 여러 죄인을 만주에 보내어 복역시켰다. 길림성 돈화시의 황금약(퇴직간부) 일가가 바로 그들의 후예이다. 황씨의 적관은 강서성 의춘현인데 원조 황문명이 죄로 인해 동북에 쫓기어왔다. 흥경, 길림을 거쳐 얼참이란 돈화와 영안 접경선에 낙착하였다. 그 후 14대를 거쳐 줄곧 그곳에서 살아왔다.

현 연변 경내의 목단강 유역 액목허쉬라(額穆赫索羅)라는 곳에 관제묘(关帝廟)가 있었는데 1666년 주, 왕, 묘, 사 성씨를 가진 한족들이 모금하여 지은 것이다. 이밖에 청나라 때 길림 용영담산에서 영고탑까지 가는 역참 도중 연변 구간에 3개의 역참(1736년경)이 있었는데 전부 한족들이 복역하고 있었다.

선륭언산(1736-1795년) 청나라는 경기(京旗)인의 만주이주를 조직하였나. 낭시 관씨 가족이 돈화 관지 일대에 이주하였는데 함께 따라 온 머슴, 장객(庄客) 200여 명은 모두 한족이었다.

가경연초(18세기 90년대) 산동 난민이 처음으로 금지구에 유입하였으며 백두산구에서 수렵, 채벌, 인삼캐기 등에 종사하였다.

1803년 청나라는 처자를 동반하지 않은 이민의 만주진출을 허가하였고 1867년에는 요하 유역과 흑룡강성 호란(呼蘭)평원을 개방하였으며 1878년에는 한족부녀의 만리장성 이북에로의 이주금지령을 폐지하기까지 하였다. 이리하여 1895년 청일전쟁 당시 만주 총인구 500만 명 중 한족이 200만 명 정도에 달하는 급증을 보였다. 1908년 러시아인의 60만 만주이주계획에 대립해 청나라는 봉금령을 완전히 해제하였으며 한족의 만주진출은 이때부터 늘어나 5년 내 200만 명 개척민을 흑룡강 쪽에 수송할 계획을 세웠다. 이로 하여 한족은 양적에서뿐만 아니라 선진적인 문화의 우세로 만주 무대에서의 주요 배역을 담당하게 되었다.

중화민국 이후, 빈번한 내전과 관내의 인구과잉 및 연속되는 흉년으로 인해 안전지대를 찾아 한족은 만주에 대량적으로 밀려들었으며 이주자 대부분은 산동인이고 다음으로는 하북, 하남의 출신들이다.

한족의 만주진출은 총과 대포와 유혈과는 달리 대체로 평화롭게 진행되었으며 경제면이나 문화면에서 타민족에게 이득을 주면서 또 자신의 이익을 훌륭하게 보장 받으면서 완성되었다.

이주경로를 보면 기차나 배 편으로 안동을 거쳐 만주에 들어온 것이 대부분이고 로비를 마련 못한 가난한 이들은 철도연선을 따라 수백 리를 도보한 자가 많았다.

1930년 남만주철도회사 조사과에서 3월 20일-4월 10일 대련으로, 4월 12일-23일 영구로 입만한 한족이민(총 1만 968명, 「만주와 만주인」 이훈구)에 대한 자료에 따르면 이들 중 28.2%가 농민이며 36.9%가 자유노동자, 상인은 12.4%에 지나지 않는다. 자유노동자에는 막벌이군이 포함돼 있다.

1895년 청일전쟁 당시, 재만한족은 200만 명도 못 미쳤으나 1942년 말 만·한족 인구는 4042만 9971명('만주제국현주인구총계' 경찰총국)에 치달아 올랐다. 약 6%를 점하는 만족인구를 감하면 한족인구는 3800만이란 놀라운 숫자를 보이고 있다. 한족이 만주인의 대명사로 쓰이게 될 정도였다.

2. 러시아인

16세기 시베리아는 러시아의 주요한 모피 공급지였다. 당시 러시아는 유럽에서도 가장 후진 국가로서 모피와 사금으로 서유럽으로부터 필수물자를 구입하는 상황이었다. 시베리아는 기후 등 조건이 악렬하여 농사에 적합하지 않았으며 또 교통이 불편하였기에 모피가 많은 삼림지대와 교통이 편리하고 저항이 적은 곳을 택하려 했다. 그곳이 바로 만주였다. 결국 흑룡강 유역을 따라 진행된 러시아인의 침략확장은 청나라의 저격을 면치 못했으며 1689년 '네루친스크조약'의 체결로 러시아는 외흥안령 산맥을 경계선으로 남하가 금지되었으며 이는 이후 백 년간 러시아의 야심을 묶어두었다.

중국의 아편전쟁, 태평천국봉기 등 난세를 타서 러시아는 1858년에 청나라를 강요하여 '애훈조약'을 맺어 흑룡강 이북의 땅을 얻고 1860년 8국 연합군이 북경을 침략했을 때 중재를 해준 보수로 청나라와 '북경조약'을 보아 우수리강 이동의 땅을 얻었다.

1896년에는 중동철도부설권을 얻었으며 1898년에는 5억 8800만 원 이상을 투자하면서 할빈과 여순, 대련을 연결하는 지선부설권을 얻었다. 최초의 러시아인은 이때에 출현되었으며 1904-1905년 일로전쟁 때 현저한 증가를 보았다. 10월사회주의혁명 시 만주에 진출한 러시아인의 일부는 농업에 종사하고 기타는 중동철도의 고용인과 상업 및 무역에 종사하였다. 1930년경 만주에 거주한 러시아인은 10만 명(『만주와 조선인』 이훈구)에 달하였다.

3. 일본인

일본인의 만주진출은 군인에 의해 실현되었다. 1592년 7월 임진왜란 때 加藤淸正이 왜군을 거느리고 두만강을 건너 간도 국자가 부근까지 침입한 것이 첫걸음이다. 청일전쟁 당시 역시 군인들이 봉천성 남부를 점령하였는데 이것은 두 번째로 되는 만주진출이다. 요동 반도에 대한 일본의 야심은 러시아, 독일, 프랑스 3국의 간섭으로 군사상, 정치상에서 큰 저애를 받은 반면에 경제적으로는 영구, 우장 등지를 중심으로 상업활동을 활발히 벌려왔다. 이러한 과정에 1904년. 끝내는 러시아와의 전쟁충돌을 피면 못했으며 2만 명 동료의 시체를 대가로 러시아를 눌렀으며 결과 남만주철도와 부속지대 및 관동주의 조계지를 넘겨받았으며 1906년에는 2억 원 자금으로 남만주철도주식회사를 설립, 관동도독부를 설치하여 만주는 진정으로 일본이민의 활동 무대가 되었다. 1909년 9월 4일, 일본은 청나라와 '도문강중한변무협정'(간도협약)을 체결하고 간도의 영토주권을 청나라에 승인하였으며 그 대가로 간도에서의 영사재판권을 양도 받았고 안봉선과 영구철도의 개척, 무순 탄광의 개발 등 권력을 얻었다. 나아가서 길회선철도의 부설권까지 얻었다. 1909년 11월, 일본은 간도 용정에 영사관을 설치하였으며 이를 계기로 동양척식회사는 각 지역에 분사를 앉혔다.

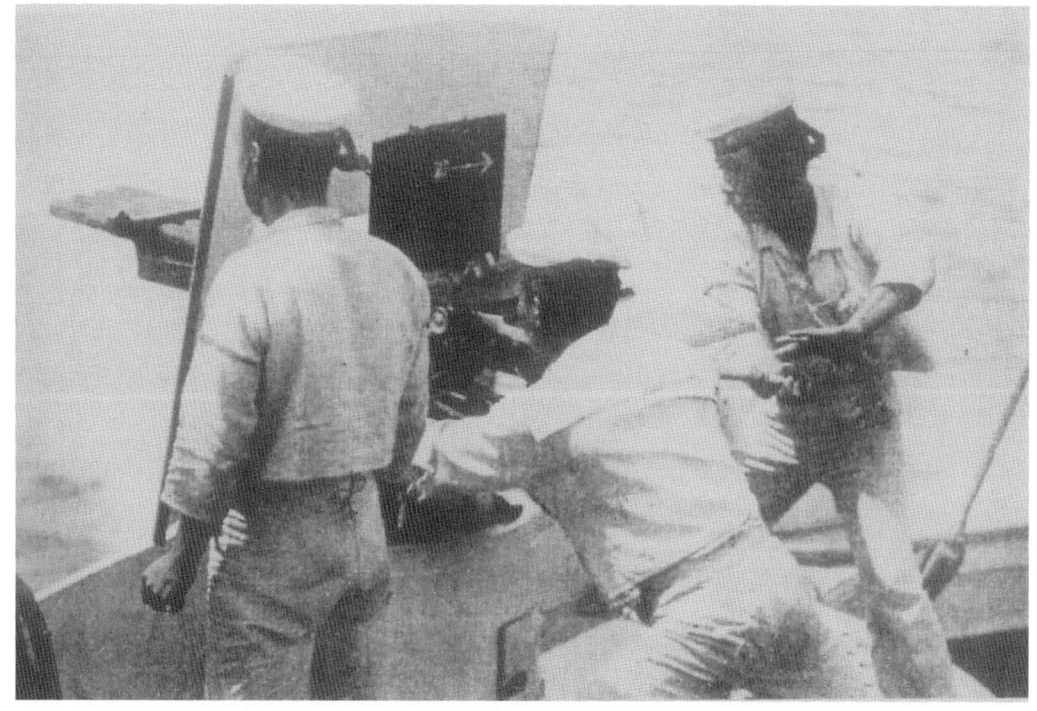

사진 1-01-05   1905년 3월 1-10일, 러시아군에게 포사격을 하는 일본군

일로전쟁 후 일본은 관동주와 만철연선에 일본인을 이주시키려 계획하였다. 이로써 만주를 영구적인 식민지로 만들려 했다. 1914년 만철독립수비대의 퇴역군인들로 조직된 재향군인이민단이 처음으로 만철연선 남만에 정착하였고 잇달아 여러 명목의 이민단들이 관동주와 만철연선에 육속 들어왔다. 하지만 기후가 차고 언어장애, 생활습관 차이 등 허다한 원인으로 하여, 또 한족의 견결한 반대 때문에 만주에 오래 거주하려 하지 않았다. 이것이 일본인의 첫 이주실패이다. 그 후 일본인의 만주이주는 서서히 진행되다가 9·18사변과 위만주국의 설립을 계기로 본격적인 단계에 진입하였다.

일본은 이민 20년 백만 호 5백만 명 계획을 1937년에 제정, 실시하였다. 20년 후, 만주 총인구 5000만의 10%에 해당하는 일본인의 만주 주도권을 보장하려는 것이었다. 이 계획은 5년씩 4개 단계로 나누는데 제1단계는 1937년에 6000호, 1938년에 1만 5000호, 1939년에 2만 호, 1940년에 2만 8000호, 1941년에 3만 호 모두 10만 호로 진행된다. 그다음 제2단계는 20만 호, 제3단계는 30만 호, 제4단계는 40만 호로 계획되었다.

일본은 원주민에 대한 강제적 이주를 감행하면서 일본의 집단이주민을 도입하여 제1단계 계획을 완수하였고 제2단계 계획은 추진 중 1945년 8월 15일 일본의 무조건 투항으로 종결되었다. 일본인의 만주이주 과정에서 1938년 8월에 성립된 '만주척식회사'는 '이민만주개척'정책의 직접적인 집행기관으로서 점차 '동척'을 대체하였다.

일본인의 만주이주를 숫자로 살펴보면 1910년 재만일본인(조선이주민을 포함하지 않음. 이하 동) 7.6만 명으로서 만주 총인구의 0.42%를 점하며 10년 후인 1920년에는 16만 명으로서 만주 총인구의 0.71%로 상승하였으며 9·18사변 직전인 1930년에는 이미 22.9만 명으로 늘어나 만주 총인구에 대한 비례가 0.77%로 안정성을 나타냈다. 위만주국의 설립과 일본의 실질적통치지위의 확립, 공고는 일본인만주이주의 근본적인 동력이 되어 1940년에는 재만일본인이 86.2만 명, 10년 전보다 2.76배 더 늘어났으며 만주 총인구에서 점하는 비례도 2.07%로 큰 장성을 보였다. 1942년에는 109.7만 명으로서 이미 100만 명을 넘었으며 만주 총인구 4446.2만 명의 2.47%로 계속 상승선을 긋고 있었다.(표 1-01-03)

표 1-01-03 재만일본인인구표

단위: 천 명

연 도	만주인구	일본인	연 도	만주인구	일본인	연 도	만주인구	일본인
1910	17943	76	1921	23156	166	1932	30930	275
1911	18353	82	1922	23717	171	1933	32288	318
1912	18774	89	1923	24295	175	1934	34366	391
1913	19208	94	1924	24890	182	1935	35822	509
1914	19654	101	1925	25502	188	1936	36403	596
1915	20113	102	1926	26134	193	1937	36950	418
1916	20584	110	1927	26785	199	1938	38624	522
1917	21069	120	1928	28034	206	1939	39454	642
1918	21569	131	1929	29198	216	1940	41661	862
1919	22083	148	1930	29575	229	1941	43188	1017
1920	22612	160	1931	29961	236	1942	44462	1097

주: '일본인'은 조선인을 포함하지 않음
자료출처: 1.「人口問題研究」厚生省人口問題研究所
         2.「満洲帝国現住人口統計」

　　재만일본인 성(省)별 인구를 보면 신경과 할빈 두 특별시에 가장 많이 집중되었는데 각 2만 명을 넘는다. 이밖에 길림성, 용강성, 빈강성, 봉천성의 일본인이 1만 명을 초과(이상 1935년 숫자), 이상 4개 성과 2개 특별시의 일본인은 9.3만 명으로서 재만일본인 총수의 72%를 점한다. 1942년에 이르러 재만일본인은 100만 명을 넘는데 봉천성에 35만 명, 신경특별시에 13만 명으로서 비교적 많고 길림성(6만 명), 삼강성(5.7만 명), 목단강성(8.2만 명), 빈강성(8.4만 명), 금주성(5.4만 명)이 모두 5만 명을 초과한다(참조 표 1-01-04, 표 1-01-05).

표 1-01-04　1935년성(省)별재만일본인인구

단위: 명

성　별	합　계	남	여
길림성	10756	5980	4776
룡강성	12140	6964	5176
흑하성	987	557	430
삼강성	4532	2821	1711
빈강성	11598	7432	4166
간도성	9261	5952	3309
안동성	1030	708	322
봉천성	14717	8719	5998
금주성	7369	4145	3224
열하성	5823	3383	2440
신경특별시	22207	12289	9918
할빈특별시	21841	11858	9983
흥안서성	240	170	70
흥안남성	1104	699	405
흥안동성	1528	993	535
흥안북성	3129	1909	1220
합　계	128262	74579	53683

자료출처: '만주제국연령별인구통계' 위국무원총무청통계처

표 1-01-05 1942년 성(省)별재만일본인인구

단위: 명

성 별	합 계	남	여
길림성	60125	35122	25003
룡강성	33267	20208	13059
북안성	43129	31729	11400
흑하성	9924	7092	2832
삼강성	57075	32694	24381
동안성	47922	28641	19281
목단강성	82551	48374	34177
빈강성	84547	48230	36317
간도성	25824	14111	11713
통화성	14723	8862	5861
안동성	34257	19080	15177
사평성	27283	15808	11475
봉천성	351229	198998	152231
금주성	54189	30385	23804
열하성	12162	7017	5145
신경특별시	132052	71575	60477
흥안서성	1802	1041	761
흥안남성	5976	3590	2386
흥안동성	7525	4602	2923
흥안북성	11385	6952	4433
전 국	1096947	634111	462836

자료출처: '만주제국현주호구통계'(강덕 9년 말)만주국경찰총국

재만일본인의 직업별 인구(1935년)를 보면 24%가 무직업인이다. 유업자 중 상인이 23%, 공무 및 자유인이 25%, 공업과 교통업, 광산업에 종사하는 이가 10% 좌우이다. 농, 목, 임업에 종사하는 일본인은 극히 적은바 3%를 좀 벗어진다.(참고표 1-01-06)

표 1-01-06 1935년 재만 일본인 직업별 인구

단위: 명

	총수	직 업										무직업
		합계	농,목,임업	어업	광산업	공업	상업	교통업	공무및자유업	가무고용인	기타유직업자	
전국	418300	319512	10098	235	25638	39910	73134	29194	78413	22104	40876	98788
신경특별시	65222	40950	189	45	244	6168	11120	2833	14058	2508	3785	24272
길림성	25535	17756	503	1	117	1291	2179	1328	7546	923	3868	7779
용강성	13836	12615	221	15	70	1308	3275	704	4972	538	1512	1221
흑하성	2508	1495	38	1	80	160	364	103	530	119	100	1013
삼강성	9340	8652	1970	4	107	625	1651	138	2868	379	910	688
목단강성	22372	19570	3159	1	25	1434	1976	1195	3483	2894	5403	2802
빈강성	32971	29516	1475	35	183	4147	6353	2764	9071	3506	1982	3455
간도성	13037	10517	569	--	338	1287	1966	180	3320	2077	780	2520
통화성	2795	2671	8	--	57	451	399	78	1324	38	316	124
안동성	19368	17294	740	116	72	2373	4973	2939	4369	749	963	2074
봉천성	180362	130242	644	9	23301	17355	30078	14447	19164	5931	19313	50120
금주성	16534	15840	174	4	847	2407	6670	1539	3122	413	664	694
열하성	6366	5921	11	--	89	548	1347	265	1793	1274	594	445
흥안서성	612	500	1	--	---	1	67	17	378	24	12	112
흥안남성	1599	1165	99	--	---	12	167	110	518	199	60	434
흥안동성	1611	1558	154	--	5	43	162	267	600	----	327	53
흥안북성	4232	3250	143	4	103	300	387	287	1297	442	287	982

자료출처: '만주제국현주호구통계 ''치안부경무사. 강덕 4년말

재만일본인의 성비례는 높은바 1935년에는 139, 1942년에는 137이다.

청나라 이전의 조선유이민

조선이주민의 중국유입은 한반도에 단일한 조선민족이 형성된 후부터 고찰하기로 하겠다. 조선이주민의 중국유입은 전쟁으로 인한 강제적 이주, 생존으로 인한 귀순, 교류로 인한 유학, 상무활동과 정치피난 등 다양한 형식으로 진행되었다.

제1절 당·송시기 조선유이민

상호간의 필요에 의하여 당나라는 신라와 연합세력을 형성하였다. 660년, 당고종은 13만의 군대를 백제에 파견하였으며 신라도 공동보조를 취하면서 백제를 협공하여 그해에 백제의 멸망을 초래하였다. 이듬해 신라와 당나라의 연합군은 곧 화살을 고구려에 돌려 당나라는 35만 명 군대를 동원하고 신라도 군사와 군량을 내놓아 협력하였다. 668년에 고구려 멸망을 보고야 말았다. 이로써 신라에 의한 삼국의 불철저한 통일이 실현되었다.

이 시기 조선이주민의 중국유입을 보면 당태종이 고구려 침략 시에 고연수(高延壽)

가 3만 6800명을 거느리고 투항하자 그중에서 3500명을 뽑아서 내지로 옮기고 기타는 적당히 처리했다는 기록이 있으며(「한국유이민사」 현규환) 백제가 망한 뒤 의자왕(義慈王)을 포함해 태자, 왕자, 대신, 장군 등 88명과 1만 2870명 백성이 포로가 되어 낙양으로 끌려갔으며 대부분은 중국귀족의 노비로 일생을 마쳤다. 고구려가 망한 후에는 보장왕(寶藏王)과 가족 등 귀족과 3만 8300호 약 20만 백성이 당나라의 포로로 되어 강회(江淮)의 남방 및 산남, 경서 등 주의 광활한 지역에 강제이주를 당하였다.

당나라 말엽 중국의 해적이 신라 연해지방에 출몰하면서 신라의 양민을 붙잡아 산동의 등주, 래주 등 연해지방에 노비로 팔았다.

한편 신라와 당나라는 국교를 회복한 뒤 사절의 내왕이 빈번하였으며 여러 교류가 활발히 전개되어 갔다.

첫 번째의 이주민은 바다로 해서 중국에 들어왔다. 당시 신라와 당나라는 대동강을 계선으로 삼았는데 항선은 한강구(漢江口)에서 산동 반도, 전라남도 영암에서 정해(定海, 상해 부근)의 두 갈래가 있었다. 819년 신라는 당나라의 요청에 의해 순천군장군 김웅원에게 3만 명 군사를 주어 당나라 군대를 도와 내란을 평정하였다. 당나라는 외국인의 천입을 우려하였으며 귀화한 외국인에 대해서는 10년간 세금을 면하였다.

8-9세기 산동, 강소 등 연해지역에는 신라상인을 위주로 하는 집거구－신라방이 나타났다. 이는 일본고승 圓仁의 '입당구법순례행기(入唐求法巡禮行記)'에서도 묘사되고 있다(재인용, 「한국유이민사」, 현규환).

당시 중국 조선이주민 중에서 짚고 넘어가야 할 인물은 張保皐이겠다. 장보고는 일명 장보고(張寶高) 또는 궁복(弓福), 궁파(弓巴)로서 신라 흥덕왕 때의 사람이다. 일찍 당나라에 건너가 서주 지방의 무녕군(武寧軍)의 소장으로 있으면서 1년에 쌀 500석의 수확이 있는 밭을 마련하였고 이를 기초재산으로 산동 지방에 법화원(法華院)을 창설하였다. 법화원에는 신라인의 수가 일시에 250명에 이르는 성황을 이루었으며 '구당신라소(勾當新羅所)'라는 행정기구가 있어 신라거민을 보호하고 압아(押衙)로서도 신라인이 임명되었다. 법화원에서는 신라언어, 신라풍속, 신라의식으로 경을 읽고 예를 거행하였다. 매년 정월 14-15일에 강경법회(講經法會)를 가지었는데 남녀 200-250명 신라인 규모였다. 장보고는 후에 당나라의 직을 사직하고 귀국하여 왕에게 청하여 군사 1만 명을 얻어 청해(淸海)에 진영을 설치하고 해적퇴치에 전념했다. 그는 846년 자객 앤창(閻長)에 의해 살해되었다.

신라방에 대해 최남선 씨는 「고사통(古事通)」에서 "신라는 당나라로 더불어 특수한 교제를 짓고 또 연조(年祖)도 길므로 신라인의 당나라에 있는 활동은 종교, 문학, 기술공예(技藝) 등 각 방면에 거쳐서 더욱 현저한 것이 있었으며 중국의 동해안 및 창안에 이르는 연로에 신라인의 거류지가 연속해 있어 이를 신라방이라고 일렀다."고 하였다. 구당서 권 199열전 149동이 신라조에는 "長慶五年四月 鴻??寺新羅國告哀質子 及年滿合歸國學生等 共一百五人幷放還"이라고 적었는바 홍려사의 혜택을 거쳐 당나라에서 유학한 학생 중 일시에 105명이 귀국한 것을 보아 당시의 유학생 규모를 다소 알 수 있다.

당나라는 외국인에게 과거에 응시할 수 있는 빈공과(賓貢科)라는 제도를 설치하였는데 여기에 응시하여 급제한 신라인이 58명에 달하였다. 이들 중 걸출한 인물로는 김운경(金云卿), 김가기(金可紀), 최치원(崔致遠)을 들 수 있다. 특히 최치원은 12실에 딩나라로 가서 18실에 당나라의 과거에 급제하어 판직에 있으면서 문명(文名)을 크게 떨친 것으로 유명하다. 신라로 귀국 후 많은 저술활동을 벌리었으며 「계원필경(桂苑筆耕)」(20권)과 시문(詩文) 약간을 남기었다.

유학생들과 동보(同步)하여 고승들의 입당구법(入唐求法)도 성황을 이루었다. 의상(義湘)과 원측(圓測)처럼 당나라에 건너가 그곳의 학덕 높은 승려들과 교유함으로써 불교의 깊은 경지를 터득한 승려도 많다. 사책에 산재되어 있는 것만 추려보아도 90여 명을 손으로 꼽을 수 있을 정도라고 한다.

당승 의정(義淨)의 '대당서역구법고승전(大唐西域求法高僧)'에는 60여 명의 구법승려가 기록되었는데 그중 7명의 신라인이 적혀있다. 아리예발마(阿離耶跋摩), 혜업(慧業), 현태(玄太), 현조(玄照), 현각(玄恪), 혜륜(慧輪), 구본(求本) 등을 들 수 있다. 이들의 뒤를 이어 혜초(慧超)는 구법천축(求法天竺)한 자 중에서 가장 돌출한 인물이다. 1908년 돈황석실에서 발견된 '왕오천축국전(王五天竺國傳)'은 이러한 결과로 거두어진 성과 중의 하나이다. 그는 중국으로부터 아시아대륙의 남부를 최초로 훑은 사람이며 또 최후의 사람이었다(재인용, 「한국유이민사」, 현규환).

신라 후에도 이러한 조선이주민의 해외활동은 정지되지 않고 지속적이었다. 당나라가 망한 후에는 송나라가 중원을 장악하였고 고려와의 문물교류가 흥성했으며 고여관의 설치가 그 일례이다. 이러한 문물교류의 성행으로 피차간에 귀화가 생기었는데 김행성(金行成), 강전(康戩)과 같은 인물은 고려인으로 송나라에서 고관직에 있게 되었다. 고려와 송나라의 교섭은 서해의 바다길이 이용되었다. 따라서 수도 개성의 해상문호인 예성항(禮成港)은 일찍부터 번창하여 송나라에까지 널리 알려졌다. 송나라와의 대외관계는 문화와 경제의 교섭이 중심이 되었던 것이다. 고려화가 이녕(李寧)이 송나라에 갔을 때 송휘종의 명으로 예성강도(禮成江圖)를 그려 포상 받은 데서도 그 사정을 엿볼 수 있다. 고려청자와 목판인쇄의 발달은 송나라의 자기와 서적의 수입으로 더욱 가능하였던 것이다.

제2절 요·원시기 조선유이민

송나라와의 교류가 평화적으로 진행되는 반면 발해를 멸하고 (926년) 만주 일대를 휩쓴 거란족의 요나라의 북진정책으로 고려는 요나라와의 전쟁을 피면할 수 없었다. 993년, 1010년, 1018년에 걸친 3차례의 거란입침전쟁에서 많은 포로가 생기었음은 추측할 수 있는 일이다.

「요사지리지」에는 요나라에 억류된 고려민이 집단부락을 형성하여 생활하고 있다는 기록이 있으며 고주(현 적봉 동남에 있음)에는 고려민을 안착하기 위해 주(州)를 설치하였다고 적혀있다. 삼한(三韓)현은 성종이 고려를 징벌하여 삼한유종의 포로로서 현을 편성한 것이며 호수가 5000호, 가솔이 1만 명이 되었다. 또 귀주(歸州)의 거주민은 신라에서 건너온 사람들로서 학교를 설치하려는 요청이 있어 이를 허가했다는 기사가 있다.

이와 전후하여 여진의 세력은 날로 강성해져 아골타는 여진을 통합하여 1115년에 금나라를 세웠고 1125년 거란(요)을 멸하고 2년 후에는 송나라를 쳐서 그 수도를 함락하였으며 이리하여 금나라는 양자강 이북의 중국대륙과 만주대륙 전역을 지배하는 최대 강국이 되었다. 금나라는 고려에 대하여 우월한 입장에서 국교체결을 요구하였으며 고려는 평화유지라는 현실문제를 고려하여 금나라의 요구를 받아들였다. 결과 금나라의 무력진출을 피면하게 되었다.

몽골사신 저고여의 피살을 구실로 몽골이 고려에 대한 대거 침략은 1231년 1월에 시작되어 그 후 1260년까지 지속되었다. 몽골의 침략으로 인한 참상은 갈수록 심해졌다. 특서할 것은 차라대(車羅大)의 군대는 1254년에서 1259년에 이르는 6년 동안 고려의 내륙지대를 모조리 유린하였다. 「고려사」는 "남녀포로 20만 6800명, 살육당한 자는 셀 수도 없었다."고 기록했다.

아래에 고려인이 몽골에 투항한 사실을 더듬어 보자.

인주(鄰州) 도령인 홍복원(洪福源)은 1231년에 40개 성의 1500호를 거느리고 최초로 몽골에 집단 투항했으며 요양과 심주(심양)에로 이주되었다. 원나라는 요양에 고려군민만호부(高麗軍民萬戶府)를 설치하고 홍복원을 만호로 봉하였으며 1261년 원세조 쿠빌라이는 고려군민만호부를 안부고려군민총관부(安撫高麗軍民總管府)로 고치고 홍복원을 총관으로 하여 군민 5183호를 관할케 하였다.

1233년 김신효(金信孝)가 10여 성으로써 서경에서 몽골에 투항했으며 「원사」권 208에 의하면 1238년 5월에 조현습(趙玄習), 이원우(李元?)가 2000여 명을 거느리고 몽골에 투항해 요양에 안치되었다. 1258년 영흥지방의 조휘(趙暉)와 탁청(卓靑)이 투항하여 영흥 이북의 비옥한 지대가 몽골의 판도에 들어가게 되었고 1269년 세경총관하리 최탄(崔坦)이 서경 54성을 이끌고 몽골에 귀부(歸附)하였다.(「고려사」世家 卷二六)

아래에 고려 본국에 큰 반면세력의 중심인물로 등장한 홍복원을 좀 상세히 적겠다.

홍씨 가문의 몽골과의 관계는 그의 부친대부터 싹트고 있었다. 1217년 인주도령으로 있던 홍복원의 부친 홍대순(洪大純)은 몽골군에 귀부하여 거란토벌에 협력하였다. 요양에서 몽골로부터 금부(훈장)을 받고 몽골군에 투항한 무리를 요양 등 지역에 안치하고 관리하였다. 몽골군의 제3, 4, 5, 6차 토벌에 참여하였으며 1258년, 심양에서 영녕공 왕순(王淳)과의 싸움 끝에 죽었다. 그의 둘째아들 홍다구(洪茶丘)는 고려가 원나라에 복속(服屬)한 시기에 있어서 몽골인 이상으로 고려를 괴롭혔다. 또 홍다구의 아들 홍중희(洪重喜)도 조상 못지않게 고려에 해독을 끼친 자이다.

고려는 원나라의 강요에 많은 공녀(貢女)를 보냈으며 이는 고려에 조혼풍속이 생긴 유래라 할 정도로 심했다. 공녀출신 중에는 기황후(奇皇后)와 같이 원나라 황제의 배필로서 부귀와 영화를 누린 여자가 있었으나 대부분은 불행한 일생을 마쳤다.

기황후는 고려 총부산낭(總部散郎) 기자오(奇子敖)의 딸로서 일찍이 입궁하여 궁녀노릇을 하던 중 순제의 극진한 사랑을 받아 '몽골녀 이외의 여성으로 정후를 삼지 말라'는 원실의 가훈을 깨뜨리고 1365년 12월에 정후로 책봉되었다. 아들 아이무석리다라는 황태자로 책봉되었다.

고려의 유이민에 대해 원나라는 포섭, 지지하는 태도를 보였으며 그들에 대해 우대하였다. 나아가 이들로 만주의 광활한 초지를 개발하고 조선을 동방진출의 정치적, 군사적 터전으로 삼았다.

고려는 몽골의 침략으로 인해 국가재정이 허물어지고 있어 백관의 봉록도 정지되는 형편이었고 "평민은 부역(賦役)을 할 사람이 없어 양반의 노비들이 평민층의 부역을 대신"(「고려사」卷八五 刑法)할 정도였다. 대량의 유이민에 대해 고려는 유이민의 사전방지 등 대책을 취하였다.

요양, 심양 등 일대에 집중된 고려민 총 호수는 1330-1332년에 5183호, 「조선전사」7 중세편 고려사 2에는 17세기 중엽 수십만의 고려인이 요양, 심양 일대에 있었다고 기록됐다. 이들은 또 요양, 심양 부근의 14개 주에 흩어져 집단부락을 이룩하였으며 주로 농업에 종사하였다.

제3절 명·청시기 조선이주민

1. 이주민 상황

명나라 때는 조선이주민이 중국 요동 일대에 자유로이 천입하는 고조 시기였다. 명나라는 동북에 대한 통치를 강화하였으며 동북개발에서 조산인의 천입에 대해 보호조치를 강구하였고 그들의 정착을 허용하였다.

　이조조선 초기에 접어든 조선은 토지제도의 문란, 세금의 무질서와 가혹한 징수, 관리의 폭정 등에 정치의 불안정까지 가해져 백성의 기본생활기반이 뒤흔들리어 이들의 '유실'이 더 추진되었다. 자연보물고인 만주는 그대로 조선변민이 월경하는 첫 선택지가 되었다.

　명나라 홍무(洪武), 영락(永樂)연간에 요동의 동녕(東寧), 광녕(廣寧), 삼만(三萬), 철령(鐵嶺), 자재(自在) 등 위(衛), 소(所)에 조선이주민이 집거해 있었다. 그중 동녕위는 주로 조선이주민을 모집하기 위해 설립된 행정구역이었다. 조선에서 멀지 않은 동녕위는 조선이주민이 압록강을 건넌 후의 첫 낙착점이 되었다.

　"一四零九年 九月, 正月, 義州至江界之臨江居民, 對岸朝往夕東之, 許耕種"이것이 「조선왕조실록」 태조실록(太宗實錄)에 적힌 최초 월경개간에 대한 기록이다.

　이런 현상은 세조실록 卷四十五 세조 14년(1468년) 3월 기사로 "건주, 모 위 등 지역에 포로 또는 도망한 한족과 조선이주민들이 조선과 명나라의 국경 사이의 공간지대에 집을 싯고 땅을 개간하고 있었다."고 기록뇌어 있다. 또 같은 책에는 "동녕위의 고려인은 홍우연간(1368-1398)에는 3만 명, 영락연간(1403-1424년)에는 4만여 명이었다. 요동 인구 중 고려인이 30%를 차지하였으며 서쪽은 요양, 동쪽은 개주, 남은 해주, 개주에 집중되었다."고 적혀있다.

　이 시기 이조에 대한 명나라의 공녀(貢女) 요구는 여전하였으며 명나라 영종이 즉위하여(1463년) 부녀 52명을 명나라에 보냄으로써 이 악례는 폐지되었다. 이 여자들 중에는 비빈(妃嬪)이 된 자도 수명이 있으며 명태조의 한비(韓妃)는 함산(含山)공주를 낳았고 둘째 왕비는 조선여성으로서 명태종(영락제)을 낳은 사실이 있다.

　조선왕조는 일본과 여진에 대해 교인(交鄰) 외교정책을 썼다. 하지만 일본에서 토요토미 히데요시(丰臣秀吉)가 등장하여 전국(戰國) 시대의 혼란을 수습하고 국내의 통일을 완성하자 대륙침략을 구실로 조선침략을 시작했다. 1592년 4월, 15만 8000여 명의 일본침략군이 부산에 상륙하였다(임진왜란). 1597년에는 재차 군대를 보내어 침략전쟁을 격화하였다(丁酉再亂). 이에 대한 이순신 장군을 대표로 하는 조선국민의 항쟁은 더 말할 나위도 없고 천시받던 기생 논개(論介)도 적장을 죽이고 순국하여 이름을 떨쳤다.

임진왜란으로 명나라는 1592년 6월 15일 제1차 원병 1000명을 압록강을 건너보냈으며 그 후 요진(遼鎭)의 5000명이 평양성에 주둔하였고 그해 12월에는 이여송(李如松)을 총사령관으로 하는 명나라 제2차 원병 4만 3000여 명이 당도하여 정유재난(丁酉再亂)이 끝날 때까지 명나라의 원병은 20만명에 달하였다. 이 시기 명나라 군대 종속하에 종군한 조선인이 많았으며 전란의 수습으로 명나라의 군대는 귀국하게 되었는데 당시 명나라 군대에 종속하였던 조선인이 명나라 군대와 함께 만주나 중국 내륙으로 건너간 숫자도 적지 않았다. 그중에는 남만주에 떨어져 부락을 이루고 고려촌이라고 내세운 자도 있고 본토인의 노릇을 한 자도 적지 않다(韓國史 近世前期篇第二篇). 또 명나라 원병의 주둔이 장기화되어 조선의 여자와 결혼한 자도 많았다. 그들 중 명나라 군대가 귀국 시 함께 중국으로 건너간 이도 있을 것이라 짐작된다.

7년간 지속된 일본의 침략은 조선에 커다란 전쟁피해를 끼치었다. 농토가 황폐되고 국가의 재정이 파탄되었으며 인명손실 역시 컸다. 더욱 중요한 것은 일본의 침략은 당시 동아시아의 국제정세를 뒤바꾸어 놓았다. 조선에 원병을 보낸 명나라는 국력이 한결 쇠퇴해졌고 만주지방의 여진족이 중국대륙의 지배자로 등장하였다. 일본에서도 토요토미의 정권이 몰락하고 도꾸가와막부(德川幕府)가 성립되었다.

16세기 말, 일본이 조선을 침략하기 전까지 여진족은 그 세력을 떨치지 못하였다. 명나라의 오랜 분할통치의 희생물로 민주지방에 널려있었다. 명나라가 조선에 원병을 보냄으로써 여진족에 대한 통치가 약화되었으며 여진족은 점차 명나라의 통치에서 벗어날 수 있었다. 분산된 여진족은 통일을 보았으며 강대한 세력을 형성한 누르하치는 1616년에 요녕 신빈에서 나라를 세워 후금(后金)이라 일렀다. 후금이 명나라와 조선 사이에 궐기하자 명나라와 조선의 친선관계는 파괴되었다. 후금은 명나라에 군사적 압력을 가하며 관내진출을 노리는 동시에 인구약탈과 재물약탈을 감행하였다.

1618년 봄, 누르하치는 '7대 한(恨)'을 이유로 명나라 요동지방의 중요한 무역 도시인 무순관을 공략하였다. 새로 일떠선 후금이 명나라의 만주통치를 괴롭히고 있다는 것을 느낀 명나라는 후금에 반격을 하기로 결심했다. 명나라는 20만 대군을 동원하는 동시에 조선에 구원을 청하였다. 명나라에 '사대정책'을 표방해오던 조선은 명나라의 요청에 따라 강홍립(姜弘立)을 사령관으로 하는 1만 3000여 명의 원병을 만주지방에 보내었다. 조선병과 연합하여 '분진합격(分進合擊)'의 전술로 흥경을 포위하고 공격하려 했다. 하지만 전쟁사태는 명나라에 불리했다. 후금이 명나라의 주력부대를 대파한 것이다. 이것이 바로 유명한 사르허(薩爾滸) 전역이다. 1만 3000여 명 조선군은 "살해되고 굶어죽고 달아난 사람을 제외하고 적어도 절반이 포로되어 전리품으로 왕공귀족과 전공(戰功)을 세운 장병들에게 분배되어 그들의 가노(家奴)나 농노가 되었다."("조선이주민의 천입 및 역사기점문제를 논함" 박창욱) 강홍립은 수하 전군을 이끌고 후금에 자진 항복하였다. 후금에 투항한 5000명 조선군대의 전쟁 후 처리에 대해 부동한 역사기록이 있는데 포로송환은 극히 어려웠던 것으로 생각된다.

사르허 전역은 후금의 발전에 있어서 관건적인 전역이다. 명나라는 이때부터 군사상에서 전략방어에 넘어갔으며 후금은 진공단계에 들어섰다. 명나라와의 작전 시 뒷근심을 없애고 명나라와 조선의 외교관계를 끊기 위해 후금은 조선에 대한 침략을 개시하였다. 1627년 정월 13일 후금은 광해군을 위해 보복한다는 구실로 통수 아민(阿敏)이 3만 군대를 거느리고 돌발석으로 압록상을 선너 소선을 침범하여 왕경(王京)까지 번개같이 쳐들어갔다(정묘호란). 3월 3일 조선과 후금은 '강도사맹(江都誓盟)'을 체결하였다. 그 내용인즉 후금군이 조선에서 철퇴할 것, 두 나라는 압록강, 두만강을 국경선으로 각기 국경을 지키고 앙심을 품지 말며 영원히 화목하게 지낼 것, 두 나라는 무역을 할 것 등이다. 조약에는 또 명나라와 후금이 교전할 때 중립을 엄수할 것을 조선에 요구하였다. 후금의 군대는 철퇴할 때 "이르는 곳마다 사람을 죽이고 사람과 재물을 약탈하였는데 평양, 엄각, 강동, 삼등, 순안, 함종 여섯 곳에서만 해도 4986명의 조선이주민을 납치하였으며 청천강 이북에서 납치한 인구는 조사해낼 수도 없었다."(「광해군일기3」)

그 뒤 후금은 계속 국력을 떨쳤으며 1636년에는 국호를 청(淸)으로 고쳤다. 청은 실질적으로 대륙의 새 지배자가 되었다. 이와 함께 청나라를 대국으로 섬기라고 조선에 외교압력을 가하였다. 조선은 물론 반대하였다. 청태종은 조선이 '맹약'을 어겼다는 구실로 1636년 12월에 12만 대군을 휘몰아 재차 조선에로 쳐들어갔다. 1637년 1월 남한산성까지 달아난 조선국왕 인조는 성에서 나와 삼전도(三田渡)에서 청태조에게 굴욕적인 항복을 하는 치욕의 역사를 연출하였다. '조약'에 근거하여 두 왕자, '척화파(斥和派)'인물과 대신의 가솔 그리고 수만 명의 포로를 데리고 요동으로 철거하였다. 청나라 군대는 또 조선에서 징병하였는데 한번에 1만 2500여 명을 모았다(「瀋陽狀啓」). 「요동문헌정략」에는 "만주8기 중 고려백성 42개 성씨가 있었는데 선조는 모두 조선의 역주, 평양 등지의 사람으로서 청나라 초기 포로되어 내무부의 포의(包衣, 만족어로서 심부름꾼)로 있다."고 적혀졌다.

아래 이 시기 포로속환에 대해 간략하게 적어본다.

2. 조선인 포로속환

후금의 산해관 진출 전 여진사회는 봉건사회로 과도하고 있었지만 노예제 성격이 뚜렷하였다. 노예는 노예주의 사유재산으로서 도살과 매매가 자유로이 진행될 수 있었다. 여진족이 강대해짐에 따라 특히 17세기에 접어들어서는 노예의 수량이 급속히 늘어나 대폭적인 인구매매가 나왔다. 출전한 병사는 사람을 많이 붙잡는 것을 기쁨으로 생각하였다. 여진족의 노예 원천은 약탈한 중국인과 조선인인데 그중 조선인이 큰 비례를 차지하였다. 이 시기 인구매매의 특징은 조선에서 납치하여 온 조선인을 다시금 조선에 팔아 폭리를 얻은 것이다. '강도사맹'에서 후금은 포로를 속환하려는 조선의 마음을 간파하고 호시(互市)를 제시하였다. "포로들의 정형을 봐서 우리에게 호시를 열라 한 듯하고 재물을 주고 되찾아가라는 말을 먼저 꺼냈다(「이조실록」). 1628년 2월에 중강개시(中江互市)에 협의를 보았고 속환활동도 시작되었다.

중강은 납치해간 조선이주민을 파는 시장이 되었다. 그 규모를 보면 "속환되어야 할 400-500명이 시장에 나왔는데 그중에 부모형제 없는 자가 많아서 사갈 사람이 없는지라 그냥 돌아갈 수밖에 없었다. 보기 처참한 것은 물론, 이로부터 되찾을 길이 끊어져서 개시는 또 본의를 잃게 되었다."(「이조실록」) 한번은 후금 측에서 200명을 데리고 시장에 나왔는데 팔려간 사람은 1/3도 안 되었다. 가격문제를 놓고 재삼 협상하여 낮춘 끝에 한 사람의 값을 천 65필로 정하였다. 이 값에 따라 남녀 30명을 남기고 나머지 사람들은 국경을 바라보며 통곡하면서 되돌아가야 했다(「명실록·신종」卷3).

조선 지배층은 정부의 차원에서도 포로속환활동을 벌렸다. 민심을 다소나마 안정시키려는 것이었다. 1628년에 "3000석 알곡을 내어 그중 2000석은 팔고 1000석은 한(汗)에게 보내려 했다."(『명실록·신종』卷3) 1643년에는 또 나라의 재물을 내어 속환하려 하였다. 하지만 후금의 '정당한 이유'로 되는 거절을 받아 조선은 후금 노예주와 협상하여 그들 수중의 조선이주민을 되찾는 길을 택하였다. 사절을 심양에 파견하는 기회를 빌려 조선이주민을 되찾는 길도 시험해왔다. 1628년 정충신 등 사절일행이 22명을 데려왔고 1637년 사은사 최명길의 수행들이 780명을 사서 데리고 왔다. 또 후금의 인질로 요동에 거주하는 왕세자를 통하여 되찾은 것이 수백 명에 달하였다.

속환령은 개인적 속환활동을 가능케 하였다. 심양장계(沈陽狀啓)에서는 이렇게 묘사하였다. "값이 비싸도 너무할 정도였다. 사기(土旗)나 부모처자의 값은 수백 수천 냥에 달하였기에 되찾기는 힘들었다. 사람들이 모두 희망을 잃고 우는 소리가 길을 덮었다. 그중에 홀로 사는, 친척이 없는 사람들은 조만간에 나라에서 되찾아주기를 바라며 날마다 밖에서 울어 공소하는 것이 차마 보기 구차하다."

명나라 숭덕5년(1640년) 호부참징의 자료에 따르면 "……爲人朝軍兵擄去今已五十年之久 其中雖有若干贖還之人亦不能百分之一"라 하였다. 뜻인즉 청병에 끌려간지 50년이 지났으나 속환할 사람은 분백의 일로 알린다.

3. 철령 이씨 가족

명나라 때 여러 원인으로 중국에 유입한 자 중 뚜렷한 세력을 형성한 예도 있다. 철령 이씨는 중국에서의 500년 긴 세월을 거쳐 지금에 와서는 수만 명의 후손이 중국의 요녕, 산동, 북경, 길림 등 성(시)과 한반도, 말레이시아 등 동남아에 널려있다. '철령 이씨'에 대해서는 전문연구가 진행되고 있으며 본 지면에는 조선이주민 중국유입의 특수한 예로써 간단히 서술한다.

저명한 '철령 이씨'가족연구전문가인 이택면(李澤棉)의 견해에 따르면 그 가족의 본적지는 조선 성산(星山) 벽진군, 즉 오늘의 경상북도 성주군 암명수촌이며 원래는 '벽진 이씨'였다. 『명사』 이성량(李成梁) 전에는 "高祖英(李英)은 조선에서 의거해

온……"이라고 기재되어 있다. 이영이 조선에서 이주해왔다는 것은 분명한 것이며 떠난 지점은 조선북부 압록강 연안의 자강도였다.

철령 이씨의 시조인 이영은 성주 이씨의 후대였다. 성주 이씨의 시조 이순유(李純由)와 이돈유(李敦由)는 신라 말년의 재상이었다. 신라가 망한 후 경산부(京山府)(성주 '星州'의 옛 이름)로 이사하였다. 고려 고종 때 12세손 이장경(李長庚)은 덕망이 높았고 이때부터 가업을 새로 일떠세웠으며 그도 자연히 이 가족의 중흥시조(中興始祖)가 되었다. 이영은 성주 이씨 가족의 15세손으로서 중흥시조 이장경의 증손이고 이승경(李承慶)의 아들이다.

1361년에 고려는 독로강(禿魯江 지명. 압록강의 지류)에 '만호(萬戶)'를 설립하였으며 1369년에는 강계(江界)로 고치고 4개 군을 설치하였는데 이영이 강계의 천호(千戶)로 임명되었다(「韓國人의 族譜」 韓國人의 族譜編纂委員會 편). 후에 '죄'를 범했기에 징벌을 피하여 요동으로 이주하여 철령에 정착하였다.

철령에서 군호(軍戶)에 편입되었으며 "군공을 세워 철령위지휘첨사(鐵嶺衛指揮僉事)의 세습직을 수여 받았다."(「鐵嶺縣志」10)

이영과 그의 후예는 요동에서 지위가 당당한 권문(權門)을 이루었다. 제6대손 이성량 때에는 그 가세가 전성기에 달하였다. 이성량(1526-1618년)은 "任鐵嶺衛 指揮 僉事, 成梁英毅驍健, 有大將才, 萬曆初累官遼東左都督"(「中國人名大辭典」 商務印書館)였으며 신종(神宗)황제의 총애를 받아온 장수로서 명나라로부터 '영원백(寧遠伯)'이란 작위까지 수여 받았다. 요녕성 북진현성(北鎭縣城)의 이성량패방에는 "鎭守遼東總兵官兼太子太保寧遠伯李成梁"이라 씌어있다. 그의 다섯 아들 중 여송(如松), 여정(如楨), 여백(如柏), 여매(如梅)는 모두 요동총병관으로 임명되었다. 조선 임진왜란 때 이여송은 정동군대장(征東軍大將)에 임명돼 조선에 출병하여 큰 공을 세웠다. 후금의 세력이 강성해짐에 따라 명나라 세력이 요동에서 쇠퇴해져 철령 이씨 가족은 쇠약의 내리막길에 들어섰다.

1618년. 후금에 귀순한 이사충(李思忠)은 후금의 세력에 의거하여 가족의 부흥을 찾았다. 후에 그는 섬서제도(陝西提都)로 임명되었으며 '일등남(一等男)'의 작위를 받았다. 청나라 초기 이사충을 위수로 하는 철령 이씨 가족은 다시금 통치층에 들어섰고 명망 높은 대가족이 되었다.

청나라 초기, 철령 이씨가 한족과 통혼하는 일이 보편화되었다. 후에 청나라에 대해 친근 태도를 취하여 또 만족과의 통혼이 지속되었다. 이성량은 건주 여진의 누르하치를 부추겨 건주 여진의 수령이 되게 하였고 여진과의 관계를 완화하기 위해 여진과의 통혼의 길을 택했다. 이여백의 첩이 바로 누르하치의 동생 수르하치의 딸이었다. 후금에 귀순한 철령 이씨 가족은 통치계층에 진입한 후 많은 이들이 기제(旗制)에 편입되었으며 만족 이름을 가졌다.

4. 이주조선민의 후예

1) 요녕 개현(蓋縣) 진툰향(陳屯鄕) 박씨촌

박씨촌은 개현 웅악진(熊岳鎭) 동쪽 10리, 진툰향 북쪽 10여 리 되는 곳에 위치, 사면은 산에 에워싸였다. 1982년 제3차 전국인구전면조사 당시 촌인구 1478명, 그중 박씨가 276명으로서 총인구의 18.7%를 섬한다. 이들은 주요하게 농업, 부업 및 과수재배와 채석업에 종사하였다. 모종 원인으로 1982년 한족으로 되었던 민족족적을 조선이주민으로 개정할 것을 신청하였으며 해당문건에 좇아 법률적으로 조선족으로 승인 받았다.

박씨촌에 대한 많은 연구와 답사를 거쳐 이들은 한족으로 동화된 고려인의 후예라는 점이 공인을 받고 있는 상황이다. 이들의 똑똑한 유입 연대는 역사적 기록이 없으나 전설, 비석, 족보 등으로 미루어 보아 원나라 전에 유입된 것으로 보이며 의, 식, 주와 혼상풍속, 예절 등 많은 면에서 조선이주민의 고유모습을 찾아볼 수 없으며 언어와 문자는 중국화(化)가 된 지 오래였다. 하지만 조선민족의 어떤 풍속습관은 그대로 전해지고 있었다. 예로 노인들에게 밥상을 따로 차려 드린다, 동성동본은 결혼하지 않는다 등이다. 이들은 또 거의 모두가 조상이 쓰던 삿갓을 대대로 물려왔으며 족보와 비석을 보존하고 있으며 세대주는 임종에 우리는 조선민족이라는 것을 잊어서는 절대 안 된다고 아래 세대에 꼭 부탁을 하곤 했다. 이들의 발견으로 하여 중국 조선족역사학계에는 조선인이주의 상한(上限)토론이 벌어지게 되었는데 이는 별도로 서술할 내용이다.

2) 요녕 본계현(本溪縣) 산성자향(山城子鄕) 박씨촌

중국민족사무위원회의 통계에 따르면 1986년 본계시 총인구는 31만 6000여 명, 그 중 조선족이 2818명, 16개 향(진)에 분포돼있는데 산성자향에 1223명으로서 가장 많다. 민족을 고치기 전, 전 현의 조선족인구는 310명뿐이었다. 현정부에서는 [1984] 10호 문건을 반포하여 박씨촌의 거주민들이 민족 성분을 고치는 것을 동의하였으나 적지 않은 박씨 거주민은 민족을 고치지 않고 종전대로 놔두었다. 예로 편영향(偏嶺鄕)의 박씨 50여 가구, 200여 명은 여전히 만족으로 되어 있다.

현유 이들이 보존하고 있는 족보, 요녕성당안관 자료, 비석 등에 대한 분석에 따르면 박씨가 본계 지역에 유입하여 이미 15대에 이르렀으니 지금으로부터 300여 년이 흐른 청나라 초기로 미루어진다. 당시는 '포의(包衣)'의 신분으로 생계를 유지한 것으로 민국 8년 「京都私碩謹親王奉恩鎭國公全公府地冊」, 광서 28년 10월 「敬謹親王府丁卷, 佃戶花名冊地畝冊」에 적혀있다.

박씨마을 사람들은 이전에는 자신들이 조선인임을 몰랐으며 처음에는 만족으로, 해방 후(1949년)에는 한족으로 되었다. 풍속습관도 만족을 따랐으며 후에는 한족과의 공동생활 속에서 점차 민족성을 잃은 지방성 풍속을 형성하였다. 그들은 민족의 자존심과 자아의식이 없으며 음식, 예절에서도 우리 민족의 특성을 찾아보기 어렵다. 그 뚜렷한 예로 이들은 지금까지 김치를 먹어보지 못하였으며 개고기는 먹으나(만족도 개고기를 먹는다) 껍질을 던지며 보신탕도 하지 않는다. 박씨마을 사람들이 동화된 주되는 원인은 타민족과의 통혼이었다.

3) 하북성 청용, 평천, 승덕현의 박씨 가족

청용(靑龍)현은 하북성 동북부에 위치, 장성 북쪽에 있다. 1987년에 만족자치현으로 되었으며 당시 인구는 46만 7000여 명, 만족이 51%를 점하고 조선족은 340여 명이다. 이들 조선인은 주되게 팔도하향 타구촌과 대영자향 맹가와포촌, 위당구 등 지역에 거주하고 있다.

타구촌에는 촌민 573 가구, 2000여 명 인구가 있는데 조선족이 107명으로서 비교적 집중되어 있다. 박만은(朴萬銀) 노인의 말에 따르면 선조는 심양 일대에서 만주 8기에 가입해 후에는 청나라 군대를 따라 입관하였으며 북경에 진입하였다. 후에 궁정정변이 일어나 고조부는 타구촌에 정착하였다. 그때부터 박씨 가족은 7대를 이어왔으며 150-160년을 그곳에서 생활하였다. 1887년 타구촌에 홍수가 터져 고조부(박자유)의 손자 박태, 박복이 위당구로 이주하였다. 지금 위당구와 맹가와포에 박씨 가족 89명이 있는데 이들은 모두 박태, 박복의 후대이다.

청용현의 조선인은 대체로 두 부류로 나눈다. 한 부류는 박씨 성 조선족이고 다른 한 부류는 박씨 가족의 여자가 만족 또는 한족과 결혼한 후 그 자식들이 해당정책에 따라 조선족으로 된 것이다. 전 촌 260명 조선족 중 박씨 조선족이 64명이고 어머니 또는 할머니의 민족성분을 따라 조선족이 된 이가 193명이다. 박씨 조선족은 조선언어와 문자를 이미 상실했으며 하북 방언을 사용하고 있으며 조선족복장은 영화나 「민족화보」(현재 중국에서 발행됨)에서만 보았다고 한다. 그들의 민족의식은 몽롱하고 단순하였다.

평천(平泉)현과 승덕(承德)현에도 1100여 명 박씨 가족이 있는데 이들은 평천현 당감향(黨坎鄉), 박가원(朴家院), 칠구향 박장자(七溝鄉朴杖子) 두 곳의 박씨 가족의 지계로서 이들의 상황도 청용향의 타구촌 박씨 가족과 비슷한 상황이다.

4) 요녕 봉성현 문·서씨 족보

요녕성 봉성현 소재지교구 북산 1대의 문경길 노인은 「문가씨보서(文佳氏谱书)」, 즉 족보를 보존하고 있다. 그 족보에는 280여 년간 문씨「시조」문서(文瑞)가 조선 평안북도에서 평황청으로 이주한 후 11대를 내려온 직계와 지맥 후손들이 기재되어 있다. 문씨 가문에 원래 족보가 있었는데 건융연간 수남촌에서 홍수에 분실돼 1925년 다시 편찬되었다. 후손들로 하여금 「장유유서(長幼有序)」케 하기 위하여 머리말의 끝에 20자를 이름자로 선택했고 성명의 가운데 자로 했다. 선정된 20자는 '건수사리태, 림복이함항, 부익취승정, 진손점제풍(乾需師履泰, 臨復咸恒, 孚益萃升鼎, 震巽漸濟丰)'이다. 문씨「시조」문서의 후손들은 봉황청의 직계 외 홍화령, 당가구, 봉청, 이대자, 북경 등지의 지맥을 이루었다. 문서로부터 그의 9대 후손에 이르기까지 예부 및 지방관청에서 6품 내지 8품 조선통역관으로 있은 사람이 15명이나 되는바 이는 문씨네 가족 중에서 벼슬한 자의 약 절반을 차지한다. 조선에서 중국에 이주하여 기적(旗籍)에 들어 200여 년이 흘렀으나 본 민족의 언어를 여전히 보존해왔음을 문서가 설명해주고 있다.

봉성현 서가보(徐家堡)에는 만족 37가구가 살고 있는데 그중 서씨 가문 12가구는 몇백 년 전에 이주해온 조선인후예이다. "서씨는 대대로 성남쪽 봉황산 밑에서 지금까지 200여 년을 살아온 봉성의 명문거족이다."(「봉성현지」). 「인물지·향환」에 첫 사람으로 기재된 서씨 선조 서상융(徐上戎)은 이렇게 적혀있다.

"상융은 서씨이고 경도양백기에 입적하여 봉황산록에 살면서 예부의 사역통관(四譯通官) 직을 이어 받았는데 청나라를 따라 관내로 들어갈 때 공이 있어 경영총병(京營總兵)으로 승직했다. 그 후 역적 장씨를 평정하고 돌아와 병부좌시랑 직을 맡고 1등 자작(子爵)과 광록대부로 책봉되었다."

서상융의 아들 서정상은 부친의 작위를 상속하여 종군하였는데 사후에도 호를 책봉 받고 사당을 짓게 되었는바 그의 명성은 부친을 초과하였다.

명나라말 청나라초에 요녕에 유입한 조선이주민은 대부분이 만족기적에 편입돼 만족의 한 지맥이 되어 번영을 이룩하였으나 본 민족의 감정, 언어와 풍속, 습관을 대대로 전해왔다. 지금도 본 민족의 일부 특징을 보유하고 있다.

'한일합병' 전 조선이주민

제1절 백두산정계비

발해국 대조영의 「삼일신화(三一神话)」에 따르면 백두산(중국은 장백산으로 부른다)은 북위 43° 31′−42° 28′, 동경 127° 91′−128° 55′에 자리하고 넓이가 8000여 킬로미터에 이른다. 최고봉 장군봉은 높이가 2744미터(북한은 2750미터라 주장함), 산꼭대기에 천지가 있는데 호수 남북길이가 4.85킬로미터, 동서너비가 3.35킬로미터, 둘레는 18.1킬로미터, 평균수심은 205미터, 최대 수심은 373미터로 두만강, 압록강, 송화강의 뿌리가 된다.

사진 1-03-01 백두산 전경(1942년)

1712년 우라총관 무커닝은 조선과 더불어 백두산 일대의 국경을 공동답사하고저 조선 측에 조회를 보냈으며 이에 응해 동년 4월 조선에서는 접반사로 박권(朴权)과 함경관찰사 이선부(李善薄)를 임명하였다. 5월 15일, 무커닝과 조선군관 이의복(李义蝮), 조대상(赵台相) 등이 함께 백두산정에 올라가 변계를 확정하였다. 비문은 이렇게 썼다.

"대청나라 우라총관 무커닝은 변경답사의 영을 받고 이곳을 순시함. 서쪽으로 압록강, 동으로 두만강이 흐르는 여기 분수령 바위에 글을 새겨 포기함. 강희 51년 5월 15일. 필첩식 소 이창. 통관 두 사람. 조선 군관 이의복, 조대상. 차사원 허량, 박도상, 통관 김응헌, 김경문."

[주명] 비석 높이는 통용자로 두 자이고 너비는 한 자 남짓 함. 돌은 청석임. 비석머리 뒷면과 좌우면은 쪼았으나 갈지는 않았음. 원래 받침돌이 없이 땅을 파고 세운 다음 큰 돌로 뒤를 받쳤음.

이 정계비가 세워진 곳은 백두산의 정점이 아니라 백두산 천지 동쪽 10리쯤 떨어진 곳에 위치해 있었다.

사진 1-03-02 백두산정계비를 배경으로 한 일본 등산객

여기서 특별히 지적해야 할 점은 정계비비문에서도 찾아보듯이 조선 측의 잡반사 박권과 함경 관찰사 이선부의 이름이 빠졌다. 이와 같이 백두산정계비는 조선과 청나라의 국경을 규정하는 '서쪽은 압록, 동쪽은 토문' 등의 협약으로 되었으며 이로 하여 이 지역 국경에 한동안은 말썽이 없게 되었다.

백두산정계비는 보통 1931년 9월 18일 '만주사변' 직후에 사라진 것으로 알려져 있으나 실제는 그 두 달 전쯤에 없어졌다. 아래의 내용은 당시 간도파출소 총무과장이었던 小田治策의 증언이다.

"이 정계비(백두산정계비)는 1931년 7월 28일부터 다음날 29일의 아침 사이에 홀연히 그 자취를 감추었다.

근래 백두산에 등산하는 자는 경계가 필요하기 때문에 우리 국경수비대와 동행하는 것이 일반화되었다. 이때 역시 수비대 약 100여 명과 함께 56명의 일반인 등산자가 있었다. 일행이 1931년 7월 28일 오전 9시 30분경 정계비가 서 있는 곳에서 휴식을 할 때에는 정계비가 아주 확실히 있었다. 일반인과 군대가 나뉘어져 산 정상에 올라가 천지 부근에서 잠을 자고 다음날 아침 산을 내려왔다. 이 내려오는 길에 두 번째로 정계비에 도달했을 때에는 정계비가 이미 누군가의 손으로 철거되었다. 그 곁에는 단지 백두산등산안내도가 세워져 있을 뿐이었다.”(『우리 역사의 수수께끼』 중 「백두산정계비는 어디로 갔을까」)

제2절 간도사건

1. 간도의 연혁

문헌에 의하면 제일 먼저 간도에서 산 민족은 예맥이다. 상고시기 간도 일대는 숙신, 읍루, 물길, 말갈의 일부였다. 한나라 때 북옥저는 남으로 도문강, 동으로 동해, 북으로 흥개호 부근에 이르는 지역에 분포되어 있었다. 기원전 27년 고려왕은 “부위훈을 파견하여 옥저를 멸망시키고”(「연변조선족자치주 개황」) 훈춘 경내에 ‘책성’을 설치하였다. 용정시 장안, 성자산성 옛터와 화룡시 장인강 쪽의 옛 무덤들은 모두 고구려의 옛터인 것이다. 713년에 발해국이 세워졌으며 그 강토는 지금의 중국 동북3성을 망라한다. 926년 발해국을 멸망시킨 거란은 그곳에 동란국을 세우고 황태자 배를 왕으로 책봉하였다. 간도 일대는 거란의 동단국에 속해 있었다. 982년, 요는 동단국을 폐기하고 전체 지역에 5개 도를 두었는데 간도지역은 동경도에 속하였다. 간도와 그 주변 지역에는 여진족이 많이 모여 살았다. 요는 그곳에 푸루모둬부대왕부, 백두산여진대왕부 등을 두고 이 지역을 관할하였다. 1121년 대금은 전국에 6경, 19로를 설치하였다. 간도의 동남부는 허란(해란)에 속하였고 상경로(회녕에 설치, 현 아성현 경내)의 관할하에 있었다.

원나라는 동북지구에 요양행성을 두고 그 산하에 6개 로와 1개 부를 설치하였는데 간도 지구는 요양행성 개원로에 속하였다. 1928년 화룡현에서 ‘개원로퇴회혼초인’이 발굴되었다.

명나라는 동북에 선후하여 요동도지휘사사(辽东都指挥使司)와 눌간도지휘사사(奴儿干都指挥使司)를 두고 그 산하에 이(已), 소(所) 등을 두었다. 눌간도사는 1409년에 섰는데 간도는 그 관할하에 있었다.

누르하치시기 간도는 후금의 통치하에 있었으며 동해여진의 와얼카와 쿠얼카(쿠야라) 등 부가 거주하고 있었다. 1644년, 청나라 군대가 산해 관을 넘어선 후 청나라는 조상의 발원지를 보호한다는 구실로 홍경(신빈) 이동, 통주 이남, 도문강 이북 지대를 봉금지역으로 만들었다. 청나라는 동북에 선후하여 홍경, 영고탑, 애훈 등 3장군을 설치하였으며 장군 아래에 부도통, 협령, 좌령 등을 두었다. 1714년, 간도에 훈춘협령을 설치하고 영고탑부도통에 예속시키었다. 1859년, 훈춘협령을 부도통급 협령으로 승급시켰고 1880년에 돈화현을 설치하고 현소재지를 어뤄리성(돈화진)에 두었다. 1881년에 훈춘협령을 훈춘부도통으로 승급시키고 간도의 대부분 지역을 관할하게 하였다. 1902년에 연길청을 설치하고 연집강(연길시)에 소재지를 두었고 민정사무를 처리하게 하였으며 화룡욕(현 용정시 지신)에 분방(分防)을 설치하여 도문강 북부 월간지를 관할하게 하였다. 1909년 2월 훈춘부도통을 취소하고 길림동남로 병비도(吉林东南路兵备道)를 국자가에 설치하였으며 그해에 연길청을 연길부로 승급시켰다. 1912년 동남로병비도를 농남로관찰서로 고쳤으며 연길부를 언길현으로 하였다. 1914년 6월, 동남로관찰서를 연길도윤공서로 고치고 여전히 연길, 화룡, 왕청, 돈화, 액목, 영안, 동녕 등 8개 현을 관할하게 했다. 1929년 2월 연길도윤공서를 취소하고 연길교섭서를 설치하여 연길, 훈춘, 화룡, 왕청 등 4개 현의 행정사무와 외교사무를 감독하게 하였다. 그해 9월에 연길교섭서를 취소하고 연길시정준비처 및 연길, 훈춘, 화룡, 왕청 등 4개 현행정감독공서를 설치하였으며 1931년 9월에는 이를 취소하고 연길주재 길림성특파 행정전원 임시판사처를 설치하였고 1933년 8월 길림성 연변행정독찰전원공서로 고쳤다. 1934년 12월에는 위간도성을 세웠다. 1943년 10월, 총성기구를 내오게 되자 위간도성은 만주총성(소재지는 목단강)에 귀속되었다가 1944년 총성기구가 취소되고 위간도성을 회복하였다.

2. 간도 명칭의 유래

간도는 서간도와 동간도로 나누는데 서간도는 압록강, 송화강 상류 지대를 말하고 동간도는 훈춘, 연길, 화룡, 왕청 4개 현을 가리킨다. 일반적으로 간도라면 동간도를 가리킨다. 동경 128° 26´-131° 15, 북위 42° 4´-44° 2´에 위치해 있으며 동, 서, 북 3면이 백두산맥에 둘러싸이고 남쪽에 강이 흘러 천연적 특수구역을 이루었다. 토양이 비옥하고 관개가 편리하여 농사에 적합하며 만주의 제1양곡기지이다.

간도의 명칭에 대해서는 여러 가지 설이 있는데 아래에 그 몇 가지를 들겠다.

1) 『송교인문집』에는 "1881년 이금용(李金鏞)이 황무지를 조사하게 되었는데 가야하를 건너서 조선이주민의 월강개간을 알게 되었다. 당시 조선이주민은 8개 구역에 널려 있었으며 개간한 면적은 8000여 쌍에 달하여 조선 함경도 측리(測吏)는 지권을 발급하여 등록하였다. 개간한 땅을 간토(墾土) 또는 간도(间島)라 이름을 달았다." 즉 간도는 간토의 사투리인 것이라는 일설.

2) 역사적으로 고찰해 보면 중조변계에 위치한 간도는 근고의 봉금시대에 어느 한 나라에 속하지 않은 중립지대였다. 이것이 간도명칭 유래의 일설.

3) 화룡현 광제욕과 그 대안의 종성 사이에 있는 작은 섬을 강심에 놓고 귀속이 불명하고 의견 분위기가 있었다. 강심에 있기에 간도(间島)라고 하였는데 지금의 간도는 이 작은 간도섬 이름이 확대된 것이라는 일설.

4) 지리적으로 관찰해 보면 연변 일대는 남쪽에 두만강이 있고 북쪽에 목단강과 수분하가 있고 동쪽에 홍기하가 있어 4개 현의 주위를 둘러싸다보니 마치 바다 가운데 있는 섬 같다는 데로부터 간도라는 이름을 가졌다는 일설.

5) 조선음에서 '간(间)'과 '간(墾)'이 동음인데 '간도(间島)'는 '간도(墾土)'의 틀린 음이라는 일설. 이것은 토지가 비옥하고 농업개간에 알맞기 때문이라는 것이다.

6) 간도는 '간동(干东)'의 틀린 음이라는 일설. 조선역사에 이성계의 고조부가 경원군 용당으로부터 간동에 이사한 적이 있는 이 일에 비추어 간동을 두만강 동쪽 일대라고 해석하였다. 조선음에서 '강(江)'과 '간(干)'이 상사하므로 '간동' 두 글자는 의심할 바 없이 '강동'의 틀린 음이라는 것이다.

사진 1-03-03 용정 개산툰에 세워진 사이섬기념비, 간도 사이섬은 1878년경 개간되어 북간도로 이주하는 주요한 길목이 되었다.

간도의 명칭은 조선이주민의 개간사와 갈라놓을 수 없으며 이 명칭은 지리위치를 의미할 뿐 엄격한 행정구역의 구획적 개념은 지니지 않는다고 필자는 생각한다.

3. 간도문제의 기원

청나라에서 봉금정책을 실시한 후에도 조선이주민의 간도 유입은 지하서 흐르다가 다시금 바위를 뚫고 솟아나는 샘물처럼 끊임없이 지속되었다. 1869년에 닥쳐든 조선 북부의 흉년과 날로 심해져가는 정치부패와 질서의 혼란으로 인해 만주의 이민은 고조시기를 이루었다. 시간이 흐름에 따라 조선이주민은 피땀으로 이 지역을 개간하여 경작지, 인구에 있어서 80%를 점하게 되었다. 간도지역을 무인 황량의 공간 지대로 간주했고 청나라는 조선이주민의 대거 이주에 새롭게 관심을 가졌으며 극동의 연해 주를 개척하려던 러시아는 조선이주민의 이주개간을 환영하면서 묵인하는 태도를 취하였다. 하지만 1880년 이후, 조선개간민의 급증에 청나라와 러시아는 모두 경계하는 태도를 가지게 되었다.

1881년, 길림장군 밍안(铭安)은 이금용에게 명하여 훈춘초간사무를 처리하게 하였으며 밍안과 변무도판 우따징은 청나라의 허가를 받고 조선 6진 군수 조병직(赵秉稷) 등에게 조회하여 1년 내로 조선개간민을 거두어들일 것을 요구하였으며 동년 8월에 조선 측은 이 요구에 응하였다. 이듬해 돈화지현 쪼뚠청(赵敦诚)은 부고를 내여 금년 추수를 기한으로 토문(土门)강 이북과 이서의 조선개간민이 돌아갈 것을 요구하였다. 1902년 청나라는 국자가에 연길청을 설치하여 이 일대를 관할하게 하였으며 지방을 사(社)로 나누었고 간도의 경찰권을 강화하였다.

4. 간도협약

1897년 대한제국이 성립될 무렵 아시아 국세는 급변하였다. 러시아는 만주지방의 이권(利权)을 가지게 되었다. 일본을 대상하는 러·청동맹을 맺는 한편 만주 내의 철도부설권을 차지하였다.

일본은 1902년 영·일동맹을 체결한 뒤 러시아와 정면 대결하였으며 최후의 흥정으로 1903년 6월 한국을 보호국으로 삼는 한편 한·청 국경에서 양쪽 50킬로미터를 중립지대로 하자는 등의 제의를 했다. 1904년 초에 흥정이 깨어지고 러·일전쟁이 일어났다. 전세는 일본에 유리하였으며 그해 8월에 '한일협정서'를 체결하여 일본은 조선의 내정에 깊이 간섭하게 되었다. 1905년 11월 일본은 마침내 '을사조약'을 조선과 체결하여 조선의 외교권은 완전히 박탈당하였다.

1906년 11월, 일본은 간도문제에 간섭하기 시작하였으며 육군보병중좌 사이도 이데리로(齐藤秀治朗)를 통감부 간도파출소 소장으로 파견하여 용정에 사무처를 설치하고 1907년 8월 13일부터 사무를 보게 하는 동시에 간도는 조선영토의 일부분이라고 선포하였다. 하지만 2년 후 일본은 만주에서의 다른 권익에 부닥치게 되었으며 1909년 9월 8일 청나라 외무부회 판대신 량뚠얜과 일본공사 이쥬인 히꼬요시(伊集院彦吉)는 북경에서 '간도협약'을 체결하였다.

사진 1-03-04 일청협약 체결 당시 간도파출소 직원(1909년 9월 9일)

이 협약에 따라 청, 조 두 나라 국경을 두만강으로 하고 11월 2일 용정촌에 간도 총영사관이 설치되었고 국자가분관은 11월 3일에, 배초구분관이 이듬해 3월 1일에 사무를 보기 시작했다.

그 후 1910년 8월 29일, '한일합병'으로 조선은 일본의 식민지로 전락되었다.

아래에 '간도에 관한 일·청조약'을 적어둔다.

'간도에 관한 일·청조약'(청선통원년 9월)

제1조 간도에 대하여 일본은 청국영토주권을 승인함과 동시에 청나라는 일본에 일·한 양국인보호권 및 길회철도부설권을 승인한다.

제2조 법고문(法庫门)철도를 일본의 승인 없이는 청국은 연장함을 부득(不得)함.

제3조 청나라는 일본에 무순, 연태 탄광의 채굴권을 승인함.

제4조 청나라는 일본에 영구 대석교간의 철도를 종래와 같이 허용(认许)하고 그
     지선을 외국인조계에 연장할 것을 승인함.
제5조 일본은 청나라가 일본소유 남만선을 횡단하여 경·봉선을 봉천성 서문 외에
     연장할 것을 승인함.
제6조 안동현 철도부지는 현 상태대로 일본 부속지임을 승인함.

이 시기 간도문제에서 중요한 역할을 한 사람이 있는데 그가 바로 중국인 우루이쩐
(吴禄贞)이다. 그는 1907년에 연길청 변무방판으로 있으면서 일제의 침입사건을 처리
하였다.

우루이쩐은 호북성 운몽현 사람으로서 1880년에 태어나 1897년에 호북 무비(武
备)학당에서 공부하다가 이듬해 호광총독인 장쯔뚱의 추천으로 중국인으로서 일본의
제1기 사관생으로 되었다. 그해 기병과에서 공부하였다. 1900년 비밀리에 중국으로
돌아와 당재상과 반청봉기를 급급히 조직하다가 실패하고 상해로 피신한 뒤 이내 일
본사관학교로 돌아가 계속 공부하였다.

1901년 겨울, 사관학교를 졸업하고 귀국하였고 1904년 4월 북경에 들어가 있다가
1907년 7월 동삼성총독인 쉬스창을 따라 봉천에 와 군사참의로 있었다. 이때 일본은
'간도문제'를 조작하였고 오루이쩐은 쉬스창의 명을 받고 길림변무조사에 나섰다. 그
는 돈화, 연길, 훈춘을 다녀왔으며 훈춘에서 두만강을 따라 서쪽으로 내려와 강을 따
라 백두산까지 올라갔다. 73일 시일에 2600여 킬로미터를 걸어 실지조사를 완성하였
으며 연길지구의 첫 지도-50만분의 1의 계무전용지도를 그려냈고 4개월의 품을 들
여 10여만 자의 「조사연길변무보고서(调查延吉边务报告书)」를 편집하였다.

1907년 9월, 연길변무방판으로 부임되고 1909년에는 연길변무독판으로 승임되었으
며 또 육군도통의 군함을 수여받았다. 1910년에 북경으로 돌아가 그해 12월에 육군
제6진통제(镇统制)로 승임되었다.

1907년 7월, 우루이쩐은 변무독판공서의 명의로 천보산탄광을 차업하고 일제의 약
탈을 제지하였으며 일제가 간도에 비법적으로 설치한 도사장(都社长) 및 행정구역
을 취소하고 농민토지를 약탈하는 것을 금지시켰다. 대중의 요구에 의해 일본 측이

비법설립한 총사장 이의영(李義英)을 체포하고 '일진회'의 두목 김해용을 구축하였으며 일제가 강박적으로 내쫓은 조선변민들을 다시 돌아오게 하였다.

1908년 겨울, 북경에 돌아가 외무부 길림변무고문을 맡으면서 공저로 「중조계무장문절약(中朝界务长文节略)」을 써냈다. 1909년 3월 18일 외교부는 이것을 일본정부에 답복하여 중조변계를 개변하려는 일본정부의 야심을 물리쳤다.

사진 1-03-05   우루이쩐

우루이쩐은 1911년 11월 16일 위안스카이에 매수당한 위대장 마뿌우저우(马步周)에 의해 석가장 기차역에서 암살되었다.

1912년 남경임시정부가 성립된 후 쑨쫑산은 우루이쩐을 대장으로 추인하였다. 민국 초에 연길시서공원에 '오독호록정거사비(旲督护禄贞去思碑)'를 세우고 거기에다 그의 업적과 일제를 저항 반격한 군공을 적었다. 1938년 일제는 연길신사를 지을 때 비식이 길목에 있다는 구실로 뽑아버렸는데 지금까지 찾지 못하고 있다. 또 원 상무인서관에서 출판한 지리교과서에도 "석가장 교외에 혁명의 거인인 우루이쩐의 무덤이 있다."고 씌어 있다.

제3절 1644-1840년 조선유이민

1616년 누르하치는 '후금국'을 세우고 11년 만인 1627년에 청(清)으로 고친 다음 명나라에 대한 토벌을 위한 준비로 후환을 없애기 위해 조선을 공격하여 그해에 조선 강화도에서 '형제의 연맹'을 체결하여 압록강, 두만강을 강계로 '두 나라는 각기 자기의 변경을 지키고 원한을 품지 않으며 세세손손 화목하게 지내'기로 약속했다.

1644년 관내진출 후에는 신경(심양)을 배도(陪都)로 정하고 호, 례, 병, 형, 공 5개 부를 설치하였고 동북3성에 '장군'을 파견하여 기계(旗系)관병을 관리하고 각 민족 거주민은 '민관'을 따로 파견하여 관리함으로써 2중 행정관리제도를 실시하였다. "盛京, 吉林为本朝龙兴之地"(『东华续录』第八十四卷, 29页)란 건륭 황제의 말에 따라 1677년에는 백두산과 압록강, 두만강 이북 천여 리 지역을 조상의 발원지로 정하고 이족의 출입을 엄금하는 봉금정책을 실시하였다. 백두산 일대의 인삼, 표범가죽, 진주 등 백두산특산물에 대해서는 특별히 사람을 파견하여 채집하였다. 1712년에 이르러 백두산정계비사건을 보았고 1714년에는 두만강 연안의 방무를 강화하기 위해 영고탑 장군 관할하의 훈춘협령을 내왔다.

1736-1820년 관내 각지의 고도로 되는 토지집중으로 인해 파산된 산동, 하북 등지의 빈곤한 농민들이 청나라의 봉금을 무릅쓰고 동북으로 대량 밀려들어 일부 지역에서 봉금정책은 종잇장에 불과하였다.

이때쯤 조선에서는 왕실이 외척에 의한 세도정치가 시작되었고 민심은 들뜨고 정부를 비난하는 사건이 자주 일어났다. 게다가 큰 수재와 화재, 그리고 온역 등 무서운 재앙이 겹쳐서 일어났다. 국가재정의 유일한 수입원이었던 경작지면적이 격감되어 국가재정이 파탄에 직면하였으며 일본에 의한 남쪽으로부터의 침략과 여진족에 의한 북쪽으로부터의 침략은 조선사회를 완전히 멍들게 했다. '군정(军政), 전정(田政), 고책(库责)' 3대 폐단이 당지 백성의 외부 유출을 직접 빚어냈다.

기민의 급작스런 장성은 두만강, 압록강 지역 주민들이 월경하는 다른 한 원인으로 표현되고 있다. 『조선왕조실록』에 따르면 "강희 7년(1668년) 압록강 대안 평안도 기민 총수는 3만 8000명이고 10년(1671년) 2월에는 2만 1041명이다. 도문강 대안 함경도 기민 총수는 4869명, 동년 3월에는 2만 1370명, 8월부터 계속 급증상태였다."

날로 늘어나는 기민과 엄중해지는 월강현상에 대해 조선 측은 근본적인 대책은 강구하지 못했고 다만 행정, 법적 힘을 빌려 이들의 유실을 강제적으로 막으려 했다. 여기에는 물론 중국 측의 항의와 압력이 따랐음이 촉매작용을 해왔다. 목숨을 내걸고 살길을 찾아 밀려드는 유이민의 물길을 엄밀히 방범할 방법이 없었으며 천 명도 안 되는 변강순라대를 가지고는 천여 리 국경선을 일 년에 가을, 봄으로 겨우 몇 번씩 순라를 하는 형편에 난민의 유입을 완전히 막기는 너무도 어려운 일이었다.

"十七年(1660年), 据江界府使成以性弛报：岁饥民困, 今于我境采参聊生, 十四名潜 越中国"(「通文馆志」) 뜻인즉 조선 기민 14명이 중국 경내에서 삼을 캐다가 붙잡혔다.

건륭4년(1739년) "稳城人金时宗及钟城人金同德, 洪万兴, 申汝正, 金大龙, 朴万守, 郑石泰等潜入中国", 6년(1741년) "宁古塔将军咨：拿获朝鲜人西嫩达伊牟等二十五人, 供称俱系朝鲜山城人, 因年荒饥饿, 土门江冻冰之时, 趁夜越来后, 男女儿少并三十口饿死, 余处二十五名"(「通文馆志」). 뜻인즉 조선이주민 25명을 잡았는데 산성인이라 자칭하면서 기아에 못 이겨 야밤에 언강을 타고 넘어왔으나 남녀노소 30명이 굶어죽고 25명이 남았다.

「1736 (前略)查该国王既称, 金世丁等三人结伙越界, 首谋抢杀 应如所奏世丁等三人照律均应拟斩 不应报赦 金贵同带十六人 既系被诱入伙 照窃盗杀人为从者律均应免死 发遣为奴 徐云必等九人 显不跟 参照知人谋害他人不首告 律各杖一百……金贵同等拟杖之 徐云必等拟流之 李泰祥等均免死释放 至世丁等三人已拟斩决, 其妻子为奴籍……」(「通文馆志」). 뜻인즉 월경 주모자는 죽이고 따른 자는 노비로 만들며 조정에 이들의 행방을 보고하지 않은 자에겐 매를 안기며 주모자의 아내는 노비로 호적을 붙인다.

「1740年 盛京礼部资……巡边领崔王保等呈称 于幌子沟地方 缉拿高丽男女二十一名 内二名自刎 宣明带十九人供称系江边附近穷民捕鱼为生忽遭大风 幸而得生 不弁上国地方 到处觅食」(「通文馆志」). 뜻인즉 황자구 지역에서 조선이주민 21명을 붙잡았는데 그중 2명은 자결, 부근에 사는 어민인데 대풍을 만나 요행 살아남아 중국 땅에서 먹을거리를 찾아다니었다.

1832年 在吉林地方拿获犯越人张高丽等二名…在山东人于蒿窝棚, 换衣剃发旋被缉拿(「通文馆志」)同年 三月十二日 命甲山府犯越罪人张亳京枭首警众. 뜻인즉 길림지방에서 조선이주민 장모 등 2명 범월자를 잡았는데 이들은 산동인의 쑥막에서 살면서 중국옷을 입고 머리채를 잘랐다. 그해 3월 12일, 장모를 머리 잘라 시위했다.

이 같은 실례는 많이 찾아볼 수 있다. 이 시기 조선이주민의 월간유입은 눈에 띄게 대대적으로 진행되지 못했지만 줄곧 중단되지는 않았으며 그 규모가 날로 커짐은 예시되고 있는 상황이다.

제4절 1840-1910년 조선이주민

1. 사회배경

1840년 6월에 폭발한 아편전쟁으로 하여 중국은 점차 반식민지, 반봉건 사회로 윤락되었으며 동북지역에도 위기가 출현되기 시작하였다. 하지만 동북지역의 봉금령은 취소되지 않았으며 양국 정부는 여전히 엄금자태를 취하였다. 1858년, 1860년 청나라가 러시아와 맺은 '중러애훈조약'과 '북경조약'은 동북을 열강의 싸움판에 밀어 넣었으며 같은 시기 조선도 1876년에 일본과 '강화도조약'을 체결하여 반식민지국가로 되었다. 청나라와 조선은 날로 날카로워지는 자국의 계급모순을 완화시키고 방무를 강화하며 재정수입을 늘리기 위해 엄금령을 재차 해제시키기 시작하였다.

남만에서는 19세기 중엽, 조선이주민월경자가 집을 짓는 것을 묵인하였다. 1875년에는 봉천성(현 요녕)의 봉금령을 폐지, 1877년에는 무민국을 설치하여 초민개간을 벌리었다. 1883년 3월, 청나라는 동변도 무역을 추진하기 위해 조선과 '봉천과 변민 교역장정'을 맺어 양국 변민의 무역내왕을 힘차게 밀고 나갔다. 동시에 조선이주민의 동북천입에 대문을 열어놓았다. 1903년에 봉천당국은 압록강 북안 동변도의 조선이민부락을 향(乡), 갑(甲)으로 개편하고 향약제를 실시했다.

간도지역에서의 정식으로 되는 개간은 1878년에 시작됐다. 길림장군 밍안(铭安)은 사람을 파견하여 사사로이 개간한 돈화 일대의 토지를 측량한 다음 만주농민의 요구에 따라 땅문서를 내주고 땅세를 받기 시작하였다. 1881년 '흥경동변간광지개간조례'에 따라 훈춘에 초간총국을 설치하였으며 훈춘 동오도구(훈춘시 마적달), 흑정자(경신), 남강(연길)에 분국을 앉혀 하북, 산동 등 산해 관 이내의 한족이주민들이 들어와 황무지를 개간케 하였다. 1882년에 돈화지현을 설치하고 조선난민의 황무지개간을 허용하였다.

1882년 10월 1일, 청나라와 조선은 천진에서 '상민수륙무역장정'을 체결하여 두 나라가 200년이나 실시해 온 해상금지정책을 취소하게 되었다. 세계 각국 간에 이미 해상과 육로로 서로 통상하고 있는 새로운 형세에서 양국 상인들의 해상무역을 허가하게 되었다. 장정에는 해상무역에 관한 규정 외에 200여 년이나 지속된 의주와 북간개시에 대해서도 일부분은 원칙상의 규정을 만들었다. 북관개시의 낡은 규제를 타파하고 양국 상인이 수시로 내왕하며 교역하도록 하기 위해 각기 개시처에 세관을 세우기로 하였다.

1883년에는 조선과의 관계를 개선하기 위해 '길림조선상민무역지방규약'을 체결하였다. 이 규약에 근거하여 화룡욕(용정시 지신향), 광제욕(용정시 광개향 광소촌), 서보강(훈춘시 삼가자향 고성촌)에 통상국을 세웠으며 1885년 청나라의 봉금령이 폐지됨과 함께 도문강 이북의 길이 700여 리, 너비 40-50리 되는 지역을 조선이주민개간구역으로 정하였고 원래의 통성국을 월간국으로 고치있다. 조선개간민을 안부하고 이들의 생산적극성을 높이기 위해 간황사(墾荒社)를 설립하였다. 또 밭갈이 소를 대리, 구입하거나 대부금을 내주는 등 적극적인 조치를 취하였다. 1891년에는 훈춘의 초간총국과 월간국을 합병해 무간총국을 새로 내오고 남강으로 옮겼다. 동시에 할바령 이동의 광활한 지역을 남강무간총국에 귀속시켜 간도의 개발을 진일보 추진하였다.

2. 이주민

1) 북간도지방

청나라 초기 훈춘을 제외한 두만강 북쪽 지역에는 인가가 매우 적었다. 1714년에 훈춘협령이 설치되었을 뿐 기타 기구는 아무것도 없었다. 가히리하(현 가야하), 부르하통하와 해란강은 진주를 캐는 '포주하'로 되었고 우루훈산(훈춘 흑정자 일대), 아부다리(훈춘 동구 일대)와 호난찡(즉 후란산, 훈춘 화룡구)은 인삼을 캐는 '인삼장'으로 되었다. 1848년 청나라는 금지구의 금령을 엄격히 하고자 해마다 변경을 순라를 하였으며 월경자의 가옥이나 밭은 모조리 훼멸되었다. 하지만 당시 조선과의 무역은 의연히 진행되었다. 조선 회녕에서 한 해에 한 번씩, 경원에서는 두 해에 한 번씩 거행됐다. 만주인은 짐승가죽, 천, 개 등으로 조선의 소, 말, 종이, 철, 입쌀을 바꾸었다. 만주인이 조선에 건너갈 뿐 조선이주민은 만주로 건너오지 못하는 무역형식으로 진행되다가 광서연초에 중지되었다.

1858년 중러'애훈조약'과 1860년 중러'북경조약'의 체결로 하여 훈춘은 러시아와 국경을 갖게 되었으며 중요한 도시(城镇)로 부상하였다. 청나라는 러시아의 동침을 막기 위해 간도의 변무를 강화하는 동시에 훈춘협령을 부도통으로 승급시키었다. 따라서 월경죄에 대한 양국의 단속이 느슨해졌기에 월경자들은 강 이북 근처에서의 경작에 그치지 않고 골짜기를 따라 더 깊숙이 들어왔다. '춘경추귀'식으로 농사를 하였다. 청나라가 월경자를 묵인하자 조선에서도 월경죄에 대한 추궁을 삼갔다. 1866년 12월 조선 경원부 아산진의 70여 명 조선기민이 훈춘에 천입했고 이듬해 3월에는 훈춘과 소련의 접경지대에 천여 명이 집을 짓고 있었다. 1860년부터 조선 북부 지방에는 해마다 재해가 들었다. 1860년 8월 북부지역은 수재로 하여 푸닝(富宁) 등 10개 읍이 모두 재해를 입어 민가 1225호가 물에 잠기고 많은 사람이 사망되었다. 1861년, 1863년, 1866년에 수재가 일어났고 1869년, 1870년에는 또 심한 한재가 들었다.

1869년(기사년)의 재해는 사상 찾아보기 힘든 특대 자연재해였다. 당시의 정형은 아내나 딸을 양식 한두 되와 바꿔 먹은 일이 흔하였다. 이에 따라 조선부녀와 한족 동서자가 적지 않게 되었다. 만주로 밀려드는 이민의 "참상을 차마 눈뜨고 볼 수 없었다."(길림통지) 1869년 10월, 경원부 아오지 군민 1만여 호가 월경하였다(「이조실록」고종실록권 1).

대량의 월강이주가 기정사실이 된 정황에서 조선 회녕부사 홍남주(洪南周)는 개간을 허락한다는 고시를 내렸다. 이리하여 순식간에 백여 정보의 황무지가 농토로 개간되었다. 이듬해 봄 인근 군에서도 수많은 농민이 월강개간에 착수하니 길이 500리, 너비 40-50리의 두만강 북안 지방이 새로 개간되었다. 이 시기에는 세금을 받아가는 자도 없었고 세금을 바치는 자도 없었다. 행정조직은 자연히 자치조직으로 형성되었다. 두만강안에는 사(社), 압록강안에는 면(面)이 조직되었다. 회녕 대안 지방에 9개 사

즉 백운사, 백학사, 백옥사, 대양사, 대월사, 대천사, 무관사, 무덕사, 무공사가 있고 종성 대안 지방에 12개 사 즉 월랑사, 제하사, 제청사, 광덕사, 광종사, 광?사, 광풍사, 광화사, 개문사, 개운사, 개태사, 개화사가 있었다. 그중 개운사에 420호, 개태사에 576호, 개화사에 342호가 있었다.

사에는 향약이 있었고 향(社)장과 서기가 있었으며 그 하급에 갑(甲)이 있고 갑장이 있어 각 촌(村), 툰(屯)을 관할하였다.

또한 이 시기 차르러시아는 우수리강 이동 지역을 강점하고 해삼위를 기지로 동북과 조선에 침략의 야심을 펼쳤다. 1861년 중러 '흥개호계약'(興凱湖界約)의 체결이 간도에 대한 침략의 구실로 되었다. 이 계약에 따라 흥개호의 대부분과 수분하 하류의 평원을 러시아에 떼어주었으며 '북경조약'을 어기어 도문강 상류 46화리 지점에 '토(土)'자로 경계비를 세웠는바 이에 의해 도문강 입구는 완전히 차르러시아에 강점당하였다. 1862년 차르러시아는 장령자에까지 기어들어 삼림을 난벌하고 가옥을 건축하였으며 1875-1882년에 선후하여 훈춘 하남안, 석두령 일대와 흑정자(현 훈춘 경신향)에 침입했었다.

간도에 대한 청나라의 정책은 주요하게는 러시아의 침략을 막기 위해서였다. 1880년 간도에 정변군(靖边軍) 7000여 명을 건립하여 연길, 훈춘, 흥기하, 흑정자 등 지역에 주둔시키었으며 다른 면에서는 봉금령의 해제가 비준되어 길림 남부지역이 개방되었고 이민실변의 구체적 조치가 실행되었다. 1881년 지부(知府) 이진용(李金鏞)이 훈춘 초간사업을 맡고 황무지를 답사하면서 가야하 일대를 지났고 처음으로 조선이주민을 발견하였다. 이들에 대해 "조선 함경도 자사(刺史)는 토지소유증을 발급하고 등록부에 기입하여"(「간도문제」, 송교인) 관리하였다. 길림장군 밍안과 변무독판 우따징이 이 정황을 조정에 보고하여 비준을 얻은 다음 1882년 두만강 북안 일대의 조선개간민들을 중국호적으로 등록하여 돈화와 훈춘 두 곳에서 각기 관할하게 하였다. 훈춘, 오도구, 흑정자, 남강에 초간분국을 세우는 동시에 조선개간민을 안부하고 생산적극성을 더 잘 발휘하기 위해 간황사(墾荒社)를 설립하였다. 훈춘에 춘화(和), 춘화(华), 춘명, 춘융, 춘양, 춘방 등 6개 사를 두고 동오도구에 춘인, 춘의, 춘례, 춘신, 춘지 등 5개 사를 두었고 흑정자에 돈인, 상의, 회사, 흥렴, 숭중, 수성 등 6개 사를 두었으며 남강(현 연길)에 지인, 상의, 숭례, 용지, 수신, 명신 등 6개 사를 두었다.

조선정부에서는 조선이주민을 조선에 되돌려 보낼 것을 청나라에 요구했고 청나라는 1년 내에 조선이주민을 모두 데려가라 하였다. 1883년에는 경략사 어윤중(鱼允中)을 두만강 이북에 파견하여 이주민 귀환을 재촉하였다. 하지만 일부분은 땅에 정이 들어 돌아가려 하지 않았다. 불완전한 통계에 따르면 1890년 흑정자 관할하의 6개 사에 조선개간민 853호가 있었으며 일구어 놓은 밭은 2541쌍이었다. 1893년 훈춘 동오도구 관할하의 5개 사에 조선개간민 501호, 개간면적은 2417쌍이며 훈춘과 남강 관할 내의 10개 사에 조선개간민 529호, 개간면적은 4407쌍이었다.(「东三省政略」边务 四)

청나라가 1883년에 화룡욕(현 용정시 지신향)에 통상국을 세울 때까지만 해도 그 목적은 세금을 더 받아들이는 것보다 조선개간민을 속박하려는 것이었다는 주장이 있다. 당시 이 일대에 청나라의 관리가 없었기에 통상국(분국)은 백성을 다스리는 책임까지 겸하고 있었다. 하지만 1894년에 이르러서는 간도에 편갑승과(编甲升科) 제도를 건립함으로써 최초의 행정통치수단을 마물렀다. 청나라는 무간총국(抚垦总局) 아래에 4대 보(堡)를 건립하고 보 아래에 39개 분사(分社)를 두었다. 즉 흑정자에 진원보(镇远堡)를 세우고 8개 사를 두어 조선 경흥부와 마주하였고 광제욕에 녕원보(宁远堡)를 세우고 13개 사를 두어 조선의 종성부와 마주하였으며 장목더기(현 화룡 남평)에 안원보(安远堡)를 세우고 7개 사를 두어 조선의 무산부와 마주하였고 계사처(현 용정 삼합진)에 수원보(绥远堡)를 세우고 12개 사를 두어 조선의 회녕부와 마주하였다. 그리고 그 아래에 124갑(甲)과 415패(牌)를 설치하여 조선개간민을 그 안에 편입시켰다. 당시 조선개간민의 호수는 4308가구, 인구는 2만 899명이었으며 개간지는 1만 5400여 쌍이었다.(「동삼성정략」변무 4) 4대 보는 간도조선개간민의 최초로 되는 부락 분포이다.

조선이주민개간민은 처음엔 주로 화룡욕 관할 내에 있었다. 후에는 점산호의 황무지를 일구어 소작을 지어 조선개간민들의 정착지는 한족개간민구역(후 연길청 관할구역)으로 뻗어져 갔다. 일부 한족들이 부분적 황무지를 조선개간민에게 팔았다. 하여 조선개간민은 토지소유권을 얻게 되었다. 이들은 해란강과 부르하통하, 가야하를 넘어 그 이북과 이서 지방에도 수많은 촌락을 건립하였다. 1897년 북간도조선이주민은 8700

호, 3만 7000명에 달했다.(「朝鮮人移民关系资料」产业部昭和 十二年 十二月)

다음 북간도지방의 최초 개간자의 이름을 적어보면 남영촌(南营村)은 이귀인(李贵仁), 용정촌은 장인석(张仁硕), 박윤언(朴允彦), 산불동(山佛洞)은 이귀손(李贵孙), 토성동(土城洞)은 박？？(朴？？), 왕세영(王世英), 학동(鹤洞)은 오창열(吴昌烈), 강억석(姜亿石), 곽영지(郭永知), 김치오(金致五), 약수동은 김군약(金君若), 이춘츰(李春闯), 유형촌(柳亭村)은 회우산(崔禹山), 허내성(虚乃城)은 문성옥(文成玉), 장성방(张成芳), 이도구(二道沟)는 정기우(郑基禹), 삼도구(三道沟)는 최단천(崔端川), 연기선(廷基先), 김환갑(金还甲), 갑홍열(甲弘烈), 사향촌(四乡村)은 최문석(崔文石)이였다.(「间岛事情」 东拓发行)

1900년, 의화단운동이 폭발하자 러시아는 동청철도를 보호한다는 구실하에 해삼위부터 수천 명의 군대를 만주 내륙에 급파하여 7월에 훈춘을 함락하고 이어 국자가(연길) 부근의 애단성(艾丹城)을 점령하였다. 한편 1902년 이범윤(李范允)이 간도관리사로 임명되게 되었다. 하지만 청나라의 세력이 강해짐에 따라 이범윤이 간도에서 물리났고 일로전쟁 끝에 러시아가 밀려나 간도는 일본의 통지권에 들어갔다. 이 시기 많은 조선개간민이 조선 북부에서 간도로 천입했다. 1904년, 간도 조선개간민은 5만여 명, 1906년에는 8만 2900여 명, 1909년에는 3만 4133가구, 18만 4837명으로 폭증하였다.(「延边地区历史档案史料选编之一」) 조선개간민거주지는 1894년 후에는 두만강 북쪽 기슭에 국한되었던 것이 1910년경에는 연길청 서부 백두산 동쪽의 외육도구 등 지대로부터 동으로는 훈춘하 유역, 북으로는 동불사, 하마탕, 수분전자 등 지역에 이르기까지의 연길청 4000평방리의 지역에 전부 퍼졌다.

조선개간민이 두만강 이북에 이주한 시간은 압록강 서쪽 지역보다 퍽 늦으나 북간도 개간민에 대한 특수한 추진정책과 특별개간구의 설치로 하여 매우 **빠른** 속도로 또 하나의 새로운 조선개간민 집거구 중심을 형성하였다.(참고표 1-03-01 1908년 말 간도조선이주민 분포)

표 1-03-01 1908년말 간도조선인분포

사		호 구	남	여	합
북도사	동량상리사	616	1744	1211	2955
	동량하리사	787	2219	1726	3945
	동성용사	565	1637	1117	1754
	장암사	501	1396	1058	2454
	화전사	532	1450	1138	2588
	지일사	488	1417	1066	2483
	화룡사	1005	2925	2288	5213
	룡지사	546	1604	1243	2846
	지일사	274	842	635	1477
	평강상리사	574	1790	1365	3155
	평강하리수북사	489	1578	1197	2775
	평강하리수남사	592	1842	1332	3174
	연동사	394	1230	1066	2306
	연집강사	164	548	446	994
	북강수남사	393	1385	1902	5608
	이우구사	202	672	515	1187
	배초구지방	73	225	170	395
	왕청지방	8	27	19	36
	하마탕지방	0			
	문루구사	438	1376	1072	2448
회령간도	구송탕사	402	1203	977	2180
	영화사	390	1046	831	1877
	문화사	215	579	443	1023
	인화사	297	799	621	1420
	진화사	474	1352	966	2318
	충화사	261	684	517	1201
	평화사	257	722	554	1276
무산간도	상화사	185	394	337	731
	덕화사	490	1285	974	2259
	선화사	202	528	384	912
	숭화사	181	455	318	773
	백금사	25	330	229	559
	유계사	321	1107	663	1770

속 1

사		호 구	남	여	합
종성간도	광종사	318	813	700	1513
	광소사	135	400	357	757
	광풍사	211	615	464	1079
	개 사	430	1140	821	1961
	개운사	252	690	522	1212
	개문사	361	900	813	1713
	광덕사	293	805	617	1422
	운청사	314	869	636	1500
온성간도	삼청사	384	1161	1000	2161
	월랑사	164	483	395	878
	운 사	483	1369	1104	2473
	춘화사	287	1586	871	2457
	양수천자지방	29	55	44	99
합 계		16101	47171	35828	82999

자료출처: 「滿洲事情」27

이 시기 반일투사들도 간도에 찾아들었다. 1907년, 이상설이 헤그밀사로 간도에서 출발하였으며 안중근(安重根) 의사도 이때 간도에 왔었다.

안중근(일명 안응칠)은 일찍 1905년 가을, 블라디보스토크로 가는 길에 장골에 들렸다. 국민회 책임자 마영호를 만나보고 땅거미 질 무렵에야 장골을 떠나 영동막치기 상우동 황씨네 집에서 하룻밤 유숙하고 이튿날 새벽에 길을 떠났다.

1908년 봄, 훈춘 연통라자(烟筒拉子) 박선달의 집에서 '7인단지동맹'을 맺었다. 그들은 도끼로 왼손 무명지끝마디를 찍고 사발에 피를 받아 붓으로 서명한 다음 그 피로 물들여 길이 3미터, 너비 2미터 크기의 태극기를 만들고 정중하게 선서하였다. 안중근을 제외한 여섯 사람들을 적어보면:

- 우덕순(于德淳) 해삼위 사람으로서 그때 '대동공보'사 회계주임으로서 안중근과 동년생이고 저서도 출판한 학식 많은 사람이며 일곱 중 다섯째였다.
- 엄인섭(嚴仁燮) 구소련 연해주사람으로서 안중근보다 서너 살 연상이고 몸집이

우람지고 건장하며 권술과 마술에 능란하였다.

- 오병묵(吳秉默) 함경북도 사람으로서 연통라자에 거주하고 있었는데 일곱 중에 체대가 제일 컸다. 중학시절에 집장고도 1등을 한 사람이다.
- 황병길(黃丙吉) 함경북도 경원군 사람으로서 그때 연통라자에 살았다. 후리후리한 키꼴에 얼굴이 넓죽한 그는 일곱 중에서 막내로 한어를 잘하였다.
- 강갑산(姜甲山) 함경북도 갑산군 사람으로서 보통 키에 체대가 호리호리하였는데 홍범도의 근거지–도문 봉오동 일대에서 살았다.
- 하문걸(河文杰) 길림시에서 살면서 장쒀린과의 연계를 책임졌다.

동맹을 맺을 때 쓰던 도끼와 찍어낸 손가락은 그 후 김남극(훈춘 일대 조선독립군 창설자의 일원, 대황구 북일중학교 창립자이며 부교장)이 대황구 북일중학교 교사 천정 위에 감춰두었는데 1920년 10월 '경신토벌' 때 유물이 왜놈에게 발각되었으며 김남극은 학살당했다. 동맹을 맺을 때 쓰던 태극기, 혈서, 권총 한 자루와 문서는 황병길의 부인 김숙경이 맡아 보관하였는데 1920년 10월 12일, 김숙경이 이 유물들을 기름종이에 싸서 구정물통에 넣어 왜놈들의 수색을 모면했으나 그 후 그녀가 갑자기 중풍으로 사망되어 지금까지 찾아내지 못했다.(「연변문사자료」 연변주정협 편찬)

1938년 중국에서는 「안중근 이도 히로부미를 죽이다」, 1931년 일본에서는 「안중근 의사」란 극이 공연되었고 북한에서는 「안중근 이등방문을 쏘다」란 예술영화를 촬영, 공연하였다.

아래에 간도 조선개간민의 주요한 정착지, 개간지역에 대해 적어둔다.

- **훈춘** '훈춘'은 금사 때부터 문헌에 나타나고 있다. 여진어의 '근변(近边)', '변추(边陬)'의 뜻으로 음역한 것이다. 또 "훈춘은 만족어로 〈꼬리〉란 뜻이다. 하류의 개념을 나타낼 때는 강차(江岔), 하차자(河岔子)라 번역할 수 있다."는 흑룡강성 만족어연구소 무예쥔(穆晔骏) 교수의 견해도 있다. 일찍 19세기 40년대 훈춘 경내에 조선개간민이 나타났다. 지금 경신향에 있는 곽모모의 할아버지는 1850년에 온 식솔을 이끌고 조선 명천에서 도문강을 건너와 권하에 정착하였으며 1865년 그의 부친은

16살 되는 해에 흑정자에 가서 공부하였다.(「중국조선족역사연구참고자료집」 고영일)

조선에 기사년 흉재가 들면서 많은 조선이주민이 생기였고 도문강 연안의 경신, 삼가자, 양수 등지가 조선이주민 정착의 최초 지역이었으며 경신, 회룡봉, 삼가자, 상탕장, 양수하동 등 지역에 조선이주민마을이 형성되였다. 1884년 통계에 따르면 흑정자 일대에 조선개간민 110여 호가 있었고 동 시기 훈춘, 유수하, 금장구, 타자구, 서북구 등 지역에도 400여 호 조선이주민이 있었다. 1886년에는 조선개간민 2350호, 1만 2490명이었다. (「훈춘 조선이주민의 천입과 역사작용」, 김동준)

1910년 선후 많은 조선이주민 애국지사와 개간민들이 훈춘에 천입하였다. 훈춘하 유역의 태평구(太平沟), 왕팔발자(王八脖子), 토문자(土门子), 사도구(四道沟), 연통라자(烟筒拉子), 판사구(盘四沟) 및 밀강 상류의 하와자(下洼子), 중강자(中岗子), 대황구(大荒沟) 등 마을은 모두 이 시기에 형성되였다.

1902년, 러시아가 훈춘을 강점했을 때 조선과 러시아에서 적지 않은 조선이주민들이 훈춘으로 천입했다. 하달문, 삼가자, 마천자 등 지방의 조선이주민은 이 시기에 많이 들어왔다. 1907년 3월의 소사자료에 따르면 당시 훈춘 성내의 조선개간민 중 10분의 2는 러시아 시베리아에서 천입하였던 것이다.

여진인은 훈춘을 포함한 백두산 일대에 금이 많이 난다고 국호를 '금'이라 하였다는 일설도 있다. 「동북길림성 경제사정」에는 "광서 16, 17년경 조선 사람이 처음으로 훈춘 태평구에서 사금광을 발견한 후 이 일대에 채금자가 많았다."고 적혀있다. 흑정자에 소속된 방천에는 1860년경 10여 세대의 조선이주민마을이 이루어졌다. 이들은 두만강변에 버들 숲이 우거진 이 고장을 '버들방천마을'이라 부르게 되였으며 차츰 '방천'으로 이름이 굳어졌다. 「동북3성정략」에는 방천항(防川项)이라 적혀있는데 '항'은 '목덜미'란 뜻으로 조선말 지명에 중국말 색채를 붙인 것이나 경신 일대의 사람들은 여전히 '방천'이라고 불러왔다.

• **용정** 용정은 조선개간민이 간도를 개척하는 시발점이며 간도의 교육, 문화 중심지이다. 한족 빈민들은 지금 용정에서 회령으로 나가는 육도구의 산골에 처음으로 정착하였기에 그들은 용정을 육도구(六道沟)라고 불렀다. 1900년부터 관청에서는 육도구와 용정촌 이 두 지명을 함께 써오다가 만주사변 후에는 정식으로 '용정촌'을 사용하였다.

사진 1-03-06   용정지명기원비를 찾은 용정동흥중학생들(1940년대)

　　1881년 봉금령이 폐지된 후 삼합에서 살던 조선이주민 장인석, 박윤언, 김언삼 등 10여 호가 육도하에 들어왔으며 후엔 우물을 발견하였고 길손들의 편리를 위하여 우물에 '용두레'를 만들어놓았다. 이리하여 이곳을 '용두레촌'이라고 불렀고 한자로 '용정촌'(龙井村)이라 쓰고 그 후에는 그대로 용정이라 불렀다.

　　용정은 조선에서 간도로 넘어오는 길목이어서 주막집이 서고 잡화점, 음식점도 서게 되었으며 1907년에는 100여 호나 되는 마을로 되었다. 1910년 일본이 용정에 영사관을 설치함에 따라 용정은 일제가 간도를 통치하는 중심지가 되었다. 1909년 7월, 용정 총인구는 1188명, 그중 일본인은 군경 외에 273명이었다. (「조선이주민역사연구」 고영일)

· **도문**　어원을 보면 여진어의 투먼써친(图们色禽)에서 나온 것이다. '투먼'이란 여진어 '만(万)'이란 뜻이고 '써친'이란 강의 원류란 뜻이다. 도문을 또 회막동(灰幕洞) 또는 하전자(下甸子)라 했다. 도문벌을 '어우벌'이라고도 했는데 두만강 건너 조선 측의 첫 동네가 바로 '어우'였다. 조선개간민들이 고향땅 이름을 따라 부른 것이다.

　　1881년경 도문지방에 정착한 개척자들은 강인권(姜仁权), 한덕원(韩德源),

최두흥(崔斗兴), 강성우(姜成宇) 등을 들 수 있으며 제일 먼저 개간된 곳은 지금의 남석(현 월청향 걸만동) 땅이었다. 최화명(崔化明), 최두흥, 강성우 등이 1910년경 회막골을 개척하였다.

이주상황을 보면 1910년경 도문 부근의 조선이주민호수는 동경동에 20호, 새밭굽에 10호, 남북가는골에 20호, 대랍자와 염자점(盐子店)에 10여 호, 북봉오골에 20-30호, 남봉오골과 신선동에 10여 호였다. 도문(회막골)에 속하는 동네로는 어우벌, 남북새밭굽, 남북가는골, 박달봉인데 그곳 호수는 50여 호였다.

· **안도** 안도는 1909년 12월에 설치되었다. 동북3성 후임총독 시량(锡良)은 "두만강 상류, 홍기하 서쪽으로 성 변계를 따르고 남으로 석을수에 이르고 가운데 부르후리를 두고 있는 지역에 한 개 현을 설치하고 안도현이라 부르며 현 소재지는 홍기하 서남기슭에 앉히려 합니다."는 상주문을 올렸다. 안도는 역시 만족어 지명으로서 '산의 양지쪽(山之阳)'이란 뜻이다.

청나라 전설 중 용의 발상지가 바로 안도현 경내의 부르후리(원지)에 있었다.

사진 1-03-07 **여진족의 제단, 백두산천지 동쪽 40미터 상거한 조오대 위에 있다.**

여기에 만족의 시조 부쿠리융쑨(布库里雍顺)에 대한 전설이 있다.

「요녕안도현지」에도 안도는 여진인의 옛 고향이라고 기재되었다. 지금도 여진제대(祭台), 기선동(纪仙洞), 냥냥쿠(娘娘库), 보마성(宝马城), 삼왕총(三王冢), 노오동(卢敖洞) 등 여진인의 유적이 남아있다.

'안도현 개황'에 따르면 1868년 함경북도 무산군의 6, 7세대 이재민들이 내두산촌과 두도백하촌에 정착하였다. 처음엔 수렵생활을 하다가 후에 점차 황무지를 일구어 농사를 하였다. 또 조선이재민이 안도현에 이주한 것은 1874년경으로

서 정착한 자는 5, 6세대밖에 안 된다는 기재도 있다. 함경북도 길주군의 정명숙 일가,
부령군의 유백윤 일가, 무산군의 이용필 일가, 단천군의 최석영 일가, 북청군의 이회성
일가, 평안북도 강계군의 김창진 일가 등은 1890년 선후에 안도현으로 이주해 왔다.

「요녕안도현지」에는 "전 현에 한족이 제일 많고 만족이 버금가고 한교(韓僑)가
또 그 버금가고 회민(回民)이 제일 적다"고 적혀있다. 1903년 통계에 따르면 한요
구와 냥냥쿠(현 송강진), 대사하, 고동하 유역에 정착한 이주민이 도합 528세대에
2655명인데 그중 조선이주민이 103세대에 518명이었다. 조선이주민이 집결된 곳
은 고동하 유역의 선도방자(현 신합진 소재지 동남쪽), 한충구(현 신합진 한충구),
소사하, 위자구 등 지역이다. 이들 대부분은 조선 갑산과 혜산군에서 출발하여 백
두산 동쪽기슭을 에돌아 내두산을 거쳐 한요구 등 지역에 정착하였고 다른 일부는
무산에서 출발하여 홍기하령을 넘어 냥냥쿠에 이르러 정착하였으며 다른 일부분은
먼저 화룡 일대에 이르렀다가 후에 워지령을 넘어 고동하 유역으로 이주하였다.

1892년 안도의 조선이주민은 506가구, 2994명이며 32개 부락을 형성하고 있
었다. 상세한 상황은 참고표 1-03-02를 살펴보자.

표 1-03-02   1892년 안도 조선인 분포

단위: 가구, 명

지 역	호 수	인 구	부락수
토문강 본유역	51	284	7
사도백하류유역	84	423	5
삼도백하 유역	23	122	4
토도백하 유역	38	208	4
소사하 및 부근 유역	112	656	7
고동하및대사하 유역	36	199	4
홍기하 유역	162	1102	1
합 계	506	2994	32

자료출처: 「満洲事情」26号

• **화룡**   화룡은 만족어에서 '산곡(山谷)'의 뜻으로 나타난다. 화룡현에 있어서 조
선개간민의 이주는 봉금시대부터 지속되었다. 1877년에 국자가에 초간국이 설치
되면서부터 이주자가 본격적으로 늘어났으며 1883년 조선 어윤중이 월강개간을
장려하였기에 해란강 유역을 중심으로 조선이주민부락이 형성되었다. 그중 저명
한 것이 삼도구, 자덩, 대랍자, 청림동 등이 있다. 1907년 연길현, 화룡현의 조선
이주민분포는 표 1-03-03에 남겨둔다. 당시 이 지역 중국인은 2800가구, 1만
8000명이지만 조선이주민은 1만 4700가구, 7만 2500명으로서 절대적 우세를 나
타내고 있었다.

표 1-03-03   1910년 연길현, 화룡현 지방 조선인분포

단위: 가구, 명

	호 수	인 구
투도구 부근 일대(서강)	1520	7360
용정촌 부근 일대(남강)	5280	24650
부르하통하 유역 일대(북강)	1540	10540
종성 대안 지방(종상간도)	3060	16030
회녕 대안 지방(회녕간도)	1800	7980
무산 대안 지방(무산간도)	1450	5910
합 계	14650	72470

자료출처: 「在滿朝鮮人槪況」

• **왕청현**   왕청은 만족어에서 '보루'란 뜻이다. 음으로는 '旺欽'으로 되었으나 후에
'汪淸'으로 변하였다. 일찍 1873년경 로진권(卢陈权) 씨가 목단천에 내왕하며
개간을 하였으나 귀화인으로서 풍속습관도 중국인을 따랐다. 순수한 조선이주민
으로는 장광행(张广行) 씨가 1897년에 온성에서 배초구에 내왕하였다. 그 후
1902년경 여러 방면의 박해로 하여 조선이주민이 거의 없는 상태였으나 1906년
장수향(张洙香) 씨가 재차 온성에서 배초구에 이주하였다. 1910년 말, 일본 측
의 조사자료에 따르면 왕청지방에 조선이주민 1660가구, 9890명이 있었으며 그
지역을 나누어 보면 배초구 및 목단천 지방에 270가구 1350명, 왕청지방에 330

가구 1800명, 양수천자지방에 730가구 4940명, 하마탕지방에 70가구 450명이다.

　간도의 많은 지명에서 우리는 조선말의 흔적을 쉽게 찾아볼 수 있다. 경신향의 '버리동(玻璃洞)'은 조선어 지명이 '벌등'이었는데 벌판 가의 등성이란 뜻이었으나 한어음으로 번역한다는 것이 '버리동'으로 되었고 '장고봉'은 산봉오리 모양을 따서 지은 것인데 한어로 음이 같은 자를 쓰다보니 '장고봉(张鼓峰)'으로 되었고 중로 국경선에 솟아있는 '노용산(老龙山)'은 조선어로 '놀음뫼'였는데 근사한 음으로 적은 것이 '老龙山'이 되었다. 경신향의 '부암산(富岩山)'은 조선어로 '번산'이라 불렸는데 역시 음을 따 적은 것이 '富岩山'이 되었다. 양수진의 '비파동(琵琶洞)'은 조선어의 '피나무골'의 음을 딴 것이었다. 반석향 춘경촌의 '길성(吉城)'은 이곳 주민들은 본시 함경북도 길주(吉州)와 성진(城津, 현 김책시)의 사람들이어서 고향의 첫 글자를 따내어 '길성'이라 했고 밀강향의 '김희관골', 마적달의 '김초시골' 등은 당지의 이름난 개척자를 기념하여 지은 지명이다. 훈춘 경신향의 회용봉은 옥피리를 빼앗으려 왔다가 용왕이 사납게 맴돌이치던 산봉우리를 회용봉(回龙峰)이라 불러 그 기슭에 자리 잡은 마을도 점차 회용봉으로 부르게 되었고 조선 남양과 도문 사이를 지나 30여 리 되는 곳의 쿠룽산(구멍산) 꼭대기의 구새바위는 이성계와 박달천이 싸움 끝에 이성계가 활로 바위를 쏘아 생긴 모양이 구새통을 세워놓은 것 같아 구새바위라 불렀으며 훈춘 춘하진 서토문자 동쪽 30여 리에 위치한 초모정자는 마치 초모자처럼 생긴 높은 산 아래 있는 마을이기에 그 산을 초모산이라 하고 마을은 초모정자라 불렀다. 훈춘 경신의 금당이라는 마을은 이성계가 신덕황후 강현비의 병을 치료하고서 조상묘지역에 세모난 금붙이를 묻었다 하여 이 금탑을 파내려고 새로 앉힌 마을을 금탑이라 부르다가 후에는 금당이라 불렀고 훈춘 영남촌의 관문이라는 마을은 관처럼 기이하게 생긴 산 아래 단란히 모여 사는 마을이라 해서 그곳을 관문이라 불렀다. 팔과수는 일곱 그루의 고목이 둘러싼 부락이라 해서 그 마을을 팔과수라 부르게 되었고 경신벌의 남릉산과 여릉산은 성모라는 여신선의 딸과 한 나무꾼 총각의 사랑이야기를 바탕으로 하여 남자가 죽은 자리에 솟아난 산을 남릉산, 여자가 죽은 뒤 솟아난 산을 여릉산이라 불렀다.

1907년 연길청호구구역일람표, 1894년 월간4보 조선이주민 호구 및 토지는 당시 여러 책에 기재되었는데 표 1-03-04, 표 1-03-05로 적어둔다. 훈춘, 남강, 동구의 개황 상황(1893년)은 표 1-03-06에 담는다.

표 1-03-04 1907년 연길 청호구 구역일람표

단위: 호, 쌍, 리

사 명		개간지	면 적	구 역	진.시
지인사	1443	10717	동서 90 남북 70	춘화사 상의사 용지사 춘융사	본시까지
상의사	980	7015	동서 80 남북 50	지인사 숭례사 수신사 삼도만사	동불사 조양천
숭례사	427	2145	동서 100 남북 60	상의사 할바령 고동하 춘양사	옹성립자
용지사	1376	10135	동서 50 남북 100	춘화사 수신사 월간사 지은사	동성용가 화룡곡
수신사	1067	10311	동서 80 남북 60	용지사 명신사 월간사 상의사	투도구 동고성툰
명신사	173	2045	동서 50 남북 60	수신사 무산성 강연 수신사	
춘융사	306	1922	동서 90 남북 30	츄명사 숭례사 지인사 춘양사	배조구둔
춘양사	295	1185	동서 70 남북 80	수분전자 숭례사 춘융사 수분청계	하마탕툰
춘명사	132	1094	동서 60 남북 30	춘방사 춘융사 춘하사 춘양사	왕청툰
춘화사	200	1470	동서 40 남북 70	춘방사 지인사 지인사 춘명사	가
춘방사	309	1680	동서 60 남북 50	춘화(和)사 춘화(华)사 도문강 춘양사	양수천자
춘화사 (春和社)	90	1009	동서 20 남북 100	훈춘 춘방사 강연 수분전자	
춘인사	76	704	동서 50 남북 40	춘의사 훈춘 러시아 수분전자	류수하자
춘의사	134	467	동서 30 남북 50	춘례사 춘인사 여우별 수분전자	
춘례사	720	415	동서 30 남북 30	춘지사 춘의사 러시아변계 수분전자	오도구툰
춘지사	970	406	동서 25 남북 40	춘신사 춘례사 러시아변계 수분전자	
춘신사	171	936	동서 60 남북 25	분수령로씨아변계 춘지사 러시아변계 삼차구	

속 1

사 명		개간지	면 적	구 역	진.시
춘경사	61	1331			
춘운사	10	560			
춘려사	35	608			
춘우사	12	198			
춘교사	10	425			
흑정사	20	179			
합 계	8925	56968			

자료출처: 「延吉边务报告」

A	B
C	D

주: '구역'란 중 A: 동쪽변계   B: 서쪽변계
    C: 남쪽변계   D: 북쪽변계

표 1-03-05 화룡욕 중국인, 조선인 호수 및 지무표

	호수, 지무사	중국인	조선인	땅(쌍)
영원보	개태사	4	339	1319
	개발사	0	56	164
	개화사	0	71	240
	개문사	0	204	958
	개운사	2	216	75
	광풍사	5	114	257
	광회사	0	149	502
	광소사	6	226	705
	광종사	21	230	1013
	광덕사	5	255	981
	제청사	6	166	959
	제하자	0	152	1184
	월랑사	0	76	409
수원보	무관사	0	148	491
	무덕사	0	210	571
	무상사	0	147	319
	무공사	3	126	345
	대양사	3	329	1088
	대월사	2	346	1248
	대천사	0	101	255
	대산사	0	63	181
	백학사	0	67	381

속 1

	호수, 지무사	중국인	조선인	땅(쌍)
수원보	백운사	0	75	294
	백일사	0	51	232
	백옥사	0	145	613
안원보	백금사	5	97	351
	산계사	27	48	855
	상화사	11	47	61
	덕화사	4	422	1490
	선화사	25	54	859
	숭화사	54	--	1329
진원보	회은사	57	95	1083
	돈인사	5	104	32
	숭양사	0	91	245
	흥렴사	0	119	426
	상의사	0	195	656
	경신사	19	201	720
	수성사	0	154	290
	귀화사	0	301	771
합 계		264	5990	25501

자료출처: 「연길변무보고」

표 1-03-06 훈춘, 남강, 동구개황정황(1893년)

지역별	개간지점	호수	개간면적(쌍)
춘화사	서위자 도위자 고려령 남위자 요영자 芰苇荀子 下嘎雅	19	172.77
춘명사	中呢哈子 大坎子 大旺清 小旺清 东旺清	11	126.69
춘융사	목단천 소배초구 배초구 闹枝沟 二三滴塔	67	275.68
춘양사	대황구 하마탕 五台小荒沟 荒片 위자구 이란구 류가장 연길하	38	357.37
지인사	태평툰 조양하 소반령 백산툰 甩湾子 枢榆川	87	429.01
상의사	유수천 관도구 로투구 세린하 偏脸城 태평구 母鹿沟 주자영 箅子铺 钓鱼台	74	828.86
숭례사	태평구 悬羊磊子 朱鸭木沟 翁声磊子 澜泥沟子 牛驮子岭 신선동 대서구	75	352.8
용지사	모아산 铧尖子 팔도구 육도구 화용옥 마안산	34	243.71
수신사	투도구 동고성 사도구 해란하 夹心子 大河南沿 平岗 八铺坑 고려위자 이도하 头道沟裏 东古城西	76	1059.05
명신사	夹皮沟 土门子 河东道沟 삼도구 이도구 외육도구 홍기하	48	527.86
춘인사	瓦岗塞 태평구 马砥子道 塔子沟 土马砥塔 闹子沟 柳㭠沟	132	674.22

속 1

지역별	개간지점	호수	개간면적(쌍)
춘의사	塔子沟 西北沟	120	407.20
춘례사	檳榔沟 黑滴塔	50	317.35
춘신사	葫芦头沟 土门子 太马河 城墙岩子 草帽页子 营城子 华树咀子 巨阳城	113	913.58
춘지사	태평천 利树沟 大六道沟	86	114.35
총 15사	99촌툰	1010	

자료출처: 「중국조선족역사연구참고자료집」

2) 서간도지방

19세기 40년대에 접어들어 청나라의 금지령은 차츰 느슨해졌고 조선개간민의 압록강 대안에로의 이주는 지속적으로 진행되고 있었다.

1845년, 10여 명 조선이주민이 임강현에 천입했으며 5년 후에는 21명이 칠도구(七道沟)에 정착했었다. 1852년 함경남도 단천군의 10여 명 거주민이 로영하에 와서 밭을 일구고 농사를 지으며 정착생활을 시작하였다(「长白县状况」). 1850-1860년 월경한 조선농민은 조선의 삼수, 인서 대안에서부터 후창 대안인 청금표 사이 400리 구간에 18개 부락을 형성하였는데 192세대, 1633명에 달하였다. 청금동부터 판내동(板乃洞) 구간의 150리에 270호, 1465명이 널려있었다. 집안시 양수조선이주민향 외차구(外岔沟)촌은 19세기 60년대에 형성된 것이다. 1861년, 청나라는 훈강 유역에서 채벌과 수상운수업을 대대적으로 벌리었는데 떼목꾼으로 월강한 조선이주민들은 이 일대가 땅이 비옥하고 개간하기 쉬운 것을 알아차리고 정착하여 농사를 짓게 되어 부락을 따라 이주하는 현상이 생기었다. 1868년에 이르러서는 '강안 지대의 개간민과 목민이 몇 천 호에 달하는' 농업목축구로 되었다. 당시 이 지역의 만족인은 수렵과 목축업을 위주로 하였으며 농사일에 대해서는 그다지 익숙하지 못했기에 부득불 한족이나 조선이주민을 고용해야 했으므로 조선개간민의 이주에 좋은 기회를 마련하여주었다. 1869년 조선 북부 지역의 대흉재로 이주민수가 급증하였고 그 결과로 그해 강계군수는 조선정부의 명도 받지 않고 서간도 일대를 28개 면으로 나누고 강계군, 초산군, 자성군, 후창군에 귀속시키었다. 1872년 조선 후창군 최종범은 "서쪽의 분계강으로부터 북쪽의 당하까지의 근 천 리 되는 구간에 청나라 사람들과 삼삼오오 뒤섞여 사는 사람들이 수만 호에 달한다."고 유랑민 상황을 순찰하고 나서 말했다. 한편 1875년에 조선개간민은 통화현 상전자, 하전자 등 지역에서 벼농사에 성공하게 되었으며 이로 하여 많은 조선이주민이 이 지역으로 휩쓸렸다.

중국 측은 조선개간민의 월경을 묵인하는 동시에 변무를 강화하고 재정수입을 늘이기 위해 행정기구를 조절하였다. 1875년, 봉천성 봉금령을 폐지하고 이듬해에 봉황직예청(凤凰直隶厅)을 설치하였으며 그 소속에 안동(현 단동)현을 두었다. 1877년에는 관전, 환인(현 桓仁)과 통화현을 설치하였고 환인과 통화현은 변외북로로 홍경청(兴京厅)에 귀속하고 안동과 관전현은 변외남로로 봉황직예청에 귀속하게 되었다. 동시에 무민국(抚民局)을 내와 초민개간을 추동하였다. 1883년 3월에는 '봉천과 변민교역장정'의 체결을 보았다. 총 24조로 된 이 장정은 호시(互市)를 임의교역으로 개변시켰으며 봉천성과 조선 국경 지대 상인들이 수시로 거래하도록 허용하였다. 1891년에 이르러 "본 도 강역의 9개 읍이 국경선과 접경하고 있사온데 월경하는 우리나라 백성이 10여만 명은 되나이다."(평안감사 민병석)고 했나.

1889년에는 면의 분할을 재조정하였다.

강계군소속(괄호 안은 청나라 지명임)

신병보 新兵堡(兴京), 대황석 大荒石(大荒沟), 소황면 小簧面(通沟), 팔도강면 八道江面(八道江), 구용면 九龙面(麻泉沟), 태평면 泰平面(太平沟), 검수면 检树面(榆树林子), 신상면 新上面(大清沟门子), 신하면 新下面(冷水旬子), 복강면 福江面(江旬子), 노청면 芦青面(拉古子)

이상 11개 면

자성군 소속

홍생석 鸿生石(帽儿山), 유청면 流清面(七十二道口河), 위사면 苇沙面(苇沙河), 상화면 祥和面(三道口)

이상 4개 면

초산군 소속

운산면 云山面(外岔河下流), 운하면 云下面(外岔河上流), 연상면 莲上面(二股流), 연하면 莲下面(双岔河), 횡도면 橫道面(橫道川), 구산면 邱山面(马鹿吻门), 앙도석 央岛石(冷水泉子)

이상 7개 면

벽동군 소속

수상면 水上面, 수하면 水下面

이상 2개 면

총 24개 면

당시 조선이주민은 8723호, 3만 7000여 명이었다. 이는 압록강 서쪽 지역에서 가장 일찍 형성된 조선이주민집거구일 것이다.

1890년에 면을 강 연안 각 군에 안배하고 관리케 했으며 이주민에게서 호당 30전의 세금을 납부하게 했다.

각 군의 배치는 다음과 같다.

후창군

구도면(九道面), 팔도면(八道面), 칠도면(七道面), 육도면(六道面)

자성군

모산면(帽山面), 위사면(苇沙面), 유청면(流清面), 상화면(祥和面)

강계군

대황면(大篁面), 소황면(小篁面), 신상면(新上面), 신하면(新下面), 구용면(九龙面), 지청면(志清面), 복강면(福江面), 태평면(泰平面)

초산군

앙도면(央道面), 운상면(云上面), 운하면(云下面), 연상면(莲上面), 연하면(莲下面), 구산석(邱山石), 횡도면(橫道面), 신상면(新上面), 신하면(新下面), 태평면

(泰平面), 유수면(楡樹面)

벽동군

수상면(水上面), 수하면(水下面)

1894년 장백현(1908년 정식으로 설치) 조선개간민은 1350가구, 5630명(「鸭绿江北岸朝鲜族的乡约制」李汉洙)이다. 1899년부터 조선이주민은 화전현 고려력구자와 투도구, 이도유하, 삼도유하로 이주하였으며 1900년부터는 덕혜현, 흥경현, 해용현, 서풍현, 철령현 등 내지로 확대되었다. 1903년, 봉천당국은 압록강 북안 동변도 조선이주민촌락을 향, 갑제로 개편하고 향약제를 설치하였다.

1903년 서간도지역에 총 32개 면, 조선이주민 9754가구, 4만 5593명이었다(참고표 1-03-07). 1905년에 와서는 변외북로의 장백, 임강, 집안 등 지역에 조선이주민 8750가구, 3만 9440명이 있었고 변외남로의 안동, 봉성, 관전 등 지역에 1190가구, 4920명이 있었다. 그해 조선이주민은 해용현 동항하 지역에로 이주하였다. 1905년 이후 압록강 통화지방에 한국 유신 참판(參判) 이시용(李时容)을 비롯하여 조신 남부 농민이 많이 이주하여 왔다.

표 1-03-07 압록강외 이주면수와 호구 (1903년)

현 별	면 별	대안지명	부근지명	호 수	남	여	합 계
长白府 及 临江县	新别面	三水对岸		292	537	117	654
	大陈面	三水对岸	大同面	367	941	855	1796
	江别面	三水对岸	大同面	340	702	662	1364
临江县	间岛面	慈城郡对岸		354	733	681	1414
	龙城面	慈城郡对岸		360	856	827	1683
	八道面	慈城郡对岸	八道沟附近	315	747	725	1472
	帽儿面	慈城郡对岸	帽儿山附近	433	870	839	1709
	七道面	慈城郡对岸	七道沟附近	336	717	645	1362
	千金面	厚昌郡对岸	七道沟附近	308	586	665	1251
	九道面	厚昌郡对岸	九道沟附近	254	531	514	1045

속 1

현 별	면 별	대안지명	부근지명	호 수	남	여	합 계
辑安县	大簀面	江界郡对岸	大簀沟老岭附近255户(大簀面)	352	797	788	1585
	小簀面	江界郡对岸	洞沟附近142户	328	658	639	1297
	九龙面	江界郡对岸	麻线沟附近110户	333	795	778	1573
	泰平面	江界郡对岸	大平沟附近165户	377	904	869	1773
	新上面	江界郡对岸	新开河附近174户	236	765	114	879
	新下面	江界郡对岸	新开河附近138户	193	673	617	1290
	榆树面	渭原郡对岸	榆树林子附近216户	404	955	926	1881
通化县	福江面	江界郡对岸	江旬子 195户	295	587	579	1166
	芦清面	江界郡对岸	通化城附近 208户	316	765	765	1511
	八道江面	江界郡对岸	八道江附近 35户				
兴京厅	新民堡面		新民堡 63户				
桓仁县	莲山面	楚山郡对岸		270	802	726	1528
	横道面	楚山郡对岸		334	769	672	1440
	五龙面	楚山郡对岸		173	562	496	1058
	云山面	楚山郡对岸		363	856	809	1665
	央岛面	楚山郡对岸		417	998	945	1943
宽甸县	莲下面	碧潼郡对岸		253	518	640	1158
	云下面	碧潼郡对岸		363	617	568	1185
	九上面	昌城郡对岸		294	880	859	1739
	水上面	朔州 对岸		360	1138	1071	2209
	水下面	朔州 对岸		411	797	715	1512

자료출처: 「最近间岛事情」牛丸

그러다가 1909년 간도문제의 낙찰로 하여 향약제는 폐지되고 중국지역에서의 자치제도가 인정되었다.

이 지역 조선이주민의 주요 이주지를 보면 흥경(현 신빈현)은 조선이주민이 비교적 일찍 들어온 지역의 하나이다. 집안, 회인, 통화 등 지역에서 점차 신빈보, 위자곡, 왕청문(旺淸門), 홍묘후창(紅庙后仓), 란기(兰旗), 영릉(永陵) 등 지역에 정착하여 농사지었다. 이들 일부분은 소자하(苏子河), 태자하(太子河)를 따라 무순, 본계, 청원에로 이주하였다.

심양에 최초로 이주한 이는 안봉태(安奉泰)란 상인이다. 1889년에 이주해 와서 상업에 종사하였다. 1906년 선후 조선에서 직접 봉천으로 조선이주민이 건너왔다. '한일합병' 후 조선의 반일지사와 파산된 농민들이 대량 밀려들었다.

3) 북만지방

1860년 전후 시베리아로 갔던 조선이주민들이 다시 이주 길에 올라 동녕현 경내에 들어섰고 1867년에 애훈 등 지역에 정착했다. 1890년 초 조선이주민은 시베리아와 간도에서 대량적으로 북만에 천입하였으며 동녕, 영안, 해림, 목릉 등 많은 지역에 조선개간민촌이 건립되었다. 「흑룡강조선족」, 「조선독립운동(金正明)」 등 책에 산재된 기재가 있다. 예컨대 1871-1872년 조선유민 몇몇 호가 동녕현 삼차구로 이주해 왔고 1880년 3명 조선유민이 요하현 의순호(义順号, 현 대하진(大河镇))에 이주해 왔다는 등등 기록이 있다. 1893년 12월 흑룡강 중류 동해안 지역에 조선이주민 1015명이 있었으며 1만 4700쌍 개간지를 갖고 있었다.

1897년 여름, 동녕현 삼차구 부근에서 동청철도 착공식이 있었다. 1896년 5월, 중국의 리훙짱은 청나라 특사의 신분으로 러시아 페테로부르크에서 신임 황제 니꼴라이 2세의 대관식에 참석하였으며 러시아 대장대신 우이터와 중러밀약을 체결하였다. 이 조약에 근거하여 러시아는 중국 동북경내 동쪽 수분하로부터 서쪽 만주리까지의 철도(동청철도, 중동철도라고도 함)부설권을 얻었으며 1898년 7월에는 할빈에서 여순까지의 동청철도 남부선 부설권을 따냈다. 1903년, 수분하로부터 만주리까지의 동청철도 전선이 개통되면서 많은 노동자, 청부업자와 공상업자들이 할빈에 이주하였다. 따라서 조선인의 이주도 불가피하게 되었다. 서명훈의 「할빈조선민족 백년사화」에 의하면 「동청철도 연혁사」기재에 따르면 동청철도 부설을 위한 선발대는 1898년 3월 8일 블라디보스토크를 출발하여 4월 24일에 할빈 향방에 있는 전가소과(田家烧锅)에 도착하였는데 선발대의 통역이 러시아어와 중어를 구사하는 조선 사람 츄푸뤄프이다. 그의 거주지는 철도부설공정국의 사무소와 숙소가 있는 향방구 연복가 부근이다. 츄퍼뤄프는 할빈에 온 첫 조선인으로 기록되었다.

1900년, 러시아는 동청철도를 수축하기 위하여 시베리아와 조선으로부터 대량의 고용인을 모집하였다. 이 철도는 할빈을 중심으로 하여 동쪽은 수분하까지, 서쪽은 만주리까지, 남쪽은 대련까지 이르렀다. 철도가 부설된 후 부분적 조선이주민은 할빈, 일면파. 횡도하자. 목릉 등 동청철도 동선의 목단강, 목릉하 유역에 남았다. 우수리강 서부 연안의 무원, 요하, 후린, 보청, 밀산 등지의 조선이주민은 처음엔 시베리아에서 넘어왔고 후엔 간도, 통화 지구와 조선에서 천입하였다. 할빈의 조선이주민은 1892년에 처음 있었으며 중동철도 부설 후 당지에 남은 이들은 농사를 짓거나 식당, 여관을 경영하였다. 치치하얼의 조선개간민은 조선 북부에서 시베리아를 거쳐 천입되었고 만주리의 조선이주민은 19세기 말 영고탑에서 요하를 거쳐 해라얼에 이주하였다가 동청철도가 준공되자 정착을 택하였다.

제5절　조선이주민의 생활

　만주에 이주한 조선이주민 대부분은 살길을 찾아 떠난 무리이다. 당시의 참상을 봉천에 있는 기독교전문학교의 외국인목사 쿡은 다음과 같이 묘사하였다.

　"만주에 오는 조선이주민의 고통은 심지어 그들의 불행을 실제로 본 사람조차 완전하게 묘사할 수가 없다. 겨울날 영하 40도의 혹한 속에서 백의를 입은 말없는 군중은 혹 10명 혹 20명 혹 50명씩 떼를 지어 넘어 온다…… 몇 명의 조선이주민이 맨발로 강변의 깨어진 얼음장 위에서 바지가랑이를 걷어 올리고 두 자나 깊은 얼음장이 섞인 강물을 건너가서 저편 언덕에서 바지가랑이를 내리고 신을 신는 것을 나는 본적이 있다. 남루한 의복을 입은 여자들이 신체의 대부분을 드러내놓은 채 어린애를 등에 업고 간다. 이는 피차간에 조금이라도 체온을 돕고자 함이다. 그러나 어린아이의 다리는 남루한 옷 밖으로 나왔기 때문에 점점 얼어붙어 나중에는 조그마한 발가락이 맞붙어버린다. 남녀 늙은이는 굽은 등과 주름살 많은 얼굴로 끝날 줄 모르는 먼 길을 걸어 나중에는 기진맥진하여 발을 옮기지 못하게 된다. 그들이 노소강약을 막론하고 그 고향을 떠나오는 것은 모두 이 모양이다."

　간도지방에서 사는 조선이주민은 이주시간이 오래되어 대체로 생활이 안정되고 살림집도 대부분이 한 세대에 한 채식 갖고 있었으나 접경지대인 돈화, 액목, 영안 등

지역에는 몇 세대의 수십 명이 각 세대별로 끼니만 따로 해먹고 동거하는 것을 볼 수 있다. 한고향 사람들이거나 친척끼리 모여서 함께도 살았다. 간혹 제집을 갖고 사는 사람도 있었지만 고작해서 게딱지같은 허름한 초가집이었다. 초가집은 기초를 파지 않고 땅을 다진 뒤 기초를 놓고 그 위에 기둥을 세운 다음 기둥과 기둥 사이를 수수대로 엮어 맨 다음 집틀을 올리고 벽을 바르고 짚으로 지붕을 이으면 된다. 볏짚으로 지붕을 잇는데 해마다 봄철에 한번씩 잇기 때문에 지붕 능각이 분명하지 못하고 양쪽 경사면은 점차 호형을 이룬다. 집 구조를 보면 주방은 중간에 있는데 정주간과 이어져 있다. 주방 동쪽에는 외양간과 방앗간이 있는데 북쪽에 외양간, 남쪽에 방앗간이 있다. 어떤 집은 방앗간이 없다. 주방과 외양간을 갈라놓은 벽에 문이 나있는데 소를 먹일 때 사람이 드나드는 문이다. 외양간 동쪽 벽에는 소가 드나드는 문이 있다. 또 많은 간민은 오두막과 귀틀집에서 살았는데 집 안은 어둡고 습하였으며 공기유통이 되지 않았다.

조선 이주민은 모두 흰옷을 즐겨 입는다. 아이들은 붉은색, 녹색 등 색깔이 고운 옷을 즐기며 여인들은 꼬리치마에 저고리를 받쳐 입고 머리에는 네모난 흰색 선수건을 둥글게 두른다. 저고리와 꼬리치마의 옷감은 무명견직물이다. 남성들은 저고리, 바지, 조끼, 두루마기 등을 입는데 남성들의 저고리는 모양이 소박하고 너르고 색깔도 단일색이며 저고리 위에 조끼를 입는다. 조끼의 색깔은 검은색, 회색 등이 있다. 바지는 가랑이가 매우 너르고 오금 아래쪽에는 오금매기를 맨다. 나들이하거나 모임이 있을 때는 남녀 모두가 두루마기를 예복으로 입었다. 남성들은 흰 머리수건을 동인다. 중절모자(예모)를 쓰는 이도 있는데 대체로 선비나 의사 등 자격이 높은 사람들이다. 몸에 베옷을 걸치고 짚신을 신은 조선개간민도 적지 않았다.

조선이주민은 음주를 좋아하고 육식을 먹으며 특히 냉식을 즐긴다. 소, 양, 야수 고기를 가리지 않고 먹는다. 벼농사에서 얻은 입쌀을 시장에서 판 후 좁쌀을 사서 상등 음식으로 한다. 간혹 약간의 밭을 부치는 사람은 조를 심고 입쌀은 대부분 팔아서 수입으로 하며 구차한 개간민은 감자와 강냉이로 끼니를 에운다. 1907년까지 조선 엽전이 유일한 유통 화폐로 되었다. 1907년 이후부터 청나라 동전이 유통되었는데 동전과 조선 엽전은 6:1로 교환되었다. 소금은 조선에서 구입하였고 포목, 성냥 등은 훈춘지방으로부터 러시아의 상품이 유입되었다. 기름과 간장은 매우 부족했으며 밤에는 솔불이나 등불(麻杆灯)을 켰다.

조선이주민이 늘 사용하는 도구는 버들가지로 엮은 광주리와 나무속을 파 만든 통이다. 낫과 도끼를 즐겨 쓰며 오지독을 사용한다. 운수는 말이나 소로 스키운반을 하지 않으면 남자들은 등에 지고 여자들은 머리에 이며 어깨에 메는 사람은 극히 적었다.

예의로는 두 손을 땅에 대고 절하는 것으로 존경을 표시하며 혼상 때 노래하고 춤춘다. 육친이 죽으면 허리에 마대(麻帶)를 띠고 삼년 제사를 지낸다. 혼인은 배속배필(指腹以定)을 실행하며 남자는 장가들기 전 머리를 풀어헤치고 후에는 머리를 빗어 틀어 올린다. 출가 전 여성은 가슴띠를 두르나 후에는 풀어놓아 유방이 아래로 드리워져 보기만 하여도 출가인인 것을 알 수 있다. 연회석상에서는 웃어른께 먼저 술을 권하며 고기를 대접하고 닭, 오리, 물고기 등을 예물로 간주한다.

제6절 조선이주민에 대한 차별 대우

조선이주민은 만주 이주와 개발 과정에서 청나라의 차별 대우와 착취를 가혹하게 받았다.

1883년, 청나라는 봉금제도를 폐지하고 이민실변정책을 실시하였지만 조선이주민에 대한 동화정책을 강요하면서 '치발역복 귀화입적'을 강박하였다. 이에 응하지 않은 자에 대해서는 축출하였다. 많은 조선개간민은 핍박에 못 이겨 피땀으로 개척한 토지를 떠나 조선에로 돌아갔거나 러시아 연해주로 건너갔다.

1885년, 청나라 군대 수백 명이 도문강 대안 지역을 순시하면서 조선이주민을 구축하고 가옥에 불을 질렀다. 미리 도망간 사람들의 집에는 불을 지르지 않았다.

조선이주민에 대한 '치발역복 귀화입적'은 1890년부터 시작되었다. 하지만 당시 입적한 자는 많지 않았으며 대다수 조선이주민은 입적하지 않았다. 따라서 이 시기에 조선이주민 지주가 산생하였다.

한족지주들은 청나라에서 관내의 이민을 모집하여 옴과 동시에 조선이주민에 대한 대책으로 한족인을 점차 간도에 이주시켜 토지를 점하게 하였으며 또 청나라 군대 중에서 이탈자가 생겨 조선이주민 부녀와 동거하면서 토지를 점유하는 자가 생기었다.

남만에 산재한 조선이주민이 받은 차별 대우와 박해는 더욱 심하였다. 구타와 추축을 늘 받았으며 수전을 풀어도 '마음대로 개간'했다 하면서 터무니없는 죄명을 씌우곤 했다. 1905년, 신민현 공태보(公太堡)의 50여 명 조선개간민이 한족지주의 갈밭을 세 맡아 수전을 풀었지만 봉천당국이 파견한 군경에 의해 억울하게 쫓겨났다.

입적하지 않은 조선개간민은 토지소유권이 없었으므로 지주의 땅을 소작 짓거나 지주의 고용인이 되었다. 이들은 조그마한 토지를 사기 위해 5-10명이 모금하여 사고 당지 향약이 담보서고 귀화입적한 조선지주 또는 한족지주를 '명예지주'로 삼고 토지소유권을 냈다. 납부하는 수속료는 높았다. 한전 30일경(일경(日耕)은 1200평방미터)을 사려면 값은 3600조(吊)이지만 수속료는 500조에 달하는데 이는 점산호(占山戶)가 지방관부로부터 황무지 370일경을 사는 값에 해당한 것이다(≪朝鮮統監所派出所月報≫ 1909년 6월).

토지를 산 농민은 명예지주에게 토시가격의 10분의 1을 '수고료'로 주어야만 했다. 이것이 바로 '전민제'라는 특수한 토지관계이다. 이것마저도 1920년대 후반에는 취소되고 무릇 토지를 소유하려면 입적하지 않으면 안 되었다. 남만에서는 조선이주민이 개간한 '구전(旧田)'은 기한을 정하고 한족에게 도로 넘겨주었다.

지방관리도 관부의 세력을 믿고 조선개간민을 마음대로 착취하였다. 1907년 종성위자의 향약은 지권(地卷)을 조사한다는 구실로 '명예지주'의 이름으로 토지를 구매한 조선농민더러 지조를 내놓게 하고는 토지소유자, 면적, 지계(地界)가 좀 차이만 있어도 벌금하거나 지조를 몰수하였다. 이런 수단으로 제청(霽晴), 제하(霽霞), 월량(月朗)(현 월청향) 등 지역에서 조선화폐 2000여 냥을 끌어 모았다. 또 종성위자 도문강배나루 영업권과 도문강의 경작권을 틀어잡고 뱃사공들 손에서 4110냥, 고도의 개간민 손에서 7800냥을 빼냈으나 관부에는 그 일부분만 바치었다(「조선족약사」).

조선개간민은 관병과 토비의 수탈과 약탈에도 시달렸다. 1902년 청나라는 연길에 연길청을 설치하는 외 훈춘, 동불사, 투도구, 종성위자(현 용정 광개향)에 병사를 주둔시키었다. 각 지역에 주둔한 관병은 조선농민에게 여러 가지 부역과 잡세를 부담시키는가 하면 마을을 쏘다니면서 먹고 마시고 재물을 빼앗았다. 좀 거슬리는 사람만 있으면 토비내통죄로 감옥에 처넣었다. 또 도처에 토비가 생겨나 조선이주민마을을 습격하여 돈과 양식을 빼앗고 가옥에 불을 지르고 부녀자를 강탈하는 등 못된 짓을 다하였다. 어떤 마을은 하룻밤 사이에 잿더미로 되었다.

청나라 지방관리는 조선이주민을 대상으로 한족에게는 없는 가렴잡세를 부담시키었다. 조선이주민이 수전농사를 한다 하여 수리세, 소를 키운다 하여 양우세, 고용된다 하여 고용세, 입적하면 입적세, 관청에 출입하여도 문턱세. 이 모든 것은 선명한 민족경시의 성질을 띠고 있는 것이다.

제7절 조선이주민 지주

만주 지대의 봉금령폐지와 개간기구의 설치, 조선이주민 전문개간구의 탄생 등은 여러모로 만주의 개간사업을 크게 떠밀고 나갔으나 동시에 새로운 계급-지주계층의 탄생을 끌어내고야 말았다. 관헌, 토비출신들은 청나라의 등을 믿는 특수한 권력을 가진 무리로서 '무등한 위치'에 서있었다. 또 1890년부터 조선개간민에게 강요한 귀화입적으로 인해 조선이주민 중에 일부 귀화분자들이 나타났으며 이자들은 귀순의 대가로 토지소유권을 얻을 수 있었다. 청나라는 토지조사를 구실로 토지소유권을 그러한 특권계층에 주었다. 이자들은 황무지를 헐값으로 얻었거나 지어 무상으로 차지하고 점산호로 되었던 것이다. 당시 청나라는 재정난에 봉착하였기에 기전(旗田)이요 학전이요 관전이요 하는 따위의 명목으로 두었던 토지를 점산호에게 팔았다. 점산호는 더 큰 토지점유자로 발탁하게 되었다.

기전(旗地)이 민지로 전화된 것은 간도 개척 후 진행되었다. 기지는 8기병과 일반기민에게 장정(노력) 또는 관직에 따라 나라에서 개개인에게 준 땅으로서 기인들은 사용권만 있었다. 하지만 당시 8기병제가 점점 해이해지고 기민과 일반주민 간의 구별이 희박해짐에 따라 차츰 서로 양도하고 매매까지 하여 결국에는 민지로 전화되었다. 간도의 토지등록은 초간국 또는 무간국에서 3년 내지 7년에 한번씩 진행되었다.

제1차는 1881년에, 제4차는 1888년에, 제5차는 1896년에 있었고 돈화 일대에서 시작되었기에 두만강 연안은 좀 늦게 진행되었다. 토지소유증(집조)발급사업은 1907년에 시작되었는데 수속료는 토지등급에 따라 상등지 1헥타르에는 9조(吊) 900문(文), 중등지는 6조 600문, 하등지는 3조 300문이었다.

토지등록에 이어 토지소유권이 인정되었으며 당국도 토지세를 받기 시작했다. 미개간지는 황무지면적에 따라 저당금을 받고 개간 후에는 토지면적에 따라 조세를 받았다. 일반적으로 개간기간은 3년이고 그 기간 개척민은 그 땅을 자유로 경작하고 3년 후에는 관청에서 소작료를 받았다. 문헌에 따르면 훈춘 일부 지방의 미개간지의 저당금은 헥타르당 8조이고 개간 후에는 토지의 상, 중, 하 등급에 따라 헥타르당 19조 800문, 13조 200문, 8조 250문이었고 토지세를 양식으로 납부하는 경우 보통 곡식 5-6말가량 바치었다. 그리고 토지역에 따르는 부가세로는 헥타르당 지방순경비는 2조 80문, 향약비는 1조-2조이며 문호세는 가옥의 크기에 따라 300문-3조였다. 기지는 납부세를 납부하지 않았다.

점산호가 토지를 차지하는 방식은 기이하였나. 강과 산을 일추 경계로 심아 온종일 말을 타고 한바퀴 달린 후 그 안을 자기 땅이라고 선포하였다. 이런 방식으로 금을 그어 놓은 속에는 조선개간민의 땅도 있었다. 물론 약탈을 면치 못하였다. 당시 간도에서 토지를 가장 많이 차지한 한족지주는 꽌완춘(冠万春)이었는데 400여 헥타르를 점유하였다. 국자가 서쪽 교외(현 연길 소영향 민주대대)의 한추정(韓秋庭)은 1890년 훈춘에서 연길로 올라와 역시 금 긋는 방식으로 토지 1000여 쌍을 차지하고 70여 호 조선농민을 소작으로 두었다. 훈춘 토문자의 번강(藩江), 용정 세린하의 손영명(孙荣铭), 화룡 투도구의 무수훈(勋武树) 등은 모두 1000쌍 이상의 토지를 가진 점산호들이다. 같은 시기 조선이주민 지주도 산생하였다. 이들은 대부분이 그 부친이 입적하여 지주로 되었던 자들이다. 그 중요한 인물로는 화룡에 이영춘, 임학순(林学舜), 이동춘(李东春), 최창화(崔昌华)이고 용정에 남궁필(南宫弼), 김동길(金同吉), 최해명(崔海明), 최창극(崔昌极), 지보산(池宝山), 이등운(李登云), 장진태(张振泰), 정전방(郑甸邦), 최덕창(崔德昌)이며 왕청에 최명비(崔明飞), 이도연(李道然), 이밖에 훈춘에 한희삼(韓熙三) 등이다.

간도조선이주민 가운데서 가장 큰 지주는 19세기 60년대 조선 종성에서 모친을 따라 간도에 와 한족의 후예로 된 조선이주민혈통인 온전복(원 성씨는 주), 45헥타르의 토지를 점유하였다. 19세기 70년대 말 종성에서 종성간도의 마패, 걸망동 부근인 섬동에 이주한 김평준(또는 김부귀)는 귀화입적하여 토지 120일경을 소유하고 20여 호의 조선소작농을 두었다.

1910년 통감부파견소의 조사자료에 의하면 동간도 동부 지방에 모두 6만 3272세대(조선이주민 1만 6101세대)가 거주하였는데 그중 대지주(30헥타르 이상 점유)는 간도 총 호수의 5%를 점하고 중지주(15-30헥타르 점유)는 25%, 소지주(15헥타르 이하 점유)는 50%, 소작농은 20%를 점하였다.

아래에 조선이주민 지주 손영명과 이영춘의 '치부사'를 적어둔다.

손영명 용정 세린하에 있는 지주이며 한간이다. 7000여 평방미터의 터전에 토성을 쌓고 네 각에 포루를 수축하고 10여 명의 호위병을 두었다. 손영명의 식구는 96명(손영명은 형제가 열다섯이었다), 70여 명이 무기를 지니고 있었다. 손영명의 백부 손부인은 봉천에서 살다가 1900년에 세린하로 이사왔다. 후에 손루(孫樓)의 비적무리에 가담하여 노략품을 감추어주었다. 손루 일당이 반석현에서 관군에게 소멸되자 비적들의 노략품을 수중에 넣은 손부인은 일조에 벼락부자가 되었다.

손영명 세대에 와서는 소작인에 대한 착취가 혹심해졌다. 그의 치부술은 첫째로 가렴잡세가 많았으며 다음은 고리대 착취였다. 손영명의 재산은 방대했다. 세린하, 투도구, 이도구, 남고성, 동불사와 가목사 등 지역에 수전 9000쌍, 산림 1700여 쌍과 360여 칸의 가옥이 있었다. 세린하에 기름방, 제분소, 벽돌가마와 석회가마가 있었고 사립학교도 꾸리였다. 연길에 태화륭상점과 천일방(天一方)판점이 있었고 가목사에 덕발동철공장이 있었다. 광복될 때 소작농은 1000여 호였고 소 1200마리, 말 20필, 마차 2대, 하이야와 트럭이 각각 한 대 있었다. 뜰에는 양식뒤주(囤子) 일곱 개가 있는데 매개 뒤주에 양식 70톤이 있었다. 아편은 손영명의 주요한 재원이었다. 해마다 대회동에 20여 쌍 앵속(罌粟)을 심어 가을이면 폭리를 얻었다. 9·18사변 후 관청과 결탁하여 40여 명 무장보위단을 꾸렸고 일제와 결탁하여 항일투사 44명을 참살하였다. 1947년 중공당정부에 의해 처단되었다.

이영춘 1897년 조선 함경북도 온성군 훈융면에서 태어나 아홉 살이 되던 해 부친 이문을 따라 화룡현 덕화향 길지대대에 정착하였다. 그의 부친은 유씨라는 한족 집에서 목공일을 하였고 이영춘은 그 집 돼지몰이꾼이 되었다. 이영춘은 이문의 둘째 아들이었다. 1915년, 선참으로 중국국적에 든 이영춘은 조선이주민들을 설복하여 중국적에 들게 하고는 '입적세'라는 명목으로 돈을 받아먹었다. 이것이 이영춘의 치부밑천으로 되었다. 1919년 막내 동생을 구동북군 화룡 주둔 보안단 사씨라는 연장의 첩으로 주었다. 선후하여 화룡 명신사 사장, 상무회 회장, 협화분회 회장, 산도구공안국 국장을 하였다. 나중에 이영춘은 1600쌍 토지와 수천 평방미터 집을 가진 화룡의 으뜸가는 지주로 되었다. 9·18사변 후 중공지하공작원과 반일군중을 살해하였다. 1945년 9월 12일 화룡 전진소학교마당에서 처단되었다.

토지병탄은 이영춘의 주요한 치부수단이었고 그 외 여러 가지 착취수단이 있다. 처음에는 4:6제로, 후에는 5:5제로 소작을 주었다. 이리하여 해마다 16만 근에 달하는 지조를 받아들였다. 고리대금 역시 혹독하였다. 한 농민은 17원을 대금했다가 결국 10년 머슴살이를 하고도 그 빚을 벗지 못했으며 박씨 농빈은 수수쌀 세 말을 뀄다가 3년 고농살이를 했다. 이밖에 부여, 집세도 악착한 착취수단이었다.

제8절 청나라조선이주민 명인

청나라 초, 조선기민의 후예 중 한패의 출중한 명인들이 있다. 이들을 간단히 적어 본다.

이사충(李思忠) 유명한 무관이다. 1644년 팔가군을 거느리고 섬서로 쳐들어가 동관을 점령하였고 강남으로 진군하여 양주를 함락하였다. 장강 남북 10개 주, 현의 반청세력을 숙청한 그는 그 후 지방의 최고군사장관인 섬서제독으로 임명되었다. 그의 둘째아들 이음조(李蔭祖)도 많은 공을 세워 청나라의 병부상서로 있었다. 이음조의 아들 이병(李炳)은 강희연간 병부시랑으로 있다가 그 후에는 지방의 최고행정장관인 안휘이성 순무(巡抚)로 되었다. 이사충의 셋째아들 이현조(李显祖)는 강희연간에 광동 수사제독으로 있었다.

한결은(韓杰殷) 청나라 초기에 '1등경차도위(轻车都蔚)'로 있은 한니(韩尼)의 아들로서 정홍기만주부도통(正红旗满洲副都统)으로 있었으며 강희연간에는 수도위수 최고장관인 호군통령(护军统领)으로 있었다. 그의 동생 한나진(韩乃秦)은 흑룡강 부도통으로 있었다.

상명(常明) 청나라 초기, 정황기 제4참령 제2고려좌령인 김선달의 외손자 상명은 건륭연간에 영시위내대신(즉 궁전 내무대신)까지 하였고 태자태모의 벼슬을 추가 받았으며 사망 후에는 건융 황제로부터 의근(懿勤)이라는 익호까지 하사받았다

김간(金简) 「요동문현정략」에는 "高丽性不尽隶于满洲八旗, 如金简亦高丽. 隆年间以文学获主知, 其女后被选入宫, 邃命隶内务府汉军正黄旗, 后邃以金简为内务总管大臣, 诚异数也."라고 적혀 있다. 김간은 건융연간에 내무부 대신으로 있으면서 사고(四库)전서의 부총재를 맡았다. 무영전(武英殿) 취진판(聚珍版) 2891권을 간행할 때 조선의 동활자를 모방하여 고욤나무로 동활자를 만들어 인쇄를 하였기에 건륭 황제는 취진판이란 이름을 선사하였다. 1792년에는 이부상서로 되었다. 그의 여동생은 건륭 황제의 귀비로 되었다.

이세탁(李世倬) 「중국화가명인대사전」에는 이렇게 적혀있다. "隶汉军籍, 字汉章, 号谷齐, 两湖总督如龙之子也. 少随父?游江南, 见王石谷, 得其指授山水法, 复与马退山游, 又传其写生之笔. 其人物, 官晋士时, 得吴道子水陆道场图而阅之, 邃悟其法. 而花鸟, 蔬果, 各种写意, 盖得诸舅氏高且园之指墨, 而易以笔, 故能各名一家." 청나라 건륭연간의 화가로서 양호총독 여용의 아들이며 왕석곡, 마퇴의 진수를 전수 받아 산수화, 화조화, 과실화 등에 뛰어난 재주가 있었으며 단독적인 한 개 유파를 형성하였다.

안기(安岐) 청나라 건륭연간의 저명한 서화감상개다. 자는 의주(仪周)이고 호는 여촌(丽村) 또는 송천노인(松泉老人)이다. 서예와 그림을 애호하며 감상에 능하고 수장이 극히 풍부하다. '묵연회관(墨缘汇观)'을 펴냈다. 진·당나라 이후의 그림가작의 지묵감정, 인장진위감별에 있어서의 권위적 서적으로 되었다. 전하는데 의하면 그림을 건융 황제에게까지 바치었고 건융 황제는 백은 1000냥을 은사하였다. 안기가

죽은 뒤 그의 소장품은 대부분이 건융내부(內府)로 옮겨졌다. 안기에게는 여러 가지 도장이 많은데 그중 가장 애용하는 것이 '조선이주민안기지인'이었다. 또 그가 천진에 호적을 두었기에 천진인이라고도 불렀다.

최?(崔?) 「요동문헌정략」에는 "家象州, 工人物士女, 学焦秉贞法, 传染净丽, 风情婉约, 虽未能方驾古人, 而翩翩足隽一时矣, 画梅亦佳, 今官州牧"라고 씌어 있다.

김세속(金世续1852-1921) 조선 이주사람이다. 1875년 거인(举人)으로 되고 박식 다학으로 소문난 그는 1896년에 총관내무대신 겸 공부시랑(工部侍郎)으로 되었고 그 후에는 종1품 벼슬인 협판대학사(协办大学士)로 있다가 군기대신(军机大臣)으로도 있었다. 1909년 선통황제가 즉위하자 그는 퇴직하고 자정원(资政院) 총재의 신분으로 「덕종실록」의 편찬에 종사하였다. 죽은 뒤 태사(太师)로 봉되었다.

1910-1931년 조선이주민

제1절 원인과 동기

1. 사회배경

1910년 '한일합병'을 계기로 조선총독부가 설치되었고 일제가 한국에 대한 식민지 정책은 본계도에 올랐다. 첫 번째의 총독 데라우찌는 곧 헌병경찰제도를 마련하는 동시에 조선민족을 철저히 탄압하기 시작하였다.

일본은 두 개 사단의 육군과 두 개 해군 분견대를 조선에 주둔시키고 각 군 소재지에 수비대를 배치하고 헌병경찰관에게는 살장(杀场)에 이르기까지 87조항에 달하는 '즉결권(即决权)'과 강제집행권을 주어 조선이주민을 탄압, 살해했다.

헌병경찰제도는 1272개의 헌병대와 경찰서를 가지고 조선이주민의 의지를 묶어놓았으며 일반 국민에게는 그들의 필요에 따라 태형(苔刑) 등 전근대적인 형벌을 가하는 공포 속에서 식민지체제를 굳혀나갔다.

또 조선의 역사서, 충의전, 무용(武勇)전 등 20만 권의 책을 불살랐으며 조선민족의 열등감을 고취하면서 조선민족문화의 말살과 민족혼을 매장하려 하였다. 조선이주민학교에 대해 대폭적으로 삭감하는 동시에 일본어의 보급과 일본인의 성격양성을 강제적으로 추진하였다. 조선이주민으로서의 지적인 발육의 길을 막았던 것이다. 이 밖에 민족의 권익을 대변하는 언론기관과 집회를 폐쇄, 해산시켰다. 「황성신문(皇城新聞)」, 「제국신문」, 「대한매일신보(大韓每日申報)」가 폐간되었다. 또 모두가 익숙히 아는 안악사건(安岳事件)과 신민회사건(105인사건)도 일어났다.

일제의 식민지정책은 조선민족이 생존할 수 있는 경제적 기반을 최대한으로 박탈하였다. 그 중요한 수단의 하나가 토지조사사업이다. 1910년에 본격적으로 착수된 이 조사는1918년에 완료되었다. 이 근대적인 방법에 의한 가장 혹독한 토지약탈에서 총독부는 조선국토의 40%를 차지하였다. 몰락한 농민들은 화전민이 되거나 멀리 외국으로 떠날 수밖에 없었다. 또한 이 조사에 사용된 경비는 무려 300만 원이나 되었다. 당시 총독부가 1년 예산 중 교육비가 30만 원, 의료비가 40만 원인 것과 비교하면 엄청난 금액이 아닐 수 없다.

민족경제의 파탄은 수산업과 공업부문 등에도 나타났다. 모든 면에서 일본인이 우선권과 독점권을 갖고 있었다. 무단정치시대가 지속되었던 것이다.

1919년 3·1운동직후 신임총독 사이또는 이른바 '문화정치'를 표방하였으나 기본방침은 추호도 변함이 없었다. 오히려 실질적으로는 더욱 강화되었다. 3·1운동 이전에는 헌병과 경찰이 1만 4358명이었으나 이른바 '문화정치'가 실시된 이후에는 2만 771명(1922년)으로서 약 절반이 늘어났다. 이 시기 조선인의 일본화정책, 조선인과 일본인 간의 결혼장례, 조선인에 대한 고등교육저지(阻止) 등이 실행되었다.

동 시기 중국에서의 일본인의 침략도 발걸음을 멈출 새 없었다. 1912년, 신해혁명으로 중화민국의 탄생을 보아 2000여 년 봉건군주제도를 결속 지었으나 중국은 여전히 대, 소 봉건군벌의 혼전에 있었으며 반봉건, 반식민지의 성격은 추호의 변화가 없었다.

철도의 개통으로 일제는 간도상품원료시장의 독점을 가속화했으며 대량의 염가상품을 쓸어왔다. 천, 면화, 방직물, 해산물, 석유 등 많은 소비품을 일본으로부터 수입하였으며 일본의 금융자본은 점차 금융시장을 점하였다. 일본은 '동양척식주식회사', '동아권업유한주식회사'를 통하여 토지를 미친 듯이 강점하였다. 1926-1931년 6년 사이

'동척'은 간도에 826만 원을 투자하여 토지상조, 농업자금대부금발행 등 명목으로 고리대를 풀어 12만 무의 토지를 빼앗았다. 1929년부터 '동아권업'도 간도 일대에 마귀의 손길을 뻗쳤는데 1931년에 이미 7209헥타르 토지를 수매하였다.

'동아권업'은 남만에서도 토지를 수매하였다. 그들은 여러 수단으로 군벌, 관료, 지주의 대량의 토지를 '상조'하였으며 일본토지경영자에게 자금을 주어 그들이 토지를 구매하게 하였다. 또 '중일합작'의 명의로 중국정부를 기만하면서 토지를 구입해 들였다. 1926년 '동아권업'은 만주에서 토지 12만 3000여 헥타르를 구매 또는 '상조'하였다. 동시에 일본의 大倉 등 자본그룹도 토지를 강점하고 농장을 경영했다. 1927년 10월 통계에 따르면 일제는 동북에서 토지 16만여 헥타르를 빼앗았다(「滿蒙与日本帝国主义」 许兴凯).

철도의 부설은 조선인의 만주이주에 큰 편리를 주었다. 1911년 봉천당국은 봉천수리국을 각 지방에 앉혔으며 '수전농사장려장정'을 반포하였다. 1912년 중동철도, 남만철도, 안봉선의 개통, 압록강철교의 가설 등으로 인해 조선이주민의 정착지는 봉천, 관동주로 남하하게 되었고 다른 갈래로는 흑룡강과 우수리강 유역에 분포되었다가 진일보로 수원, 요하 쪽으로 확산되었다. 1922년 후에는 북쪽으로는 할빈, 치치하얼까지, 동쪽은 중소변경, 해림, 일면파에 이르렀으며 서쪽도 요하, 장가구 방면까지 닿았다.

2. 이주원인

20세기 전후 대폭 장성세를 보이고 있는 조선이주민의 만주진출은 역사적으로 내려오던 맥락도 있겠지만 당시 조선 국내와 국제의 복잡한 환경과 직접적 연계가 있다. 조선이주민의 만주이주는 경제원인이 가장 중요한 요소로 작용해 왔으며 이밖에 정치원인, 사회원인, 지리적 원인 등도 홀시할 수 없는 요소이다.

1) 경제적 원인
(1) 만주지방이 조선에 비해 생활이 안정되고 살아가기가 쉬웠다. 어느 정도로는 부유하였던 것이다. 만주는 인구가 적고 토지가 비옥하며 생활이 쉬이 보장될

수 있어 조선의 빈곤한 농민들의 만주이주가 이루어졌다.

(2) 조선에서 인구과잉현상이 나타났다. 조선의 인구성장률은 18.62‰로서 고성장을 나타내고 있었으며 인구밀도(평방리)는 1350명으로서 길림성의 56명, 간도의 340명보다 대폭 높음을 보여준다. 경작지가 줄어들고 땅값이 올라 실업자가 늘어나 해외 인구 수출의 가능성을 마련하였다.

(3) 중국지주가 조선이주민을 환영하였다. 조선농민은 담배와 수전 농사에 능하였으며 당시 만주에서의 수전재배성공은 거대한 수익을 따냈다. 수전의 대대적인 개발과 더불어 중국지주는 토지와 자본을 조선이주민에게 대부 주었으며 조선이주민은 소작인의 신분으로 노동력을 제공하였다. 상호의 이익과 착취와 피착취의 관계로 이루어진 이 특수한 관계로 조선이주민은 맨주먹으로 만주이주를 계속하였다.

(4) 간도협약에 의해 귀화조선이주민의 토지소유권이 승인 받았다. 비록 이는 반면적인 자극이나 당시 조선 내에서 토지를 잃은 농민에게는 한 갈래의 흡인력이 있는 선택이었다.

(5) 조선에 흉년이 빈번하였다. 농민들의 경제력이 내려가 농업개량이 불가능하였으며 산림이 황폐되고 수원이 말라 한재가 따랐고 풍해, 기후불순 등은 재난을 한층 더 심하게 하였다.

(6) 조선농민의 생활이 더욱 곤란해졌다. 토지는 농민들의 생명이었다. '한일합병' 후 자본주의경제의 급격한 발전으로 조선의 경제상황은 매우 큰 변화가 일어났다. 일본의 자본이 대량의 토지를 강점, 수매하여 소작료가 점차 늘어났다. 자작인이 소작인으로 되고 소작인이 실업자로 변하였다(참고표 1-04-01 조선농민 자·소작농 및 경작지 비례). 생활의 안착지를 찾아 조선 남부의 거주민은 대체로 일본으로 건너갔고 북부의 거주민은 만주로 이주하였다.

표 1-04-01 조선농민 자·소작농 및 경작지 비례

단위: %

년 도		1919	1924	1926	1928	1930	1932
신분별	지 주	3.4	3.8	3.8	3.7	3.6	?
	자작농	19.7	19.5	19.1	18.3	17.3	?
	자작소농	39.3	34.5	32.5	31.9	31.0	?
	소작농	37.7	42.2	43.3	44.9	46.5	?
	출전민(出田民)	0	0	0	1.2	1.3	?
	합 계	100.0	100.0	100	100.0	100.0	100.0
경작지	자작지	50.0	50.7	49.2	45.7	44.4	43.4
	소작지	50.0	49.3	50.8	54.2	55.6	56.6
	합 계	100.0	100.0	100.0	100.0	100.0	100.0

자료출처: 「朝鮮关系资料」 昭和12年12月 产业部

(7) 조선에 있어서 경작지가 줄어들고 땅값이 올랐으며 땅을 팔아 어느 정도의 자금을 손에 쥔 조선이주민은 땅값이 저렴한 만주 땅을 마음에 두었다.

(8) 만주농업이 흥한다는 풍설(风说)이 조선에서 돌았다. 당시 중국인지주는 벼농사의 단맛을 보고 조선농민을 환영하는 지방이 있었다. 사실상 이상의 선전에는 상당한 근거가 없는 것도 아니고 이주소개자의 과장된 선전도 풍설이 퍼지는 데 일정한 역할을 논 것 같았다. 봉천 방면, 동부몽골지방, 중동철도 동부 연선 지방의 이주자 중 이 부류의 원인으로 이주한 자가 많았다.

(9) 만주 각 지역에 농장이 개설됨에 따라 조선농민의 수요량이 크게 늘어났다. 1914년 철령현에 푸지도전(圃记稻田) 회사가 설립되고 1921년에는 봉천지방에 동아권업회사농장이 나왔고 1923년에 신민부 서공태보에도 농장을 개설했으며 같은 해에 통료 부근에도 농장을 앉히었다. 이들 농장에서는 수전을 대대적으로 개발하였기에 조선농민이 크게 몰려들었다.

(10) 철도의 개통으로 인해 만주이주교통이 편리하게 되었다.

안봉철도는 러일전쟁 때 긴급히 부설한 경편철도인데 전후 일본은 표준궤도로 고치였다. 일본이 안봉선을 표준궤도로 고친 데는 대러 방어의 절박한 수요에서였다. 당시

러시아는 갑자기 시베리아철도복선계획과 흑룡강철도개선계획을 발표하였다. 세력의 균형을 유지하기 위해 일본은 부득불 조선, 만주, 일본을 연결하는 가장 짧은 철도선을 연결해야 했다. 개건공사는 1909년 8월에 준공되었다. 1911년에는 또 압록강철교 공사를 완성하였다. 배를 타고 내왕했거나 결빙기에 도강하여 월경하는 이주민은 철도의 편리를 타서 남만에서 다른 지방으로 쉬이 이주하게 되었다. 이로 하여 조선 남부의 거주자들은 계속하여 만주의 이주를 시도하였으며 두만강지역에 있어서는 1923년 천도(天图)철도 개통, 1927년 국경철교의 준공으로 하여 도문철도의 연결을 완성하였고 사조(四洮), 조앙(洮昂)철도(사평 – 치치하얼)의 개통에 의해 조남 및 북만의 진출이 매우 쉽게 되었다.

2) 정치적 원인

정치적 원인으로 만주에 이주한 조선이주민은 그다지 많지 않은 것으로 짐작된다. 이 부류의 이주자는 대체로 '한일합병' 전후를 중심으로 이루어졌다.

(1) 이조시대의 실징(失政), 폭정(暴政) 특히 이조 말기 폐정(弊政)에 의한 민심의 배반이었다.

(2) '한일합병'을 전후로 조선이주민이 일본에 대한 분노와 적개심이다.

(3) 중국관민이 조선이주민에 대해 어느 정도는 동정을 표시하였다. 중국인의 자신의 직접적 이익에서 출발하여 조선이주민에게 관대한 정책을 풀었다. 이는 중국인의 재정수입 또는 변강개발, 외래세력 확산방지 등 목적에도 그 근원이 있지만 아무튼 나라를 잃고 일제의 통치를 증오하는 조선이주민에게 있어서는 희망이 가는 손길이 되었다.

3) 사회적 원인

사회에서 떠도는 만주에 대한 예언을 맹목적으로 믿고 이주했거나 사회환경의 극변되는 영향으로 이주한 자가 있으나 이는 적은 부류의 이주민으로 생각된다.

4) 지리적 원인

조선은 만주와 강 하나를 사이 두고 있어 내왕이 비교적 편리하며 만주는 인구가 적고 비옥한 벌판이 미개간지로 되었기에 조선개척민의 만주이주는 매우 쉽게 이해할 수 있는 일이다.

3. 동기와 경로

조선이주민의 동기에 대하여 여러 책들에서 조사와 분석을 가하였다. 동척에서 발행한 '간도사정'은 1916년 3810명을 대상으로 한 조사자료를 실었는데 실제 수입증가를 위한 이가 절반을 넘어 첫 자리를 차지하고 배일사상, 생활난, 설교, 상업경향을 동기로 한 체류자가 약 5분의 1을 차지하여 버금으로 간다. 그다음 순위별로는 친척이 성공을 이룬 뒤 그들을 도와 공동경영을 목적으로 이주한 자, 러시아에서 실업당한 자, 사업실패 후 재궐기를 위한 자, 러시아 방면의 징병을 피해 온 자 등이다. 이상 묘사는 식민통치의 국책회사에서 조사한 자료인 만큼 식민정치의 미화의식을 감안하지 않으면 안 될 것이다.

조선총독부사무관 桒原英太郎 씨는 서간도의 만몽지역 조선이주민의 동기를 아래의 몇 가지로 개괄하였다. 만주 토지를 중국인이 거래하는 시세의 2-3배의 가격으로 수매하는 조선이주민을 중국인이 환영하고 또 한국 내의 땅값에 비해 저렴하다는 점, 1911년 이후에는 쌀값이 인상하고 수전농사가 매우 유리하게 되어 만주 수전에 눈 박게 되었다는 점 등이다.

이밖에 이훈구 씨는 「만주와 조선인」에서 201명 조선개간민에 대한 이주동기 조사자료를 적었다. 대체로 살펴보면 집에 돈이 없으므로 이주, 본국에서 경제난으로 인하여 이주, 의식의 곤란으로 이주 등이다. 만주에서 농업을 하기 위하여, 돈을 모으기 위하여, 사업의 성공을 위하여, 친지를 따라서, 여행의 결과로 등도 이주민의 동기로 되었다.

조선이주민의 경로를 보면

안동지방 안동을 경유하는 안봉선을 따라 서쪽으로 내려가 하류를 따라 웅악성(熊

岳城)에 닿았거나 대양하 하류의 대고산 부근에 도달하였다.

봉천지방 안봉선을 따라 봉천에서 무순 방향으로 훈하 유역에 분포되었다.

흥경지방 무순을 거쳐 흥경에 입주하였고 강을 건너 통화에 이르렀다. 휘하 상류로 되는 거유하(巨流河) 연안 지방에는 중국인은 거의 없이 전부 조선이주민이 수전농사에 종사하였다.

동산지방 남만선을 따라 이주하여 개원, 철령 지방의 각 하류 연안을 따라 거주하였는데 이 일대는 남만의 보물고였다.

길림지방 남만선을 따라 장춘에서 다시 길장선으로 길림에 도착하고 다시 사면으로 퍼져 통화, 해룡 등 북쪽으로 널려졌다.

동몽지방 사조선을 따라 몽골에 입주하였으며 바이인타이라이(白音太来) 남부에서 조선이주민을 모집하여 수전농사를 지었다.

제2절 이주상황

1. 개 론

만주조선이주민의 인구통계는 계통적 자료는 없고 산재한 것들은 내원의 다름에 따라 수치상 차이가 크다. 자료의 정확성에 대해서는 그 누구도 함부로 단언할 일이 아니고 또 이 점은 오늘 날 우리가 만주조선이주민의 연구에서 꼭 해명해야 될 문제라고 생각하지 않는다. 다만 당시 조선이주민의 실제 수는 통계자료의 숫자보다 더욱 많을 것이라고 인정하고 있다.

1910-1931년의 만주조선이주민의 천입을 대체로 두 개 단계로 나누어 고찰할 수 있다. 첫 단계는 1910-1924년, 이 시기 조선이주민에 대해 제한하는 태도와 정책을 주도로 하고 있다. 1915년 일제가 북양군벌정부와의 '21조협정(만몽협정)'의 체결이 근본적인 근거로 되었다. 일제는 조선이주민을 진일보 자기들의 통치하에 넣었으며

각지와 지방당국은 조선이주민에 대한 통제를 심화하였고 조선이주민의 투쟁이 일제의 불만을 자아낼까 두려워서 무장탄압까지도 아끼지 않았다. 조선이주민의 천입은 이 시기 두 번 고조기를 맞이하였다. 첫 고조기는 '한일합병' 후이다. 많은 조선의 농민, 반일분자들이 만주에로 몰려왔다(부록 표 1-04-02 1911-1931년 만주조선인인구). 1912년 만주조선이주민 수는 23만 8000명에 달하였고 1913년에는 25만을 넘기었다. 두 번째 고조는 3·1운동 후이다. 1919년의 3·1운동은 조선의 대규모적인 전국적 반일애국운동으로서 그 후 많은 애국지사, 독립군, 반일군중들이 동북에 유입하였다. 1919년 동북의 조선이주민 수는 전해보다 약 7만 명이 늘어나는 높은 성장폭을 나타내고 있다. 그 후 1, 2년 계속 약 3만 명이란 평소보다 높은 성장을 보였다.

표 1-04-02   1911-1931년 만주조선인인구

년 도	남	여	합 계
1911			56000
1912			238000
1913			252000
1914			271000
1915			282000
1916			328000
1917			338000
1918			362000
1919			431198
1920	261870	197557	459427
1921	271150	217506	488656
1922	285494	231371	516865
1923	289750	238277	328027
1924	292769	239088	531857
1925	289381	242592	531973
1926	298110	244075	542185

속 1

년 도	남	여	합 계
1927	304582	253698	558280
1928	314599	263453	577052
1929	322631	275046	597677
1930	325781	281338	607119
1931	338410	292572	630982

자료출처: 1.「人口问题研究」厚生省人口问题研究所
        2.「附录：参考资料」日满农政研究会新京事务所

1925년 이후부터 1931년 사이를 배척시기라고 볼 수 있다. 1925년 1월 11일, 조선총독부 경무국장三矢宫松과 봉천 경무처장위쩐(于珍)은 '삼씨(三矢)협정'을 체결하였으며 동년 7월 8일 봉천관헌은 '조선이주민제한법강제실행법'을 반포하였다. 이것이 만주조선이주민을 박해하는 정치적 근거로 되었다. 이로 하여 남만 등지의 조선이주민은 또 수난을 겪어야 했으며 숱한 사람들이 눈물을 머금고 개간한 토지를 등지고 떠나지 않으면 안 되었다. '삼씨(三矢)협정' 체결 직전 만주조선이주민의 수량은 성장폭이 크게 떨어져 근근 4천 명도 안 되는 성장을 보았으며 이듬해 즉 '삼씨협정' 체결되던 해는 아예 성장을 중지하는 상태였다(전해보다 116명 증가).

20년대 전반에 걸쳐 조선이주민의 만주이주는 10년대의 토대에서 계속 안정된 성장의 국면을 유지하고 있었다. 1931년 만주조선이주민 수는 63만 982명으로 표시되고 있다.

재만조선이주민의 주요한 집단생활 지대의 인구수량을 보면 다음과 같다('재만조선이주민의 빈궁상과 해결책').

조선총독부 및 영사관 관할하의 간도지방(연길, 화룡, 왕청, 훈춘 및 기타 지역을 포함)의 조선이주민은 40만, 국민부(조선이주민독립단) 관할하의 남만 중부 지방(흥경, 횡인, 통화, 유하 및 기타 지역을 포함)의 조선이주민은 8만 3000명, 원 참의부와 정의부가 관할하는 국경지방(집안, 관전, 임강, 장백 및 기타 지역)의 조선이주민은 7만 3000명, 관동청 및 만철의 관할하에 있는 만철 연선(관동주, 부속지, 상부지 및

인접 지대 기타 지역)의 조선이주민은 6만 3000명, 한족(韓族)노동당 및 한교(韓
僑)동향회의 관할하에 있는 길림 부근 지방(길림, 돈화, 액목, 화전, 반석, 몽강 및
기타 지역)의 조선이주민은 4만 3000명, 공산당 및 신민부의 관할하에 있는 동청철
도연선(영안, 동녕, 액릉 및 기타 지역)의 조선이주민은 3만 5000명으로 집계되었다.

　　만주의 조선이주민은 그 절반 이상이 길림성에 집결되었으며 그 추세는 날로 심하
여 지고 있었다. 1916년 길림성 조선이주민은 총인구의 55%를 점하나 1931년에 이
르러서는 그 비례가 72%로 늘어났다. 각 현별 인구를 보면 심양, 안동, 흥경, 통화,
환인, 집안, 장백, 연길, 훈춘, 왕청, 화룡현의 조선이주민 수가 1만 명을 초과하며
남만지역에서 흥경현의 조선이주민이 2만 명을 넘어 최대수치를 이룬다. 연길, 화룡
의 조선이주민 수는 10만을 넘으며 그중 연길은 22만 명이란 높은 숫자를 나타내고
있다.(참고표 1-04-3 1916, 1924, 1931년 만주 성별 조선이주민 인구: 표 1-04-04
1931년 지방별 재만조선인인구 조사표)

표 1-04-03   1916, 1924, 1931년 만주성(省)별인구표

	1916	1924		1931			
	인 구	호 수	인 구	호 수	남	여	합 계
봉천성	98235	34706	169514	32126	88923	78716	167639
길림성	2158772	69126	379876	88934	265598	227569	493167
흑룡강성	700	1100	5500	3904	8777	6144	14921
열하특별구역(성)		162	813				
관동주		163	815	395	967	1023	1990
흥안성				357	914	684	1598
내몽골		2230	988				
시베리아	72773	28980	179412				
합 계	387480	134467	736918	124716	365179	314136	679315

자료출처: 1916년, 1924년 자료는 「最近間島事情」에서
　　　　　　1931년 자료는 「在滿朝鮮人事情」에서

표 1-04-04 지방별 재만조선인 인구 조사표(1931년)

지명	여순	대련	소강자	사하구	금주	보란점	비자와	노호탄회	주수자회	영전툰회	감정자회
호구	27	155	58	80	19	38	22	9	1	3	1
남	62	450	128	122	45	81	38	24	1	4	1
여	101	408	143	156	40	88	53	24	1	5	4
합계	163	858	271	278	80	169	91	48	2	9	5

지명	감정자회	하가하자회	류수툰	관동주합계	심양	무순	요양	해성	영구	개평	복
호구	1	1	1	395	2433	1291	295	45	242	2	35
남	1	1	1	967	6605	3676	714	115	454	7	67
여	4	0	0	1023	5686	3385	641	108	454	7	68
합계	5	1	1	1990	12291	7063	1355	223	908	14	135

지명	장하	수엄	봉성	안동	관전	본계	흥경	유하	해룡	휘남	금천	통화	환인
호구	7	8	739	2647	1679	158	4490	1286	495	335	138	2003	2630
남	14	25	2029	6599	4269	448	12152	3912	1526	690	342	6742	6850
여	21	29	1849	5764	4254	435	10295	3187	1340	274	306	6094	6326
합계	35	54	3878	12362	8523	883	22447	7099	2866	964	648	12836	13176

지명	집안	임강	장백	안도	무송	서안	동풍	서풍	청원	개원	철령	법고	창도
호구	2381	209	2463	860	455	70	60	289	295	688	666	4	12
남	7489	688	9240	2371	1381	190	200	887	1276	1959	1754	6	31
여	7024	454	8775	1925	894	91	100	840	1038	1797	1561	4	23
합계	14513	1142	18015	4296	2275	281	300	1727	2314	3756	3315	10	54

지명	이수	회덕	조남	돌천	조안	진동	안광	개통	첨유	쌍산	요원	통료	강평
호구	384	334	158	8	--	--	--	--	--	--	86	117	25
남	1025	831	357	16	--	--	--	--	--	--	178	32	56
여	860	714	325	19	--	--	--	--	--	--	179	215	39
합계	1885	1545	682	35	--	--	--	--	--	--	357	447	95

지명	장무	신민	요중	태안	반산	흑산	북진	의	금	금서	흥성	수중	봉천성합계
호구	50	496	26	--	4	15	--	--	--	4	--	--	32126
남	127	1341	62	--	15	25	--	--	--	4	--	--	88923
여	79	1163	34	--	6	29	--	--	--	3	--	--	78716
합계	206	2504	96	--	21	54	--	--	--	7	--	--	167639

지명	영길	서란	덕혜	농안	장령	장춘	쌍양	이통	반석	몽강	화전	화룡	연길
호구	1100	140	43	126	6	1223	162	286	499	338	891	17388	39492
남	3395	356	110	222	14	3208	379	682	1406	798	1764	54631	121535
여	2835	303	85	192	8	2611	263	495	1089	469	1700	50139	100366
합계	6230	659	195	414	22	5819	642	1177	2495	1267	3466	104770	221901

속 1

지명	훈춘	왕청	돈화	액목	영안	동녕	밀산	보청	호림	요하	무원	동강	목릉	부금	화천
호구	9311	8156	555	706	991	502	142	163	226	931	639	31	223	34	29
남	27737	22502	1503	1928	2865	1432	308	490	675	2359	1956	60	548	110	97
여	25261	22302	1263	1855	1815	952	303	437	565	1942	1398	20	346	63	75
합계	52998	44804	2766	3783	4680	2384	611	927	1240	4301	3354	80	894	173	172

지명	벌리	의란	방정	연수	위라	주하	빈	아성	빈강	쌍성	오상	유수	부여	길림성합계
호구	151	172	55	739	127	600	194	415	1203	138	353	200	254	88934
남	463	476	173	2031	361	1786	542	965	3092	445	906	542	746	265598
여	256	265	102	1052	204	1295	343	640	2568	223	579	354	536	227569
합계	719	741	275	3083	565	3081	885	1605	5660	668	1485	896	1282	493167

지명	동지선부속지	용강	경성	태래	임전	눌하	눈강	수화	극산	배천	청강	안달	조동	호란	난서
호구	146	160	100	280	8	32	25	20	9	10	132	6	28	40	30
남	720	451	310	563	19	113	68	69	20	33	373	16	81	135	115
여	421	382	276	495	16	67	51	51	26	24	239	9	79	105	103
합계	1141	833	586	1058	35	180	119	120	46	57	612	25	159	240	218

지명	파언	수화	망규	해룬	수릉	경성	목란	통하	탕원	수빈	북	조운
호구	45	53	4	48	11	100	295	196	250	286	339	178
남	134	176	13	163	41	300	658	530	773	757	795	673
여	75	104	8	120	19	250	421	373	498	465	599	395
합계	209	280	21	282	60	550	1079	903	1271	1222	1394	1068

지명	애휘	흑룡강성합계	개로	여빈	야로	커얼친좌익전기	버커투	흥안성 합계	총합계
호구	173	2904	121	57	132	44	3	357	124716
남	678	8777	318	74	390	127	5	914	365179
여	473	6144	268	23	295	92	6	684	314136
합계	1151	14921	586	97	685	219	11	1598	679315

자료출처: 「在滿朝鮮人事情」민정부총무사조사과편집1933년 9월

　　1910-1921년 만주조선이주민이 원적지별 인구를 보면 북간도지방은 함경북도 이주민이 전체 인구의 70%를 점한다. 그다음으로는 함경남도, 평안남도 이주민이 많은데 약 5-6%를 차지한다. 서간도지방은 평안북도 이주민이 가장 많아 그 비례가 37%로 오르고 경상북도, 함경북도 이주민이 버금으로 각 10-20%를 점한다. 북·서간도지방 외에 있어서 함경북도 이주민이 주류로 44%를 차지하고 있다.

　　전 만주지역을 놓고 볼 때 함경남·북도 이주민이 약 절반을 점한다. 그다음으로는 평안남·북도 이주민인데 약 26%를 차지한다. 1910-1921년 만주에서 조선으로

귀환한 자는 약 5만 9000명, 1920년에 귀환자가 1만 명을 넘어 최고치를 이루었다 (참고 표 1-04-05 1910-1921년 만주조선이민 원적지별 인구).

표 1-04-05 1910-1921년 만주조선이민 원적지별 인구

	1910-1912년				1913년				1914년			
	북	서	기타	합계	북	서	기타	합계	북	서	기타	합계
경기	91	165	39	295	54	44	13	111	8	21	38	111
충북	7	22	56	85	0	284	0	284	0	0	0	284
충남	18	0	0	18	0	6	3	9	2	0	0	9
전북	0	0	1	1	0	0	0	0	0	0	0	0
전남	4	0	1	5	0	0	0	0	4	0	0	0
경북	0	5116	59	5175	132	3125	32	3289	51	254	28	3289
경남	259	2691	15	2965	35	1604	28	1667	3	11	20	1667
황해	34	36	2	72	204	151	13	368	2	67	1	368
평남	90	270	18	378	147	310	29	486	16	40	27	486
평북	80	2285	453	2816	80	2187	230	2497	1193	463	143	2497
강원	116	1311	5	1432	376	645	0	1021	69	181	13	1021
함남	939	410	976	2325	1297	266	543	2106	575	267	793	2106
함북	22635	6841	4729	34205	4877	690	1192	6759	4519	634	1188	6759
합계	24273	19145	6354	49772	7022	9312	2083	18597	6442	1938	2251	18597

	1915년				1916년				1917년			
	북	서	기타	합계	북	서	기타	합계	북	서	기타	합계
경기	2	7	29	38	6	16	73	90	3	19	142	164
충북	0	0	0	0	23	1	9	33	1	99	3	103
충남	0	0	0	0	0	0	10	10	0	0	24	24
전북	0	0	0	0	2	0	3	5	0	0	1	1
전남	1	1	0	2	0	0	30	30	0	0	25	25
경북	15	112	3	130	11	103	21	134	11	149	120	280
경남	0	32	78	110	1	190	0	191	0	524	263	787
황해	60	48	29	137	57	54	66	177	65	54	79	198
평남	43	207	34	284	112	127	212	451	200	152	322	674
평북	123	5359	3	5485	55	3433	898	4386	162	2532	2797	5491
강원	30	43	17	90	31	19	127	177	87	7	51	145
함남	419	159	814	1392	83	161	797	1141	429	512	819	1760
함북	4350	89	1174	5613	3749	883	2039	6671	6760	947	1552	9259
합계	5043	6057	2181	13281	4208	5000	4285	13501	7718	4995	6198	18911

	1918년				1919년				1920년			
	북	서	기타	합계	북	서	기타	합계	북	서	기타	합계
경기	69	91	118	278	208	19	163	390	112	15	175	302
충북	123	37	9	169	140	78	34	252	57	26	30	113
충남	0	13	1	14	27	0	11	38	7	1	33	41
전북	15	4	6	25	4	9	34	47	30	0	20	50
전남	16	14	171	201	20	0	51	71	28	0	42	70
경북	470	4854	34	5358	1022	9778	98	10898	256	917	117	1290
경남	28	1283	93	1404	156	3408	348	3912	128	511	150	789
황해	452	172	62	686	1221	431	236	1888	1477	337	438	2252
평남	784	883	126	1793	2274	1449	1264	4987	1144	843	58	2571
평북	420	8680	79	9179	420	7998	1695	10113	863	3512	1738	6113
강원	492	1888	66	2446	1062	719	84	1865	2055	267	104	2426
함남	1269	656	554	2479	502	134	966	1602	462	320	509	1291
함북	9700	1020	1870	12595	4707	1349	2225	8281	1714	486	2702	4902
합계	13843	19595	3189	36627	11763	25371	7209	44344	8333	7235	6642	22210

	1921년				합 계			
	북	서	기타	합계	북	서	기타	합계
경기	244	12	242	498	797	409	1032	2238
충북	2	0	6	8	353	547	147	1047
충남	18	2	43	63	72	22	125	219
전북	4	1	24	29	55	14	89	158
전남	23	24	139	185	2092	39	459	593
경북	124	346	62	532	673	24753	574	27419
경남	63	305	117	485	673	10559	1113	12344
황해	249	32	165	446	3821	1382	1091	6294
평남	728	620	672	2020	5538	4901	3288	13727
평북	119	640	839	1598	3515	37087	8875	49477
강원	1034	92	272	1398	5352	5172	739	11263
함남	174	31	1400	1605	6227	2938	8171	17336
함북	2277	318	1691	4286	65293	13257	20362	98912
합계	5098	2423	5672	13153	93883	101080	46064	241027

주: 1. '북'은 북간도, '서'는 서간도, '기타'는 북·서간도 이외의 지대를 가리킴.

　　2. 이주 후 한국에 귀환한 자는 다음과 같다.

1910-1912년	1913년	1914년	1915년	1916년	1917년	1918년	1919년	1920년	1921년	합계
7572	2428	1800	3956	8064	6169	5936	4141	10285	8108	58459

자료출처: 「만주 및 시베리아조선인사정」朝鮮総督府内務局社会課編

재만조선이주민의 인구수량에 대해 여러 가지 설법이 있다. 1926년도 조사에 의거하면 일본영사관 자료는 54만, 동양협회 자료는 73만, 만철의 자료는 78만, 이밖에 1927년 대동민보사(大东民报社)의 조사자료는 137만으로 나타나 그 차이가 지나치게 현저하다. 1930년 1월호 「신천지」에 船乔 씨는 논문을 실어 아래의 견해를 내놓았다.

나의 견해에 따르면 만주 및 시베리아의 조선이주민은 200만 명에 달하며 만주에 120-130만 명을 헤아리는 조선이주민이 있다. 일본의 관할범위에서 벗어져나간 편벽한 산지의 조선이주민이 인구조사 때 등록되지 않았는데 그 수량은 50-80만 명에 달하고 있다. 또 교통 불편, 마적의 교란 등으로 인해 조사가 불완전했었다. 동양협회 또는 만철의 조사에 따라 1926년 재만조선이주민 인구를 약 80만으로 정하고 4년간 자연성장수를 합하면 90만 명으로 예견된다. 미조사된 약 60만 명을 고려하면 재만조선이주민은 1930년경 약 150만 명일 것이다.

참고표 1-04-06에는 동북3성 현별 조선이주민에 대한 새로운 자료가 적혀있다. 수전농사 및 한전의 경작지 면적으로 추정된 길림성 조선이주민은 16만 3000명, 봉천성은 20만 7000명, 흑룡강성은 3867명으로서 동북3성 조선이주민은 37만 4000명이다(1926년 만철조사). 영사관의 조사에 의해 추정된 수치는 길림성 조선이주민은 41만 2000명, 봉전성은 16만 6000명, 흑룡강성은 3000명으로서 동북3성 조선이주민은 58만 1000명이다. 출장원의 조사에 의해 추정된 인구(1927년)는 길림성 조선이주민은 54만 2000명, 봉천성은 18만 2000명, 흑룡강성은 1만 2000명으로서 동북3성 조선이주민 인구는 77만 5000명이다.

표 1-04-06 동북3성 현별 이주조선인 분포

현 별		길림	쌍양	서란	장춘	덕혜	이통	화전	몽강	반석	빈강	쌍성
수전면적별(만철조사)에의해추정된인구(1926년)	면적(反)	62500	300	3600	2900	14400	25500	57600	100	85700	(22800)	7200
	인 구	20833	100	1200	967	4800	8500	19200	33	28567	--	2400
영사관 및 기타조사에 의해추정된 인구(1926년)		3607	3287	852	820	99	821	5228	5289	4152	1500	61
출장원의 조사에 의해 추정된 인구(1927년)		5150	3300	1200	820	3400	5250	9600	53000	14280	2200	2400

부여	유수	아성	오상	빈	동빈	연길	화룡	왕청	훈춘	영안	동녕
2200	28800	8600	7200	10800	6900	52400	3600	11300	10800	36000	400
733	9600	2867	2400	3600	2300	17467	1200	3767	3600	12000	133
612	300	500	300	400	2408	169227	111605	31580	43604	7433	5608
1000	4300	3800	2400	3600	9500	177680	117180	37950	68000	14770	13500

돈화	액목	이란	화천	방정	부금	수원	요하	호림	밀산	목릉	벌리	길림성 합계
2200	8300	10100	400	700	1700	400	--	200	14400	(5400)	12200	489400(28200)
733	2767	3367	133	233	567	133	--	67	4800	--	4066	163133
2535	3596	30	--	--	150	150	2000	1000	1200	1459	250	411933
4400	6300	16800	150	300	1200	500	4500	5500	6500	2300	2000	541910

반양	철령	개원	동풍	서풍	서안	영구	요양	흑산	개평	해성	금	신민
90600	1700	12600	1500	22800	12000	18000	30000	8000	700	100	--	14300
30200	567	4200	500	7600	4000	6000	10000	2667	233	33	--	4767
5828	1150	5148	462	1653	525	778	257	---	--	33	31	1454
5828	1150	5148	2370	1886	2000	860	257	---	27	25	29	1454

장무	수중	안동	흥경	통화	봉성	관전	환인	임강	집안	장백	안도	무송	무순
6000	100	47000	19100	25400	21000	5700	52000	1400	(4320)	300	1200	1000	21000
2000	33	15667	6367	8467	7000	1900	17333	467	--	100	400	333	7000
102	--	8487	22703	10163	3228	14337	13378	17138	19608	9751	5777	2934	3518
102	--	8487	22703	10163	3228	14337	13378	17138	19608	9751	5777	2934	3518

본계	해룡	휘남	유하	수암	장하	복	요원	조남	조안	강평	이수	희덕	법고
3000	3000	11000	3600(31990)	23200	13500	32000	200	6000		6000	30000	68400	400
1000	1000	3667	1200	7733	4500	10667	66	2000		2000	10000	22800	133
1261	1562	410	9472	38	44	47	35	376		570	184	1087	193
1261	1562	3500	9472	38	44	47	35	1000		570	3500	4500	193

통요	관동주	봉천성 합계	용강	태래	경성	찰난툰	안달	청강	눌하	눈강	포서
2500	5602	621902(36310)	--	1400	---	--	--	--	--	--	--
833	1867	207300	--	467	--	--	--	--	--	--	--
1501	976	166199	300	--	--	--	--	--	--	--	--
2850	976	181706	350	1600	350	500	220	270	500	350	400

수화	호란	파언	경성	철려	망규	난서	통하	탕원	용진	애휘	조운	나북
--	--	--	--	--	--	--	7200	1400	200	--	--	1400
--	--	--	--	--	--	--	2400	467	66	--	--	467
--	--	--	--	--	--	--	1500	--	--	450	300	300
400	100	600	470	120	200	250	1600	2200	250	500	300	1200

만주리	哈拉苏	흑룡강성 합계
--	--	11600
--	--	3867
9	111	2970
9	111	12650

주해: 작물면적별 괄호안의 숫자는 기타 조사에 의함

자료출처: 満蒙的米作与移住鮮農问题 昭和二年十月

2. 지방별 이주민

1) 간도지방

　간도라 하면 대뜸 우리 조선이주민이 떠오르고 만주라 하면 간도가 처음으로 그 대명사로 꼽힐 것이다. 간도의 연혁에 대해서는 앞장에서 이미 서술한 바 있으며 지금 우리가 외우는 간도는 그 지리적 위치로 볼 때 남쪽은 두만강을 사이 두고 조선 함경북도와 마주하고 있으며 남북쪽 두만강 이외의 3면은 모두 산악으로 이루어진 자연병풍에 싸여 있다. 연길, 훈춘, 화룡, 왕청 등 4개 현을 포함하며 면적은 약 2만 1000평방킬로미터이고 토양이 비옥하여 농사에 적합하며 특히 관개가 편리하기에 벼 농사가 잘되고 있었다.

　1911년, 간도 4개 현의 조선이주민은 12만 6000명으로 기록되었고 1931년에는 40만 6000명으로 늘어나 20년 사이에 28만 명의 성장을 보았다. 최초의 인구보다 2배 이상 더 불어난 것이었다. 그중 1922-1924년 3년 사이에 만주의 기타 지방과 마찬가지로 중국과 일본 정부의 조선이주민 배척, 구축 등 원인으로 인해 조선이주민 인구의 성장이 드디어 영성장을 나타낸 듯싶었다(참고표 1-04-07　1911-1931년 간도 훈춘지방 조선인 인구분포).

표 1-04-07　1911-1931년 간도 훈춘지방 조선인 인구분포

	1911	1912	1913	1914	1915	1916	1917	1918	1919	1920	1921
호구	24300	--	--	--	--	--	35294	--	--	--	--
인구	126000	163000	--	--	--	203426	222593	253961	--	--	307806

	1922	1923	1924	1925	1926	1927	1928	1929	1930	1931	
호구	49502	--	--	57719	--	--	66633	--	68876	--	
인구	323806	323228	329391	346194	356016	368827	382930	388366	395874	406341	

　자료출처: 1.「최근간도서정」
　　　　　　 2. 연변주당안관도편자료집

　연길에 조선이주민이 가장 많이 모이었는데 1917년 9월 말 통계에 따르면 그 수가 10만 5927명으로서 간도(4개 현) 총인구의 45% 이상을 점한다. 화룡현은 6만 8063명으로서 30%를 점하고 있다. 10년 후인 1926년에는 연길(16만 9227명)과 화룡(11만 1605명)의 조선이주민이 점하는 비례가 78%로서 상당히 안정한 추세를 보였다. 이런 추세는 30년대 초까지 지속되었다.

연길현은 조선이주민이 간도개척에서 첫발자국을 디딘 곳이다. 동쪽은 왕청현 일부와 두만강을 사이 두고 조선과 마주하고 있으며 서쪽은 할바령을 계선으로 돈화현 및 화전현의 일부와 마주하며 남쪽은 화룡과 접했고 북쪽은 영안현과 접하였다. 면적은 5,297평방킬로미터(1940년 10월)이고 경내 대부분은 산구이며 평균 해발은 450미터, 연평균기온은 5℃ 좌우, 강우량은 500여 밀리미터, 무상기간은 120-140일이다. 주요한 하류로는 도문강, 부르하통하, 해란강이 있으며 하류 양안은 벼농사가 잘 된다.

조선이주민의 용정이주에서 명동촌은 유명했다. 명동촌은 조선 회녕에서 두만강을 건너 삼합진과 지신진의 경계선인 오랑캐령을 넘어 용정으로 가는 길목에 위치해 있다. 원래는 '동가지방'또는 '부걸라자(富鴿砬子)'라 불리었는데 조선이주민이 이주하면서 비둘기바위를 마스코트로 지정하면서부터 '명동'으로 개칭되었다. 명동이란 '조선을 밝게 하자'의 의미이다. 1899년 김약연을 중심으로 한 전주 김씨 31명, 김하규를 중심으로 한 김해 김씨 63명, 문병규를 중심으로 한 문씨 40명, 남종구를 중심으로 한 남씨 7명과 그 먼저 명동에 들어와서 중국인 지주 동씨와 토지구매, 이사 등을 교섭하던 김항덕 등 142명이 하나의 집단을 형성하여 1899년 2월 18일, 조선 종성에서 두만강을 건너 자동촌을 거쳐 명동으로 이주하였다. 1900년 종성 대안으로 이주하였던 윤하현(시인 윤동주의 조부) 일가 18명이 명동으로 이주하여 왔다. 이들은 인재육성에 모를 박고 집단적으로 토지를 사들여 제일 좋은 토지의 10분의 1을 학교 밭으로 떼놓고 서당을 꾸리었다. 김약연은 장재촌에 규암제서당을, 김하규는 대사돈에 소암제를, 남위원은 중영촌에 한함서재를 꾸리고 공부하면서 농사를 지었다. 1899년, 142명의 집단이주가 있은 뒤 이들을 핵심으로 '새 조선이주민'마을이 뿌리내렸다. 명동촌은 1910년대와 20년대 초에 간도조선이주민의 반일운동의 중심 기지로 작용하였으며 민족독립운동에 불멸의 업적을 남기었다.

1913년에 연길현을 설치하기 시작하여서부터 여러 차례의 행정구역변화가 있었다. 진(镇)들로는 용정가, 도문가, 조양천, 로투구, 명월구가 있다.

용정가는 상업이 비교적 발달한 지역으로서 해란강 하류 충적(沖积)평원의 중심에 위치하고 있다. 육도하가 용정가의 서남쪽에서 해란강에 흘러들므로 육도구라는 옛칭도 있다. 1907년 일제는 여기에 조선통감부 임시파출소를 비법적으로 설치하였고 후에는 간도일본총영사관으로 고쳤다. 청나라도 이곳에 상부국을 설치하였다.

도문가는 도문강 북안에 위치하고 있으며 가야하, 부르하통하가 도문강에 유입하는 회합구에 있다. 철도와 공로 다리가 조선으로 통하며 길림 동부의 중요한 항구이다. 7월 평균기온은 19.3℃, 무상기간은 128일이다. 1932년 전에는 100여 가구 인가뿐이고 한족들은 이곳을 '하전자(下甸子)', 조선이주민은 '회막동(灰幕洞)'이라 불렀다.

조양천은 부르하통하와 조양하가 회합하는 곳이다. 원래는 천도(天图)선의 자그마한 역이던 것이 경도(京图)선이 개통된 후 천도선을 국유로 하는 바람에 점차 진으로 발전되었다.

로투구는 부르하통하 강반에 위치, 사면은 산에 싸여있다. 탄광 개발로 하여 진으로 발전되었다. 석탄매장량은 2백만 톤, 돈화, 용정, 도문 등 지역에 공급되었다. 1933년 4월에는 만철과 위만정부의 공동출자로 로투구탄광회사가 세워졌다.

명월구는 할바령 동쪽, 부르하통하 강반에 위치해 있다. 부근은 목재산지로서 명월구는 이내 복재집산지로 되었다. 1932년에 목재 6만 석, 1933년에는 10만 식을 생산하였지만 1934년에는 모종 원인으로 목재채벌을 중지하였다.

용정촌 상부 지역에 비교적 많은 조선이주민이 집중되어 있으나 총체적으로 볼 땐 90% 이상의 조선이주민은 상부지역 외 지역에 살았다. 즉 연길현의 조선이주민 대부분은 농업을 비롯한 비상업활동에 종사한 것이다(참고표 1-04-08 1923-1926년 간도 인구분포).

표 1-04-08 1923-1926년 간도 인구분포

			1923년				1924년			
			호구	남	여	합계	호구	남	여	합계
연길현	상부지	용정촌	1953	4019	3028	7047	3001	6790	5184	11974
		국자가	273	487	390	877	423	972	827	1799
		투도구	471	1006	996	2002	526	1223	1179	2402
		합 계	2697	5512	4414	9926	3950	8983	7190	16175
	상부지 외		24848	73928	66681	140609	25896	75447	64407	139854
	합 계		27545	79440	71095	150535	29846	84432	71597	156029

속 1

		1923년				1924년			
		호구	남	여	합계	호구	남	여	합계
화룡상부지 외		19051	60627	51152	111777	18374	60206	51246	111452
왕청현	배초구상부지	86	272	266	538	166	395	347	742
	상부지외	4470	12890	12582	25472	4524	13422	12545	25967
	합계	4556	13162	12848	26010	4690	13817	12892	26709
훈춘현	훈춘상부지	187	391	329	720	193	419	360	779
	상부지 외	6566	17120	17066	34186	6932	17781	16641	34422
	합계	6753	17511	17395	34906	7125	18200	17001	35201
상부지		2970	6175	5009	11184	--	--	--	--
상부지 외		54935	164565	147479	312044	--	--	--	--
합계		57905	170740	152488	323228	60035	176655	152736	329391

			1925년				1926년			
			호구	남	여	합계	호구	남	여	합계
연길현	상부지	용정촌	2309	5990	5246	11236	2343	6017	5361	11378
		국자가	358	775	693	1468	352	726	688	1414
		투도구	512	1302	1207	2509	587	1471	1394	2865
		합계	3179	8067	7146	45213	3282	8214	7443	15657
	상부지 외		23799	80169	69297	149466	24377	82764	70806	153570
	합계		26978	88236	76443	164679	27659	90978	78249	169227
화룡상부지 외			18076	59997	51827	111824	18322	59647	51958	111605
왕청현	배초구상부지		167	437	367	804	192	381	846	1227
	상부지 외		4653	14127	13022	27151	4924	17600	13134	30734
	합계		4820	14566	13389	27955	5116	18065	13515	31580
훈춘현	훈춘상부지		235	474	426	900	290	648	579	1227
	상부지 외		7610	21215	19621	40836	7903	22021	20356	42377
	합계		7845	21689	20047	41736	8193	22669	20935	43604
상부지			--	--	--	--	--	--	--	--
상부지 외			--	--	--	--	--	--	--	--
합계			57719	184488	161706	346194	59290	191359	164657	356016

자료출처:「最近間島事情」

왕청현은 간도 북부에 위치해 있다. 동쪽에는 훈춘현, 동북쪽에는 동녕현, 서쪽엔 연길현, 남쪽은 두만강을 사이 두고 조선과 마주한다. 총면적은 9026평방킬로미터(1940년)이다. 1935년 목도철도가 개통 뒤인 1938년 현 소재지가 배초구에서 대두천(大肚川) 즉 지금의 왕청진으로 옮겨왔다. 경내에 산이 많으며 지세는 북쪽이 높고 남쪽이 낮으나 유독 동부만은 남쪽이 높고 북쪽이 낮다. 가야하가 남쪽으로 빠져 도문강에 흘러들고 수분하는 독두령 북쪽기슭에서 발원되어 경내를 거쳐 동녕현으로 흘러간다. 기후는 산간지대 특징을 나타내고 연평균기온은 3-5℃, 연강우량은 600밀리미터 이하, 무상기간은 125-140일이고 북부 지역의 첫 서리는 반 개월 정도 이르다. 주요한 진으로는 배초구가 있다.

배초구는 가야하 유역에서 가장 일찍 발달한 시가지이다. 조선이주민인 수가 절반 이상을 차지하며 자금 5000원 이상의 조선이주민이 4명이다. 배초구에는 일본영사분관, 경찰분서, 일본헌병분견대 등이 있다. 1926년 왕청현 조선이주민은 3만여 명, 그 중 1000여 명이 배초구 상부 지역에서 생활하였다. 왕청은 또 오랜 항일근거지로서 현 경내에는 중공동만특위 옛터, 소왕청항일유격근거 옛터 등 유적지가 있다. 1910년 말 배초구 조선이주민 호구는 표 1-04-09에 참고로 둔다.

표 1-04-09 1910년말 배초구 조선인 인구분포

	춘융사							
	배소구	소배초구	吉清岭	闹枝沟	牡丹川	庙儿岭	二桂了	합계
호구	91	25	4	28	184	28	14	374
남	272	78	8	89	215	42	34	738
여	234	61	7	75	178	33	25	613
합계	506	139	15	164	392	75	59	1357

	춘명사								
	대왕청	소왕청	大坎子	高力岭	大肚子川	서위자	忿路沟	牛十蛤口子	荒片	합계
호구	143	30	19	14	31	33	25	17	19	331
남	427	94	51	34	87	162	223	53	34	1174
여	251	72	41	16	45	59	84	34	23	625
합계	678	166	92	50	133	221	307	87	66	1799

	춘방사					춘화사
	양수천자	石斗阿	空洞山	英毫甸子	합계	가야하
호구	132	33	13	33	211	50
남	378	105	34	117	634	170
여	244	68	20	75	407	140
합계	622	173	54	192	1041	310

속 1

	춘희사	춘양사				합계
	绥芬甸子(罗子沟)	蛤蟆塘	大荒沟	骆驼砬子	합계	
호구	730	35	7	31	73	1669
남	2850	124	24	133	280	5847
여	2094	86	18	66	170	4094
합계	4944	210	42	199	451	9896

주: '호구'에 오차가 있는 것 같다.
자료출처: 「한국유이민사」

훈춘현은 연길 동부에 위치하여 있다. 동남쪽은 구소련과 접경하고 서남은 두만강을 국경으로 조선과 사이를 두고 있다. 훈춘하가 경내를 가로 흘러 하류 지대에서 평원을 형성하고 있다. 총면적은 5361평방킬로미터, 반산간지대에 속한다. 경내에 대, 소 하류 27개가 있어 수원이 충족하다. 중온대기후에 속하나 해양성기후의 영향이 뚜렷하며 연평균기온은 5.2℃, 연강우량은 500-700밀리미터, 무상기간은 120-150일이다. 훈춘현 소재지 훈춘가는 옛 성으로서 간도의 첫 번째로 꼽히는 통상세관으로 러시아의 해삼위, 조선의 웅기와 무역을 진행하였다. 훈춘현 내의 조선이주민의 최초 이주는 연길현, 화룡현과 거의 동시에 1869년경에 조선 북부의 흉년으로 인해 시작되었다. 그 후 1910년에 이르러서는 훈춘하 상류의 하태평구, 왕팔발자(王八脖子), 토문자와 훈춘하 하류의 사도구, 훈춘하 지류의 연돌랍자(烟突邋子), 반서구 및 밀강 상유 각 지역에 이주하여 개간하였다. 1919년 7월 말 훈춘현 조선이주민은 2만 6145명, 총인구(4만 7098명)의 55%를 점한다. 조선이주민은 경신향의 흑정자 일대, 춘화향의 동구 일대에 가장 많이 분포되었는데 전체 조선이주민의 약 절반을 차지하고 있었다. 같은 해 훈춘 시가지의 조선이주민은 185가구, 561명(「滿洲事情 第二輯」)이었다. 1926년 훈춘현 조선이주민은 4만 3604명으로 1919년에 비해 7년 사이에 1만 7000명이 늘었다. 1919년 훈춘 향별조선이주민인구표를 참고 표 1-04-10으로 남긴다.

표 1-04-10 훈춘현 향별 인구분포(1919년 7월) 단위: 호 명

향명		首善	兴仁		纯义		崇礼	勇智	敬信	春华	得惠	합계
국가별인구 \ 지역명		城区	英安河	高立城	长岭子	南秦孟	马圈子	洛特河子	黑顶子一带	东沟一带	密江荒沟	
중국인	호구	606	265	659	301	231	551	475	264	497	81	3930
	인구	3180	2137	3259	1147	1547	3002	2375	874	3076	356	20953
조선인	호구	324	78	163	220	339	490	403	950	1565	573	5078
	인구	1820	505	1061	1108	1237	2709	1953	5695	6866	3191	26145
합계	호구	930	1138		1091		1041	878	1214	2062	654	9008
	인구	5000	6962		5039		5711	4328	6569	9942	3547	47098

자료출처: 「満洲事情」第二輯

화룡현은 간도 서남부에 위치해 있다. 안도현과 가깝고 동쪽은 연길현과 잇닿아 있으며 면적은 4049평방킬로미터, 산간지대가 91%(1940년)를 점하였다. 1910년에 화룡현을 설치, 현 소재지는 대라자(현 용정 지신향)에 앉혔다가 1939년에 삼도구 즉 현재의 화룡진으로 옮겼다. 기온의 변화는 심한바 1월 평균기온은 13-20℃이고 무상기간은 신지냉기 영향으로 짧다. 골찌기 지대는 약 140일이고 서남부 산지는 100일도 안 된다. 강우량은 500-700밀리미터이다.

화룡현의 수리자원은 비교적 풍부한바 해란강이 서쪽에서 동쪽으로 화룡현 중심 지대를 지나 용정 분지역에 흘러들고 서북부의 고동하는 남쪽에서 북쪽으로 삼림지 대를 지나 안도 경내에 흘러든다. 남부의 홍기하는 북쪽에서 남쪽으로 도문강에 흘 러든다. 인구는 1912년에 5만 9927명이고 1926년에는 11만 1605명이다. 주요한 시 가지로는 화룡가, 투도구가 있다.

화룡가는 화룡현 현 소재지로서 해란강 상류에 위치하고 있다. '삼도구'라고도 불 렀고 퍽 전에는 충신장(忠信場)이라 불렀다.

투도구는 용정 서쪽 약 45리 떨어진 곳에 위치하고 있는데 투도구를 중심으로 하 는 평강평원은 주요한 입쌀산지이다. 1909년 이곳에 상부국이 서면서 옛 이름 산하 진을 투도구로 개칭했다. 상업이 비교적 발달되어 있어 5000원 이상 상업자본가 11 명 중 조선이주민이 2명이었다. 1923년, 투도구영사분관 관할의 화룡현 조선이주민 수는 5만 2539명이다(「最近間島事情」).

조선이주민의 화룡현 이주에서 비교적 유명한 곳은 명암촌이다. 서성진에 위치한 이 촌은 1910년 양(梁)씨 성을 가진 20여 호가 와서 마을을 이루었다. 그때 산동에서 온 중국인 왕푸(王福)가 점산호로 되었고 성진군에서 온 전(全)씨와 다른 조선이주민 2-3세대가 있었다.

1910년 11월 말, 조선 함경북도 성진군 학성면 달래동의 20세대 150명 남녀노소로 구성된 이주민은 봇짐을 이고 지고 달래동을 떠났다. 이들은 성진, 길주, 명천, 경성, 부령을 거쳐 회녕에 도착하여 강물이 얼기를 기다렸다가 삼합, 용정, 투도구를 지나 드디어 명암촌에 도착하였는데 근 달포간이 걸렸다. 이들은 한윤극을 호주인으로 내세우고 왕복의 토지를 샀다. 개간한 밭에는 주로 조, 콩, 옥수수, 귀리, 보리 등을 심었고 조, 보리, 옥수수를 주식으로 하고 콩은 팔아서 집짐승과 소금, 천 등 생활품을 샀다. 이주 5-6년 후에는 수전농사를 시작하였다.

1912년 여름에는 마을 사람들이 일떠나서 교사를 짓고 보진(普進)학교를 꾸렸다. 초대교장은 이강국이었고 교원은 3명을 두었다. 교원의 생활은 마을에서 부담하였다. 가정을 이룬 교원은 학전(學田)을 한 몫씩 떼어주었고 독신교원은 매 집 한달씩 돌림식사를 하였다. 가을이 되면 마을에서 돈을 거두어 독신교원에게 옷을 한 벌씩 지어 주었다. 학전노동과 교원들의 의식주 및 학교운영에 소요되는 비용은 학생이 있건 없건 집집마다에서 다같이 의무적으로 부담하였다.

달래동에서 이주해온 20여 세대는 모두 예수교도들이어서 이들은 1912년 보진학교와 함께 교회당도 세웠다. 최초 이 마을은 촌명이 없이 '왕개지팡'이라 불리다가 장은평(藏恩坪)이란 새 촌명을 지었다. 그 후 비교도들이 늘어남에 따라 종교색채가 짙은 촌명을 버리고 명암촌(明岩村)이라 지었다. 20년대에는 '장은평'과 '명암촌' 두 가지 촌명을 쓰다가 30년대부터는 명암촌으로만 쓰게 되었다.

3·1운동 후 명암촌에 '간도국민회'서 지방회를 건립하였는데 회장에 한윤극(韓允極)이고 양형식(梁亨植), 양군식(梁郡植, 양환준의 부친), 이태연(李太彦) 등이 골간으로 활약했다. 명암촌의 명망이 높아감에 따라 많은 명인들이 이곳으로 찾아왔다. 장시우(張時雨, 조선공산당 만주총국 선전부장) 내외와 저명한 반일혁명가 김책과 그의 형 김성(金城), 우룡선(조선공산당 만주총국동만도 비서) 등은 한때 명암촌에서 활동하였다.

간도(또는 간도훈춘지방)라면 일반적으로 안도현을 포함하지 않지만 위간도성이라면 안도현을 포함하고 있다. 안도현은 원래 봉천성에 속했는데 1934년에 위간도성에 귀속되었다. 당시는 소강, 영경, 양강, 만보 등 4개 구로 나눠졌다. 안도현은 위간도성의 서남부에 위치해 있으며 백두산 주봉과 영액령(英額嶺)산맥의 주요 부분으로서 기후는 고한다우 특징이 있다. 1월 말 평균기온은 영하 16-22℃이고 서남쪽에서 동북방향으로 이동하면서 점차 높아진다. 7월 말 평균기온은 16-20℃이고 무상기간은 70-130일. 강우량이 풍부하다.

안도현의 총면적은 6443평방킬로미터(1940년), 임구가 80% 이상을 점한다. 1931년 전 현 조선이주민은 860가구, 4296명이다.

안도는 안도현의 현 소재지로서 1909년에 설치, 백두산 동북 70여 킬로미터 떨어진 이도강 연안 왼쪽에 위치해 있다. 옛적엔 '냥냥고(娘娘庫)'라 불렀다. 1929년, 1만여 명의 인구가 있었으며 일본은 여기에 병사를 주둔시켰다.

간도조선이주민의 원적지별 분포상황은 표 1-04-11를 참조하면 된다. 보다시피 4개 현의 함경북도 이주민이 현 조선이주민 총인구의 70%를 넘으며 화룡현의 경우 약 80%에 달하고 있다. 함경남도 이주민의 비례는 10-20%에서 파동하고 기타 원적지 조선이주민의 비례는 5% 이하로 줄어들고 있다.

표 1-04-11 1924-1926년 북간도이주조선인 원적지별인구

	1924년									
	연길현		화룡현		왕청현		훈춘현		합계	
	호구	인구	호구	인구	호구	인구	호구	인수	호구	인구
경기	574	2788	59	328	47	244	38	183	718	3543
충북	119	549	90	580	3	18	24	102	236	1249
충남	125	522	38	243	4	19	25	96	192	880
전북	78	390	20	128	1	5	17	52	106	675
전남	101	458	35	174	4	20	20	72	160	724
경북	500	2296	100	577	35	230	72	366	707	3469
경남	187	875	65	409	25	132	43	159	32	1575
황해	805	3833	385	2037	33	183	115	542	1338	6595
평남	1483	6964	457	2843	101	564	153	646	2194	11017
평북	524	2399	416	2468	26	146	136	558	1102	5571
강원	1255	6079	1053	5407	196	1131	192	790	2696	13407
함남	3942	19380	1408	9068	812	4684	1318	6207	7480	39339
함북	20153	109496	14248	87190	3403	19333	4972	25428	42776	241447
합계	29846	156029	18374	111452	4690	26709	7125	35201	60025	329391

속 1

	1925년									
	연길현		화룡현		왕청현		훈춘현		합계	
	호구	인구	호구	인구	호구	인구	호구	인수	호구	인구
경기	353	1574	64	344	215	923	77	622	709	3463
충북	96	465	80	451	14	64	68	539	258	1519
충남	100	465	29	176	21	88	65	519	214	1248
전북	52	259	20	96	26	110	61	497	159	962
전남	85	446	41	189	34	133	60	503	220	1271
경북	386	1813	106	562	16	55	115	800	624	3230
경남	283	1168	65	385	35	159	80	579	418	2291
황해	731	3581	372	2183	393	1617	160	993	1656	8374
평남	1240	6244	463	2733	101	453	215	1180	2019	10610
평북	344	1728	437	2734	30	122	1565	917	967	5501
강원	1130	5956	1080	6461	403	2039	255	1306	2868	15762
함남	2545	12836	1548	8669	741	4214	1399	6736	6192	32455
함북	19718	128144	13772	86841	2791	17978	5134	26545	41415	259508
합계	26978	164679	18076	111824	4820	27955	7845	41736	57719	346194

속 2

	1926년									
	연길현		화룡현		왕청현		훈춘현		합계	
	호구	인구	호구	인구	호구	인구	호구	인수	호구	인구
경기	406	1974	77	446	219	941	86	660	788	3821
충북	111	509	93	545	16	76	75	563	295	1693
충남	104	432	38	235	20	85	76	568	138	1320
전북	72	342	19	109	27	111	60	497	178	1059
전남	92	404	35	184	38	140	64	521	229	1259
경북	498	2467	92	553	21	86	127	858	738	3964
경남	171	762	64	414	34	173	90	622	359	1971
황해	772	3656	385	2222	400	1661	179	1095	1736	8634
평남	1341	6638	487	2981	103	469	229	1222	2161	11310
평북	361	1847	412	2422	33	144	164	945	970	5358
강원	1210	6207	1090	7481	407	2079	280	1457	2987	17224
함남	2423	12962	1493	5534	954	4272	1435	6879	6105	33647
함북	20097	131227	14037	84479	3044	21343	5328	27707	42506	164756
합계	26659	169227	18322	111605	5116	31580	8193	436004	59290	356016

자료출처: 「最近間島事情」

2) 압록강 대안 지방

조선 신의주에 대안되는 만주의 안동 일대 압록강 상류 지방(동변도)의 조선이주민은 이 시기에 접어들면서 활약적인 모습을 보였다. 1897년 조선정부가 강북 일대에

면제를 실시하고 집안의 대안 고산진에 서변계 관리사를 두고 경외 조선이주민의 보호를 하게 된 후 이주자가 늘어나 1904년 당시 3만 9440명을 기록하였다. 1910년 '한일합병'이 있은 뒤 이주자가 급성장을 보이며 5만 2100명에 달하였다(1911년). 길이 3098피트(英尺)인 압록강철교가 1911년에 준공되고 같은 해 안봉철도가 개통되어 압록강 대안 조선이주민의 이주에 교통상 많은 편리를 갖다 주었다. 1919년 조선이주자는 9만 1000명으로 기록되고 있으나 압록강 연안 지대인 장백, 임강, 관전, 안동 등 현에 약 10만 명으로 추정되고 있다(「滿蒙の未作こ移住鮮農問題」).

여기서 본 지방에로의 이주경로를 보면 혜산진(장백현의 대안), 중강진(임강현의 모아산(帽兒山)의 대안), 고산진(집안현의 동구 대안), 앙토리 신도장(외차구문자의 대안) 등의 나루터를 이용한 이주자가 많았다.

20년대 후에는 수전개발로 인해 조선농민들이 몰려들었으나 그 후 조선이주민에 대한 중국 측의 압박이 점차 가중되어 동변로를 거쳐 타지방으로 옮겨가는 추세가 현저하였다. 어떤 이는 북만 쪽으로 자리를 옮기고 어떤 이는 동부 몽골로 이주하였다.

압록강 하류 지방은 일찍부터 산동인의 이주가 행하여 조선이주민은 교통편리로 인하여 내왕은 잦았으나 정착한 개간민은 분명치 않았다. 1904년 이 지역의 조선이주민을 1190가구, 5140명으로 보고 있다. 1905년 후에는 점차 조선농가의 부락이 형성되었고 안동 등 시가지에 이주자가 집결되었다. 1911년 이 지방의 조선이주민은 1490가구, 6850명이었다. 1921년에는 총인구 약 3만 명에 달했다. 이 지역은 본시 중국 측의 압박이 심하고 독립지사들의 반일투쟁이 활발한 곳이어서 일본 측 역시 많은 신경을 쓰기에 이주 농민에게는 안전한 곳이 못 되어 관전현에서는 타지방으로의 전이가 계속되어 갔다.

• **장백현** 압록강 연안 각 현 중에서 땅이 가장 비옥하고 압록강채벌회사의 목재 채벌에 의해 부업 등이 있어 생활을 유지하기가 쉬운 곳이므로 '한일합병' 이후로는 이주자가 밀려들었다. 많은 이주자는 귀화 또는 심산 속에 있었으나 그 후 중국정부가 이주자를 보호하는 경향을 나타내 장백현 총인구의 반수 이상이 이주동포였고 현 내 재정 역시 이주동포의 부담에 많이 의지하였다. 1904년 현 내

조선이주민은 1350가구, 5630명, 1911년에는 5300가구, 2만 3000명으로 늘어났다. 20년대에 와서는 타지방으로 재이주하는 자가 많아져 약 1500명의 감소를 보았다. 1931년에는 2463가구, 1만 8015명으로 기록되고 있다.

• **임강현**   조선이주민에 대한 중국 측의 박해가 점차 느슨해져 이주자가 점차 늘어났으나 본시 이 지방에 마적의 활동이 창궐하였는지라 주둔한 관병이 있는 탓에 동포 이주민에게는 적지 않은 피해가 차례졌다. 조선이주민의 인구수를 보면 1904년 2200가구, 8420명이었고 1911년에는 2600가구, 9700명이었다. 20년대에는 타지방으로의 재이주가 심하여 약 3500명의 감소가 생겼다.

• **집안현**   지리, 교통 관계로 인해 조선이주민이 해마다 증가되었다. 중국 측의 박해도 타지방에 비해 심하지 않았고 부당한 세금도 많지 않아 정착을 바라는 이주자가 많았다. 후엔 정치국세의 불안정과 미개간지의 부족으로 환인, 통화에도 재이주하는 자가 있었으며 조선으로 돌아가는 자도 늘어나는 추세였다. 본 현의 조선이주민은 1904년에 5200가구, 1만 9400명이었다. 1920년대에는 이주자가 다시금 늘어나 약 1만 명의 증가된 결과를 보았다.

• **관전현**   훈강 이동의 타 현에 비해 토지가 비옥하지 못하므로 조선이주민의 증가는 별반 없었고 개간지, 화전의 여지가 감소되었기에 땅이 비옥하다고 선전하는 환인, 통화 방면으로 새로운 개간지를 구하는 이주상황이 나타났다. 하지만 본 현을 꼭 경유해야 하므로 이주자의 '정거장'이 되었다. 1911년 본 현의 조선이주민은 1000가구, 4670명이고 1921년에는 1911년에 비해 약 4배 반 늘어났다.

• **안동현**   땅이 비옥하여 도처에 수전이 있기에 조선이주민 거의 전부가 벼농사를 지었으며 순수한 조선부락을 형성하였다. 철도연선지방에 있어서는 만철고용자 및 담배 농사에 종사하는 동포가 적지 않았다. 1911년 안동현 조선이주민은 330가구 1450명, 1921년에는 총인구가 약 4배 반이나 늘어났다.

3) 남만주지방

(1) 봉천지방

봉천영사관의 관할구역은 봉천성의 심양, 신민, 무순, 본계, 장우, 흑산 6개 현인바 신민, 통화에 분관이 있어 실제 관할구역은 당연히 안동영사관 관할하에 있는 흥경, 통화, 환인 각 현을 포함한다.

이 지역의 조선이주민 수는 정확한 기록이 없으나 15만 명 또는 20만 명으로 불리고 있다. 하지만 봉천영사관이 발표한 숫자는 근근이 6만 5000여 명이며 봉천영사관 경찰서의 통계표에는 5만 9836명으로 기록되었다(참고표 1-04-12 19200년경, 봉천지방 조선인 분포).

표 1-04-12   1920년경 봉천지방 조선인분포

	봉천부속지	봉천소재지	심양현	신민현	장무현	흥경현	통화현	환인현	흑산현	부신현	합계
호구	27	296	499	299	38	4385	2721	3092			11904
남	93	734	1123	822	100	14050	7588	10380	미상		34890
여	26	724	980	651	91	7725	6127	8622			24946
합계	119	1458	2103	1473	191	21775	13715	19002			59836

자료출처: 「満洲와朝鮮人」

- **심양현**   최초의 조선이주민으로는 1906년 봉천에 내왕하였던 평안북도 강계군(벽동군이라는 일설도 있음) 김시정(金時禎) 외 수 명이다. 1908년 이들은 신민현 서공태보에서 처음으로 수전을 시작했다. 1910년에 수전농사를 목적으로 흥경 방면에서 2-3가구 조선이주민이 이주하였고 특히 1921년 동아권업회사의 성립으로 하여 농장 기타를 매수하여 조선이주민 소작인 수 백 가구를 모집하여 조직적인 수전 작업을 시작하여 벼수확이 좋아짐에 따라 조선이주민이 점점 많아졌다. 봉천 부속 지역에 있어서는 1910년경 흥경 방면에서 오는 이주자를 이주의 첫 시작으로 해야 될 것이다. 그 후에는 상업 또는 고용을 목적으로 하는 이주자가 늘어났다. 1922년 심양현의 조선이주민은 510가구, 3917명이고 1931년

에는 인구가 3배 이상으로 늘어나 1만 2291명이었다.

- **무순현** 산령구릉이 많은 지방이나 하천의 물량이 풍부하고 광활한 평야가 또 적지 않으므로 만주 수전의 역사가 가장 오랜 지역의 하나이다. 1906년, 흥경지방에서 와 이주한 조병길(趙炳吉)이 포가툰을 중심으로 수전을 시작했고 그 수확이 좋아 흥경지방에서 오는 이주자가 늘어났다. 1911년경 평안북도 의주군 송병주(宋秉柱), 김만리(金萬里)가 농경을 목적으로 포가툰에 정착했었다. 만철부속지역에 있어서는 1913년 장익훈(張益勛)이 시가지에서 쌀장사를 하였고 김길홍(金吉弘)이 여관을 경영한 것을 처음으로 생각할 수 있고 그 후 이상현(李尙賢) 등 유력한 정미업자의 출현을 보았다. 1922년 무순현의 조선이주민은 312가구, 1600명이었고 1931년은 1291가구, 7063명이다.

- **본계현** 최초의 조선이주민의 기록은 없으며 본 지역의 이주민은 이동성이 많고 거주지가 일정치 못했다. 1912년 6월 말 38가구, 193명이었고 1922년에는 250가구 1000명, 1931년에는 158가구 883명으로 줄었다. 만철부속지역에 최초로 이주한 것은 1911년, 같은 해에 본계호에 중일합작 매철회사(煤鐵公司)가 설립되어 상점, 식당, 고용공 등 목적으로 이주자가 많이 증가됐다.

- **신민현** 경봉철도연선 중 동포의 유일한 발원지인 신민지방은 휘하 강반 일대가 무연한 옥토로 펼쳐져 수전농사에 적합하여 1908년 4월 김시정 외 5명의 조선이주민 이주가 있었으며 벼농사에 손을 대어 한때는 조선이주민이 몰려들어 1910년에는 70명까지 달했으나 수리시설이 불완전하고 수재를 입은데다가 중국측의 불환영으로 인해 후에는 개간한 것마저도 회수하는 경향이었으므로 빈곤에 처한 1천여 명 조선이주민은 그곳에 안착치 못했고 백기보에 있던 동포들은 통료현 방면으로 전부 이주하였다. 1923년 동아권업회사에서 왠이썽(元義生) 회사의 상조지를 계승하고 서공태보지방에 농장을 경영하였기에 소작농으로 내왕하는 조선이주민이 점차 많아졌다. 1922년 신민현 조선이주민은 300가구, 1343명이었고 1931년에는 496가구, 2504명으로 성장을 보였다.

- **장무현** 1918년에 조선이주민 5호, 20명의 이주가 있은 뒤 1919년에는 10가구 49명, 1920년에는 48가구 227명, 1922년에는 38가구 247명이었고 이들은 서청

구, 사역사(沙力士), 타냉영자(打冷營子), 정가와붕(鄭家窩棚) 등 4개 부락에 산재, 거주하고 있었다. 그중 타냉영자와 정가와붕은 조선이주민, 중국인, 몽골인의 잡거구로서 조선이주민은 여러 박해를 받았으며 또 중국인지주와의 관계가 악화되어 1923년 전부 철수하였다. 1931년 장무현 내 조선이주민은 50가구 206명이었다.

- **통화현** 최초의 이주자는 최효덕(崔孝得), 1894년경 통화성 부근에 내왕했으며 약 5년 후에는 소묘구에 이주자가 생기였다. 같은 시기 훈강 오른쪽 기슭 동강촌에 조선이주민의 벼농사가 있었고 약 10년 후에는 부근 각지와 훈강 지류인 이밀하 연안 지방에 이주자의 내왕이 있었다. 초기 이주지의 수전농사는 지력(地力)의 감퇴와 비적의 피해로 수 년 후에는 많은 인구의 감소를 보았다. 1912년 말 통화현의 조선이주민은 2055가구 1만 275명, 1922년에는 2969가구 1만 5550명, 1931년에는 2003가구 1만 2863명이다.

- **환인현** 본 현의 조선이주민 이주는 1907년경 일면성(一面城)에서 상루하(上漏河), 리차구(里岔沟) 등에 조선이주민 이주가 있었으나 개간지로서의 토지가 좋지 못하고 또 비적이 횡행했기에 큰 발전은 없었다. 1931년에 2630가구 1만 3176명의 조선이주민이 있었다.

- **흥경현** 1900년경 신빈보 부근에서 수전개관을 시작한 것이 조선이주민의 첫 출현이다. 그 후 수전의 대폭 발전으로 인하여 부얼하(富尔河) 상류 또는 거유하(巨流河) 연안 각지 및 남성자가도 만전자(湾甸子), 토문자(土门子) 등에 이주자가 급증해 1915년, 1916년에 성황을 이루었다. 또 소자하(苏子河) 연안 상협하(上夹河), 목기(木奇) 등에는 1918년과 1919년부터 이주개간이 있었으며 1922년에 5124가구 2만 5805명의 조선이주민이 있었고 1931년에는 4490가구 1만 2447명이었다.

(2) 영구지방

만주 4대 하천의 하나인 요하 본류로 인해 해륙교통운수에 편리한 영구지방은 영구가 만주의 유일한 개방 항구였던 관계로 수전농사의 보물고이자 물물교역의 활발한 장소였다. 1920년경 조사에 의하면 당시 조선이주민 이주자는 영구 부근에 51명, 대석교에 9명, 석목성에 27명, 금주에 52명, 전장대에 165명이었으나 후에 전장대 부근에로의 이주자가 날로 늘어나 동년 8월 상순에는 84명이 증가되었다.

영구현 경내 조선이주민은 영구와 전장대 두 곳이다.

영구의 최초 조선이주민 정착자는 1916년 상업목적으로 온 두 부류의 5명 조선이주민이다. 한 부류는 3명이 공동출자하여 약 5000원으로 한약방을 개업하고 다른 한 부류는 2명이 2000원 공동자금으로 전당포를 꾸렸으나 모두 실패하고 타지방으로 옮겨갔다.

전장대(田庄台)에는 1910년경 조선이주민 최태곤(崔泰坤), 조상윤(赵尚润), 백의엽 (白义烨) 등 3명이 전장대 동북 약 2리에 있는 유가보 지방의 유자후와 8천지 (天地)의 조지계약을 해 수전농사를 시작한 것이다. 그 후에도 만주 각 지역에서 이주하여 온 자가 많아져 전장대의 대안 동자구에서 동북 근방 해성현 내에까지 10여 개 부락을 형성하였고 1921년에는 이들 부락을 합쳐 인구 800명에 달하였다. 1923년 수재로 인구의 감소를 자아냈으나 그 후 점차 증가되어 1931년에는 영구현 조선이주민이 242가구 908명이었다.

- **해성현**   1916년 이후 개척의 목적으로 이주자를 보았다. 경작지가 풍부하고 토지차용도 쉬웠기에 점차 이주자가 늘어나 한때는 약 60명에 이른 적도 있지만 수차의 수재로 타지방으로 재이주하는 자가 많았다. 1922년 해성현에 2호의 조선이주민 10명이 있었고 1931년에는 45가구 223명이었다.

- **복우현**   유일한 조선이주민 거주지는 와방점 만철부속지이다. 이 지방은 경작에 적합하지 않기에 조선이주민 이주자가 없다가 1920년 일본인이 고용한 조선이주민 여자 5명이 함께 따라와 요리점을 개업한 것과 1922년 관동주 내 소강자 재주조선이주민이 조선이주민 여자 5명을 고용하여 요리점을 개설하였다.

- **금현**   금주가 양털 및 피혁의 집산지였던 관계로 구입을 목적으로 내왕하는 조선이주민이 일찍 있었으나 영구 거주지로서는 1916년 5월, 3명 조선이주민이 이 지방에서 특산물무역을 시작한 것이다. 1918년 말에는 조선이주민 13가구 43명이었다. 그 후 상황의 부진으로 1922년에는 9가구로 줄어들었고 1930년에는 이주자가 거의 없었다.

(3) 송수 및 요양 지방

송수는 남만철도 대련에서 북쪽으로 약 4시간 가면 닿을 수 있는 작은 역참인바 시가지 동쪽은 예로부터 수전이 발전된 곳이었으나 조선이주민 벼농사군은 전부 지방의 중국인에 의거하였으며 수확물은 일부는 지방에서 소비하고 나머지는 송수역을 경유하여 타지로 수출되었다.

요양지방 휘하 및 태자강반은 토지가 극히 비옥하고 토지상조를 하려고 조선이주민 들이 모여들던 중 경성의 백작 이완용의 500천지(天地), 봉천 지석모의 180천지, 최 봉주의 130천지의 수전경작지를 상조하였고 후엔 봉천 이학원의 623천지를 상조하여 벼농사에 착수하였다. 하지만 수리시설 등에 거액의 자금이 요구되기에 제대로 진전을 보지 못했다.

- **요양현** 최초의 조선이주민 이주는 1921년 1월 해성현 조선이주민 김리욱(金李 旭)이 길동로에 이주하여 중국인 장씨에게서 황무지 5천지(天地)를 빌어 수전경 영을 시작한 것이다. 1922년 요양현에 33호, 328명 조선이주민이 있었다. 또 만 철부속지인 요양과 안산에 있어서는 안산의 조선이수민이 앞섰다. 1917년 제철소 와 시가지의 건설로 공사와 상업을 목적으로 조선에서 안산에 이주한 자가 상당 하였다. 1923년경 흥경, 환인 방면에서 중국 측의 압박을 피해 동 부속지역에 재 이주한 조선이주민이 많았다. 또 동 부속지 외 20리 지점인 삼대(三台)에는 수 전경영 목적으로 1924년에 무순과 신민 방면에서 이주하여 온 자가 있었다.

  요양 부속지역에 있어서는 1922년 9월 김홍식(金興植)이 시베리아에서 와 요 리점을 시작한 것이 처음이다. 1925년 김천일(金天一)이 조선에서 건너 와 쌀 장사를 하였다. 1931년 요양현 조선이주민은 295가구 1355명이다.

- **요중현** 1924년 봉천에 거주하는 조선이주민 노인(芦仁)이 중국인 소약천으로 부터 80천지의 토지임대계약을 하고 이듬해 4월 조선이주민 김승하(金乘夏)에 게 수확 절반의 계약으로 소작을 시킨 것이 처음이다. 이후 1929년에 4가구의 새 이주자를 보게 되어 80천지를 전부 개간하여 수전화하였다. 1923년 요중현 조선이주민은 9가구 41명, 1931년에는 26가구 96명이다.

(4) 대련 및 사하구 지방

대련은 남만주의 해륙교통운수의 요새로서 발해를 사이 두고 한반도와 연락하고 있다. 조선우선회사의 기타 항로 개시에 의해 부산, 마산, 군산, 목포, 인천, 함경북도 연해지방으로 조선이주민의 만주 이주 또는 관광자가 있었으나 정착한 자는 극히 적었으며 1920년경 만주 입쌀의 대련 시장이 발탁되어 매매를 영업으로 하는 자가 해마다 늘어나 1923년경 대련 및 시외 사하구 일대에 60여 가구 500여 명의 조선이주민이 있었다. 그들의 직업을 보면 요리점(21가구), 쌀 및 솜틀집(5가구), 여관(1가구), 기타 상점 및 공장의 고용인이었다. 이 지역에서 주목되는 것은 자본금 1만 원을 가진 조선인친목회란 조직이다.

(5) 철령지방

철령을 위수로 하는 개원, 강평, 창도, 유하, 휘남, 서안, 해룡, 법고, 서풍, 동풍 등 11개 현에 있어 조선이주민 이주는 1883년 김화룡(金华龙) 등 수 명이 유하현에 이주하여 수전 시작을 한 것이 최초의 이주로 된다. 그 후 1909년 수전이 유망하여 이주자가 급증하는 경향이었다. 1923년경 이 지역에 4623가구, 2만 6550명 조선이주민이 있었으며 또 당지 조선이주민 및 중국인의 말을 빌면 적어도 4만 명이 넘는다고 한다. 이 일대는 땅의 경사도가 작고 각 지역에 풍요한 계곡이 많아 도처에 수전관개가 가능하여 벼농사가 극히 적합하여 만주의 기타 지방에서는 보기 드문 호황을 이루었다.

- **철령현** 최초 조선이주민 이주는 1914년 중국인 양춘방이 경영하는 포기도전회사(圃记稻田会社)의 성립 후 조선이주민 소작인을 고용하여 첫 시작을 기록하였다. 그 후 범하 유역의 리천호툰, 시하 유역의 대전자, 대판령 등의 각 지역에 내왕자가 있어 수전이 개간되었으며 1919년 후 범하 상류 지방과 철령 부근 지방에 이주하였다. 1925년에는 법고현 경내의 쌍수자, 만가방, 소청퇴자 지방에 철법도전회사(铁法稻田会社)가 설립되어 조선이주민 소작인을 모집하였다. 1922년 철령현의 조선이주민은 67가구 332명, 1930년에는 666가구 3315명이었다.
- **개원현** 1917년경 첫 조선이주민 이주가 있었고 도록하를 이용한 수전개척으로 얼마 지나지 않아 몇 개의 부락을 형성하였다. 1918년경부터는 청하 유역, 도록

도 연안, 사하 상류에도 계속되어 이주개간이 진행되었다. 1922년경 사하 연안, 사하자, 맹가툰에도 조선농민의 부락이 생기고 1923년에는 청하 연안, 1924년에는 요하 강변, 개원 부속지역에, 1925년에는 청하 강변에 조선이주민에 의한 수전개발이 있었다. 1922년 개원현에 321가구 1864명 조선이주민이 있었다. 1931년에는 688가구 3756명, 그 후 대폭 늘어나는 추세를 보였다.

- **강평현** 본 현의 조선이주민 이주지는 거의 모두가 현의 북쪽 변계 내몽골과의 접경 부근이며 1921년 진가와보(陈家窝堡) 지방의 수전개척을 최초로 하고 있다. 1926년에는 이재수(李在诛) 외 7, 8가구가 요양 와보(窝堡)에 이주하여 수전을 개간하였다. 1922년 강평현 조선이주민은 51가구 233명이다. 후에는 수리가 양호하지 못하여 점차 발전을 잃었다. 1930년 말에는 조선이주민 50가구 108명으로 줄었다.

- **창도현** 1922년 현 내 조선이주민은 32가구 130명이다. 창도 부속지역에는 1928년 만철의 토지를 빌어 수전과 한전을 경작 짓는 이가 있었으나 기타 지역에는 조선이주민 이주사가 없었나.

- **법고현** 1917년 대외방보자(大卡邦堡子) 지역에 남경순(南京顺), 권공서(权公瑞) 등 2명이 처음으로 수전 개발한 이래 1919년 이주조선농민이 30가구에 달했으나 한족이 수전에 적응됨에 따라 점점 배척되었다. 또 대명포(大明胞)지방에도 1917년, 1918년경 조선이주민의 이주로 수전개발이 있었지만 좋은 성적은 올리지 못하였다. 1922년, 법고현에는 40가구 195명 조선이주민이 거주하고 있었다.

- **유하현** 1883년, 김화룡 외 수 명이 통화현에 내왕한 것이 시초의 조선이주민이다. 1897년에는 삼통하 상류, 이통하 본류, 지류 지방에 이주자가 증가되었고 1909년경 만주에서의 수전경영이 유리하다는 소문에 조선이주민은 앞 다투어 수전경영에 나섰다. 같은 시기 한국 내지로부터 이주해오는 자가 생기였으며 1912년 이후에는 그 경향이 더욱 심해졌다. 1922년 유하현 조선이주민은 2131가구 1만 439명, 1931년에는 1286가구 7099명이다.

- **휘남현** 1916년, 1917년 유수구에 최초의 조선이주민 이주자가 있었다. 이후 조선 내 지역에서 이주하는 자가 접종하여 휘발강 지류 교하와 하마하의 연안에

약 10개의 부락을 형성하였다. 1922년, 휘남현 조선이주민은 86가구 398명,
1930년에는 1329명으로 성장하였다.

· **해용현** 1905년에 동항하에 내왕하는 조선이주민이 있었고 1910년에서 1912년에
걸쳐 통화 방면에서 북산성자, 서남대황구 오지에 이주자가 생기였다. 심해선의 개
통으로 유하 상류와 지류 지대에 이주자가 더욱 늘어났다. 1912년 6월 말 조선이
주민은 473가구 1507명, 1922년에는 444가구 2193명, 1930년에는 2556명이었다.

· **청원현** 1915년경, 동경(东境)지방에 이주한 것이 조선이주민 이주의 처음이다.
1917년에 청원현 북쪽 청하구지방에서 처음으로 수전을 개간한 자가 있은 뒤 10
여 개의 부락이 점차 형성되었다. 청원 부근은 1918년 이후에 개간되고 청원현
서남 지방에는 1921년에 흑우에 처음으로 수전이 개간되어 몇 개의 부락이 이루
어졌다. 1925년경 훈하의 원류지방에 수전이 개척되었다. 1930년 청원현 조선이
주민은 202명이다.

· **금천현** 현 소재지 양즈쇼(样子哨)에는 일찍 1866년에 조선이주민의 이주가 있
었으며 1910년에서 1912년 사이에 랍자구, 대원평, 소원평 등에도 이주하였다.
토지가 비옥하여 개간에 적합하나 마적의 피해가 심해 그 후 이주자가 많이 못
했다. 1912년경에 불과 몇 개 부락이 증가되었을 뿐이다. 1930년 금천현의 조선
이주민은 1487명이다.

· **동풍현** 1916년까지는 조선이주민 이주자가 없다가 1919년에 횡도구 사평가에
등 지역에 200-300명의 집단이주가 있어 현 내 조선이주민 수가 1000명을 돌파
하였으나 1921년 후부터 점차 감소되었다. 1922년에는 164가구 813명, 1929년
에는 겨우 500명 정도였다.

· **서풍현** 1910년에 이미 500명 이상의 조선이주민이 있었으나 그 연혁은 상세하
지 못하다. 일본 측의 조사에 따르면 1912년 경내 조선이주민은 약 120명에 불
과하나 1917년에는 500명, 1922년에는 393가구 1707명으로 일약 상승을 나타냈
다. 그 후에는 점차 감소되어 1929년에는 겨우 500명 정도를 유지하고 있다.

· **서안현** 1915년까지 조선이주자가 없었으며 1917년부터 점차 이주자가 생기었다.
1922년에는 조선이주민 101가구 512명이다.

(6) 장춘지방

장춘 일본영사관에서 발표한 1922년 6월 말 조사에 따르면 관할 내 6개 현(장춘현, 회덕현, 농안현, 이통현, 요양현, 유수현) 조선이주민은 2350가구 1만 1750명이다. 장춘 시가지인구 60가구 450명과 일부 길림, 장춘 2개 영사관 관할 내에 속하는 반석, 쌍양현의 조선이주민을 합하면 이 지역의 조선이주민은 3만 명을 넘는다고 한다.

- **장춘현** 장춘은 남북만주교통의 주요 지역으로서 조선이주민의 이주가 빈번하였다. 1907년부터 조선이주민의 내왕이 있었으며 1908년부터 점차 이주자를 보게 되었고 1912년에는 6명, 1916년에는 6가구 40여 명, 1917년에는 19가구 90명에 달하였고 1918년엔 48가구 220명이었다. 1919년 이방협(李邦協) 등이 조선인 민회를 조직하여 이주자에게 편리를 도모했다. 특히 1922년에는 75가구 373명으로 기록되었다. 1931년에는 1223가구 5819명으로 뛰어올랐다. 부속지 외에 있어서는 1912년 7월, 함경북도인 김자운(金子云)이 장춘 북문 외에 내왕하여 잡역에 종사한 것이 시초로 된다. 그 후 1914년경 삼도구 부근에 수전이 개간되었고 1925년에는 키룬 부근에도 수전이 개발되었다.

- **덕혜현** 1900년경 평안남도 선천군의 김지순(金之順)이 남령자에 와서 1.5천지를 빌어 수전을 개발한 것이 조선이주민의 최초이다. 1912년 경상북도인 박기성(朴基成)이 왕가점에 내왕하여 수전을 개척한 후 반석 또는 조선에서 이 부근에 이주한 자가 늘어났다. 1920년에는 평안북도인 채치모(蔡致模)가 조선에서 하와호천에 와 벼농사에서 좋은 성적을 올렸다. 1925년 함경북도인 김기순(金奇順)이 중동철도연선인 장가만에서 금지품 매매를 하였다. 1927년 경상남도인 장씨가 동포 10여 명과 함께 길림에서 주태에 내왕하며 수전개척에 종사했으나 성공치 못하고 길림으로 돌아갔다. 1922년 덕혜현 조선이주민은 12가구 42명, 1930년 3월 말에는 176명으로 불어났다.

- **농안현** 조선이민의 이주지는 고산툰(靠山屯)뿐이다. 1918년에 3, 4명의 조선이주민이 수전에 종사했으나 되돌아가 그 후 잠시 이주자가 없었다. 1928년 길림 방면에서 35가구 120명 조선이주민이 와서 중국인지주 곽씨와 계약하고 약 300쌍 토지를 빌어 산툰 조전회사의 명목하에 일종의 합자제도를 만들고 수전농사

를 지은 것이 성적이 좋았으나 1929년 여름의 물피해로 전도를 꺼려 길림으로 되돌아간 자가 많았다. 1930년 농안현 조선이주민은 29명이다.

· **이통현**   1916년 2월 경상남도인 최명중(崔明仲)의 지도하에 조선이주민 6가구 약 40명이 조선에서 연화가 부근 동요하의 지류 청하 유역에 이주하여 수전 약 40천지를 개간하였고 같은 때 경상북도의 이덕삼(李德三) 외 2가구 16명이 조선에서 엽혁참(叶赫站) 부근의 청하 역에 내왕하며 수전 약 20천지를 개간하였다. 1925년 조선농민은 20여 가구 약 1000명에 달했다. 이통현 본부 지방에는 1918년 2월경, 강원도인 이승만(李圣满)이 반석에서 내왕하여 삼도구에 수전 1.5천지를 개간하였다. 후엔 조선 내에서 남만철도로 공주령을 거쳐 본 현에 이주하는 자가 많았다. 본 현 중부 지방에는 1919년경 평안북도인 하영태(河永泰) 등 4명이 반석현에서 고유수에 내왕하여 수전을 개간했다. 1922년 이통현 조선이주민은 109가구 457명이었고 1930년에는 1612명이었다.

· **회덕현**   1919년 4월 평안남도인 곡기점(谷基点)이 공주령 남만철도부속지역에서 공주령관이라는 요리점을 꾸렸다. 1921년 말 10여 가구 조선이주민이 있었으며 1922년 오가장에 조선이주민이 경영하는 대수전이 개척되자 조선농민의 내왕이 빈번해졌다.

부속지 외에는 1920년 조선농민 전영국(田永国)이 대천안(大泉眼)에 수전을 개척한 것이 최초로 된다. 1922년 4월 평안남도의 이만동(李万东)이 조선에서 오가자 부근에 와 수전을 가꾸었고 그해 5월 조선에서 농가 50여 호, 200명을 데려와 자금 6000원을 투자하여 200천지 수전을, 이듬해에 또 100천지를 개간하였다. 1930년 회덕현 조선이주민은 176호 2591명이었다.

· **리수현**   1918년 사정(四郑)선의 개통으로 조선이주민의 이주가 증가되었다. 또 만철연선에서 본 지방에 내왕하는 자가 급증하였고 부속지 외에서도 계속 조선이주민의 이주가 증가되었다. 1922년 리수현 조선이주민은 5가구 29명, 1930년 3월에는 430명이었다.

(7) 길림지방

길림지방의 조선이주민에 대한 기록은 명확치 않지만 1912년경 간도 방면에서 돈화, 액목, 화전, 몽강, 반석 등 현에 점차 이주하였다. 길림, 화전, 몽강, 반석, 액목, 돈화, 서란, 쌍양 각 현의 조선이주민 총 호수는 2430가구, 1만 1796명이라 하나 실제 숫자는 1만 5000 내지 2만 명이 된다고 한다. 1922년 길림총영사관관내의 조선이주민은 1만 2804명(「만주 및 시베리아 조선이주민 사정」)으로 기록됐다.

- **영길현(길림)** 1909년에 첫 이주자가 있었다고 한다. 1916년 후 수전 농사에 종사하는 자가 점차 늘어났다. 1920년부터는 성장세가 높아졌다. 1922년 영길현 조선이주민은 152호 912명이고 1930년 말에는 1935명으로 많아졌다.

- **화전현** 1916년 이후, 한층 많은 이주자가 있었다. 후에는 개간지가 감소되었기에 그 증가율이 감소되었다. 1922년 조선이주민은 759가구 3592명이었고 1930년 말에는 3169명으로 적은 감소를 보았다.

- **반석현** 1916년경 이미 90여 명 조선이주민 이주자가 있다고 전해진다. 1920년 후 이주민은 현저한 증가를 보이었으나 반석현에 미개간지가 적기 때문에 증가율이 점차 내려갔다. 1922년 조선이주민은 587가구 3032명, 1930년에는 2411명으로 내려갔다.

- **액목현** 1916년 조선이주민은 56명이었고 1922년에는 611가구, 3017명이었다. 북만의 벼농사가 유리하다는 소문을 듣고 영안 방면으로 이주하는 자가 있었다. 1930년 액목현 조선이주민은 4332명이다. 이주경로를 보면 처음에는 길림 방면에서 입주한 것이 주류이고 후에는 간도 방면에서 돈화를 거쳐 장광재령 동쪽 지대에 진입하여 개간한 자가 있었다.

- **돈화현** 1916년 함경북도 길주인 방진성(方振成)이 상업을 목적으로 돈화현 소재지에 내왕한 일이 있을 뒤 점차 조선이주민이 증가되었다. 1929년 간도와 조선 북부의 수재로 돈화 방면의 이주자가 많아졌다. 그러나 길돈철도의 개통으로 땅값이 높아져 북만쪽으로 이주하는 자가 있었다. 1922년 돈화현 조선이주민은 103가구 1686명이고 1930년에 와서는 3429명으로 1922년의 두 배로 성장했다.

- **서란현** 일본 길림영사관 기록에 의하면 1919년 말 서란현에 조선이주민 48가구 163명이 있었다. 서란현은 면적이 작고 개간지가 많기에 수전용 미개간지가 적어 이주자의 수용력이 적어 후에는 재이주자가 있었다. 이들 재이주자가 다수는 랍

림하를 따라 오상, 유수 방향으로 나와 다시 중동선 방면에 향하였다. 1922년 서란현 조선이주민은 31가구 186명이었고 1930년에는 627명이었다.

• **몽강현**   몽강현은 지리적으로 볼 때 길림성 중 간도지방을 제외하고는 조선과 가장 가까운 곳이다. 당초 이주민은 거의 모두가 함경도와 평안북도 출신이며 몽강현은 주로 한전이므로 수입이 적고 또 마적의 피해가 심해 화전현 방면에로 재이주자가 생기었다. 1922년 몽강현 조선이주민은 50가구, 234명이고 1930년에는 1187명이었다.

• **쌍양현**   일본 길림영사관의 자료에 의하면 1926년 말 60명의 조선이주민 이주자가 있었다. 또 1922년에 25가구 145명의 조선이주민이 있다는 기록도 있다.(「만주 및 시베리아조선이주민사정」) 1930년에는 627명이다.

• **무송현**   1890년경 평안북도인들의 이주가 무송현 조선이주민의 시작으로 된다. 1920년 조선이주민이 제일 많은 지대는 몽강현과의 접경지대인 탕하(湯河) 연안인데 60여 가구가 있었다. 그 외 만리하에 약 13가구, 이도강안 하량강구 부근에 16가구, 송향하 부근에 13가구가 있었다. 1931년 무송현의 조선이주민은 455가구 2275명이다.

4) 북만지방

1750년경, 동경성을 중심으로 약 4000명의 조선이주민이 거주하였는데 그 세력은 중국인을 압도하였다는 영안현의 옛 기록을 인용한 논문들이 있다. 후에는 귀화조선이주민을 제외하고는 모두 떠나갔다. 기록은 또 영고탑 중국인 중 5분의 1은 조선이주민혈통을 지녔다고 적었다. 청나라의 봉금정책의 실시와 봉금이 점차 쇠약해짐에 따라 1895년경 새로운 조선마을이 형성되었다. 1915년 전까지 조선이주민은 동녕현, 밀산현 등 중로변경 지대에 집중되었다. 특히 아편의 재배와 수전농사가 유망하다는 소문이 퍼져 북만에로 이주하는 조선이주민이 많아졌다. 목단강 유역을 중심으로 조선 내 지역에서의 이주자가 있었으며 남만지방 또는 간도 방면에서 오는 자 또는 러시아에서 재이주하는 자가 해마다 늘어나는 추세였다. 조사에 따르면 간도훈춘지방을 제외한 길림성 북만지방에 약 15만 명의 조선이주민이 있는 것으로 집계되었다(「만몽의 쌀농사와 조선농민 이민문제」).

(1) 할빈지방

할빈이란 지명이 처음으로 나타난 것은 1822년이다. 그때 할빈은 자그마한 어촌이었다. 할빈은 만주어로서 1864년 흑룡강장군 아문 문서에 만족어로 '할빈'이라고 쓴 기록이 있다.

할빈지방의 조선이주민 근대이주는 19세기 말 중동철도 시공에서 비롯되었다. 20여 만 노동자가 동청철도부설에 투입되었다. 러시아 및 조선에서 노동을 목적으로 하는 조선이주민 이주자가 있었다. 1912년에 이미 150명의 조선이주민이 있었으며 할빈을 중심으로 중동철도연선지방에 널려있었다. 1919년 3·1운동을 계기로 현저한 성장을 보았다. 할빈은 중동선의 요새이고 중국, 일본, 러시아의 국제경제시장이므로 연선 각 지대에서 농사를 목적으로 거주하는 자가 많았다. 이들 대부분은 수전을 경영하였다. 그리고 수륙교통운수의 편리로 하여 아침에 왔다가 저녁에 돌아가는 여객이 매일 3-4백 명 정도였다. 거리에선 동포의 모습을 어디서나 볼 수 있었다. 할빈지방 조선이주민의 출생지는 거의 모두가 함경도, 평안도였고 타지방과 달리 로국 귀화인이 많으며 러시아식으로 생활을 꾸며 나갔다.

할빈 부근에는 중동철도공사가 끝난 뒤 부근 각 지역에 거주하면서 약담배 재배에 종사하는 조선이주민이 있었다. 그 후에는 약담배의 재배를 위해 내왕하는 자가 많아져 이들을 대상으로 요리점과 여관을 경영하는 자가 점차 늘어났다. 1927년 할빈 부자전(현 도외)은 길림성에 속했고 강북의 송포는 흑룡강성에 속하며 도리, 남강, 향방은 동북군벌의 직속인 동성특별구에 속하였다. 세 지역에서는 부동한 아편정책을 실시하였다. 길림성은 아편 재배, 제조, 판매, 흡입을 단속하였으며 흑룡강성에서는 아편재배를 허용했고 145개의 아편관이 개설되었다. 강남 부자전의 아편쟁이들은 강을 건너 송포의 아편관에서 마음껏 아편을 피웠다.

러시아 10월혁명 후 연해주 방면의 조선이주민이 많이 모여들었고 1920년경에는 수전을 목적으로 남만 및 조선에서 모여드는 이주자가 증가되었다.

(2) 일면파지방

이 지방의 첫 조선이주민은 김민혁(金敏赫) 씨이다. 1916년 평남진 남포에서 이곳에 이주하여 요리점을 시작하였다. 그 후 2-3년 후 시베리아, 남만에서 해마다 이주자가 있었다. 80여 명 귀화조선이주민을 포함한다면 1925년경 조선이주민 수는 일면파에 5가구 40명, 그중 농민이 15명이고 주가보에 18가구, 72명, 그중 농민 18명이고, 일고냥(一姑娘)에 18가구 65명, 그중 농민이 18명이고 마가점에 17가구 59명, 그중 농민이 17명이고 위사하에 10가구 45명, 그중 농민이 10명이고 석두하자에 49가구 302명, 그중 농민이 15명이다. 합계로 127가구 583명이며 농업에 종사하는 123명을 제외하고는 여관, 셋집업, 기타 업종에 종사하였다.

(3) 횡도하자지방

일면파와 비교하면 기후, 풍토가 못하기에 벼농사 역시 변변치 못하였다. 동 지방 조선이주민 최초이주는 1894년경 중동철도동부선공사 때 평안북도 초상군 피상준(皮相俊) 씨가 노동자로 천입한 것이다. 겨울에는 부근 산중에서 벌목을 하였고 당지 농업이 유리함을 알고 화전생활을 하였고 특히 수전을 시험적으로 가꾸어 양호한 성적을 따냈다. 그 후 소문을 듣고 간도 및 남만 지대의 조선이주민 이주가 해마다 증가되었다. 1921년경 횡도하자 조선이주민은 120명, 주요 지대의 분포를 보면 횡도하자에 8가구 52명, 참북동에 12가구 40명, 도우집에 3가구 20명이다.

(4) 해림, 영고탑, 목릉 지방

해림지방은 손꼽히는 옥토에 속하며 더욱이 목단강 해림하 등 큰 하천의 지류가 흘러들어 관개에 쉽고 수전농사에 특히 적합하다. 더욱이 경작지가 풍부하고 땅값이 저렴하여 동포의 이주가 바람처럼 몰아쳤다. 1916년 경상남도인 구향숙(具乡淑) 씨가 해림 동쪽 3리에 있는 마도석(麻刀石)에 거주하면서 아편재배에 열중하였다. 1918년 조선이주민 호수는 약 100가구에 불과했으나 1920년 2월에는 1265가구 9800명으로 계산되고 1921년에는 2000가구 1만 수천 명으로 급성장하였다. 최고로 1926년 말 이주조선농민 수가 1만 5000명으로 기록됐다.

영고탑는 약 400년의 역사를 지닌 옛 도시로서 조선민족과는 특수한 역사적 관계가 있고 땅이 비옥하고 수리가 좋으며 또 교통이 편리하여 수전이 유망하다는 소문이

일시에 퍼져 조선 내지, 간도, 남만 각지로부터 조선이주민이 밀려들어 부근 6리 내외의 해림으로부터 시작하여 산석, 석?, 목단강, 철령하, 칠하사도, 사도구자, 장국태, 영고탑 각 지역에 집단을 묶고 집을 지으며 영구 거주지를 시도했다. 이 지방 첫 이주자는 1916년경 경상남도인 최계화(崔桂华) 씨가 중국인에게 토지를 매수하여 수전을 시작한 것이다. 1921년경 영고탑 부근의 조선이주민은 675가구 5100명으로 계산되고 있다. 가장 많은 때인 1926년에는 8000명에 달하고 있다.

   동청철도연선 목릉역 소재지 신한촌(新韓村)의 조선이주민은 1911년경에 이주, 목릉역에서 2-3리를 나가 신한촌 및 동북 13리에 위치한 팔면툰에 두 개의 부락을 형성하였으며 135가구, 507명 조선이주민이 있는 것으로 통계되었다. 구체적으로 보면 목릉역 부근에 15가구, 57명이고 신한촌에 40가구, 130명, 팔면툰에 80가구, 320명이다. 단지 수전이 잘 되지 않아 밀, 보리, 조 농사로 자급자족한다. 1930년 목릉현 조선이주민은 1283명이다. 이 지역의 1930년 조선이주민 수는 표 1-04-13에 적어둔다.

표 1-04-13   1910-1931년 만주조신인 이동수

년 도	만주입주수	조선귀환수	증 감	년 도	만주입주수	조선귀환수	증 감
1910-1912	43418	?	?	1923	5904	6824	-920
1913	16514	2428	14086	1924	7995	6765	1230
1914	8380	1800	6580	1925	6691	7277	586
1915	111000	3956	7144	1926	15974	9027	6947
1916	9208	8064	144	1927	23640	10516	13124
1917	12713	6169	6544	1928	14725	15146	-421
1918	32438	5936	26502	1929	9889	10958	-1069
1919	37135	4141	32994	1930	6745	12354	-5609
1920	15568	10285	5283	1931	4135	13699	-4135
1921	87481	8108	-627	합계	296359	134983	
1922	6706	1630	5076				

   자료출처: 「附录参考资料」日满农政研究会新京事务所

(5) 동부우수리강 연안 지방

이 지방에 있어서 처음에는 러시아 방면에서 조선이주민 이주자가 왔고 후에는 조선이나 동·남만주 각 지역에서 재이주자가 있은 것으로 추측되고 있다. '한일합병' 전후 요하현 신흥동에 3가구의 조선이주민가가 있었고 밀산현에는 1914년경 러시아 방면에서 당시 이주자 태반이 넘어왔고 나머지는 1926년경 조선이나 남만주에서 이주한 자이다. 보청현에서는 1912년경, 간도 방면에서 4호의 조선농가가 이주해 왔으며 호림현에서는 1914년 초 남만에서 온 약 5호의 이주자를 보았다. 1930년 이 지역 현별조선이주민을 적어두면 무원현에 2847명, 요하현에 2299명, 호림현에 307명, 보청현에 139명, 밀산현에 685명으로 총 6277명이었다(사진 1-04-01 영고탑 조선이주민부락).

사진 1-04-01   영고탑 조선이주민 부락

(6) 치치하얼지방

치치하얼 시가지의 조선이주민의 근대이주는 1914년 의사(医師) 김필순(金弼淳)이 치치하얼병원 의사로 초빙되어 내왕했고 또 북극병원을 경영한 것이 시초로 되고 있다. 그 후인 1921년에 3명의 이주자가 있었고 1925년 후에는 이주자가 점차 많아졌다. 경성현과 태래현은 눈강과 그 지류의 수리로 수전을 계획한 결과 경성현의 요뒤뤄(要多罗)는 1925년 평안북도인 심우추(沈?秋)가 치치하얼광신회사로부터 140쌍 미개간지를 10년 계약으로 가져 20가구, 70명의 조선농사군을 이주시켰다. 태래현 파대는 1922년 7가구 25명의 조선농민이 이주하여 수전을 경영하였고 하랄거(哈拉尔格)는 1926년 조선이주민 20명이 이주하여 수전을 개간했다. 1930년 이 3개 현의 조선이주민은 1050명, 상세히 펼치면 태래현에 780명, 경성현에 270명, 대뢰현에는 미상으로 적혀 있다.

중동철도연선지방을 살펴보면 찰란툰역 서남 20리의 아로하 강 연안에서 1926년 중국인지주가 조선농민을 불러 수전을 시작한 것이 시초로 되고 하랍소역의 서남 약 40리의 아로하 강 연안의 지대에서도 1927년 가을 정자경(郑子京) 등 수 명 조선이주민이 수전에 착수했다. 기타 지역에 있어서는 대체로 1926-1927년에 이주한 것으로서 리삼점은 약 12가구 40명, 칭키스칸은 약 10가구 20명이다.

송화강 북안 각 지역은 1916년경부터 점차 조선인 이주가 있어 1923년에는 약 2000명이 산재했고 1930년 말에는 5100명에 달했으나 9·18사변 후 할빈 등 기타 지대로 옮겨간 이가 많았다.

흑룡강 연안 지방에 있어서 조선인 이주는 1912년에 러시아 방면에서 애훈, 조운, 나북에 와서 상업에 종사한 사가 있었고 불산, 손하, 호나 각 현에도 러시아 및 넘만지빙의 조선이주민이 이주하여 경농하여 한때는 1000명의 거주자가 있었다.

빈북과 철도연선지방의 조선이주민은 1926년 이후 남만에서 이주하여 점차 증가된 것이다. 그 후 수하농장(1934년)이 개설되자 조선이주민이 급증했다.

(7) 만주리지방

만주리 시가지에는 1921년경부터 요리점, 신발업, 비단업 등을 목적으로 입주한 자가 있었다. 특히 술집녀는 1926년에 불과 4명이었으나 수년 후에는 20명으로 급증하여 동 지방 영업자의 대부분을 점하였다. 자라눠얼(札赖诺尔)에는 1912년경 장세경(张世景) 외 1명이 빵제조를 한적 있으며 그 후 탄부로 내왕하는 자가 있었다. 1921년에는 잡화상과 역부(驿夫)로 내왕한 조선이주민 7명이 있었다. 해랄지방에는 1912년경 남새 재배를 목적으로 해랄 교외에서 내왕한 자가 최초의 입주자이다. 후엔 조선이주민부락도 이루었다. 시가지에는 의사, 약방, 술집녀 등으로 내왕한 자가 있었다. 자라눠얼호(达赖诺尔湖)지방에는 어업을 목적으로 내왕한 것이 조선이주민이주의 발단으로 됐고 그 후 동업자가 점차 많아져 1923년경에는 13명에까지 달하였다. 하지만 후에는 '치안원인'으로 조선거주민이 전혀 없는 상황이었다.

5) 동몽골지방

동몽골지방은 요원, 조남, 조안, 안광, 개통, 쌍산, 담유, ?동, 돌천 9개 현과 몽골의 달한, 볼왕투, 치예투, 빈투, 쟈샤커투, 소어공칠기를 포함하는데 1913년경부터 조선이주민이 많았으나 교통 불편으로 의지대로 되지 못하였고 1917년 사정(四鄭) 철도개통과 동시에 수전에 착수하여 1924년 말 거주 조선이주민은 정가툰에 5가구 21명, 쌍산현에 1가구 4명, 백음태래에 191가구 724명, 마권자에 34가구 171명, 대한에 33가구 119명, 백가영자에 24가구 94명, 패산달에 15가구 39명, 나봉토에 56가구 184명으로 358가구, 1360명 합계를 이루었다. 특히 홍경현 방면에서 피난하여 온 동포 수를 합하면 이주자가 3000명을 넘는다고 한다. 이들 중 대부분이 수전에 종사한 것은 당연한 일이고 정가툰 주재 박봉한(朴风汉) 씨를 첫 사람으로 하여 수년간 조선과 몽골 사이의 무역을 진행했다. 몽골산 감초 등을 조선내지로 수출하고 의주 방면에서 밀 및 강자(纲子)를 수입하였다. 이밖에 몽골산업의 창시인으로 인정받는 조선이주민 박익삼(薄益三) 씨의 경영에 의한 몽골산업회사가 일후 주요한 위치에 있었다.

1923년 통요현에 화홍회사가 설치되고 1500천지(天地)의 농장을 경영하여 조선이주민 소작인의 수요가 급증하여 농장을 목적으로 내왕하는 조선농민이 한때는 1500명을 돌파 하였으나 후에 농장도 경작을 중지하여 봉천, 길림 쪽으로 조선이주민은 재이주하였다. 조남지방에서는 1924년 정운락(郑云洛), 정덕화(郑德和) 등 조선이주민이 통요현 대석붕(大席棚), 하실영자(哈悉营子)에서 와 조남의 서북, 조하 연안에서 수전을 개간한 것이 시초이다. 1927년에는 수 개의 조선이주민부락이 형성되었고 재주 조선이주민은 약 900명으로 계산되었다. 이 외에 호르친 우익전기에 속한 유수툰, 팔랍재대(八拉才岱), 귀안진 지방에 1929년경부터 조선농민의 진출이 있었다.

6) 열하성지방

열하성의 조선이주민 이주는 명확치 않으나 1927년 수전경영을 위하여 만족과 조선이주민 약 2000명을 모집하였다. 1932년에는 흥안서 분성 임동 부근에 22가구 111명 조선이주민이 살았었다. 이주민 원적지별을 보면 서간도의 조선이주민은 함경 북도인이 가장 높은 비례를 차지하고 다음으로는 평안북도인이다. 북간도와 비하여 볼 때 경상도인의 비례가 매우 크며 더욱이 경상북도인의 서간도 이주가 호황을 나 타냈다. 북·서간도 외의 기타 지역에 있어서는 함경북도인이 약 45%를 점하며 평 안북도인과 함경남도인이 각 20% 좌우를 차지한다.

제3절 인구변동

인구변동은 자연변동과 기계변동 두 가지를 포함한다. 우선 출생에 직접 영향을 끼치는 결혼상황을 적어본 다음 본편으로 들어가겠다.

결혼에 대해서는 이훈구 씨가 「만주와 조선인」에서 적어둔 자료를 거듭 인용하겠 다. 이 조사자료는 1074명을 상대로 하여 얻어진 것이다. 결혼한 자는 583명이다.

보다시피 재만조선이주민은 조혼이 있으며 결혼 왕성기는 대체로 18세이고 평균으 로 보면 16-20세까지 약 70%를 점한다. 여자는 남자보다 일찍 결혼한 것으로 적혀 있으며 대부분 여성은 22세 미만에서 결혼하고 있었다.

1. 자연변동

조선이주민의 출생률은 매우 높다. 「재만조선이주민의 빈곤상 및 해결책」에 의하면 1922-1928년 조선이주민의 평균출생률은 37.9‰로서 동 시기 일본인의 34.4‰보다 3.5개 천분점이 높다. 조선이주민의 출생률은 파동이 큰바 1922년에 34.3‰이나 1925년에는 40.4‰이다. 기타 나라와 비교해 볼 때 프랑스는 18.4‰로서 비교적 낮 은 편으로서 조선이주민의 절반 수준밖에 안된다. 출생률이 25‰좌우에 달하는 나라 가 많은 데 스위스, 영국, 오지리, 독일, 스웨덴 등을 들 수 있으며 이탈리아, 포르투

갈 등 나라는 상대적으로 높은 편이나(31‰좌우) 조선이주민, 일본인보다는 낮다.

사망률을 볼 때 조선이주민의 수준은 일본인보다 높다. 1922-1928년 조선이주민의 평균사망률은 21.6‰, 동 시기 일본인은 20.9％였다. 사망률은 1‰좌우의 폭으로 움직였다. 동 시기 기타 나라의 사망률을 보면 화란은 9.6‰로서 10‰ 이하를 기록하고 스위스(12‰), 스웨덴(12.0‰), 영국(12.3‰), 독일(11.6‰), 오지리(14.9‰)가 15‰ 이하로 기록되고 이탈리아(15.6‰), 포르투갈(18.2‰), 프랑스(16.5‰)가 비교적 높은 수준이다. 18‰를 기본상 초과하지 않았다.

재만조선이주민의 연령별사망률은 자료의 제한으로 이훈구 씨가 조사한 자료에 의한 정상적인 사망곡선은 U자형과 너무나 차이가 있는 바 이는 당시 조선이주민의 생활, 환경, 위생보건 등의 악렬한 환경과 연계된다고 생각한다.

이상을 종합하여 보면 1922-1928년 조선이주민의 자연성장률은 16.3‰로서 세계 기타 국가들보다 퍽 높은 편이다. 기타 나라의 상황을 적으면 일본은 13.5‰, 독일은 3.0‰, 스위스는 6.3‰, 이탈리아는 6.9‰, 프랑스는 2.6‰, 영국은 7.9‰, 오지리는 15.3‰이다.

2. 기계변동

조선이주민의 만주이주는 평탄한 과정이 아니었다. 반복과 곡절과 불행과 눈물이 동반되는 삶의 터전을 개척하는 판가름싸움이었다. 파산당한 이, 모종 꿈을 품은 이, 살길 찾아 헤매던 이, 망국노의 설음에 일제의 통치를 피하여 자유를 찾으려던 이, 각자의 경우는 달라도 만주라는 이 지대를 공동으로 선택하여 운명이라 간주하며 모여온 조선이주민이지만 정작 오고 보니 상상과는 다른 데가 많았고 게다가 여러 면에서 닥쳐드는 박해와 자연재해로 부득불 만주를 떠나 고향으로 되돌아갔거나 중국 타지방에로 옮겨갈 수밖에 없던 많은 조선이주민은 다시금 부평초처럼 하염없이 떠돌아다녀야만 했다. 조선이주민주민의 재이주는 1910-1931년 조선이민의 특징이라 할 수도 있다. 20세기 10년대 초 만주조선이주민의 재이주는 그다지 선명하지 않았으나 점차 조선으로 되돌아가는 이주민이 많아졌으며 1928년 후에는 아예 조선으로 돌아간 조선이주민이 그해 만주이주 조선이주민보다도 많은 형편이었다. 표 1-04-13에서 보다시피 '한일합병' 2-3년 사이 4만 3000명 조선이주민이 만주로 밀려왔으며 그 후 몇 년은 1만 명 좌우를 유지하다가 3 · 1독립운동 당해에는 3만 7000여 명이 만주로 들어왔다. 하지만 이듬해에 1만명을 넘는 조선이주민이 조선으로 되돌아갔고 그 후 몇 년은 6,000-7,000 명을 기록하다가 1926년, 1927년에는 1만 명 좌우에 달했고 1928년에는 1만 5,000 명을 넘어 1910-1931년 조선으로 돌아간 조선이주민이 최고치를 기록하였다. 1928년 후부터는 조선에로의 귀환자가 만주입주자를 초과하여 그해 조선이주민 이주는 마이너스를 기록했다. 중국과 일본 측이 조선이주민에 대한 외부 환경이 조선이주민 만주 이주에 커다란 요소로 작용하였다. 박해가 심한 시기에는 만주이주자가 줄고 조선귀환자가 늘어났고 조선이주민에 대해 격려 또는 묵인 정책을 취하면 만주조선이주민 이주자가 급증하였다. 1910-1931년 만주조선이주민은 29만 6359명이고 조선에로 귀환한 수치는 13만 4983명으로서 만주에 남은 이주민은 16만 1376명이다. 1922-1928년 만주조선이주민의 지역별을 보면(1917-1921년 만주조선이주민 지역별상황은 표1-04-05를 참조) 간도에 이주한 조선이주민이 이주 총수의 50%를 점하고 압록강 대안 지방과 기타 지방에로 이주한 조선이주민이 약 나머지 절반씩 점한다(표 1-04-14 참조). 간도에로의 조선이주민 이주는 해마다 5000밍 정도로 유지되다가 1926년 후에는 1925년의 3배에 해당하였다. 이런 현상은 압록강 대안이나 기타 지방에로의 이주에서도 나타나지만 기수(基數)가 적었으므로 그 현상이 더욱 뚜렷했다.

표 1-04-14 1922-1928년 지역별재만조선인 이동표

단위: 명

년 도	지 역				귀환수	증 감
	간 도	압록강대안	기 타	합 계		
1922	5096	1710	3253	10059	7630	2429
1923	4450	1454	1641	7545	1824	721
1924	6060	1935	1969	9964	6765	3199
1925	5121	1571	3052	9744	7277	2464
1926	12364	3610	5063	21037	9029	12008
1927	7320	2067	2312	11699	15851	−4152
1928	17600	15380	13007	45987	4419	41568
합 계	58011	27727	30297	116035	52795	──

자료출처: 「재만조선인의 빈곤상 및 해결책」

만주 내에 있어서도 조선이주민의 유동은 빈번했다. 아래의 그래프는 이훈구 씨가 201명 대상자에 대한 조사자료에 근거하여 작성한 것이다. 4번씩 이주한 자가 가장 많으며 5-6차례 이동한 자가 다음으로 간다. 만주조선이주민의 대부분은 최초의 정착지를 떠났는데 이는 조선이주민의 이주가 맹목적이고 당시의 상황에서는 부득이한 행위라는 점을 깊이 감안할 수 있다. 가난에 쪼들리면서 추운 만주의 날씨에 이주하기란 워낙 쉬운 일이 아니었고 또 심리상에서 커다란 타격과 고통을 느꼈을 것이라고 새삼 느끼게 된다.

아래에 지방별 조선이주민의 기계변동을 적어둔다.

간도지방의 조선이주민은 대체로 두 개 부류로 나눌 수 있다. 조선에서 직접 건너온 이주민을 새이주민이라 하면 이들은 여러 가지 원인으로 하여 간도를 이주지로 선택했고 대부분은 함경도 출신들이다. 이미 러시아 방면에서 간도로 이주한 조선이주민들이 있는데 북만을 거쳐 만주에 이르렀다. 이들은 러시아에서 실업당한 자, 징병을 도피한 자, 러시아 측에 불만을 품은 자 등 부류의 사람들이다. 이들의 이주 경로를 보면 두만강, 해란강, 홍기하 등 유역을 따라 점차 간도지방에 널려 있었다. 1918년 조선이주민의 이주상황을 보면 80%가 연길현에 정착했고 왕청현에는 몇 백 명에 불과했다. 후에 점차 안도, 돈화 방면으로 이주지역을 넓히었다.

서간도지역에 있어서 1913년의 한재와 이듬해의 수재로 하여 조선으로 돌아가는 자가 다수였으며 1921년에 이르러 한재와 수재로 인해 수확이 거의 없게 되자 많은 조선이주민이 귀환되었는데 봉천 부근에만 1818명 이상으로 예견된다.

북만에 있어서는 대표적 예로 해륜현에 있는 선목(善牧)농장의 조선이주민의 이주 상황을 보면 144가구 농호 중 약 절반이 경상북도에서 왔으며 평안북도와 전라북도 출신이 각 10%를 좀 벗어진다. 이들의 이주경로를 보면 조선에서 봉천, 안동을 경유한 이주자가 많으며 간도를 거친 이주민은 그다지 많지 않았다. 또 조선에서 직접 농장에 온 조선인이 절반을 점하고 2차 이동을 거친 자가 다음으로 많은 비례를 점한다. 본 농장에서 2-4년 정착생활을 한 조선이주민이 60% 이상을 점하고 있다.

북만에서 중동철도동부선을 통과한 조선이주민의 이동을 보면(1930년 1-8월) 총 1261가구 중 할빈에 하차한 조선이주민이 가장 많고(386가구 1655명) 영고탑에 내린 조선이주민이 다음으로 많다(100가구 565명). 50가구를 넘는 정착지들로는 모아산, 이도하자, 소주참, 일면파, 산석, 해림, 소수분하 등 역들이다(「만주와 조선인」에서).

제4절 시가지인구

20세기 10-20년대 만주에 있어서 조선이주민이 시가지에 거주하고 있은 비례는 극히 적다. 이는 한편으로는 당시 도시발전이 더디고 규모가 크지 못하며 도시의 인구용납량이 제한되어 있은 것이고 다른 한편으로는 조선이주민의 경제실력과 밀접한 연계가 있다. 조선이주민의 대부분은 소작농, 고농 신분으로서 사회의 최하층에서 버둥거리고 있었으며 시가지에서 생활할 능력을 갖추지 못하였다. 또 이러한 요소로 하여 조선이주민에 대한 박해와 감시와 타격이 시가지가 기타 산골보다 더 심한 것에도 관계가 있을 것으로 생각한다. 일제와 중국 측의 통치관리기관이 시가지에 더 많이 집중되어 있었기 때문이다. 또 이와 동반하여 시가지 연구에 대한 사료가 어느 정도는 좀 더 정확할 것이라는 믿음도 간다.

1919년 당시 북간도의 시가지 조선이주민상황을 훈춘현을 예로 들어보면 훈춘현 9008가구 4만 7098명 인구 중 조선이주민이 5078가구 2만 6145명, 그중 훈춘시가지에 거주한 조선이주민은 185가구 561명으로서 조선이주민의 2% 정도이다. 여기서 주목되는 점은 조선이주민의 호당 인구는 3.3명으로서 5.1명의 평균수준보다 낮은 것이다. 시가지에서의 생활은 노동력보다는 경제실력이 앞서기 때문일 것이라고 느껴진다. 훈춘시가지인구 중 중국인이 87%로서 절대적 우세를 나타내고 있다. 그 당시만 해도 중국인의 세력이 기타 민족을 압도하고 있었다는 것으로 풀이된다.

1923년 4월 일본 측 조사에 의하면 당시 만주조선이주민 시가지인구(북만지방은 할빈만을 포함)는 만주 조선이주민의 약 2.9%를 점한다. 그중 조선이주민이 비교적 집중 된 곳은 안동(817가구 3633명), 용정촌(1435가구 5437명), 투도구(470가구

1836명) 지방이다. 2년 후인 1925년 6월 조선총독부에서 상업중심 지대별 조선이주민 수를 발표하였는데 당시 시가지 조선이주민은 2만 8256명, 주요한 시가지 조선이주민 수가 현저히 늘어났다. 용정촌 조선이주민은 1만 1236명으로서 최고를 기록하고 있으며 국자가(1468명), 투도구(2509명), 안동(6418명) 지방의 조선이주민이 1000명을 넘고 있었다. 1927년, 중국 전역에 있어서 조선이주민은 56만 437명(관동주 1169명, 만주 55만 7111명, 중국 내지 2146명, 홍콩 11명)이며 재만조선이주민 시가지인구는 3만 8163명으로서 2년 전보다 1만 명의 증가를 보았다. 9·18사변 직전 시가지 조선이주민 인구는 6만 3371명, 사변 후에는 9만 7682명으로 부쩍 늘어났는데 이는 9·18사변으로 인한 국세의 혼란, 마적과 패잔병들의 발광으로 인해 낭패한 농민들이 땅을 포기하고 생활의 기반을 시가지로 옮겨 노동력을 팔며 나날의 생활을 유지하는 생활방식의 변화와 관계된다. 1927년 및 9·18사변 전후의 재만조선이주민 시가지인구 분포는 표 1-04-15, 표1-04-16에 적어둔다.

표 1-04-15 재만조선인 시가지인구표(1927년)

지명	관동성						우장영사관						
	여순	대련	금주	보란점	비자와	합계	영구	대석교	해성	탕강자	와방점	만가령	합계
인구	109	868	27	79	86	1169	252	15	16	10	38	5	336

지명	요양영사관			봉천영사관						
	요양	안산	합계	봉천(상부지)	봉천만철부속지	신성자	무순	본계호	석교자	합계
인구	20	127	147	2446	319	1	1094	44	6	3910

지명	안동영사관							
	신민	안동상부지	안동만철부속지	오룡배	고려문	봉황성(상부지)	봉황성만철부속지	합계
인구	7	65	7758	6	19	328	119	8295

지명	철령영사관								정가툰영사관
	철령상부지	철령만철부속지	난석산	개원	창도	중고	법고문	합계	정가툰
인구	1034	87	3	334	16	11	147	1632	4

지명	장춘영사관							길림총영사관
	장춘상부지	장춘만철부속지	범가툰	공주령	대유수	사평가	합계	길림성소재지
인구	39	774	7	83	5	301	1209	261

속

지명	할빈총영사관				치치할영사관						만주리영사분관			
	할빈	삼성	영고탑	합계	치치할	富拉再基	앙앙계	안달	만구	합계	만주리	해라얼	扎来诺尔	합계
인구	1387	367	502	2256	104	6	56	55	17	238	19	29	8	56

지명	적봉영사분관	간도총영사관	훈춘영사분관	국자가영사분관	투도구영사분관	배초구영사분관	시가지
	적봉	용정촌	훈춘	국자가	투도구	배초구	합계
인구	4	11980	1344	1515	2731	1073	38163

자료출처: 「재만조선인과 교육문제」桑田忍

표 1-04-16 만주사변전후 주요 도시 인구변화표

		봉천	무순	영구	소가툰	안동	통화	환인	산성자	신경부속지
조선인	사변전	4124	1663	524	20	9403	6770	16588	433	1355
	사변후	8136	4790	1053	40	11281	7796	6501	598	2308
	증가	4012	3134	529	20	1878	1026	−10087	165	953
일본인	사변전	23045	13639	2890	647	10924	367	8	36	10328
	사변후	31604	17971	3040	3381	11814	76	8	125	18581
	증가	8559	4332	150	2734	890	−291	0	89	8253

		신경성내	관성자	길림	돈화	정가툰	통료	할빈	화천	가목사	일면파
조선인	사변전	50	61	437	100	33	714	1546	125	0	245
	사변후	1496	2279	2557	2995	352	998	9413	789	343	419
	증가	1446	2218	2120	2895	319	284	7867	664	343	174
일본인	사변전	0	185	890	20	144	280	4026	0	0	73
	사변후	2402	2595	2192	538	290	319	6209	547	546	215
	증가	2402	2410	1302	518	146	39	2183	547	546	142

		치치할	해라얼	만주리	조남	금주	적봉	승덕	조양	국자가	용정촌		합계
조선인	사변전	390	99	160	281	0	0	0	0	2936	13774	1540	63371
	사변후	748	174	180	612	274	43	109	97	9938	19138	2218	97682
	증가	358	75	20	331	274	43	109	97	7002	5364	678	44398
일본인	사변전	123	34	284	32	44	50	0	0	268	1222	2	69561
	사변후	2404	415	357	432	1464	152	183	156	1200	1585	100	110901
	증가	2281	381	73	400	1420	102	183	156	932	363	98	41631

자료출처: 「在満朝鮮人事情」大同二年九月 民政部总务司调查科编

제5절 조선이주민 직업

알다시피 재만조선이주민의 95%가 농업에 종사하고 있었으며 특히 수전농사는 조선이주민의 특장으로 주목 받았다.

1. 간도지방

간도는 조선이주민이 가장 많이 집중된 곳이다. 특별한 설명이 없으면 아래의 숫자는 「간도사정」에 근거한 1917년 6월 말의 것이다.

국자가재주조선이주민 중 농업 외의 직업에 종사하는 이가 413명이다. 잡화상과 여인숙을 경영하는 가구가 주류로 되는데 각 28호, 22명으로서 총 호수의 45%를 점한다. 이 시기 국자가에 조선이주민 책장사가 있었으며 요리점에 1가구, 음식점에 7가구, 약장사에 6가구, 재봉업에 4가구, 관리 7가구가 있었다. 재직인구 중 남녀비례는 비슷했다.

용정촌 비농업에 종사하는 인구는 2071명, 여인숙업(34가구, 87명), 음식점(70가구, 321명), 약장사(18가구, 88명) 등이 역시 조선이주민이 종사하는 주요한 업종으로 되었다. 이밖에 주목해야 할 점은 용정촌에 전도사, 목사 등 종교에 종사하는 사람들이 적지 않았다. 천도교 전도사 1명(남), 예수교 목사 5가구, 30명(남 17명 여 13명), 예수교 전도사 5가구, 30명(남 17명 여 13명)을 합하면 61명이 된다. 이밖에 소주 제조업에 종사하는 자는 34가구, 163명, 소고기장사군 11가구, 57명이 있었다. 두부를 제조, 판매하는 집도 4가구가 되었다. 농업에 종사하는 호수는 106호, 617명으로 알려진다.

투도구 농업에 종사하는 호수는 18가구, 78명이며 비농업에 종사하는 이는 124가구, 542명이다. 음식점(14가구 81명), 여인숙(14가구 81명), 잡화상(37가구 148명) 등 업종이 조선이주민 직업 중 주요한 것으로 되며 이는 간도의 기타 시가지와 별다른 점이 없다. 투도구에는 사진업에 종사하는 조선이주민 1가구가 있었다.

배초구 33가구 조선이주민 중 24가구가 농업에 종사하고 있으며 기타 9가구는 관리, 여인숙, 잡화상 등을 직업으로 하고 있었다.

대랍자   21가구 조선이주민 중 잡업에 종사하는 이가 14가구, 72명이다. 다만 2가구가 농사를 짓고 있었다.

동성용   간도에서 유명한 벼농사 기지로서 51가구 조선이주민 중 49가구가 농업에 종사하였다.

동불사   34가구 조선이주민 중 상업(6가구), 잡부(雜業, 7가구)를 제외하고 모두 농사를 짓고 있었다.

남양평   84가구 477명 조선이주민 중 48가구가 농사짓고 10가구가 상업에, 23가구 잡업(雜業)에 종사한다.

천보산   671가구 1165명 조선이주민 중 燒炭夫(239가구), 갱부(93가구)가 주요 업종이며 기타 업종 중 우마차운수업에 84가구로서 크게 눈에 뜨인다.

훈춘시가지   조선이주민은 잡화상(32가구), 약장사(5가구), 음식점(28가구)을 주요한 업종으로 삼고 있으며 잡업(雜業)에 종사하는 이도 26가구로서 비교적 많다. 시가지에는 147가구 508명 조선이주민이 있다(1919년 9월).

이밖에 1920년 신흥평을 경유한 3008가구, 1만 4194명 조선이주민에 대한 조사에 따르면(「東三省朝鮮人移住史」) 상업에 종사하는 호수는 80가구, 농업에 종사하는 호수는 2892가구이다. 3007가구가 지닌 자금은 38만 357엔인데 그중 농업종사인의 자금이 23만 1143원으로 매인당 80엔, 상업종사자의 자금은 4만 520엔, 매인당 506엔이다.

이상을 개괄하여 볼 때 비농업에 종사하는 간도조선이주민은 주되게 여관업, 음식점, 약재판매를 기본업종으로 삼았다.

2. 압록강 대안

압록강 대안 안동지방 각 현 조선이주민 직업을 보면 절대다수가 농업에 종사하였는데 특히 봉성현, 수암현, 장하현, 집안현 경우는 거의 전부가 농사 짓고 있다. 안동의 조선농민은 2619명으로서 그 비례가 상대적으로 적은바 총 인구의 45%를 점한다. 상업(1515명)과 공업(826명)에 종사하는 자는 많은 편이다. 장백 조선농민의 비례는 안동현보다 높은 편으로서 약 70%이다. 본 현에 상업에 종사하는 자(1390명)가 높은 비례 를 점하고 있다(이상 1922년도 숫자. 「만주와 조선인」 참고). 관전현의 조선이주민(3588명)은 전부가 농사에 종사하였고 임강현은 상업(56명), 공업(35명), 여관과 음식점(152명)에 일부분이 종사하였고 총인구 4285명 중 3756명이 농사를 짓는 상황이다.

3. 봉천지방

일본 봉천총영사관 관할 내 조선이주민의 97.8%가 농업에 종사하고 있다. 이외 비교적 집중되어 있는 업종은 상업, 공업, 잡업이다. 아래의 숫자는 1923년을 기준하였다.

봉천성 소재지의 조선이주민 중 절반이 농사에 종사하고 35%가 상업에 종사하며 나머지는 회사원 등 기타 직업에 종사하고 있다. 심양현, 신민현, 흥경현, 통화현, 환인현, 장무현의 조선이주민은 거의 모두가 농사를 짓고 있었으며 그중 흥경현, 통화현의 상업에 종사하는 조선이주민의 비례가 상대적으로 좀 높았다.

무순 방면에 있어서 1923년 조선이주민은 2540여 명이나 지주나 자작농은 극히 적었고 무순 시가지에 1290명 조선이주민이 거주하였다. 이들 중 쌀장사에 15명, 정미업에 4명, 약재장사에 1명, 여관업에 9명, 잡화업에 2명, 음식업에 3명, 고물상에 3명, 탄광업에 14명이었다. 무순에서 동포가 경영하는 정미소에는 윤영계 씨의 경영하에 있는 영송호 정미기계 2대, 이상현 씨가 경영하는 대성동에 동 정미기계 2대 및 조은목 씨가 경영하는 동성 상회에 동 정미기계 1대가 있어 부속설비까지 하면 약 3만 원 가치의 정미소는 일 가공능력이 70-150석으로 계산된다.

대련 및 사하구 방면의 조선이주민은 1923년에 60여 가구, 500여 명으로 추산되고 있다. 각 지역별을 열거하면 요리점 21가구, 쌀 및 타면 직업 5가구, 여관업 1가구, 기타는 상점 또는 공장 고용인으로 되었다. 그중 가장 우세적인 업종은 요리점인데 10-15명의 미모를 갖춘 접대원을 모두 갖고 있었다.

철령 방면에 있어서는 1923년에 철령 일본영사관 관내 11개 현에 거주하는 조선이주민은 4623가구, 2만 2520명으로 계산되는데 이들의 일반상황은 대부분이 농업에 종사하는 것은 물론이고 일부는 철령, 개원 만철부속지역에서 여관, 요리점, 의사, 잡화점 등 업종에 종사했다. 철령에 있어서는 동지가 메밀집산시장이므로 기계정미와 제분소가 5개소나 된다.

4. 길림지방

장춘 방면에 있어서는 일본장춘영사관 관내 6개 현의 조선이주민은 1922년에 2350가구, 1만 1750명인데 농업을 제외하고는 쌀장사, 돈장사(钱钞)를 위주로 하였고 다음으로 특산물상, 잡화상, 운수업 등에 40명, 여인숙업에 6명, 요리점에 5명, 약재상에 2명, 정밀업에 2명 정도였다.

길림 방면의 화전, 몽강, 반석, 액목, 돈화, 서란, 쌍양 각 현의 조선이주민은 1922년에 2430가구, 1만 1796명이며 유벌업에 종사하는 자가 많았다. 일반상업으로는 곡물매매와 여관업을 경영하는 자가 15가구, 이밖에 요리점, 잡화상, 의사 등이다

5. 할빈지방

일본 할빈총영사관 내 조선이주민은 1923년에 2042가구, 8216명이다. 쌍성, 동빈, 영안, 목릉, 동녕, 부금, 만주리 철도연선 등 지역의 조선이주민은 절대다수가 농업에 종사하고 있으며 빈강현의 조선이주민은 농업과 농장 노동원으로 있는 자가 많았다. 또 빈강현에는 아편매매에 종사하는 조선이주민이 75가구, 443명으로서 농업, 농장일군 다음으로 가는 눈에 띄는 업종이다. 이밖에 또 24명의 예기(艺妓), 기생, 술집녀(酌妇)가 있었다.

아래의 서술은 서명훈 씨의 할빈조선족백년사화 중 「접대업의 조예 조선인여성」에서 발취한 것이다.

'할빈 조선인의 접대업은 일찍 1920년대부터 시작되었다. [동척월보] 1921년 8월호에 기재된 사료에 의하면 1921년 할빈시에 매음업을 하는 조선인 유곽이 있었고 조선인 접대

부 54명이 있다고 기록되어 있다. 또 「만주국지명사전」에는 9·18직전 할빈시 조선인 직
업별에 작부 85명이라 했다. 매춘부를 작부라 했던 것이다. ……「빈강시보」 1928년 3월 14
일자 '많은 한국기생 할빈에 도착'이란 기사는 '지난 밤 11시 기차가 강북으로부터 할빈
역에 도착했을 때 강북의 고려기생 약 30명이 차에서 내려 역에 모여 자만 휴식 후 자동
차를 타고 길목에 있는 모유곽으로 갔다. 할빈에는 약 절반이 남고 나머지는 멀리 않아
안동현 일대로 가게 된다'고 보도하였다.

1922년 말, 할빈의 조선이주민직업상황을 보면 당시 조선이주민의 자질과 재력으
로서는 할빈과 같은 국제상업도시에서 특징산업에 종사하기는 미숙했고 근근이 소규
모의 여관이나 음식점, 요리점을 경영하는 형편이었다. 132가구 조선이주민 중 무직
업과 잡업(雜業)이 각 49가구, 45가구로서 총 호수의 70% 이상을 점하고 있다(「
최근간도사정」 참조).

6. 동몽골지방

1922년경, 동몽골지방의 조선이주민은 358가구, 1360명으로 예견된다. 다년간 조
선·몽골무역에 종사하는 자가 약간 명이 있었고 여관, 요리점, 이발점, 철도 일군을
제하고는 모두 농업에 종사했다.

사료의 제한으로 하여 이 시기 재만조선이주민의 직업별 상황은 체계적으로 서술
할 수 없게 되었다.

제6절 사회관계

1. 계급관계

1875년, 청나라는 봉천성의 봉금령을 폐지하였고 1881년에는 훈춘에 초간국을 설

치했고 1883년에 두만강 북안의 봉금을 해제하는 동시에 화룡욕, 광제욕, 서보강에 통상국을 설치하여 조선과의 무역을 진행하였으며 1885년에 이르러서는 봉금령을 완전히 폐지하고 조선이주민 개간구를 전문 설치하였다. 이로써 조선이주민의 만주이주는 공개적 단계에 진입하게 되었고 대량의 조선이주민의 진출과 더불어 만주에서의 조선이주민사회가 점차 형성되기 시작하였다.

조선이주민은 거개가 농민이며 중국 측이 강요하는 귀화입적과 이에 따르는 토지소유권문제호로 인해 최초의 조선이주민 지주와 소작인과의 착취와 피착취의 계급관계가 이루어졌으며 이후 일본의 만주침략으로 인해 조선이주민 사회는 더욱 복잡한 계급관계가 형성되기 시작했다.

1894년 청일갑오전쟁과 1905년의 일러전쟁의 승리로 일본은 대외확장의 기염을 더욱 사납게 태우며 대륙정책의 전략적 일보로 간도에 손을 뻗쳤다.

1907년 8월 6일에 시작된 일본군의 간도침략의 과정을 되도록 상세히 적어둔다.

1907년, 조선통감 이도 히로부미는 육군대좌(중좌라는 기록도 있음) 사이도(齐藤季次郎)에게 산노출병을 맡셨다. 사이도는 '중국동'으로서 일러전쟁 당시 여순을 진공한 일본군사령 노기마레스께(乃木希典)군단의 참모이며 후에는 여순, 단동에서 군정관의 직무에 있었다.

사이도는 일찍부터 간도에서의 '정권기관'을 조직했다. 옛 친구 시노다(筱田)를 총무과장으로 임명하여 간도의 역사와 법률을 연구케 하고 스즈끼신다로(铃木信太郎)더러 간도의 역사를 연구하게 하고 고가와다구지(小川琢治)더러 간도 지질을 연구하게 했으며 하지다요시히라(八田吉平)더러 산업을 조사하게 하고 구스노준세이(楠野俊成)더러 행정사무를 보게 하였다. 그 외 조선이주민 내무서기 최기남과 경찰 김해룡, 경시(警視)더러 조선이주민을 감시하도록 하였다. 그해 4월 18일, 사이도는 시노다와 일본군부 군사정찰원 히라야마(平山)와 통역 1명과 함께 상인으로 가장하고 두만강을 건너와 정찰을 끝낸 뒤 동성용을 거쳐 문압동으로 하여 29일 종성으로 돌아갔다. 사이도의 침략계획서는 이도 히로부미의 비준을 얻었다.

"조선이주민을 보호하는 기관의 관명은 '통감부파출소'라고 하는 것이 좋으며 그 위치는 응당 간도의 중심지인 남강 서쪽, 모아산 남쪽 평지 중심에 설치하는 것이 좋을 것이다."

이는 계획서의 일부이다.

1907년 8월 6일, 사이도는 인마를 회녕에 집결시켜 3개 반으로 나누었다. 자기는 19일, 헌병대를 영솔하여 첫 패로 간도에 침입했다. 육도구에서 잠시 중국인의 집을 빌려 들었다가 이내 용정촌에 옮겨 23일 민족반역자 제광제의 저택에다 '조선통감부 간도파출소'란 간판을 내걸었다. 1909년 9월 4일, 중국주재 일본공사 이슈인 히꼬기 찌와 청나라 외무부상서 량앤뚠은 북경에서 '두만강중조계무조약'(즉 간도협약)과 '동 삼성교섭5안조약'을 체결하였다. 이 두 조약에 의하여 일본은 두만강을 중조변경선임 을 승인했고 '통감부간도파출소'를 취소하기로 했다. 그리고 '간도협약'의 제2, 제7조 규정에 의해 그해 11월 1일에 '간도일본총영사관'을 설치하여 11월 2일부터 개관한 뒤 국자가, 투도구, 배초구, 훈춘 등 지역에 영사분관을 설치하였다(도문 일본영사분 관은 1934년에 증설하였다).

사진 1-04-02   일본영사관 국자가(연길)분관

용정일본총영사관을 짓는 데 전해오는 이야기가 있다.

어느 날, 일본영사는 국자가에 있는 도대인(陶大人)을 찾아가서 영사관을 짓겠는데 소가죽 한 장만큼한 땅을 빌려달라고 간청하였다. 도대인은 소가죽 한 장만큼한 데다가 어떻게 영사관을 짓는가 보자고 좌우 관원들과 상론한 후 그자의 간청을 들어주었다. 그 후 얼마 지나지 않아 도대인은 일본놈들이 수십 일경의 땅에다 담을 쌓고 으리으리한 영사관청사를 지었다는 소문을 들었다. 그는 노발대발하면서 용정에 달려가 "네놈들은 그래 양심도 언약도 국제공법도 없느냐?"고 영사놈을 질책하니 영사놈은 실처럼 올올이 찢어진 쇠가죽을 내놓으면서 "언약과 서약에 소가죽 한 장만큼이라 하였은즉 모아놓으면 한 장이요 펼쳐놓으면 꼭 영사관 둘레길이와 같게 될 터이니 어디한 번 재여 보시지여"라고 하였다.

용정일본총영사관은 직접 일본외무대신의 지휘를 받았다. 편제는 총영사 1명, 영사(사법영사) 2명, 부영사 2명, 통역 1명, 문서 5명, 무전기사 3명이다. 나가다끼 요다로가 초기 대리총영사로 부임되었으며 총영사관 산하에는 경찰부를, 각 영사분관에는 경찰서를 설치하고 300여 명의 경찰을 배지하였으며 영사관 내에는 엉사실, 경리실(회계실), 무전실, 법정, 경찰서, 감옥 등이 망라되었다. 용정일본총영사관은 외교사무를 떠난 일제의 침략기구였다.

1922년 11월 27일 밤에 용정일본총영사관은 화재로 몽땅 타버렸다. 일제는 20여만 엔을 들여 3년 이란 시간에 영사관청사를 재건하였는데 울안 면적이 4만 2944평방미터 이고 주요청사 건축면적은 2397평방미터, 부속건물면적은 4300평방미터였다. 청사 둘레는 높이 2미터가 넘는 당장에 싸여있어 큰 울안으로 형성되었다. 주요청사는 3층집(지하 1층이 있고 중간 남쪽이 5층으로 되었다.)으로서 청사바닥은 철근 콘크릿트이로 벽은 붉은 벽돌이며 바깥벽에는 미황색의 타일을 붙였으며 지붕은 녹색페인트를 바른 양철지붕이다. 지하실은 감옥이었다. 청사는 1926년에 준공되었다. 지금의 용정시인민정부사무청사가 바로 그때 지은 용정일본총영사관청사이다.

사진 1-04-03   간도 통감부파출소 임시청사를 급히 구축하는 모습(1906년 9월 개공)

용정일본총영사관은 성립된 그날부터 조선이주민에 대한 피비린 탄압을 감행하였다. 용정일본총영사관 지하고문실에서 피해 받은 사람이 무려 4000여 명이나 되며 그중 대부분은 형무소에 갇히었고 1000여 명은 서울서대문감옥에 압송되었다. 1937년 12월 폐관될 때까지 2만여 명이 영사관에 의해 체포, 살해되었다. 용정촌 '3·13 유혈사건', '간도공산당검거사건', '8·7유혈사건', 왕우구 항일근거지, 의란 유격근거지역에 대한 '토벌' 등은 모두 용정일본총영사관이 빚어낸 학살사건이다.

1931년 9·18사변 후 일제는 위만주국을 건립하고 만주에 대한 식민지통치를 실시하였다. 1937년 12월, 용정일본총영사관은 '치외법권철폐'로 하여 취소되고 경찰은 위만주국의 해당 편제에 따라 위만경찰에 편입되었다.

간도협약이 체결된 후 일본의 군사, 정치 세력의 진출에 이어 뒤따르는 일본 제품과 자본의 침입은 조선이주민사회의 분화를 촉진하였다.

상부지의 건설로 하여 간도에서는 연길, 용정, 투도구, 배초구, 훈춘 등 시가지들이 발전되기 시작하였다. 일본상품의 판매자들인 상인계층이 산생했고 일본인 기관과 일본회사의 고용인원들이 늘어났고 이들 자제들은 대부분이 보통학교에 통학하였다. 따라서 조선이주민 상층에 친일분자의 세력이 형성되기 시작하였다.

다른 일부분 상인들은 영국인 세관직원, 영국인 선교사들과 연계를 가지고 예수교를 중심으로 농촌과 연락하면서 친영미세력을 형성하기 시작하였다.

도시에서는 자유노동자, 빈민계층이 산생되기 시작했다.

조선이주민의 민족공업은 매우 낙후하였다. 안동, 봉천의 고무공장: 연길, 길림의 쌀가공공장, 제철소, 인쇄공장, 양말공장을 예로 들 수 있는데 이것들은 규모가 작고 기초가 박약하고 설비가 부족하여 일본의 독점자본과 겨룰 수 없는 상황이었다. 특히 1929-1930년 세계적인 자본주의경제위기의 충격하에 분분히 파산의 행렬에 들어섰다.

조선이주민이 경영하는 상업은 천 따위의 잡화물을 소매하는 정도였기에 일본상품의 배척하에 파산되지 않으면 먹혀버렸다.

조선이주민의 금융업 중 봉천협제(協済)회사가 일본독점자본의 부축하에 등록자본 100만 원을 갖고 있는 외 '간도흥업', '훈춘흥업', '투도구식산(殖産)', '국자가 무역', '남만안동협성(協成)은행' 등은 모두 10만 원 이하의 소대사본업체로서 소선 농민과 소공상업자를 대상하고 있으나 이런 금융업체도 일본자본에 의거해야만 경영을 유지할 수 있었다. 9·18사변 전 조선이주민의 민족공상업과 민족자본은 중외 반동세력의 엄밀한 통제와 경쟁하에 어려움을 겪고 있었다.

만주공업의 발전과 보조를 맞추어 조선이주민 노동자대오가 늘어났다. 특히 철도의 부설로 수천 명에 달하는 고용노동자가 생겨났고 광산의 개발로 광산, 탄광 노동자가 산생하였다. 이들은 임시공으로서 늘 반실업상태에 있으며 유동성이 컸다. 노동시간은 12-18 시간에 달했고 수공조작이 대부분이었고 안전보장이 없으며 노임은 극히 낮아 생활을 이어나가지 못하는 형편이었다.

농촌에서는 입적지주를 중심으로 친중배일세력이 존재하였으며 의병, 의사, 유림을 중심으로 조선고유문화를 보존하려는 파가 형성되었다. 학교들을 중심으로 신교육을 실시하자는 신문화운동파가 형성되었다(구자산계급 민주주의운동). 하지만 전반 조선이주민사회를 놓고 볼 때 지주와 농민과의 계급대립이 중심이었다.

조선총독부 통계연보에 따르면 1919년 조선인지주는 조선농민의 3.4%, 자작농은

19.7%, 자작소농은 39.3%, 소작농은 37.7%였지만 1930년에는 지주의 비례가 0.4%가 높아진 반면에 자작농과 자작소농의 비례가 17.6%, 31.0%로 내려갔다. 파산된 농민이 늘어났기에 소작농의 비례는 46.5%로 올라갔다. 농촌에서의 토지집중이 뚜렷해졌고 재부의 독점이 날로 심해진 것이다. 1924년 간도지방의 조사에 따르면 조선 농민(농업인구)은 조선이주민 인구의 90%를 점하며 조선이주민 농업인구 중 지주가 8%, 자작농이 36%, 소작중농이 24%, 빈농이 32%를 각각 차지한다. 동 시기 중국인지주가 중국인농업인구의 46%, 빈농이 8%를 점한데 비해 조선농민의 처지는 사회의 최하층에 있음이 틀림없는 것이다.

지주가 농민의 고혈을 빨아먹는 주요한 수단은 지조이다. 곡식의 절반을 지주에게 나눠주는 분익(分益), 병작(并作)이 있는가 하면 초봄에 지주가 소작인에게 소작료를 정한 후 연말에 원래 정한 지조대로 비치는 정조(定租)도 있다. 가장 가혹한 것은 방청(榜青)인데 지주가 소작인에게 식량, 종자, 역축 등을 대어주고 소작을 짓게 한 다음 가을에 지주의 요구대로 소작료를 바치는 것이다. 소작료는 최초의 병작으로부터 소작인이 4할을 차지하고 지주가 6할을 차지하는 4·6제로 하였다가 3·7제로 올랐으며 나중엔 2·8제까지 있었다. 고리대는 매달 이식이 60% 이상 올라붙었다. 아래의 것은 1920년 돈화현에서 당지의 지주와 조선농민 간의 황무지소작계약문서이다.

"중개인의 소개로 오늘 소작계약서를 체결하는바 소작인은 ***의 *툰의 황무지 한 뙈기를 개간하여 벼와 기타 곡식을 심되 민국 *년(첫해)가을에는 수확의 다소를 막론하고 지주는 10분의 1일, 소작인은 10분의 9를 각각 나누며 민국*년(이듬해)가을에는 지주는 10분의 2를, 소작인은 10분의 8를 각각 나누어 가질 것이며 민국*년(삼년째) 가을에는 지주는 10분의 3을, 소작인은 10분의 7을 각각 나누어 가질 것이다. 본 계약은 3년을 기한으로 한다. 만 3년이 되면 소작인은 개간한 논과 밭을 무조건 지주에게 돌려야 하며 소작인은 관계치 말아야 한다. 그러나 정부와 경찰당국의 여러 가지 세금만은 지주와 소작농이 각각 절반씩 납부해야 한다.

일후에 다른 말이 없게 하기 위해 이상과 같이 계약서를 작성하여 증거물로 삼는 바이다. *년*월*일. 지주***, 소작농 ***"

2. 조선이주민에 대한 박해

1) 중국 측의 박해

중국인의 인내성은 세계적으로 유명하다. 외국인에 대해 대체로 포용정책을 쓰며 너그럽게 대한다. 그들은 약소민족을 받아들일 뿐만 아니라 자신을 정복한적 있는 강대한 민족도 동화시키었다. 선진적인 교육과 문화가 전부의 비결이었다. 조선이주민에 대한 정책도 최초에는 이러했다. 중국 측의 조선이주민에 대한 태도의 변화는 전적으로 일본의 만주진출 나아가 중국 내부 사무에 대한 진일보로 되는 간섭 또 조선이주민이 이중국적을 주장하며 조선이주민을 일본국민으로 간주하여 조선이주민에 대한 치외법권을 고집한 데서 그 발판을 일으켰다.

1910년 8월의 '한일합병'조약으로 하여 조선이주민의 국제지위는 애매한 관계에 처하게 되었으며 이는 재중 조선이주민의 앞날에 커다란 불운을 가져다주었다. 일제의 만주침략과 중국에 대한 강압적 태도는 중국정부로 하여금 조선이주민에 대한 태도가 드니어 배척의 난계에까지 오르게 하였다.

1915년 5월 25일, 일제는 만주를 저들의 식민지로 만들기 위하여 위안스카이 북양군벌정부와 '21조'(만몽협정)를 체결하였고 중국 측은 조선이주민을 제한할 필요가 있다고 생각하였으며 이로써 사태는 더욱 악화되었다.

참고로 될만한 조약의 내용은 다음과 같다.

제1조 일본국의 신민은 남만주에서 자유로 거주내왕하고 여러 상공업에 종사할 수 있다.
제2조 일본국의 시민은 남만주에서 여러 상공업건물을 건설하기 위하여 또는 농업을 경영하기 위하여 필요한 토지를 세 맡을 수 있다.
제3조 일본국의 국민은 동부 내몽골에서 민국과 합작하여 농업과 부속공업을 경영할 경우에 민국정부는 이를 승인하여주어야 한다.

이 조약이 체결된 당시는 유럽열강들이 힘을 세계대전에 집중하고 있어 극동의 전세에는 주목할 여지가 없었다. 일본은 이 절호의 기회를 타서 여순과 대련의 조계지

기한과 남만주와 안봉선의 기한을 99년간이나 연장하였으며 또 앞의 세 개 조약의 권리를 포함할 것을 요구하였다. 중국정부로 볼 때 이는 전례 없는 치욕이다.

조선이주민이 만주에서 토지를 소유하거나 차용할 수 있고 일본인에게 다시 팔거나 대여하는 데 대해 중국 측은 엄하게 감시하였다. 그러나 바꾸어 말하면 조선이주민은 일본시민의 자격으로 치외법권을 향수할 수 있으므로 중국관헌의 처벌을 받지 않는다. 만일 조선이주민이 심문을 당하게 되면 일본관헌은 조선이주민은 일본국민이므로 그 사건은 영사관에서 처리해야 된다고 주장하였다. 하여 중국 측은 조선이주민을 일본세력의 일부분으로 생각하여 왔다. 이러한 관점은 당시 여러 문서들에서 찾아볼 수 있다.

길림독군공서는 1919년 5월 16일 연길에 주둔한 제1보병퇀 퇀장 멍푸더어에게 보낸 전보에 "日领总谓我保护不力, 派兵设警, 任意为之…嗣后对日韩之事, 无须谨慎将事."라고 적었고 뜻인즉 일본영사관은 우리 측의 보호조치가 불완전하다면서 병사를 증가하고 경찰을 설치하여 마음대로 행동하고 있다. 향후 일한의 일에 대하여 심중하게 대해야 하겠다. 1920년 4월, 멍푸더어와 연길도윤 장세전은 간도 경내 각 판사처 (派办处)에 보낸 훈령에서 "去岁在我地居住韩民昌言独立…据此行为谨可阳而干涉, 阴而不管……以后我军警务须加以防范, 倘该韩民无论有何变动, 婉言劝告解散, 勿以强迫对待"라고 적었다. 뜻인즉 작년, 우리 땅에 거주하던 한인들이 독립을 외쳐댔다. 이러한 행위에 대하여 겉으로는 간섭하지만 실제로는 관할하지 않는다. 우리의 군경은 향후 경각성을 높여야 하며 한인들이 사소한 움직임이 있더라도 좋은 말로 권고하여 해산시켜야 하지 강박으로 대해서는 안 된다.

조선이주민에 대한 제한정책은 철저한 실시를 보지 못하였으며 따라서 조선이주민은 중국 측에서 오는 지나친 압박은 면할 수 있었다. 이 시기 조선이주민은 중국 지방당국으로부터 오는 경제적 약탈을 겪고 있었다. 토지소유권도 입적한 자가 아니면 인정되지 않았고 지방대표를 정하여 이에 관한 토지소유를 인정함으로써 실제에 있어서 조선이주민의 토지소유를 불확실한 상태에 두었으며 당지 거주민은 이를 이용하여 많은 사기를 저질러 조선이주민에게 심한 피해를 입히었다.

조선이주민은 중국군대와 당지 순경들의 불법징수에 시달렸고 또 무고한 조선이주민에게 폭행을 가하는 일이 흔하였다.

조선이주민에 대한 중국 측의 제한법 강제실시는 1925년 7월부터였다.

1925년 6월 11일, 봉천정부 경무처장 어진(于珍)과 조선총독부 경무국장 三矢宮松은 봉천에서 비밀협약을 체결하였는데 역사상 '미쯔시(三矢)협정'이라 부르고 있다. 동년 7월 8일부터 봉천관헌은 '조선인제한법강제실시법'을 발표하여 조선이주민에게 제한을 가하였다.

이 협약에 따라 '불법'조선이주민을 공개적으로 체포하여 일본관헌에 넘기었다. 하지만 이름난 조선민족주의자 다수를 체포하지 못하였다.

중국관헌에서 조선이주민 주민에게 탄압, 배척의 정책적 선택이유를 보면 1. 조선이주민을 일본의 앞잡이로 생각한 것 2. 중국 자체인구가 많기에 타민족의 용납을 꺼린 것 3. 조선이주민에 대한 치외법권으로 인해 중국외교의 입장이 곤혹스럽다는 것 4. 조선이주민 안전을 구실로 일본인 군대가 초래될 수 있다는 것 등이다.

이 같은 사고방식이 중국인의 머리에 뿌리 내려 점차 구체화된 정책, 훈령으로 번져갔다. '일·한인 토지조치금지역에 관한 훈령', '이주힌교민취제에 관한 훈령', '한교민 토지경작취제에 관한 훈령', '이주한교민취제에 관한 길림성 민정청 훈령' 등이 그 일례로 된다. 중국관헌의 부고의 일부에서 우리는 당시 조선이주민에 대한 중국의 태도를 엿볼 수 있다.

"한국농민계층의 발전은 만주 경내에 일본국토의 확대로 간주하여야 할 것이다."

"이 지방의 조선이주민 수는 해마다 증가한다. 이들 조선이주민은 우리 국민의 생계를 박탈한다. 금후의 여러 가지 분규를 피하기 위하여 우리 성에서 이들 조선이민을 방지하려면 강경(硬固)한 수단을 씀이 필요하다."

1927년 남만철도회사 조사국에서 발표한 자료에 의하면 조선이민구축사건은 181건 발생하였는데 그중 거주권박탈 94건, 소작권박탈 17건, 불법징세 12건, 이주허가중박탈 7건, 강제입적 및 풍속변경 42건, 아동교육의 방해 6건, 불법체포 및 불법과료 3건으로 나눠졌다. 또 이훈구 씨의 「만주와 조선인」에 따르면 201명 조사대상 중 41%가 '신변 위험'을 느껴 가장 주요한 고난으로 주목되고 '정치상의 불안'이 12.8%를 점한다. 여기서 당시 조선이주민의 처지를 다소 알아낼 수 있다. 불안정된 사회환경과 수시로 닥치는 박해가 조선이주민의 일상생활에 가득 차 있은 것이다.

실례 1 1927년 1월 6일, 임강현 이도구에 중국군경이 와서 동 지역에 거주하는 조선이민 60여 호에 대해 동월 20일까지 경외로 나가라고 엄명하였다. 조선이주민 백가장, 안봉국(安凤国) 씨는 동포들로부터 대양 700여 원을 모아 당지 경관과 보장에게 주어 겨우 무사했다.

실례 2 1927년 4월 1일, 임강현 영사관설치문제가 있어 모아산에 거주하는 조선이민 26호, 118명에 대해 즉시 철거를 명하였다. 이주민들은 할 수 없이 본적지로 돌아갔다.

실례 3 1927년 12월 26일, 관전현 하전자에 거주하는 길룡지역에 중국관헌에서는 내일까지 떠나라고 명하고 만일 기한 내에 떠나지 않으면 불을 지르겠다고 위협하기에 급급히 가족을 이끌고 조선 경내로 돌아갔다. 동 현 루하도 탕분에 거주한 농민은 실제로 방화추방을 당하였다.

실례 4 1927년 11월 12일, 길림, 유수현, 오상현, 이란현 관할 내에 거주하는 이주농 에 대하여 급히 떠날 것을 명하고 보위단과 순경은 다수 농민을 구타하였으며 재물까지 약탈하였다.

실례 5 1927년 12월 27일, 쌍연현 조가툰의 조선이주민 이장엽 씨에게 중국순경이 와서 '귀화치 않을 조선이주민에게는 거주를 불허한다.'는 명령이 있으니 곧 떠나라고 명하고 가산을 집 밖에 던지고는 강제로 가족을 마차에 태워 장춘성 내까지 보냈다.

실례 6 1928년 4월 6일, 본계호 제4구 보장은 보용(保用) 8명을 데리고 당지 조선이주민 길춘경한테 와서 즉시 떠남을 명하므로 허가를 얻고 거주하는데 갑자기 내쫓는 것은 불당하다 함에 이들에 대하여 구타, 모욕하고 만일 명령을 위반하면 매호에 대양 30원을 내라고 위협하였다.

실례 7 1929년 5월, 도록 부근에서 수전농사에 종사하던 조선농민 300명은 1927년 가을부터 중국관민의 태도가 일변하여 종종의 구실로 수전을 회수하려 하기에 종전에 세 맡던 중국인 집에서 점차 구축당하고 또 가옥을 짓고자

하면 기지를 회수하기에 그 압박에 견디지 못하였으며 1929년 5월에는 수전계약을 중국인 일방에서 취소했으므로 조선이주민은 끝내는 축출의 비운을 맞았다.

실례 8 1928년 12월 초, 신민현 손가툰 경포농장의 지주는 조선이주민농민구축령을 받고 조선농민의 논밭을 몽땅 몰수하고 물도랑까지 사람을 동원하여 메워버리었다.

실례 9 휘남현 당국은 경내에 거주하는 조선농민들더러 1928년 말까지 무조건으로 논밭을 내놓고 떠나라고 명령했다.

실례 10 1928년 10월경, 무순 부근에 살고 있던 조선농민들은 군벌의 강제구축으로 사처로 떠돌아다니면서 유랑생활을 하였다.

실례 11 1928년 8월 21일, 만주리 부근 자라툰 성지영자에 살고 있던 조선농민 20여 호는 다 지어놓은 벼를 거둬들이지도 못하고 쫓겨났다.

1930년 한 해만 해도 이러한 구축 사건이 심양지방에서 31건, 철령지방에서 33건, 안동지방에서 37건, 영구지방에서 12건, 길림지방에서 19건, 징춘 부근에서 36건, 흑룡강성 각 지역에서 수십 건, 도합 200여 건이나 된다.

동아경제조사국에서 간행한 「간도문제의 경위」에는 1930년 중국지방, 관헌으로부터 입은 간도조선이주민의 피해상황은 폭행 70건, 빼앗긴 금액 1914원, 피해 입은 자 9명, 피살된 자 83명, 납치 또는 불법체포 4130건으로 적혀있다. 또 「재만조선이주민압박사정」에는 1927년 1-11월, 압록강 이북에서 조선으로 귀환한 사람이 1569명이고 남만에서 북만으로 이주한 사람이 1080명이라고 밝혀져 있다.

조선이민은 당시의 형세에 비추어 대중적인 반구축투쟁과 반입적투쟁을 벌여왔으며 이로써 조선이민에 대한 중국인의 압박은 얼마간 완화되었으나 추방정책은 변함이 없었다.

2) 일본 측의 박해

일본 측이 재만조선이주민에 대한 직접적인 박해는 조선이주민교육에 대한 간섭, 타격, 노예화에서 가장 뚜렷이 나타난다. 이에 대해서는 이후 전문적으로 논술할 것이다. 일본이 재만조선이주민에 대한 간접적인 박해는 중국의 군벌 또는 민국당국의 손을 빌어 조선이주민에게 커다란 고통과 불행을 가져다 주었다.

일제는 동북군벌과 손잡고 만주에 23개 영사관 및 영사분관을 설치하여 자기들의 특권을 유지, 확대하였으며 조선이주민에 대한 영사재판권을 이용하여 조선이주민을 통치하고 반일투쟁을 잔혹하게 진압하였다. '경신년대토벌' 후 일제는 간도에 한 개 총영사관, 4개 분관 및 경찰서를 확충하는 외 연길현의 동불사, 팔도구, 천보산, 의란구, 팔도하자, 걸만동, 대립자, 화룡현의 이도구, 부동, 남평, 왕청현의 가야하, 양수천자, 훈춘현의 투도구, 흑정자 등 지역에 경찰서 및 분소를 설립하였다. 돈화에는 영사분관을 앉혀 돈화, 액목, 무송, 안도, 장백 등지의 조선이주민을 통치하였다. 남만에는 장춘과 봉천 총영사관 관할하에 철령, 안동, 해룡, 통화, 도록 등 지역에 영사관을 설립하고 일본경찰을 파견하여 조선이주민 진보조직과 반일군중을 체포, 구금하였다. 1925년에 일본이 봉천당국과 체결한 '미쯔시협정'이 일제와 중국 측이 손잡고 조선이주민을 박해하는 주요한 서류로 되고 있다. 1928년 통계에 따르면 당시 간도 4개 현에 주둔한 일본경찰은 400여 명이며 수시로 무장군경과 사복특무를 증파하여 조선이주민을 진압하였다. 1927년 일제는 임강현에 영사분관을 앉혀 동변도조선이주민에 대한 통치를 강화하려 하였으나 남만 각 민족 인민들의 강렬한 반대로 성사하지 못하였다.

일제는 허다한 친일단체를 무어 일본경찰을 협조하여 정보를 수집하고 반일운동을 탄압하였다. 일본경찰이 주둔한 간도지방에는 '조선인거민회'를 세웠고 영사분관이 설치된 남만지방에는 '조선인민회'를 내왔다. 흥경, 통화, 환인, 유하, 휘남, 해룡 등 지역에서는 '보민회'를 조직하였다. 또 일본낭인과 조선이주민 친일분자를 시켜 조선이주민을 돕는다는 명의로 '광명회', '동아보민회', '양성계', '상조계' 등 친일단체를 묶었다. 이러한 친일단체는 일본독점자본으로부터 자금을 대부하여 중국지주의 토지를 상조하여 다시 조선농민에게 소작 주었다.

일제가 조선이주민에 대한 박해 중 경제적 약탈이 중요한 수단의 하나였다. 간도협약 뒤 일제는 상부지를 기지로 상공업, 농, 임, 광업 그리고 금융, 무역 등 분야에 걸쳐 가혹한 약탈을 감행했다.

1910-1914년, 일본상업자본은 간도상품시장을 점령하기 위하여 잡화상과 결탁하여 국자가, 배초구, 투도구와 용정촌 상부지를 중심으로 기타 지방에 118개 상점을 세우고 석유, 종이, 사탕, 권련, 면화, 천, 일용잡화 등을 대량적으로 팔았다. 일본광목의 충격은 조선농촌가정의 주요한 수공업인 베천생산을 배척함으로써 농촌가정부업의 수입원을 단절하였다. 일본상인과 중국상인들이 콩, 좁쌀, 옥수수 등을 대량 수매하였기에 경작지는 늘어났지만 1919년 전후 세계시장가격의 영향을 받아 많은 농민들이 파산되었다. 일본자본주의 상품의 충격으로 간도의 농업, 부업산품은 상품으로 전화되었으며 간도의 전통적 자연경제는 점차 붕괴되기 시작하였다. 국내외무역과 대부금, 유통 등 금융 영역에서도 일본독점자본이 우세를 차지하게 되었다. 1911년 9월, 조선총독부는 용정에 큰 화재가 인 틈을 빌어 구제의 명으로 2만 500엔을 투자하여 용정일본총영사관에 용정구제회를 설립하고 상부지 내의 일본과 조선 이주민에 부동산을 담보로 대금을 주었다. 중국인에 대해서는 토지를 저당하거나 토지를 상조하는 조건부로 대부금을 주었고 조선이주민에 대해서는 농업자금으로 대부금을 주어 토지를 수매하거나 도지를 상조하게 하였는데 토지소유권은 동양적식회사에 서낭하게 하였다. 기한이 되어도 대부금과 이자를 갚지 못하면 토지를 몰수했다

일제의 발광적인 침략으로 간도의 사회경제는 세계자본주의경제시장에 말려들었으며 조선이주민의 근대민족공업은 파괴되고 전통적인 농업자연경제는 와해되어 조선이주민은 파산되거나 소작농으로 전락되는 처참한 운명을 받아들여야 했다. 또 일제의 침략야심이 커짐에 따라 조선이주민과 각 민족 사이의 민족모순이 첨예해졌다.

3) 군벌의 박해 및 기타

봉계군벌이 조선이주민에 대한 박해는 일찍 1924년 3월 조선이주민학교에 대한 폐쇄에서부터 시작됐다. 선후하여 '동변도 소속 각 현 조선이주민학교 폐쇄조례', '조선이주민을 고용하여 벼농사 짓는데 관한 관리법' 등을 포괄하여 조선농민을 취조하고 구축하는 훈시령, 비밀령을 수십 가지나 제정, 발급하였다. 1925년 '미쯔시협정'의 체결은 일제와 결탁하여 조선이주민을 구축하는 중요한 사건이다. 1929년 말-1930년 초 봉씨군벌은 중동로사건을 발동하여 부금에서 무고한 조선농민 130여 명을 살해했

고 동녕에서 30여 명을 죽였다.

실례 1 3명 동북군 병사는 훈춘현 흥인리 흥의사 싸탄자의 조선이주민 유씨네 집
에 뛰어들어 도끼로 유씨 부부를 찍어 죽이고 현금 270원을 빼앗아갔다.
실례 2 1930년 10월 12일, 배초구 주재 동북군 병사는 '공산당과 내통한다'는 죄
명을 들씌워 당지 조선이주민 30여 명을 연길청으로 압송하였다.

조선이주민은 중국 측과 일본 측, 군벌에서 오는 박해와 멸시를 받는 외 마적과
기타 비적에 의한 피해도 수없이 받았다. 마적은 적으면 3명에서 수십 명, 많으면 수
백 명 이상의 대오를 형성하고 있었다. 이들은 수시로 민가에 나타나 강탈, 살인, 방
화, 인질 등 거주민에 대한 모든 악행을 감행하며 마을을 유린하였다. 늘 말을 타고
다니므로 마적이라 부르고 있으며 최신식 무기를 갖고 있었다. 산간편벽한 곳에 무
리지어 있으며 중동철도와 남만철도 연선 지대에 출몰하여 이 지역에 거주하는 조선
이주민은 항상 위험에 직면하고 있으며 또 직접적인 피해자로 되었다. 1924-1929년
간도지방에서만 해도 마적의 출몰 수는 1019차, 빼앗아간 금액은 4만 1997원, 출몰
한 마적인수는 1만 7347명, 피해자 중 부상을 입은 조선이주민이 33명, 피살된 조선
이주민이 35명, 납치당한 조선이주민이 358명이었다(「만주와 조선이주민」). 마적이
조선이주민 생활에 얼마나 큰 위험과 부담이 되었는가를 알 수 있다. 1926년 당시
마적단의 상황은 표 1-04-17에 적어둔다.

표 1-04-17 마적단상황(1926년)

횡행지방	송화강안 및 목단령부근(길림,액목,돈화 지방)				영안현,목단강 일대					
두목 이름	四海	黑手	双胜	押五营	天泉	老土豆子	昭祥	孟长军	天义	绿林好
인원수	60	20	80	20	300	60	100	70	40	50

횡행지방	영안현,목단강 일대						영안현 및 중동철도지방						
두목이름	挂海	南洋	双龙	德胜	好友	串山红	震动	小四海	得胜	天九王	青岭	北顺	东山	占中元
인원수	40	30	30	80	30	50	60	50	50	40	20	30	30	40

자료출처: 「한국유이민사」

3. 조선이주민의 귀화입적

청나라는 1882년, 처음으로 조선유민입적령을 반포하여 두만강 이북의 조선유민의 입적을 강요하였다. 1910년 청나라는 '대청국적조례'와 '대청국적조례실시세칙'을 반포하였고 1912년에는 '중화민국국적법'과 '국적법실시세칙'을 제정하였다. 국적법은 5장 20조로 되었는데 중국국적에 가입하려는 외국인에 대해 4가지 제한성 조건을 첨부하였다. 조선이주민도 예외가 아니었다. 상세히 적어보면

1. 연속 5년 이상 중국에 거주한 자
2. 중국법 또는 본국의 법에 의해 능력 있다고 인정되는 만20세 이상인 자
3. 품행이 단정한 자
4 .상당한 재산이 있거나 자립할 수 있는 자.

국적법의 규정으로 볼 때 귀화자에 대해 관대한 면이 있으나 그래도 각박한 편이며 조선이주민귀화입적자에 대하여 정치상의 평등권리를 보장할 수 없었다.

1913년 5월, 중화민국정부는 조선이주민에게 입적을 강요하면서 중국교육을 실시하였다. 같은 해에 '간민회'가 조직되어 조선이주민의 입적운동을 발동하고 조선이주민학생을 중국관립학교에 입학시키는 운동을 전개하였다. 그 주요한 인물로는 구춘선(具春善), 이동춘(李东春), 김립(金立), 김하석(金河锡), 나철(罗哲), 백순(白淳), 현천묵(玄天默), 김위(金为), 고평(高平) 등이다. 입적지주와 배일지사들이 연합하여 발동한 운동이었다.

구춘선은 1860년 1월 29일 함경북도 온성군 미포면 풍인리에서 태어났다. 1878년 왕궁의 수위병모집에 합격되어 19년 동안 수문장으로 일했다. 1911년 봄, 이동휘의 소개로 간도 국자가 소영자의 길동학교로 왔으며 간민회가 건립될 때 부회장으로 추대되었다. 1916년 '철혈광복단'에 가입하였으며 1919년 '조선국민회' 직속조직인 '간도국민회'의 회장으로 추대되었다. 안무를 사령으로 하는 국민회군의 병력은 450여 명이었다. 1921년 10월 29일, 양수천자에서 회의를 소집하고 '광복군총판부'를 조직하였다. 1924년 왕청현 하마탕에 돌아와서 만년을 보내다가 1944년 84세를 일기로 별세하였다

'간민회'의 운동을 반대하여 의병, 유림을 중심으로 '농무회(農務会)'를 조직하고 조선민족고유문화를 보존하려는 운동을 발동하였다. 군중 4000-5000명이 연길도윤공서에 청원운동을 하여 입적동화운동이 취소되었고 따라서 '간민회'도 같은 해 말에 해소되었다. 농무회운동의 주요한 인물은 지장회(池章会), 최가익(崔街翼), 강수희(姜受禧), 김희형(金熙亨), 박재납(朴在纳), 장진우(张振宇), 이남준(李南俊) 등이다.

중국정부는 조선이주민이 일본의 세력 범위에 진일보 들어가는 것을 막고 일본세력의 팽창을 억제하기 위하여 중국적에 가입하지 않은 조선이주민에 대해 압력을 가하여 조선이주민 입적고조가 한때 일어났다. 1914년에는 이동춘, 김립 두 사람을 만호 조선이주민의 대표로 북경에 보내어 국무원에 '청원귀화입적'서를 바친 일도 있었다.

입적에는 일정한 제한과 수속절차 및 정치권리 등 다면의 규정이 있었다. 간민입적은 반드시 본인이 자원신청하여야 하며 함께 입적하는 이는 부인을 제외하고는 한 사람이 여러 사람을 대표하여 입적신청을 하지 못하였다. 입적청원개간민은 자신의 상세한 경력서와 청원서 그리고 보증서를 매양 3부씩 현공서에 바쳐 보존하였다. 현공서에서 비준한 후 달마다 책을 묶어 본인의 청원서, 보증서와 함께 성공서 자부(咨部)에 보내어 부조(部照)를 발급하며 도윤공서에 등록되었다. 입적에 허가된 개간민에게 현공서에서 먼저 임시허가증을 내주며 후에 다시 부조로 바꾸었다. 부조를 받은 뒤 본현 공민으로 간주되었다.

입적에는 일정액의 수수료가 따랐다. 내정부에서 입적 수습료 12원, 인화세금 2원을 받았고 현공서의 공비와 대서비까지 총 5원을 받았다. 그때 벼 한 섬(120근)에 6원인지라 입적신청장의 부담이 너무 중하였다. 그리고 어떤 곳에서는 입적을 신청 시 우선 일본내무성의 '출적증명서'를 첨부해야만 했다(「할빈 근교 조선인의 귀화입적」 서명훈).

입적자에 대한 정치권리는 아래의 몇 가지로 되었다.

1. 중국선거법의 자격규정에 따라 상하급자치직원 선거권과 피선거권이 있다.
2. 교육부에서 규정한 교직원자격에 따라 현립 각 학교 교장 및 관교(管教)가 될 권리가 있다.
3. 현 행정기관에서 일할 수 있으며 각 직원을 위임할 권리가 있다.

중국정부는 조선개간민 입적에 대하여 강제 또는 유혹의 수단을 썼다. 토지 소유권문제가 그중 가장 중요한 수단이다. 특히 1915년 5월 '중·일신조약체결' 이래 조선이주민의 입적을 극력 추진하였다. 동남로관찰사는 개간민에 대해 일련의 조치를 제정하였는데 주요 내용은 잡거구 내의 조선이주민의 토지소유권은 중국행정지배를 받으며 '중일협약'에 근거하여 잡거권리에 대한 제한을 규정하였으며 중국인은 조선이주민을 고용하여 관황(官荒)을 경작하지 못하며 잡거구에 이민을 실시하여 조선이주민의 생활력을 감소하며 비잡거구의 조선이주민에 대해서는 토지권이 있는 자를 중국적에 가입하도록 권고하고 그렇지 않은 경우 조선이주민은 토지권을 갖지 못하며 정부에서 일정한 가격으로 토지를 수매하고 당사자는 외국인으로 간주되어 출경을 해야 한다. 동척에서 발행한 「간도사정」에 의하면 1917년 9월, 간도조선이주민 중 정식귀화허가증을 받은 호수는 1427가구, 정식귀화허가증을 못 받은 가구는 2111 호로서 귀화입적 조선이주민은 3500여 가구로서 당시 조선 이주민의 10분의 1을 점하게 되었다. 1919년 부분적 지역 조선이주민의 입적상황을 보면 훈춘에 1025가구, 왕청에 575가구, 화룡에 417가구, 밀산에 3가구로 알려진다(「중조관계사 론문집」). 1927년 간도조신이주민 입직인수를 보면 연길에 9민 7401명, 화룡에 3민 653명, 왕청에 5575명, 훈춘에 7545명으로 총 5만 3528명, 총인구의 12%에 해당하였다(「淺談延邊朝鮮族遷入時期的人口, 土地, 入籍狀」池景蓮).

1928년 2월 17일, 길림성공서는 행정회의를 열고 '한민입적문제 제1안결의'를 채택하여 조선이주민입적에 대해 전면적이고 구체적인 결의를 지었다. 특히 지적해야 할 점은 입적하지 않은 조선이주민에 대한 처리이다. 연변 4개 현을 제외한 기타 각 현에서는 새로 이주한 조선이주민에 대해 만약 이주민이 동북3성 기타 현에서 왔으면 천이수속을 밟아야 하며 기한 내에 청원입적을 시켜야 한다. 만약 국외 또는 타 성에서 새로 온 조선이주민이라면 상부계 또는 간도 개간구에 거주해야 하며 마음대로 잡거구에 거주해서는 안 된다. 새로 온 조선이주민은 반드시 6개월 내에 청원입적을 해야 하며 기한 내에 입적하지 않으면 외국인으로 간주되어 중국인은 그들에게 땅이나 가옥을 세주지 못하며 고용인으로 쓸 수도 없다. 민사, 형사 사건에 부딪치면 중국법률에 따라 처리하게 된다. 국민정부의 통계에 의하면 9·18사변 직전 동북의 94만 조선이주민 중 귀화입적자는 5만 1858명으로서 약 6%를 점하고 있다. 성별로 따지면 요녕성에 입적한 조선이주민은 8310명, 조선이주민 수의 3%이며 길림성은 3만 6160명으로 6%에 해당하고 흑룡강성은 2858명으로 조선이주민 수의 8%를 점한다. 이들 귀화자 대부분은 토지를 소유한 유력한 자들이고 또 배일분자들이 많을 것으로 생각한다. 조선이주민의 귀화입적은 국제형세의 특정된 역사조건하에 산생된 강박성을 띤 역사적 산물로서 광범한 조선이주민의 염원을 위반한 것은 사실이다.

앞에서 적은 간민회는 간도에서의 첫 사회단체로서 조선이주민의 자아보호, 발전에서 일정한 적극적 작용을 발휘한 합리한 형식의 탐구활동이었다. 아래 간민회에 대한 상세한 서술을 적어둔다.

1909년 7월, 이동춘과 김립 등은 관청의 허가를 얻고 국자가에서 '간민교육회'를 발족하고 합법적 활동을 벌리었다. 주요 창시자 이동춘은 조선 회녕사람으로서 1873년에 출생, 서울주재 청나라 사신처 통역을 지내면서 '파총(把总)'이란 관직을 표창 받았다. 중국으로 돌아온 후 교육사업에 전력하면서 양정학당을 꾸려 큰 성과를 올렸으며 연길지방 관원들과 사이가 밀접하였다. 그는 동남로관찰서공서 고급관원이며 월간 신동(绅董)이었다.

'간민교육회'는 이동춘을 회장으로, 조기정을 지회장으로 하였으며 회원 수는 300여 명에 달했다. 「월보」를 꾸리었고 반일사상을 선전했었다.

중화민국임시정부가 성립된 후 이동휘, 정재면, 박찬익 등 대표는 여원홍 부통령에게 연변조선이주민사회상황을 소개하였으며 '간민자치회'조직을 세울 것을 청구했으며 여원홍은 찬성을 표하면서 '자치' 두 글자를 삭제할 것을 제기하였다. 1913년 3월 김약연, 이동춘, 김립, 도성, 장기영, 벽옥보 등은 국자가에서 '간민교육회'를 '간민회'로 고치기로 합의 보았다. 김약연이 회장으로, 김영학이 부회장으로, 정재면이 총무로 되었다. 산하에 법률, 교육, 교섭 등 12개 부를 앉혔다. '간민회'의 취지는 '중국법률과 교육을 연구하고 간민들과 관청 사이에 생기는 교섭사항을 처리하는 것'이었다. 하지만 '간민회'의 진정한 목적은 연길지방관청에 의거하여 본 회를 민족자치단체로 건설하며 효과적인 반일활동을 벌리는 것이다.

'간민회'는 성립 후, 우선 조선이주민 중에서 '입회활동'을 벌리었다. '간민회'의 최초 회원은 대부분이 입적한 조선간민 혹은 이미 입적하였으나 아직 토지소유권이 없는 도시와 농촌의 부유계층 인사들이었다. 농촌의 지주와 '향약', '패두' 등 관청과 연계 있는 자들도 '간민회'에 혼입하여 일부 지회의 우두머리로 되었다.

'간민회'는 일본영사관의 간섭을 피하기 위해 문화단체로 자칭하면서 '입회활동'을 벌려 '입적비'를 징수하여 활동자금을 마련하였다. 이는 간민과 '간민회' 사이에 마찰이 생기는 도화선이 되었다. 1914년 1월 7일, '농민계' 농민들은 '거민등장(擧民登狀)'의 기치를 추켜들고 국자가 '동남로관찰사공서'에 몰려가 악패, 향약, 패두들이 입적비징수를 구실로 사욕을 채운 죄상을 폭로하면서 불법분자들을 엄벌할 것을 요구하였다. 화룡, 용정, 왕청의 '농민계'도 수백 명 대표를 파견해 투쟁에 참가하였다.

'동남로관찰사공서'에서는 부대를 출동시켜 청원대오를 강제해산시켰으며 300여 명 군중을 체포, 구금하였다. '농민계' 군중들은 연길관청 문 앞에서 6-7일간이나 농성시위를 벌리었으며 성원하는 군중이 수천 명에 달하였다. 관청은 하는 수 없이 '거민등장'을 접수하고 구금당한 군중을 석방하였으며 해당 관리를 엄벌할 것을 표하였다.

이 사건을 계기로 '간민회'에 대한 연길지방관청의 태도는 달라졌으며 이해 3월 12일, 연길지방관청에서는 '간민회'와 '농민계'를 강세 취체하였다.

'간민회'는 발족되어 1년밖에 존재하지 못했지만 지방관청에 환상을 품고 그들에 의거하여 조선간민의 합법적 권익을 보존하려는 한차례 실험이었다. '간민회'는 반일운동을 광범위하게 전개했다는 점에서 볼 때 진보적인 사회단체라고 인정받을 수 있는 것이다.

4. 조선이주민의 동화

재만조선이주민에 대한 강제입적은 민족동화의 최후수단이라 하겠다. 하지만 다른 면에서 볼 때 조선이주민의 동화는 여러 객관, 주관적 요소로 인하여 여러 가지 방법으로 진행되었다. 이주초기 특히 '한일합병' 전에 동화의 주요형식은 외족인들과의 통혼이다. 이런 현상은 중국, 러시아의 변경 지대에 있어서 더욱 뚜렷했다. 동지철도 동부에 위치한 동빈, 영안, 목릉, 동녕 등 4개 현의 상황을 살피겠다.

영안현을 중심으로 일찍 19세기 중기, 후에는 조선 북부의 흉재로 간도를 경유하여 북상한 이주민은 중국인과 혼혈동화가 생기었다. 영안현의 귀화조선이주민은 약 2500가구, 현 소재지 영고탑시는 200여 가구로 추산된다. 영고탑, 동경성 시가지 부근의 촌락에 있어서는 산간에 거주하는 사냥꾼, 인삼채취자, 아편재배자 등이 중국 측에 동화혼혈한 자가 적지 않았다. 이들은 대개 19세기 70-80년대에 이주한 자들이었다. 그중 러시아에 귀화된 자도 섞여있다. 귀화자 대부분은 함경북도에서 이주한 것으로 상기 4개 현에 약 6000가구를 헤아릴 정도이며 이들 혼혈자손의 수는 수만 명을 초과할 것이다. 물론 그 후 각 지역에 재이주한 자가 있었는지 상세한 기록은 찾을 바 없다. 러시아, 중국 측에 동화된 조선이주민의 가구 수는 동녕현에 1000가구, 목릉현에 1800가구, 영안현에 2500가구, 동빈현은 미상으로 적혔다(「만몽의 쌀농사와 이주조선농민문제」).

간도지방을 경유하여 친척, 고향친구 등의 편리로 영안 등 지방에 내왕하는 자가 '한일합병' 전보다 많았으며 따라서 귀화자도 늘어났다. 그 후 청나라의 입적 강요로 하여 귀화는 강제수단을 택하였다.

제7절 조선이주민 생활

재만조선이주민의 생활은 경제상황에 의하여 결정된다. 조선이주민은 최초로부터 절대다수가 파산된 농민이었으며 이들은 살길을 찾아 비자원적인 이주를 강행하였다. 또 거개가 돈이 없고 특별한 기능도 지니지 못하였으며 지식도 풍부하지 않아 중국 지주의 소작인 또는 머슴으로 사회의 최하층에서 허덕이었다. 그만큼 이들의 의, 식, 주 등 생활에서 조선민족의 고유의 풍속을 제외하고는 특별히 자랑할만한 점은 별로 없을 것이다.

자료에 따르면 1918년 회녕을 경유하여 간도에 이주한 조선이주민은 2086가구, 1만 2216명으로서 지닌 자금총액은 38만 5854원, 가구당 184원에 불과했다(調査報告書 第四卷「吉林省其一, 吉會線關系地方」). 또 당시 봉천 부근의 조선이주민 소작농 생활수입, 지출을 보면 일가 4명의 한 달 생활비는 12원, 거주비 일 년에 15원, 3천지를 경작하는 데 소요되는 종자값 2.60원, 수리세 8원, 세금 2.50원, 경작비 4원, 농구비 2원, 비료 2원, 경작잡비 3원, 땅값(借地) 비용 50원, 경작대부금 이식 20원 등을 합하면 103.10원이다. 이러고 보면 조선소작인이 3천지를 경작하여 번 돈은 15원에 불과했다. 오지에 있어서는 4인 가족의 일 년 수입은 65.70원으로 좀 높은 편이다.

1. 의 류

도시의 남자들이 양복을 입는 외 농민 및 일반부녀들은 조선옷을 입는데 색깔은 흰색이 주되고 옷천은 삼베와 서양천 두 가지이다. 겨울, 여름을 막론하고 맨발에 고무신을 신는 이가 많다. 1920년대 투도구의 조선이주민의 복장가격을 적어보면 솜옷 한벌에 6원 좌우, 여름옷 한 벌은 2원 좌우, 보선은 0.30원, 신 한 켤레는 3.0원으로서 기타 부품을 합쳐도 1년 복장비용은 20원 미만으로서 중국인의 30원 복장비용보다 퍽 낮은 편이었다.

2. 식 류

조선이주민은 늘 배고픈 고통을 겪었나. 조를 위주로 수수, 보리, 옥수수, 김자 등을 부식물로 하였으며 채소는 배추, 마늘, 무를 즐겨 먹었다. 최하층 사람들은 감자, 옥수수 등으로 굶주림을 참아야 했다. 중등수준의 노동자는 콩기름 등을 애용하여 매인당 월 생활비는 2.30원 좌우이고 담배를 피우는 이는 한달에 50전 좌우로 더 소비해야 했다. 고기는 경상적으로 먹지 못하며 단오날에는 3일간 쉬면서 성대히 쉰다. 술, 고기로 즐기며 부유한 집들에서는 찰떡 치고 개도 잡았다.

3. 거 주

재만조선이주민은 이 시기 여전히 조선식 초가집에서 살고 있었으며 기와집은 드물었다. 집둘레에는 울바자를 세웠고 사람과 가축은 한집에 살았다. 보통가옥 한 채를 짓는데 드는 비용은 50원 안으로서 중국집의 300원 비용보다 많이 낮았다. 자기가 집을 갖고 있는 이보다 중국인의 집에 세 맡고 있는 자가 다수였다.

4. 생활정도

재만조선이주민의 신분으로 보아도 그들의 생활이 빈궁함은 가히 짐작할 수 있다. 잡비 중에는 교육, 위생, 신앙, 연초, 음료, 혼인, 장례 및 사교 등 다항목이 포함되며 그 비중은 5.8-19.3%이며 식비의 비용이 가장 커 총비용의 55% 이상을 점하고 있다.

다음 재만조선이주민의 생활수준을 이훈구 씨의 조사에 따라 적으면 쌀, 콩, 야채, 과일, 육류, 어류, 알류, 장, 기름, 술 등을 포함한다. 사회비는 종교비용, 자경단비용, 마적으로 인한 손해, 교통비, 자선오락, 교육, 의료, 혼인, 장례, 회비, 피복, 가구, 차와 연초, 촌비, 구급비 등등을 포함한다. 주택비는 집세와 기타를 포함하며 이것들을 기준으로 만주 개척 지대의 조선이주민의 생활비는 표 1-04-18과 같다.

표 1-04-18   1930년 만주개척지내 조선인 매인당 생활비

단위: 원

	화식비	사회비	거주비	합 계
부 여	37.58	94.01	6.32	137.91
아 성	42.45	69.55	5.59	117.59
쌍 성	44.28	61.20	6.91	112.39
할 빈	36.49	34.09	8.08	78.66
주 하	32.76	56.83	4.47	94.06
영 안	44.24	42.42	2.91	89.57
평균 순치	40.49	56.66	4.56	101.71

자료출처: 「만주와조선인」 이훈구 저

상기의 비용에서 오락도박비가 7.3%를 점하고 있는 것을 보아 조선이주민의 도박 습성을 다소 알 수 있다.

조선이주민의 매인 연평균 생활비는 101.71원으로 중국인의 149.33원에 비할 때 퍽 적은 편이다.

5. 가족관계

재만조선이주민의 가족관계는 여전히 옛 습성을 따르고 있다. 같은 성씨를 지닌 마을에는 족장이 있어 예의를 집행하고 가정에는 가장이 있어 가문의 모든 행사를 집행한다. 가장이 사망하거나 또는 능력이 따르지 못한다고 생각할 때는 가문에서 가장 능력이 있는 노자에게 넘겨준다. 만약 가산이 많고 인구가 방대하면 따로 거처를 잡을 수 있다. 그때면 가족 중 명성 높은 분을 청하여 재산을 나누어 각자가 각기 생활을 하게 한다. 시아버지와 며느리는 정상사무가 없이는 마음대로 이야기하거나 웃지 못하며 동석하여 식사하지 못한다. 시형과 제수 사이도 그러했다. 늘그막에 아들이 없으면 사위를 맞아들여 양자로 삼을 수 있다. 여자가 젊어서 과부로 되면 평생 과부로 사는 이가 있고 또 재가하는 여자도 있다.

제8절 중공조직체계의 건립

1. 지방조직

간도에서의 중국공산당의 초기 조직은 중공용정촌지부, 중공연변구위였다. 구위가 파괴되자 중공연변특별지부를 설립하였고 얼마 후에는 중공연(길)화(룡)중심현위로 발전되었다.

1928년 2월, 「민성보」를 진지로 중공용정촌지부가 설치되었다. 주동교가 서기를 임했다. 이것이 간도의 첫 중공당조직이었다. 그해 10월 민성보사에 중공연변구위를 설립하였으며 주동교가 구위서기를 맡았다. 1930년 2월 중공연변특별지부를 설립하였고 조선이주민 왕경이 서기를 맡았다. 6명 위원 중 이창일, 주건, 이용 등 3명 조선이주민이 있으며 대감자지부 서기 홍범식도 조선이주민이다. 중공연변특별지부는 산하에 4개 지부와 15명 중공당원을 두었다. 4월 24일, 연변특별지부 서기 왕경, 만주성위 순시원 박윤서, 원 조선 공산당동만도 책임비서 김근 등은 동량어구촌에서 연석회의를 열고 '5·1투쟁행동위원회'를 내오고 투쟁방안을 연구하였으며 연변 각 지역에서는 동맹파업, 동맹휴학, 농민폭동 등 여러 가지 형식의 '붉은오월투쟁' 벌어졌다.

1930년 8월 13일, 평강구 약수동에서 연변제1차당원대표대회가 열렸다. 회의에서는 원 조선공산당당원을 중국공산당에 받아들인 사업을 총화하였다. 또 만주성위 소속으로 된 연화중심현위를 설치하였으며 지도기관을 용정에 앉혔다. 산하에 10개 구위와 61개 지부를 설립하였다. 당원은 480명이었다. 중공연화중심현위원회의 지도자는 전부 조선이주민으로 구성되었는데 이들로는 서기에 왕경, 조직부장에 마준, 선전부장에 한별, 군사부장에 박윤서, 청년부장에 이용국, 부녀부장에 김영신이다. 각 구위서기도 조선이주민이 많았다. 이들로는 개산툰구위에 이성구, 로투구구위에 유영호, 용정구위에 김성호, 삼도 구위에 안학선, 평강구위에 주현갑, 연길구위에 서공일, 옹성라즈구위에 이춘일, 하마탕구위에 김상화, 나자구구위에 김세훈, 훈춘구위에 최창복였다.

1930년 9월 20일, 중공만주성위는 중공동만특위를 내오기로 결정하고 요여원을 서기로 임명하고 양림을 군사서기로 임명하였다. 10월, 중공동만특별위원회를 구성하였다. 지도기관은 조양천 이발소에 두었다가 국자가 북산아래에 있는 약방으로 옮겼다. 중공동만특별위원회 각 부의 책임자 역시 조선이주민으로 구성되었는데 조직부장 왕경, 선전부장 주건, 통신연락부장 이용, 비서처장 나일, 청년부장 이용국, 부녀부장 이인활 등이었다.

중공동만특위는 연화, 왕청, 훈춘 현위와 안도, 돈화 현위를 설립하였다. 각 현위의 서기, 군사부장, 조직부장, 선전부장, 청년부장, 부녀부장, 통신연락부장, 비서 등은 모두 조선이주민이 담당하였다.

2. 정권조직

1930년 4월 말 중공연변특별지부는 황포출신인 조선이주민 신춘을 평강, 약수동에 파견하여 토지사업을 지도하게 하였다. 5월 27일, 약수동 일대의 농민은 성대한 집회를 가지고 박필종 등 친일주구를 처단하였고 약수동소비에트정부의 성립을 선포하였다. 이는 동북지구의 첫 소비에트정권이다. 8월 말, 중공평강구위에서는 약수동 상촌에서 '소비에트를 건립할 데 관한 대회결의안'을 채택하였고 평강구소비에트정부의 성립을 선포하였다. 주석에 조선이주민 이봉삼이 임했다.

1930년 10월 19일, 만주성당위의 지시에 따라 평강구소비에트정부를 해산하고 연화현혁명위원회를 설립하였다. 주석에 이승도(조선이주민), 당단서기에 이영규(조선이주민)였으며 산하에 토지, 비상, 노동, 군사 등 4개 위원회와 출판, 통신연락 두개 부를 설치하였다. 같은 달, 연화현행동위원회를 구성하였는데 지도자는 모두 조선이주민이다. 서기에 배동건, 조직부장에 김성, 선전부장에 이명의, 군사부장에 한준였다.

3. 군사조직

동만의 반일유격대는 1930년 '붉은오월투쟁' 때부터 형성되었다. 이해 6월에 화룡-훈춘유격대를 조직하였으며 7월에 평강구 약수동에 전이하여 평강유격대를 건립하였다. 총지휘는 조선이주민 신춘이었고 인원수는 70명이었디. 그해 10월에 왕청현유격대가 건립되었으며 대장에 박세운, 정치위원에 한권, 인원수는 30명이었다.

1930년 9월, 연길구군사위원회를 내왔는데 서기에 조선이주민 박윤서, 위원에는 조선이주민 유지원, 송국서였다.

1930년 10월, 중공만주성위에서는 성위의 군사서기 양림을 동만에 파견하여 중공동만특위군사위원회 서기로 임명하였다. 양림(조선인), 유지원(조선인), 송국서로 군사위원회를 구성하고 3개 유격대를 정돈하였으며 총을 지닌 인원이 70명이었다.

중공동만특별위원회 군사위원회는 직속특무대를 조직하였으며 주건(조선인)이 책임졌다. 특무대 소속에 정탐부를 두고 김명균(조선인)이 책임졌으며 적색부는 강철이 책임졌다.

4. 군중조직

1930년 10월, 중공동만특위가 설립될 때 중국공산주의청년단 동만특위도 설립되었으며 조선이주민 이용국이 서기로 임명되어 각 현의 공청단현위를 조직하였다. 연화현, 왕청현, 훈춘현, 연길현, 화룡현의 단서기는 모두 조선이주민이었다. 1930년 말 동만의 공청단원은 1000명이며 1931년 초, 동만공청단조직은 두 차례의 파괴를 받았다.

간도의 여성조직은 다음 절에 적어둔다.

제9절 조선이주민 여성운동

20세기 초, 사립학교를 중심으로 연변에 신문화계몽운동이 일어났다. 이 운동에서는 여성해방, 남녀평등, 남녀공학 등 사상이 고취되었으며 여성해방을 주장하였다. 이는 간도여성이 각성할 수 있는 외부환경이었다.

연변에 세워진 첫 여자소학당은 1908년 구자윤, 김하석, 이동휘 등이 연길 소영자에 세운 사립광성여자소학당이다. 그 뒤를 이어 화룡현 용암동의 명동여학교, 연길현 신명촌의 신명여학교, 국자가 소영자의 길신여학교가 설립됐고 1912년 명동학교가 명동중학으로 된 후 여학급을 설치하였다. 또 1911년 3월, 명동학교에 여학부를 설치하였는데 교원으로는 정신해, 이의순(이동휘의 딸), 지봉순 등이 있었다. 당시 재교 여학생 수는 연변학생 총수의 5%였다.

종교단체에서도 여성학교를 꾸렸는데 1910년 예수교에서 꾸린 상정여학교를 토대로 1913년 캐나다 장로교회 박걸 목사의 부인이 용정에 여학교를 꾸렸다. 학교에서는 종교 여부를 가리지 않고 과학문화지식을 전수했다. 1926년 통계에 따르면 조선이주민 종교단체에서 꾸린 학교의 여학생은 697명으로서 학생 총수의 10%를 차지하였고 외국인 선교사와 종교단체에서 꾸린 학교의 여학생 수는 407명으로 학생 총수의 55%를 점하였다.

또 야학반, 동학반, 반일(半日)부녀학교 등이 꾸려져 더욱 많은 여성들에게 근대 민족의식을 불어넣었다.

연변에서의 마르크스주의 전파는 러시아10월사회주의혁명 이후 특히는 1920년 이후부터였다. 1925년 이신애 등 여학생들은 동흥중학교에서 조직된 '사회과학연구회'에 참가하였다.

마르크스주의와 사회주의 사상이 부단히 선전됨에 따라 간도에 초기 여성단체가 나타나기 시작했다.

1926년 1월, 동흥중학 여학생들이 참가한 '간도여자청년회'가 창립되었다. '간도여자청년회'는 구소련의 사회주의 제도를 찬성하고 여성해방을 제창하며 공산주의 진리를 추구하는 것을 목적으로 한 간도의 첫 진보적인 여성단체였다. 이신애, 조희숙, 이순희 등이 책임자로 활약하였다.

1928년 1월 13일, '동만청년동맹'을 '동만청년총연맹'으로 개칭하고 조숙정을 집행위원으로, 김순림을 부녀부장으로 추대하였다. 7월 1일에는 간도여성의 통일단체인 '근북회(槿北会)'를 건립하였다. 산하에는 총재무부, 조직연락부, 문화선전부, 조사연구부 등 기구를 설치하고 김순림, 조숙정, 장명숙, 박영식 등 수 명의 간부가 있었다.

간도여성들은 3·13반일시위운동과 5·4애국운동에 적극 참가하여 반제반봉건운동을 힘있게 추진히였다.

1919년 9월 25일, 훈춘에 거주하는 200여 명 조선여성은 박봉식의 집에 모여 집회를 열고 애국부인회를 조직하였다. 이름을 '훈춘애국부인회'라 달았다. 활동목적은 반일운동을 후원하며 평소에는 여성교육, 여성권리 확대를 도모하고 전시에는 부상병을 구원, 간호하는 것이다. 집회에 참가한 여성은 단지동맹까지 결성함으로써 결심을 보였다. 이날 회의에서 회장에 주식덕, 부회장에 김숙경이 추대되었다. 애국부인회가 조직된 후 많은 여성들이 패물, 포목 등을 내놓아 한달도 못 되는 사이에 6000루블의 의연금을 모았다.

1929년 11월 말, 조선 전라도 광주 학생들의 대규모적인 반일애국운동 소식을 접한 명신여자중학교 학생을 망라한 용정 학생들은 1930년 1월 23일 조선 광주 학생을 성원하여 반일시위를 단행한 후 은진중학교 마당에서 대회를 가졌다. 일본경찰은 대회를 해산시키려 했으며 수십 명 학생이 체포되었다. 1월 28일 은진중학교, 명신여자중학교, 광명여자중학교의 수백 명 여학생들은 동산의 영국조계지역에서 반일집회를 가졌고 시위행진을 단행했으며 연이어 동맹휴학을 하였다. 경찰당국은 끝내 체포된 전부 학생을 석방하였다.

중공만주성위의 지시정신에 따라 1930년 8월 13일, 중공연화중심현위의 건립대회에서는 여성운동에 3가지 결의를 채택하였다. 즉 각급 여성조직을 건립하며 여성의 특수한 요구를 제기하고 여성투쟁을 영도하는 것이다. 이 시기 적지 않은 여성중공당원과 여성간부가 양성되었다. 1931년 2월 간도농촌여성 중 당원과 단원의 수는 100여 명으로서 연변 당, 단원 수의 20%를 점하였다(「성위와 중앙에 보내는 중공만주성위 부녀위원회의 보고」).

붉은오월투쟁과 8·1길돈폭동에서 연변여성은 통신연락, 식량공급과 정찰임무를 수행했으며 전화선을 끊고 철교를 불사르고 친일주구를 처단하고 일제기관과 조선인민회를 들부수고 소작계약서와 고리대금계약서를 불태우는 등 여러 투쟁에 참가했다.

중공만주성위 부녀위원회에서 성당위와 중앙에 보낸 보고서에는 이렇게 적었다. "지난해 '5·1', '8·1'과 광주폭동 때 농촌의 한국여성(조선인)들은 모두 열정적으로 여러 투쟁과 시위에 참가하여 적지 않은 역할을 놀았다. 그들은 머리에 석유통을 이고 다니면서 다리를 소각하였고 전선대를 태워버렸으며 쌀과 나무를 싣고 다니며 식량을 공급하거나 정찰 등 사업을 하였다. 광주폭동시위에 1만여 명 군중이 참가하였는데 적지 않은 여성들도 참가하였다. 여기에서 한국여성(조선인 여성)의 용감성을 뚜렷이 보아낼 수 있다."

1931-1945년 조선이주민

제1절 위만주국설치와 개척정책

1. 만보산사건

만보산사건은 일제 만주침략의 전주곡으로서 그 내막을 여기에 적는다.

1927년 4월 20일, 다나까 새 내각은 만몽을 점령하려는 '대화정책강령'을 '동방회의'에서 제정하였다. 만주에서의 세력 확충의 첫 사건으로 '황고툰사건'이 조작되었으며 그 희생물은 폭사된 장쭤린이였다. 1928년 10월 짱쉬량이 남경정부에 귀속되었고 짱쩨이스은 군벌혼란을 위해 12만 동북군을 관내로 진입시켰는데 이는 일제에게 절호의 기회를 주었다. 동북의 병력이 줄어든 틈을 타서 중조 두 나라가 참살하는 '저항역량의 분산'을 위해 조작된 것이 '만보산사건'이다.

만보산은 장춘현 소재지에서 동북쪽으로 60화리, 한전에는 적합하지 않았다. 일찍 20년대 길림성의 제요탕 등이 수전개발을 계획하였으나 물도랑을 파자면 당지 농민들의 땅을 지나야 하므로 그들의 반감이 두려워 그만두었다.

그 후 만철은 수전개발을 대대적으로 고취하였으며 암암리에 당지의 중국인을 수매하여 수전개발을 꿈꾸었다. 호융더(郝永德)가 그중 선택된 한 사람이다.

1931년 3월, 호융더는 '장농도전회사(长农稻田公司)'를 성립하고 토지를 경영하였으며 4월에는 만보 부근의 쑈위춘(萧雨春), 짱훙빈(张鸿宾), 멍쏘우허(孟昭和) 등 12명 중국인지주의 500쌍 땅을 10년 기한으로 세를 맡고 이를 다시 친일파 기관인 장춘조선이주민거이민회의 평의원 이승훈(李升熏) 등 9명 조선이주민에게 10년을 기한으로 세주었다.

4월 9일부터 조선농민 188명이 논밭을 만들기 위한 수리공사로 20화리 물도랑을 파기 시작했는데 중국인의 밭을 지나게 되어 말썽이 생기게 되었고 조선농민은 일손을 멈추었고 5월 31일 100여 명이 이미 돌아갔다. 나머지 사람들도 뒷일을 처리하고 떠나기로 했다. 이렇게 되면 아무런 일도 발생하지 않는 것이다.

이때 일제가 간섭하였다. '조선이주민을 보호한다'는 미명하에 7월 5일까지 물도랑을 준공해라고 독촉하였으며 이로 인해 도랑을 도로 묻는 수십 개 마을의 400여 명 중국인과 마찰이 생기게 되었다. 7월 2일, 30여 명 일본무장경찰이 물도랑 양옆에 늘어섰으며 농가를 강점하고 일본국기를 꽂았다. 8시경, 일경과 물도랑을 묻는 중국농민 사이에 마찰이 생기었다. 4-5명 일경이 중국인 대표 쑨융칭(孙永清)을 끌어가려 하자 주변 중국농민들이 욱 달려들어 도로 빼앗아 냈다. 일본경찰서 주임 나까가와(中川)가 총질하자 100여 명 농민들이 집에 뛰어가 재래식 엽총을 갖고 와서는 마가초구의 집을 은폐물로 대항사격하였다. 쌍방은 약 1시간 대치하였으나 사상자는 없었다. 나중에는 소문을 듣고 온 제3구공안국 정국장의 화해로 해산되었다.

7월 3일까지 장춘일본총영사관에서는 돌연사태에 대비하기 위해 일본경찰 60명, 헌병 20명, 기관총 6정, 포 2대를 포치해 놓고 이승훈 등이 계속 시공할 것을 독촉했다. 그리고 또 일본관동청에 1000여 명의 병력을 출동시킬 것을 독촉했다.

한편 일제는 「조선일보」특파기자 김리삼(金利三)을 매수하여 연속 7차나 조선일보에 왜곡된 보도를 하였다. 조선의 여러 신문에 '만보산에서 조선사람 수백 명이 중국인에게 맞아 죽었다.'는 소문이 퍼져 조선에서 화교를 살해, 박해하는 '배화참안'의 광풍이 몰아쳤다. 서울, 원산, 진남포, 신의주 등 지방에서 화교 150여 명이 참살되고 수천 명이 상했으며 재산손실은 수억 원에 달하였다.

같은 시기 일본에서도 화교들이 조선폭도들에 의해 180여 명이 피살되고 상한 자와 재산손실은 헤아릴 수 없었다.

7월 14일, 양심가책을 받은 김리삼은 「길장일보」에 '조선일보기자의 사죄 성명서'를 발표하였으며 이튿날 조선인 순사 박창하(朴昌厦)에 의해 길림 원동여관에서 피살되었다.

7월 8일, 남경정부는 만보산사건이 '일방적인 지방성 문제'라고 결론을 내렸으며 1931년 9월 15일 남경정부 외교부가 중국주재 일본공사에 두 번째로 각서를 보낸 3일 후엔 9·18사변이 일어났다.

사진 1-05-01 일제는 만보산 부근의 조선인을 한때 길림 일본영사관으로 피신시키었다.

'만보산사건'은 일제가 동북침략을 발동하기 전에 쨩쩨이스정부의 태도를 시탐하기 위한 고의적인 도발사건이기도 했다. 일본은 쨩쩨이스의 양보·회유정책을 알아낸 후 동북군의 25분의 1의 병력으로 9·18사변을 시름 놓고 발동했다.

2. 나까무라사건

만보산사건을 계기로 일어난 반화열조는 나까무라사건을 통하여 마른 나무에 지핀

불길처럼 사납게 타번졌다.

1931년 6월 초, 일본참모본부 작전과 병참 반원 나까무라 신다로는 이노스끼 엔다로(井杉延太郎)와 함께 향도인 몽골인 1명, 백러시아인 1명을 앞세우고 흥안령 쐬룬산지역에서 간첩활동을 하였다. 25일, 되돌아오는 길에 소악공부를 지나다가 중국 둔간 공서 제3톤 관병들에게 체포되었다. 나까무라가 죄악을 승인하지 않고 오만했고 또 도망치려 했기에 중국관병은 그를 죽여버렸다. 일본관동군 참모부에서는 8월 2일에야 나까무라 일행이 죽었다는 것을 알았으며 8월 17일에는 나까무라가 피살되었다는 것을 반포했고 24일에는 중국 측에 요구를 접수하지 않는다면 일본군이 조남, 쐬룬 지구를 점령할 것이라고 성명을 발표하였다.

사진 1-05-02 나까무라사건에 대한 중국 '민국일보'의 보도

중국당국은 처음에는 부인, 후에는 사태가 엄중해지자 죽였다는 것을 승인했다. 9월 10일, 일본 외무, 육군, 해군 3성과 참모, 군령 2부 소장파 과장 등으로 '10일회(十日会)'를 조직하여 정우회(政友会)와 함께 밀모회의를 열었다. 나까무라사건을 계기로 우선 철도교섭을 진행하고 나아가서 미결 중인 모든 문제를 해결하기로 결의했다. 이렇게 일제의 침략마수는 만주에로 뻗치게 되었다.

3. 9·18사변 과 위만주국

1931년 7월, 관동군은 일본 고베로부터 24c미터 유탄포 2매를 비밀리에 대련으로 운수하였고 거기서 다시 심양의 봉천독립수비대에 운반하여 9·18사변 때 북대영과 심양을 폭격하는 데 사용하였다.

원 계획은 9월 28일에 전쟁을 책동하려 했으나 일본군 내부의 분기로 인해 전쟁음모가 폭로되어 9월 18일 밤 10시 20분으로 앞당기기로 급급히 결정했다.

9·18사변의 총지휘는 관동사령관 혼쇼시게루(本庄繁), 관동사령부 위치는 지금의 심양중산광장에 위치한 심양시총공회청사, 9·18사변의 획책기구는 일본봉천특무기관, 그 소재지는 화평가 유주가(柳州街) 부근이다. 9월 14일 밤, 일본봉천특무기관 2층에서 긴급비밀회의를 열었다. 일본관동군 참모 사가기가 일본관동군 사령관을 대신해 9월 18일 밤에 전쟁을 일으킬 것을 명령하였다. 구체적 군사행동은 이마다(今田) 대위가 책임졌고 폭파임무는 가와모도(川本) 공병중위가 맡았다. 1931년 9월 18일 밤 10시 20분, 가와모도는 병사 7-8명을 거느리고 할빈-대련 철도선(원 남만철도선)의 대련에서부터 404.44킬로미터 상거한 곳(북대영까지 800미터밖에 안 됨)을 폭파시켜 놓고(『辽沈晚报』2001.8.30자) 이것은 중국군대가 한 짓으로 우기며 북대영과 심양성에 불의습격을 발동했다. 심양주둔군은 쨩쩨이스의 명령을 받고 저항하지 않았으며 19일 아침 일본군은 손쉽게 심양을 강점하였다. 이어 몇 갈래로 나누어 매우 짧은 시간에 요녕, 길림 두개 싱의 주요한 도시를 차지하였다. 연길의 중국군은 용정촌 간도일본총영사관에 항복을 표하여 일본군은 총 한 방 쏘지 않고 간도를 점령하였다. 11월, 일본군은 흑룡강으로 군대를 몰아 치치하얼을 함락했다. 쨩쩨이스의 부저항 매국정책으로 하여 일본군은 3개월 내에 만주의 대부분 지역을 강점했으며 만주는 일본의 식민지로 전환되었다.

일본군은 동남과 남만의 조선이주민 거주지역에 대해 군사 '토벌'을 감행하여 수만 명의 무고한 백성을 참살하였다. 봉천일본영사관의 통계에 따르면 9·18사변 시 봉천에서만 조선이주민 160여 명이 살해되고 128명이 부상 입었으며 190명이 행방불명이 되었다. 만철연선의 조선이주민 수난 수는 1931년 11월에 5843명, 1932년 2월에는 1만 9304명에 달했다(『满州农业朝鲜移民概况』满铁产业调查部).

1932년 3월 1일, 일본은 부의의 명의로 '만주건국선언'을 발표하였고 부의는 '집정'에 임했다. 1934년 3월에는 '만주제국'을 세웠다. '위만주국'은 일제가 봉건관료, 매판세력과 상호 결탁한 괴뢰정권이다. 위만주국의 대정방침은 일본관동군이 제정하였으며 일본인이 층층이 집행하였다. 중앙 각 부로부터 성, 현 행정기구에 이르기까지 한간이 관리를 담임한 것 외 모두 일본인이 '차장'을 맡았고 참사관으로 되어 있어 실권은 일본인의 손아귀에 단단히 잡혀있었다. 일본은 한간, 지주를 내세워 기층에서 식민지통치를 실시하였고 한간, 지주는 일본인의 세력에 의거하여 경제적 착취를 강화하였다.

1932년 6월, 일본은 '만주중앙은행'을 성립하여 만주금융을 조종하였고 1932-1937년 35개의 '특수회사'와 '준특수회사'를 설립하여 만주의 중공업과 대형 경공업을 통제하였다. 1937년부터는 '만주산업개발 5년계획'을 실시하여 식민지 공업체계를 다그쳐 건설하여 자원을 약탈하여 일본 본국의 생산수요를 만족시키었다.

일본의 대만주 투자는 철도부설에 많이 집중되었다. 돈화-도문선이 1933년 4월에 준공되었고 1933년에는 천도선(개산툰-로투구)이 넓은 궤도를 바꿔 이듬해 3월에 준공되었다. 목도선(도문-목단강)은 1934년 12월에 준공되었다. 이리하여 동만철도와 남만철도는 연결되었고 일본은 만주의 자원을 조선의 항구와 대련항구를 이용해 직접 일본으로 실어갔다.

1932-1936년에는 '토지국', '토지조사위원회', '지적정리국' 등 약탈기구를 설치하여 토지를 측량하고 정리한다는 명목하에 만주의 토지를 대량적으로 약탈하여 저들의 이민정책의 투입에 준비사업을 다그쳤다.

4. 개척정책과 개척민

1) 정책의 확립

일본이 만주에로의 이민은 중국침략의 국책이었다. 일찍 일러전쟁 후 일제는 만주이민을 침략확장의 주요한 조치로 간주하였다. 제1임 만철총재 카또칸지(后藤新平)는 취임서에서 '만몽을 경영하는 기교는 만주이민집중주의를 실현하는 것'이라고 하면 '첫째는 철도를 경영, 두 번째는 탄광을 개발, 세 번째는 이민을 실시, 네 번째는 축목인데 그중 이민이 가장 중요하다'고 적었다. 사후 일본은 만철부속지역에 철도예비대 복원 이민을 안치하여 농업에 종사하였으며 금주에 애천(愛川)이민촌을 건설하였다. 1928년 만철은 또 '대련농사주식회사'를 건립, 공주령, 웅악성 두 곳에 '농사실험소'를 앉히고 이민활동에 종사했다.

만주의 9·18사변을 계기로 일본이 만주에 대한 인식은 근본적인 개변을 보았고 따라서 개척이민문제도 크게 논의되는 정치문제로 되었으며 개척정책에 농후한 정치사상이 휩쓸려있었다. 만주문제에 대해 정통한다고 자부하는 사람들은 만주에 이주할 수 없다고 여겼다. 9·18사변 전 일본농업이민의 실패가 유력한 근거로 되었다.

일본인은 만주의 기후에 견딜 수 없다. 만주의 토지도 경작에 적합하지 않다. 생활수준이 높은 일본인이 생활수준이 낮은 만주인과의 생존의지에서 이길 수 없다는 것이다. 하지만 일본이 만주이민에 대한 최종목적은 '일만협화'를 구실로 만주(주요하게는 농촌)에 일본인을 파견하여 동화를 실현하는 것이다. 이러한 배경하에 우선 군부측에서 활발한 움직임을 보였다. 1930년 1월, 관동군은 특무부위원회를 열고 만주농업이민을 만주건국의 근본과제로 여기고 농업권위자들의 모임을 요구해서 심의한적 있다. 일본에서는 경도제대의 하시모또(橋本)박사, 도쿄제대의 나수(那须)박사가 출석해서 전문적인 입장에서 이민의 즉시 단행론을 제창하였다. 이밖에 '순수애국주의'의 이민즉행론을 제창한 사람은 故东宫 대좌와 카또칸치(加藤完治)(茨城县县友部的国民高中校长)기 있다. 이들은 만주농업개척이야말로 일본의 최대국책이라고 확신했다.

1932년부터 일본 육군성, 척무성 및 관동군은 일본인을 동북에 대량 이민시킬 계획과 방안을 제정하였으며 10월, 관동군은 '만주이민요강안'을 내놓았다. 여기서 일본농업이민이 가지는 정치, 경제, 군사적 의의와 목적을 밝혔다.

첫째, 이민을 통하여 동북에서의 일본의 권익을 공고, 확장하는 것이다. 이는 정치적 목적이다.

둘째, 동북의 경제자원을 약탈하는 것이다. '처녀지를 개척하여 농, 임, 목, 광의 풍부한 물자를 얻을 수 있으며 이는 우리나라(일본)의 양식문제, 공업원자재 문제를 해결하는 관건이다.' 이는 이민의 경제적 목적이다.

셋째, 일본군사침략의 수요이다. 일본이민은 일본군국주의가 발동한 전쟁의 후비병 역임무를 감당하고 있다.

넷째, 일본의 '인구과잉'문제를 해결하기 위해서이다. 그 실질은 일본 국내의 정치경제위기, 계급모순을 완화하기 위해서이다.

1933년 2월 관동군은 군특무부, 군참모부, 대사관, 총영사관, 척무성, 조선총독부, 관동청, 만철경조(经调) 등 부문을 협조하여 이민부를 편성, 이를 만주에 있어서 일본 이민사업의 중심 통치기관으로 삼았다.

일본이민실시요강안, 만주이주협회설립안, 내지인자유이민조성방책안, 이민훈련소 설치안 및 일본인이민실시기관설립에 이르기까지의 잠정방침을 제정하고 이주지의 상조, 통신연락 등 원조를 운운할 때 일본인이민실시요강안이 일본정부의 거절을 당하여 이민부가 해산되었다. 하지만 만주진출은 하루도 홀시할 수 없었기에 1934년 11월 움직일 수 없는 방침을 수립하고자 일본군 특무부는 신경에서 이민회의를 개최하였다. 군부, 척무성, 대사관, 위만주국정부, 조선총독부, 만철경조 및 학자, 실험가 50여 명이 11일간 토론한 결과 향후에 있어서의 대만주이민의 근본방침을 제정하였다.

한편 일본국내에서 농업문제는 근본문제로, 일본정치의 중심 과제로 부상되어 척무성에서는 카또칸지의 계획서를 기초해서 만주농업이민계획안을 작성하여 이를 1932년 여름의 농촌갑구(匪救)의회안으로 설정했다. 이 계획안에 의하여 얻은 결론은 '농경에 적합한 토지는 중국인이 이미 점하고 있어 이상적인 거처를 얻자면 원 거주민의 경작지를 강제적으로 수용하는 것이다.'였다. 이는 사후 모두가 아는 사실로 되었다.

1932년 9월, 동 일본 11개 현의 재향군인 중에서 선발된 제1차 이민 493명은 茨城현지부, 岩手현 六原, 山形현 大高根의 3개소에서 20일, 만주이주에 필요한 '훈련'을 거친 뒤 10월 3일 아침 명치신궁 외정원(明治神宮外苑)에 집합했고 이튿날 도쿄를 떠나 가목사에 도착하였다. 이듬해 2월 11일, 선견부대 150명이 영풍진에 입찰하였으며 당지 약 500명 중국농민을 구축하였다. 나머지 일본이민은 4월 1일까지 이주를 끝마쳤다. 제1차 이주민은 모두 30살 이하였다.

사진 1-05-03 영풍진에 진입한 일본인

그 후인 1933년 5월, 일본의 18개 현에서 선발된 500명의 제2차 만주이주민은 영풍진 남쪽 8방리(方里)에 위치한 의한현 칠호력하 양안에 입찰하였다. 이상의 이민을 무장이민이라고 일렀다. 이들에게서 군인의 냄새가 짙은 까닭이었다.

1934년 9월에는 제3차 일본이주민이 파견되었으며 연령도 35세 이하로, 적당한 사람은 40세까지 허용되었다. 1935년 6월 동안성 밀산현 성자하 및 하다하에 제4차 이주민 488호가 입주하였고 1936년 7월, 동안성 밀산현 영안툰 3개 촌에 제5차 이주민 1209호가 입찰했다. 제1차부터 제5차까지의 '개척민'을 시험이민이라고 불렀다.

이렇게 되어 1936년 8월, 20년간 100만 가구의 개척정책이 중요한 국책으로 일본 국회에서 채택되었다. 즉 호당 5명으로 보아서 500만 일본인을 만주에 이주정착시킨다는 것이다. 20년 후에 만주인구를 5000만명으로 예상했을 경우 그것을 일본민족에 의거해 구성하는 일이 일·만 양국에 대해서 절대적으로 필요한 것이라고 인식했기 때문이었다. 사실상 만주이민의 목적은 만주의 항일투쟁을 견제하여 '치안'을 유지하고 대러시아 작전기지를 창건하며 일본 내 농촌을 지원하는 것이다.

1937년 '7·7'사변 후, 일본은 '대동아 새 질서의 건설'을 목적으로 삼았으며 동아에서의 만주의 중요성은 배로 높아졌다. 이 단계에 개척정책도 다시 음미해볼 필요가 있게 되었다. 즉 '일만불가분'의 기초로 되는 개척정책은 '동아협동건설'의 근본동력으로 비약했던 것이다. 1939년 1월, 소위 신경현집안이 작성되었고 7월에는 도쿄에서 열린 만주개척간담회에서 재차 심의하여 12월에 일본 측은 국각회, 위만주국측은 국무원회의결정으로 통과하였다.

2) 개척기구

위만주국 초기, 개척행정권은 민정부, 실업부 등 관련 부, 국에서 여러 권리를 나누었으나 1935년 4월 처음으로 민정부 지방사 내에 척정과가 설치되었고 동년 10월 23일 지방사에서 독립되어 척정사(拓政司)의 창설을 보았다. 동년 12월 만주척식주식회사(만주척식공사의 전신, 등록자본 1500만 원) 및 1936년 3월 만선척식주식회사가 잇따라 세워졌으며 1937년 5월 위만주국정부는 척정사체계를 고쳐 총무과, 관리과, 제1척식과, 제2척식과 등 4개 과를 설치하여 기구를 확충했다.

'7·7'사변 후, 100만 가구 이민계획의 진전에 따라 1938년 11월 개척사업에 대한 조직기구문제에 대해 연구한 결과 1939년 1월 1일에 통일적인 영도기구인 개척총국을 신설, 산업부의 지속국으로서 백만 가구 이민계획과 상응되는 조직기구의 조절을 끝마쳤다. 개척총국의 업무는 '개척민의 이민천이계획, 협조, 지도방안을 제정, 비준하며 토지역에 대한 조사, 사용, 개발을 책임지는 것'이다.

각 성에 있어서는 1937년 7월, 개척민과 관계가 많은 삼강, 목단강, 빈강, 용강 등 성에 척정과를 신설하였고 길림, 통화, 안동, 봉천, 금주 등 6개 성에는 농림과 또는 식산과, 척정과로 승급하고 흑룡강성에 새롭게 척정고가 신설되었다. 1939년 개척총국이 설치됨에 따라 성급 기관에 기구조절이 있었다. 길림, 용강, 빈강, 간도, 삼강, 목단강, 흑하, 흥안성 및 신설된 동안, 북안 등 10개 성에 개척청이 새롭게 나왔고 봉천성은 개척과로 승급되었다. 현급에 있어서는 1938년 개척행정을 접수한 62개 현에 척정고가 설치되었고 1939년 기구개정을 동반하여 22개 현에 개척과, 7개 현에 개척고를 설치하였다. 1944년 2월 21일에 반포된 만주농지개발공사법에 좇아 3월 1일 만주토지개발회사를 개조, 확충하여 위만주국특수법인으로 만주농지개발공사가 설립되었다.

3) 일본개척민

일본인개척민은 천거형태, 단원인수에 따라 명칭도 각이하다. 일반개척민은 집단개척민, 집합개척민, 분산개척민으로 나누어졌다. 하지만 제2기 계획부터는 집단과 집합의 구별을 없애고 50가구 이상의 개척단을 모두 집단개척민으로 취급하였다.

집단개척민은 '촌락의 구성을 목적으로 하며 건설경영은 촌 또는 행정공동체의 경영규모를 이룬다.' 집합 및 분산 개척민은 작은 면적의 미경작지 또는 경작지 개간에 종사하였다. 집단개척민의 건설은 필요한 '중점지역'건설을 고려하였다. 즉 촌에 있어서의 필요한 인원, 대면적의 경작지와 행정 중심 등은 주요한 내용들이었다. 집단개척단의 건설은 적어도 200-300가구 규모였으며 1942년부터는 50가구를 넘는 집단개척민을 합하여 1000-2000가구의 대집단을 형성하려 했다.

분산개척민은 농촌자립의 개척을 목적으로 하는 의거형태의 이주민들이다. 일반적으로 50가구 이하였다. 집단개척민은 개척거점을 건설하고 분산개척민은 이런 거점 부근에 이주하였다.

의용대개척민은 1937년에 시건되었다. 1938년 이후 5년 내 20만 명을 파견할 계획이었다. 척무성은 의용대개척민에 대한 훈련을 만주이주협회에 위탁하였으며 제1기 만주개척청년의용대는 4년의 훈련을 거쳐 1941년 10월 1일에 탄생하였다. 1943년 10월 1일에 제2기 의용대개척단이 탄생되었다. 천거형태는 집단개척민과 별다른 점이 없으며 다만 연령상의 관계로 대부분 사람은 개척단에 얼마간 있은 뒤 참군해야 했다. 일반개척단과 비교하여 볼 때 특수한 상황이 많으며 건설시간도 비교적 길어 보통 6년으로 정했다. 정전시기 9개소의 훈련소를 세웠다.

4) 조선인개척민

(1) 실시방침의 변화

9·18사변 전후 재만조선이주민은 100만 명이라고 일렀다. 위만주국 건립 초기 만주로 이주하는 조선이주민은 급격히 늘어나 9·18사변 전의 4배에 달하였으며 1935년 새로 천입한 조선이주민 수는 10만 명을 넘었다. 이때까지 조선이주민은 무정부 상태에 처해 있었으며 조선이주민의 이주는 자발적인 행위로서 계획성은 논할 바가 못 되었다. 이런 점들을 감안하고 위만주국은 조선이주민에 대해 점차 계획적인 '감독'을 실시하였다.

• 제1기 : 위만주국과 조선총독부의 반복적인 협상을 거쳐 1936년 8월 '재만조선이주민지도요강'을 제정하였고 이듬해 9월에는 실천지도기관으로 조선과 만주에 선만척식공사와 만선척식공사를 세웠다. 구체적 내용은

1. 새천입호수는 매년 1만 가구이다.
2. 새천입지역은 위간도성 및 구동변도의 23개 현에 국한된다.
3. 국경 지대의 조선농민은 제정된 곳에 이주해야 한다.

1937년부터는 국경 지대 기주조선농민에 대한 강제이주지역에 대한 필요성을 느껴 기주조선이주민에 대한 통제집결을 봉천성 개원현을 시작으로 6개 성, 16개 현으로 명하였다.

• 제2기 : 1938년 7월, 이민사무처리위원회 심의를 거쳐 '조선농민처리요강' 12항목이 결정되었다. 그 요점은

1. 새로운 이주희망자에게 조선총독부는 부동한 천입지역에 따라 이주자를 결정하여 천입증명을 발급한다.
2. 재만조선농민에 대한 관제 및 보도를 강화하기 위하여 위만주국정부는 만주와 조선국경의 필요한 지점에 척정판사처를 설치한다.
3. 새 이주자의 토지선정 및 천거일에 대해서는 지방행정기관, 선척금융회 및 기타 해당조직에서 협조, 완성하며 필요한 원조와 보도를 제공한다.

4. 새로 천이하는 지역은 국경 지대와 기타 특정지역 외 지역으로 규정한다(원래의 23개 현 이하의 규정을 취소).

5. 개척민 자질을 중점으로 만, 선 쌍방은 훈련을 진행한다.

6. 입식형태는 집단, 집합, 분산 등 3부류 개척민으로 나눈다. 집단개척민은 만선개척사무를 처리하는 해당인원을 가리키며 집합개척민은 금융조정을 이용하여 토지를 얻은 사람을 가리키며 분산개척민은 친지관계가 있는 개척민을 가리킨다.

▪ **제3기**: 1939년 1월, 신경에서 대규모의 일만공동척식간담회가 있었다. 근 1년의 반복적인 협상 끝에 동년 12월 22일, 일ㆍ만 양국 정부는 동시에 '만주개척정책기본요강'을 발표하였다. 요강은 만주개척사업에 관한 26조를 논술하였으며 재만조선이주민은 거주지선정 또는 원조 방면의 대우에서 일본개척민과 원칙상에서 동등하게 대한다고 명확히 규정되었다. '요강'의 요점을 적어보면

1. 새 이주한 호수는 1만 명이며 앞으로는 확충될 것이다.

2. 집단, 집합 개척민 수는 새 이주호수의 절반을 넘어야 한다.

3. 이주요령에 있어서 집단개척민은 일본인집단개척민의 해당 정책을 따르고 집합개척민은 만선척에서 실시한 집단부락건설의 해당 정책을 기준한다.

4. 개척지의 행정경제기관은 원칙상에서 위만주국의 제도와 융합되어야 하며 이주후 개척지의 실정에 알맞게 고려해야 한다.

5. 개척민간부, 기간(基干)개척민, 일반개척민 중 청년개척민에 대한 물심양면에서 극력 안정시켜야 한다.

상술한 기본강요에 따라 원칙상에서 조선개척민에 대한 차별을 없애게 되었을 것이며 만척공사와 만선척 두 조직의 합병이 제기되었다. 1940년 6월, 만선척식회사 이사장 니미아(二宮) 씨가 만척회사 총재로 임명되어 두개 회사의 대권을 틀어쥐었다. 동월 29일, 두 회사는 각기 위원을 임명하여 '만척연합준비위원회'를 성립하였고 그해 11월 9일 현집안의 최후 심의를 마물러 12월 6일 위만주국 안으로 일본정부에 넘겼고 1941년 4월 1일 임시조인의식을 가졌다. 6월 1일 만척공사의 합병은 이룩되었다.

1941년 6월 28일에는 '조선이주민개척흥농회 설립 및 협조에 관한 문건' 및 '조선이주민개척흥농회설립 및 협조지도요강문건'을 제정하였다. 이 문건에 따라 '개척흥농회'가 점차 형성되었으며 일본과 위만주국 정부는 조선개척민에 대해 보조금을 늘리고 부동한 연도의 '원조'방법을 제정하였으며 1943년부터 실시하기로 결정지었다.

1942년부터 조선개척민의 입식계획이 제정되었다. 집단개척민은 2050가구, 그중 북안성 1400가구, 금주성 450가구, 흑하성 200가구이고 집합개척민은 450가구, 그중 위간도성 400가구, 길림성 50가구이며 분산개척민은 5000가구로 예정되었다.

(2) 개척민 종류

조선이주민개척민의 종류는 일본인과 같이 집단, 집합, 분산 3개 형태로 나눈다. 이밖에 재만기주조선농민, 재만기주소작조선농민 등이 있다. 이들에 대해 만선척식은 신경 본사 외 신경, 봉천, 연길, 목단강에 지점을 개설하고 주요 개척지의 농장, 농촌, 도시에 45개소의 사업소를 두어 265개 부락을 관리했다.

새입식개척민 1938년까지 집단과 자유 두 가지로 분유하였으며 그해 연말 새로운 집합개척민이 인정되어 이듬해 봄에 실시되었다. 1939년 말 기본강요가 결정되어 집단은 1940년에 제정, 공포된 개척단법에 기준하였다. 하여 조선이주민개척민 종류는 집단, 집합, 자유 3가지로 나누었다. 매년 입식개척민 수는 1만 호로 제한되었고 이주지역은 최초에는 위간도성과 구동변도 23개 현이었던 것이 1938년 7월에 이르러서는 원칙상에서 지역적 제한이 폐제되었다.

집단개척민은 1940년 북안성의 3개 지역, 홍안남성의 한개 지역에 입식하여 첫 시작을 보았다. 300가구를 단위로 일본, 위만주국 정부에서 '보조금'을 내주었다. 1940년 집단이주민수는 3290가구였고 이듬해는 615가구밖에 안 되었다. 1941년 북안성에 3개 곳, 흑하성에 1개 곳, 금주성에 1개 곳 등 지역에 입식자가 생기었다.

집합개척민제도는 1939년에 창설되었다. 위만주국정부의 위탁을 받고 지방 금융회에서 일체 지도원조를 한다는 형식이며 위만주국정부의 구체적인 입식가능호수의 통제에 기초하여 이주희망자에 응해서 조선 각 도에 분배하고 해당 수속을 마친 뒤 여비 등은 자체로 해결하는 형식을 취하였다. 집합이주민의 규모는 50호로 하며 1940년 홍안남성 3곳, 길림성 2곳, 봉천성 1곳, 위간도성 6곳, 빈강성 2곳, 통화성 6곳에 첫 이주를 시작하였다.

분산개척민은 자유이민이라고도 불리었는데 1939년에 분산개척민이란 제법이 새로 인정되었다. 1935년과 1936년과 같은 해 수만 명 내지 수십만 명을 넘는 만주조선 이주민을 보게 되었으나 새입식호수가 제한됨에 따라 분산개척민은 종래와 같은 무제한 입식을 할 수 없었다. 즉 일정한 호수의 분산개척민에 대해서만 조선총독부 측에서 이주증을 발급하였으며 이들만 입만의 허가를 받았다. 만주개척총국에서 발표한 1938년, 1939년 분산개척민 상황은 표 1-05-01과 같다.

표 1-05-01 조선농민 분산개척민 입식 상황

입식성	1938년		1939년	
	호 구	인 구	호 구	인 구
안동성	95	378	28	98
봉천성	960	3285	327	1135
통화성	160	725	153	618
길림성	1065	3516	1131	4014
빈강성	280	685	181	630
흥남성	38	86	5	21
간도성	28	80	208	954
용강성	23	62	37	127
금주성	55	85	41	165
열하성	11	32	38	86
삼강성	15	25	24	107
북안성	--	--	129	490
목단강성	--	--	8	30
합 계	2758	9393	2393	8881

자료출처: 「満洲开拓年鉴」

재만조선이주민 농민에 대한 통제집결 만주에서 토지를 갖지 않고 각지를 떠다니고 있는 조선농민에게 경제적 기초를 마련하여 주고 나아가 소위 일본의 국방과 치안에 필요한 지역상의 통제에서 점차 적당한 일정 지역에 집결시켜 자신들의 희망에 따라 자작농으로 키우는 방침이다. '통제'란 정치, 군사 면에서 조선이주민 항일투쟁을 탄압하고 조선이주민과 항일유격대의 연계를 단절시킨다는 뜻이다.

　조선농민의 통제집결을 위하여 만선척식이 설립된 이래 간도와 구동변도의 지도, 장려 지역 23개 현 외에 따로 16개 현이 지정되었으나 1938년 7월 이 지역제한이 폐지되었다. 전 만주지역에 있어 산재한 조선농민을 집계, 통계한 호수는 1937년에 1850가구, 1938년에 271가구, 1939년에 609가구이다.

　만주이주조선농민 태반은 소작농으로서 부당한 고리대에 신음하고 있었다. 9·18 사변 후, 일제는 조선농민의 '반일적화'는 땅이 없고 가난하고 생활이 안정되지 못한 탓이라고 인정하고 '자작농창정계획'을 제정하였다.

　이 계획은 간도에서부터 시작됐다. 1933년부터 5년 동안에 조선총독부에서 매년 10만 엔, 동양척식주식회사에서 매년 30만 엔, 도합 200만 엔을 간도에 투자하여 2500세대의 조선이주민 소작농을 '자작농'으로 '창정'하려 하였다. 이 계획 하에 '동척'은 약탈한 토지 중 조선이주민농민 매 세대에 수전 5무, 한전 30무를 팔아 연이식 8전 2리로 토지, 건축물, 밭갈이소 등 비용을 매 세대당 800엔씩 대부하여 주고는 10년 내지 15년 동안에 상환케 하였다. 1935년 12월에 이르러 118개 촌, 2800세대의 조선이주민 농민들이 '자작농창정'대상으로 되었으며 그 토지면적은 1만 3057정보에 달하였고 대부금은 144만 8780엔에 달하였다. 1936년 9월 '만선척식유한주식회사'가 설립된 후 '자작농창정계획'은 동북의 38개 현에서 실시되어 2322세대의 조선이주민 농민이 '자작농창정'대상으로 되었다. 이들 농민은 빚을 갚기 전에는 통지집조를 갖지 못하였으며 마음대로 그 마을을 떠날 수 없다고 규정되었다. 조선이주민 농민은 사실상 일본 식민회사의 토지역에 얽매어 있었다. 봉건지주의 노예로부터 일본식민회사의 '빚진 노예'로 전락되었다.

(3) 조선농민개척훈련소

　조선농민에 대해 만척은 훈련소를 개설하여 일본국에 입각한 정신과 실무에 대한 훈련을 실시하였다. 훈련소는 선만척식훈련소와 강밀봉개척훈련소 두개였다.

　조선총독부는 '개간민으로서 중견인물을 양성'한다는 목적으로 훈련소의 설치를 시도하여 선만척식회사에 대행하도록 하였기에 회사에서는 1937년 11월에 소장의 임명과 함께 강원도 평강군 고삽면 세포리에서 여러 준비를 거쳐 1938년 1월 21일 각 도에서 추천된 조선청년 105명을 받아들여 개학식을 거행하였다. 그 후 2기의 훈련을 하였는데 3월 1일-7월 31일, 8월 1일-12월 31일로서 각 5개월을 기한으로 105명 정원을 실시했다.

만선척식은 길림 영길현 강밀봉에 장소를 선정하고 농민훈련소를 개설하여 1939년 11월 21일 문을 열었다. 본 훈련소의 취지는 '재만조선농민의 향상을 도모'한다는 것이고 '개척민부락의 농민 중에서 부락의 지도자와 중견인물이 될 자를 선정하여 농가 경제력의 양성에 주력하고 위 만주건국의 이상에 부합되는 방향으로 육성'하는 것을 목적으로 하였다. 훈련생은 간부훈련, 중견훈련 두 가지가 있으며 모두 기숙사에 수용하고 식비 및 기타 일체를 지불하였다.

이상 두개 훈련소는 설치운영 나중에 1940년 1월 1일 강밀봉훈련소가 개척총국에, 같은 해 4월 1일에는 선만척식훈련소가 조선총독부에 각각 넘겨져 정부의 경영이 되었다.

5. 개척정책의 성질

일본의 개척정책과 이민정책의 본질은 침략이다. 그 후과는 자원약탈과 피비린 식민통치, 민족압박이었다.

우선 이민의 용지(用地)에 대한 약탈이다. 일본은 만주농촌의 토지역에 대해 미친 듯한 약탈을 감행하였다. 그 수단은 토지의 '수매'이다. 이민용지의 '수매'는 관동군이 직접 주최했으며 '토지징용위원회'란 전문기구를 설립하였다. 1933-1934년 관동군은 일본동아권업주식회사에 위탁하여 만주 삼강평원 일대의 토지를 '수매'하였다. 당시 연안의 숙지 지가는 상등이 200원, 중등이 160원, 하등이 130원이었으나 동아권업은 상등을 56원, 중등을 40원, 하등을 24원으로 수매계약서를 강제체결하였다. 1933년 일본 제1차 무장이민은 화전현 영풍진에 이주하여 당지의 99가구, 400여 명 농민을 전부 구축하였으며 전부의 토지를 빼앗았다. 농민들이 지계를 내놓지 않으면 관동군은 고압수단으로 농가의 벽을 허물었으며 지계를 강제적으로 빼앗았다. 1936년 1월에 설립된 위만주국을 법인으로 한 만주척식주식회사는 이주민용지의 '수매'와 경영에 전문 종사하였다. 비록 '미이용지주'의 구호를 내들었지만 실은 숙지의 약탈을 위주로 했다. 1937년 8월 관동군의 '20년 백만가구 소출계획'에 따라 만주척식회사는 일, 만 합작으로 된 만주척식공사에 대체되었다. 1941년까지 일본식민통치자는 이주민용지의 구실로 동북의 2000만 헥타르 토지를 빼앗았는데 이는 원 계획 1000만 헥타르보다 1배나 더 많다. 당시 일본의 경작지 총면적은 600만 헥타르에 불과했다. 일제는 1943년까지 이주민용지를 650만 헥타르 더 추가하기로 계획, 총 2650만 헥타르에 달하게 된다. 그중 예정농경지가 1300만 헥타르, 삼림, 방목용지가 1350만 헥타르이다.

1934년 11월, 일본은 신경에서 '제1차 이민회의'를 소집하고 '4대 경영주의'이민경영방침을 제정하였다. 즉 자경농주의, 자급자족주의, 집체경영주의, 농목혼동주의였다. 사실에 있어서 이 경영방침은 실현될 수 없는 것이다. 농업에 종사하는 일본이민은 호당 2정보 수전, 10정보 한전을 포함해 총 20정보 토지를 얻을 수 있었으나 지역차이, 농경방법차이, 노동력 등 원인으로 그같이 많은 토지를 경영할 수 없었기에 그중 대부분의 토지를 중국농민과 조선농민에 세주었으며 자신은 이로써 지주가 되어버렸다. 일부 일본이민은 점차 농업에서 탈리하여 농업 외 업종 예로 사무소, 병원, 훈련소, 종축장 등에 종사하였으며 또 농업과 무관한 토건, 운수업에도 종사하였다. 1939년 7월 일본 제1-4차 이민단에 대한 조사에 따르면 비농업이주민호구의 비례는 28.9%, 28.2%, 21.6%, 20.3%이며(「만주개척연감」361페이지, 소화 15년) 위만 후기에 와서는 40%의 이민이 농민에서 이탈되었다.

일본이민침략의 직접적 피해자는 만주의 농민이다. 일본당국의 자료에 따르면 1940년 남만 10개 현, 10개 툰 무토지자는 32.5%, 중남 10개 현, 10개 툰 무토지자는 63.2%이다(「만주농업요람」48-60페이지. 강덕7년 12월). 이밖에 북부 산량구 16개 현 1만 85호 조사에 의하면 무토지농민이 7272호, 72.12%였다.

일본이민의 토지약탈로 인해 식민지성질의 고용관계가 깊어졌으며 만주의 농촌 재생산능력은 커다란 파괴를 받았고 생산력의 발전은 엄중한 저애를 겪었다.

제2절 이주상황

1. 개 론

이 시기 위만주국 통계자료는 계통적으로 분류되어 있어 비교적 완전한 수치들을 갖고 있다. 여기서 인용하는 자료는 위만주국 국무원 총무청 통계처 또는 치안부 경무사의 통계를 기준으로 하였다. 1932년 재만조선이주민 숫자는 보존되어 온 통계수치가 없는데 아마 이것은 위만주국이 갓 설립되어 각항 제도, 사업이 궤도에 오르지 못한 탓일 것이라 짐작된다. 하지만 기타 서류에는 1932년 재만조선이주민 수가 적혀있으며 그 정확도에 대해서는 파악이 없으니 다만 참고로 적어보면 56만 4000명 (『인구문제연구』 제1권 제3호) 또는 67만 2649명, 그중 남성이 36만 174명이고 여성이 31만 2475명이다(『재만조선이주민 현세요람』).

이 시기 조선이주민의 만주이주는 점차적으로 '계획'단계에 접어들었으며 식민지 이주성질이 짙어갔다. 위만주국 건국 초기, 전반 국세가 불안정하여 정부의 통제력은 약소했으며 이는 조선이주민의 만주진출에서 '무정부'된 상태로 표현되어 만주이주의 고조시기를 맞이하게 되었다. 1934년 재만조선이주민 수는 전해보다 11만 명이 늘어난 사실이 증거로 된다. 하지만 이런 이주 추세는 얼마 후 인위적인 통제에 의해 끝남을 보았다. 1935년 12월, 만척주식회사가 설립됐고 이듬해 3월에는 만선주식회사가 설립되어 조선과 만주 두 지방에서 조선이주민의 만주이주를 계획하여 실시하게 되었으며 그 산물로 100만 호 조선이주민만주이주계획이 햇볕을 보게 되었다. 그 결과로 1935년 이후 매년 만주조선이주민 수는 약 8만 정도의 규칙적인 성장을 보였는데 원 계획에 대비해 차이 나는 부분은 통계오차가 주요한 것이라는 주관적 느낌이 있다. 1938년 재만조선이주민 인구수는 처음으로 100만명을 넘었고 1940년에 전해보다 18만 명을 넘는 놀란 성장을 나타냈다. 이는 1939년 1월에 창설된 개척총국과 다소 연계가 있다고 생각하며 또 만주를 전쟁후방으로 건설하려는 일제의 야심과 태평양전쟁을 일으킨 폭행의 간접적 결과이기도하다.

태평양전쟁에서의 일본의 참패로 인한 일제의 몰락과 1945년 8·15의 무조건투항으로 인해 1943년, 1944년, 1945년의 재만조선이주민 인구수는 공백으로 되었다. 전쟁으로 인한 직접적 악과일 것이다. 1932-1942년 재만조선이주민인구는 표 1-05-02에 남긴다.

표 1-05-02   1932－1942년 재만조선인인구

년 도	호 구	인 구		
		합 계	남	여
1932	?	?	?	?
1933	98990	552103	293448	258655
1934	118754	662861	354445	308416
1935	132703	743212	398578	344634
1936	162746	863957	466211	397746
1937	176042	931620	502734	428886
1938	198931	1056308	568701	487607
1939	214522	1162127	627645	534482
1940	246035	1345212	730433	614779
1941	270403	1464590	794773	669817
1942	286946	1540583	834192	706391

자료출처:「満洲帝国現住戸口統計」

2. 지방별인구

1) 간도지방

간도는 만주에서 조선이주민이 가장 집결 된 곳이다. 1933년 말 간도훈춘지방 조선이주민은 8만 3066가구, 47만 2767명이었다.(같은 해 안도현 조선이주민은 3622가구, 1만 5205명) 1934년 위간도성이 설치되었으며 관할 내에 연길, 화룡, 왕청, 훈춘, 안도 등 5개 현을 두었다. 1934년 말 위간도성 조선이주민은 43만 8292명, 간도 총인구의 73.09%를 점하며 위만주국 조선이주민 수의 66.12%에 해당하다. 1942년에는 62만 227명으로 늘어났으나 위만주국 조선이주민 수의 40.39%에 해당하여 그

비례가 10년 전보다 대폭 하강하였다. 이는 간도에서의 조선이주민의 포화상태를 의미하는 동시에 조선이주민의 움직임이 북만에 점차 모를 박은 것과 관련되는 것이다.

1934-1942년 위간도성 조선이주민 연평균 성장률은 4.48%이다. 안도현의 조선이주민이 가장 빨리 증가되었는데 총인구에 해당되는 비례가 1934년의 18.60%에서 1942년의 52.74%로 껑충 뛰어올랐다. 매년 평균 약 2000명이 증가된 셈인데 이는 1934년 전 현 조선이주민의 64%에 달한다. 안도의 조선이주민 이주가 지역상 관계로 간도 기타 현보다 뒤늦게 진행된 탓에 후엔 조선이주민의 주요한 이주지가 되었던 것이다. 왕청현, 훈춘현의 조선이주민 비례는 안정한 상태였고 연길현은 약간의 상승은 있으나 대체로 원 상태였다. 화룡현의 조선이주민 비례는 1939년 전까지 큰 변화가 없었으나 1941년도에 그 비례가 폭락했다.

1934년을 100으로 기준하는 조선이주민인구 발전속도를 보면 위간도성 조선이주민 인구 발전속도는 1942년에 141.96이고 18만 3930명이 증가되었고 연평균 2만 3000명의 증가를 보았으며 연평균 성장률은 4.48%였다. 인구발전 속도가 빠른 편이다. 왕청현, 안도현의 연평균 성장률이 10% 이상이고 연길현과 훈춘현은 3% 이상, 조선이주민비례가 가장 높은 화룡현은 1.6%이다. 전해에 대비한 성장률을 볼 때 위간도성은 1938년에 인구성장률이 10.05%로서 가장 높고 1937년에 -1.27%의 감소를 내여 가장 낮았다. 1934-1942년 위간도성조선이주민 현별인구는 표 1-05-03을 참조하자. 이밖에 1936년 8월 안도현 관할구역별 인구를 표 1-05-04로 남긴다.

표 1-05-03 1934-1943년 위간도성 조선인인구분포

단위: 명

	1934	1935	1936	1937	1938	1939	1940	1941	1942	1943
간도성	438297	452246	479609	473526	521117	548717	582427	619208	622227	635643
연길현	239507	--	260171	234149	249230	256786	--	308188	307492	322337
화룡현	104713	--	113712	116817	115508	121345	--	116496	112359	123305
왕청현	39907	--	40241	52227	78437	85793	--	114089	118965	108255
훈춘현	51112	--	62615	62969	64728	65262	--	62898	64724	79484
안도현	3058	--	2870	7364	13214	19531	--	17537	18687	20262

자료출처: 1. 1934-1942년은「吉林省志」
　　　　　　2. 1943년수자는「间岛省统计年报」

표 1-05-04　안도현호구조사표(1936년 8월)

			안도경찰서	양강구경찰처	홍기하경찰서	대전자경찰서	대사하경찰서	합 계
만족인	호 구		2039	347	17	115	436	2954
	인구	남	7233	921	101	515	1982	10752
		여	3908	628	21	337	763	5657
		합계	11141	1549	122	852	2745	16409
일본인	호 구		14	2	2	2	1	21
	인구	남	19	2	2	3	1	27
		여	16	0	0	4	0	20
		합계	35	2	2	7	1	47
조선인	호 구		145	23	311	13	38	530
	인구	남	455	89	1029	49	140	1762
		여	372	71	829	30	91	1393
		합계	827	160	1858	79	231	3155
합 계	호 구		2198	372	330	130	475	3505
	인구	남	7707	1012	1182	567	2123	12541
		여	4296	699	850	371	854	7070
		합계	12003	1711	1982	938	2977	19611

자료출처: 「안도현사정」

2) 관동주 및 만철부속지

　1934년 관동주 조선이주민 수는 2708명으로서 105만 명의 관동주 총인구에 비하여 볼 때 0.3% 이내를 차지하게 된다. 그 후 약간의 성장을 보아 1936년에는 4025명, 1939년에는 4826명, 1941년에는 6405명이었다.

　만철부속지의 조선이주민 수는 별다른 파동이 없이 정지상태에 있었다. 1932-1934년 3년 사이는 2만 7000명 좌우를 보존했고 1935년 이후 비록 3만 명을 벗어졌으나 큰 성장은 보지 못하였다. 만철부속지의 조선이주민은 만철부속지 총인구의 6% 좌우를 차지하는 수준이었다. 조선이주민은 만철부속지의 안동, 무순, 개원, 신경, 봉천 등 지역에 집결되었다. 1934년도 관동주 및 만철부속지의 지역별조선이주민 수는 표 1-05-05에 남긴다.

표 1-05-05 관동주 및 만철부속지조선인분포 (1934년)

지방별	조선인호구	인 구		
		총인수	조선인	
			남	여
관동주	499	1051358	1348	1360
여 순	29	142279	63	98
대 련	397	459963	1093	1071
금 주	12	126015	33	36
보란점	36	168048	90	97
피자와	25	155053	69	58
만철부속지	5423	446342	15125	12730
와방점	24	14652	51	62
대석교	51	11357	125	136
영 구	144	6366	381	344
안 산	121	26794	355	273
요 양	41	11002	126	99
소가툰	10	6269	25	31
봉 천	234	72506	1075	533
본계호	38	6260	12	94
봉황성	107	6826	284	285
안 동	2737	71002	6807	6121
무 순	723	79731	2066	1825
철 령	37	8274	129	63
개 원	449	22877	1288	1088
사평가	185	21450	476	415
공주령	89	16018	229	229
범가툰	10	5986	24	21
신 경	423	58872	1582	1111

자료출처: 「満洲帝国人口统计」

3) 돈화지방

돈화지방은 돈화현과 액목현을 가리킨다. 1934년 돈화현 조선이주민은 3432명으로서 당시 총인구 6만 7084명의 5.1%를 점한다. 위만주국 건국 초기에 비해서는 700명이 늘어났다. 1936년에 이르러 조선이주민 수는 4567명으로서 전해보다 522명이 증가되었으며 성장률은 13%이다.

1934년 액목현 조선이주민 인구수는 6076명으로서 총인구 11만 2557명의 5.4%에 해당하다. 1936년에는 1만 246명으로서 전해보다 1121명이 늘어나 성장률은 8%에 달했다. 1948년 액목현을 철소하고 돈화현에 귀속시켰다. 1958년 10월 돈화현을 연변주에 귀속시키었고 1985년 2월에는 돈화시로 개칭했다.

1934년 말 재만조선이주민현별인구는 따로 서술하지 않고 표 1-05-06으로 표시하겠다.

표 1-05-06   위만주국 현별조선인 분포

지방별	길림성											
	총합계	길림시	영길	액목	돈화	화전	반석	이통	쌍양	구태	장춘	회덕
호 구	5816	598	968	1144	724	454	391	314	35	119	132	469
인구합계	29884	3644	5357	6076	3432	2358	1711	1629	153	559	644	2227
남	16812	2194	2821	3373	1883	1310	959	906	100	305	385	1372
여	13072	1540	2536	2703	1549	1048	752	723	53	254	259	865

지방별	길림성								용강성				
	장령	건안	부여	농안	덕혜	유수	서란	郭尔罗斯前旗	총합계	치치할시	용강	경성	감남
호 구	——	——	277	35	11	65	80	——	1001	151	8	1	1
인구합계	——	——	1026	151	49	397	471	——	3486	616	46	7	1
남	——	——	582	94	26	231	271	——	1988	335	26	5	1
여	——	——	444	57	23	166	200	——	1498	281	20	2	0

지방별	용강성													
	부유	눌하	눈강	덕도	용진	통북	극동	극산	배천	명수	의안	임전	태강	태래	진동
호 구	1	38	2	6	297	121	4	55	2	9	——	1	——	48	2
인구합계	3	187	4	41	432	473	10	214	11	54	——	1	——	182	12
남	2	91	2	26	301	284	5	147	8	32	——	1	——	88	8
여	1	96	2	15	131	189	5	67	3	22	——	——	——	94	4

지방별	용강성									흑하성			
	대뢰	안광	조안	조남	개통	담위	돌천	社尔伯特旗	依克明安旗	총수	애휘	막하	구포
호 구	5	2	50	194	3	——	——	——	——	246	150	——	——
인구합계	26	7	223	923	13	——	——	——	——	1293	890	——	——
남	13	4	114	488	7	——	——	——	——	776	555	——	——
여	13	3	109	435	5	——	——	——	——	517	335	——	——

속

지방별	흑하성					삼강성									
	호마	기극	요하	우운	부산	총수	화천	부금	보청	벌리	의란	방정	통하	봉산	탕원
호 구	32	2	11	49	2	2966	121	97	129	107	314	56	109	--	110
인구합계	96	3	79	217	8	15204	774	467	620	695	1499	234	588	--	549
남	57	2	48	110	4	8735	452	249	296	509	987	134	326	--	310
여	39	1	31	107	4	6469	322	218	324	186	512	100	262	--	239

지방별	심강성					빈강성									
	나북	수빈	동강	무원	요하	총수	호란	빈	아성	오상	쌍성	조주	조동	난서	안달
호 구	16	9	31	448	1419	9735	31	206	137	137	170	1	25	50	45
인구합계	83	38	125	2343	7189	39426	97	1015	479	619	751	3	72	295	380
남	52	21	82	1342	3975	25499	60	572	324	360	401	2	42	185	198
여	31	17	43	1001	3214	13927	37	443	155	259	350	1	30	110	182

지방별	빈강성															
	청강	망규	해륜	수릉	수화	경성	철려	동흥	파언	목란	연수	주하	위하	영안	목릉	동녕
호 구	75	25	203	7	285	94	60	185	82	148	125	580	199	968	3750	837
인구합계	258	93	739	31	1021	355	207	842	192	561	649	2821	789	6460	12776	4643
남	175	59	483	18	685	223	134	483	142	342	440	1668	425	3462	9881	2896
여	83	34	256	13	336	132	73	359	50	219	209	1153	364	2998	2895	1747

지방별	빈강성			간도성					
	밀산	호림	귀얼뤄스후기	총수	연길	왕청	훈춘	화룡	안도
호 구	998	312	--	74980	41917	5729	9033	17747	554
인구합계	1537	1741	--	438297	239507	39907	51112	104713	3058
남	908	931	--	227966	123178	20555	27003	55567	1663
여	629	810	--	210331	116329	19352	24109	49146	1395

지방별	안동성												봉천성	
	총수	안동	장하	수엄	봉성	관전	환인	통화	집안	임강	무송	장백	총수	봉천시
호 구	7856	381	32	3	713	901	540	1430	2899	442	461	54	13196	939
인구합계	46879	1951	113	23	3848	5576	3738	8451	18548	1989	2301	341	69545	3864
남	26476	1054	65	7	2082	3917	2321	4582	9888	1034	1323	203	37536	2223
여	20403	897	48	16	1766	1659	1417	3869	8660	955	978	138	32009	1641

지방별	봉천성														
	심양	무순	본계	요양	요중	해성	영구	개평	복	신민	철령	법고	강평	요원	쌍산
호 구	1376	1185	273	113	27	53	394	2	20	532	809	23	13	69	1
인구합계	6376	6235	1536	434	101	239	1911	2	84	2621	4069	99	51	315	5
남	3547	3267	857	272	62	144	1062	2	44	1383	2097	50	37	170	5
여	2829	2968	679	162	39	95	849	--	40	1238	1972	49	14	145	--

지방별	봉천성												
	이수	창도	개원	서풍	서안	동풍	해룡	청원	흥경	유하	금천	휘남	몽강
호 구	46	36	984	434	162	150	1070	711	2416	1008	91	184	81
인구합계	181	126	5175	2478	797	782	5652	4280	14977	5301	448	1008	398
남	98	72	2758	1305	423	405	3015	2338	7999	2817	260	572	252
여	83	54	2417	1173	374	377	2637	1942	6978	2484	188	436	146

지방별	금주성													열하성	
	총수	금	북진	흑산	대안	반산	수중	흥성	금서	의	조양	부신	장무	총수	승덕
호 구	248	79	31	14	6	18	14	5	16	6	13	2	44	109	38
인구합계	1040	365	73	61	26	70	39	22	66	25	95	9	189	597	214
남	550	167	43	33	18	40	20	15	42	10	44	6	112	374	132
여	490	198	30	28	8	30	19	7	24	15	51	3	77	223	82

지방별	열하성												
	만평	풍녕	융화	위장	적봉	건평	능원	능남	청룡	평천	영성	신경특별시	할빈특별시
호 구	3	4	--	--	14	7	26	--	2	15	--	302	1776
인구합계	16	17	--	2	74	26	117	2	5	123	1	1563	7245
남	10	11	--	--	50	21	74	--	3	73	--	858	3957
여	6	6	--		24	5	43	2	2	50	1	705	3288

지방별	열하성		총수	흥안서성	흥안남성	흥안동성	흥안북성
	북만특별구	국유철도연선					
호 구	1015	243	1050	59	976	15	--
인구합계	2595	979	4829	186	4597	46	--
남	1238	535	3057	114	2914	29	--
여	1357	444	1772	75	1683	17	--

자료출처: 「満洲帝国民政部第一次統計年報」康德二年刊行

3. 원적지별인구

재만조선이주민의 대부분은 조선 북부에 원적지를 두고 있다. 특히 함경북도인이 많은 비례를 차지한다. 1932년 12월 경우, 49만 7000여 명 재만조선이주민 중 44만이 조선 북부에 원적을 두고 있는데 이는 재만조선이주민 수의 88.3%를 점한다. 함경북도인은 약 30만 명으로서 재만조선이주민 총수의 60%를 점한다. 기타 지방에 원적지를 둔 재만조선이주민의 비례는 모두 10% 이하이다. 조선 남부에 고향을 둔 재만조선이주민은 5만 7000여 명으로서 총인구의 11.7%, 그중 경상북도인이 가장 많았다.

만주의 부동한 지역에 따라 남·북부 조선이주민의 분포가 다르다. 남만지역에 있어서는 북선인이 90.8%, 남선인이 9.2% 전하나 북만지방에 있어서는 북선인이 48.1%, 남선인이 51.9%를 차지한다. 지역별남북조선이주민의 분포(1932년 말)는 표 1-05-07과 같다.

표 1-05-07 지리별남북조선인분포(1932년 12월)

지구별		북선인	남선인	합 계	비 례(%)	
					북 선	남 선
남만지방	와방점警	91	44	135	67.4	32.6
	대석교人	156	66	222	70.3	29.7
	요양人	699	278	977	71.6	28.4
	봉천居	618	401	1019	60.7	39.3
	안산人	437	37	474	91.8	8.2
	안동总	11993	1684	13677	87.8	12.2
	본계호警	763	120	883	86.4	13.6
	봉천总	15011	12216	27227	55.2	44.8
	봉황성警	1192	1372	2564	46.5	53.5
	합 계	426705	43280	469985	90.8	9.2

지구별		북선인	남선인	합 계	비 례(%)	
					북 선	남 선
북만지방	돈화人	219	297	516	42.4	57.6
	서풍人	230	269	499	46.0	54.0
	서안人	75	50	125	60.0	40.0
	공주령人	694	916	1610	43.1	56.9
	치치할人	1140	1210	2350	48.5	51.5
	신경人	418	496	914	45.7	54.3
	사평가人	623	886	1509	41.2	58.8
	정가툰人	141	148	289	48.7	51.3
	신경警	2973	2106	5079	58.5	41.5
	개원警	1757	1999	3756	46.7	53.3
	철령警	3653	4575	8226	44.4	55.6
	합 계	12023	12950	24973	48.1	51.9

주: 警-경찰서 总-총영사관 人-인민회 居-거류민회
자료출처: 「附录参考资料」康德七年

더 상세히 적어보면 조선이주민이 1934년 7월부터 이듬해 6월까지 직접 북만지방에 들어선 경우 대부분이 북만 동부지역에 밀려들었으며 송화강 하류 지역에 정착한 자는 극히 적었다. 이런 추세는 이주민의 원적지와 별로 관계가 없었다(참조표 1-05-08).

표 1-05-08   조선서 직접 북만에 이주한 조선인원적지표(1934.7-1935.6)

원적지	이주지	중부지방		동부지방		송화강하류		합 계	
		호수	인구	호수	인구	호수	인구	호수	인구
북부지방	평안북도	131	554	132	483	8	12	271	1049
	평안남도	999	311	185	751	8	18	292	1080
	함경북도	89	188	266	1225	7	30	362	1443
	함경남도	29	88	253	797	3	3	285	888
	합 계	348	1141	836	3256	16	63	1210	4460
중부지방	황해도	19	56	98	360	9	13	126	429
	경기도	56	165	--	--	3	13	59	178
	강원도	17	64	120	502	--	--	137	566
	합 계	92	285	218	862	12	26	322	1173
원적지	이주지	중부지방		동부지방		송화강하류		합 계	
		호수	인구	호수	인구	호수	인구	호수	인구
남부지방	충청북도	14	38	85	291	10	20	109	349
	충청남도	13	48	32	118	6	31	51	197
	경상북도	86	387	157	626	7	9	250	1013
	경상남도	28	94	131	513	10	19	169	626
	전라북도	19	69	67	213	--	--	86	282
	전라남도	11	21	75	218	--	--	86	239
	합 계	171	657	547	1979	33	79	751	2706
총 계		611	2083	1601	6097	71	168	2283	8339

자료출처:「북만에 있어서의 조선이민류입 및 정착사정」할빈철도국북만경제조사소

제3절 인구변동

1. 자연변동

재만조선이주민의 출생률은 내려가는 추세를 보이고 있다. 1910-1931년 조선이주민 출생률이 35‰를 넘은 상황에 비해 이 시기 조선이주민 출생률은 30‰ 이하로

내려갔으며 이 추세를 계속 보존하고 있었다.

재만조선이주민의 출생률은 지역에 따라 너무나 큰 차이가 있다. 이는 도시와 농촌의 비례가 중요한 요소인 것 같다. 대비하여 보면 조선내지의 출생률은 계속하여 높은 수준을 확보하고 있었고 이는 1911-1931년의 재만조선이주민의 출생수준과 비슷하다. 조선총독부의 조사에 따르면 조선 내지의 출생률은 1938년에 36.1‰, 1939년에 36.9‰, 1940년에 32.0‰, 1941년에는 33.3‰이다. 만주조선이주민의 출생률은 1938년에 29.0‰(통계처 숫자), 1939년 27.6‰, 1940년에 25.9‰로서 지난 시기에 비해 대체로 10개 천분점이 내려갔다. 관동주 조선이주민 출생률은 만주조선이주민의 약 절반 수준이다. 1939년에 13.0‰, 1940년에 14.0‰, 1941년에 17.3‰, 1942년에 18.5‰이다.

재만조선이주민의 출생수를 보면 1938년에 2만 7054명(그중 남자 1만 4813명, 여자 1만 2241명)이다.

재만조선이주민의 사망률은 큰 변화가 없다. 약간의 차이는 통계오차라고 생각한나. 조선총독부의 숫자에 의하면 1938-1941년 조신 내지의 사망률은 긱긱 17.5‰, 18.7‰, 18.0‰, 16.8‰이고 위만주국 통계처의 조사결과에 따르면 재만조선이주민의 사망률은 1938-1940년에 각 18.4‰, 19.2‰, 15.9‰로서 조선 내지와 비슷하다. 관동주의 조선이주민 사망률은 낮은 편이다. 1939-1942년에 각각 10.3‰, 9.3‰, 11.4‰, 8.1‰이다. 재만조선이주민의 사망절대수치를 보면 1938년에 1만 7156명(남자 9091명, 여자 8065명)이다.

종합하여 인구자연성장률을 보면 조선 내지의 자연성장률은 1938-1940년에 순차로 10.6‰, 8.4‰, 10.0‰이며 관동주 내 조선이주민 자연성장률은 1939-1942년도 순차로 2.7‰, 4.7‰, 5.9 ‰, 10.4‰(?)이다. 전쟁원인으로 하여 다소의 오차가 있을 것으로 생각하며 특히 편벽한 농촌에 있어서는 조사의 어려움이 커질 것으로 느낀다.

아래에 간도 현별조선이주민의 자연변동을 적어본다(표1-05-09). 간도조선이주민의 출생률은 당지 만주인보다 낮다. 1940년 간도조선이주민의 출생률은 12‰, 사망률은 9‰, 이듬해인 1941년의 출생률은 15‰, 사망률은 10‰이다. 이는 만주인보다 출생률은 약 5개 천분점, 사망률은 약 7개 천분점이 낮은 편이다. 간도에 있어서 조선이주민

출생률은 통계숫자보다 높을 것이고 당시 한명의 부녀가 5-6명의 자식을 둔 것을 감
안해 볼 때 이 점은 이해가 갈 것이다. 각 현의 상황에서 보다시피 조선이주민의 남성
사망률이 여성보다 높다.

표 1-05-09 1940년, 1941년 위간도성 현별 조선인 자연변동

			1940년				1941년			
			만주인	일본인	조선인	합 계	만주인	일본인	조선인	합 계
연길현	남	출생	596	201	1283	2080	795	310	1977	3082
		사망	568	86	943	1597	591	171	1333	2095
	여	출생	492	171	966	1629	618	214	1588	2420
		사망	400	76	782	1258	414	119	1046	1579
	합계	출생	1088	372	2247	3707	1413	524	3565	5502
		사망	968	162	1725	2855	1005	290	2379	3074
왕청현	남	출생	301	23	539	863	1092	157	1528	2777
		사망	302	11	447	760	834	78	861	1773
	여	출생	251	8	428	687	788	195	1334	2317
		사망	199	1	324	524	710	58	739	1507
	합계	출생	562	31	967	1550	1880	352	2862	5094
		사망	501	12	771	1284	1544	136	1600	3280
훈춘현	남	출생	500	38	980	1518	429	72	267	1368
		사망	500	10	626	1136	611	25	722	1358
	여	출생	399	31	747	1177	347	55	654	1056
		사망	361	8	591	960	310	23	588	921
	합계	출생	899	69	1727	2695	776	127	1521	2424
		사망	――	――	――	――	――	――	――	――
화룡현	남	출생	139	16	1047	1202	174	8	529	711
		사망	99	2	635	736	160	6	479	605
	여	출생	91	9	899	999	169	3	457	629
		사망	68	―	614	682	131	――	383	514
	합계	출생	230	25	1946	2201	343	11	986	1340
		사망	167	2	1249	1418	291	6	822	1119
안도현	남	출생	169	4	265	438	178	9	149	336
		사망	329	――	249	578	151	――	131	282
	여	출생	157	――	268	425	163	2	188	353
		사망	169	1	217	387	118	――	74	212
	합계	출생	326	4	533	863	341	11	337	689
		사망	498	1	466	965	267	2	225	494

자료출처: 「间岛省统计年报」康德七. 八年度

2. 기계변동

재만조선이주민의 기계변동은 만주에로의 이주 및 조선귀환과 만주 내의 이동 두 가지 형태로 표현된다.

1) 이주 및 귀환

조선이주민이 만주에 수시로 이주하는 동시에 상당한 수량의 재만조선이주민은 여러 가지 원인으로 하여 조선에로 되돌아갔다. 1938년 당시 5만 3984명(남자 2만 9501명, 여자 2만 4483명)이 만주이주를 행함과 동시에 1만 8441명(남자 1만 285명, 여자 8156명)이 고국에로의 돌아감을 선택하였다. 이주로 하여 증가된 조선이주민 수는 3만 5543명으로서 이는 자연성장수의 4배의 수준에 달하여 당시 재만조선이주민 총수의 3.4%이다.

지역별 상황은 1934년 7월-1935년 6월의 자료를 예로 들자. 이주역사의 관계로 1934년에 이르러 간도지방은 이미 이주포화상태였기에 이 시기 새로운 이주자는 남만과 북만 지대를 휩쓸렸다. 더욱이 북만이 새로운 이주 중심지로 변하였다. 조선에서 북만에 새로 이주한 호수는 4578호, 인구는 1만 7591명이다. 동 시기 남만 지대 이주 조선이주민은 3402호, 1만 5649명이고 간도지방에는 1676호, 6852명이었다. 합하여 보면 9656호, 4만 12명이 만주에 새로 이주하였다. 같은 시기 조선에로 돌아간 재만조선이주민은 남만지역에 가장 많았다. 948호, 4247명 남만조선이주민이 귀환의 길을 선택하였으며 간도에도 1000명을 넘는 이들이 고향으로 돌아갔다. 북만지역은 새로운 이주열점지였기에 귀환하는 자가 상대적으로 적었다. 이 시기 6명의 만주이주자가 있으며 약 1명의 귀환자가 생기었다. 이런 추세는 금후 몇 년간 상승세를 타고 있었다(참고 표 1-05-10).

표 1-05-10   재만조선인 이주 및 귀환 상황(1934년 7월 -1935년 6월)

지방별	공관명	조선에서 이주한 자				조선에 귀환한 자			
		호수	남	여	합계	호수	남	여	합계
북만지방	길 림	713	1571	1287	2858	31	89	66	155
	돈 화	71	162	153	315	20	53	59	112
	신 경	973	2396	1942	4338	48	102	142	244
	할 빈	2384	4667	3912	8579	213	346	242	588
	수분하	35	135	129	264	1	1	0	1
	치치할	88	201	127	328	17	45	19	64
	정가툰	312	563	337	902	79	128	24	152
	해라얼	1	1	2	3	1	1	1	2
	만주리	1	0	4	4	3	7	8	15
	합 계	4578	9696	7895	17591	413	772	561	1333
남만지방	봉 천	716	1736	1377	3113	255	593	412	1005
	신민부	45	72	55	127	3	3	1	4
	통 화	250	406	359	765	13	68	61	129
	해 룡	324	832	698	1530	34	88	64	152
	영 구	882	2524	2074	4598	66	203	163	306
	안 동	1102	2807	2402	5209	538	1281	1106	2387
	금 주	45	89	76	165	28	131	27	158
	적 봉	6	11	14	25	4	8	7	12
	승 덕	32	66	51	117	7	11	20	31
	합 계	3402	8543	7106	15649	948	2386	1861	4247
간도지방	간 도	417	889	793	1682	124	289	266	555
	투도구	144	225	253	478	15	9	25	34
	연 길	206	417	361	778	1	2	0	2
	배초구	73	135	146	281	8	7	15	22
	도 문	493	1084	938	2022	21	63	53	116
	훈 춘	343	860	751	1611	103	209	162	371
	합 계	1676	3610	3242	6852	272	579	521	1100
총합계		9656	21849	18243	40092	1633	3737	2943	6680

자료출처: 康德七年七月附錄參考資料日滿農政硏究会新京事務所

2) 이 동

재만조선이주민의 이동은 생활의 불안정성을 말한다. 특히 새로 타지방에 이주한
자에 대해서는 더욱 그러하다. 1934년 7월-1935년 6월 간도지방의 천입 수는 천출
보다 적다. 남만지역은 천입 수의 절반가량의 천출 수를 보았으며 북만지역은 천출

수가 천입 수의 5분의 1 정도였다. 할빈, 길림 지방에 많은 천입자가 집중되었으며 신경에 천출자가 비교적 많았다. 이는 농민출신의 조선이주민이 도시의 생활에 적응하기 어려운 측면이 작용한 것이라고 느낀다.

이 시기 간도지방에는 연길현에 이주자가 집중되었고 간도에 천출자가 가장 많았다.(참고 표 1-05-11)

표 1-05-11 재만조선인이주상황(1934년 7월－1935년 6월)

지방별	공관명	천 출				천 입			
		호구	남	여	합계	호구	남	여	합계
북만지방	길 림	167	468	411	879	1253	2958	2317	5275
	돈 화	67	195	165	360	549	1487	1275	2762
	신 경	175	591	421	1012	140	375	215	590
	할 빈	236	440	427	867	2348	4110	3294	7404
	수분하	9	9	0	9	195	385	122	507
	치치할	61	138	88	226	142	284	240	524
	정가툰	24	50	44	94	49	97	63	160
	해라얼	3	4	1	5	4	6	4	10
	만주리	13	13	4	17	8	9	10	19
	합 계	755	1908	1561	3469	4688	9711	7540	17251
남만지방	봉 천	190	404	402	806	124	202	182	384
	신민부	42	95	66	161	21	33	31	64
	통 화	48	233	205	438	102	273	266	537
	해 룡	123	286	240	526	240	646	528	1174
	영 구	143	332	262	594	718	1886	1704	3590
	안 동	27	64	57	121	15	45	38	83
	금 주	36	73	52	125	20	38	36	74
	적 봉	6	12	15	27	13	23	21	44
	승 덕	39	49	87	136	30	49	45	94
	합 계	654	1548	1386	2934	1283	3195	2851	6046
간도지방	간 도	463	1314	1019	2333	133	251	194	445
	투도구	39	32	53	85	187	436	440	876
	연 길	152	297	285	582	484	1126	956	2082
	배초구	71	111	108	219	207	353	365	718
	도 문	316	931	843	1774	135	370	313	683
	훈 춘	0	0	0	0	18	42	24	66
	합 계	1041	2685	2308	4993	1164	2578	2292	4870
총합계		2450	6141	5255	11396	7135	15484	12683	28167

자료출처: 康德七年七月 附录参考资料 日满农政研究会新京事务所

제4절 시가지인구

만주 9·18사변 후 재만조선이주민의 시가지인구는 급속히 늘어났다. 조선이주민의 주요 집거구인 연길은 인구가 4배 늘어났고 봉천, 길림, 할빈, 안동 등 시가지의 조선이주민도 정도 부동한 성장을 보였다.

아래에 1938년 인구가 10만을 넘는 도시(봉천, 할빈, 신경, 안동, 무순, 영구, 안산, 길림, 금주, 목단강)의 조선이주민구의 변화를 살피겠다. 인구의 절대수를 보면 조선이주민 수는 1933년의 3만 7000에서 1938년의 8만 2000명으로 급증했다. 그중 1936년, 1938년은 전해보다 1만 5000명을 벗어나는 성장을 보이고 있다. 성장률을 보면 조선이주민은 일본인보다 낮으나 만족인보다는 높으며 총인구의 성장률보다도 높다. 1936년 만주 대도시 조선이주민 성장률은 234‰를 기록하여 최고치를 이루었다.

대도시의 조선이주민이 총인구에서 점하는 비례는 늘어나는 추세였다. 1933년은 6.3%였으나 1938년에 이르러서는 7.7%를 확보하였다. 상반대로 일본인의 상황은 줄어드는 추세였다.

1937년 10월 말 만주 주요도시 조선이주민인구분포는 표 1-05-12에 남겨둔다.

표 1-05-12 만주 및 함경북도 주요도시 조선인인구(1937년 10월)

	대련	여순	와방점부속지	영구	안산	요양	소가둔	봉천	철령	개원	사평가	공주령부속지
총인구	388637	31083	7274	133339	54482	73569	7934	701079	47660	40851	54042	13713
조선인	3158	128	47	1631	791	332	115	15914	1620	1998	936	638

	신경	안동	본계호	#무순	*반석	#길림	*돈화	#명월구	#개산툰	*신참	#조양천
총인구	319111	180074	34768	197524	21027	125355	33302	11196	3951	27379	5898
조선인	5791	15347	471	8470	1285	2484	1575	6447	2329	1179	4412

	#연길	#도문	#용정가	#투도구	#훈춘	#배초구	*목단강	정가툰	*통료	*개로	조남
총인구	26602	27962	29681	10899	15456	7785	59682	45104	62639	18987	43573
조선인	9651	21386	18352	6835	5699	4227	4706	319	487	14	373

	태평천	극산	태안	납하	해라얼	농안	墨尔根	博克图	백성자	王爷庙	*개통	*팔면성
총인구	4011	33283	34132	13141	23252	6658	27611	4567	19296	10118	14617	17094
조선인	0	7	573	94	220	44	51	62	345	158	23	22

속

	앙앙계	만주리	치치할	할빈	*산해관	*동라성	*진황도	*웅기	*나진	*청진	금주
총인구	13642	7195	88015	469770	37865	?	34146	22474	23695	59665	98380
조선인	35	44	527	6428	444	65	285	19387	18865	44023	614

주: 1. *표가있는목단강,신참, 반석지방은 36년 2월 말 숫자, 개로는 36년 4월 말, 돈화는 36년 8월 말, 웅기,나진,
　　　청진은 36년 12월, 통료,개통,팔면성은 1937년 1월 말, 산해관,동라성,진황도는 37년 7월 말 숫자이다.
　　2. #표가있는것은 9월 말 숫자이다.
자료출처: 「満洲経済月報」第14巻第六号

　　간도는 조선이주민의 가장 큰 집거구로서 주요 시가지의 최신자료는 1943년 6월 말의 것이다(표 1-05-13). 주요 시가지의 조선이주민 수는 모두 1만 명을 넘으며 간도시와 용정가의 조선이주민 수는 4만 명에 가깝다. 위간도성의 시가지 조선이주민 수는 17만 7000명으로서 시가지 총인구의 63.3%, 위간도성 조선이주민의 27.9%이다.

표 1-05-13 위간도성 시가지 조선인인구(1943년 6월말)

시가지명	간도시	용정가	도문가	명월구	왕청	배초구	천교령	훈춘가	화룡	투도구	안도	합계
총인구	65301	50915	40173	17467	19889	9562	8079	34437	10391	14252	9040	279506
조선인	39739	38194	28327	10460	14237	6385	4058	14876	7900	11142	1741	177061

자료출처: 「主要都市, 市街地戸口統計表」康徳十年六月警務総局

만주 시가지의 조선이주민분포의 상세한 자료는 표 1-05-14에 남긴다.

표 1-05-14 만주 시가지 현별 조선인분포(1934년)

도시명	신경특별시	할빈특별시		길림시	치치할시	봉천시	흑하	가목사	안동	금주	승덕	연길
호구	302	1776		638	151	939	40	121	76	65	35	1652
남	858	3957		2194	335	2223	66	442	185	154	41	4208
여	705	3288		1710	281	1641	58	251	156	192	138	4155

	길림시	액목현성 (교하진)	돈화현성	화전현성	반석현성	이통현성	쌍양현성	구태현성	회덕현성 (공주령)
길	638	257	419	104	201	2	2	17	23
림	2194	800	1181	320	533	4	3	40	55
성	1710	738	863	297	459	2	3	43	48

장령현성	건안현성	부여현성	농안현성	덕혜현성	유수현성	서란현성	용강성	치치할	경성현성	감남현성
--	--	15	3	3	8	3		151	--	--
--	--	27	5	8	21	20		335	--	--
--	--	18	12	9	18	5		281	--	--

부유현성	납하현성	눈강현성	덕도현성	용진현성(북안진)	통화현성	극동현성	극산현성	배천현성	명수현성
--	31	2	?	96	21	4	23	4	1
--	45	2	?	88	31	5	32	8	2
--	60	2	?	79	18	5	28	3	1

의안현성	임전현성	태강현성	태래현성	진동현성	대뢰현성	안광현성	조안현성	조남현성	개통현성
--	--	?	17	2	5	--	98	83	5
--	--	?	37	8	13	--	241	184	11
--	--	?	44	2	13	--	194	170	8

담유현성	돌천현성	흑하성	애휘현성	막하현성	구포현성	호마현성	기극현성	요하현성	조운현성	불산현성
--	--		40	1	--	1	1	--	40	1
--	--		66	--	--	--	1	--	158	3
--	--		58	2	--	1	--	--	92	2

삼강성	화천현성	부금현성	보청현성	벌리현성	의란현성	방정현성	통화현성	봉산현성	탕원현성	나북현성
	121	88	21	?	231	34	10	?	?	?
	442	157	48	?	416	96	38	?	?	?
	251	124	39	?	360	68	20	?	?	?

수빈현성	동강현성	빈강성	호란현성	빈현성	아성현성	오상현성	쌍성현성	조주현성	조동현성
8	?		12	9	90	18	31	--	--
18	?		40	19	230	55	59	--	--
4	?		11	11	220	46	63	--	--

난서현성	안달현성	청강현성	망규현성	해륜현성	수릉현성	수화현성	경성현성	철려현성	동흥현성
--	--	--	1	185	2	24	17	--	40
--	--	--	4	421	4	62	33	--	104
--	--	--	5	313	6	54	34	--	121

파언현성	목란현성	연수현성	주하현성	위하현성(위사하)	영안현성	목릉현성	동녕현성	밀산현성	호림현성
20	20	34	17	2	234	56	131	180	20
67	54	90	35	3	641	122	332	394	47
29	37	72	45	2	485	131	308	206	26

간도성	연길현성	왕청현성	훈춘현성	화룡현성	안도현성	안동성	안동시	장하현성	곡암현성	봉성현성
	1652	1048	771	185	198		76	5	3	444
	4208	3065	1947	510	576		185	6	7	1219
	4155	2853	1718	492	472		156	10	19	1006

관전현성	환인현성	통화현성	집안현성	임강현성	무송현성	장백현성	봉천성	봉천시	무순현성	본계현성
3	43	109	34	53	51	121		939	93	17
10	116	312	77	117	243	342		2223	234	47
1	138	261	69	102	133	366		1641	199	45

요양향성	요중현성	해성현성	영구현성	개평현성	복현성	신민현성	철령현성	법고현성	강평현성
42	3	6	50	--	12	14	331	5	2
90	3	10	125	--	30	38	825	7	6
60	--	9	87	--	23	23	761	8	---

요양현성(정가툰)	쌍산현성	이수현성	창도현성	개원현성	서풍현성	서안현성	동풍현성	해룡현성	능원현성
62	1	7	1	26	32	38	9	60	89
159	5	13	2	64	72	79	23	169	281
138	--	10	1	67	63	52	13	127	229

흥견현성	유하현성	금천현성	휘남현성	몽강협성	금주성	금현성	북진현성	흑사현성	대아현성	반사현성
432	68	49	22	38		65	12	3	3	18
1601	204	127	63	77		154	17	6	11	33
985	141	111	57	51		192	12	7	8	27

수중현성	흥성현성	금서현성	의현성	조양현성	부신현성	장무현성	열하성	승덕현성	만평현성	풍녕현성
7	7	5	6	19	2	5		35	3	1
10	18	10	10	45	5	13		41	5	6
14	7	18	15	45	4	8		138	11	9

융화현성	위장현성	적봉현성	건평현성	능원현성	능남현성	청룡현성	평천현성	영성현성
--	--	14	1	29	3	1	15	--
--	--	50	4	56	8	4	73	--
--	--	24	1	61	--	1	50	--

현성 외 주요 특별시(인구 1만 이상)

길림성	연통산(반석현)	회덕(회덕현)	장가만(덕혜현)	용강성	拉哈站(납하현)	태안진(극산현)	빈강성	납림진(쌍성현)	모아산(쌍성현)
	136	6	7		22	57		28	107
	300	14	14		46	112		64	291
	203	3	13		36	35		60	240

흥릉진(파안현)	일면파진(주하현)	간도성	용정촌(연길현)	투도구(연길현)	도문시	안동성	청퇴진(장하현)	팔도강진(임강현)	대고산진(장하현)	봉천성	황고둔(심양현)
12	25		2984	1345	3584		1.	17	17		28
24	77		7244	3542	8359		8	51	51		79
10	43		7684	3409	6943		6	32	32		48

유이보(요양현)	우장(해성현)	승오보(해성현)	전장대진(영구현)	사평가시(이수현)	산성진(해룡현)	조양진(해룡현)	영릉진(흥경현)	금주성	북표(조양현)	신립툰진(흑산현)
--	3	10	16	28	278	50	113		7	10
--	4	19	35	67	717	132	317		21	16
--	6	8	30	60	687	113	316		28	20

북만특별구	관성자	일면파	목단강	만구참	안달참	앙앙계
	172	87	377	3	13	8
	478	188	851	6	20	11
	437	165	572	3	16	9

자료출처: 「満洲帝国人口统计」国务院总务厅统计处编

제5절 인구자연구조

1. 연령구조

　　재만조선이주민의 연령별인구자료가 이 시기 처음으로 있게 됐다. 표 1-05-15는 1935년 말 자료인데 이에 의하면 만주조선이주민 중 0-14세 인구가 27만 2198명, 소년아동부담계수는 59.83이고 50세 이상 인구는 16094명, 노인인구부담계수는 3.57 이다. 남성인구를 보면 총 부담계수는 57.08이고 소년아동부담계수는 53.88, 노년인 구부담계수는 3.2이다.

표 1-05-15 성별조선인연령구조(1935년 말)

성(省)별	연 령	합 계	남	여
위만주국	총 수	743212	398578	344634
	0—14	272198	136724	135474
	15—49	454920	253745	201175
	50—59	9725	4935	4790
	60——	6369	3174	3195
길림성	총 수	39099	22119	16980
	0—14	8034	4027	4007
	15—49	29044	17089	11955
	50—59	1258	63	628
	60——	763	373	390
용강성	총 수	4695	2556	2139
	0—14	1008	503	55
	15—49	3436	1930	1506
	50—59	156	77	79
	60——	95	46	49
흑하성	총 수	811	496	315
	0—14	149	75	74
	15—49	637	408	229
	50—59	25	13	12
	60——	——	——	——
삼강성	총 수	16369	9664	6705
	0—14	3194	1612	1582
	15—49	12356	7635	4721
	50—59	508	260	248
	60——	311	157	154
빈강성	총 수	57841	33743	24098
	0—14	12405	6236	6169
	15—49	42507	26024	16483
	50—59	1807	915	892
	60——	1122	568	554
간도성	총 수	452246	235105	217141
	0—14	204390	102734	101656
	15—49	243972	130441	113531
	50—59	2178	1093	1085
	60——	1706	837	869
안동성	총 수	73021	40880	32141
	0—14	21312	10705	10607
	15—49	51107	29869	21238
	50—59	346	179	167
	60——	256	127	129
봉천성	총 수	83935	45567	38368
	0—14	18104	9049	9055
	15—49	61200	34189	27011
	50—59	2852	1432	1420
	60——	1779	897	882

속 1

성(省)별	연 령	합 계	남	여
금주성	총 수	1652	868	784
	0—14	363	178	185
	15—49	1220	654	566
	50—59	48	25	23
	60——	21	11	10
열하성	총 수	835	454	381
	0—14	183	93	90
	15—49	606	338	268
	50—59	27	13	14
	60——	19	10	9
신경특별시	총 수	3807	2260	1547
	0—14	1031	528	53
	15—49	2474	1575	899
	50—59	175	92	83
	60——	127	65	62
할빈특별시	총 수	5736	3034	2702
	0—14	1405	674	731
	15—49	3977	2156	1821
	50—59	233	147	86
	60——	121	57	64
흥안서성	총 수	151	84	67
	0—14	34	18	16
	15—49	108	61	47
	50—59	9	5	4
	60——	——	——	——
흥안남성	총 수	2370	1325	1045
	0—14	483	236	247
	15—49	1757	1021	736
	50—59	82	43	39
	60——	48	25	23
흥안동성	총 수	298	195	103
	0—14	48	25	23
	15—49	242	166	76
	50—59	7	3	4
	60——	1	1	——
흥안북성	총 수	346	228	118
	0—14	55	31	24
	15—49	277	189	88
	50——59	14	8	6
	60—	——	——	——

자료출처: 康德二年 滿洲帝国年齢別人口推計统計

보다시피 재만조선이주민 남성의 연령부담계수, 소년아동인구부담계수, 노년인구부
담계수 등은 모두 재만조선이주민 여성보다 낮다. 조선이주민 인구를 위만주국 총인
구에 비하여 볼 때 연령부담계수는 31.30 퍼센트가 낮고 소년아동부담계수는 23.66
퍼센트가 낮고 노년인구부담계수는 7.64 퍼센트가 낮다.

만주조선이주민의 상세한 연령구조 숫자(16-50세)는 표 1-05-16에 참고로 남긴다.

표 1-05-16   1941년 10월1일 재만조선인연령인구

연령	합계	남	여	연령	합계	남	여
총수	1442428	781580	660948				
1—5	166811	86782	80029	31	24292	12945	11347
6—10	158022	83922	74100	32	23179	12817	10362
11—15	145471	80101	65370	33	22380	12231	10149
				34	22487	12313	10174
				35	22738	12415	10323
16	29775	16815	12960	36	20563	11304	9259
17	28893	16075	12818	37	19547	10503	9039
18	29107	16056	13051	38	18796	10092	8704
19	29545	15273	14272	39	18779	10413	8366
20	30208	16040	14168	40	17544	9616	7928
21	30111	15487	14624	41	16922	919	7803
22	29496	15438	14058	42	16635	9069	7626
23	27924	14922	13002	43	16334	8897	7437
24	27552	14793	12759	44	15044	8245	6799
25	27844	14558	13291	45	15707	8532	7175
26	26851	14310	12541	46	15608	8544	7064
27	26368	14328	12040	47	14556	8186	6370
28	25748	14182	11566	48	14537	8071	6466
29	25669	14030	11639	49	13617	7694	5923
30	25558	13854	11704	50	13472	7090	6382
				51—55	57938	31472	26466
				56—60	48471	26973	21498
				61——	82329	48133	34196

자료출처: 《满洲帝国现住人口统计》
　　　　　康德八年十月一日

재만조선이주민의 성별(省別)연령인구에 대해서는 자료로만 남겨두고 분석은 일일이 하지 않겠다. 다만 조선이주민의 최대집거구인 위간도성의 상황에 대해서는 문자로 남긴다.

1941년 10월 위간도성 조선이주민 인구는 61만 1728명이었다. 그중 0-15세 인구는 17만 3544명, 16-49세 인구는 35만 517명, 50세 이상 인구는 8만 7567명으로서 총인구에서 점하는 비례는 각각 28.37%, 57.30%, 14.33%이다. 소년아동비례가 상대적으로 낮다. 인구재생산 유형은 성장형과 정지형 사이에 있다. 65세 이상 인구는 1.8만 명, 노년인구계수는 2.94%, 노소비례는 10.37%, 연령중위수는 20.58세로서 기본상 젊은형에 속하나 소년아동계수가 낮다.

15-49세 조선여성 인구는 144474명으로서 총인구의 23.62%를 점하며 총인구의 상응치보다 좀 높다. 소년아동부담계수는 41.3%, 노년인구부담계수는 4.28%, 총 부담계수는 45.58%로서 매우 낮은 수준을 확보하였다(표 1-05-17).

표 1-05-17 1941년 10월 1일 간도조선인 연령별 인구발전

연령	합 계	남	여	총인구에 점하는 비례(%)		
				합 계	남	여
총합계	611728	320158	291570	100.00	52.34	47.66
1—5	87029	44140	4288	14.23	7.22	7.01
6—10	79624	41309	38315	13.02	6.75	6.26
11—15	68981	37444	31537	11.28	6.12	5.16
16	13792	7667	6125	2.25	1.25	1.00
17	12943	6793	6150	2.12	1.11	1.01
18	12726	6637	6089	2.08	1.08	1.00
19	11925	5492	6433	1.95	0.90	1.05
20	12217	5877	6340	2.00	0.96	1.04
21	11357	5590	5767	1.86	0.91	0.94
22	10132	5414	7418	1.66	0.89	0.77
23	9355	4863	4492	1.53	0.79	0.73
24	8942	4760	4182	1.46	0.78	0.68
25	8721	4269	4452	1.43	0.70	0.73
26	9015	4622	4393	1.47	0.76	0.72
27	9328	4831	4497	1.52	0.79	0.74
28	8974	4800	4174	1.47	0.78	0.68
29	8867	4700	4167	1.45	0.77	0.68
30	8976	4644	4332	1.47	0.76	0.71

속 1

연령	합 계	남	여	총인구에 점하는 비례(%)		
				합 계	남	여
31	8301	4173	4128	1.36	0.68	0.67
32	7811	4363	3448	1.28	0.71	0.56
33	7798	4126	3672	1.27	0.67	0.60
34	7923	4252	3671	1.30	0.70	0.60
35	8288	4350	3938	1.35	0.71	0.64
36	7569	4019	3550	1.24	0.66	0.58
37	7488	3902	3586	1.22	0.64	0.59
38	7177	3683	3494	1.17	0.60	0.57
39	7445	4132	3313	1.22	0.68	0.54
40	6691	3434	3257	1.09	0.56	0.53
41	6335	3348	2987	1.04	0.55	0.49
42	6086	3051	3035	0.99	0.50	0.50
43	5897	2970	2927	0.96	0.49	0.48
44	5693	2985	2708	0.93	0.49	0.44
45	6232	3225	3007	1.02	0.53	0.49
46	6256	3281	2975	1.02	0.54	0.49
47	6114	3302	2842	1.00	0.54	0.46
48	6234	3302	2932	1.02	0.54	0.48
49	5789	3096	2693	0.95	0.51	0.44
50	5846	2867	2979	0.96	0.47	0.49
51—55	24286	12659	11627	3.97	2.07	1.90
56—60	21082	1118	9974	3.45	1.82	1.63
61——	36453	20678	15775	5.96	3.38	2.58

자료출처: 「満洲帝国現住人口统计」康德八年十月一日

　　현별 조선이주민 인구구조를 보면 15세 이하 소년아동 비례가 훈춘이 43.5%로서 가장 높고 왕청이 32.28%로서 가장 낮으며 61세 이상 노년인구가 점하는 비례는 화룡이 6.24%로서 최대치를 이루고 훈춘이 1.98%로서 최소치를 이룬다. 16-50세 부녀가 점하는 비례는 22% 좌우이며 화룡(24.34%), 훈춘(21.66%)이 극치를 이룬다(표 1-05-18).

표 1-05-18 1940년 10월 1일 간도 현별조선인연령인구

현 별	연 령	합 계	남	여	총인구에서 점하는 비례(%)		
					합계	남	여
연 길	총합계	307220	158800	148420	100.00	51.69	48.31
	1---5	46311	23087	23224	15.07	7.51	7.56
	6—10	44215	22909	21306	14.39	7.46	5.94
	11—15	36022	20084	15938	11.73	6.54	5.19
	16—50	141558	71212	70346	46.08	23.18	22.90
	51—55	10920	5583	5337	2.55	1.82	1.74
	56—60	9545	4870	4675	3.3.11	1.59	1.52
	60--	18649	11055	7594	4.6.07	3.60	2.47
화 룡	총합계	116056	60894	55162	100.00	52.47	47.53
	1---5	15785	7932	7853	13.60	6.83	6.77
	6—10	13362	7295	6067	11.51	6.29	5.23
	11—15	11467	6294	5173	9.88	5.42	4.46
	16—50	58502	30253	28249	50.41	26.07	24.34
	51—55	5225	2674	2551	4.50	2.30	2.20
	56—60	4471	2377	2094	3.85	2.05	1.80
	60--	7244	4069	3175	6.24	3.51	2.74
왕 청	총합계	105088	56346	48742	100.00	53.62	46.38
	1---5	12203	6571	5632	11.62	6.25	5.36
	6—10	10895	5359	5536	10.37	5.10	5.27
	11—15	10803	5532	5271	10.28	5.26	5.02
	16—50	54487	30150	24337	51.58	18.69	23.16
	51—55	4886	2551	2335	4.65	2.43	2.22
	56—60	4253	2290	1963	4.05	2.18	1.87
	60--	7561	3893	3668	7.19	3.70	3.49
훈 춘	총합계	66132	34647	31485	100.00	52.39	47.61
	1---5	10798	5430	5368	16.33	8.21	8.12
	6—10	9116	4640	4476	13.78	7.02	6.77
	11—15	8852	4474	4378	13.39	6.77	6.62
	16—50	30712	16390	14322	46.44	24.78	21.66
	51—55	2201	1257	944	3.33	1.90	1.43
	56—60	2080	1146	934	3.15	1.73	1.41
	60--	2373	1310	1063	3.59	1.98	1.61
안 도	총합계	17232	9471	7761	100..00	54.96	45.04
	1---5	1932	1120	812	11.21	6.50	4.71
	6—10	2071	1106	965	12.02	6.42	5.60
	11—15	1837	1060	777	10.66	6.15	4.51
	16—50	8979	4815	4164	52.11	27.94	24.16
	51—55	1054	594	460	6.12	3.45	2.67
	56—60	733	425	308	4.25	2.47	1.79
	60--	626	351	275	3.63	2.04	1.60

자료출처: 「満洲帝国現住人口統計」康德八年十月一日

2. 성비례

1933년 재만조선이주민의 성비례는 113.5로서 비교적 높다. 그 후 별다른 큰 파동 없이 점차 상승해 1942년에는 118.1이었다.

각 성마다 성비례 차이가 크다. 위간도성은 1935년에 108.3을 기록한 것으로 평균치보다 낮다. 조선이주민이 비교적 많이 집결된 안동과 봉천의 조선이주민구성비례는 각각 127, 119이다.

위간도성 각 현의 조선이주민구성비례는 큰 차이가 없다. 이는 전체인구의 성비례 상황과는 다른 점이다. 연길현과 화룡현 조선이주민성비례는 모두 110상하에서 움직인다.

당시의 상황에서 볼 때 성비례는 자연성장의 영향을 어느 정도는 받지만 주되게는 기계변동의 영향이 크다. 왕청현과 안도현의 조선이주민구성비례가 파동이 심한데 이는 왕청, 안도 지역은 조선개간민이 뒤늦게 진출한 지역으로서 용정, 화룡에 비하여 기계변동이 심하다는 점을 말해준다.

연령별 성비례를 보면 저령 연령조의 성비례가 보다 합리하다. 1941년 재만조선이주민 1-5세 성비례는 108.4, 6-10세 성비례는 113, 11-15세 성비례는 122이었다.

위간도성의 조선이주민 구성비례를 보면 29세 이하 인구 성비례는 대부분이 총인구 평균수치보다 낮다. 각 현의 성비례는 이민의 영향으로 그 높고 낮음이 결정된다. 같은 연령조의 성비례는 부동한 현에서 부동하게 표현된다. 지리위치, 환경, 생산조건 등이 각이하기에 부동한 변화를 나타나는 것이다. 연길현의 10세 이하, 16-50세 연령조의 성비례는 총인구 성비례보다 낮은 바 총인구 성비례의 실조는 50세 이상 인구로 인해 조성되었다. 특히 1-5세 인구의 성비례는 자연요소의 작용을 그대로 반영하였으며 기계변동의 영향을 거의 받지 않았다는 것을 알 수 있다(표 1-05-19, 표 1-05-20).

표 1-05-19   1941년 10월 1일 위간도성총인구, 조선인구 연령성비례

연 령	총인구	조선인구	연 령	총인구	조선인구
총합계	118.55	109.80	30—34	123.36	111.41
1—5	106.54	102.92	35—39	102.63	112.33
6—10	111.45	107.81	40—44	119.51	105.86
11—-15	122.90	118.73	45—50	143.83	109.44
16—-19	112.15	107.23	51—55	126.76	108.88
20—24	109.93	103.94	56—60	133.29	111.37
25—-29	117.76	107.10	61—-	147.96	131.08

자료출처: 「満洲帝国現住人口統計」康徳八年十月一日

표 1-05-20   1941년 10월 1일 위간도성 현별 총인구 및 조선인인구 연령성비례

	연 령	연길현	화룡현	왕청현	훈춘현	안도현
총인구	총합계	113.20	114.55	129.01	121.38	151.90
	1—5	101.89	101.76	116.05	111.84	144.88
	6—10	109.86	121.94	107.70	108.61	124.46
	11—15	126.77	124.51	118.34	108.76	157.05
	16—50	107.62	107.71	160.40	128.42	146.31
	51—55	118.26	183.23	136.35	137.59	171.28
	56—60	125.75	128.45	138.45	135.22	201.07
	61—-	161.74	133.90	122.45	149.54	214.20
조선인인구	총합계	106.99	110.39	115.60	110.04	122.03
	1—5	99.41	101.01	116.67	101.12	137.93
	6—10	107.52	120.24	96.80	103.66	114.61
	11—15	126.01	121.67	104.95	102.19	136.42
	16—50	101.23	107.09	123.89	114.44	115.64
	51—55	104.61	104.82	109.25	133.16	129.13
	56—60	104.17	188.09	116.66	122.70	137.99
	61—-	145.58	178.03	106.13	123.24	127.64

자료출처: 「満洲帝国現住人口統計」

시가지 조선이주민 성비례는 조선이주민이 1만 명을 넘는 인구위 위간도성의 용정, 도문가, 훈춘가를 분석하겠다. 도문가의 1936년 말 조선이주민 인구수는 1만 7478명, 성비례는 106.74였다. 0세의 성비례가 100을 넘으나 그 후 1-4세까지 100아래로 내려갔다. 남자의 사망률이 높다는 것을 의미한다. 그 후 60-69세에 와서 성비례가 재차 100아래로 하강하였다. 용정가는 조선이주민이 1만 7448명, 총인구의 75.97%를 점한다. 20세 이전의 성비례는 정상적인 평형을 이루었으며 그 후 연령단계부터 점차 상승을 긋다가 60세부터 남자보다 많아졌으며 만년에 와서 남성사망률이 여성보다 높아졌다.

훈춘가는 훈춘현의 주요한 시가지로서 당시 인구는 1만 5668명, 성비례는 132.92이었다. 조선이주민 성비례는 109.82로서 총인구보다 낮다. 연령별 성비례는 0세와 1세의 차이가 너무나 현저하며 고령단계의 성비례도 100을 훨씬 넘는 특징을 보유하였다(참조표 1-05-21).

표 1-05-21 1936년 말 간도시가지 연령별성비례

연 령	용정가		도문가		훈춘가	
	총인구	조선인구	총인구	조선인구	총인구	조선인구
0	104.83	109.13	103.91	107.42	95.12	89.83
1	98.30	98.57	101.73	92.63	103.62	116.67
2	95.22	92.77	100.32	98.05	110.05	112.50
3	100.33	97.02	95.97	94.44	104.02	106.49
4	94.58	89.87	96.47	98.21	108.72	128.38
5—9	93.88	94.59	102.35	104.07	117.72	124.36
10—19	111.78	113.10	110.36	108.88	119.89	111.64
20—29	112.42	105.70	114.53	102.48	114.31	99.84
30—39	110.03	99.62	131.12	111.50	147.33	110.22
40—49	127.04	100.75	154.19	126.17	213.65	129.10
50—59	123.23	95.85	138.33	105.30	186.95	87.00
60—69	92.29	84.02	113.50	98.79	165.79	113.51
70—79	93.71	87.32	100.00	100.00	203.45	125.81
80—89	73.68	55.56	100.00	71.43	80.00	50.00
90 이상	——	——	100.00	——	——	——
합 계	108.75	101.50	117.02	106.74	133.92	109.82

자료출처: 「第二次临时人口调查报告书」

제6절 조선이주민 직업

1. 개 론

위만주국이 설립된 후 일본이 만주에 대한 통치는 체계화에 진입하여 여러 통계자료 에 대한 조사가 본격화되어 조선이주민에 관한 자료가 어느 정도 풍부해졌다. 부동한 기관에서 수차의 인구통계를 진행하였으며 비록 자료들 사이에 편차가 있으나 이는 우리가 당시 만주조선이주민사회를 요해하는 중요한 경로이다. 위만주국 초기 인구조사는 극히 어려운 환경에서 진행되어 많은 부류의 사람들이 통계에서 빠졌으며 이로 하여 당시 조선이주민 상황을 파악하는 데 일정한 어려움을 늘리었다. 1934년 6월 당시 재만조선이주민 직업조사에 등록된 조선이주민은 43만으로서 당시 77만 7000이라는 재만조선이주민의 56%밖에 안 되었다. 이런 상황은 만주통치가 제도화됨에 따라 신속히 극복되어 1936년에는 99% 이상의 재만조선이주민이 직업별 통계에 올랐다.

만주지역으로 볼 때 농업은 여전히 재만조선이주민의 가장 중요한 직업이지만 시간이 흐름에 따라 그 비례는 내려가는 추세이다. 이와 반대로 일본의 만주통치가 깊이 뿌리 내림에 따라 이와 관련되는 업종의 재직조선이주민이 늘어났다. 1934년 농업에 종사하는 재만조선이주민은 33만 7000명, 1936년에는 31만 3000으로 줄었고 2년 사이의 총인구의 성장을 고려할 때 줄어드는 폭은 현저한 것이다. 은행직원, 관공리는 1934년 3500여 명에서 1936년 8000여 명으로, 학교 교원, 의사는 1900여 명에서 3300여 명으로 부쩍 늘어났다. 일본 측 고용인도 3만 4000여 명 정도를 보존하였다. 조선이주민의 생활이 어느 때보다도 다소 안정되어가고 있음을 시사한다.

이 시기 재만조선이주민 직업에 관한 자료는 여러 기관에서 부동한 연대에 얻은 것들이 많다. 따라서 사료들 사이에 차이점도 있고 오차도 심하여 어느 것을 기준해야 한다고 단언하기 어려운 형편에서 일본외무성에서 발간한 「재만조선이주민개황」에 실린 1934년 6월 재만조선이주민직업분포표와 재만조선이주민연합회에서 발행한

「재만조선이주민현세요람」에 기재된 1936년 6월 말 직업별호구표를 표 1-05-22, 성별조선이주민직업을 표 1-05-23으로 남긴다.

표 1-05-22 1934, 1936년 재만조선인 직업분포

직업별	1934년 6월				1936년 6월			
	호 수	남	여	합 계	호 수	남	여	합 계
농 업	99520	181361	156206	337567	130065	296967	218058	513023
목축업	14	38	18	56	26	52	20	72
어 업	47	149	67	216	26	45	17	62
정미업	240	804	494	1298	385	1272	795	1967
金貸业	100	140	53	193	94	180	99	279
质屋业	52	105	77	182	133	271	192	463
工事请负业	168	373	65	438	221	479	210	689
사진업	89	117	39	156	166	297	118	413
물품판매업	3438	6499	2536	9035	3079	5882	3070	8932
약 업	358	482	225	707	493	731	386	1117
상 업	3491	7889	4059	11948	4301	9593	4459	14052
여관업	854	1544	1348	2892	928	1866	1434	3300
음식점업	1227	1667	2453	4120	1454	2057	3000	3057
요리점업	376	837	2600	3437	384	863	2816	3679
이발업	168	320	99	419	174	275	233	507
은행직원	795	1053	287	1340	2014	3349	602	3951
官 公	1638	1783	413	2196	2240	2869	1219	4088
교 원	758	964	380	1344	1291	1655	974	2629
의 사	241	384	199	583	281	490	269	759
대서업	61	74	20	94	89	129	45	174
日用人	9894	20881	10629	31510	9933	22357	12075	34432
운수업	--	--	--	--	24	44	44	88
기타직업	7439	12773	7790	20563	7347	12764	8463	21227
무직업	2010	2485	1464	3949	2718	5080	3988	9068
非从业员	--	--	--	--	--	96479	143651	240130
합 계	132978	242722	191521	434243	167866	466046	406136	872182

자료출처: 1934년은 「재만조선인개황」
1936년은 「在满朝鲜人现势要览」, 관동주는 포함하지 않음.

표 1-05-23   1937년 만주 성별조선인 직업분포

지방별	총수	농목임업	어업	광산업	공업	상업	교통업	공무및자유업	가사사용인	기타유직업자	무직업자
총 수	931507	527463	5428	5331	30041	40654	5072	37623	62876	56052	181967
신경특별시	7032	579	55	15	541	945	63	536	321	410	3567
길림성	76129	54971	1244	43	2036	2030	310	3003	1097	2325	9070
용강성	6121	2808	237	3	125	588	9	298	326	468	1261
흑하성	982	230	--	5	17	53	19	39	71	8	541
삼강성	22525	14448	1399	37	385	641	134	844	664	1006	2967
목단강성	66214	358653	184	38	2051	3048	635	1713	7447	8787	6446
빈강성	36197	1702	734	2	953	1425	203	2020	4498	2138	1904
간도성	473526	256489	284	4411	14730	16276	1526	21192	32702	26260	99656
통화성	75710	64290	197	46	1061	2823	47	1249	919	1893	3185
안동성	44228	19413	53	25	3340	5058	531	2286	2679	4985	5858
봉천성	99896	45414	617	663	4531	6754	1467	3940	9592	6314	20604
금주성	16822	12559	--	25	101	743	32	275	1731	281	1075
열하성	870	146	11	2	129	136	79	48	128	112	79
흥안서성	805	215	411	--	1	22	10	38	14	2	92
흥안남성	3881	2771	--	--	4	38	1	78	353	10	620
흥안동성	328	220	--	--	6	14	--	16	23	45	4
흥안북성	240	19	2	16	30	60	6	48	11	10	38

자료출처: 康德四年末「滿洲帝國現住人口統計」

2. 지방별 직업인구

농업에 종사하는 약 10만 호 재만조선이주민 중(1934년도) 간도지방에 5만 5600가구로 가장 많고 동변도지방에 2만 3000가구, 북만지방에 1만 3000가구, 이밖에 길림, 돈화, 신경을 중심으로 8만 5000가구가 있으며 흥안성 이하 각 지방에 500가구가 있다.

상업에 종사하는 조선이주민이 4000가구를 벗어지는데 안동, 봉천, 할빈, 연길, 도문 등 시가지에 집중되었으며 큰 자본을 경영하는 자는 극히 적고 대부분이 소매상에 불과했다. 각 시가지 및 부근에는 정미업자가 뒤따랐으며 여관업과 음식업, 곡물

상, 잡화상 등은 어느 지역에서나 번영되는 기본업종이었다.

기타 목축업, 어업에 종사하는 조선이주민은 극히 적어 해라얼, 간도, 안동, 금주, 할빈 지방에 수십 가구로 계산될 뿐이다.

- **봉천지방** 절반을 넘는 조선이주민은 수전을 위주로 하는 농업에 종사한다. 봉천, 무순, 본계호, 요양, 안산, 개원, 청령 등 시가지에 소규모의 상업경영자가 있고 요리점, 정미업에 종사하는 조선이주민이 100여 가구로 호황을 보였으며 공장에서 일하는 노동자가 늘어나는 추세였다. 특히 주목될 점은 일본고용인으로 일하는 조선이주민이 1500여 가구로서 농업 외 가장 큰 업종으로 되었다.

- **신민부지방** 약 90%의 조선이주민은 농업에 종사하며 동아권업주식에서 새기꼬기를 부업으로 하고 있었다. 신민, 대호산, 장우, 대안 등 도회지 거주민 중 16가구 정도가 노임계층에 속하고 기타는 물품판매 및 기타 상업에 종사한다. 30가구 물품판매업자도 일본헌병에게는 금지물 밀매업자로 지목되어 전업 또는 전이가 불가피했다.

- **통화지방** 5200여 가구 중 4200여 가구가 농업에 종사한다. 겨울의 부입은 양계에 불과했다. 시가지에 거주하는 조선이주민은 여관업, 음식업, 정미업, 요리업, 고기판매업, 장화상 등에 종사하며 본 지방은 남만의 곡창이기에 정미업, 쌀장사 중계업이 활발히 진행되었으나 큰 발전은 보지 못하였다.

- **해룡지방** 약 90%의 조선이주민이 농업에 종사하며 상공업자는 6%를 좀 벗어나며 정밀업을 제외하고는 수백 원 정도의 소자본으로 운영하는 상황이다. 타지방에 비해 은행, 관공리, 교원, 의사의 비중이 크다.

- **도록지방** 서풍현에 거주하는 조선이주민은 수전을 위주로 하는 소작농이며 시가지에는 극소수의 조선이주민이 여관, 음식점을 경영하였고 농업 외 기타 산업은 거의 공백이었다.

- **영구지방** 1300여 가구 조선이주민 중 80% 이상이 농업에 종사했고 도회지 거주자는 관공리, 회사직원, 공상업자이다. 도회지 거주 조선이주민은 거의가 중국인과 잡거하는 조선이주민을 상대로 일용잡화, 입쌀, 고무제품, 마른 고기류의 판매에 그치었다. 정미소가 영구에 2개소가 있었다.

- **안동지방**   조선과 인접된 지역으로서 내왕이 빈번하였으며 농업에 종사하는 조선 이주민은 9500여 가구로서 70%를 좀 벗으나 그 비율이 기타 지역보다 낮다. 안동철도연선 및 압록강 하류 지방에서는 겨울에 까래 깔고 새끼 꼬는 부업을 하였다. 공업으로는 고무신공장이 육도구에 두 개소, 칠도구에 한 개소가 있었다. 은행직원(82가구), 관공리(98가구), 교원(89가구), 의사(61가구)의 비례가 높았다.

- **금주지방**   약 30가구의 조선이주민이 수전에 종사하고 있으며 요리업에 종사하는 이들은 상당히 부유한 재력을 소유하였으며 잡화상, 어업, 상점원 등에 종사하는 이가 있었다.

- **길림지방**   2800가구 조선이주민 중 약 90%가 농업에 종사한다. 상업은 잡화상, 요리점, 여관업, 음식점을 위주로 하며 요리점은 상당히 활기를 띠고 있었다.

- **돈화지방**   상공업은 잡화, 곡물, 천, 쌀, 목탄 등을 위주로 하였으며 후에 있어서는 주요 특산물이 장춘을 경유하여 대련 방면에 수출되었으며 1933년 10월 경도선 개통 이래 조선과 밀접한 상업내왕을 가졌다. 조선 측으로부터 철물, 천, 잡화, 기타 상품이 들어왔으며 상점출장소도 설치되어 조선이주민 상업계는 상당히 활기를 띄었다.

- **신경지방**   관내 조선이주민은 2661가구, 시가지 거주민은 1224가구이다. 이들 중 일본 측 및 위만주국 측의 관리 및 은행직원으로 일하는 조선이주민이 늘어나고 있었으며 거류민 대부분은 소자본의 상공업자, 점원, 직원이었다.

  신경에 있어서 정미업은 조선이주민의 독점업종이었으나 그 후에는 일본 대자본의 충격을 많이 받았으며 사평가에 있어서는 대 한국물산수출상으로 한때는 만주에서 꼽는 직위에 있었으나 평제(平齊)선 오지의 개발로 하여 이왕의 성황을 잃게 되었다.

- **할빈지방**   약 1만 5000가구 조선이주민 중 1만 1000가구가 농업에 종사하는데 수전을 위주로 하고 있었다. 철도연선의 도시거주자들은 의사, 정미업, 여관, 요리업 등에 종사하는 자가 많으며 북만철도, 위만주국 각 기관에서 임직한 자도 상당한 수량에 달했다.

  할빈은 국제적인 도시로서 특수한 조건에서 아편업에 종사하는 이가 많았다.

1931년 흑룡강성의 아편재배면적이 5만 헥타르에 달하였다. 1937년 할빈에는 아편전매소가 77개, 아편 흡입자 2만 9196명, 헤로인 흡입자 540명이 있으며 할빈 공서 금연과에서는 아편 흡입자들에게 '아편흡입통장'을 발급하고 배급제를 실시 하였다. 1933년 당시 할빈에는 조선인 아편밀매소가 550개가 되며 7월 31일부터 아편밀매에 대한 검거를 시작하여 조선인 아편밀매자와 종업원 3000명이나 체포 하였다. 이 사건이 있은 1개월 후인 8월 24일 '조선인의 아편 밀매단속에 대한 일본 측과의 협의서'가 위만주국 민정부로부터 각 성 경무처 보안과에 전달되어 할빈 조선인에 대하여 대형 아편관 10개, 소형 아편소매소 10개의 설치를 허가하 여 아편전매를 한 개 직업으로 삼았다(아편밀매자 3천 명 검거, 서명훈).

할빈에 있어 매춘업을 경영하거나 매춘부로 일하는 조선인이 있었다. 1938년 12월 도리구 진료소의 '조선인 창기 검진성적표'에는 조선인 창기 등록자 176명 이 있었는데 그중 화류병환자 18명이 나타났다고 한다. 또 광복 전, 할빈 조선인 김현덕이 꾸리는 야나기마찌(현 도리구 유수가 민주대원) 유곽이 있었는데 2층 집이 18채나 되있고 매 재에 집대부 18명씩 모두 200-300명의 접내부가 있었나. 또 1935년 6월에 반포한 '할빈시 특별조사'에 따라 매춘부에 대하여 등급을 매겨 세금을 받았다. 1등은 접객수입이 월 100원 이상으로서 연령이 25세 미만인 자로 매인당 월 세금 4원, 2등은 월수입이 60원 이상 또는 연령이 30세 미만인자로 매 인당 월 세금 3원, 3등은 월수입이 30원 이상 또는 연령이 35세 미만으로서 매인 당 월 세금 2원, 4등은 기타 인원으로서 매인당 월 세금 1원으로 정하였다.

- **수분하지방** 조선이주민 대부분이 농업에 종사하였으며 여관, 요리점 경영에 근 근이 3가구가 있었다.
- **치치하얼지방** 2500여 가구 조선이주민 중 2000가구가 농호이며 약 8%의 도시 거주민은 정미업, 잡화상, 여관, 음식요리 등 10여 종 업종에 종사하고 있으며 쌀장사 외는 별로 진전이 없었다.
- **정가툰지방** 80% 소작농 외 관공리, 교원, 의사, 상업, 여인숙, 요리점, 정미업 자가 많았다.
- **적봉지방** 35가구의 조선이주민에 비해 5호란 높은 비례의 요리점경영 조선이주

민이 있었다. 21가구가 농사에 종사했다.

- **승덕지방** 104가구 조선이주민 전부가 비농업에 종사하고 있으며 22호가 요리점을 경영하고 19가구가 은행직원으로 있었다. 이밖에 의사, 여관, 약방, 사진업, 술집여자 등에 종사하는 조선이주민이 있으며 철도공사, 토목공사에서 일하는 조선이주민이 많았다.

- **해라얼지방** 조선이주민 직업 중 목축업노동자가 첫자리를 점하며 농업이 버금으로 간다. 관공리 외 기타는 자금이 없는 노동자가 대부분이다.

- **만주리지방** 재류조선이주민 중 관리, 농업, 술집녀, 일본 측 고용인이 주요한 직업을 이루며 관리 외 기타 조선이주민은 생계를 유지하기 어렵다. 총 호수 33가구 조선이주민 중 13가구가 농사짓고 상공업종사자는 없는 상황이다.

- **간도지방** 조선이주민 집거구로서 철도연선의 시가지에 일부 상공업자가 있는 외 80% 이상의 조선이주민은 다른 지방과 다름없이 농업에 종사했다. 상공업도 조선이주민의 손에서 뚜렷한 발전을 보지 못했다. 공업은 산림을 배경으로 제재업을 비롯해 그릇(器具)제조가 있었고 주요 농산물을 원료로 하는 소주제조, 기름가공은 모두 중국인이 경영했다.

  대기업은 강재후(姜載厚) 등에 의하여 설립된 동남농사주식회사(1934년 4월 7일 설립)가 있었다.

- **용정촌**에는 수출입무역에 종사하는 조선이주민은 드문 상황이었고 철도연선의 작은 시가지에서는 정기로 장날을 보았다.

- **투도구**는 용정촌의 경우와 다름이 없으며 총 호수의 85% 조선이주민이 농업에 종사한다. 공업으로서 조선술, 양말, 농구 등 소규모의 제조업이 있었다.

- **연길**에는 상공업에 종사하는 조선이주민이 극히 적으며 일부 곡물상, 천, 목재상을 제외하고는 조선이주민 상대의 소매상에 불과했다. 금융업으로는 국자가무역주식회사가 있으며 개인경영으로는 정미공장, 자전거수리공장이 있었다.

- **배초구**의 주요상업으로는 일용잡화, 피복, 잡곡, 마른 고기매매상이 있으며 공업은 대장간업, 농구, 가구의 제조가 있을 뿐이다.

- **도문시가지**에는 여관업, 요리업, 음식점이 제일 많고 공업은 제재공장, 목공장 등

이 있다.

- **훈춘지방**은 훈춘, 하달문, 마적달, 토문자 등 작은 시가지에 일부 상공업자, 공관리, 교원, 음식점경영자와 노동자를 제외하고는 농업에 종사하는 조선이주민이 80%이다. 공업은 그릇(器具), 농구, 우마차의 제조 및 수리에 불과했다(위에서 인용한 숫자는 1934년 6월을 기준함.).

만주 9·18사변 이전과 다름없이 시가지 조선이주민의 직업은 여전히 여관, 요리점, 음식점과 농산물과 관련된 가공업이 기본업종으로 보존, 계승되어 있으며 점차적으로 공업에로의 전환과 관공리에로의 취직이 증가되고 일본 측 고용인도 점차 늘어나는 경향이었다.

제7절 조선이주민집단부락

간도에서부터 시작된 조선이주민집단부락의 건설은 일제의 식민지통치하의 특수한 역사산물이며 조선이주민을 자신들의 정치적, 경제적 노예로 윤락시키고 항일유격대의 후원을 단절시키며 '통제와 안정'정책을 실시하는 중요한 구성부분이다.

1. 역사배경과 건설과정

일제의 집단부락건설은 간도에서 첫 시작을 보았으며 대상은 조선이주민 농민이다. 여기에는 집단부락건설의 최종목적에 따르는 역사배경이 깔려있다. 집단부락의 최종목적은 항일유격대와의 연계를 끊어버리고 '치안유지'를 실시하며 농민들을 '자작농'으로 양성하는 것이다. 한편 간도는 당시 '치안'이 가장 '혼란'하였고 '비적'이 횡행한 곳이었다.

간도는 조선이주민의 집거구로서 반일투쟁의 중심지가 되었으며 30년대 초에 이미 항일무장대오가 활발히 움직이었다. 그 예로 1931년 9월의 '추수투쟁'과 1932년 봄의

'춘황'투쟁을 들 수 있다.

간도의 조선농민은 재력 등 원인으로 하여 산간지대에서 흩어져 생활하였다. 이러한 부락들은 항일유격대의 믿음직한 후원자가 되었다. 그들은 유격대에 식량과 물자를 공급했으며 유용한 정보제공자료로 나섰다. 이 모든 것은 일본식민지통치의 우환이 되었다. 일제는 항일유격구에 대규모적인 군사토벌을 감행하는 것과 동시에 조선이주민과 항일부대의 연계를 단절시키고 인가를 한곳에 집중시킴으로써 '민비(民匪)격리'의 집단부락을 건설할 필요성을 감안하기 시작했다. 이것이 일제가 간도에서 집단부락의 구상을 익히기 시작한 직접적 원인으로 되었다.

1932년 일제는 '제1기 치안숙정계획'을 제정하였으며 만주의 동북부, 서북지구 및 열하성을 숙정(肅正)중점지역으로 지목했다. 그해 8월, 일본관동군은 만철조사회에 위탁하여 '재만조선이주민이민대책요강'를 제정하고 '통제와 안정'의 방침을 확정했다. 조선총독부 美根 사무관의 제안에 의해 총영사관과의 협의 끝에 1933년에 집단부락을 건설하는 방침이 제기되었다. 조선인민회를 주체로 동양척식주식회사에서 투자하고 총독부와 영사관의 지도와 감독 아래서 실시되게 되었다.

1933년부터 5년 동안에 조선총독부에서 매년 10만 엔, 동양척식주식회사에서 매년 30만 엔 도합 200만 엔을 간도에 투자하여 2500세대의 조선이주민 소작농을 대상으로 설정하였으며 1936년 9월 '만선척식유한주식회사'가 설립되어 '동척'과 '동아권업회사'가 종전에 경영하던 토지매매업을 넘겨받아 계속 창정계획을 밀고나갔다.

1933년 3월 28일, 간도의 연길현 춘양향에 첫 번째의 집단부락 북하마탕(100호)이 건립되었다. 같은 해 4월에 태양촌(연길현 지인향, 69호), 중평(연길현 지인향, 58호), 춘흥촌(연길현 지인향, 100호), 세린하(연길현 상의향, 91호), 장인강(연길현 수신, 150호), 청산리(화룡현 명신사, 89호), 토산자(화룡현 명신사, 100호), 낙타하자(훈춘현 용지향, 98호) 등 8개 집단부락이 건설되어 855명 조선이주민을 '수용'하였다.

제2단계의 '치안숙정'에 배합하여 조선총독부와 군부의 협의를 거쳐 1934년 4월 연길현, 화룡현, 왕청현, 훈춘현에 15개의 집단부락을 건설하였다. 집단부락은 유격구 부근에 건립되었으며 부락민은 경찰서 및 조선인민회에서 선정하였다.

1933년 3월, 위만주국정부에서도 통령을 발포하여 집단부락을 건설하였다. 건설된 집단부락은 성공서의 통일지휘를 받으며 각 현에서는 실무지도관 또는 임시지도원을 현장에 파견하였다. 1934년 간도 4개 성에 25개의 집단부락을 건설하였다.

제3차 '치안숙정'에 맞추어 1935년 총독부는 간도에 5개의 집단부락을 건립하였으며 위만주국도 제2차로 간도 4개 현에 28개 집단부락건설에 착수하였다. 같은 해에 제2차 집단부락건설계획의 추가계획으로 연길현의 흑정자 등에 6개의 집단부락을 건설하였고 처음 계획제정 때 실행가능성이 없다고 인정되었던 대전자, 대사하 등 12개 곳에도 집단부락을 건설하였다.

1935년 9월, 제4기 '치안숙정'이 시작되었고 중점은 위 봉천성, 임강, 길림, 간도, 안동 등 5개 성에 두었다. 위 봉천성과 안동성에서는 '동변도 부흥계획'을 제정하였고 이에 따라 1935년에 집안, 흥경, 청원, 휘남 등 13개 현에 집단부락을 건설하였다. 위 빈강성, 삼강성에서도 같은 시기 집단부락건설을 시작했었다.

1936년 2월에 동북항일연군이 건립되었고 4월에 '치안숙정'은 제4기의 후기단계에 접어들었다. 위만주국에서는 '3년치안숙정요강'이 출범되었고 집단부락건설이 중요한 위치에 있게 되어 위만주국은 44만 4560원의 사금을 보소금형식으로 각 성에 나누어 주어 336개의 집단부락을 건설키로 하였다.

1936년 4월과 12월, 관동군은 '남부방어지구 통제 조선농민이민방침'과 '동부국경지대에서의 조선농민통제방안'을 반포하여 동부 국경선 일대에 흩어져 있는 조선이주민을 중소변경으로부터 40킬로미터 떨어진 곳에 이주하여 집단부락을 건설토록 명령했다. 이에 따라 1016호, 4338명 조선이주민은 1937년부터 영구, 유하, 회덕, 왕야묘, 대감창 등 16개의 집단부락에 수용됐다.

1936년 9월 만선척식회사가 세워졌고 1938년에는 93만 7200원을 투입하여 1923개 집단부락을 건설했다. 1938년에 이르러 동북에는 1만 2565개의 집단부락이 있었다. 1939년 '치안숙정'중점이 동북의 동북부에서 동남부로 옮겨감에 따라 집단부락도 1만 3451개로 늘어났다.

2. 집단부락 상황 및 내부기구

아래에 각 영사관별로 집단부락을 간단히 소개한다.

- **봉천** 이후에 서술하겠지만 집단부락 하나가 있는데 철령안전농촌이다. 1934년 현재 214가구, 1077명을 갖고 있으며 약 700정보의 수전을 가꾸고 있다.
- **신민촌** 장무현 왕가가는 만족인과 잡거하고 있는 부락으로서 1930년 파종 때 5가구, 34명의 귀환민이 있었으나 나중에는 35가구, 160명이 거주하고 있었다 (1934년 6월).
- **통화** 관할 내 집단부락은 홍경현 소속 7개 곳이 있고 그밖에 많은 부락에 잡거해있으면서 황무지를 개간하여 콩, 수수, 보리 등을 재배했으나 조선이주민의 생활은 중국인보다 열등한 상태에 있었다. 1934년 현재 7개 집단부락에 조선이주민 536가구, 2709명이 있었다.
- **해룡** 조선이주민은 내자산농장 집단부락을 창설해 경영에 착수했다.
- **영구** 주요한 집단부락은 영구안전농촌, 삼익농장, 전자구농장 등 3개가 있다. 영구농촌은 요하의 하구와 전장대 사이의 요하 연안에 1500정보를 개간하고 수전 2000정보를 주요 경작지로 한다. 1934년 현재 조선이주민 687가구, 3287명이 있었다.
- **금주** 금현에 거주했던 곽수성(郭树声)은 금서현 손가둔에서 자기 소유지를 개간하려고 조선에서 5가구, 36명을 이주시켜 수전경영에서 성과를 따냈다. 1934년 6월 현재 2개 집단부락, 15가구, 99명 조선이주민이 있었다.
- **신경** 관할 내에는 안전농촌식의 자작농실정을 목적으로 설치한 자연적인 집단부락인 만보산농장이 있고 1933년에 처음으로 수확을 보기 시작했고 1934년에는 약 350정보를 확정할 계획을 만들었다.
- **회덕현** 오가자에 농장이 있어 1222여 정보를 갖고 있고 장래에 확장시킬 목표가 있었다.
- **이통현** 고유수농장은 624여 정보에 1934년에 300정보 개간할 목적이다. 호얼수(赫尔苏)에는 일본인이 경영과 관계있는 호얼수농장이 있었고 1934년에는 2300천지를 상조해서 농장을 확대하려 했다.

- **할빈** 관할 내에 있어서 집단부락은 하동, 수하의 두 개 안전농촌 외 또 원향툰, 취원창, 이층전자, 평방, 남전자 및 동기툰 등 6개 집단부락에 1670호, 7075명 조선이주민이 있다(1934년 말 현재).

- **수분하** 관할 내에 8개 집단부락이 있는데 조선이주민 361가구, 1737명이 수전 750정보를 개간하고 있었다(1934년 현재).

- **치치하얼** 파대, 선목 두 개의 집단부락에 1934년 6월 현재 198가구, 960명 조선이주민이 있었다. 1922년경, 남만으로부터 소수의 이주자가 있었고 수전농사를 시험해 좋은 성적을 올렸다. 1933년 봄, 귀환자와 새로운 이주자가 늘어났다.

- **정가툰** 조남지방의 최초 이주지는 조남현 경원촌농장으로서 1923년 이래 이주민이 있었고 이밖에 통료관내에 있어서 오도구농장과 1932년에 세워진 봉토농장은 1934년부터 입식농민을 보았다. 1934년 말 현재 12개의 집단부락에 607가구, 2329명의 조선이주민이 수전 2448정보를 경영하였다.

- **적봉** 흥안서분성 임동에 조선이주민 부락이 있을 뿐이다.

- **간도** 집단부락은 금불사, 상녕월구, 노목구 등 3개 곳으로서 전부가 1934년도 제2차 계획으로서 건설에 나섰다.

- **투도구** 집단부락은 1933년 4월부터 1934년 4월 사이에 건설되었는데 조선총독부가 건설한 것이 7개 곳이고 화룡현에서 건설한 것이 6개로서 총 13개 집단부락에 1275가구, 6662명 조선농민이 3134정보의 한전을 위주로 농사지었다.

- **연길** 춘흥촌, 중평촌, 태양촌은 1933년 가을에 건설된 집단부락이고 석문내 집단부락은 1934년 봄에 건설된 것으로서 관내 5개 집단부락에 352가구, 2368명 조선이주민이 770정보 한전을 위주로 경영했다(1934년 6월 말 현재).

- **배초구** 집단부락은 북하마탕, 목단천, 소배초구, 오참, 전각루 등 5개 곳에 있다. 460가구, 2240명 조선이주민이 한전 718정보를 위주로 경영했다(1934년 6월 현재). 1935년 음력 3월, 배초구영사관 관할하의 남하마탕에 집단부락이 또하나 형성되었다. 남하마탕은 왕청현 소재지 서북쪽 34킬로미터, 동사방대산 아래 전하기슭에 자리 잡고 있다. 함경남도와 강원도의 파산된 농민 200세대 1000여명이 집단이주하여 만든 것이다. 경찰분소를 세우고 자위단을 조직, 이주민에

대한 통제를 강화하였다.

- **도문**   1934년 5월에 석두하에 집단부락을 세우고 100가구, 605명 조선이주민을 '수용'했다. 전부가 184정보의 한전만을 경영했다.

- **훈춘**   빈농을 위주로 받아들였으며 가옥 건축비, 식량비, 농경자금은 대부금으로 해결되었다. 1934년 6월 말 현재 관내에 4개의 집단부락이 있었으며 338가구, 1836명 조선이주민이 1115정보의 한전을 위주로 운영했다.

1936년 6월 말 현재 만주조선이주민집단부락상황은 표 1-05-24를 참조하라.

표 1-05-24   만주조선인 도시별 집단부락호구 (1936년)

성 별	간 도							
현시,기명	연 길					왕 청		
소재지	상의향 대북구 금불사	숭례향 도목구 우운평	숭례향 봉암동	숭례향 장흥동	남하마탕	춘융향 소배초구	춘융향 목단천	춘융향 용암평
집단부락명	금불사	도목구	봉암동	장흥동	남하마탕	소배초구	목단천	용암평
설치자	동불사조 선인민회	명월구조 선인민회	명월구조 선인민회	명월구조 선인민회	연길현 공서	연길현 공서	연길현 공서	왕청현 공서
설치연월	1934년	1934	1935	1935	1935	1934	1934	1935
호 수	110	100	116	105	153	120	135	100
인 구	639	459	619	694	948	842	851	565
수전(정)	38	67	68	104	61	176	36	69
한전(정)	192	206	278	293	355	335	473	363
합 계	230	273	346	397	416	511	509	432

간 도										합 계
연 길				화 룡					왕 청	
지인향 신흥촌	상의향 석문내	지인향 의란구 춘흥촌	지인향 유채구	명신촌 토산자	명신촌 와룡호	명신촌 용오동	명신촌 청산리	명신사 우심산	석두하자	
신흥촌	석문내	춘흥촌	유채구	토산자	와룡호	용오동	청산리	우심산	석두하자	18
최동범	팔도구 조선인민회	이란구 조선인민회	연길현 공서	조선 총독부	조선 총독부	조선 총독부	조선 총독부	조선 총독부	미상	
1934년	1934	1933	1934	1933	1934	1934	1933	1934	1934	
132	107	117	112	136	148	100	100	100	101	2092
677	699	586	693	757	818	540	512	536	671	12110
--	6	58	27	33	100	--	4	--	--	847
245	474	252	321	237	286	317	241	238	408	3514
245	480	310	348	270	386	317	245	238	408	6361

봉 천					흥안남		
철 령		영 구		합 계	통료	西科前旗	합 계
사타자	마봉구	제7구 소년자방	제7구하달바대 제6구류가촌		낙봉토	包太拉根	
철령 안전농촌	마봉구 농촌	영구농촌	평안농촌	4	신흥농장	包太拉根 농장	2
동아권업 주식회사	철령 조선인민회	조선총독부	평안농촌 주식회사		신흥농계부	배원도	
1932년	1934	1933	1935		1934	1935	
350	140	1590	224	2304	136	120	256
1706	628	7968	1017	11319	560	440	1000
828	303	3600	1280	6011	700	368	1068
--	--	--	--	--	--	3	3
828	303	3600	1280	6011	700	371	1071

용 강			빈 강					
통 화	극 산	합 계	주하연수	연 수	영 안	수 화	해 론	합 계
해성진	태안진		주하현제1구 연수제3구	제5구 중리진	신안진	제4구 우증점	해복점	
천덕농장	태안진농장	2	하동안전농촌	주리진 안전농촌	신안진 농장	수화 안전농촌	선목농장	5
홍인국	태안진 조선인민회		동아권업 주시회사	김영창	농민일동	동아권업 주식회시	정준수	
1933년	1934		1933년	1936	1930	1934	1929	
115	105	220	683	120	1387	467	184	2841
384	362	746	2931	226	5337	2008	764	11266
300	200	500	1656	80	2120	214	600	4670
--	--	--	134	--	--	46	--	180
300	200	500	1790	80	2120	260	600	4850

삼 강					합 계	총합계
벌 리	의 란		탕 원			
위긍화	길성툰	여가툰	팔랑하	학립강		
도선농장	길성툰 안전농장	여가툰 안전농장	금곡 안전농촌	학립강 안전농촌	5	36
정진백	농민일동	정수홍	김곡일	이완근		
1936년	1936	1936	1935	1931		
200	234	120	201	111	866	8379
782	563	500	628	251	2724	39165
4900	300	133	800	251	1974	15070
11	--	--	--	--	2	3699
4911	300	133	800	251	1976	20769

자료출처: 「在滿朝鮮人現勢要覽」全滿朝鮮人民聯合会发

다음은 간도지역의 조선이주민 집단부락을 현별로 상세히 적어본다(1937년 현재).

- **연길현** 1937년 12월 말 현재 고성자, 삼도위, 장지영, 툰전영, 상촌, 복만촌, 복리촌,복성촌, 이청배 등 9개 집단부락이 있었다. 부락의 규모를 길이 146-255미터, 너비 85-300미터며 토성은 높이 3미터, 두께 1.5-1.7미터의 규모이다. 자위단 140명 중 조선이주민이 106명이다.

- **왕청현** 경내에 화가영, 계관뢰자, 유수하자, 남성자구, 신선동, 태양촌, 상수하자 등 7개 집단부락이 있었다. 부락의 규모는 길이 100-324미터, 너비 76-273미터며 토성은 높이 2-3미터, 두께 1.5-4.5미터이다. 487명 자위대원 중 조선이주민이 370명이다.

- **안도현** 경내에 서남차, 청구자, 북대전자, 만보하자, 대전자, 남대전자, 양초구, 동남차, 고등차, 대사하구자, 유수하자, 북유수하자, 대사자 등 13개 집단부락이 있다. 부락규모는 길이 132-370미터, 너비 132-590미터이고 토성은 높이 2.1-3.0미터, 두께 1.2-1.5미터다. 248명 자위대원 중 203명 조선이주민이 있다.

다음은 안도현을 예로 조선이주민 집단부락 이주의 전 과정을 상세히 살피겠다.

위만주국민정부(후엔 산업부로 개칭) 개척사와 위간도성공서는 안도현공서의 배합 하에 '안도현 선농입식실시방침안'을 제정하였다. 이에 따라 천입호는 1140가구 5700명, 매 부락은 100가구로 정하고 총 12개 집단부락을 건설키로 하였다. 천입시간은 강덕4년(1937년) 3월 15일부터 4월 15일 한달로 하였다. 조선에서 명월구까지의 이민은 선척에서 책임지고 명월구에서 지정지점까지의 이동은 민정부 척정사, 위간도성공서, '만선척식유한주식회사'에서 책임지기로 하였다. 100가구 500명을 한 개 '부대'로 하여 10개 반을 설치, 한 개 반에 10가구로 하며 현공서관원과 경찰지도관이 구체적으로 지휘를 책임지었다. 매 '부대'에 경비원 20명, 경기관총 1정을 배치하였다. 도중에 유숙하였는데 첫날에 복흥, 이튿날에 십기가, 세 번째 날에는 대전자. 네 번째 날에는 대사하, 다섯 번째 날에는 안도였다.

1937년 봄 기온이 왕년에 비해 높았기에 천입시일이 원 계획보다 앞당겨졌다. 3월 11일부터 7차례에 나누어 움직이었다. 4월 1일 .첫 집단이민이 전부 지정된 곳에 도착하였다. 하지만 입식수속을 할 때 어떤 가구는 빚을 전부 갚지 않았거나, 호주가 부재하거나 임시 타산을 개변하거나 등 여러 가지 원인으로 하여 예정 기한 내에 이사하지 못하여 실제 입식한 집단이민 1042가구, 5294명으로서 원 계획보다 98가구, 506명이 줄었다. 첫 집단이민은 원적지가 강원도, 함경북도, 함경남도이며 안도의 13개 부락에 안착하였다.

두 번째로 되는 집단이민은 2854가구로 계획하였으나 실제 이주자는 809가구(1039가구라는 주장도 있다)로서 3분의 1에도 못 미치었다. 이들은 전라북도, 전라남도, 강원도, 충청북도, 경기도에 원적지를 두고 있었다. 1939년에 세 번째로 되는 집단이민 994가구(1003가구라는 주장도 있다)가 이주하였으며 1940년 네 번째로 되는 이주민 680여 가구가 입식하였다. 1941년, 일본은 '만주개척 정책 기본요강'에 따라 조선이민을 개척민으로 삼아 북만 및 내몽골 수전개발로 이주를 강행하였기에 안도는 집단이민의 중점이 아니었다. 1945년 8월, 강원도 평창군에서 온 80가구 이주민이 양강구촌 안산툰에 임시 거주하다가 수인구(현 양강진 사신촌 서쪽 지역)에 정착하였다. 수인구에서 집을 채 짓기도 전에 광복을 맞아 대부분이 되돌아갔나(「위간도성 안노현 조선농민이민지 건설 및 입식실시경과상황」, 안도현 당안국).

일제의 강압하에 안도현에서는 1940년, 1942년에 선후하여 내두산, 이도백하, 투도 등 3개 지역에 무장이민부락을 건설하였다.

- **내두산** 1940년, 화룡현에 정착한 조선이민 100호는 한창섭을 단장으로, 50여 자루 보총을 휴대하고 100마리 소를 끌고 와서 내두산에 정착하여 무장부락을 건설하였다.
- **이도백하** 1940년, 흥융, 한대파 등 지역에 거주하던 조선이민 20여 가구가 이곳으로 이주하여 무장부락을 꾸리었다.
- **투도현** 송강진 투도촌이다. 1941년, 일제가 통제하던 반동조직인 신선대가 해산된 후 50가구 이주민이 이곳에 무장부락을 건설하였다.

안도현 집단이주민의 정착지까지의 이동은 오기 전에 듣던 소문과는 달랐다.

"이민의 길은 험난하였고 기아와 추위가 동반하였다. 이들을 동원한 경무 지도관은 간도에 가는 사람은 버스를 타며 빵과 물을 마실 수 있으며 안전하게 목적지역에 닿을 수 있다고 하였다. 강원도 원주군에서 떠난 제1차 이민들이 산을 넘고 물을 건너 기차역에 닿았을 때 그들을 대기하는 것은 짐승을 운반하는 화물기차였다. 이민들은 별 수 없이 기차에 실렸으며 차문이 닫히자 차안은 아무것도 보이지 않았다. 차가 떠난 지 얼마 되지 않아 어머니를 부르는 아이의 소리와 애를 부르는 어머니들의 소리가 처량했고 빵은커녕 물조차 공급받지 못하였다. 명월구에 도착한 후 이민은 13개 이민대로 나누어졌으며 안도현공서와 경무 지도관이 지휘하여 각자의 지정된 곳으로 출발하였다. 명월구서 안도(현 송강진)로 가는 길은 험난하였다. 당시 명안 도로가 제1기 시공 중이었으며 1936년 가을에 완공되기에 길이 울퉁불퉁하였다. 겨울에는 바람 불고 눈이 오고 길이 막히어 차가 통하기는커녕 도보도 힘들었다. 제1차 이민들이 안도에 도착한 것은 3월이었다. 만척에서 명월구와 연길현의 차량을 동원하였지만 수요를 만족하기에는 너무나 차이가 있었다. 5000명 이민 중 노인과 부녀와 애들이 차를 타고 남성은 모두 걸었다. 며칠을 걸어 새로운 거주지역에 이른 이들의 마음은 산산이 부서졌다. 이들이 목격한 것은 심산수림과 황폐된 풀밭, 옥토와 기와집은 보이지 않았다. 낮게 드리운 초가들이 눈 덮인 벌판에 보였다. 처음에는 만척이 조선에서 선전하던 수전인가 하였지 미개간지라고 생각한 사람은 없었다. 사기 당했다는 생각이 떠올랐으나 모든 것은 만회할 수 없었다. 적지 않은 사람들은 집으로 돌아가려 하였으나 손에 쥔 돈이 없었고 만척과 치안대의 감시가 엄하여 몸을 뺄 수가 없었다."(차상훈 「조선이주민의 안도현 천입사에 대한 역사 고찰」)

「길림일보」 1937년 3월 21일자에는 「고등촌이민부락에 대한 조사」라는 기사가 실렸다.

"조선 갑산, 무산군 부근에서 여기로 이주한 14가구, 97명 이민은 전염병이 돌던 1937년에 석 달 사이에 73명이 죽어 24명밖에 남지 않았다."

가장 처참한 것은 십기가의 강원도이민이다. 일본 측 관원들도 십기가 경내 조선인들이 많이 전염되었으며 상황이 가장 엄중하였다고 승인하였다. 전염병 초기, 사람이 죽으면 여러 사람들이 함께 구덩이를 파서 매장하였지만 후에 죽는 자가 많아 집집마다 자기 집의 시체를 처리하였다. 썩 후에는 구덩이마저 파지 못하여 산기슭 눈이 깊이 모인 곳을 찾아 눈 속에 묻어버리었다. 날씨가 좋고 눈이 녹으면 시체가 썩어 고약한 냄새가 풍기였으며 개 무리(당시 주민이 기르는 개)가 모여와 시체를 뜯었다. 온 산야에는 시체를 빼앗는 개들의 소리가 늘 울리었다. 개들은 흰 천에 싼 시체를 뜨는 것이 습관이 되어 흰옷을 입은 사람을 보면 달려들어 이민들은 낮에도 출입을 삼갔다.(차상훈 「조선족의 안도현 천입사에 대한 역사 고찰」)

사진 1-05-04 집단부락에서 밥을 짓고 있는 동포의 모습

아래에 연길현 차조구 중평촌 집단부락에 대한 조사자료를 참고로 옮긴다.

중평촌 집단부락은 경도선 차조구(茶条沟)역에서 북쪽 약 2일본리에 위치해 있다. 1935년 4월 22일부터 5월 1일까지 토성을 지었으며 7월에 가옥건설을 마쳤다(제2차 집단부락에 속함). 수용호수는 조선이주민 107가구, 중국인 5가구이고 부락 관리에 있는 토성 밖에 조선이주민 28호가 있었다.

집단부락건설 중 공동시설에 대해서는 보조금이 없었고 현에서 경농자금을 떼어내 가옥건설자금 7000엔을 마련했다. 그중 1850엔은 공동시설비, 1050엔은 건축인원의 식비 및 자위단 복장비 등, 800엔은 잡용비, 150엔은 경농자금 및 가옥건설비로 촌민에게 대부금으로 주었다. 4년을 기한으로 하여 6명을 한 조로 연보책임제를 실시했고 가옥을 저당하였다. 인력은 연 3300명, 공동시설 건설에만 사용되었다. 자위단

은 의무제를 실시하였다. 18-40세 남성으로 무어졌으며 단장은 촌장이 겸하였다. 상
주자위단은 매일 3명, 5일을 기한으로 교체되었다. 자위단경비는 촌민들이 8000평을
공동경작하여 얻은 수입으로 마련되고 기타 부담은 촌민들이 매달 약 15엔을 바치는
것으로 해결되었다. 무기도 갖추었는데 장총 8개, 탄알 30발이 있었다.

중평촌 집단부락에 112호가 수용되었고 비농호가 3가구(자위단원 2가구, 야장 1가
구), 반농호 1가구, 조사당시 호주가 외출한 호수 5가구 등 9가구 외 현재 농호 103
가구(만주인 4가구, 조선이주민 99가구)가 있다(1936년 9월 17일 조사).

이상은 집단부락의 건설상황이다. 아래에 그 내부설비 및 관리제도를 살피련다.

앞에서 서술한 바와 같이 집단부락의 형태는 직사각형 또는 정사각형으로서 다각형은
피면했었다. 부락주위에 토성을 쌓았으며 표준은 높이 8자, 넓이 3자였으나 마을마다 각
이했다. 토성 밖에는 넓이 3자, 길이 3자 되는 도랑을 팠고 네 각에는 포대를 설치하였
다. 지방에 따라 포대는 2-5개도 설치되어 있었다. 집단부락의 대문은 지정된 시간에 열
고 닫으며 출입자는 '거민증'을 휴대해야 했다. 부락 사이의 거리는 두 시간 안에 이를
수 있는 것을 기준하여 부락의 분포와 설비는 모두 부락민을 통제하기 위해서였다.

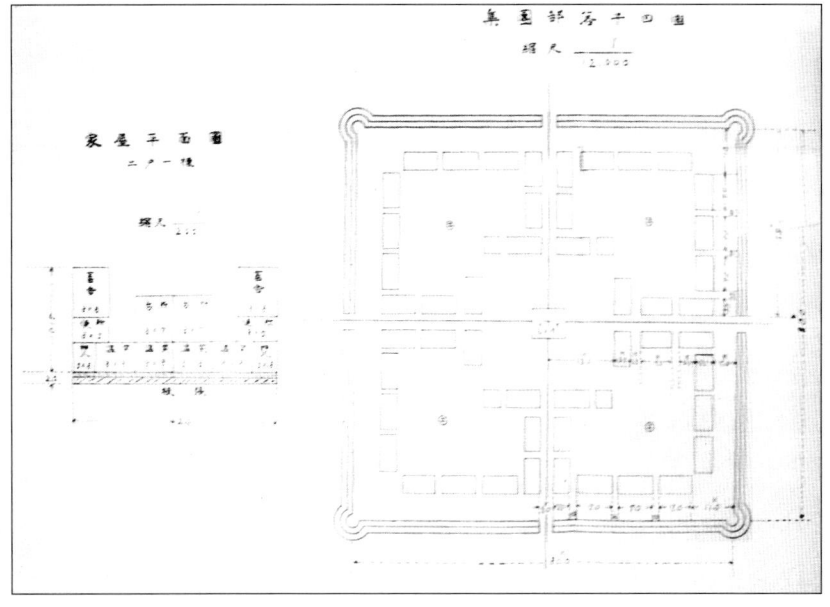

사진 1-05-05   집단부락의 가옥 내부구조

집단부락의 관리는 보갑법을 실행하였다. 주민 10가구를 1패로, 촌 혹은 이에 상당한 구역을 1갑으로 한 구역안의 갑들을 1보로 규정하였다. 만약 어느 패에 치안소란자가 나타나면 그 패의 거주민은 모두 연계책임을 져야 하며 '연좌금(連坐金)'을 내야 한다. 부락장이 집단부락의 갑장을 겸임하며 갑장은 상급기관의 감독을 받으며 부락의 '자치사업'을 장악하였다.

보갑법에 의하여 '집단부락'에서는 일만군경의 지도하에 '자위단'을 조직하였다. 그 수는 20명 좌우였다. 부락의 '개국주의(皆國主義)'원칙하에 일본군 혹은 소속 현의 경무 지도관이 전체 장정을 훈련시켰는데 해마다 3차 이상 진행되었다. 자위단의 무기는 일만군경 및 성공서 경찰청에서 발급하였는데 어떤 부락에서는 부락민이 자금을 모아 사들이었다. 그 예로 연길지구의 집단부락의 경우를 보면 춘흥가자위단은 긴 구식총(長銃) 16자루, 탄알 800발, 태양촌자위단은 긴 구식총 20자루, 탄알 1000발, 종평촌자위단은 긴 구식총 20자루, 탄알 1000발, 석문내자위단은 긴 구식총 20자루, 탄알 2000발을 갖고 있었으며 경비는 모두 부락민이 부담했다(「재만조선이주민개황」).

1936년 말 현재, 위간도성에는 이미 319개 자위단, 1만 8133명 자위단원이 있었다(「간도조선이주민개황」 길림철도국 편).

사진 1-05-06 집단부락을 통제한 무장자경단

이밖에 집단부락 내에 촌공서군경파출소를 설치하였으며 화룡 숭선촌 집단부락 촌 공서에는 15명의 경찰이 있었다(「괴뢰위만주국시기의 집단부락에 대하여」우영란).

부락과 경작지의 거리는 4킬로미터 이내로 제한되었으며 직접 먹을 수 있는 감자, 옥수수 등 농작물의 재배는 엄금되었다.

조선총독부는 제2차 집단부락을 건설할 때 「자작농창정」정책을 실시하였는데 이는 경제적으로 조선이주민을 일제의 노예로 얽매어 놓은 참혹한 통제수단이었다. 이 점 은 다음 절에서 상세히 살피겠다.

부락민을 정신적으로 마비시키기 위해 부락마다 1-2개의 서당을 설치하고 '신사 (神社)'를 설립하고 매년 정월 15일, 5월 5일, 8월 15일에 제사 등 활동을 조직하였 다. 안거낙업의 관념을 심양함으로써 항쟁의식을 마비시켰다.

집단부락건설은 1945년도까지 유지되었다. 그 후과는 엄중했다. 우선 부락민을 엄 격히 통제된 집단부락이란 특수한 형태에 밀어 넣어 민중과 항일부대의 연계를 단절 시켜 일본군의 토벌에 장애를 줄이고 '치안숙정공작'을 촉진하였다.

다음으로 조선농민에게 무궁한 재난을 갖다 주었다. 집단부락건설은 흩어져 생활하는 농민들이 땅과 가원을 떠나 지정된 부락에 이주하는 과정으로서 원래의 부락에 대해서 는 불사르고 죽이고 빼앗는 정책을 실행하여 거대한 경제손실을 빚어냈다. 1934-1936년 위통화성에서만도 1만 4000칸의 민가가 손실되었으며 33만 무의 땅이 버려졌다.

집단부락정책은 생산력을 해방시키지 못했을 뿐만 아니라 부락민을 일제식민통치기 구의 채무노예로 만들었다. 부락민은 많은 자작지를 상실하였기에 소작인으로 몰락되 어버렸다. 또 부락과 경작지 사이의 거리가 늘어나 노동력과 시간낭비를 조성하였다.

집단부락의 건설로 하여 위 봉천성, 안동성의 많은 조선농민은 북만에로의 도망을 택하였다. 경빈선을 타고 북상한 인수는 1937년 1-3월까지만도 11만 3000명이 된다. 이러한 인구이동은 조선농민들의 생활난으로 선택한 생존의 방식이었다. 당시 일본당 국은 영을 내려 인구이동을 금지시키는 수밖에 없었다. 이런 상황에서 집단부락건설 을 반대하는 활동도 발생되었다.

제8절 조선이주민 안전농촌

안전농촌은 집단부락의 특수한 형식이다. 안전농촌의 건설은 '자작농창정계획'을 밑거름으로 하고 있다.

만주의 수전개발은 조선농민에 의해 시작되었고 지속되었다. 하지만 수리시설이 낙후하고 병충해가 심하고 자금이 극히 부족하고 농민들의 수익이 대부분이 소작료, 가렴잡세 및 고리대의 농업대부금에 먹히고 원래 수전을 풀던 땅이 점차 농사에 적합하지 않아 황무지로 변해 수전농사는 그 성적이 점차 내려갔다. 또 홍수 피해로 많은 밭이 밀려가기도 했다. 조선농민은 소작농의 신세를 벗어나지 못했으며 생활의 거주지를 잃었다. 이러한 객관조건에서 일제의 '자작농창정계획'이 '통제-안정정책'에 맞추어 제정되었는데 그 뜻인즉 소작농을 자작농으로 만든다는 것이다. 동아권업회사는 1932년부터 남만과 북만에 '안전농촌'을 세웠다.

- **철령안전농촌** 만철본선인 난석산역 서쪽 2600미터 되는 곳에 위치했다. 사타자촌을 기점으로 탕우보자, 영가툰, 신안촌 등 4개 부락을 포함하며 봉천성 철령현의 행정구역에 속한다. 이주역사를 보면 조선농민이 거주하기 전 중국인 부락이 있었으며 1924년 사타자촌에 석리제(石利济), 이진건(李镇健), 김상승(金相乘), 윤량택(尹两泽) 등 조선농민의 이주가 있었다.

  철령촌은 기후가 요동 반도와 북만의 중간기후에 속하며 겨울에는 강설이 많고 이듬해는 우기에 강우량이 많아 농사에 대단히 이로웠다. 또 본 촌은 만철부속지 근처에 있어 교통이 편리했다. 조선총독부의 보조를 받았으며 동아권업주식회사가 대행하여 1932년에 건설되었다. 1941년 현재 383가구가 있으며 경작면적은 960정으로 대부분 수전이며 대부금상환 연한은 10년, 이미 5만 2422엔을 갚았다.

- **영구안전농촌** 봉천성 영구현 영구 부근에 있다. 1933년 조선총독부에 의해 건설되었다. 1939년 현재 호수는 1834가구, 수전개발면적은 4069정보이며 대부금상환 연한은 15년이다. 요하의 하구와 전장대 사이의 소연자방아방에 1500정보를 개간하고 2500정보를 상조했다(1934년 6월 말).

사진 1-05-07　영구안전농촌에서 탈곡하는 조선이주민(1945.5.25)

• **수하안전농촌**　위빈강성 수화현 흥화향에 위치해 있다. 빈북선 진가강역에서 동
쪽으로 4리 되는 곳이다. 북으로 노민하가 흐르고 있어 수전농사가 적합했다.
1934년 동아권업회사는 우증점 대 40명 지주의 토지 1602헥타르를 염가로 강제
수매하여 수화안전농촌을 세웠다.

　　동아권업은 피난민을 구제한다는 명의로 할빈조선민회수용소에 수용된 조선
남부의 이민들과 만주리, 목단강 일대의 조선이민 도합 488호를 선후하여 안전
농촌에 이사시켰다. 농민들은 호당 땅 2.4헥타르와 한 칸 반짜리 집 한 채를 대
부 받았는데 수리비용, 이사 비용을 합쳐 10년 기한으로 해마다 130원을 갚아야
했다. 1941년 현재 480가구 거주민과 1142정 경작면적을 갖고 있다.

• **하동안전농촌**　위빈강성 주하현 오길밀하역 부근에 위치했다. 1939년 동아권업
주식회사에 의해 건설되었다. 2000여 정보를 자연관개하였으며 9·18사변 후
1000가구 수용하였다. 1933년에는 579가구, 2509명으로 800정보 경작지를 운영.
1941년 현재 거주인구는 766가구, 경작면적은 1878정이다.

· **삼원포안전농촌** 봉길선 산성진 동남쪽 160리에 위치한 유하현 삼원포 시가지의 접경지대이다. 일찍 1911년 4월, 삼원포의 서추가에 '경학사'가 무어졌고 그해에 '신흥우관강습소'가 세워졌으며 1919년에는 '대한독립단'이 건립되었다. 1935년 예정된 제2차 안전농촌건설계획으로 건설되었다. 건설자는 동아권업주식회사이다. 1939년 현재 172가구에 수전면적 355정을 소유하였다. 농업대부금은 10년 기한으로 되었고 1940년까지 이미 3518엔을 갚았다.

이외 위금주성 반산현 영흥안전농촌에 조선이주민 1832가구, 경작면적 4200정이 있었고 1936년에 설립된 위빈강성 연수현에 중리진안전농촌(설립자 김영창)에 120가구 조선이주민이 80정 수전을 가꾸었다. 위삼강성에는 1936년에 건설된 안전농촌이 두 개 있었는데 의란현에 길성훈안전농장(234가구, 300정 수전), 유가툰안전농장(설치자 정수홍, 호수 130가구, 경작수전면적 133정)이었다. 탕원현에도 금곡안전농촌, 학림강안전농촌이 세워졌다.

제9절 조선이주민 농장 개황

조선이주민농장은 집단부락의 또 하나의 다른 형식이다. 조선이주민농장은 주요하게 북만과 남만의 영구, 해성 등 지역에 분포되었다.

· **해륜현 선목농장** 1929년에 건설되었는데 대표자는 정준수(鄭駿秀), 당시 농가 호수는 55가구, 151명이며 경영토지 총면적은 120쌍, 투입자금은 2만 3527엔이었다. 빈북철도가 농장의 중앙을 관통하여 교통이 편리하였다. 그 후 해마다 자금투입이 있었으며 많을 때인 1937년에는 5만 3000엔에 달했다. 농장의 조선농민은 남선 출신이 많았고 더욱이 경상북도인이 많았다. 이것은 농장의 주요 창시자인 정준수 씨가 경상북도인인 것과 연계 있는 듯싶다. 1936년 현재 농장의 호수는 184가구, 인구는 764명이고 600정의 논밭만 경영하였다(「재만조선이주민 현세요람」).

또 「在北滿鮮人農家的入植過程和鮮滿的工地所有及利用事情」에 따르면 1938
년 현재 선목농장의 호수는 144가구, 인구는 723명이며 경작 총면적은 712쌍이고
총 수확고는 9692석이었다.

- **아성현 평방농장** 동지철도 소가하역의 동북쪽 약 20화리 지점에 위치하였다.
1929년 4월에 설치되었으며 농장에는 중국인지주 수 명이 있고 조선이주민 대표
는 배선용(裴善容)이다. 1934년 현재 조선이주민 120가구, 520명이 있으며 200
정 수전을 경영했다. 미개간지는 개간하기가 쉽고 벼농사에 적합했다. 농장에는
조선이주민 의약자가 없기에 중국인의 약방에서 치료받는 것이 보통이며 농장
부근에 천주교교회당이 있고 조선이주민신도도 많았다. 소작료는 1쌍에 알곡 3
석 5두이다.

- **고향툰 혜제회사농장** 할빈 근교에 위치하였는데 1924년 봄에 개척하였다. 토지
는 동성특별구 지무국의 소유지를 혜제회사에서 경영하였다. 조선인을 받아들여
저습지를 개척하여 수전으로 만들었다. 조선이주농민 35가구에서 수전 60헥타르
를 경작하였다.

- **고향툰 동흥농장** 1925년에 개척, 조선이주인 정형국 씨가 경영하였다. 조선농민
40가구에서 수전 80헥타르를 경작하고 있었다.

- **고향툰 송강농장** 1931년에 개척하였으며 정경윤 씨가 경영하였다. 조선이주농
민 80가구에서 120헥타르 논을 경작하였다.

- **고향툰 화흥농장** 61가구 조선이주농민이 수전 424헥타르 경작하였다. 지세영
씨가 농장을 경영하였다. 동청철도와 지무국의 토지를 조세 맡아 1932년 고향구
수용소에 들었던 피난민을 모집하여 개척하였다.

- **오상현 소산자수전농장** 소산자에 거주한 조선이주민 박의영(朴義永) 씨는 약방을
경영하면서 중국인 속에 상당한 위망을 갖고 있었다. 그는 소산자 시가지에서 500
미터 떨어진 서남 지대를 개간하여 300쌍 수전농사를 계획하여 80여 호 조선이주
민을 이주시키었으나 중국인지주 조씨의 반대로 하여 이주자는 사처로 흩어졌다.

- **오성현 충하농장** 중국인지주로는 우험주(于險舟) 씨가 있었다. 우씨는 원 동북
군사장을 맡은바 있다. 조선이주민 대표는 류대흥(刘大兴), 박일만(朴一万)이고

조선농민은 200여 가구이며 경작지는 450쌍, 미경작지는 600쌍 이상이었다. 소작료는 1쌍에 3석이다.

- **유수현 고자교농장** 유수현 소재지에서 8화리 떨어져 있는 동북 지대에 위치해 있는데 고자교, 소흥륭구, 포저툰 등 3개 부락을 덮고 있다. 중국인지주로는 충하조전(稻田) 회사의 복진동(朴振东), 양씨가 있으며 조선이주민 대표는 박일만, 김규진(金奎镇), 박진동(朴镇东) 등이다. 조선농민호수는 150여 가구, 인구는 약 700명이다. 소작료는 4석 5두 내지 5석이고 개간지는 350쌍, 미개간지는 50쌍이다. 조선이주민 거주자는 거의 모두가 귀환자였다.

- **유수현 삼가자농장** 도뢰소에서 40화리인 삼차하 서남쪽 35화리 지점에 위치했다. 중국인지주 수 명이 있고 조선농민은 약 80호이며 경작지는 약 200쌍, 미개간지는 200쌍 이상이다. 삼가자 시가지에 학교가 있었다.

- **내몽골 삼합농장** 1936년 말, 전곽기(前郭旗) 하라헤이, 유수천, 바르그대 등 지방의 조선농민은 조선이주민자치농장창립을 계획하였다. 대표자는 오자안, 정운락씨이다. 이들은 지주와 협의하고 측량을 시작했다. 이쯤 유수전의 시주 박재숙은 '만선척식회사'의 힘을 빌려 삼합툰에 만척회사삼합농장을 건설했다. 타지방에서 농민을 모집하여 이주시켰다. 1938년 오리라하는 일본인이 농장의 관리를 맡았다. '만선척식회사'는 헐값으로 산 토지를 세 놓은 외 첫해에 식량, 종자, 부림짐승과 농기구를 값을 쳐서 농민에게 대부하여주었고 옷, 신발, 기름, 소금 등 일용품을 외상으로 배급하였다. 소작료는 3·7제였다. 농장에는 학교도 있었으나 일본어를 국어로 하는 노예교육을 강행했다.

이밖에 적지 않은 조선이주민농장이 있다. 영구 장가탕의 삼익농장(1934년 5월 설치, 설치자 장세경, 호수 51가구), 할빈 교외 원향툰의 원향툰농장(1927년 4월 설치, 호수는 40명), 아성현 취원창의 취원창농장(1925년 7월 설치, 호수 170가구), 아성현 이층전자의 이층전자농장(1926년 4월 설치, 호수 100가구), 영안현 해림남전자의 남전자농장(1934년 설치 설치자는 영고탑조선인민회, 호수는 104가구), 태래현 파대의 파대농장(1922년 3월 설치, 대표인 유종호, 호수 101가구), 통요현 오도만의 오도만농장(1932년 4월 설치, 설치자는 坂本直吉, 호수 85가구) 등등이다.

만주를 벗어난 기동벌에도 조선이주민농장이 세워졌다. 1937년 은리 동남쪽 25리 되는 바닷가에 조하농장이 섰다. 조선이주민 지주 최상기 씨가 8세대, 40명의 조선농민을 소작농으로 받아들여 1000여 무의 경작지를 경영하였다.

1938년 란하하류의 창려 해변가에 35세대 조선이주민 소작농으로 이루어진 창려농장이 섰다. 조선이주민 지주 신영철이 1500정보의 경작지를 가꾸었으며 일본인특무 2명이 있었다.

1940년 천진 동북쪽 노태지구에 조선총독부가 노태농장을 세웠다. 당해에 조선 경상도와 전라도에서 150여 호의 농민을 끌어왔고 또 동북과 화북 각 지역에서 700호를 모집하여 3500정보의 땅을 차지하는 농장을 꾸렸다.

1944년 일본 '화북간업회사'는 하북성 관현에다 백각장농장을 건설하였고 조선이주민과 한족 각 300여 호를 모집했다.

이외에도 서하남농장, 칠이해농장, 적양해농장 등 조선이주민농장이 있었다.

제10절 조선이주민의 생활

만주조선이주민의 노동보수는 동 업종 일본인보다 퍽 낮으며 중국인보다는 좀 높은 편이다. 조선이주민을 1로 표준설정한 비율을 보면 일본인은 1.81이고 중국인은 0.86이다. 특히 야쟁업종에서 일본인은 조선이주민보다 0.95배 높아 첫자리를 차지하고 중국인은 인부(人夫) 업종에서 조선이주민의 0.74배밖에 안되어 보수가 가장 높은 업종으로 된다.

조선이주민의 노동보수를 업종별로 적으면 목공은 1.85엔, 석공은 1.60엔, 木挽은 1.83엔, 좌관(左官)은 1.81엔, 단조(鍛冶)는 1.52엔, 인부(人夫)는 1.08엔, 평균 1.60엔이다.(「재만조선이주민현세요람」에서)

또 1938년 '할빈경제연감'에 따르면 노동자들의 노임은 하루(8시간)에 목공이

150-250전, 전공이 150-250전, 건축공(벽돌공, 미장공, 기와공 등)은 150-250전, 재봉공은 100-250전, 신발공은 100-250전이다. 이에 비해 일본노동자는 높은 노임을 받았다. 목공은 300-500전이고 전기공은 300-500전으로서 모든 업종에서 곱절되는 노임수준이다.

조선이주민의 1개월 생활비용을 예로 살펴보면 월수입이 20원일 경우 집세, 연료비용, 화식비용이 주요한 지출로 되며 의료비용, 교육비용, 저축은 없는 형편이다. 월수입이 50원일 경우 집세가 10원으로서 가장 많은 지출로 되고 연료비용과 화식비용이 20원, 의복비용이 5원, 교육비용 및 기타가 4.50원, 교제비용 3원, 저축은 3.50원이다. 월수입이 70원일 경우 집세는 12원, 연료비용과 화식비용이 25원, 의복비용 8.50원, 교제비용 8.00원, 의료비용 2.50원, 저축은 4.0원이다. 월수입이 100원일 경우 집세가 20원, 연료비용과 화식비용이 31원, 복장비용 12.00원, 교제비용 12.00원, 교육비용 및 기타가 7.80원이다. 저축은 8.0원으로 되었다.

1944년 '할빈상공공회회보'에 따르면 그해 1월 물가는 입쌀이 한 근에 22전, 좁쌀은 11전, 수수쌀은 9전, 부식품으로 감자는 13진, 배추는 22전, 소고기는 1원 13전, 돼지고기는 1원 44전, 닭고기는 2원 75전, 두부 한모에 10전, 계란 10개에 2원 60전, 콩기름 한 근에 48전이다(「조선인의 상공업과 경제생활」 서명훈 재인용).

만주의 조선농민의 수익은 대체로 농사와 부업으로 나눠지는데 생활형편이 이전보다 별다른 호전이 없는 것으로 보아진다. 농사로는 끼니를 이어가기 바쁘고 부업은 새끼, 멍석, 천을 짜는 소규모의 일로서 크게 발전이 없었다.

조선이주민의 농업

재만조선이주민의 80% 이상이 농민임은 앞에서 지적한 바 있다. 조선농민은 수리에 천성적인 재질을 갖고 있어 물이 흐르는 곳에는 논을 풀어 벼농사를 시작하는 것이 통례이다. 아무리 편벽한 산간지대에서도 2-3호 농가가 때론 동떨어져 있어도 수전을 경영하는 것이 조선농민의 개척모습이라 하겠다. 중국인들이 거들떠보지도 않는 습지가 조선농민에게는 버릴 수 없는 벼농장이 되는 일을 가끔 찾아볼 수 있다. 만주 벼 생산량의 약 90%가 조선농민에 의해 산출되었음은 부인할 수 없는 사실이고 만주이주역사가 수전보급의 경로라 생각하여도 과오는 아닐 것이다.

제1절 조선이주민의 초기벼농사

일찍 고구려와 발해시기에 우리 선조들은 동북에서 벼농사를 하였다. '책성의 콩(柵成之豆)', '노성의 벼(盧城之稻)'란 말이 있었다. 「발해지리사」에 의하면 로토성은 중경 현덕부(관할범위는 오늘의 화룡시, 용정시, 연길시, 안도현, 왕청현과 조선의 함경북도, 양강도의 일부분) 서쪽 130리 되는 곳이다. 발해가 멸망된 후 요, 금, 원, 명, 청 몇 개 왕조에 걸쳐 무려 900여 년간 동북에서 벼농사를 했다는 기재가 있었다. 19세기 중엽부터 많은 조선이주민이 만주로 이주하였으며 이들은 진펄을 갈아번지고 물도랑을 빼고 논둑을 만들고 강물을 끌어들여 논을 풀고 벼농사를 다시 시작하여 만주 벼농사의 개척자로 되었다.

1846년, 조선농민이 훈강 입구 부근에서 벼 재배를 하였고 1861년 안동의 삼도랑두 부근에서도 벼 재배를 하였다. 이 두 곳의 벼 재배는 전해지지 못하였다.

1870년 김씨라는 조선농민이 통화현 하전자에 왔다. 몇 해 동안의 세심한 관찰과 체험을 거쳐 그 일대의 기후와 수온의 변화정황을 파악하게 된 그는 소택지와 수렁을 논으로 개답하고 벼농사에 성공했다. 때는 1875년이었다. 이는 근대 만주 수전개발의 첫 시작이다.

1880년 단동 당산성 3호 조선농민이 수전을 개발하였으며 그 후 봉성현 사리채, 육구자(陸溝子) 등지로 확대되었다가 나중엔 수암현, 장하현 및 단동 남부 지대로 확대되있다.

1883년 김화룡(金華龍) 등 수 명 조선농민이 통화 소만구(小灣溝)로부터 유하현에 이사해 와서 벼농사를 시작했다. 그 후 1921년까지 삼원보, 대화사, 소사탄, 선인구, 록미구 등 지방의 2000여 가구 조선농민이 3500여 정보의 논을 풀었다.

집안현의 벼농사는 1895년 팔왕조촌에서 조선농민에 의해 시작되었다.

1900년, 유하의 조선농민들이 해룡, 동풍, 서풍, 개원 등지로 이주하여 수전을 개간하였다. 1905년 조선 경상남도 협천군 용정면의 손재두 씨가 네 식솔을 거느리고 동풍현 화수화로 이주해와 수전을 개간하였으며 같은 해에 평안남도 평원군의 김응룡 씨가 와우산으로 이주해와 수전을 개간하였다.

1900년 조선농민 김지순 등이 덕혜현 남영자에 1.5헥타르의 논을 풀었다. 이것이 길림, 장춘 지역의 첫 수전으로 알려지고 있다.

간도는 기후가 영하이고 무상기간이 짧기에 벼농사를 할 수 없다고 여겼다. 기재에 의하면 "명치초년, 즉 1868년경 두만강 연안 지역에서 벼를 재배하기 시작하였다." 1890년 두만강안 종성위자(현 용정시 광개향 광소 일대)에서도 벼를 재배하였다.

1900년 조선함경남도에서 이주해온 농민들이 해란강 유역의 세전이벌과 지신 대교동 부근에서 습지를 개간하여 논을 풀어 벼 재배에 성공함으로써 수전면적이 확대되었다.

사진 1-06-01 1900년경 육도하 물을 끌어들여 개간한 용정 대교동 일대의 논

1890년 유하, 해룡, 안도 등지의 조선농민이 관전에 이주하여 수전을 개발했다.

1908년 조선농민은 영구현에서 수전개발을 하였다. 그 후 송화강 및 그 지류를 따라 휘남, 반석, 교하에서 계속 수전개발에 힘썼다.

1905년 일러전쟁 후 안-봉철도가 개통되자 조선농민이 압록강을 건너 안동 지구의 하탕지자, 백채지, 맥기산, 소단산 등 지역에 집결되어 벼농사를 지었다.

봉천, 신민 지역에서 제일 먼저 시작된 벼농사는 1908년 김시정(金時禎) 등 조선농민 5-6명이 신민현 서공태보의 황무지 10헥타르를 소작 맡아 시작되었다.

무순 일대는 1910년경에 평안북도 의주군의 송병주(宋秉柱), 김만리(金萬里) 등이 무순현 포안툰(飽安屯)에서 논을 처음 풀었다. 1921년에는 포안툰, 동사, 남장당 일대에 1600여 명 조선농민이 1200여 정보의 수전을 개간했다.

반석현의 벼농사는 명성에서 시작되었다. 1910년 가을, 조선 남부에서 농민들이 이곳으로 이주해 벼농사를 지었다. 1921년에 이르러서는 500여 호 조선농민이 600여 정보의 논을 풀었다.

1910년, 조선농민은 장춘 지역의 공주령 대유수를 중심으로 채가, 삼가자, 이통의 각소 등 지역에서 수전을 개발하였다.

북만의 수전은 1910년 이후 동녕현에서 우선 개발되어 여기에서 목릉, 영안, 해림 방면으로 확대되었다.

19세기 말부터 20세기 10년대까지의 벼 재배를 시험단계로 볼 수 있다. 이 시기 규모가 작고 범위도 넓지 않았으며 수리관개시설도 많지 않았다. 1906년 6월, 연길현 지신향 대교동의 14명 조선농민은 자체로 모금하여 길이 1308미터에 달하는 인수로를 파서 7정보의 논을 관개하였다. 이는 간도 최초의 수리관개시설이다.

벼농사는 수확고가 높고 쌀밥은 먹기 좋았다. 적지 않은 지주들은 조선농민을 모집하여 벼농사를 짓기로 하고 소작을 주었다. 1908년 금주(金州)사람 조은해(趙恩海)씨가 조선농민을 모집하여 신민현 공태보에서 황무지 100무를 개간하여 논을 풀었는데 당헤에 풍작을 기두었다. 이듬해에는 50 60명을 모집하여 벼농사를 지었는데 좋은 해는 큰 이익을 보았다.

만주의 벼농사가 크게 발전할 수 있는 객관적 조건 중 하나가 중국인지주와 중국 당국에서 벼에 커다란 흥취를 가졌고 조선농민을 소작인으로 쓰면서 벼 재배 기술을 보급한 것이다. 이 시기를 거쳐 만주의 벼농사는 북만과 서만으로 확대되었으며 만주의 농업과 대외무역에서 날로 중요한 작용을 발휘하였는데 이는 우리 민족의 공헌이 아닐 수 없다. 수전농사는 우리 조선이주민의 선천적인 농사기술이며 만몽, 시베리아의 수전은 조선이주민을 제쳐놓고는 운운할 수도 없는 것이다.

사진 1-06-02 수전공사를 하고 있는 조선이주민들

제2절 1910-1931년 조선이주민의 농업

1. 토지소유권문제

만주의 토지는 소유자에 따라 관유지, 청나라의 황제와 황족이 소유하였던 왕부지, 사원 및 라마사가 소유하는 묘지, 만주기인이 소유한 기지, 개인이 소유한 민지 등 몇 가지로 나눌 수 있다.

사유지는 주로 중국인이 소유하였는데 그 자신들이 개간한 땅이다. 그러나 청나라가 멸망하여서는 봉건토지법도 파괴되었으며 성정부에서 토지조사국을 설치하여 새로운 토지제도를 확정하려 노력을 다했다.

중국인은 관청에서 넘겨받은 처녀지를 개간하여 수확을 낸 경우 정부에서는 이 성과를 조사한 후 개간지의 절반을 무상으로 주었다. 북만에서는 식민장려의 계책으로 일부 지방에서 실행되었다. 하지만 일반적으로는 중국인 대지주가 소작농을 두어 개간하고 그 자신이 식민의 신분이 되는 경우가 많았다.

1909년 간도에 관한 일청협약으로 조선이주민은 일본신민으로서의 법적 지위가 인정받았고 조선이주민의 토지소유권, 조지권 등이 확립되었다. 간도지방에는 특별한 규정이 없고 단지 간접적으로 일본신민으로서의 의미를 포함한 조문과 문서가 있었다. 직접효력을 가진 것은 1915년 5월 25일에 체결된 '21개 조약'이다. 하지만 조선이주민은 이 조약에 아무런 흥취도 갖지 않았다. 조선이주민이 중국국적에 가입할 경우 중국인과 똑같은 토지소유권을 얻을 수 있기 때문이다.

중국 측은 일본인과의 토지매매, 임대를 엄금하였으며 위반자는 엄벌을 면치 못하였다. 일부 조선이주민은 중국국적의 편리를 이용해 일본인과 토지거래를 감행해 중국인은 조선이주민을 일본의 개다리, 일제의 선구자로 판정하여버렸다. 다행히 이런 사건은 그다지 많지 않았다.

1925년 이전에는 중국입적이 쉬웠다. 간도에서는 입적을 제창했고 대양 2원을 수속료로 받았다. 1926년 후에는 입적수속이 엄하였다. 특히 봉천성 경우 그러했다. 1928년 5월 1일 국민정부 외교부는 길림성장공서에 이중국적에 대한 훈령을 내렸는데 이에 근거하여 국적이탈증명서가 없이는 중국입적이 불가능하게 되었다. 1929년 일본척무성 차관이 만주여행을 마치고는 조선인입적불허를 결정하였다고 보고했다. 이리하여 조선이주민의 중국적가입은 거의 중단되었으며 당시 만주에서 중국적에 가입한 수는 약 10%에 달할 것으로 추측된다. 간도 경우 1927년 조사에 따르면 입적 조선이주민은 5만 3528명, 당시 조선이주민 인구의 12%이다. 이들 조선이주민은 간도토지의 54.0%를 넘어 차지하는 상황이어서 중국인은 이것이 일본인의 세력범위에 합류될까 두려워하였기에 귀화자가 아니면 토지소유권을 주지 않았고 간도의 경우는 귀화하지 않은 조선이주민이 합자하여 지방지주의 명의로 토지를 구매하고 출사액에 따라 토지를 점유하였다. 중국관헌은 토지소유권분할을 승인하고 지권(地卷)을 발부한다는 새 제도를 선포했다.

토지의 가격은 지역에 따라 차이가 있었다. 1917년의 가격으로 적어보면 두만강 연안 회녕간도가 비싸고 무산간도가 싸며 인구가 밀집한 곳의 땅값이 높고 교통이 편리하고 부업에 적당한 곳도 땅값이 높다. 시가지 중심에서 멀리 떨어져 나갈수록 땅값이 눅다. 상부 지역에 위치한 용정촌의 땅값은 1일경(日耕)에 1000원까지 가는 곳이 있었다(표 1-06-01).

표 1-06-01   간도의 토지가격

단위: 원

지방별	수 전	상 전	중 전	하 전	미개간지
무산간도	51	63	34	15	4
회녕간도	140	113	58	25	3
종성간도	83	74	5	26	4
북도서해란하이남	77	58	38	17	4
북도서해란하이북	65	51	29	15	5
가야하류역	75	64	34	21	3
태평령이동	--	45	30	15	3
상부지	170	350	338	328	--

자료출처: 「만주와 조선인」 양훈구 저

만주 기타 지역의 평균땅값을 보면(에이커당 대양원) 수전이 21.7원, 건지가 16.7원, 초지가 2.5원, 원지가 21.2원, 삼림이 0.9원, 황무지가 10.5원이었다(참고표 1-06-02). 1930년 만주개척지의 조선농민 소작지면적 및 땅값은 표 1-06-03으로 남긴다.

표 1-06-02   이민지대 토지가격(1930년)

단위: 대양원/에이커

현 명	수 전	한 전	초 지	원 지	삼 림	황무지
부 여	27.4	7.6	--	20.4	0.9	11.0
아 성	17.4	12.0	2.8	25.5	--	5.2
쌍 성	12.5	20.0	--	24.4	--	3.4
빈 강	30.0	--	--	--	--	--
주 하	13.0	13.3	2.1	14.4	--	1.6
영 안	32.5	30.4	--	20.9	--	--
평 균	2.7	16.7	2.5	21.2	0.9	10.5

자료출처: 「만주와 조선인」

표 1-06-03 만주개척지대의 조선이민 소작지 면적

(6개 현 20개 지방의 개척민 201호)(1930년)

현명	호수	한 전		수 전		초 지		채소밭		桑 田		황무지		합 계	
		면적	가격	면적	가격	면적	가격	면적	가격	면적	가격	면적	가격	면적	가격
부여	21	72	55	257.2	7099	--	--	7.6	155	8.0	20	28.1	310	308.1	7639
아성	29	31.3	432	258.5	5235	285	800	75.0	191	--	--	10.9	52	660.7	6693
쌍성	22	10.0	200	216.9	3910	--	--	9.0	220	--	--	--	--	235.9	4330
빈강	5	--	--	44.0	1320	--	--	--	--	--	--	--	--	44.0	1320
주하	44	22.1	295	513.6	6725	--	--	27.7	400	--	--	--	--	563.4	7420
영안	80	53.9	947	577.5	18750	--	--	33.9	710	--	--	--	--	660.3	20407
합계	201	124.5	1929	1867.7	43.039	285	800	153.2	1676	8.0	20	39.0	362	2471.4	47809

자료출처: 「만주와 조선인」 이훈구 저
주: 소작지면적단위는 에이커, 가격단위는 멕시코은전.

2. 농업 개황

만주 농업 지대의 생산양식은 주로 조선농민에 의한 양곡생산이다. 콩, 수수, 조, 옥수수, 보리, 밀 등 보통 작물을 3년 내지 4년의 윤작법을 사용하며 이외에 아마, 면화, 황연, 낙화생, 삼씨 등 특수작물을 재배하였다. 또 조선농민이 특기인 수전을 만철연선에서 멀리 내몽골까지 밀고나갔다. 수전에 관한 서술은 다음절에 단독으로 남겨둔다.

만주의 경작지는 3087만 7000헥타르, 1930년대 경작지는 1298만 헥타르로서 41%의 개간상황을 나타낸다. 즉 만주의 개간할 수 있는 경작지의 절반 면적이 처녀지인 상황에 비추어 보면 충분한 토지자원을 소유하고 있다.

만주에서 경작지개간이 제일 잘 된 곳은 금주성이다. 1935년 현재는 95%의 경작지가 개간되었다.

간도는 조선농민의 최대 집거구로서 1915년의 개간현황을 보면 개간할 수 있는 토지는 34만 6255정보, 그중 평지 7만 3848정보, 구릉지 27만 2407정보로서 총면적의 17%가 개간할 수 있는 토지이다.

1909년 간도의 개간지는 5만 4121정보로서 개간할 수 있는 토지면적의 16%이나 1917년에는 8만 9458정보로서 26%이다. 1925년에는 19만 110정보로서 54%로 껑

충 뛰어올랐다. 이는 당시 급속한 인구팽창과 연계가 있으며 만주의 풍부한 토지자
원의 개발은 무궁한 잠재력을 갖고 있음을 시사한다.

다음 조선농민의 계급성분을 보면 1927년 6월 말 현재, 간도지역에 있어서 지주는
4003가구, 자작농은 1만 9324가구, 자작 겸 소작농은 1만 1951가구, 소작농은 1만
7512가구이며 점하는 비례는 순차로 8%, 36%, 32%, 24%였다. 이와 대비해 볼 때
중국인은 지주와 자작농이 중요한 위치에 있었다.

간도에서 조는 주요한 경작물이다. 1917년 현재 조선농민은 2만 4625.6정보의 조
를 가꾸었는데 이는 전반 경작지면적의 40.2%이다. 보리가 버금으로 가는데 7629.9
정보, 12.4%였다. 콩 경작지는 6606.8정보로서 경작지의 10.8%를 점한다. 벼농사는
1676.1정보였는데 비례는 2.8%에 불과했다. 이밖에 옥수수(6.9%), 밀(4.9%), 감자
(5.5%), 수수(4.3%), 기장(2.4%) 등 농작물이 있었다. 여러 농사는 해란강 이남에
가장 집중되었고 경작면적은 2만 1109.3정보에 달하였고 해란강 이북 지역의 경작지
가 1만 2363.1정보로서 중요한 농사 지역의 하나로 되었다.

1927년경 주요한 농작물(벼 제외) 경작면적은 16만 5000정이다. 그중 조 경작지는
6만 1000정, 수확고는 103만 7000석이고 콩은 5만 4000정, 81만 석, 밀은 1만 1000
정 11만 석, 기장류는 2만 9000정, 43만 5000석이다. 평균 당 수익은 0.6석, 기장류
는 1.5석이다. (이상 「재만조선이주민의 빈궁상 및 해결책」에 의함)

간도지역에 있어서 양배추, 연초의 파종기는 4월 중순이고 원두, 동부, 밀의 파종
기는 4월 하순, 보리의 파종기는 4월 중하순이다. 오이, 호박, 삼, 콩, 수수의 파종기
는 5월 상순이고 벼, 옥수수의 파종기는 5월 하순, 조 파종기는 5월 상중순이다. 수
확기는 대체로 원두와 동부는 7월 중순부터 10월 상중순까지이고 기타는 8월 중하순
부터 시작하여 서리가 내리기 전까지이다. 벼는 첫서리가 내린 후 가을하게 된다.

간도의 곡물 평균 수확고를 보면(1926년 현재) 콩은 1.45석, 조는 1.80석, 옥수수는
1.35석, 보리는 1.40석, 밀은 0.92석, 수수는 1.20석, 팥은 0.85석, 조는 1.50석이다.

3. 벼농사

이 시기에 벼농사는 길림성 중부 지역으로 확산되었으며 나아가 북만에서 벼농사가 시작되었다. 1910년 가을, 남부조선에서 농민들이 반석현에 이주하여 벼농사를 지었으나 당국의 구축으로 사처로 흩어졌다. 1917년경 수전개발은 다시 시작되었다. 반석 5구 대안툰(현 삼봉향)의 박동수 씨가 처음으로 강역의 진펄을 개간하여 한 쌍 되는 면적에 벼를 심어 가을에 좋은 수확을 올렸다. 1921년에 이르러 500여 호의 조선농민들이 600여 정보의 논농사를 지었다. 길림시교의 수전개발은 이보다 좀 늦어진 1924년경에 시작되었다.

북만 일대는 기후 등 조건으로 하여 벼 재배가 좀 늦어졌다. 동녕현 소수분에서 북만의 첫 벼농사가 시작되었다. 1911년 전동운, 박맹산, 이명준 등 9명 조선농민이 러시아 극동지역으로부터 이주해 와서 현청에 벼농사를 신청하였다. 당시 장중책(張仲策)현장은 즉시 신청을 허락하였으며 그해 또 80여 가구 조선농민이 이주해 와서 억축도 없는 형편에서 90여 쌍 논을 풀었다. 1913년 조선농민은 14개 부락을 이루고 1000여 쌍의 논을 개척하였다.

목릉현의 벼농사는 1912년경 목릉하를 따라 동녕현으로부터 팔면툰에 이주해온 조선농민에 의해 시작되었다.

1916년 만주의 쌀값이 오르는 통에 벼농사는 더욱 빨리 보급되었다. 일부 지방관청에서도 조선농민을 고용하여 벼농사를 지었다.

1916년 경상남도에서 이주해 온 구향숙(具乡疏) 씨가 영안 마도석에서 처음 벼농사를 시작했고 최계화(崔桂华) 씨는 영안 부근의 땅을 사서 벼농사를 시작하였다.

방정현에는 1916년 신달호(申达栳) 씨가 농민 2명과 함께 벼농사를 시작하였으며 이듬해에는 130여 호로 급성장했다.

탕원지방은 1919년경 남만 일대에서 활동하던 민족주의자들이 조선농민을 이끌고 벼농사를 시작했다.

벌리와 의란 일대는 1921년 봄 박백준(朴伯俊) 씨와 수 명의 조선농민이 땅을 세 맡아 수전농사를 지었다.

상지, 오상, 아성, 빈, 수하 일대는 1925년경 남만과 길동 지역의 조선농민들이 이주해 와서 벼농사를 지었다.

서만에서는 1918년경 50여 명 조선농민들이 남만철도를 따라 정가툰을 거쳐 바얀타라로 와서 수전 117쌍을 풀었으며 후엔 통요, 백성자 일대까지 확대시키었다.

수전개발은 허다한 난관이 있었다. 조선농민들은 끝내 저온과 무상기간이 짧은 데 적응되는 벼 품종을 재배해 냈다. 복현, 장하, 수암, 개현, 단동 등 지역에서는 홍첨두아, 모두 등 품종을 재배했고 조선이주민 지구에서는 조선에서 가져온 경조 등 품종을 널리 재배하였고 저온지대에서는 무상기간이 짧은 품종인 '천낙조'를 재배하는 데 성공하였다.

1922년 만주의 수전 총면적은 4만 8911정, 쌀 생산량은 123만 4064석이었다. 개원, 무순, 간도, 봉천, 송수 등 지방은 만주의 주요한 벼농사 지대이며 개원지방의 수전 면적은 9950정으로서 첫자리를 점한다. 간도의 수전면적은 6350정이다(참고표 1-06-04). 1927년에 이르러 수전 총면적은 12만 7430정, 수확고는 252만 4400석이다. 봉천지방, 동지철도 남부, 동부지방, 간도지방이 주요한 벼농사 지대였다. 봉천지방 벼 개간지는 7만 정에 달하며 간도지방은 1만 510정 수준이다(참고표 1-06-05).

표 1-06-04 만주수전면적 및 수확고

지 방	수전총면적(정)	입쌀생산량(석)	주 해
관동주	301	5624	
봉천지방	5100	153000	심양,신민,요중,본계
무순지방	6700	167500	무순,흥경,통화
안동지방	4880	136640	안동,봉성,관전,환인
개원지방	9950	248750	개원,철령,동풍,서풍,서안,해룡,휘남,유하
송수지방	5800	150800	복,장하,수암
해성영구지방	1230	31980	해성,영구,반산,개평
장춘지방	450	11250	장춘,농안,쌍양
공주령지방	800	21600	이통,이수,회덕
북만지방	1440	28800	목릉,영안,동빈
길림지방	3920	82320	길림,화전,서란,반석,액목,몽강,돈화
간도지방	6350	146050	연길,화룡,왕청,훈춘
기타지방	1990	49750	요양,흑산,장무,임강,집안,요원,쌍산,강평,법고,통료
합 계	48911	1234064	

자료출처: 「南满及东蒙朝鲜人事情」〈在外朝鲜人事情〉临时增刊号

표 1-06-05 만주지방 수전경작면적 및 쌀수확고(1927년)

지방별	경작면적(정)	쌀수확고(석)
관동주내지방	56	10000
봉천 이남 지방	39530	790600
봉천 이북 지방	30150	606000
경봉선지방	810	14600
사조선지방	5700	94100
동비 남부선 지방	20440	376100
동지 동부선 지방	10020	224400
송화강 하류 지방	7310	160800
후해선지방	210	4300
동지 서부 지방	2150	43000
기타 흑룡강지방	40	800
간도지방	10510	199700
합 계	127430	2524400

자료출처: 「재만조선인의 빈곤상 및 해결책」

1930년에 이르러 만주에서 조선이주민이 개간한 수전은 15만 1238에이커, 한전은 49만 2541에이커, 예상 수확고는 462만 2597？, 가능한 수전면적은 83만 8979에이커이다. 요양의 수전면적은 1만 5532에이커, 가능한 수전면적은 8만 8200에이커이고 요원의 수전은 2만 945에이커, 통요의 수전면적은 1만 2640에이커, 연길의 수전면적은 1만 1153에이커이다. 상세한 상황은 표 1-06-06과 같다.

표 1-06-06 재만조선인의 수전 및 예상수확고, 수전가능면적

현 명	수전(에이커)	한 전	합 계	예상수확고	수전가능면적(에이커)
심양	9028	--	9028	493495	32
철령	1470	5	1475	20088	1716
개원	3185	--	3185	43648	3430
동풍	296	--	296	25316	--
서안	169	--	169	41153	35370
서풍	643	--	643	54996	--
요양	15532	229	15861	1726	88200
금	65	--	65	2262	37730
신민	2481	--	2481	135661	1029
장무	388	--	3888	22687	1029

속 1

현 명	수전(에이커)	한 전	합 계	예상수확고	수전가능면적(에이커)
안동	1626	406	2022	63458	--
신빈	8842	7145	15897	363369	9196
돈화	3444	7609	11053	174319	297
봉성	552	547	1099	21040	--
관전	1272	18387	19661	51782	--
환인	4007	14216	18223	202814	323
임강	55	2830	2883	8407	--
집안	1123	8302	29427	38837	--
장백	35	12916	12951	1339	30870
무순	1147	3	1150	50190	58
본계	132	1218	1350	5808	383
해룡	5291	--	5291	376353	6120
휘남	380	--	380	23645	3675
유하	679	--	679	55228	6125
수원	72	3	75	3016	--
장하	810	--	810	292640	--
요원	20945	5390	26335	--	--
통요	12640	21871	34511	--	--
강평	66	--	66	893	1715
이수	1950	--	1950	108136	1372
회덕	3920	2	3922	208136	8825
법고	137	--	137	2009	1715
쌍산	--	9592	9592	--	--
길림	1639	--	1639	34522	14700
장춘	2940	6	2946	60704	2940
이통	2695	--	2695	49990	6468
몽강	429	1176	1605	23436	1225
농안	2940	--	2940	160704	1450
장령	980	--	980	53568	490
수	276	--	276	10282	34300
화전	3246	--	3246	77832	93100
반석	2510	--	2510	83794	208250
쌍양	919	--	919	26427	4900
덕혜	1990	--	1990	107136	11760
빈강	368	--	368	18600	--
동빈	710	--	710	22930	1250.
아성	313	--	313	13020	882
연길	11153	177223	188376	387895	--
영안	4293	--	4293	138265	36650

속 2

현 명	수전(에이커)	한 전	합 계	예상수확고	수전가능면적(에이커)
훈춘	2041	26410	28451	80139	--
액목	2315	--	2315	--	87425
왕청	2260	68106	70421	21442	--
화룡	1880	88712	90592	68031	--
목릉	1298	--	1298	29001	--
통화	588	--	588	14880	--
만주리	--	49	49	--	--
해라얼	--	186	186	--	--
총합계	151238	492541	643242	4622597	838979

자료출처: 「만주와 조선인」
주: 왕청현의 〈합계〉란에 오차가 있는 듯싶다.

아래 간도의 수전면적을 적어보겠다.

1906년 간도의 수전은 12정 6반, 1915년에는 343정, 1918년에는 1458정 8반, 1922년에는 6605정 8반, 1924년에는 7787정 4반이다. 간도의 수전개발은 1918년경 일정한 규모를 이루었으며 1922년경 이후에는 5000정보를 넘는 규모로 확대되었다. 현별성황은 표1-06-07과 같다.

표 1-06-07 간도 현별 수전경작면적

단위: 정보

	1922년	1923년	1924년	1925년	1926년
화룡현	603.4	738.8	827.4	7395.0	66626.0
연길현	4487.4	4269.3	4924.2	53367.0	5643.7
왕청현	1054.0	1.59.4	1062.8	9335.0	11314.0
훈춘현	461.0	1093.6	973.0	5909.0	7477.0
합 계	6605.8	7161.1	7787.4	76006.0	81854.0
입쌀수확량(석)	113864	84189	89015	118003	

자료출처: 「最近間島事情」

벼농사에서 관개공사는 중요한 가치를 갖고 있다. 1906년 6월 연길현 용지사 대교동의 수리관개시설을 이어 1926년 간도에는 이미 50여 개의 수리시설이 있었고 수전관개면적은 3967헥타르에 달했다. 그중 논 100헥타르 이상 관개할 수 있는 관개공사가 8 개였다. 화룡현 사광사 관개조합에서 경영하였던 광종, 광소 지방의 관개공사는 1922년 2월에 시작하여 1924년 4월 30일에 마무리 지었으며 총길이는 6.73킬로미터, 관개면적 은 362.98헥타르였다. 간도구제회에서 직영하는 훈춘현 순의향의 관개공사(길이 5.43킬 로미터, 관개면적 991.7헥타르)와 연길현 수신향(화룡현 투도구 일대) 평강, 오도구의 관개공사(길이 1.96킬로미터, 관개면적 403.6헥타르) 등 비교적 큰 관개공사가 있었다.

1923년경 간도수리관개공사는 표 1-06-08로 남긴다.

표 1-06-08 북간도 관개공사상황

현별	지방	관개면적	물도랑길이	공정비용	준공연월	소유(한, 중, 일)
화룡현	사광사, 광종사 및 광조지방	200	2리126정	40000	1923.4	299.9(한)
	명신사, 삼도구 성창호	82.5	36정	700	1915.3	66.6(중)
	명신사, 토산자 하남	47.6	18정	700	1918.2	825(한)
	명신사, 이도구 왕지평	11.6	10정33간	300	1919.2	34.3(한)
	명신사 대툰	16.0	25정50간	700	1923.2	13.3(중)
	사모사계차처	23.9	18정	1050	1923.6	11.6(한)
	기 타	220.6				16.0(한)
	합 계	738.2				23.6(한), 0.3(중)
왕청현	춘화향 서장자	9.3	1리24정3간	4586	1922.8	9.3(중)
	기 타	1050.1				
	합 계	1059.4				
연길현	수신향 수남촌	34.0	33정	1050	1917.7	19.0(한) 15.0(중)
	수신향 평강 태양촌	233.2	19정	8000	1919.4	116.6(한) 116.6(중)
	수신향동고성하 중평촌	23.6	7정15간	20	1916.3	26.0(한) 7.0(중)
	수신향 중평상촌	146.6	18정	1000	1922.3	23.3(한) 223.3(중)
	수신향 평강오도구 장경촌	66.6	16정 12간	600	1922.3	26.6(한) 40.0(중)
	수신향 용구하	33.3	22정3간	300	1918.4	33.3(한)
	수신향 문학	33.3	7정15간	1500	1917.5	32.3(한) 1.0(중)
	일갑반 암촌	35.7	1정 23간	300	1919.3	6.7(한) 29.5(중)
	수신향 이도구 하남	5.7	10정25간	250	1920.2	5.6(한)
	수신향 전수호하북	35.0	14정 20간	1500	1921.3	35.0(한)
	수신향 양화구	93.2	2리	570	1918.3	84.2(한) 5.0(중)
	수신향 양화구	85.5	14정23간	1600	1919.3	52.5(한) 33.0(중)
	수신향 상북대지	342.6	2리	2000	1919.4	106.6(한) 236.0(중)
	수신향 서고성자	4.2	14정23간	141	1922.3	4.2(한)
	수신향 왕팔파자	5.3	11정10간	300	1920.2	5.3(한)
	수신향 전수호 하남	37.0	2리	550	1919.3	23.8(한) 13.2(중)
	수신향 하북대지	201.0	25정	5000	1918.5	95.0(한) 106.0(중)
	수신향 이갑평강 청지허	407.0	18정	500	1919.4	7.0(한) 400(중)
	수신향 평강오도구	33.3	12정	120	1919.5	33.3(중)
	수신향 이갑장인강	83.3	1리10정	510	1917.5	5.0(한) 33.0(중)

속 1

현별	지방	관개면적	물도랑길이	공정비용	준공연월	소유(한, 중, 일)
연길현	도대 및 부평초	20.0	1리	250	1921.5	20.0(한)
	수신향 투도구 쌍형지방	10.0	17정	50	1918.5	10.0(한)
	수신향 오갑사도구 채하지방	17.0	1리	150	1923.5	6.0(한)10.0(중)
	수신향 오갑사도구 채하지방	36.0	2리	350	1918.2	30.0(한) 6.0(중)
	수신향 ?두성	60.0	1리	200	1923.2	60.0(중)
	수신향 리수태지방	200.0	1리5정	--	1922.5	200.0(중)
	수신향 장형지방	7.0	22정	50	1906.6	7.0(한)
	수신향 장형지방	13.0	20정12간	1200	1923.5	13.6(중)
	용지향 대교동	42.6	15정20간	647	1923.5	42.6(중)
	용지향 화전사	18.0	12정	1080	1920.9	18.0(한)
	용지향 평안촌	15.0	10정	180.0	1922.5	15.0(한)
	지인향합발랍자	36.0	10정	310.0	1922.5	36.0(중)
	지인향 합발랍자	40.0	16정4간	630.0	1922.5	11.2(한)29.3(중)
	지인향 초향상동	66.0	13정	660.0	1921.6	22.0(한)44.0(중)
	지인향 동구 정형지방	33.0	1리	5000.0	1921.6	23.0(한)10.0(중)
	지인향 횡도현	110.0	18정	13000	1921.7	40.0(한) 70.0(중)
	지인향 리만자	95.3	12정 5간	970	1906.6	95.3(한)
	지인향 장산동	21.0	12정	--	1920.5	21.0(한)
	상의향 팔도구	120.0	18정	35	1923.7	18.0(한) 90(독)
	숭례향 남류수하자	27.0	8정	500	1918.5	18.0(중)
	숭례향 도묵구	18.0	8정	400	1920.5	
	숭례향 토문자	130.74				
	숭례향 허형지방	4269.4				
	기 타					
	합 계					
총합계		7161.1				

자료출처: 「最近間島事情」
주: (한)---- 한국인, (중)-----중국인, (일)----일본인, (독) --- 독일인

  수리관개공사에서의 조선농민의 어려운 모습과 악착스러운 일솜씨는 그처럼 악렬한 환경을 이겨나가는 지혜이기도 했다. 그저 스쳐지나갈 수 없는 환절이기도 하다. 유하현 강가점과 훈춘현의 관개시설에 대해 적어둔다.

  "강가점은 유하조선이주민자치현 소재지이다. 1923년 후하관개수로를 건설하였다. 이 관개수로는 화산폭발로 인해 형성된 납자선과 관목림, 진펄을 지나는데 총 길이는 15리이다. 강가점의 조선이주민은 1900년부터 1911년 사이에 이곳에 정착하였다. 1915년경, 이미 40여 세대가 있었다. 1918년 채중근 씨가 평안북도에서 친척방문차로 이 마을에 왔다가 당지 주민과 진펄을 개간할 것을 상의했다. 논을 풀자면 향수하(후하)의 물을 끌어들여야 하는데 향수하

가 뒷산을 흘러지나 가기에 산굴을 뚫고 물을 끌어들여야만 했다. 당시 그들에게는 측량기가 없었기에 눈바람 속에서 눈으로 목측하고 걸음으로 재이면서 마침내 시공계획을 세웠다.

노동력이 부족했다. 채중근 씨는 각 지역에서 50여 세대를 모집했다. 1921년에 이르러 이 마을엔 105세대의 조선농민이 있었다.

1922년 봄 인수로공사를 시작하였다. 130여 명 남성들이 물길공사에 나섰다. 수로는 화산이 폭발하여 형성된 5리 되는 돌바위 지대를 지나야 했다. 여기에 5000여 미터에 달하는 돌이 있었다. 몇백 근, 몇천 근씩 되는 돌을 인력으로 옮겨야 했다. 돌을 겨우 들어내면 밑바닥에 홈타기가 생기어 물이 스며든다. 이것을 방지하기 위하여 부득불 흙으로 메울 수밖에 없었다. 어떤 틈서리는 먼저 솜이나 낡은 천으로 틀어막은 다음 그 위에 흙을 메워 넣었다. 약 400미터 구간은 밑바닥이 돌 틈인 것이 아니라 수없는 돌구멍이어서 솜이나 낡은 천으로 틀어막을 수 없었다. 그들은 몇 십 필 되는 줄무늬 천을 사서 이은 다음 밑바닥에 펴고 그 위에 흙을 메웠다.

5리 되는 돌밭의 물길공사를 끝낸 뒤 8리 되는 물길공사를 시작했다. 수로는 모래자갈밭과 수렁, 황토지, 관목림, 진펄을 지나가야 했기에 나무를 찍어내고 나무뿌리와 풀뿌리를 파내야 했으며 또 고지개도 파내야 했다. 그들은 여전히 곡괭이와 삽으로 한 구간씩 파고는 흙을 다져넣으면서 끝내 간선수로공사를 끝마쳤다. 전반 공사는 착공해서부터 준공될 때까지 2년이란 시간이 걸리었다. 향수하는 15리 되는 수로를 따라 강가점의 옥토에 흘러들어 수천 무의 거친 땅이 수전으로 변하였다. 일제가 만주를 강점한 후 이곳의 조선 이주민과 한족 사이의 민족모순을 도발하였으며 '대도회'가 나온 뒤 토비가 창궐하였다. 더는 참고 견디어낼 수 없어 천신만고로 건설한 수로와 개간한 수전을 버리고 강가점을 떠났다."(「강가점의 논농사」 문성현)

훈춘은 연변의 으뜸가는 평원으로서 간도의 곡창으로 알려지고 있다.

"훈춘 관개구는 연변에서 첫 번째로 꼽히고 한 시기는 길림성 8대 관개공사의 하나였다. 최병환(崔秉煥)은 수원 최씨로서 함경북도 길주군 사람이다. 1927년 봄, 훈춘현 하다문향 태평동 하동마을에 정착했다. 금세기 초부터 일송정, 중강자 등 산골에서 우리 겨레들은 몇 십 헥타르씩 논을 풀었지만 훈춘벌은 벼농사의 처녀지였다. 논을 풀려면 큼직한 관개공사가 세워져야 했다.

1930년 늦가을, 최병환은 가을걷이를 일찍 끝내고 맏아들 웅길이를 데리고 훈춘벌에 나섰다. 태평동으로부터 화평, 중심, 신흥, 신화 일대를 다니면서 지형을 세밀히 답사했다. 훈춘강의 지류인 투도하물을 끌어들이는 것은 가능하였고 성사된다면 훈춘벌에 수백 헥타르의 논을 풀 수 있다고 여겼다. 현지답사에서 초보적인 측량을 하면서 세절문제까지 구상하였다. 봇도랑 길이만 해도 6킬로미터가 착실히 되었다. 이 봇도랑이 바로 북수로 관개공사로서 지금의 하다문 중심 간이다. 북수로공사에서 자금을 내려는 조선이주민 3명이 나타났다. 자금은 세 사람이 내고 시공관리는 최병환이 도맡고 수익은 네 사람이 한목씩 나누기로 했다.

1931년 최병환은 인부를 모집해서 곧 봇도랑을 파는 일에 달라붙었다. 봇도랑이 중국지주의 밭을 점할 경우에는 여러 번 가서 통사정하고 밭 값을 후하게 치러주어 땅을 사서 봇도랑을 팠다. 그래도 안 되면 밭을 에돌아 봇도랑을 내리웠다. 갖은 난제를 풀어가면서 봇도랑은 태평동에서 시작하여 화평촌을 지나 중심촌으로 내려오고 있었다. 9·18사변 후 관개공사는 한 시기 중단되었다.

1932년 7월 어느 날, 최병환은 훈춘 시가지에 가서 관개공사 인부들의 식량이며 남새를 사가지고 하다문으로 돌아오는 중 신안평을 지날 때 권총에 맞아 숨지었다.

그 후 25살에 난 그의 아들 최응길이 관개공사를 밀고나갔다. 이해 그는 신안평까지 12리의 봇도랑을 내리웠고 배수구도 제대로 만들었으며 태평동 조박바위 밑에 콘크리트 수문을 앉혔다. 최병환과 최응길의 3년간 피타는 노력으로 북수로 관개공사는 마무리 지었다. 그 후 이 고장 사람들은 조선 성진에 가서 높이 140센티미터, 너비 70센티미터 되는 대리석기념비를 만들어 하다문 중심촌 마을서쪽 길 어구에 세웠다. 정면에는 '최공병환비'라 새기고 뒷면에는 업적이 기재되었디. 유감스럽게도 기념비는 후에 잃어졌다."(「두만강 인수로에 깃든 이야기」, 최석승)

조선이주민이 만주수전개발에서 중국 측의 인정과 도움을 받은 동시에 중국 측은 조선이주민을 고용하여 수전을 넓혔다. 1912년 봉계군벌정부는 '봉천수리국'을 설치하였고 '벼재배장려규정'을 반포했다. 반면에 조선수전농에 대해서 여러 가지 제한도 가하였다. 그 예로 '韓侨雇佣垦种稻田条例'의 요점을 보면:

제1조 중국인으로 수전을 개간코자 하는 자는 조선이주민을 농업노동자로 고용할 수 있다. 조선이주민에게 토지 임대, 매매 또는 일체 타종의 계약을 체결할 수 없다.

제2조 고용된 조선이주민은 수전경작 외 기타 직업을 선택할 수 없다.

제3조 조선이주민을 고용하는 자는 피고용자의 행위를 충분히 알아야 한다. 만일 그렇지 아니한 경우로 일어난 불측사건의 전부 책임을 고용자가 질 것.

제4조 고용자는 피고용자 조선이주민의 성명, 연령, 고용기간을 서면으로 구장에 보고하고 구장은 1식 2분으로 작성하여 현정부 및 수리국에 보고할 것.

제5조 피공안자가 공안에 대한 염려가 있는 경우 즉시 추방하되 고용주가 동정을 표하거나 피고용인을 숨기는 경우에는 엄격히 처벌할 것.

제6조 조선이주민 중 다수는 중국에 귀화하였으므로 이들을 조사하여 만일 이중국적을 소유한 자가 있으면 중국복장을 입도록 엄히 실행할 것.

이 지령은 봉천성령 제1007호로 발포되었다.

보다시피 중국인은 조선이주민이 수전을 개간하는 것은 허용하나 땅을 세 맡거나 기타 업종에 종사하는 것은 환영하지 않았다. 하지만 조선이주민이 떠나는 것을 원치도 않았다. 조선이주민이 없이는 만주의 벼농사는 불가능했기 때문이다.

수전농사는 수확이 좋았다. 하지만 계급신분에 따라 차이가 있었다. 소작농의 경우 간도조선이주민은 수전을 호당 1정 8반을 경작하였으며 소작료로 중국인지주와 5:5 또는 4:6 제로 계약을 하였다. 조선농민의 일 년 수입은 150원 정도, 일가 네 식솔이 생계를 유지하는 상황이었고 일단 홍수나 한재를 입으면 기아상태를 면치 못했다.

봉천 부근에 있어서는 조선농민의 호당 수입은 108원, 지출(소작료는 수입의 절반, 종자값, 수리세금, 경작비, 농구비용, 생활비용, 거주비용, 이자 등)은 103.10원, 여액은 4.90원이다. 오지에 있어서는 수입이 96.00원, 지출은 74.10원으로 예산되었다.

북만에 있어서는 5인 가족이 3천지 수전을 가꿀 때(천지당 쌀 산출은 8석, 1석에 20원) 소작인의 수입은 518원이고 지출은 506.25원, 나머지는 2.75원이 된다.

지주의 경우 만철연선 부근의 관개가 충분한 토지 약 100정보를 구입하거나 상조하여 경영함을 기준하면 1반보당 수입은 18.00원이고 지출은 4.99원, 수익은 13.01원이다. 자금에 대한 이율은 17.1%로서 수전 1반보에 자금 70원으로 상조한다면 약 100정보를 소작케 하여 투자자는 10.7%의 이윤을 얻게 된다.

자작농의 경우 만철연선의 관개가 편리한 토지를 표준하여 10-20정보를 자작한다면 소요되는 자금(토지, 건물, 농구, 부림가축)은 87.50원, 유지비 2.51원이다. 수입은 40.00원 이고 지출은 21.64원, 여액이 18.36원이다(이상 「최근간도사정」에 근거함).

이와 달리 1918년 동척의 조사내용에 의하면 자작농의 경우 수전 1반보에 수입은 14.10원, 지출은 7.17원, 여액은 6.93원으로 된다.

4. 사과배 재배

사과배의 최초 재배자는 최창호(崔昌浩) 씨
이다. 1897년 10월 16일(음력) 조선 함경북도
경성군 주남면 용정동의 한 청빈한 선비 가정에
서 태어났다. 1909년 증조부를 따라 안도현 내
두산으로 이주했다가 1916년 본 용정시 도원향
소기촌에 자리를 옮겼다.

1921년, 동생 최범두(崔凡斗, 일본제국대 졸
업)씨가 조선 옛 고향에 다녀올 때 함경남도
북청군에서 배나무가지 6대를 가지고 왔다. 최
창호는 6대의 배나무가지를 김치움에 넣어 잘
보관했다가 그해 봄 집안 터전에서 2-3년 자라
닌 6그루의 돌배나무에 북청의 배나무가지를
접목하였다. 이듬해 봄에 3대가 동상을 입어 죽

사진 1-06-03 간도 사과배 최초
배육자 최창호(1887-1967)

고 살아남은 3그루마저 가지의 끝 부분이 얼어 죽었다. 죽은 끝 부분을 잘라버리니
한 해 사이에 2자 남짓이 자랐던 과일나무가 접목할 때보다 좀 굵어졌다. 그 후 몇
해간의 과동을 거쳐 3그루의 새 과일나무는 점차 소기골의 기후에 적응하게 되었다.

6년째 되던 해 봄, 가지역에서 꽃이 피고 열매가 맺기 시작했다. 배가 어찌도 큰지
어른들의 주먹만큼 했으며 새하얗고 부드러운 살이 많은 반면 핵이 작았으며 당분과
수분이 많아 입에 넣고 씹으면 스르르 녹아버리는 듯하여 맛이 아주 좋았다. 부본
(父本)이 돌배나무이지만 과일은 돌배에 비할 바 없이 참 좋다는 뜻에서 '참배'라고
불렀다. 이 이름은 50년대 초까지 줄곧 불리었었다.

30년대 초에 이르러 사과배나무는 로투구지방의 노동, 로서, 염명, 관도촌과 세린하
향의 일신, 문화촌 그리고 광신향의 수남촌에까지 전파되었는데 총면적은 750여 무나
된다. 1939년 용정시 경내의 사과배나무의 재배면적은 1770무로 늘어났다. 지금 사과
배는 이미 중국 내 14개 성, 시에 뿌리를 내렸으며 조선, 러시아, 동유럽까지 그 이름

을 날리고 있다.

1987년 9월 25일, 소기촌의 살아있는 2그루의 첫 사과배나무 앞에 '사과배 선조 기념비'가 세워졌다.

제3절 1931-1945년 조선이주민의 농업

벼농사는 높은 수익으로 만주농업에서 날로 중요한 위치를 점하고 있었다. 중국인 지주와 중국당국에서는 벼농사를 제창하였고 고무하는 조치를 내왔다. 위만주국에서는 1935년에 '알곡관리법', 1943년에 '수리조합설립요강'을 반포하였다. 이는 만주 벼농사의 발전에 일정한 추진역할을 놀았다.

국제시장도 벼 생산을 발전시키는 데 아주 유리했다. 1차대전기간 유럽의 농업수확고는 절반가량 줄어들었는데 국제시장의 입쌀 값이 폭등하여 벼농사가 농작물재배 가운데서 이윤이 제일 높았다. 만주의 부자들은 앞 다투어 땅을 사가지고 조선농민을 고용하여 대대적으로 수전을 개간했다.

1938년 이후 만선척식에서 수전개척을 직접 경영했다. 1940년 통계에 따르면 8개 수전공사를 벌렸는데 공사비용은 242만 6000원에 달하였고 실제 경작면적은 1만 3600정이었다(표 1-06-9).

표 1-06-09 만선척 수전개간공사표

년 도	토지명	총면적(정)	경작면적(정)	농가호수	공사비용(원)	주 해
1933	하 동	2350	2000	684	295000	자연유입
1934	수 화	1710	1200	446	204000	자연유입
1933	영 흥	6020	5000	2706	860000	**扬水**
1938	회 덕	5690	2500	601	484000	자연유입
1938	금 현	1180	800	251	208000	자연유입
1939	양자성자	470	350	60	36000	자연유입
1938	장구연	800	800	225	198000	**扬水**
1938	위 하	2430	700	293	81000	자연유입
1939	강 두	350	250	111	60000	자연유입
합 계		21000	13600	5377	2426000	

자료출처: 「만주개척연감」(1940년)

만선이 시도한 또 한 가지 공사는 위통화성 유하현 고산자가에 건축비용 47만 원을 가지고 만주의 최초 저수지를 건설한 것이며 이것으로 700정보의 수전을 가꿀 수 있었다.

1936년 만주의 수전면적은 11만 3943정이고 쌀 수확고는 254만 5483석이며 앞으로 수전이 가능한 면적은 35만 정으로 예상된다.

당시 수전이 발달된 지역은 장춘, 봉천, 무순, 안동, 개원, 송수, 해성, 영구, 해림 부근과 간도지역이다(참고표 1-06-10).

표 1-06-10 성(省)별 조선인 수전경영표

단위: 정, 석

성 별	수전면적	수확고	평균수확고	중국인 경영			수전가능면적
				수전면적	수확고	평균당수확고	
간 도	28107	535566	1.62	887	20694	2.14	40041
봉 천	29230	659906	2.41	1356	25548	1.80	12515
안 동	9137	146261	1.92	5181	110165	2.11	82679
빈 강	24712	607051	2.77	3657	96676	1.63	129240
길 림	12896	362603	2.58	1795	16786	2.35	29253
삼 강	3143	92386	2.96	1163	24900	2.67	27810
흑 하	287	5646	1.63	--	--	--	500
용 강	3775	63230	2.16	400	500	1.30	6700
금 주	431	7913	2.08	232	1924	1.20	9980
흥안서	93	1200	1.29	--	--	--	186
흥안남	2066	43768	2.25	--	--	--	1330
열 하	65	1950	3.00	--	--	--	600
합 계	113942	254583	2.32	14671	302193	1.90	350734

자료출처: 「재만조선인현세요람」소화12년

1936년 재만조선이주민의 한전경작면적은 19만 336정이다. 경작지면적으로 보면 콩, 옥수수, 보리, 수수 등 작물들이 주된다. 간도에서는 수박, 동부, 남새류, 돌피, 삼 등 작물도 재배하였다. 간도는 조선이주민의 가장 중요한 농작물경작지대였다. 만주 한전경작지의 85%가 간도에 있다는 사실이 이 점을 말해준다(표 1-06-11).

표 1-06-11 만주지방 성별 한전면적, 주요작물 수확고

성별	간도	봉천	안동	빈강	길림	삼강	용강	흑하	흥안북	합계
한전면적	161862	2093	21192	4262	396	264	44	182	41	19036
조(석)	387241	7385	31877	4664	536	158	85	218	--	33164
콩	389391	7042	19054	4850	1440	482	100	478	--	522837
옥수수	97049	6252	15061	3148	606	485	95	222	--	122918
수수	47668	828	6447	890	50	200	--	--	--	56083
陆稻	534	200	30	--	150	--	--	--	--	914
팥	12300	--	1012	--	--	--	--	--	--	13312
보리	91837	--	6444	3557	200	302	25	--	--	102363
밀	3557	--	4730	--	--	--	23	--	--	8310
기장	8554	--	5830	--	--	--	--	--	--	14384
메밀	8073	--	8819	--	564	--	--	--	--	17456
록두(관)	--	--	2300	--	--	--	--	--	--	2300
감자	4978015	--	279400	--	--	--	--	--	31100	5288515
담배	1529	--	96976	--	--	--	--	--	--	98505
남새류	--	--	73220	--	--	--	--	--	--	73220
燕麦(석)	7498	--	9334	--	--	--	--	1442	17	18291
돌피(석)	77057	--	--	--	--	--	--	--	--	77057
수박(관)	--	--	--	--	--	-	--	--	3500	3500
동부	6459	--	--	--	--	--	--	--	--	6459
삼	675	--	--	--	--	--	--	--	--	675
아편꽃(석)	68	--	--	--	--	--	--	--	--	68
기타	5116	--	--	--	--	--	--	--	--	5116

자료출처: 「재만조선인현세요람」

제4절 조선이주민의 부업

만주의 겨울은 결빙기가 길기에 조선농민에게 있어서는 부업의 가장 좋은 시기이다. 또 농사일에만 의거하면 근근이 생계를 유지할 수 있는 형편에서 부업은 생존의 또 중요한 방법이다.

1. 아마천 제조 조선농민은 중국인에 비해 아마를 많이 재배하고 있으며 베천 짜

는 기계로 매 10가구에 3-4대 지어 7-8대를 갖고 있는 지방도 있다. 1917년 당시 간도 내 베천 짜는 기계가 1만 3700대에 달하는 사실은 그 보급정도를 알 수 있으며 1914년 이전의 물가로 1.70-2.00원 정도면 한 대를 만들 수 있었다. 짠 베천의 절반은 집에서 쓰고 나머지 절반은 시장에서 팔았다. 당시 베천 총 판매액은 14.15만 원에 달하였으며 대개 원산, 종성, 무산 등지의 조선상인들이 천 또는 기타 물품으로 바꾸어 갔다. 베천은 대체로 가을이 끝난 겨울에 실을 뽑고 이듬해 4, 5월에 천을 짰다. 베천은 가는베와 굵은베로 나누며 가는베는 1자 2촌 내지 1자 3촌 폭에 19자 내지 23자 길이로서 가격은 1-2원이다. 굵은베는 1자 좌우 폭에 35자 내지 37자 길이로 가격은 1.50-3.40원이다.

2. 누에사양 간도의 누에사양은 이도구 부근의 조선농민 이환 씨가 첫 시작을 뗐다. 시험재배는 1925년에 있었고 이듬해는 156석의 산량을 올렸다.

북간도에 있어서 누에사양호는 1925년에는 322호, 1926년에는 679로 두 배 성장을 보였다. 누에재배인구는 1194명이다.

3. 농업노동 지주의 경우 해마다 노동자를 고용하나 중농 이하는 파종, 제초, 수확 등 농번기에는 노력을 고용하기에 기타 시기에는 노력이 남아도는 상황이었다. 조선농민은 대개 날품(日傭)으로 임시 수요에 응했다.

1917년 9월 간도지역조사에 의하면 일 노임은 0.20-0.30원이고 월 노임은 5.00-5.80원 이며 연 노임은 30-45원이다. 상부지는 일 노임이 0.40원, 월 노임이 8.87원, 연 노임이 68.75원이다. 상부지역에 있어서는 노임만 주지만 상부지 외 지역에 있어서는 식사도 책임지는 것이 통례이다.

4. 가축사양 봄에서 가을까지는 방목하고 밤과 겨울에는 가두어 사양했다. 사료는 주로 풀, 곡식, 깍지, 두병 등이었다. 1926년 간도지역은 소는 가구당 한 마리, 말은 4호당 한 마리, 양은 백 가구당 4마리, 염소는 백 가구당 2마리, 돼지는 가구당 2마리, 닭은 가구당 3마리, 당나귀는 10가구당 약 1마리, 노새는 100 가구당 3마리였다. 1936년 6월 현재, 만주조선이주민이 갖고 있는 소는 4만 4391마리, 말은 7836마리, 돼지는 7만 5004마리, 개는 4622마리, 닭은 16만 7103마리였다(참고표 1-06-12).

표 1-06-12 만주조선인 가축사양상황

영사관별	소	말	돼지	양	닭	당나귀	노새	오리	개
길림	400	350	3500	3	8000	150	150	--	--
돈화	751	320	380	--	680	--	--	--	--
봉천	468	--	1990	--	--	130	--	--	--
산성진	938	66	1517	--	4553	49	88	--	--
영구	209	40	507	--	1866	--	6	1458	462
정가툰	1	241	296	--	546	--	--	--	--
백성자	20	40	200	--	400	--	--	--	--
간도	9277	1838	11123	42	45690	474	500	--	--
훈춘	6183	1680	10800	750	29300	--	--	--	--
배초구	13309	1680	17992	--	14387	64	140	--	--
투도구	9835	1017	24263	50	55325	151	229	--	--
도문	3000	564	3436	--	16356	60	59	--	--
합 계	44391	7836	75004	842	167103	1078	1172	1458	462

자료출처: 「재만조선인현세요람」
주: '길림'에서 젖소 20마리 사양.

　　1930년, 201호 조선농민에 대한 이훈구 씨의 조사연구결과에 따르면 연초에 가축
을 사들이면 호당 7.08원, 연중에 사들이면 호당 5.95원, 연말에 사들이면 호당 9.4
원이었다. 가축노동으로 인한 수입은 호당 19.42원이다(가축은 소, 말, 당나귀, 노새
만을 포함). 가축사양으로 얻은 201호의 수입은 알류 741.45원, 털 23.70원, 피혁
115.55원, 기타 89.20원으로서 합계는 969.90원이다(이상은 부여, 아성, 쌍성, 할빈,
주하, 영안 등 6개 현을 포함).

조선이주민의 교육

재만조선이주민에게 있어서 교육은 생존 다음으로 가는 기본요소로 되었다. 정착이 이루어진 다음 마을이 생기면 잇따라 가는 것이 곧바로 글공부였다. 학교는 글을 가르치는 곳일 뿐만 아니라 애국과 반일사상을 고취하는 민족주의의 진영이었으며 자체의 민족을 이어가는 가장 중요한 수단이었고 나아가서는 반일활동을 하는 은폐물이거나 중요한 장소로 되었다. 조선이주민의 교육 역시 일제의 문화침략을 막는 최후의 싸움터였다.

제1절 '한일합병' 전 조선이주민 교육

만주이주 초기, 조선이주민의 교육이란 주로 집거한 마을에 서당을 꾸려놓고 훈장을 모셔다가 「천자문」, 「통감」, 「명심보감」, 「맹자」 등 한문과 한학을 가르치는 것이었다.
20세기 초에 접어들어서는 간도지방에 신학교운동과 더불어 근대학교가 창립되기 시작하였다. 1904년 간도의 첫 공립학교인 연길북산중학당(현 북산소학교)이 세워졌다(1901년 10월 21일에 창립되었는데 처음에는 '학무서원(学务书院)'이라 불렀다는 일설이 있다). 「연길현지 · 교육」에는 "연길청 무민동지(抚民同知) 진작언(陈作彦)의 창의에 의하여 창립되었다."고 씌어있다. 학제는 5년이며 보통반 과목은 수신(「양정유규」, 「종정유훈」 등), 독경(「좌전」, 「주례」 등 유가의 경전노작), 중국문학, 역사, 지리, 산수, 박물, 물리, 화학 등이었다.

1908년에는 연길변무방판 오루이쩐이 이 학당을 시찰하고 나서 "학당이 날로 허름해지는 형편에 비추어 자금을 지불하여 규모를 개변시켜 다소 완비하게 했다."(「연길현지 · 교육」) 이리하여 1909년 11월에 이르러서는 초급반 학생이 30명이고 고급반 학생이 40명인 비교적 큰 규모를 갖추었다.

이러한 환경 속에서 조선이주민들의 신학교육운동은 점차 활기를 띠였다. 조선의 반일문화계몽운동의 영향을 직접 받은 일부 지식인과 애국지사들은 교육이 불흥하면 민족생존이 불가능하다면서 반드시 신학교육운동을 벌여야 한다고 주장하였다. 이것이 당시 교육을 지배하는 주류적 사상이었다. 즉 이 시기 조선이주민교육은 민족의 자주와 독립, 해방을 목적으로 한 것이었다.

신학교육의 내용은 내수외학(內修外學)과 밀접한 관계를 맺고 있다. 내수외학이란 안으로는 자주적 체계를 정비강화하며 밖으로는 선진문명을 받아들여 대중에게 보급하는 것이다.

중국조선이주민 근대학교 교육의 시원으로 되는 학교는 1904년 4월 16일 훈춘현 흑정자 옥천동(현 경신향)에 당지 기독교 교회에서 설립한 동광(東光)학교이다. 설립 초기, 교육과정은 조선어, 산수, 체육, 창가와 성경이었고 교재는 자편하였다. 교사는 교회당이었는데 일요일예배 외의 6일간은 학교의 교실로 사용하였다. 학생들은 통학하거나 기숙하였는데 한때 학생이 150여 명에 달하였다. 1910년 '한일합병' 후 독립지사 이춘(李春) 씨가 학교를 이용하여 반일민족교육을 진행하였다. 1920년 후, 동광학교는 훈춘보통학교의 분교로 되었으며 경영권도 조선인민회로 넘어가고 교수 내용도 보통학교와 같게 되었다. 1938년, 교명을 옥천동국민우급학교로 개칭하고 1944년에 이도포로 옮긴 후 흑정자국민우급학교라 하였다.

중국조선이주민 근대학교 중에서 대표성을 띤 학교의 하나가 바로 서전서숙(瑞甸

書塾)이다. 창립자는 이조 말엽 고종연간의 우국충신 이상설(李相卨)이다.

이상설의 자는 순오이고 호는 보재, 1871년 충청북도 진천군 초평리의 한 양반가문에서 태어났다. 1894년 식년(式年)문과에 병과로 급제하였고 그때부터 여러 요직을 거쳐 1904년에 법부협판이 되고 1905년에는 의정부참찬으로 있었다. '을사조약'이 체결된 이튿날 고종에게 상소문을 올렸다가 투옥되었고 1906년 봄에 석방되자 러시아 연해주로 건너갔다가 그해 여름에 간도 용정에서 서전서숙을 창립하였다. 이때 이상설은 '이당'이란 별명을 썼다. 1907년 4월 고종황제의 밀사로 만국평화회의에 참가하고자 헤그에 갔다가 실패하자 해외망명생활을 시작했다. 1910년 유인석 등과 함께 블라디보스토크에서 '성명회(声鸣会)'를 조직하였고 1912년에는 이동휘와 함께 러시아 연해주에서 '권업회'를 조직하고 기관보 '권업보'를 꾸렸다. 1917년 봄 러시아 연해주에서 각혈증에 걸려 47세를 일기로 숨을 거두었다.

1906년 여름, 이상설은 이동녕(李东宁, 李良), 여조현(呂祖铉), 정순만(郑淳万, 王昌东), 박정서(朴正瑞, 朴茂林), 김우용(金禹容, 金东灿), 황달영(黄达永, 田共达) 등과 협상 끝에 자기의 개인재신으로 용정촌기독교회장 최병익의 집을 사서 서전서숙을 세웠다. 운영경비 역시 이상설의 개인재산으로 해결하였다.

설립초기 숙장은 이상설이었고 교원은 이상설, 여조현, 김우용, 황달영이었으며 정순만, 이동녕이 서숙운영을 맡았다. 서숙에서는 각 지역에서 온 학생 22명을 받아들여 신학교육을 진행하면서 반일사상을 주입하였다.

동척에서 간행한 '간도사정'에는 아래의 이야기가 적혀있다.

"당시 통감부는 한국정부와 협동하여 간도조선이주민보호책을 내정하고 1907년 봄에 육군중좌 사이토와 사무관 등을 파견, 밀행케 하여 간도파출소의 예정지 및 기타의 상황을 조사케 하였다.

이러한 목적으로 일행은 용정촌에 도착하여 서전서숙의 주무자(主务者)를 방문하였을 때 마침 이상설은 산보를 하려고 문을 나서려 하다가 이자들의 내의를 묻게 하였는데 일행은 상업관찰 도중에 들렸다 하고 때는 정심시간이었으므로 지니고 온 도시락을 먹기 위해 온수와 식기를 빌려줄 것을 요구하였다. 그러나 동교위원들은 빌려줄 수 없다 하여 냉랭히 이를 거절하고 이상설의 경우는 일언반구의 질문도 없이 출타하였기 때문에 일행

은 할 수 없이 강변에 가서 강물로 목을 축여가며 식사를 끝냈다. 당시 이들의 일본에 대
한 태도가 얼마나 오만하였나를 알 수 있는 일이다."

1907년 5월, 이상설이 헤그밀사로 떠나자 숙장에 여조현이 추대되었다. 그해 8월
용정촌에 '조선통감부 간도파출소'가 세워지고 일제의 통제, 유인과 탄압으로 8월에
서숙은 부득이 문을 닫았다. 서전서숙의 교직원들은 일부 학생을 거느리고 훈춘 탑
두구 부근으로 옮겨가서 서전서숙을 회복하고 학생을 더 모집하여 1년간의 수업을
거쳐 3개 반 학생 74명을 졸업시키고 해산하였다.

서전서숙의 뒤를 이어 양정학당, 창동강습소, 명동강습소, 광성강습소, 정동서숙이 꾸
려졌고 1912년 후에는 창동, 명동, 광성, 정동 등 4개 강습소가 중학교로 발전되었다.

양정학당(养正学堂)은 월간신동(越垦绅董) 이동춘(李同春)씨가 1907년 3월 광
제욕(현 용정시 광개향 광소촌)에 세웠는데 이듬해 3월에 관립학당으로 넘었다.
1910년 화룡현이 설치되자 관립제2학당으로 되고 그 후 또 현립제2학교로 되었다.

이동춘은 지난 세기 초 조선이민 중 걸출한 교육개며 민주혁명운동의 선구자이다.
조선 회녕 사람으로서 1883년에 태어났다. 일찍 중국에 이주하였고 경찰학당에 다녔
으며 중국어를 정통하였다. 조선 서울주재 청나라 허대신의 통역관으로 있으면서 '파
총(把总)'이란 관직을 표창받았다. 중국에 돌아온 후 영원보 광제욕 광소사에서 교육
사업에 열중하였다. 그는 일찍 중국국적에 가입하여 치발역복하였다. 이동춘은 지방관
청의 지지 밑에 마을사람들이 기부한 돈으로 양정학당을 세웠다. 마을의 공유지역에
중국식 초가 14칸을 지었는데 몸채 3칸은 교실로 쓰고 동, 서 사랑 6칸은 숙사로 쓰
며 5칸은 주방과 식당으로 썼다. 초기 학생은 60명이었다. 학과목은 중문, 중어, 일어,
산학, 체조 등 5가지였고 교원은 이동춘과 피원경이었다. 관립으로 된 후에는 중국인
교원 2명을 두었다. 학생들은 흰천 조련복을 입었으며 교과서와 지필묵 등 학용품은
학당에서 무료로 제공하였다.

양정학당의 취지는 '학생들을 양성하여 근본을 바로 닦고 사상을 단정하게 하는'
것이다. 양정학당교사는 1931년 9·18사변 때 소각되었다.

창동(昌东)의숙은 조선유지인사들인 오상근(吴常根), 이병휘(李炳微), 남성우(南

性佑, 본명은 남인상) 등이 연길현 와룡동(현 연길시 소영향 민흥촌)에 1907년에 세운 것이다. 이듬해에 창동학교로 개칭했고 1910년에 중학부를 설치하고 창동학원이라 일렀다. 원장은 오상근, 부원장은 이병휘와 남인상, 교원 7명, 학생 100여 명, 그중 중학생이 80여 명으로서 그들 대부분이 학교에 기숙하였으며 경비는 학교후원회에서 부담했다. 중학부에서는 군사훈련과를 설치하였다.

1920년 '15만탈취사건'에 이 학교 졸업생 최봉설 등이 참여하였고 이 학원의 교원 지봉하는 1930년에 와룡동에 중공지부가 건립되면서 제1임지부서기로 임했었다.

그 후 일제가 학원의 교사를 강점하고 군경을 주둔시키려 하자 상급 당조직의 지시에 따라 학교에 불을 놓아 태워버렸다. 1935년 마을사람들이 새 교사(초가집)를 짓고 창동학교를 회복하였고 1935년 9월 12일에 '사은기념비'를 세웠다. 미구하여 창동학교는 일제의 야수적인 탄압으로 재차 폐교되었다가 1945년 10월 해방을 맞아 제2차로 창동학교를 회복하였다.

명동(明東)서숙은 1908년 4월 27일 개설되었다. 전신은 김약연 씨가 1901년에 세운 규암제리는 서당이다.

김약연의 호는 규암이고 1868년 9월 12일 조선 함경북도 종성에서 태어났다. 1899년 화룡현 지신사 명동촌에 이주, 1907년 연변교민회 회장을 맡았고 1909년에는 이동춘과 함께 간도간민회를 조직하고 회장 직에 취임했다. 1912년 북간도국민회 회장으로서 독립운동의 선봉에 나섰다. 1918년 여준, 정안립 등 39인과 함께 무오독립선언을 발표했다. 1923년에는 간도조선이주민의 재산과 생명보호를 위한 자치권획득을 위하여 전력했고 만년에는 목사로 되었다.

용정의 서전서숙이 폐교되자 일부 교원과 학생들이 명동에 와서 김약연과 상의 끝에 세워진 것이 신학교육을 실시하는 명동서숙이다. 김약연이 숙장, 박무림(서전서숙의 창설자의 한사람)이 명예숙장으로 되었다.

창립된 첫 해에 학생 42명을 모집하였고 이듬해 4월에 사립명동학교로 개칭하였으며 1910년에는 중학부를 증설하였고 1911년에는 이동휘의 권고로 여학부를 내왔다. 여학부의 교원은 이의순(이동휘의 딸), 정신태(정병태의 누이동생), 우봉운 등이었다. 학생은 중학부에 114명, 중학여학부에 46명, 소학부 보통과에 53명, 고등과에 12명이었다. 수업료는 1-3학년은 4.80원이고 4학년 이상은 그 외에 좁쌀 6말을 더 받으며 학생들에게서 약간의 땔나무를 거두었다. 소학부과정은 국어(조선어), 성경, 수신, 한문, 산수, 주산, 이과, 작문, 습자, 창가, 체조, 지리, 동국역사였고 중학부과정은 국어(조선어), 수신, 역사, 지지(地志), 법학, 지문(地文), 박물, 생리, 수공, 신한독립사, 위생, 식물, 사범교육학, 농림학, 광물학, 외교통역, 대한문전(文典), 신약전서, 중국어, 작문, 습자, 산수, 대수, 기하, 창가, 체조(군사체육) 등이다. 여학부에는 재봉과를 첨가했다. 교학의 중점은 배일, 민족독립의식을 가진 인재양성에 두었다.

명동학교는 20세기 10년대 말기 반일민족교육의 선봉이었다. 1920년 명동학교 교사는 일제에 의해 소각되었고 1923년 벽돌로 교사를 다시 지었다. 당시 학생 수는 322명이었다. 주덕해(연변조선족자치주 제1임 주장)를 혁명의 길로 인도한 공산주의자 김광진, 저항시인 윤동주, 애국적 영화인 나운규, 통일의 화신 문익환 목사 등은 명동학교 출신이다.

사진 1-07-01 명동학교 창립 21주년 기념사진, 교사는 경신참변으로 인하여 소각된 후 개건한 건물이다.(1929년 4월 27일)

광성(光成)서숙은 이동춘씨가 김립, 김하석, 윤해, 계봉우, 장기영 등 유지인사들의 협력하에 1908년 연길현 소영자촌(현 연길시 소영향)에 세운 것이다. 1911년에 학생이 106명이었다. 1912년에 중학부를 증설하고 광성중학으로 개칭하고 이동휘가 교장직을 맡았다.

이동휘(李东辉)는 조선의 조기공산주의자이며 신문화교육활동개다. 호는 성재(诚斋), 1873년(고종 10년)에 조선 함경남도 단천군에서 태어났다. 무관학교를 졸업하고 국군참령의 벼슬을 했고 강화도 진위대 대대장 직을 맡았었다. 1907년에 '신민회'에 참여했고 '서북학회'의 중견인물로 활약했다. 1910년 러시아 연해주와 간도 등 지역에서 활약했다. 간도교육사업에 열중했고 1914년 왕청현 나자구에 사관학교를 꾸렸다. 1916년에는 연해주에서 '한국사회당'을 조직했으며 1920년 상해임시정부 국무총리로 취임하였다. 1921년 시베리아에서 조선이주민 청년들을 동원하여 적기연대(赤旗团)를 건립, 1928년 병사하였다.

이동휘는 국어, 조선역사, 조선지리 등 사립학교 교과서를 편찬하였는데 짙은 애국, 반일 사상이 담겨있었다. '경신년대토벌' 때 일본군이 광싱학교에 불을 질렀다. 이로써 학교는 폐교되었다.

정동(正东)서숙은 반일민족지사 강백규(姜伯奎), 강희헌(姜義轩), 유한풍(俞汉丰) 등이 1908년 10월 28일 개운사 자동툰 후저동(현 용정시 광개향 자동촌 제6촌민조)에서 농가 한 채를 사고 학생 20여 명을 모집하여 꾸린 것이다. 창립의식에 500여 명 군중이 모아 성황을 이루었다. 초대숙장에 강백규씨였다.

1912년 여름, 새 교사를 짓고 이듬해 3월에 신학5년제를 실시하면서 교명을 '정동학교'로 고쳤다. 학생은 80여 명이었다. 수업과목은 조선어, 산수, 역사, 지리, 이과, 체육, 음악 등이었으며 학교 내에서의 종교의식을 폐지하였다.

1914년 8월 10일, 여학부를 증설하고 처음으로 여학생 25명을 모집하고 박에스컬(박S킬로L)을 여교원으로 초빙하였다. 1918년 4월에 중학부를 증설하고 중학부교사를 증축하였다. 물리·화학실험기구와 생물·광물표본이 갖추어진 실험실까지 꾸렸다. 중학부과목은 기하, 역사, 지리, 영어, 물리, 화학, 생물, 체육, 음악 등이다.

3·13반일시위에 정동학교의 80여 명 교원과 학생이 참가하였으며 1920년 10월

19일 일본토벌대가 학교에 불을 질러 학교는 잠시 문을 닫았다.

1922년 3월 1일 다시 복교했고 학교 내에 중공지하당조직이 건립되고 1930년경에는 '토요일강연회', '사회문맹퇴치', '시장방곡(市場防谷)', '통신연락' 등 조직이 비밀리에 무어졌다. 1932년 6월 15일 일제는 백주에 자동마을에 덮쳐들어 20여 명 무고한 주민을 살상하고 정동학교에 불을 질렀다. 그 후 8·15를 맞아 복교하였다.

정동서숙은 창립된 그날부터 광개중학교로 교명을 고치게 된 그날(1950년 2월 24일)까지 15회에 걸쳐 486명의 졸업생을 육성해냈다.

이 시기 간도 외 지방에도 조선이주민학교가 세워지기 시작했다. 1907년 안동의 협동학교, 1910년 이동녕씨가 통화현 하니하에 세운 신흥학교, 1908년 영안현의 고안촌(高安村)소학당 등이 그 예로 된다.

일본인들은 조선이주민학교를 말살하고 불사르는 동시에 자신들도 학교를 급급히 꾸리였다.

서전서숙이 폐숙된 뒤 이상설의 동료들이 뒤처리를 하였다. 사이또 소장은 최 서기관을 시켜 서전서숙의 교원과 운영자에게 매달 20원 보조금을 내줄 터이니 계속 서숙을 꾸리라고 '권고'하였다. 이들이 이에 응하지 않고 교사를 팔아버리니 '간도파출소'의 일본인들은 그 서숙집을 사가지고 1908년에 서전서숙 자리에다 '간도보통학교'를 꾸리었다. 또 국자가, 배초구, 투도구, 훈춘 등 지역에도 조선이주민 공립보통학교를 설립하고 노예화교육을 실시하였다.

일제는 또 1908년 7월 1일에 용정에 조선통감부 함경북도 도립간도중앙학교를 세우고 무료교육을 실시하였으나 교원이 17명이나 되는 이 학교에 입학한 학생은 54명밖에 안 되었다. 1910년 이 학교를 지방학교로 개칭하고 일본총영사관에 귀속시켜 관할하였는데 졸업생들의 취직을 책임진다는 우월한 조건으로 780명의 학생을 모집하여 노화교육을 실시하였다.

제2절 1910-1931년 조선이주민 교육

1. 개 론

'한일합병'은 만주조선이주민교육에 있어서 하나의 전환점으로 되었다. 간도 등 지역에 이미 형성된 조선이주민 집거구와 망국의 신세가 된 조선반일지사들이 만주로 대량 몰려들어 새로운 반일독립운동의 기지를 마련함은 만주조선이주민 근대교육에 근본적인 동력을 주입하였다. 근대교육은 반일조국광복의 필요한 수단으로 채용되었기 때문이다. 조선에서 이미 일어난 애국문화계몽운동으로 인해 일어난 사립학교의 대폭적인 설립은 간도지역의 사립학교 창설에 직접적인 영향을 끼치었다.

서전서숙이 폐숙된 후 그 불씨는 요원의 불길로 타올랐다. 영안현에 고안학교, 환인현에 동창학교, 유하현에 신흥학교, 밀산현에 한흥학교, 연길현 이화동에 광진학교, 유하현에 광종학교, 용정촌 명신학교, 유하현 삼원포에 삼성여학교 등이 일떠섰다. 불완전한 통계에 따르면 1916년 12월까지 동북3성에 설립된 조선이주민 사립학교는 도합 238개소, 학생은 6만 3000여 명이었다(「현대사자료」(27) 「조선」(3)강덕상 편, 재인용).

이 시기 여성교육이 주목받고 있었다. 1910년에 증설된 화룡현 대립자 명동촌의 명동학교 여학부, 1914년에 설립된 용정촌 명신여학교, 1920년에 설립된 화룡현 명신사 삼도구 충신향의 삼명여학교, 1921년에 설립된 화룡현 삼개사 만진기의 정신여학교, 유하현 삼원포 삼성여학교, 연길현 용진사 대교동의 교향여학교 등이 있었다.

이 시기 조선이주민의 신식교육기관이 많이 설립되었고 근대교육이 조선이주민들에게 점차 접수되었으며 교육의 방향은 뚜렷한 반일민족주의에로 돌려졌다. 1920년 경신년토벌을 계기로 조선이주민사립학교에 대한 일제의 간섭과 압제가 본격화되었으며 위만주국의 설립을 기준으로 통제단계에 들어섰다. 남만주철도주식회사에서 반포한 1928년도 재만조선이주민학교 조사에 따르면 조선이주민학교는 363개소이다(표 1-07-01).

표 1-07-01 재만조선인학교일람표(1928년 현재)

관할영사관	학교명	소재지	설립자	연월	교육정도	연 비용	학급 수	조선인/교원 수	학생 수	사용교과서	유지방법
할빈영사관	할빈영실 보통학교	빈강	할빈 조선인회	1920.9	수업 6년	6000		4/5	104	조선총독부 편찬	총독부보조
	연진학교	주하	일면파 조선인회	1921	수업 6년	1000	1	1/1	20	조선총독부 편찬	조선인민회 경비
	동흥학교	영안	해림 조선인회	1922.9	수업 6년	1500	3	2/2	37	조선총독부 편찬	조선인민회 경비
	여흥학교	동녕	수분하 조선인회	1922.7	수업 6년	1000	3	2/2	39	조선총독부 편찬	조선인민회 경비
할빈총영사관	영동학교	영안	조선 유지인회	1921.1	소학교	700	1	2/2	48	중국소학교용 한문교과서	조선유지인사 의연금
	북일학교	영안	조선 유지인사	922.1	소학교	500	1	21/1	32	중국소학교용 한문교과서	조선유지인사 의연금
	간민학교	영안	조선 유지인사	1921.1	소학교	600	1	2/2	40	중국소학교용 한문교과서	조선유지인사 의연금
	은진학교	영안	조선 유지인사	1920.1	소학교	500	1	1/1	15	중국소학교용 한문교과서	조선유지인사 의연금
	사련진 간민학교	영안	조선 유지인사	1921.2	소학교	60	1	1/1	28	중국소학교용 한문교과서	조선유지인사 의연금
	배산학교	영안	조선 유지인사	1923.1	소학교	800	1	3/3	78	중국소학교용 한문교과서	조선유지인사 의연금
	협성학교	영안	조선 유지인사	1926.1	소학교	5000	1	1/1	28	중국소학교용 한문교과서	조선유지인사 의연금
	홍진자서당	영안	조선 유지인사	1926.2	소학교	500	1	1/1	15	중국소학교용 한문교과서	조선유지인사 의연금
	신명학교	영안	조선 유지인사	1926.3	소학교	400	1	1/1	11	중국소학교용 한문교과서	조선유지인사 의연금
	흥녕학교	영안	조선 유지인사	1925.5	소학교	600	1	2/2	35	중국소학교용 한문교과서	조선유지인사 의연금
	동신학교	영안	조선 유지인사	1924.6	소학교	400	1	1/1	15	중국소학교용 한문교과서	조선유지인사 의연금
	신창학교	영안	조선 유지인사	1924.7	소학교	450	1	1/1	13	중국소학교용 한문교과서	조선유지인사 의연금
	중동학교	영안	조선 유지인사	1923.1	소학교	500	1	1/1	25	중국소학교용 한문교과서	조선유지인사 의연금
치치할 영사관	영흥학교	태래	조선인 농장	1927.5	보통학교 이하	1000	2	2/2	46	조선총독부 편찬	학부형부담 교원은 학생집에서 1개월씩 론번으로 식사
	학교	태래	조선인 농장	1927.7	보통학교 이하	500	3	2/2	50	조선총독부 편찬	
	의숙	태래	조선인 농장	1928.8	보통학교 이하	—	2	2/2	30	조선총독부 편찬	
	의숙	태래	조선인 농장	1928.8	보통학교 이하	1000	2	3/3	40	조선총독부 편찬	
만주리 영사관	서당	아레도	스케끼 모노나시								
장춘영 사분관	장춘 보통학교	장춘	조선인 거류민회	1922.9	조선공립보통학교	417	5	3/5	162	총독부 편찬	연청매년5400원, 은사제 단장학자금 제공(500원) 기타 잡수입 240원 학부 형기부금, 제주조선인 부과금
	배영학원	사평가	조선인 거류민회	1927.10월	소득3년정도 유치원	3070	3	1/1	99	문부성 편찬 / 총독부 편찬	

관할영사관	학교명 (서당)	소재지 (이례도)	설립자 (스케끼모노나시)	연월	교육정도	연 비용	학급 수	조선인/교원 수	학생 수	사용교과서	유지방법
영안영사분관	영명학교	길림	부락민 공립	1928.9	보통학교 이하	현은2500	1	3/3	48	자체 편찬	길림현재 주조선인 부담
	화림서숙	화전	강지회	1921.10월	보통학교 이하	길림관첩25만	1	4/4	68	자체 편찬	화전현 조선인 부담
	동성학교	화전	유지일	1924.10월	보통학교 이하	길림관첩15만	1	2/2	55	자체 편찬	학부형 거주인 부담
	여신학교	화전	김수극	1927.10월	보통학교 이하	길림관첩5만	1	2/2	17	자체 편찬	학부형 거주인 부담
	영신학교	화전	김태헌	1926.9	보통학교 이하	길림관첩15만	1	3/3	46	자체 편찬	학부형 거주인 부담
	동명학교	화전	김서우	1924.10월	보통학교 이하	길림관첩20만	1	2/2	58	자체 편찬	학부형 거주인 부담
길림영사총관	진명학교	길림	김태산	1924.9	보통학교정도 이하	길림관첩6만	1	2/2	18	총독부편찬	학부형 거주인 부담
	동흥학교	반석	홍기룡	1925.2	보통학교정도 이하	길림관첩20만	1	4/4	53	총독부편찬	학부형 거주인 부담
	동광학교	반석	인정하	1922	보통학교정도 이하	길림관첩25만	1	3/3	43	총독부편찬	학부형 거주인 부담
	장신학교	액목	황 학	1921	보통학교정도 이하	길림관첩15만	1	2/2	17	총독부편찬	학부형 거주인 부담
	신명학교	돈화	김제범	1923	보통학교정도 이하	길림관첩5만	1	2/2	41	총독부편찬	학부형 거주인 부담
	신흥학교	돈화	부락민 공립	1928.11	보통학교정도 이하	길림관첩1만	1	2/2	26	총독부편찬	학부형 거주인 부담
	신진학교	돈화	부락민 공립	1926.8	보통학교정도 이하	길림관첩6천	1	1/1	21	총독부편찬	학부형 거주인 부담
	성동학교	돈화	부락민 공립	1926	보통학교정도 이하	길림관첩5천	1	3/3	31	총독부편찬	학부형 거주인 부담
	신덕학교	무강	최명룡	1921.4	보통학교정도 이하	길림관첩3만	1	2/2	16	총독부편찬	학부형 거주인 부담
	명신학교	쌍양	평박성	1926.10	보통학교정도 이하	길림관첩6만	1	2/2	22	총독부편찬	학부형 거주인 부담
해룡영사분관	문화학교	해림	조선인화 지부	1923.1	소학정도	1750	5	2/2	45	총독부 편찬	학부형부조 학부형부담
	협창학교	유련	조선인화 지부	1922.1	소학정도	1733.20원	4	2/2	42	총독부 편찬	총독부보조 학부형부담
	동창학교	유런	조선인화 지부	1921.9	소학정도	1452.27원	55	2/2	40	총독부 편찬	총독부보조 학부형부담
	동명학교	유런	조선인 교육회	1922.11	소학 및 고등가	3150	55	7/7	139	정의부 지정	지방조선인 부담
	삼성여자학교	유런	예수교회	1921.3	소학정도	875	55	1/1	40	정의부 제정	예수교회 학하행부담
	숭덕학교	유런	예수교회	1922.2	소학정도	913	55	2/2	28	정의부 제정	예수교회 학부형부담
	知定학교	유런	지족농촌	1922.4	소학정도	850	55	1/1	29	정의부 제정	지족농촌 부담
	양정의숙	유런	예수교회	1922.9	소학정도	1900	55	2/2	46	정의부 제정	지방 조선인 부담
	동신학교	유런	지방 조선인	1924.4	소학정도	1750	5	2/2	36	정의부 제정	지방 조선인 부담
	신원학교	유런	지방 조선인	1925.3	소학정도	700	5	1/1	17	정의부 제정	지방 조선인 부담
	영명학교	유런	예수교회	1922.11	소학정도	1580	5	2/2	36	정의부 제정	지방 조선인 부담
	夐性학교	유런	학부형	1922.10	소학정도	500	5	1/1	17	정의부 제정	학부형 부담
	양성의숙	유런	학부형	1922.5	소학정도	600	5	1/1	15	정의부 제정	학부형 부담
	일신학교	유런	예수교회	1922.3	소학정도	1830	5	2/2	42	정의부 제정	예수교 학부형 부담

관할영사관	학교명	소재지	설립자	연월	교육정도	연 비용	학급 수	조선인/교원 수	학생 수	사용교과서	유지방법
해룡영사관	양신학교	해룡	예수교회	1921.5	소학정도	1300	5	2/2	39	정의부 제정	예수교 학부형부담
	북동학교	해룡	지방 조선인	1921.4	소학정도	1230	5	2/2	31	정의부 제정	지방 조선인 부담
	신흥학교	해룡	지방 조선인	1925.7	소학정도	550	5	1/1	21	정의부 제정	학부형부담
	신성학교	해룡	지방 조선인	1924.7	소학정도	90	5	2/2	35	정의부 제정	지방 조선인 부담
	광명학교	하남	지방 조선인	1928.5	소학정도	500	5	1/1	13	정의부 제정	학부형부담
	보흥학교	해룡	해룡 조선인회	1928.3	소학정도	1868	6	2/2	27	총독부 제정	총독부부조 학부형부담
정가튼영사관	공제학교	통료	동우주식회사	1923.4	보통학교정도	1600	5	3/3	43	총독부 편찬	동아권업회 서경비지출
	계몽학당	통료	화흥회사	1923.5	보통학교정도	1500	5	2/2	67	총독부 편찬	화흥회사 경비지출
	외방서당	조남	정은락	1936.1	극히 낮음	1000	3	1/1	33	총독부 편찬	학부형 부담
	흥동학교	조남	양무석	1928.1	극히 낮음	700	3	1/1	19	총독부 편찬	학부형 부담
정가튼영사관	육영학교	청령	정학근	1917.5	보통학교6	1만 4280	5	4/7	--	조선보통학교 것	만철1만2천원
	보통학교	개원	홍순행	1924.4	보통학교6	3945	6	2/3	--	총독부 지정	총독부 2280원 부조
	동덕학교	개원	엄철선	1924.2	보통학교6	소양 1만	6	2/3	--	총독부 지정	만철보조금2400언
	이도하서당	개원									1926년 9월 교육협회 500원 부담
	보명학교	개원	김재규	1924.9	보통학교4	소양 8000	3	2/2	--	총독부 지정	학부형부담 1927년 폐교
철령영사관	조선학교	개원		1925.1	보통학교정도 4						
	협성학교	개원									
	흥영서당	개원									
	개원서당	개원									
도록영사관	동선학교	서풍	문관주임	1924.7	초등교육 6개년	5260	2	1/1	46	총독부 발행	국고보조금유지
봉천총영사관	봉천 보통학교	봉천	봉천거류민회	1920.1		1만4860	8	7/10	297	총독부 편찬	총독부, 민화보 조금, 만철 보조
	봉천유치원	봉천	봉천거류민회	1926.4		73		3/3	65	총독부 편찬	유지권후원회 민화보조금, 부담
	조선학교	심양	김규세	1921.2		590	복식2	3/3	28	총독부 편찬	전도회구제금, 보육료
	명선학교	심양	최재훈	1920.1		494	복식2	4/4	27		총독부 보조금, 학부형 부담
	上茨家 荒蕪地학교	심양									총독부 보조금, 학부형 부담
	信兴학교	심양	은익범	1918.9		830	복식3	3/3	70	총독부 편찬	총독부 보조금, 학부형 부담
	동신서당	심양									
	下茨家 荒蕪地서당	심양									
	북산총영서당	심양									
	대동촌서당	심양									

관할영사관	학교명	소재지	설립자	연월	교등정도	건 비용	학급 수	조선인/교원 수	학생 수	사용교과서	유지방법
봉천총영사관	오기형서당	섬양									
	終家棚학당	섬양									
	정안보서당	섬양									
	諸木澤 보통학교	섬양	학교조합	1920.11월		1172	7	3/3	70	총독부 편찬	총독부, 권업회사 보조
봉천총영사관	동선학교	문계	김남진	1921.9		220	4	2/2	30	총독부 편찬	학부영 부담
	무순보통학교	무순	무순 조선인회	1921.7		6000	6	4/7	287	총독부 편찬	학부영 부담
	동사보통학교	무순	권공서	1918.5		500	부속4	/1	33	총독부 편찬	총독부, 인정, 장학금
	고기자 보통학교	무순	주동월	1924.10월		400	4	2/2	27	총독부 편찬	총독부, 인정, 장학금
봉천영사관	덕성학교	무순	조선인 유지인사	1925.4		1400	6	5/5	94	총독부 편찬	총독부, 인정, 장학금
	선명학교	무순	이병수 외 3인	1928.2		350	1	1/1	11	총독부 편찬	부영 부담
	광동학교	무순	김도치 외 5인	1927.4		494	3	1/1	30	총독부 편찬	부영 부담
	板萂子 보통학교	무순	권업회사	1923.6		1240	2	2/2	37	총독부 편찬	부영 부담
	板萂子 보통학교	섬양	권업회사	1923.6		1240	2	2/2	37	총독부 편찬	권업회사보조금, 학부형부담
신민부 영사분관	공태포 보통학교	신민	동이권업회	1924.6	초등교육	3000	5	3/3	107	총독부검정 교과서	동이권업일체 경비부담, 총독부보조금, 각종 기부금, 학교토지수입
	기성학교	신민	이드님	1925.10월	초등교육	850	4	2/2	56	총독부검정 교과서	
	통화보통학교	통화	이동성 외	1921.4	소학교정도	금 3000	4	4/5	64	총독부편찬	총독부보조금, 학부형기부금,
	기도소학교	통화		1926.2	소학교정도	奉票 5000	4	2/3	25		통하구내 부영 부담
	대동학교	통화		1924.9	소학교정도	奉大洋 12000	4	2/2	36		통하구내 부영 부담
	신명학교	통화		1925.10월	소학교정도	奉大洋 8000	4	2/2	35		통하구내 부영 부담
	흥경 제1 흥과학교	흥경	백뢰량 외 구릉	1924.3	소학교정도	금 3000	4	2/5	91	중국총독교과록, 임시편찬	정의부보조, 지방민기부, 월일 학료
통화 영사분관	흥사학교	흥경									
	제1 국민학교	흥경		1924.7	소학교정도	奉票 60000	6	4/6	145		정의부보조, 관할내주민부담
	제3 흥도고등학교	흥경									
	제3 국민학교	흥경									
	제4 국민학교	흥경									
	제5 국민학교	흥경									
	제6 국민학교	흥경									
	제7 국민학교	흥경									
	제8 국민학교	흥경									
	제2 동명학교	흥경		1924.7	소학교정도		4	2/4	105		관할내주민부담

관할 영사관	학교명	소재지	설립자	연월	교육정도	연 비용	학급 수	조선인/교원 수	학생 수	사용교과서	유지방법
통화 영사분관	환인 제1 소학교부녹예비학교	환인	손응용 외 유지인사 6명	1926.4	소학교정도	奉票 4.5만	4	2/4	32	총독부 편찬, 중국교 교과서	외무성에서 민회보조금 지불, 부형기 부담
	일면파 예비학교	환인		1925.12월	소학교정도	금 788원	5	2/3	35		정의부 보조, 학부형 부담
	횡도하 예비학교	환인		1926.5	소학교정도	奉票 1.3만	5	2/3	23		정의부 보조, 학부형 부담
	괴미자 예비학교	환인				奉票 1만		3/4	26		정의부 보조, 학부형 부담
	환인 예비학교 서당수 10	통화		1927.3	소학교정도	奉票 1.5만	4	10	18		정의부 보조, 학부형 부담
	서당수 13	통경 환인						16	363		
	서당수 5	환인						5	70		
요양 영사분관	汉文서당	요양	김영호	1927.4	조선어 중국어 기초	60	1	1/1	7		학생부담
	안산 이학당	요양	조선인회	1928.4	초 등급	391	3	1/1	2	총독부 제정	학생40전/월 기타 학부형 기부
우장 영사분관	명륜의숙	영구	영구조선인 유지사	1928.3	소학3학년 이하	700	3	3/3	40	총독부 편찬	
안동 영사관	안동보통 학교	안동	粱朝俊—	1917.11월	6년 보통학교	1만9305	10	7/11	584	총독부 편찬	총독부, 민정회사 보조금
	공제회 이학교	안동	안동 공제회	1923.3	4년 보통학교	1281	2	4/4	78	총독부 편찬	관동청, 민회, 안동조선인회보조
	륙도구의	안동	조선인 공동	1923.3	4년 보통학교	1425	2	2/2	115	총독부 편찬	총독부 보조
	이도외자의	안동	조선인 공동	1929.12월	4년 보통학교	722	1	1/1	16	총독부 편찬	총독부 보조
	집리수의	안동	조선인 공동	1929.12월	4년 보통학교	696	1	1/1	18	총독부 편찬	총독부 보조
	훈수포의	안동	조선인 공동	1919.12월	4년 보통학교	657	1	1/1	20	총독부 편찬	총독부 보조
	제8구의	안동	조선인 공동	1923.2	4년 보통학교	566	1	1/1	25	총독부 편찬	총독부 보조
	황령자의	봉성	조선인 공동	1923.2	4년 보통학교	——	1	1/1	——	총독부 편찬	총독부 보조
	봉황성의	봉성	조선 총독부	1928.5	4년 보통학교	700	1	1/1	39	총독부 편찬	총독부보조, 학부형 부담
	륙화구	관전	조선인 공동	1925.12월	중국어 초보	88	1	1/1	8	——	수업료
	서당 섭도구	관전	조선인 공동	1927.2	중국어 초보	60	1	1/1	6		수업료
	서당 소황구	관전	조선인 공동	1927.2	중국어 초보	99	1	1/1	11		수업료
	서당 관문랍자	관전	조선인 공동	1924.12월	중국어 초보	98	1	1/1	7	——	수업료
	서당 팔하탄	관전	조선인 공동	1925.1	중국어 초보	80	1	1/1	11		수업료
	서당 고량지	관전	조선인 공동	1923.2	중국어 초보	72	1	1/1	6		수업료
	서당 배채지	관전	조선인 공동	1926.10월	중국어 초보	96	1	1/1	12		수업료

관할 영사관	학교명	소재지	설립자	연월	교육정도	연 비용	학급수	조선인/교원 수	학생수	사용교과서	유지방법
관전 영사관	서당 대구주구	관전	조선인 공동	1924.12월	중국어 초보	60	1	1/1	7		수업료
	서당 동신학교	관전	정의부관 동총판소	1924.4	중국 소학정도	750	2	2/2	27		부락민 징수
	공성학교	관전	지의부관 동총판소	1925.4	중국 소학정도	700	2	2/2	17		부락민 징수
안동 영사관	의명	집안	서득명	1923.5	중국어 초보	――	1	1/1	11		수업료
	의명	집안	김동원	1927.	중국어 초보	105	1	1/1	11		수업료
	의명	집안	김성현	1913.9	중국어 초보	96	1	1/1	8		수업료
	의명	집안	최치학	1925.9	중국어 초보	108	1	1/1	9		수업료
	의명	집안	임봉림	1926.9	중국어 초보	67	1	1/1	7		수업료
	무명	집안	신찬룡	1926.9	중국어 초보	140	1	1/1	12		수업료
	무명	집안	김기정	1925.7	중국어 초보	115	1	1/1	12		수업료
	무명	집안	조운보	1924.3	중국어 초보	120	1	1/1	10		수업료
	무명	집안	박은호	1917.9	중국어 초보	96	1	1/1	10		수업료
	무명	집안	홍정범	1923.3	중국어 초보	105	1	1/1	11		수업료
	무명	집안	김관룡	1925.9	중국어 초보	132	1	1/1	11		수업료
	무명	집안	박운복	1926.9	중국어 초보	86	1	1/1	9		수업료
	무명	집안	김강산	1926.8	중국어 초보	86	1	1/1	9		수업료
	무명	집안	한종삼	1927.9	중국어 초보	108	1	1/1	11		수업료
	무명	집안	이종빈	1926.9	중국어 초보	132	1	1/1	8		수업료
	무명	집안	이태관	1926.9	중국어 초보	96	1	1/1	8		수업료
	무명	집안	강재동	1926.9	중국어 초보	96	1	1/1	8		수업료
	무명	집안	김성호	1927.9	중국어 초보	96	1	1/1	8		수업료
	무명	집안	이홍관	1926.9	중국어 초보	120	1	1/1	10		수업료
	무명	집안	김득우	1926.9	중국어 초보	108	1	1/1	9		수업료
	무명	집안	김지길	1926.8	중국어 초보	96	1	1/1	7		수업료
	무명	집안	김성오	1927.9	중국어 초보	96	1	1/1	8		수업료
	무명	집안	김문렬	1927.8	중국어 초보	96	1	1/1	9		수업료
	무명	집안	김득룡	1926.9	중국어 초보	97	1	1/1	7		수업료
	무명	집안	김락원	1927.9	중국어 초보	67	1	1/1	8		수업료
	무명	집안	황선위	1926.2	중국어 초보	96	1	1/1	10		수업료
	무명	집안	이기룡	1912.9	중국어 초보	120	1	1/1	10		수업료
	무명	집안	임성	1925.9	중국어 초보	120	1	1/1	9		수업료
	무명	집안	김하운	1926.8	중국어 초보	108	1	1/1			수업료

관할 영사관	학교명	소재지	설립자	연월	교육정도	연 비용	학급수	조선인/교원 수	학생수	사용교과서	유지방법
집안 영사관	무명	집안	김상길	1926.8	중국어 초보	120	1	1/1	10		수업료
	무명	집안	박성순	1926.8	중국어 초보	108	1	1/1	9		수업료
	무명	집안	김관홍	1926.9	중국어 초보	96	1	1/1	7		수업료
	무명	집안	김정?	1926.9	중국어 초보	96	1	1/1	9		수업료
	광명학교	집안	박사관	1923.3	6년 보통학교	1806	2	2/2	138	조선총독부 교과서	수업료 및 학부형 부담
	삼성학교	집안	고익화	1922.8	6년 보통학교	2432	2	2/2	148	조선총독부 교과서	수업료 및 학부형 부담
	무명	집안	김관수	1926.11월	중국어 초보	84	1	1/1	7		수업료
	무명	집안	이사관	1927.9	중국어 초보	86	1	1/1	6		수업료
	무명	집안	김관호	1927.9	중국어 초보	96	1	1/1	8		수업료
	무명	집안	현윤상	1926.8	중국어 초보	84	1	1/1	7		수업료
	무명	집안	황덕원	1926.8	중국어 초보	96	1	1/1	8		수업료
	무명	집안	장사준	1925.10월	중국어 초보	108	1	1/1	9		수업료
	무명	집안	강덕기	1927.8	중국어 초보	96	1	1/1	8		수업료
	무명	집안	김두섭	1927.9	중국어 초보	108	1	1/1	9		수업료
안동 영사관	무명	집안	장성렬	1925.9	중국어 초보	96	1	1/1	8	총독부교과서	수업료, 학부형 부담
	무명	집안	이재관	1927.8	중국어 초보	84	1	1/1	7	총독부교과서	수업료, 학부형 부담
	무명	집안	정공부	1927.9	중국어 초보	84	1	1/1	7	총독부교과서	수업료, 학부형 부담
	무명	집안	이익화	1923.3	중국어 초보	204	1	1/1	14	총독부교과서	수업료, 학부형 부담
	무명	집안	이덕화	1926.12월	중국어 초보	84	1	1/1	7	총독부교과서	수업료, 학부형 부담
	무명	임강	김지길	1926.9	중국어 초보	96	1	1/1	8	총독부교과서	수업료, 학부형 부담
	서대보 서당	임강	조선인 공동	1925.10월	중국어 초보	105	1	1/1	10	총독부교과서	수업료, 학부형 부담
	제1분교	장백	장백현공서	1912.7	6년 보통학교	950	4	4/4	94	조선보통학교 교과서	조선인정수, 현교육비
	제2분교	장백	장백현공서	1917.4	6년 보통학교	400	2	2/2	44	조선보통학교 교과서	조선인정수, 현교육비
	제3분교	장백	장백현공서	1917.4	6년 보통학교	600	3	3/3	50	조선보통학교 교과서	조선인정수, 현교육비
	제4분교	장백	장백현공서	1917.4	6년 보통학교	400	2	2/2	36	조선보통학교 교과서	조선인정수, 현교육비
	제5분교	장백	장백현공서	1917.4	6년 보통학교	370	2	2/2	48	조선보통학교 교과서	조선인정수, 현교육비
	제6분교	장백	장백현공서	1917.4	6년 보통학교	200	1	1/1	10	조선보통학교 교과서	조선인정수, 현교육비
	제7분교	장백	장백현공서	1917.4	6년 보통학교	350	1	1/1	8	조선보통학교 교과서	조선인정수, 현교육비
	배달 유치원	장백	조선인회	1917.4	6년 보통학교	--	--	--	약 60	조선보통학교 교과서	
	고려 유치원	안동	예수교 장로회	1926.8		--	--	--	약 60		

관할영사관	학교명	소재지	설립자	연월	학급 수	조선인/교원	학생 수	종교관계	유지방법
	간도 중앙학교	연길	삼선조	1918.7	14	10/17	800		총독부 경영
	춘흥학교	연길	주진동	1921.9	5	3/3	78		총독부 보조, 월사례금
	광동학교	연길	김두현	1916.7	5	2/2	69		총독부보조, 월사례금
	보광학교	연길	이창규	1921.1	4	2/2	28		총독부, 민회 보조
	천보신학교	연길	박승렬	1917.10	6	4/4	102		총독부보조, 월사례금
	광진학교	연길	이준진	1921.4	6	4/4	167		총독부보조, 월사례금
	명남학교	화룡	김동익	1921.4	4	2/2	58		총독부보조, 부형 부담
	대동강 동신학교	화룡	이희근	1921.4	4	2/2	76		총독부보조, 부형 부담
	중흥학교	화룡	김정근	1924.4	6	3/3	130		총독부보조, 월사례금
	동명학교	화룡	김청식	1924.4	5	3/3	52		총독부보조, 월사례금
	천명학교	화룡	김창린	1916.5	6	3/3	111		총독부보조, 월사례금
	동신학교	화룡	박봉익	1924.9	6	3/3	81		총독부보조, 월사례금
	윤진학교	훈춘	여봉준	1922.12	5	2/2	57		총독부보조, 월사례금
	광명여학교	연길	日高芥子郞	1922.5	4	4/4	97		유지인사보조, 월사례금
	광명고등 여학교	연길	日高芥子郞	1926.4	3	2/2	78		유지인사보조, 월사례금
	연신중학교	연길	市川庄五郞	1911.10	6	9/14	92		총독부보조, 월사례금
	연신소학교	연길	市川庄五郞	1911.10	6	6/7	323		총독부보조, 월사례금
	광명인어 학교	연길	日高芥子郞	1922.2	5	2/2	51		유지인사보조, 월사례금
	대성중학교	연길	전락훈	1926.11	6	12/12	425	천도교	유지사기부, 월사례금
	동흥중학교	연길	전락훈	1921.4	5	8/8	381	천도교	유지사기부, 월사례금
간도총영사관	동흥중학교	연길	전락훈	1921.4	5	5/5	243	천도교	유지사기부, 월사례금
	부수소학교	연길								
	동흥제1소학교	연길	신도국	1922.3	6	2/2	72	천도교	유지사기부,월사례금
	동흥제2소학교	연길	유흥렬	1923.1)	6	3/3	60	천도교	유지사기부,월사례금
	동명학교	연길	한흥렬	1923.3	6	1/1	17	천주교	천주교보조, 월사례금
	영실학교	연길	장학수	1913.2	2	1/1	17	예수교	월사례금
	동아학교	연길	이경호	1924.6	4	1/1	183	시천교	시천교보조, 월사례금
	동신학교	연길	채경오	1927.4	4	4/4	30		월사례금
	동명학교	연길	김연수	1926.2	6	2/2	65		월사례금
	지동소학교	연길	한병일	1922.6	6	3/3	58		월사례금
	운성소학교	연길	최창목	1926.5	6	2/2	66		월사례금
	회명춘서당	연길	김한결	1926.3	1	3/3	7		부형부담
	신수철구 서당	연길	정덕성	1920.2	2	1/1	14		소작료, 월사례금

관할영사관	학교명	소재지	설립자	년월	학급 수	조선인/교원	학생 수	종교관계	유지방법
	대흥서당	연길	강양묵	1926.2	2	1/1	28		부형 부담
	영신학교	연길	문영숙	1918.11	4	2/2	30	예수교	답배소작료, 부형 부담
	광신학교	연길	최항국	1922.5	6	2/2	52		기부금, 부형 부담
	대동학교	연길	주진용	1921.9	6	4/4	97		기금이식, 월사레금
	동향학교	연길	석양우	1927.4	6	4/4	125		부형기부금, 월사레금
	숭신학교	연길	박사양	1917.6	4	3/3	160	예수교	후원자기부, 월사레금
	창영학교	연길	이동익	1908	6	5/5	60		기금이식, 월사레금
	용정학교	연길	김문삼	1921.5	4	4/4	83		기금이식, 월사레금
	진명학교	연길	김자천	1915.6	4	2/2	32	예수교	기금이식, 월사레금
	명신학교	연길	김성도	1922.10	3	2/2	25		기금이식, 월사레금
	협신학교	연길	장지항	1926.3	3	2/2	61		월사레금,
	명신학교	연길	안기종	1922.4	4	2/2	25		부형 부담
	창영학교	연길	김희	1926.8	4	2/2	34		부형 부담
	흥업학교	연길	김석우	1922.4	4	2/2	51		민회보조, 월사레금
	진명학교	연길	이종	1923.2	6	2/2	65	예수교	후원자기금, 월사레금
간도총영사관	영동학교	연길	남창욱	1923.12	5	2/2	35		부금기금, 월사레금
	부녀학교	연길	김신혜	1928.4	4	1/1	11		구수하단일동맹보조
	보흥학교	연길	마수권	1923.2	4	1/1	21		월사레금
	황형학교	연길	황봉구	1924.3	1	1/1	14		부형 부담
	유정서당	연길	이앙하	1926.3	1	1/1	16		부형 부담
	보광학교	연길	엄주환	1923.2	5	3/3	58		기금이자, 월사레금
	동명학교	연길	엄병규	1927.4	4	3/3	71		월사레금
	인일학교	연길	박용홍	1926.10	4	1/1	29	원종교	월사레금
	홍인서당	연길	장기탁	1926.3	1	1/1	18		부형 부담
	함양서당	연길	이경재	1927.11	1	1/1	18		부형 부담
	건평학교	연길	이군주	1920.8	6	3/3	60	예수교	종교본부보조, 월사레금
	동명여자 학교	연길	이호빈	1927.9	4	2/2	33	예수교	신도 및 기부금 이자 및 월사레금
	신흥소학교	연길	여종선	1928.4	6	5/5	117		
	악수동학교	연길	이흥국	1923.2	5	3/3	58		
	광숭학교	연길	이종시	1923.4	6	4/4	53		
	명성학교	연길	이준태	1920.7	5	1/1	50		
	윤진학교	연길	홍재운	1924.1	4	1/1	27		
	경신학원	연길	박행춘	1922.6	2	2/2	38	원종교	신자 및 부락민 기부

관할영사관	학교명	소재지	설립자	연월	학급 수	조선인/교원	학생 수	종교관계	유지방법
	원성학원	연길	김상흡	1922.8	5	2/2	33	원종교	신자 및 부락민기부
	영성학교	연길	이응규	1923.3	2	1/1	11		부락민 기금
	원흥학교	연길	원세건	1921.4	5	3/3	32		부락민기금,월사레금
	명성학교	연길	박태성	1914.ʔ	5	1/1	50		담배수입,월사레금
	현신학교	연길	김인화	1926.3	7	3/3	80		학부형기부,월사레금
	간원여자 학원	연길	김인화'	1926.3	5	2/2	30	원종교	학부형기부,월사레금
	녹대학원	감구	감구	1926.3	1	1/1	30	원종교	학부형기부,월사레금
	원밍학원	연길	마우석	1927.5	2	1/1	50	원종교	부락민거금,월사레금
	용흥학교	연길	배흥섭	1922.3	4	2/2	28		부락민거금,월사레금
	창동학교	연길	김민옥	1921.8	2	2/2	18		부락민거금,월사레금
	광동학교	연길	허필준	1928.5	4	1/1	30		부락민거금,월사레금
	광흥학교	연길	장진관	1928.5	5	2/2	29		부락민거금,월사레금
	흥동학교	연길	우래호	1926.1	2	2/2	39		부모 모금
	동신학교	연길	강형진	1926.1	2	2/2	54		부락민 모금,월사레금
	농일학교	연길	나도극	1928.ʔ	2	1/1	30		월사레금
간도총영사관	선명학교	연길	박희원	1927.2	2	2/2	30		부모거금,월사레금
	영성학교	연길	한종협	1924.ʔ	2	2/2	58	천주교	이자,신도거금,월사레금
	보진학교	연길	양병식	1912.1	5	4/4	118	기독교(캐나다장로)	교회보조,부형기부금
	보원학교	연길	김종필	1928.ʔ	5	1/1	35	캐나다장로	부형기부,월사레금
	중정학교	연길	최창길	1909.ʔ	6	2/2	51	기독교	학부형 기부
	명신학교	연길	로종유	1916.3	3	1/1	20	기독교	학부형기부,이자
	신동학교	연길	채일선	1918.10	7	2/2	89	시천교	후원자기부,월사레금
	중흥학교	연길	주은덕	1923.10	4	2/2	68	예수교	부형기부,월사레금
	해성학교	연길	김계흥	1926.7	2	3/3	15	시천교	유지사기부,월사레금
	동아학교	연길	이경훈	1922.5	3	2/2	45	예수교	유지사기부
	동명학교	연길	강승문	1923.4	4	3/3	55	예수교	신도기부,월사레금
	광신학교	연길	이하원	1917.10	4	2/2	47	대종교	신도,부형기부,월사레금
	천성학교	연길	김의동	1921.11	4	2/2	33		학부형 부담
	자성학교	연길	감규	1922.2	3	2/2	33		학부형 부담
	기양학교	연길	엄관원	1922.9	3	2/2	23		학부형 부담
	동신학교	연길	강기도	1923.8	3	2/2	54	원종교	학부형 부담
	애영학교	연길	김주식	1923.10	4	2/2	48		학부형 부담
	동창학교	연길	강림규	1922.8	3	2/2	45		소속재산수입,월사레금

관할영사관	학교명	소재지	설립자	연월	학급 수	조선인/교원	학생 수	종교관계	유지방법
	영성학교	연길	김덕삼	1922.7	3	2/2	30		부형 부담
	태성학교	연길	김주성	1922.6	6	2/2	66		부형 부담
	양성학교	연길	윤여준	1917.7	4	2/2	52		부형 부담
	광동학교	연길	양도홍	1921.5	3	2/2	51		부형 부담, 소속재산수입
	동구서당	연길		1921.2	1	1/1	10		부형 부담
	하촌서굴	연길		1920.3	1	1/1	10		부형 부담
	대북구 성촌서당	연길		1923.11	1	1/1	7		부형 부담
	소북구서당	연길		1924.11	1	1/1	8		부형 부담
	어구촌서당	연길		1922.8	1	1/1	9		부형 부담
	대파기구 서당	연길		1922.9	1	1/1	9		부형 부담
	신흥숙	연길		1922.8	1	1/1	8		하부형 부담
	대전사숙	연길		1923.2	1	1/1	10		하부형 부담
	광진학교	연길	순정한	1912.3	6	3/3	80		소유재산수입, 월사례금
	동승학교	연길	최한극	1922.6	5	2/2	43		소유재산수입, 월사례금
	길성학교	연길	조동범	1921.2	5	2/2	30	예수교	부락민기부, 월사례금
	부성학교	연길	박운호	1922.3	5	1/1	23		부락민기부, 월사례금
	양동학교	연길	김종철	1927.4	3	1/1	30		소유재산, 월사례름
간도총영사관	개련학숙	연길		1927.12	1	1/1	16		부모거금
	남양학교	연길	최창우	1921.10	4	1/1	25	예수교 남감리파	이자 및 부행기부
	信光서당	연길	박현민	1921.3	6	2/2	50	시천교	이자 및 부행기부
	영창학교	연길	박양화	1915.3	4	4/4	27	시천교	부모보조, 월사례름
	동아학교	연길	김의봉	1921.4	4	2/2	37	시천교	신자후원, 부행기부
	동아학교	연길	황규현	1924.2	4	2/2	55	시천교	신자후원, 부행기부
	화성학교	연길	최현구	1922.2	6	4/4	62	시천교	신자후원, 부행기부
	진성학교	연길	강의웅	1922.5	4	3/3	78	캐나다장로파	유지사후원, 월사례금
	동아학교	연길	이상호	1923.7	3	1/1	21	북장로파	
	신성학교	연길	박문동	1925.10	2	2/2	40	북장로파	신도 기부
	배영학교	연길	김학성	1925.6	5	3/3	70	캐나다장로파	부행기부, 월사례금
	광명학교	연길	김유연	1922.2	4	1/1	17	캐나다장로파	부형 기부
	보신학교	연길	김명규	1921.4	6	3/3	124	캐나다장로파	부행신도 기부
	보명학교	연길	최창건	1921.12	4	1/1	25	캐나다장로파	부행거금, 신도기부
	용신학교	화룡	김사화	1917.4	6	3/3	41		신림수입, 월사례금
	노동의학교	화룡	이경렬	1913.11	3	1/1	24		학생한테 징수

속11 끝

관할영사관	학교명	소재지	설립자	연월	학급 수	조선인/교원	학생 수	종교관계	유지방법
	명동학교	화룡	김약연	1909.2	6	7/7	151		소유재선수입,기부
	동신학교	화룡	김사우	1921.-	3	3/3	63		기금수입,기부
	신동학교	화룡	양성권	1921.-	5	3/3	70		재선수입,월사레름
	화룡현제1에비소학교	화룡	조성련	1923.4			21		이자, 기금수입
	보명학교	화룡	하용	1913.4	6	2/2	80		중앙학교보조,기금수입
	국민조양학교	화룡	이기전	1917.8	4	2/2	50		재선수입,월사레름
	화홍학교	화룡	이대훈	1922.4	4	1/1	50	캐나다정로파	재선수입,월사레름
	양성학교	화룡	윤재능	1922.1		1/1	30		유지사 기부,월사레름
	창동학교	화룡	김구은	1910.11	6	2/2	70		유지사 기부,월사레름
	원동학교	화룡	계용묵	1921.9	6	2/2	63		유지사 기부,월사레름
	영동학교	화룡	정은하	1921.9	5	1/1	36		유지사 기부,월사레름
	대진학교	화룡	김병두	1921.7	6	3/3	65	예수교	이자,월사레름
	정동학교	화룡	염원석	1922.4	5	2/2	65	예수교(안식파)	유지사 기부,부형부담
	광동학교	화룡	이동욱	1915.8	6	3/3	75		유지사 기부,월사레름
	동지학교	화룡	문용환	1923.2				청림교	유지 사기부,이자
	덕성학교	화룡	박리섭	1916.3	4	2/2	54		재선수입,부형부담
간도총영사관	남원학교	화룡	김민수	1925.3				대종교	신자 기부,월사레름
	실명여자학교	화룡	최박	1920.8	4	4/4	105	예수교	유력자 기부,월사레름
	동진학교	화룡	한종현	1921.10	4	3/3	52	천주교	유력자 기부,월사레름
	선민학교	화룡	조은중	1921.-	4	1/1	23		유력자 기부,월사레름
	정일학교	화룡	나종수	1912.7	5	3/3	66		유력자 기부,월사레름
	숭신학교	화룡	이권수	1913.3	4	1/1	35	대종교	유력자 기부,월사레름
	신풍학교	화룡	양지환	1922.9	4	2/2	32		천주교보조
	창흥학교	화룡	김정	1923.10	5	3/3	82		유지사기부,월사레름
	신동학교	화룡	강혜룡	1922.4	4	2/2	62		민회 보조,월사레름
	이전학교	왕청	전완길	1917.3	4	2/2	57		민회 보조,월사레름
	창동학교	왕청	박양성	1927.5	4	2/2	41		유지사 기부,부형부담
	목단봉 개양서당	왕청	김?하	1926.1	3	1/1	21		부모지출,월사레름
	명동학교	왕청	한승목	1913.5	4	2/2	38	예수교	부모,유지사 기부,월사레름
	동성학교	왕청	김태욱	1923.9	4	2/2	21		유지,유지사 기부,월사레름
	선명학교	왕청	하형술	1922.4	4	2/2	21		부모 부담
	정동학교	왕청	한병조	1922.9	4	1/1	40		부형,후원자 기부
	정동학교	훈춘	김태정	1927.4	2	2/2	21		부형,후원자 기부

자료출처: 「在滿鮮人學校調」, (1930年) 南滿洲鐵道株式會社

1923년 이후부터 조기 마르크스레닌주의자들은 동양학원과 노동학원을 세웠다. 북만과 남만의 민족주의단체와 종교계의 인사들도 적극 사립학교를 꾸렸다. 화전의 화성(华成)의숙, 신빈의 화흥(华兴)중학교, 남만(南满)학원, 통화의 양진(养真)학교 등이 예로 된다. 1931년 동북의 조선이주민 반일지사와 민중이 꾸린 학교는 280여 개소이며 학생은 7070여 명이다. 종교계에서 꾸린 학교는 108개소이고 학생은 6433명이었다.

2. 조선이주민학교 종류

조선이주민 사립학교에 대하여 사회 각파는 부동한 입장과 이익에서 설립에 나섰다. 하기에 학교설립자의 신분은 극히 복잡하였다. 조선이주민 사립학교의 종류는 대체로 아래 몇 가지로 나눌 수 있다.

민중에 의해 꾸려진 학교

이러한 학교는 농민에 의해 설립, 운영된 학교들이 절대다수이다. 학교라기보다 개량식 서당이거나 사숙의 형태로 된 것이 적지 않았다. 1911년에 설립된 화룡현 덕신사 영암촌의 덕흥의숙의 연 비용은 200원인데 전부가 학부형들이 푼돈을 모은 것이며 개태사 호천포의 청호(清湖)학교는 1912년 9월에 설립되었는데 운영비용 364원도 학부형들이 부담했다. 이밖에 대성학교, 연길현 용신사의 제동(济东)학교, 지송사 유신촌의 영실(英实)학교, 상의향의 영생(永生)학교 등과 집안현의 흥룡학교, 신성학교, 통화현의 신흥학교, 무송현의 구산(勾山)학교, 동녕현의 광진(光震)학교 등은 농민들로부터 의연금 혹은 의연곡식을 모아서 꾸려진 학교이다.

「재만조선이주민사정」(민정부 총무사 조사과 편)의 기재에 의하면 1928년 말 민중에 의해 설립된 학교는 225개소, 교원은 372명, 학생은 7076명이다. 그중 소학교가 115개소, 사당이 108개소, 유아원이 1개소, 중학교가 1개소다.

학교의 유지비용은 각이하나 모두 학부형들이 부담하고 있으며 서당은 교실 하나에 한 명의 교원을 사용하는 제도를 이어오며 자식에 대한 교육열정이 극히 높아 거

의 매개 부락마다에 서당이 있었다. 북만지방의 201가구에 대한 조사에 의하면 교육
비용은 이민의 생활 중에서 가장 중요한 항목으로 되는바 총 교육비용은 4194원으로
서 세대당 20원, 이민 매인당 3.90원이다.

오지에 있어서는 농산물을 교육비용으로 제공하는 것도 많았다.

종교단체에 의해 꾸려진 학교

이 시기 조선이주민 사립학교는 대체로 조선이주민 종교단체가 그 인사들에 의해
설립, 운영된 것과 구미선교사들에 의해 설립, 운영된 것 두 가지로 나눌 수 있다.

당시 유명했던 화룡현 장동의 장동(彰洞)학교, 대립자의 명동학교, 국자가 와룡동
(卧龙洞)의 창동학원, 용정의 명신학교 등은 예수교에서 꾸렸으며 화룡현의 광동(光
东)학교, 연길현의 흥동(兴东)학교, 의란구의 신흥학교, 용정의 상정(尚贞)여자학교
등은 천주교계통에 의해 세워졌다. 화룡현의 청일학교, 환인현의 동창학교, 무송현의
백산학교, 영안현 동경성의 대종학원, 밀산현의 한흥의숙, 상해의 박달학원 등은 대종
교계통에 의해 세워졌다. 연길현 수신향 대팔포강의 인일학교, 연길현 수신향 하내성
의 경신학교, 연길현 수신향 평강의 건원학교, 농대학원, 영안현의 소래학교 등은 원
종교에서 꾸렸다.

「재만조선이주민사정」(민정부 총무사 조사과 편)에 따르면 1928년경 조선민족 종교
단체와 그 인사들에 의해 설립, 운영된 사립학교는 만주에 102개소가 있으며 교원은
243명, 학생은 4795명(여학생 1405명)이었다. 학교의 운영경비는 확실한 숫자는 불
명하나 대체로 종교기관의 보조금, 기부금, 수업료, 소유재산에서 얻은 수입 등 몇
가지로 이루어졌다.

간도에 들어온 외국선교사들로는 캐나다 장로파, 독일 천주교파, 영국 기독교파 등
이 있다. 외국선교사들은 '조선이주민으로 일본인을 제한하려는 목적'으로 조선이주민
의 반일운동을 동정하고 나아가서는 지지하는 태도를 보이었고 반일지사들은 외국선
교사의 힘을 빌려 '종교혁명' 혹은 치외법권과 종교불간섭정책을 이용하여 종교형식을
많이 취하였다. 이리하여 외국선교사가 설립하고 조선이주민과 공동관리하는 사립학교
가 형성되었다.

1914년 6월 영국 기독교선교사 박걸이 용정에 명신(明信)여학교를 세웠고 1917년 캐나다 장로교 선교사 스코트와 부트가 은진중학교를 세웠으며 1921년 3월 영국목사 배례사가 1920년에 '경신토벌'로 하여 잠시 정지되었던 은진중학교를 회복하였다. 1920년 6월 영국전도부인 기애스가 명신여중학교를 세웠고 1928년 4월에 동산배례당에 동산유치원을 세웠다. 1921년 8월 독일천주교 신부 임석충씨와 한흥렬씨는 용정에 해성소학교를 꾸렸고 1929년 10월에 또 해성여학부를 꾸렸다. 1933년 5월에는 해성유치원을 설립하였다.

「재만조선이주민사정」(민정부 총무사 조사과 편)에 따르면 1928년경 외국인선교사에 의하여 설립, 운영된 종교소학교는 17개소, 교원 36명, 학생 879명이다.

반일민족단체에 의해 꾸려진 학교

1925년에 이르러 만주에는 정의부, 참의부, 신민부 등 세 개 부가 있게 되었다. 이들은 민족자치를 실시하는 민정기관과 독립군의 훈련과 작전을 관찰하는 군정기관을 겸하여 갖춘 것들이다. 9·18사변 전에는 상당한 세력을 갖추었으며 저마다 하나의 독립정권으로서 학교를 운영하였다. 정의부에서는 흥경현의 화흥중학, 남원학원, 유하현의 동명학교, 화전현의 화성의숙 등 22개 학교를 설립, 운영하였으며 교원이 33명, 학생이 883명, 경영비용은 1만 1982원이었고 참의부에서는 환인현의 횡도천예비학교와 환인예비학교 2개 학교를 설립, 운영하였으며 교원 6명, 학생 49명, 경영비용은 1666원이었다. 신민부에서는 아성현의 개신학교, 영안현의 동명학교, 해림의 신창학교 등 10개 학교를 설립, 운영하였으며 교원 수는 18명, 학생은 286명, 운영비용은 2000원이었다. 이런 학교들은 대개가 일제의 세력이 전혀 미치지 않는 개척지의 변연 지대에 자리 잡고 있었다. 이런 학교들에서는 일본어를 전혀 가르치지 않고 반일교육을 실시하였다.

이상의 통계 숫자는 일본 측 조사에 따른 것이며 실제 수는 최소한 2-3배에 도달할 것이라는 주장이다.

이런 학교 중 남만에 널리 알려진 학교는 정의부 남만교육회 회장인 한경희 씨에 의하여 1922년에 설립된 유하현 삼원포의 동명중학교, 정의부에서 1924년에 세운 흥경현 왕청문의 화흥중학교와 남만학원 등이 있다.

한경희 씨는 반일민족지사이며 민족교육활동개며 기독교목사이다. 1881년 11월 5일 평안북도 의주군 영광면 소정리에서 한승주의 셋째아들로 태어났다. 23살부터 예배당에 다니기 시작하여 25살(1905년)에 세례를 받고 집사가 되었다. 1907년 7월에 창신학교 속성과에 입학하여 6개월 만에 졸업했고 1908년 용천군 제6교회의 대리도사를 시작했고 창신학교 교장으로 일했다. 1910년에 평양장로회신학교에 입학, 1914년 5월 15일에 졸업하고 중국 동북 중동선에서 1년간 선교활동을 했다. 1914년 삼원포에 이사왔고 삼원포 교회 목사로 있으면서 은양학교 교장을 겸했다. 1922년 사립 동명중학교를 설립한 뒤를 이어 삼성여학교를 설립하였으며 교장 직을 맡고 민족교육사업에 헌신했다. 설립 초기에는 평양숭실전문학교에서 청년교원을 초빙하여 왔다. 친일교재를 사용하지 않았으며 군사교육을 강화함으로써 반일민족주의 골간을 수많이 양성하였다.

1929년 3월 19일경에 체포되었고 조선총독부의 교과서를 쓰지 않았다는 죄명으로 3년 징역형을 받았다. 1932년 1월 29일 출옥 후 창성 평노동우교회 목사로 있었고 1932년 말 북만 밀산현에 도착해 평양진에 자리를 잡았다. 1935년 1월 4일, 말파리를 타고 우수리강을 따라 무림동으로 향하던 도중 원 중화민국 지방 잔패군, 안전련 토비부대들에게 의해 살해되었다.

실업단체 또는 선각자들의 개인자산에 의해 꾸려진 학교

실업단체에서 꾸린 학교로는 근동실업회사에서 출자하여 건립한 10여 개소의 학교가 있는데 그중 반일성격이 강한 학교들로는 장백현 17도구의 창동학교, 육도구의 육영(育英)학교, 18도구의 협신(协新)학교 등이다.

선각자의 개인재산에 의해 설립된 학교는 1910년 이동녕 등이 통화현 합니하에 신흥 학교를 설립하였으며 그리고 왕청현 나자구의 태흥학교(泰兴学校) 등이 실례로 된다.

일본 측에 의해 꾸려진 학교

일본 측에서 꾸린 학교는 조선총독부, 만철회사, '보조학교', 일본이민회사 등에서 꾸린 학교들이 있다. 1928년 5월 현재 통계에 따르면 공립보통학교가 5개소, 교원은 48명, 학생은 2270명이고 만철회사에서 꾸린 학교는 12개소, 교원은 68명이고 학생은 2488명이며 보조학교는 82개소, 교원은 239명이고 학생은 6481명이다. 이민회사에서 꾸린 학교는 4개소, 교원은 10명이고 학생은 254명이었다(표 1-07-02 회사에서 보조하는 조선이주민학교표).

표 1-07-02 회사에서 보조하는 조선인학교표

관할 영사관	학교명	소재지	설립자 또는 교장	연 월	교육정도	연 경비	학급	조선/교원	학생 수	사용 교과서	유지방법
봉천총 영사관	봉천보통학교	봉천	거류민회	1920.1	조선공립 보통학교	18377	9	8/11	433	총독부편찬	만철,총독부, 민회보조
철령 영사관	철령보통학교	철령	澡寄准次郎	1917.5	조선공립 보통학교	15418	5	4/7	189	총독부편찬	만철,총독부 보조
	개원보통학교	개원	조선인교육협회	1924.4	조선공립 보통학교	7090	5	4/5	186	총독부편찬	만철,민회 보조
장춘 영사관	장춘보통학교	장춘	거류민회	1922.9	조선공립 보통학교	10317	6	3/6	247	총독부, 문부성편찬	만철 보조
할빈총 영사관	할빈보통학교	빈강	조선인회	1920.9	조선공립 보통학교	1460	5	3/5	162	총독부편찬	만철,총독부, 민회 보조
봉천총 영사관	무순보통학교	무순	조선인회	1921.7	조선공립 보통학교	10905	6	5/8	360	총독부편찬	만철,총독부 보조
안동 영사관	안동보통학교	안동	井上信翁	1917.11	조선공립 보통학교	19828	10	7/11	658	총독부편찬	만철,총독부보조 수업료 기타
	공제야학교	안동	안동공제회	1923.3	3년제 보통학교	1388	3	5/5	75	총독부편찬	만철,민회 보조
	안동현륙도구서	안동	안동공제회	1923.3	조선공립 보통학교	2017	3	3/3	17	총독부편찬	만철, 총독부보조, 수업료
우장 영사관	영구명륜의서	영구	조선인유지사	1928.3	보통학교 4년 이하	1681	2	3/3	52	총독부편찬	만철보조,수업료
	봉황성서	안동	봉황성서 유지조합	1928.5	보통학교 3년 이하	1451	2	2/2	58	총독부편찬	만철,민회 보조
안동 영사관	사평가 배영학원	사평가	거류민회	1927.10	보통학교3년 및 유치원	2146	2	2/2	56	총독부편찬	만철,민회 보조

자료출처: 「在満鮮人学校调」(1930年)南満洲铁道株式会社

이외에 간도지방에 함경북도청에서 직접 관할하는 학교 4개소가 있는데 교원 43명 (조선이주민과 일본인), 학생 2312명, 그중 여학생이 747명이다. 안동현 하류지방에 평안북도에서 직접 관리하는 서당이 2개소가 있으며 교원은 3명, 학생은 150명 좌우였다. 운영경비는 도지방경비와 조선총독부의 보조금으로 해결되었다.

3. 조선이주민 사립학교의 이념과 특점

조선이주민 사립학교는 근대성과 강렬한 반일성격을 띠고 있다. 이들의 최고이념은 민족독립과 조국광복을 위해 믿음직한 투사를 육성하는 것이다. 그리하여 조선이주민 사립학교는 배일사상의 중심지로, 사회여론의 발원지로, 반일운동의 책원지로 되어 반일무장투쟁을 위한 준비에 정신적, 대중적 토대를 갖추어주게 되었다.

흥경성 왕청문 삼성학교(三成学校) 등 많은 학교에서 실시한 '소학교준칙'에서 교수과목 설치를 찾아볼 수 있다. 소학교 고급학년에는 성경, 수신, 국어, 산수, 한문, 동국역사, 지지(地志), 이과, 도화, 습사, 창가, 제조 능이고 여학생들에게는 재봉과를 첨가하였다.

화룡현 대립자 명동중학교에서는 역사, 지지, 법학, 지문, 박물, 이화, 생리, 수신, 수공, 신한독립사, 위생, 식물, 사범교육학, 농림학, 광물학, 외교, 통역, 한어, 작문, 습작, 산수, 체조, 창가 등 교수과목을 설치하였다. 여기에서 조선이주민 사립학교는 봉건서당과는 완전히 다른 근대성을 띤 신형학교라는 점을 찾아낼 수 있다. 학교교육에서 민족적 자주입장을 견지하였으며 조선어, 민족역사, 민족문학 등에 각별한 의의를 부여하였다.

20세기 초 조선이주민 사립학교의 반일성격은 음악교육, 체조과목에서도 반영된다. 체조 교수는 주로 병식체조와 군사훈련이 상당한 비례를 차지하였다.

사립학교는 마르크스레닌주의를 전파하는 기지로 되었다. 사립동흥중학교, 사립대성학교는 '공산주의 온상'으로 불리어 일제마저 놀라움을 금치 못했다.

사립조선이주민학교의 또 하나의 특점은 학교가 종교와 분리되기 시작하였다. 1927년 4월, 용정은진중학교 학생들의 동맹휴학이 대표적인 일례가 된다.

4. 지방별 조선이주민 사립학교

관동주 내 관동주 내에 거주하는 조선이주민이 극히 적은바 1928년 7월 현재 1225명이었다. 하기에 이들 자녀에 대한 학교는 특별히 설치하지 않았으며 대체로 일본 측의 소학교에서 공학하였다.

만철부속지 경내의 조선이주민교육은 1914년 안동소학교의 설치로 그 시작을 보았다. 잇따라 철령, 봉천 등 지역에 학교가 설립되었다. 1919년 7월, 만철은 철령 육영학교에 보조금을 주었고 이듬해는 봉천보통학교에 보조금을 주었다. 후에는 장춘, 안동, 무순, 개원 등 지역의 보통학교에 보조금을 주었으며 이런 학교를 조선인민회에 넘겨 경영하게 하였다. 1927년 6월 조선총독부와의 협정에 따라 연선 주요 지역의 조선이주민교육은 만철경영에 귀속되었으며 만철은 이듬해에 무순, 개원, 할빈 등 3개소 학교에 교장(만철직원)을 파견하였다. 1928년 7월 조사에 의하면 초등학교 7개소, 학생 수는 1798명이었다. 보통학교는 조선총독부에서 설립하였다. 육영학교는 조선총독부에서 설립한 것이지만 만철의 보조를 받았다. 기타는 조선교민회에서 설립한 것이다. 조선이주민학교가 없는 지방의 조선이주민 어린이는 대체로 일본소학교에 입학하였다. 1928년 5월, 소학교에 다니는 조선아동은 312명이고 중등학교에는 61명 조선이주민학생이 있었다.

일본영사관내(1928년 5월 1일 현재)

- 할빈 관내 초등교육을 실시하는 학교는 사립학교 3개소, 조선인민회에서 1개소를 설립, 학생은 238명이다.
- 장춘 관내 조선교민회에서 1개소 학교를 설립, 학생은 224명이다. 사립학교는 5개소로서 학생은 361명이다.
- 안동 관내 조선총독부에서 보조하는 사숙 6개소, 아동 수는 272명이었고 보통학교 1개소, 학생은 540명이었다. 이밖에 사립야학교 2개소가 있으며 학생은 220명이다.
- 봉천 관내 조선총독부의 보조를 받는 학교가 9개소, 학생은 382명이다. 동아권업

회사의 보조를 받는 학교가 2개소, 학생은 169명이다. 총독부 및 동아권업 회사에서 보조하는 학교는 4개소, 학생은 204명이며 총독부 및 만철에서 보조하는 학교는 1개소, 학생은 327명이다. 교민회에서 설립한 학교는 3개소며 학생은 101명이고 총독부, 만철, 교민회에서 공동 보조하는 학교는 1개소, 학생은 288명이다. 이밖에 개인이 경영하는 사숙이 각 지역에 산재해 있는데 매개 사숙의 학생은 20명 좌우이다.

- 철령 관내 사립학교 5개소, 학생은 518명이다. 교회에서 꾸린 학교는 7개소, 학생은 1173명이다.

- 정가툰 관내 동아권업회사에서 경영하는 학교 1개소, 학생은 72명이다. 대창조화흥(大倉組華興)회사에서 경영하는 학교 1개소, 학생은 69명이다. 기타 사숙이 2개소인데 학생은 65명이다.

- 길림 관내 1918년 길림현 신안툰에 학교를 설립하였고 이듬해에 화전현 밀산 심하(什哈)에 1개소를 설립하였다. 길림에는 1922년 조선총독부의 보조금으로 학교를 설립하기 시작했다. 1925년 현재 관내에 소학정도의 학교 6개소, 개량식 서당학교 15개소나 설비가 완전하지 못하였다. 조선이주민 자녀가 중국인의 소학교와 중학교에서 공부하는 이는 수십 명에 달하였다.

- 치치하얼 관내 조직이 건전한 학교는 없고 서당식의 학교가 4개소, 학생은 165명이다.

간도지방

일본 측이 설립한 조선이주민학교는 60개소, 그중 조선총독부에서 경영하는 학교는 5개소, 학생은 2312명이다(1929년 5월). 기타 학교는 총독부와 교민회가 보조, 가장이 부담 등 형식으로 경영되었다. 지역별로 볼 때 연길현에 31개소, 화룡현에 9개소, 왕청현에 15개소, 훈춘현에 5개소, 학생 수는 5293명이다.

사진 1-07-02   초등학교개학식(간도지방)

용정촌에 일본인이 경영하는 사립학교(영신소학교, 학생 수는 345명, 영신중학교, 학생 수는 236명, 광명여자학교, 학생 수는 78명, 광명외국어학교)가 있었다. 조선이주민이 경영하는 사립초등학교는 3개소, 학생은 836명이다. 그 외 중국 측 학교가 167개소가 있는데 학생 수는 1만 1600명, 그중 조선이주민 학생이 7529명이다. 외국인이 경영하는 사립학교는 중학교를 포함하여 19개소, 학생은 1019명이며 모두 기독교계통에서 설립한 것이다.

흑룡강성에는 조선이주민학교가 거의 없다시피 되다가 1918년에 조선이주민서당 1개소를 꾸렸는데 학생은 10명 좌우이다. 1930년에 조선총독부와 만철의 보조로 학교를 설립하였다.

5. 조선이주민의 문맹도와 입학률

「만주와 조선인」의 저자 이훈구 씨가 북만의 201가구 조선이주민에 대한 조사를 인용하면 가독(可读)연령의 47%가 읽지 못하고 51%가 쓰지 못한다. 또 학령연령의 어린이 중 23%가 학교에 다니는 상황이어서 대다수 아동은 문맹상태인 것으로 보인다. 이는 조선이주민의 교육열은 극히 높으나 원래 생활기준이 낮아 제일 말단에서 허덕이다 보니 공부가 불가능했고 또 대다수 농촌은 도시와 떨어진 편벽한 산골에 있고 집단거주마저 형성하지 못하여 교육기구의 설치가 더욱 어려워진 것이다.

6. 일본 측의 간섭과 탄압

일본 측이 조선이주민 사립학교에 대한 간섭은 일찍 서전서숙에서부터 시작되었다. 이는 앞에서 적은 바 있다. 그들은 매수하고 친일학교를 세우고 강박폐교령을 내리거나 학교의 핵심인원을 체포하는 등 수단으로 조선이주민 사립학교의 운영을 저애, 압제하였다. 1909년 조선통감부 간도파출소에서 '간도사립학교에 관한 내규'를 제정, 공포하였으며 이는 일제가 1908년 조선에서 식민지교육체계를 확립하려는 목적으로 반포한 '사립학교령'의 복사본에 불과했다. 용정에 영사관이 설치되자 매수와 회유정책을 써가며 21개소의 서당에 매달 13원의 보조금을 내주어 이들 서당으로 하여금 조선총독부의 교과서를 사용케 하며 일본어의 보급과 민족주의적인 교육목적을 중지케 하였다.

이런 수단의 뒤끝에 일제는 탄압정책을 실시하였다. 각지의 조선이주민 사립학교 238개소에 밀정을 파견하였고 많은 학교를 '배일주의'로 간주하고 엄밀히 감시하였다. 간도 3개 현의 40개소 학교가 '배일학교'로 지목되었는데 연길현의 17개소, 화룡현의 19개소, 왕청현의 4개소가 포함되었다(「현대사자료」(27) 강덕상).

1919년 3·13반일독립시위가 있었으며 학생이 주력군으로 나타났다. 매수, 회유, 대항책이 실패한 끝에 일제는 최종 무력을 들이댔다. 일제의 탄압은 1920년 '경신년 대토벌'에서 극치에 달하였다. 「현대사자료」(27)에 따르면 당시 간도 4개 현에서 36개소의 조선이주민사립학교가 불에 탔거나 혹은 파괴되었다. 그중에는 명동, 창동, 정동, 신동, 장동, 길동, 북일 등 학교가 망라되어 있었다.

7. 중국 측의 간섭

조선이주민사립학교 초기 중국 측은 방임하는 태도를 취하였으나 중일 양국이 조선이주민을 둘러싸고 진행된 외교적 교섭과 변화에 따라 조선이주민교육에 대해 간섭, 제한하는 정책을 실시하였다. 조선이주민에 대한 중국당국의 교육정책은 '반일친중' 내지 민족동화 정책이었다. 1915년 '21개조약'이 체결된 후 조선이주민의 교육을 자국학제하에 통일시키려는 야심을 실천에 옮기고자 1915년 6월 연길도윤 토오빈은 '획일간민교육방법'을 제정하였으며 "조선이주민 사립학교들에서 매주에 중국어로 12시간씩 교수함으로써 동화를 촉진시켜야 한다."는 등 10여 개의 조항을 포함했다.

조선총독부는 보통학교를 증설하고 교육비를 보조하여주는 '보통학교'를 다그쳐 설립했다. 이에 대비해 중국 측은 조선이주민 사립학교를 개편하거나 관립학교를 증설하여 조선이주민 학생을 수용함으로써 일본 측과 맞섰다.

1921년 10월 길림성교육청에서는 조선이주민교육을 정돈할 계획을 작성하였다. 이 계획에 따르면 간도 4개 현에서 학생을 모집하여 중국인자녀와 공학함으로써 동화의 효과를 거두려 했다.

1924년부터 중국정부는 만철부속지의 교육권을 회수한다는 이유로 조선이주민사립학교를 제한, 폐교시켰다. 1924년 6월, 봉천성정부는 '동변도 소속 각 현 조선이주민학교 폐지조례'를 공포하고 각 지방에 조선이주민사립학교를 폐쇄시키라고 명령했다. 1925년 말 흥경현의 12개소 조선이주민사립학교가 문을 닫았으며 통화, 무순, 안동, 개원 등 현에서도 유사한 사건이 발생되었다. 1930년 3월까지 간도에서만 하더라도 16개소의 사립학교가 경영권을 회수당하였다. 이리하여 중국 측 학교에서 취학하는 조선이주민 자녀가 급격히 늘어났다. 1928년 5월 현재(「재만조선이주민사정」) 간도 4성과 장백현을 놓고 볼 때 조선이주민은 108개소 학교에서 공부하였는데 조선이주민 교원이 178명 (중국인 교원은 66명), 조선이주민 학생은 6808명(중국인 학생은 558명)이었다.

8. 주요한 조선이주민학교 연혁

용정 동흥(東興)중학교

조선 천주교 교도인 최익용(崔翌龙) 씨가 창설하였다. 그는 일찍 '간도국민회' 사법부장 직을 맡았었다. 1921년 초에 용정에 와서 저명인사 김홍선(일명 김성, 북한 김책의 형님) 등과 손잡고 천도교회의 후원을 받아 중학교설립의 의연금을 모았다.

1921년 4월 15일, '천도교종리원'의 명의로 '동흥소학교'를 창립하고 거기에 중학강습소를 설치하였다. 그해 10월 1일, 동흥중학교로 승격시키고 원 소학교를 부속소학교로 만들었다. 1923년 9월 29일에 검은 벽돌기와의 새 교사를 일떠세웠다. 설립 초기 교장은 최익룡, 교원은 3명이고 학생은 4개 반에 113명이었다.

1922년, 학생들 속에서 '사회과학연구회', '학생친목회' 등이 결성되었고 1924년에 천도교 교회로부터 학교운영권을 인계받아 자치권을 행사했다. 1925년에 '독서회'가 조직되고 1930년 10월에는 최호림을 서기로 하는 중공비밀지부가 설립되었다.

1934년 일제는 동흥, 대성 두 중학교를 강박적으로 합병시켜 '민성(民成)중학교'라고 개칭했다. 후에 두 개 학교를 회복시켰지만 1939년 6월 만주교육부의 엄령으로 재차 합병시켰다가 8·15후에는 원 교명을 회복, 1946년 9월 용정의 여러 학교를 합쳐 길림성용정중학교로 되었다.

건교 이래 1938년까지 16회에 걸쳐 546명 졸업생을 배출하였다.

용정 대성중학교

대성(大成)중학은 대성유교의 공교회에서 꾸린 것이다. 민족주의자이며 공교회 일원인 강훈(姜勛) 등이 각지의 기부금으로 용정촌 제4구에 2층 건물을 신축하고 1921년 7월 11일에 학교설립을 선포하였다. 모금활동에서 대성유교의 석화준(石华俊), 청림교의 임창세(任昌世), 지방부호 남군필(南君弼), 지방인사 장지량(张志良)이 크게 이바지했다.

초기, 강훈 씨가 학교이사회 이사 겸 교주(校主)로 있었고 교원은 5명, 학생은 50명이었다. 1928년에 이르러 학생이 425명에 달하였다. 공맹지도가 학교의 교육취지로 되었으며 교수내용은 「사서오경」, 「명심보감」 등을 습득하는 것이다.

1922년, 조기조선공산주의자 이린구(李麟求) 씨와 이주화(李周和) 씨의 지도 밑에 '광명회'라는 마르크스주의연구소조가 조직되었으며 1923년 3월 김사국(金思国) 씨는 소련 연해주로부터 용정에 와 방한민(方汉民) 등 인사들과 협력하여 대성중학교의 부설학교로 '동양학원'을 꾸리였다. 1928년 6월부터는 조선공산당 미테L파의 성원인 박윤서(朴允瑞) 씨가 대성중학교에서 '간민교육연구회'를 조직하고 중·소학교 교원강습소를 꾸렸다. 1930년 10월에는 중공 대성중학교지부가 건립되었다.

1939년 6월 15일 대성, 동흥 중학교는 두 번째로 합쳐져 용정국민고등학교(농과)로 되었다.

대성중학교는 설립하여 1938년까지 14회에 걸쳐 졸업생 476명을 배출하였다. 중공 북만성위 서기 김책, 동북항일연군 제1로군 제1군 1사 참모장 이민환, 요하현 반일회 회장 이일평, 저항시인 윤동주 등은 대성중학 출신이다.

용정 은진중학교

은진(恩眞)중학교는 1920년 2월 4일 캐나다 장로교 선교사 빠카(조선이름은 박걸)가 용정에다 세운 것이다. 개학할 때 학생은 27명이고 빠카가 제1임 교장으로, 성경서원에서 개학의식을 거행하였다. 수업과목은 자연과학을 위주로 성경, 영어, 중국어 등을 배워주었으며 학제는 5년이었다. 이듬해 여름, 용정의 영국조계지 내에 건평 600평방미터의 3층 집을 교사로 지었다. 1923년 3월부터 학제를 4년으로 고치고 그해에 제1회로 6명을 졸업시켰다.

구소련 연해주에서 온 학생들의 영향하에 학교에는 '사회과학연구회'가 조직되었고 1926년에는 허원규, 이영근을 중심으로 조기 조선공산당지부가 건립되었다. 학교와 종교의 이탈 활동을 벌렸으며 1931년 1월에는 조선 광주학생반일투쟁을 성원하는 시위를 벌렸다.

1936년 2월에는 공과학교로 고쳐지고 토목과와 건축과를 설치하였는데 이듬해 12월에는 교육권이 위만주국에 넘어가게 되었다. 광복 후 다른 중학과 합병되어 용정중학교로 되었다.

은진중학교는 창립되어서부터 1946년까지의 26년간에 24회에 걸쳐 졸업생 983명을 배출하였다.

용정 영신학교

1909년 가을, 조선 회녕인 윤상철(尹相哲) 씨가 용정 신촌에 '광성서숙'(1910년 10월 7일 설립)을 꾸렸고 1911년 9월 교명을 영신학교라 하였다. 1919년 영신학교에 '기독교동지청년회'를 결성하고 '조선독립선언'을 선전하면서 반일독립운동을 성원하였다. 1921년 5월에 중학교를 증설하였다. 1923년 6월 28일에 4년제 영신여자중학교 개학식을 거행하였다. 1925년 4월 1일 영신중학교와 소학교는 일본인 히다까의 수중에 떨어졌으며 학교이름을 '광명중학교'라 개칭했다. 이해 8월부터 조선총독부의 교재를 사용하였다. 1945년 8·15광복 이후 영신학교가 회복되었으며 교장은 최승준씨였다.

용정 명신여자중학교

명신(明新)여자중학은 1910년 예수교에서 처음으로 세운 상정(尚贞)여자학교의 토대 위에서 창립된 것이다. 그 후 장로파교회의 선교사 빠카의 부인 레베카 빠카가 1913년 6월 4일에 상정여학교의 규모를 확대한 뒤 학생 158명을 모집하고 교원 12명을 초빙하여 명신여자학교를 꾸렸다.

1920년 6월 영국 선교사 게투루드 챠스(여)가 명신여학교를 중학교로 승격시켰다. 그 후 21년간 명신여자중학교는 21회에 거쳐 졸업생 255명을 육성하였다. 1941년 봄, 광명고등여자학교와 합쳐서 용정여자국민고등학교로 되었다. 8·15광복 후 학교는 다시 회복되었다가 1년 후에 다른 중학교와 함께 길림성립용정학교로 되었다.

사진 1-07-03 용정 명신여자중학교 요리실습 모습(1930년대)

훈춘현 북일중학교

훈춘현 대황구 북일(北一)중학교는 이동휘 등 애국지사들이 설립하였다. 1911년, 애국지사 양하구(梁河龟)씨와 김철수씨는 의병장 유백초(柳百草)씨의 협조 밑에 대황구에 동창(东昌)학교를 세웠다. 1917년 1월 이동휘는 양하구 등과 상의하고 북일중학교를 설립하였다. 초기교장은 양하구였고 이동녕은 명예교장으로 되었다. 1919년 양하구씨가 체포된 후 오영선(吳英善, 이동휘의 둘째사위)씨가 제2대 교장으로 추대되었다.

학제는 일정한 연한이 없이 반년 혹은 1년에 수업을 끝마쳤고 설치한 과목은 조선어문, 조선역사, 조선지리, 중국어, 영어, 러시아어, 군사, 체육, 수학, 물리, 화학 등 12개였다.

설립 초기 학생은 20여 명이었고 이내 40여 명으로 증가되었다. 교육취지는 학생들에게 반일민족주의사상을 주입하고 군사지식을 전수하며 군사훈련을 각별히 중시하여 문화가 있고 군사지식과 전투기능이 있는 반일군사인재를 육성하는 것이다.

1920년 10월, 일제의 '토벌'에 부교장 김남극 등 3명 교원이 살해되었고 학교는 문을 닫게 되었다. 북일중학교는 200여 명 학생을 졸업시켰다. 그들 대부분은 반일무장투쟁에 참가하였다.

십리평사관연성소(왕청)

서일을 총재로 한 북로군정서와 그들이 꾸린 반일민족독립운동의 무장대오를 양성하는 군사학교이다. 지점은 왕청현 서대파 십리평 잣덕(현 태평촌)의 북쪽 산기슭이다. 1920년 3월 1일에 개학하였으며 사관생은 주로 대종교 교회 산하 청년과 명동중학교(왕청)학생들이었다. 선후로 60여 명을 모집하였다. 북로군정서 사령관 김좌진이 소장을 겸하고 사령부 부관 박녕희(朴宁熙)가 학도단장을 겸했으며 교관은 이장녕, 이범식, 김규식, 김홍국, 최상운 등이었다. 설치한 과목은 군사학, 총검술 등이 있었고 전투훈련을 진행하였다. 교재는 「보병조전」, 「축성교범(筑城教范)」, 「군대 내무서」, 「야외요교범」 등을 인쇄하여 사용하였다. 1920년 9월 9일 제1회로 289명의 사관생을 졸업시켰다. 사관연성소를 졸업한 사관생들은 청산리전투에서 혁혁한 전과를 거두는 데

골간적 역할을 놀았다. 그 후 대부대가 밀산 방면으로 이동할 때 함께 전이했다.

서일(徐一)은 1881년 2월 26일 함경북도 경원군 안농면 김희동에서 출생했다. 본명은 서기학이고 호는 백포(白圃)이다. 1911년에 두만강을 건너 중국에 이주했다. 처음으로 발을 붙인 곳이 왕청현 덕원리였고 서일이 사망 후 젠즈루로 이사했다.

서일은 왕청에 망명하여 청일학교, 명동중학교를 설립하는 등 육영사업에 전념하였으며 「오대종지강연」, 「도해」, 「삼문 일답」, 「희삼경」 등을 저술하여 교리를 전파하는 일면 '자유공단'이라는 비밀단체를 조직하고 약 1만 5000명의 단원을 가진 단장으로 선출되어 항일의식을 고취하였다. 1918년에는 여준, 김좌진 등 38인과 함께 무오독립선언서를 발표하였다. 1919년 8월에는 김좌진을 맞이하여 정의단을 개편하고 대한군정서(북로군정서)를 조직하여 본영을 왕청현 서대파구에 두고 무기를 구입하였다. 1920년 10월 청산리전투를 치르게 되어 일본군 수백 명을 살상하는 독립군 사상 최고 큰 전과를 올렸다.

한편 1920년에는 임시정부 직할의 간북북부총판부 총판으로 임명되어 활동하였다.

청산리전투 후 독립군 3500여 명 병력이 밀산에 집결되었는데 대한독립군단이 조직되었고 서일은 총재로 추대되었다. 1921년 대한독립군단이 노령 자유시로 이주하고 그는 밀산현 당벽진에 옮겨가서 다시 기회를 기다리며 군무의 여가를 타서 독립운동을 계속하던 중 1921년 8월 26일 토비의 습격을 받아 젊은 동지들이 다수 희생되자 나라 잃은 슬픔에 겹쳐 8월 27일 아침, 마을 뒷산에서 자결 순국하였다. 서일의 유해는 독립군두령들과 대종교요인들의 결정에 의해 당벽진에 토장되었다가 1927년 봄에 화장하여 대종교의 본거지였던 화룡현 청파호에 봉장되었다.

서일에게는 둘째사위 최관(둘째딸 서죽청(竹青)의 남편)이 있었다. 그는 대종교 종본사의 주요 책임자였다. 서일이 당벽진에 있을 때 권씨 집에 투숙했고 그가 사망 후 독립군두령과 대종교요인들은 그의 유언에 따라 1923년 초 서윤제와 권씨의 딸의 혼인을 성사시켰다.

1930년, 연변에 5·30폭동, 8·1길돈폭동이 일어났고 10월 왕청에도 소작료인하를 요구하는 시위가 벌어졌다. 서윤제 부부, 서중청 부부도 시위에 참가했었다. 농민운동은 동북군벌의 진압을 받았으며 서일의 부친은 이웃집 노인의 생일술을 마시다가 군벌과 맞다들어 그들의 총에 맞아 사망했다.

1942년 '임오교변'이 일어날 때 서윤제씨와 최관씨도 체포되었다. 서윤제씨는 몇 달 후 무죄로 석방되었으나 최관싸는 7년(혹은 8년)형을 선고 받고 광복을 맞아서야 출옥했다. 1992년, 고 강룡권 씨가 답삿길에 찾아뵈었을 때 서일의 손자, 서윤제의 아들인 서경섬(68) 씨는 할빈에 거주했고 서일의 외손자, 최관의 아들인 최웅(68) 씨는 목단강시민족사무위원회에서 근무, 퇴직하고 목단강시에서 살고 있었다.

대황구 3·1학교

일찍 북일중학교를 졸업한 김근은, 김성도, 이상준, 유사준, 엄승호, 김경련, 김규봉 등은 1923년 3월 1일에 훈춘 대황구에 3·1학교를 세웠다. 마르크스주의를 학습하고 협애한 민족주의를 배격하며 공산주의사상으로 새 세대를 교양하는 것을 교학의 취지로 정하였다.

이 학교에는 중·소학부를 두었고 북구와 청수동에 분교가 있었다. 소학부의 과목은 조선어, 수학, 역사, 지리, 음악, 체육이고 고등과에서는 물리, 화학, 영어, 일본어를 더 배웠다. 1928년 학생은 100여 명이었다.

3·1학교의 비용은 '학교유지회'라는 학부형조직이 해마다 매호에 25-30원씩 내는 것으로 해결되었다. 1929년 9월 일제의 파괴로 문을 닫았다. 졸업생 중 주요한 인물은 동만항일에서 업적을 쌓은 김근, 안길, 김규봉, 김원익 등이다.

신흥무관학교

신민회의 중견들인 이동휘 등이 1911년 4월 유하현 고산자에 '경학사'를 세웠고 그 부속기관인 신흥(新興)강습소를 대고산에 꾸렸다. 1912년 4월 이회영, 이상룡 등이 통화현 횡도천에 신흥강습소분교를 꾸렸고 1913년에 신흥학교로 개칭하였다. 여준이 교장으로 되었다. 신흥학교는 본과는 4년 학제이고 특과는 6개월 혹은 3개월짜리 속성반이었다. 1915년에는 '양성중학'으로 개칭했다. 1911-1919년까지 신흥학교의 졸업생은 3500여 명인데 대부분이 항일골간으로 되었다.

1919년 5월 3일 신흥무관학교로 개칭하였다. 교장에 이시영, 교성대장에 이청천, 교관에 이범석 등이었다. 본교는 통화현 횡도천에 두고 유하 고산자와 칠도구에 분교를 설치했다. 이때부터 신흥무관학교는 전적으로 군사지식을 전수하는 장소로 되었다. 이청천과 이범석이 군사지식과 손자병법 강의를 맡았으며 실전연습도 책임겼다. 1919년 초부터 1920년 8월까지 신흥무관학교는 100여 명 학원을 양성해냈다. 양림, 김산 등은 신흥무관학교 출신이다. 신흥무관학교는 중국조선이주민이 세운 첫 무관학교이다. 이 학교의 주요인물의 행방을 보면:

- **이동녕** 제1임 교장이었던 그는 1919년 상해임시정부가 설 때 임시의정원 원장으로 되었다가 후에 임시정부 국무총리, 국무위원회 주석 등 요직을 맡아보다가 1940년 4월 사천성 기강에서 72세를 일기로 병사했다.
- **이회영** 1919년 이동녕과 함께 상해임시정부를 세웠고 1924년 조선의열단 참모장으로 있었으며 1932년에 항일의용군을 세우기 위해 상해에서 동북으로 오던 중 대련에서 일본경찰에 의해 피살되었다.
- **이시영** 1919년에 상해임시정부 국무위원으로 있었고 1945년 8·15광복 후 한국 부동령으로 지냈다.
- **이청천** 1924년에 조선혁명군 총사령관으로 있었으며 1940년에 광복군 총사령으로 되었다.
- **이범석** 1920년에 북로군정서 연성대장으로 되었고 1940년에는 광복군 참모장으로 지냈으며 1948년에 한국 국무총리 겸 국방장관으로 지냈다.

유하현 동명학교

1922년 12월 7일 한경희 목사가 유하현 삼원포 서문 안에 동명학교를 세웠다. 당시 교원은 5명, 학생은 146명이었으며 교장은 한경희였고 교감은 기독교회의 장로 전정모였다. 학교의 운영경비는 초등과에 매달 30전, 고등과에 50전을 내는 외 삼원포에 거주하는 조선이주민의 의연금으로 해결되었다. 교재는 정의부 교육부에서 출판했거나 자편한 반일적이고 민족독립사상이 담긴 것을 사용하였다. 1928년에 한경희 목사가 일경에 체포되자 그의 아들 한청옥 씨가 제2대 교장에 추대되었다. 1930년 3월 한청옥 씨는 암살되었고 학교는 9·18사변 후에 문을 닫게 되었다.

화전현 화성의숙

1925년 3월, 정의부에서 화전현에 세운 2년제 군사정치간부학교이다. 숙장은 최동오이고 총무는 강제하씨였고 교관은 황포군관학교 출신 이웅씨였다. 1926년 12월에 2기생을 졸업시킨 후 자기의 사명을 마치였다. 화성의숙에서 설치한 과목은 삼민주의, 중국혁명사, 조선혁명사, 조선역사, 세계역사, 세계지리, 세계혁명사 등이다.

통하현 서북하학교

흑룡강성 통하현 청하진 마을사람들이 1928년 김지강(최용건)씨의 직접 영도하에 자체로 꾸린 학교이다. 교장은 김지강, 교원은 문창빈, 김명덕(여)이고 초기 학생은 40여 명이었으며 후에 70여 명으로 증가됐다. 과목은 조선어, 산수, 조선역사, 조선지리, 시사, 체육, 음악 등이었으며 혁명교양을 진행하고 혁명가곡을 배워주었다. 1932년 일제가 통하를 강점하고 토비가 살판치자 백성들이 마을을 떠나면서 폐교되었다.

탕원현 소동모범학교

1928년 최석천(최용건), 채평, 이춘만, 김리만 등이 타원현 오동하서에 세운 학교이다. 초기에 7칸 초가를 짓고 교실로 삼았다. 교원은 4명, 학생은 70명이었는데 가르친 과목은 정치, 시사, 국문, 동국역사, 지리, 군사체육, 음악 등이다.

9·18사변 직전 특대홍수로 농민이 이산되자 송동모범학교는 폐교되었다. 이 학교는 흑룡강성 반일민족학교들 중에서 명성이 가장 높았다. 이 학교 출신으로는 항일연군 제6군 1사 사장 마덕산(김병호), 정치부 주임 서광해(서병인), 탕원현 중심현위 서기 배치운 등이 있다.

영안현 3·1학원

1934년 대종교가 영안 동경성 발해진에 세웠다. 원장은 대종교 제3세 교주인 윤세복씨이다. 초기 학생은 40여 명, 교원은 윤세복 외 2명, 남녀공학을 실시했다. 과목은 한글, 산수, 역사, 시사, 지리, 생물, 창가, 도화, 체조 등이다. 교원은 봉급을 받지 않았고 학생은 월사금을 바치지 않았다. 1년 후에는 '대종학원(大綜学院)'이라 고쳤다. 대종학원은 1936년에 발해진 조선소학교와 합병되어 보통학교로 되었다.

제3절 1931-1945년 조선이주민 교육

1. 노화교육방침

9·18사변 후 일제는 조선이주민에 대한 식민지노예교육을 본격적으로 추진시키었다. 위만주국은 교육취지를 아래와 같이 규정하였다.

"교육취지는 인의를 중히 여기며 다른 사람에게 겸손하게 양보하는 예의를 지키며 왕도주의를 발양하여 인의가 있는 사람과 친하며 인방에 대하여 선량하게 대함으로써 공동 생존하고 공동 번영하게 하는 데 있다."

이때부터 1937년까지 일제는 일·위통치관할구 내의 조선이주민학교를 조선총독부에서 관할하는 '보통학교'로 고치였으며 반일경향이 있는 조선이주민 사립학교를 강제적으로 폐교하였다. 9·18사변 전에는 만주에 조선이주민학교가 710개소나 있었는데 1932년에는 37개소로 감소되었다. 일제는 사립학교를 완전히 통제하기 위해 1933년에 '사립학교잠정규정'을 반포하였으며 1935년 9월에는 '위만주국교육방안'이 제기되었다.

"만선 두 민족의 융합은 비록 곤란이 적지 않지만 해결할 방책은 그들을 새 〈위만주국〉에 귀화, 동화시키는 것이다", "조선이주민의 교육에 대해서는 동화의 방침을 실시해야 하는데 이를 〈위만주국〉에서 담임하는 것이 상책이다.", "간도에서 조선이주민이 자기로 경영하는 학교들은 불량선인들의 어용도구였고 치안에 혼란을 조성하였으므로 엄격히 취체 또는 폐교시켜야 한다."

'재만조선이주민교육개선안'에서 "재만조선이주민의 교육은 조선이주민에 대한 일본의 국책에 따라서 교육칙어, 일한합병조서, 통감 및 총독의 유고(谕告)를 근본으로 하여 조선교육령, 보통학교규정에 좇아 진행해야 한다."고 하였다. 이런 이중적인 지배형식은 1937년 후에 보다 명확히 확정되었다.

1937년 일제는 조선이주민에 대한 '치외법권'을 취소하는 동시에 만철에서 경영해온 14개 조선이주민 보통학교를 제외하고 직접 장악해온 조선이주민학교에 대한 교육행정권을 위만정부에 귀속시켰다. 이해 5월 2일에 '신학제'를 반포하고 이듬해 1월부터 실시하였는바 이로써 일제의 식민지노예교육체계를 식민지이중교육체계로 완벽화시켰다.

1938년 3월에는 제3차 '조선교육령'에 의하여 황민화교육을 강행하였다. 1939년 일제는 '창씨개명'을 강요하여 조선이주민의 성과 이름까지 일본 성과 이름으로 고치게 하였으며 그렇지 않을 경우 입학과 진학 및 취직을 금지시켰다. 1941년 공포된 '국민학교규정'에 따라 조선에서처럼 학교에서의 조선어의 사용과 교육을 취소하였고 모든 사립학교를 폐교시켰다. 이해부터 조선이주민의 전통명절을 없애고 일본의 명절을 쇠게 하였으며 조선민족복장을 취소하고 일본복장을 입게 하였다.

1943년 3월에 제4차로 '조선교육령'을 개정하였고 6월에는 '학도전시동원체계 확립 요강'을 반포하였으며 10월에는 '교육에 관한 전시지상조치령'을 공포하여 조선이주민 대학생들에게 '강제병제'를 실시하였다. 1945년 5월 '전시교육령'을 공포한 후부터는 학교의 교육기능이 완전히 상실되었다.

일제통치시기 조선이주민에 대한 노화교육의 기본내용은 황민화, 직업화, 군사화로 개괄할 수 있다.

'황민화'란 만선일체, 천황에 대한 충군애국 사상을 키우며 조선문자, 역사, 의식을 상실시키는 것이다. '직업화'란 '공업일본, 농업만주'의 식민계획을 실현하기 위해 하층 기술노동자를 양성하는 것이다. '군사화'란 '일본무술'을 배워주고 '무사도정신'을 부어넣으며 학교를 '병영화'하는 것이다.

2. 1931-1937년 식민지노예교육

일제의 '재만조선이주민개선안'에는 '보통학교, 사립학교 규정을 제정한다. 보통학교에 설치한 과목으로는 수신, 국어(일본어), 조선어, 만어(중국어) 혹은 러시아어, 산수, 국사(일본역사), 지리(일본지리), 이과, 직업, 도화, 창가, 체조 등이고 여학생에게는 가사, 제봉을 더 첨가한다. 사립학교에서는 종교과목을 설치할 수 없다. 교재는 조선총독부에서 편찬한 교재를 사용'이라고 씌어 있다.

보통학교로 개편되지 않은 조선이주민 소학교는 4년제 초급소학교와 2년제 고급소학으로 나누었다. 일제는 조선이주민학교에서 일본어를 국어로 삼았으며 조선어교수 시간을 일본어의 2분의 1도 되지 않게 줄였다.

해당통계에 따르면 위만주국 16개 성(시)의 조선이주민 학령아동은 남자가 7만 8832명이고 여자가 1만 8812명이며 취학아동은 남자가 5만 1736명이고 여자가 1만 4979명이다. 남자의 취학률은 65%이고 여자는 25%이다. 조선이주민 초등학교의 학생당 1년 교육경비는 17원이다.

1936년 6월 말 현재 만주조선이주민 초등학교 수, 중등학교 수, 유치원 수, 특수교육기관, 일본측 학교에 다니는 조선이주민, 중국인 측에 다니는 조선이주민상황은 표 1-07-03에 적어둔다.

표 1-07-03 재만조선인 교육일람표(1936.6)

초등학교 및 중등학교			유치원		일본인학교에 다닌 조선인학생		위만학교에 다닌 조선인학생		문교부관계학교에 다닌 조선인학생	
보통학교	학교 수	230	유치원 수	23	대 학	3	대학	4	학교 수	168
	학급 수	848	학급 수	41	중등학교	233	중등학교	517	학생 수	3578
	교원 수	801	보모 수	43	초등학교	631	초등학교	3578		
	아동 수	33365	유아 수	978	합 계	867	합계	4009		
기타학교	학교 수	260								
	학급 수	667								
	교원 수	594								
	아동 수	25707	합 계							
특수학교	학교 수	28	조선인초등학교 수						612	
	학급 수	134	조선인초등학교 학급 수						1794	
	교원 수	344	조선인초등학교 교원 수						1854	
	아동 수	1440	조선인초등학교 학생 수						63887	
서당	학교 수	94	조선인유치원 유아 수						978	
	학급 수	145	일본인,위만 소학교에 다닌 조선인 소학생 수						4209	
	교원 수	115	문교부계통학교에 다닌 조선인 소학생 수						3578	
	아동 수	3325	조선인중등학교 학생 수						1371	
중등학교	학교 수	7	일본인중등학교에 다닌 조선인 학생 수						233	
	학급 수	31	위만중등학교에 다닌 조선인 학생 수						517	
	교원 수	85	대학, 전문학교에 다닌 조선인 학생 수						7	
	학생 수	1371	총합계						74780	

3. 1938-1945년 식민지노예교육

1938년부터 '신학제'는 정식으로 실시되었다. 근본적 취지는 식민지노예교육을 한 층 강화하여 그것을 전면적으로 실시하려는 데 있다. 학교체계는 초등교육, 중등교육, 고등교육 등 3단계와 사도교육, 직업교육 등 2개 부분으로 나눠졌다.

1940년, 위만주국 문교부를 폐지하고 '민생부교육사'에서 교육행정권을 행사하다가 1943년 4월 1일 다시 '문교부'를 회복하였다. 교육행정부문에 '시학관(視學官)', '독학관 (督學官)'을 두었다. 아래에 '신학제'를 실시한 후의 교육을 학급과 유형별로 고찰하자.

초등학교

초등학교는 국민학사(学舍), 국민의숙, 국민학교, 국민우급학교 등을 포함한다.

'신학제'가 실시됨에 따라 종전의 4년제 초급소학교와 보통학교를 국민학교로, 6년 제 고급소학교와 보통학교를 국민우급학교로 개편하였고 단학급으로 된 초급소학교 를 국민학사 혹은 국민의숙으로 개편하였다.

초등학교에서부터 일본어교육을 철저히 실시하였으며 타민족동화의 기초가 일본어임 을 강조하였다. 국민학교의 주당 108시간 수업시간에서 32시간을 국민과에 배정하고 국 민우급학교에서는 주당 총 수업시간 수 66시간에서 16시간을 '국민과' 수업에 배당했다.

1940년, 간도에는 조선이주민 초등학교가 371개소, 학생은 6만 4005명이고 교원은 1146명이었다. 1944년 7월에는 학교 수가 474개소, 학생은 8만 4887명, 교원은 1506명이었다(「중국조선족교육사」 동북조선민족교육출판사).

중등교육

'학교령 및 학교규정'에는 '중등교육은 실업교육 및 실무교육을 위주로 하는 국민교육을 실시하여 국민의 중견이 될 자를 양성하는 것을 본지로 한다.'는 양성목표를 제기하였다. 조선이주민 중등학교의 양성목표는 '실업 또는 실무교육을 기초로 하며 국본 전정조서의 취지대로 건국의 본의를 밝히고 유신의 길을 따라 충효인애, 협화봉공의 정신을 소유한, 일본천황과 위만주국황제에게 충성을 다하는 국민의 중견이 될 자를 양성'하는 것이다.

여자국민고등학교는 '현모양처'를 육성하는 것을 목적으로 하여 가사, 재봉, 수예 등 실업과목에 치중하였다. 1944년 10월 간도의 중등학교 상황은 표 1-07-04와 같다.

표 1-07-04   간도성중등학교 일람표(1944년 10월)

학 교	전 업	수업 연한	소재지	개편,건교 연,월	학급 수	학생 수	교원 수	비 고
간도제1국민고등학교	농과	4	간도시	1938.1	12	623	23	원 연훈화왕연립직업학교를 개편
용정제1국민고등학교	상과	4	용정	1938.1	12	652	20	원 광명학원 5년제 중학부를 개편
훈춘국민고등학교	농과	4	훈춘	1938.1	6	299	9	원 훈춘현립중학교를 개편
용정제2국민고등학교	농과	4	용정	1939.6	8	499	14	원 용정사립대성중학과 동흥중학 합병
용정제3국민고등학교	토목건축	4	용정	1942.12	4/4	214/242	15	원 용정사립은진중학을 개편
간도여자국민고등학교	사도본과	1,4	간도시	1938.3	8	424	14	
간도공업학교	토목,광산,공예	4	간도시	1939.4	4/4/4	246/223/147	15	
도문국민고등학교	상과, 공과	4	도문	1941.1	2/3	110/196	9	
화룡국민고등학교	임업과	4	화룡	1942.3	2	105	5	
왕성국민고등학교	축산과	4	왕청	1942.12	4	207	8	
도문여자국민고등학교	본과	4	도문	1945.3	1	60	4	
용정여자국민고등학교	사도본과	1,4	용정	1943.6	11	648	20	용정사립광명학원 여자부와 용정사립 명신여자학교 합병
간도제2국민고등학교	농과	4	간도시	1944.1	2	118	2	
합계 13개 학교					91	5013	158	

자료출처: 「간도성문교요람」

사범교육

일제는 '신학제'에 의하여 사범을 사도로, 성립을 국립으로 고치였다. 사도 교육은 '실천에 주의하여 인격을 도야하고 지식기능을 습득시키며 신체를 단련시키고 건국정신의 정수를 습득시켜 교육보국의 신념을 양성한다.'는 종지를 내놓았다.

간도사도학교는 설립되어서부터 1944년까지 1920명을 졸업시켰고 간도여자고등학교 사도과에서는 131명을 졸업시켰다. 1944년 7월 통계에 의하면 학생 일인당 경비는 25원이었다.

유아교육

1944년 7월 「위간도성문교요람」에 의하면 전부 사립 유치원이었는데 모두 조선이주민 기독교계통에서 경영하였다. 당시 44개 유치원에 어린이 651명, 보모 25명이 있었고 비용은 어린이 일인당 23원이었다.

1933년 2월 봉천 서탑기독교회에서 봉천보모전습소를 세웠는데 이는 만주에서 조선이주민유치원보모를 양성하는 유일한 학교이다.

직업교육

'사상, 기능이 다 건전한 초급기술자를 양성' 목표로 한 중등직업학교를 설치하였는데 전부가 조선이주민 자체가 경영하는 사립학교였고 수업연한은 3년이었다. 신학제가 실시된 후에 설립된 조선이주민 직업학교는 표 1-07-05와 같다.

표 1-07-05 1938년 이후 설립된 조선인직업학교

학 교	전 업	수업연한	소 재 지	건교연월	학급 수	학생 수	교원 수
조양천농업학교	농과	3	조양천	1938.4	6	349	10
연신농업학교	농과	3	영길현시가툰	1938.3	3	110	10
신경실무학교	상과,토목과	3	신경	1938.3			
남만공업학원	공과	3	봉천	1938.4			
투도구농업학교	농과	3	투도구	1943.3	3	184	6
석현농림학원	농과	3	석현	1941.8	6	280	11
신안진농업학교	농과	3	신안진				
장발툰축산학교	축산		장발툰				
왕도서원		2	간도시	1941.6	4	263	6

자료출처:「중국조선족교육사」동북교육출판사   주: 모두가 사립학교임

고등학교

1943년 당시 20개소의 대학에 일본인학생 3717명, 중국인학생 2716명이었으며 조선이주민 학생은 극소수였다. 대학의 교장, 학감은 전부가 일본인이었다.

1940년 일본인 마사이가 용정에 '개척의학원'을 세웠다. 의사양성의 응급조치로 세운 것으로서 일본의학전문학교 2학년 수업 정도의 학생을 모집하여 2년간 학습시킨 후 전부 개척지보건지도원으로 배치했다. 교직원 17명 중 조선이주민이 6명, 50명

학생 중 조선이주민이 5명이었다.

1942년 만주조선장로교회에서 봉천에 3년제 신학원을 건립하여 1944년 말에 제1기 졸업생이 나왔다.

성인교육

일제는 민중학교, 일본어강습소, 조선청년특별훈련소 등을 꾸렸다.

1943년 8월 16일, 조선청년에 대하여 '특별연성'을 실시할 데 관한 문건을 발표하였다. 1944년 중순까지 모두 3기를 꾸렸는데 매기 훈련시간은 40일 좌우이고 매기마다 1000명씩 강제 훈련시켰다.

1939년 6월에는 위간도성농촌여자양성소를 설치하였다. 수업연한은 1년이고 정원은 30명이며 15-20세의 국민학교 졸업생 또는 동등한 학력의 미혼여자들을 전부 기숙사에 입사시켜 노예교육을 실시하였다.

4. 항일유격구의 조선이주민 교육

1932년 하반년부터 중공동만특위는 연변 각 지역에서 항일근거지를 창건하였다. 이해 겨울 동만항일유격근거지의 노농병정부에서는 '소학교의무교육법'을 반포하고 전반적 무료의무교육을 실시하였다. 이리하여 동만유격근거지역에 30여 개소의 학교가 설립되었고 학교의 운영, 교재, 경비 등은 노농병정부에서 통일적으로 해결하였다. 교재는 조선어로 편찬하였고 조선어로 강의하였다.

근거지의 성인교육은 주로 야학교와 식자반을 통하여 문맹을 퇴치하고 문화지식과 혁명이론을 선전하는 것으로서 근거지 조선이주민 군민들의 문화수준과 계급의식을 크게 제고시켰다.

항일연군 제2군은 백두산유격근거지를 개척한 후 밀영에서 학교교육과 성인교육을 계속 견지하였다.

제4절 1945-1949년 조선이주민 교육

　　동북행정위원회는 1946년 9월에 '학교교육을 개조하고 동학운동을 전개할 데 관한 지시'에 따라 교육방침을 '일제강점시기의 노예교육과 쨩쩨이스의 봉건적, 파쑈적 교육의 유독을 일층 숙청하며 민족적이고 민주적이고 대중적이고 과학적이고 신민주주의 교육을 확립하여 교육으로 하여금 신민주주의 정치적 투쟁을 위하여 봉사하게 하며 동북인민들의 평화민주건설을 위하여 봉사하게 하는 것이다.'고 제기했다.

사진 1-07-04 임민호 연변대학교 초기 부총장, 설립자의 주요 일원이다.

　　1946년 연변 5개 현의 소학교는 365개소, 교원은 2190여 명이었고 중등학교는 연길, 화룡, 왕청 3개 현에 41개소, 교원은 424명, 학생은 1만 1474명이었다.

　　1946년 9월 연길에 민주학원을 세우고 공업, 교육, 행정, 재정경제 등 학부를 두었다. 1946년 길동군정대학을 세웠다. 이 두 학교에서는 해방전쟁과 토지혁명을 위해 조선이주민 간부와 교원을 양성하였다.

　　1949년 4월 1일, 민족대학인 연변대학(제1임 교장 주덕해)을 창립하였다.

　　연변대학은 설립 초기부터 민족종합대학으로서 문학부, 이공학부, 의학부, 농학부를 설치하였으며 교직원 153명, 학생 427명이었다. 여러 차례의 기구조절을 통하여 현재 연변대학은 사범학원, 의학원, 농학원, 이공학원, 인문학원, 예술학원, 과학기술학원, 성인교육학원 등 10개 학원에 40개 학부, 11개 연구부, 3개 부속병원, 1개 부속중학교로 구성되었다. 연변대학은 중국조선족 최고의 고등학부이다.

　　1950년 동북인민정부 민족사무위원회에서 조사한 통계에 따르면 조선이주민이 꾸린 학교는 대학이 1개소고 중학교가 55개소이며 소학교가 1241개소였다. 교원은

6775명이고 학생은 20만 9773명이었다.

1950년 통계에 따르면 요녕성, 길림성, 흑룡강성의 늦게 해방된 지역의 조선이주민 농민들이 꾸린 여러 야간학교는 1326개소이며 참가한 농민은 3만 1624명이다.

제8장

조선이주민의 종교

제1절 개 론

　조선민족은 예로부터 종교를 신앙해 왔다. 중국조선이주민의 종교는 당연히 조선의 고유한 종교신앙과 밀접한 관계가 있다. 만주이주 초기 기독교, 천주교는 조선이민들이 정신적 고통에서 해탈되고 초세적 안위를 구하는 수단에 지나지 않는다. 순 신앙의 작용, 즉 정신상에서 자아만족을 얻는 것이다. 만주에서의 종교활동은 점차 조선이주민의 일상생활 범위에서 벗어나 교육과 사회와 항일무장투쟁과 직접적 연계를 갖게 되었다. 기독교 계통의 교세가 조선이주민 속에서 깊이 뿌리를 내리게 된 것도 이 방면의 원인이 있다. 조선광복운동이 종교를 밑바탕으로 일어났고 주요한 영도인물들도 종교계인사라는 점이 주목된다. 이들의 대표로는 이상욱 씨와 김약연 씨를 들 수 있다. 종교를 배경으로 한 애족, 애국운동 및 조선이주민의 지도활동의 공적은 마멸할 수 없는 것이다.

　많은 종교단체는 자금을 내어 학교를 꾸리고 반일사상과 사회개량주의를 선전하였다. 천주교에서 꾸리는 해성여학교, 예수교에서 꾸리는 은진중학교, 명신여자중학교, 대성유교에서 꾸리는 대성중학교, 천도교에서 세운 동흥중학교 등이 그 예로 된다.

제1차세계대전 결속 후 구소련10월혁명의 성공과 더불어 국제형세는 커다란 변화가 일었으며 3·13반일운동과 더불어 만주의 반일민족독립운동이 획기적인 전변을 가져올 때 종교단체의 민족지사들은 무장독립운동에 적극 뛰어들었다. 대한군정서는 대종교를, 대한국민회, 대한의군부, 대한북로독군부는 예수교를, 대한광복단은 공교회를, 대한국민의민단, 신민단, 대한공의단, 대한의사부, 대한총군부, 구국군은 천주교를, 야단, 훈춘한민회, 청년단은 청림교를 바탕으로 하고 있었다. 이상 단체는 9880명의 인원을 갖고 있었으며 그중 무장대원이 3700명이었다. 이런 반일단체들은 혈전정신을 실천에 옮겼다. 봉오동전투와 청산리대첩이 그 범례이다.

이상과 같은 반일종교단체가 있는가 하면 시천교와 같은 친일종교가 간도지역에서 일제의 앞잡이로 추악한 면을 보여준 사실도 있다. 1934년 재만조선이주민의 종교를 살펴보면

1. 남만지역에 있어서는 교회당이 48개, 기독교신도 9950명으로 그 대부분이 장로파에 속하며 주로 통화, 해룡, 봉천, 안동의 각 지방에 분포되고 기타는 신경, 길림에 소수의 감리교신도가 있었다.

2. 북만과 동몽 지방에 있어서는 총 1570명의 신도가 있었고 대부분이 할빈에 집중되어 장로파와 감리파가 반반의 세력이었다.

3. 기독교의 설교가 제일 설행된 곳은 간도지방으로서 교회당 104개, 신도는 2만 1261명에 달하여 재만조선이주민 기독교도의 65%를 점하고 있다.

불교는 기독교와 달리 재만조선이주민 중에서 거의 세력을 갖고 있지 못하였으며 단지 간도의 용정촌을 중심으로 3000명 신도를 갖고 있을 뿐 만주 각 지역에 있어서는 표면에 나타난 신자가 거의 없었다.

불교는 고려시대에 정점에 달했으나 이조에 와서 이를 압박, 금지한 결과 장기간에 걸쳐 조선이주민과 탈리된 종교였기 때문에 조선이주민 중에서 크게 전파되지 못했다.

기타 종교 중 천도교, 시천교, 제우교 및 보천교 등은 남북만주에서 신봉되고 있었으나 조직적인 설교활동은 없었으며 단지 간도에서 이들의 활동이 활발했다. 동 지방에서는 천도교, 시천교, 원종교, 대종교의 각 유파 중 천도교는 약 800명의 신도가 있어 용정촌을 중심으로 설교하고 있었으며 원종교와 대종교는 각각 80명 내지 40명의 신도를 갖고 있을 뿐이다. 그러나 대종교와 같은 것은 국교적인 성질을 띠고 중,

일 당국에 의해 취제가 심하였다.

유교는 간도지방에서 대성유교와 공교회 두 파로 갈라졌으며 약 1만 7600명의 신도를 가지고 있었으며 향상하는 경향이었다.

1936년 6월 현재 통계에 따르면 교회당이 293개, 신도는 6만 1156명이다. 그중 기독교회당이 233개, 신도 3만 8251명이고 유교회당이 5개, 신도는 1만 4515명, 불교회당 23개, 신도는 3899명이었다(표 1-08-01). 또한 만주에 설치된 조선이주민교회에서 경영하는 신학교는 1939년 현재 길림에 신학교, 용정에 신경학원, 사평가에 역시 성경학원이 있었으며 봉천에는 하급전도사양성소와 보모양성소가 있었다.

표 1-08-01 재만 종교집합교회당 및 사원 일람표(1936년 6월 말)

지역별	기독교 교회당수	기독교 신자수	천도교 교회당수	천도교 신자수	시천교 교회당수	시천교 신자수	불교 교회당수	불교 신자수	유교 교회당수	유교 신자수	기타 교회당수	기타 신자수	합계 교회당수	합계 신자수
신경	7	727											7	727
길림	7	984											7	984
돈화	5	50											5	550
봉천	20	4910					1	700				493	22	6103
산성진	7	548											7	548
통화	7	954	2	70							1		9	1024
안동	11	3704	2	180									13	3884
신민부	1	100											1	100
영구	12	1450											12	1450
정가툰	1	51											1	51
해라얼	1	12											1	12
백성자	3	135											3	135
할빈	19	2271	1	35								537	23	3158
수분하	13	1827										485	18	2312
간도	49	9064	1	720	5	620	8	1752	2	10400	3 5		65	22556
훈춘	22	2654											22	2654
배초구	9	1379	1	10			3	155					13	1544
연길	13	4123	1	52			1	232	1	115			16	4522
투도구	20	2143	4	364	4	271	3	201	1	2500			32	(5479)
도문	6	617	2	339			7	859	1	1500			16	3315
합 계	233	38251	14	2085	9	891	23	3899	5	14515	9	1515	293	61156

표: 〈합계〉란에 오차가 있다. 본 표는 참고로 적어둔다

자료출처: 「在滿朝鮮人現勢要覽」

제2절 종교 각파

1. 기독교

기독교는 1920년대에 조선에서 널리 보급되었으며 교파가 많았다. 예수교 장로회, 감리교, 천주교, 동아기독교, 조선기독교, 재림안식교, 성결교, 조선기독교회 등이 있었다. 그중 장로교의 세력이 가장 컸다. 1940년 5월 19일 일제의 강제적인 시책에 따라 만주 6개 기독교 교파는 신경에서 '조선기독교연맹'을 조직할 데 관한 제1차 회의를 열었다. 회의에서 '선언서'를 발표했다.

1941년 8월 신경에서 제2차 연맹회를 소집하고 '성명서'를 발표하였다. 이 시기 기독교는 완전히 일제의 동아침략의 정신적 도구로 되어버렸다.

11월 28일, '합동'결성을 마치고 제1임 총회장으로 봉천 서탑장로교 목사 정상인을 선거했다. 합동 이후 '만주조선이주민기독교'는 동북을 신경, 동만, 북만, 봉천, 안동과 남만 등 6개 교구로 나누고 사무소를 신경에 설치하고 산하에 총무국, 교육국, 교무국, 전도국, 출판국, 재무국 등 6개 국을 두었다.

1) 장로교회

일찍 1880년 기독교장로파는 간도를 캐나다장로파의 전도구역으로 구획하고 조선의 4개 전도구의 하나로 정하였다. 1876년 캐나다 '일치선교회'의 마이러타이(麦勒泰) 목사는 조선 평북 의주에서 우장(현 영구)에 이주한 이응찬, 백홍준, 이성하, 김진기 등 4명에게 세례를 주었다. 1882년 심양에서 조선어로 된 '신약전서'가 이응찬 등의 번역으로 출판되었고 서상륜, 이성하 두 사람은 러스(罗斯) 목사의 촉탁을 받고 동만, 남만의 조선이주민 촌락에서 전교하였다. 1884년, 마이러타이, 러스 목사는 동만을 상회할 때 75명 조선인 신도들이 자원하여 세례를 접수하였다.

1910년 전후 기독교반일민족주의자들이 유하, 홍경 일대에 정착한 후 기독교전도사도 따라 왔다. 1918년 무순, 봉천, 홍경, 통화, 유하 등 지역에서 전파되었으며 경

신년대토벌 후 조선난민을 구제한다는 명의로 남만 각 지역에서 모금활동을 벌려 기독교
는 남만에서 신속히 전파되었다. 1924년 후, 마르크스레닌주의 전파로 한 시기 기독교는
저조기에 있었다. 남만에서 장로회는 통화를 중심으로 그 부근 30리 내에 20여개 크
고 작은 교회가 있으며 신도는 1000여 명이었다. 이밖에 유하현에 신도 50명, 집안
현에 200명, 장백현에 100명, 홍경지방에 600명, 휘남현에 1170명, 해룡현에 320명,
안동현(부속지를 포함)에 700명, 봉천부속지에 460명, 그 부근 지방에 200명, 대련
에 70명, 기타 부근 지역을 합하면 장로회신도 6000여 명이었다(「재만조선인사정」).

20세기 초 장로교는 간도에 들어오게 되었다. 김진근(金振謹), 한경희(韓敬熙) 등
은 간도에 와 설교하였다. 1902년 캐나다장로교 선교사 구례선(具礼善)과 선교사 조
리 홍순도(洪淳图)는 간도 각지를 돌아다니면서 전도활동을 했으며 뒤이어 전도사
안순영이 계속 전도활동을 했다. 1906년 구례선과 홍순도는 용정교회를 세웠다. 그해
전도사 안순영(安順永)이 중국인교도 선금(单金)의 도움 밑에 선후하여 화룡현 양목
정자(杨木顶子) 교회와 광제암(广济岩)교회를 세웠다.

1907년 조선반일지사 김약연, 구춘선, 마진, 박무림, 강백규 등은 다라즈 장재촌에
명동강습소와 명동학교를 꾸렸으며 서울로부터 장로교회의 정재면(郑载冕)씨를 교원
으로 초빙하여 장로회에 집단적으로 가입했다. 1909년 김약연은 명동교회를 세웠고
성경을 강의하면서 반일민족의식을 선전하였다. 또 이동휘 등은 '러·중·조 삼국전
도회'의 명의로 조선에서 연변에 와 설교하면서 '종교로 민족을 단결시키고 민족해방
을 쟁취'하자고 주장했다. 외국선교사들은 병을 치료하여주고 경작지를 좀씩 희사하
는 방법으로 각지서 설교하면서 많은 군중을 저들의 교회에 흡수하였다. 1911년 현
재 간도에는 교회와 집회처가 40여 곳, 교도가 1600여 명에 달하였다.

1912년 캐나다선교사가 용정에 장로교 선전부를 세웠다. 박걸, 구례선 등 선교사들
은 용정, 명동을 중심으로 전고활동을 활발히 밀고나갔다. 1914년 이후 명신고등여자
학교, 명신여자학교, 은진중학을 육속 창건했고 1916년 5월에는 제창(济昌)병원을 세
웠다. 그해 간민회와 훈춘의 한민회를 합쳐 간도 '국민회'를 조직했으며 구춘선이 회장
에 취임하고 아래에 80여 개 분회를 앉혔으며 연락지점을 제창병원 지하실에 두었다.
전도하는 동시에 반일활동을 벌리었다. 유럽, 미국 등 나라와 일본과의 모순이 격화됨

에 따라 구미선교사들은 조선이주민의 반일민족해방투쟁을 적극 지지해 나섰다.

1918년 4월, 명동학교 교장 김약연, 교감 정재면 등 39명 반일지사들은 '무오독립선언서'를 발표하였으며 그 후로는 반일무장투쟁의 길을 걸었다. 암살대를 기반으로 국민회군을 창건하고 안무를 초빙하여 군사훈련을 하였다. 그 뒤 또 홍범도 장군을 초빙하여 군사영도를 강화했다. 국민회본부는 '군적등록령'을 반포하였으며 무관학교를 세워 군사골간을 양성했다. 자금을 모아 무기를 사기 위해 임국정, 윤준희, 한상호, 최봉설, 김준, 전홍섭, 박웅세 등 7명 교도는 조선은행 회녕분행으로부터 용정으로 오는 차를 습격하여 조선은행권 15만 원을 앗아냈다.

1920년 일제의 무장진압하에 장로회는 심한 파괴를 받았다. 그 후 장로회 상층인사들은 반일기치를 내리우고 '구세촌'을 건설한다고 떠들었다. 1921년 12월 1일, 장로교는 토성보에서 회의를 열고 조선 함북로회에서 갈라져 간도로회를 세우고 김내범(金乃范)을 회장으로 선거했다. 1925년 '동만로회'라 재칭하였다. 1926년 3월, 박창옥(朴昌玉), 이찬걸 등은 왕청 배초구에 예수교청년회를 건립하였는데 회원은 14 명이며 분화학습, 신체단련 등 계몽교육방식으로 교회의 영향을 이어갔다. 1936년 6월 동만 장로회는 간도와 돈화, 영길, 서란, 영안, 교하, 길림 등 지역에 129개 교회를 설치하였으며 신도는 1만 6000여 명에 달하였다.

1939년 9월 15일, 일제의 통제하에 동북의 장로교회 대표 32명은 조선 신의주에서 열린 제2차 교회회의에 참가하였으며 '전만주조선예수교장로회연합회'의 건립을 보았다. 1940년 5월 장로교회는 강박에 의해 '만주조선기독교연맹회'에 가입했고 이듬해에는 '만주조선기독교회'에 합병되었다. 1944년 말, 간도 '만주조선기독교'는 교회 100개, 전도소 16개, 신도 1만 449명이 있었다.

2) 감리교회

감리교회는 기독교신교의 한개 파로서 세계성을 띤 종교조직이다. 남감리교파와 북감리교파(미감리교파)로 나눈다. 20세기 초 미국에서 조선을 거쳐 만주에 들어왔다.

남만에 있어서 감리교신도는 흥경을 중심으로 1000여 명이 있었고 장춘, 사평가에 300명, 길림, 액목, 몽강 등 지역에 예배당 7개소, 신자 약 2000명이 있었고 할빈에 예배당 1개소, 신자 약 100명, 해림에 예배당 2개소, 신자 50명, 기타 지역까지 합하면 4000명 신자가 있었다(「재만조선인사정」).

1908년 9월, 남감리교회의 전도사 이화춘(李和春)씨가 책장사 이응현(李応鉉), 함주익(咸株益) 등과 함께 용정에서 전도하였다. 중국인 기독교도 선금과 반일민족지사 박무림의 지지하에 용정촌과 그 부근에 9개 교회를 세웠는데 500여 명 교도가 있었다. 1908년 8월, 장로교파와 감리교파의 전도구역협정에 좇아 간도의 감리교회를 장로교파에 넘겨주고 조선으로 나갔다.

1920년 5월, 남감리교회는 또다시 간도에서 전도하기 시작하였다. 1921년 7월 남감리교회는 훈춘 등 지역의 성리교회(圣理教会)를 접수하였으며 이듬해 4월 정재덕(郑在德) 목사는 용정, 투도구, 왕청 등 지역에 교회를 세웠다. 당시 간도지역의 총책임자는 양주삼(梁柱三) 목사이고 용정교회 책임자는 이용정(李容政)씨, 왕청교회의 책임자는 최세환(崔世焕)씨였다.

초기에 남감리교회는 왕청, 용정 등 지역에 '반일학교' 등 교회학교를 세웠다. 또 교도자녀를 위해 동명학교, 북일학교, 영창학교, 삼광유치원을 세웠으며 용정에다도 매일성경학원을 세워 국립, 사립 학교의 학생들이 퇴교 후 성경을 배우게 하여 그 영향 면을 크게 넓히었다. 1925년 남감리교회는 국자가, 옹성라자, 용정, 투도구, 훈춘, 배초구, 석현, 경신, 대두천 등 곳에 교회를 세웠다. 1926년 2월, 최착봉(崔镯风), 김리남(金利男) 등이 배초구에서 남감리파청년회를 건립하였으며 회원 30명은 모두 선도자녀였다.

1918년 전후 미감리교회의 배형식(裴亨植) 목사는 간도에서 사회조사를 하였고 1920년에 도문에 감리교회를 세웠다. 1929년 1월, 장로교파와 감리교파는 봉천에서 협상을 거쳐 신경지역을 감리교전도구로, 간도지역을 장로교파 전도 구역으로 정하였다. 그러나 감리교파는 계속 간도에서 전도하였다.

1931년 12월, 감리교회의 남북 두개 파는 용정에서 연합회의를 열고 감리교 '만주선교연(年)회'를 조직하였으며 교육, 농촌 기구를 설치하여 교회의 세력을 확대하였다. 1933년에 이르러 간도에 24개 교회, 1644명 교도가 있으며 6개 교회학교에 506명 학생이 있었다. 1939년 감리교회 만주연회는 북만, 동만 두 곳으로 갈라졌다.

1940년 5월 감리교회는 '만주조선기독교연맹'에 합병되었으며 1941년 11월 '만주조선
기독교회'로 개칭되었다.

3) 동아기독교

1906년, 캐나다선교사 변위익이 충청남도 강경에서 '대한기독교'를 세웠으며 1921
년 '동아기독교'라 고치었다. 신약성경을 유일한 경전으로 삼고 정치와 종교를 갈라
보는 원칙을 주장했다.

1906년, 한태영(韓泰永) 등 4명이 간도에서 전도했고 1912년 5월 김만순(金万
順) 씨의 발기로 송언(松偃)예수교회를 세웠다. 1914년 1월 조정립(趙鼎立)씨가
종성동예수교회를 건립했다. 1916년 2월 대모록구(大母鹿沟)교회, 1918년 연길교회,
1920년 훈춘교회가 세워졌다. 20년대에는 화룡현 명신교회, 왕청교회, 금당(金塘)교
회, 흥인(興仁)교회를 내왔으며 11개소의 교회학교를 갖고 있었다. 1923년 전후에
만주의 동아기독교는 남만과 북만 두 개 교구로 나눠졌다. 1936년 6월 만주의 동아
기독교의 신노는 516명, 1940년에는 1000명 좌우였다.

동아기독교는 초기에는 반일을 주장하였으나 점차 포기해버렸다. 1940년 5월, 일제
는 동아기독교를 '만주조선기독교연맹'에 합병시켰다.

4) 복림안식일교회

안식일교회의 특점은 토요일을 전도일로 하며 술과 담배를 엄금한다.

1914년 전도사 백덕순(白德遜) 씨는 봉천에서 전도하면서 교회를 세웠고 이듬해
는 장춘에 교회를 세웠다. 1917년부터 조선이주민을 대상으로 간도에서 전도하였으
며 그해 4월에 투도구교회, 5월에 용정촌교회를 건립했다. 1919년 11월 화룡현 명신
촌에 삼도구교회를 세웠다. 1926년 동만구교회 내에 2개 학교가 있었고 학생은 149
명이었다.

위만주시기 교회의 발전은 컸다. 1934년 2월 연길현남구(南沟)교회, 1935년 3월
조양천교회, 1936년 5월 로투구교회가 건립되었다. 1936년 6월 말 현재 만주의 신도
는 544명이었다. 1939년 1월 기독교동북연합회는 동만구교회를 조선기독교복림안식

일교회에 귀속시켰고 '간도합회'라 개칭했다. 1940년 5월 '만주조선기독교연맹'에 합병됐다.

5) 성결교회

1907년, 미국 동양선교회는 서울에 '동양교회복음전도관'을 세웠다. 성결교회는 '복음을 전파'하고 '영혼을 구원'할 것을 주장했다.

1924년, 조선 충청남도 규암교회 교도 박기래(朴基来), 경주교회의 교도 박장환(朴章煥)이 각기 용정촌과 도문에 이주하여 전도를 시작했다. 그해 최성무(崔成茂) 목사가 시찰원신분으로 용정에 파견되어 정황을 조사했고 1925년 3월 이원근(李元根) 전도사가 용정교회를 세웠다. 뒤이어 여전도사 김경흡(金庚洽), 박로희(朴魯熙)가 용정 부근에서 전도했다. 그해 8월 기와집을 지어 교회당으로 하고 부흥전도회를 세우고 세력을 확장했다. 1926년 교도가 49명으로 늘어났다. 1928년 여전도사들이 용정을 중심으로 조선이주여성들 가운데서 전도활동을 벌렸다. 1930년 11월 천보산분회가 세워졌고 이듬해 11월에 교회당을 지었다. 1932년 9월 김인석(金仁石) 목사가 명월구교회를 내오고 1933년 2월 김학선(金学善) 목사가 조양천교회를 내왔다. 1935년 이정원(李禎源) 목사가 연길교회를, 이듬해 10월 박문익(朴文益) 목사가 도문교회를 세웠다. 1936년 6월 당시 만주 내 성결교도는 1280명이다. 1940년에 '만주조선기독교연맹'에 합병되었다.

2. 천주교

1872년 마카오에서 세례를 받은 조선인 첫 신부 김대건(金大健)은 영고탑, 왕청, 훈춘 등 지역에서 활동하다가 조선 경흥에 돌아갔다. 1896년 4월, 조선청년 김영렬(金英烈)씨는 도선 원산에 있는 프랑스인 신부를 찾아가서 교리학습을 거친 후 5월 17일에 세례를 받고 요한이란 본명(本名 - 교회이름)까지 지니고 화룡현 루학대에 돌아와 가족과 친지 10여 명을 데리고 다시 원산으로 갔는데 때는 1897년 초봄이었다. 박련삼(朴連三), 김진오(金真五), 김중렬(金仲烈, 김영렬의 동생) 등 12인은 세례를 받고 천주교에 가입하였는데 '북간도 12도도'라고 불리었다. 그해 가을 간도에 돌아와 회녕, 용정 간의 큰길가 마을 삼원봉(三元峰, 지신향에 있음)과 하교동, 대교동, 부처동 그리고 용정촌에서 전교활동을 했다. 1902년 김계일(金桂一), 석해일, 박정규 등 100여 호 교도들이 용정촌으로부터 팔도구에 이주하여 교도촌을 이루고 교회를 내왔다. 1909년 화룡 지신사 영암(英岩)촌에 천주교예배당을 세우고 남일량(南一良, 프랑스적)이 신부를 맡았다. 같은 해 용정촌에 용정천주교예배당을 세우고 원형근(元亨根, 프랑스적)이 신부를 맡았다. 이듬해 5월 팔도구에 천주교예배당을 세우고 최문식(崔文植, 조선이주민)이 신부를 맡았다. 그때 간도에 교도 2100여 명이 있었다. 1914년 간도의 조선이주민천주교회는 예배당 3개에 천주교공소 50개, 교회학교 17개(학생 339명)를 갖고 있었으며 교도가 5418명에 달하였다. 1919년 3·13반일시위 때 용정 각지의 천주교 교도들은 반일시위에 적극 뛰어들었다. '경신년대토벌' 때 각지의 교회당은 파괴당하였다.

　1920년, 조선에서 원산종교구가 나와서 연길, 이란 두 교회는 원산종교구의 관리를 받았다. 제1차세계대전 후 빠리전도회의 프랑스신부들이 육속 귀국했고 독일 센구디리 분듀회에서 로마종좌의 위탁을 받고 원산종교구를 관리하였다. 1921년 3월 이후 독일 신부 임갈충(任渴忠), 서상렬(徐相烈), 구걸근(具杰根), 심배의(沈培义), 오근수(吳根诛) 등이 간도에 파견되었다. 그해 9월 백화동(白化东)씨가 연길천주교예배당 주임신부로 전근되었다. 이때부터 천주교는 반일기치를 버리고 '순종교활동'을 벌렸다. 1923년에 이르러 조선이주민천주교는 30개의 교회학교에 9990명의 교도를 갖고 있었다. 그 가운데 팔도구천주교회의 교세가 가장 왕성했는데 1924년 교도 수는 2000여 명에 이르렀다. 1928년 연길교구가 건립되었고 그 지역은 간도와 영안, 목단강 등지를 포함하였는데 당시 교도가 1만 2057명이었다. 백화동씨가 김목교구장으로 되었다. 1931년 백화동은 스위스의 수녀를 청하여 연길에 수녀원을 세웠다. 1933년 교회에서는 연길에 병원을 앉히었다. 지금의 연변군분구와 옛 연변가무단 건물이 바로 당년의 천주교교구사무청사이다. 1934년에는 연길에 성십자가수원을 건립하였고 1936년 3월에는 잡지 「카톨릭소년」을 창간하였다. 1937년 연길교구에는 주교 1명, 신부 22명, 수사 17명, 수녀 23명, 수원학생 31명, 전도사 21명, 천주교공소 45

개, 교회당 39개, 그중 400명 이상을 수용할 수 있는 교회당이 13개, 교도 1만 2884명이었다. 1944년 말 연길교구는 조선이주민 신도 2만 명, 중국인 신도 2000명을 갖고 있었다.

1947년 11월, 백화동씨는 귀국하고 대부분 독일신부들도 육속 떠났다. 전지령(田志靈)이 대리목구장으로 되었다. 토지개혁 후 천주교는 기본상 활동을 중지하였다.

3. 천도교

천도교는 시천교, 청림교, 대종교, 유교 및 원종교와 함께 조선이주민 민족종교이다. 천도교는 동학당의 후신이다. 창교주 최제우(도호 수원선생)씨가 교도를 선포한 것이 1860년이다. 제4대교주 손병희(孫秉熙)가 이용구 등 친일파를 축출하고 1905년 12월 '천도교'라 이름을 고쳤다. 천도교는 하늘을 숭상하지만 인간성과 인심을 떠난 하늘은 없으며 하늘은 오직 사람들의 마음속에 있다고 인정하였다. 인간의 존엄을 강조했고 인간 사이의 평등을 주장하였다. '인간이 곧 하늘'이라는 것으로써 나라와 백성을 안정시키고 천하에 덕을 닦고 백성을 많이 도와주어 지상천국을 세워 모든 동포가 한데 뭉쳐야 한다는 '개량세계주의'를 주장해왔다. 천도교의 의식은 간편하고 소박한바 물 한사발만을 제공한다. 물이 천지만물을 대표한다고 보고 있었다.

천도교는 1907년을 전후하여 만주조선이주민 중에서 전파되었다. 1908년 천도교는 국자가에 한명(韓明)의숙을 세웠고 1913년 8월 백사원(白士元), 고상률(高尚律)이 용정에 교회당을 세웠고 이듬해 3월 최진오(崔振五) 등 7명이 용정 천도교종리원을 세웠다. 1916년 전후, 반일사상을 선전하는 것을 주요한 수단으로 동흥학교 등 교회학교를 육속 일떠세웠다. 1917년 9월 간도엔 천도교 교도 460여 명이 있었다. 1919년에는 3·13반일시위에 참가하였고 후엔 일제의 잔혹한 탄압을 받았다.

1921년 4월, 천도교는 용정에 동흥중학교와 부속소학교를 설립했다. 1922년 3월, 동흥제1소학교, 이듬해 10월에는 동흥제2소학교를 세웠다. 1928년 5월 천도교는 8개 학교, 935명 학생을 갖고 있었다.

9·18사변 후 천도교는 최림을 위수로 하는 신파와 박영호를 위수로 하는 구파로

갈라졌다. 신파는 친일파로 전락되었다. 구파는 천도교의 진의는 민족독립에 있으며 조선을 '천도국화'한 나라로 건설해야 한다고 주장했다. 1936년 통계에 따르면 통화, 신빈, 안동, 집안, 장백, 연길, 투도구, 도문, 배초구, 할빈, 수분하, 치치하얼 등 지역에 종리원 또는 종리소가 20개소, 신도 2119명이 있었다. 그 외에 봉성, 관전과 환인 등 지역에도 상당수의 신도가 있었으나 그들은 구파로서 주요하게는 반일활동에 주력했다.

동변도 각 지역의 천도교신도들은 9·18후 양세봉의 조선혁명군 반일무장투쟁을 적극 지지해 나섰다. 함경남도 도정 박인진은 김일성장군을 만난 뒤 그의 제의를 접수하고 조국광복회에 가입하였으며 신도들을 인도하여 항일투쟁을 성원해 나섰다. 1937년 이후 장백유격근거지가 파괴되고 1938년 박인호 등이 일제에게 검속되자 천도교의 교세는 크게 타격을 받았다.

1936년 6월 말 현재, 만주에는 천도교 교회당 14개, 신도 2085명이 있었다. 이들은 투도구와 도문에 집중되었고 통화, 안동에 250명 신도가 있었다. 그 뒤 천도교는 점차 사라졌다.

4. 시천교

1907년 이용구(李容九) 등 친일파들이 원 동학교에서 쫓겨난 뒤 천도교와 맞서 시천교를 창설했으며 서울의 일진회(一進会) 본부에서는 이희진(李熙真)을 파견하여 간도 지부장 직을 이어받게 했다. 1908년 8월 용정 등 지역에 시천교지회를 세우고 사립학교를 꾸렸다. 최초에는 교도 1만여 명에 13개 학교까지 갖고 있었으나 친일경향을 보아낸 뒤 교도들이 뿔뿔이 흩어졌다. 1911년 5월 용정교회당에 화재가 인 뒤 시천교는 곤경에 빠졌다. 1917년 간도에는 33개 교회당, 342호 신도가 있었다.

1920년 일제의 세력을 빌려 교세를 확장하였다. 1922년 동정(东征)학교를 세우고 1924년 6월 동아학교를 세웠다. 하지만 친일종교였기에 그 세력은 여전히 크게 확장되지 못했다. 1936년 6월 말 만주에 9개 교회당, 891명 신도가 있었는데 전부 간도에 집중되었다. 1945년 8·15 해방 후에는 완전히 소실되었다.

5. 청림교

청림교는 동학교에서 분리되어 나온 신흥교파로서 교주 남정(南正) 씨가 1913년에 창설하였다. 유교, 불교, 도교의 교리를 섭취하여 창립되었는데 유심주의에 속하는 실제를 탈리한 자아수도이다. 청림교가 신봉하는 '대오도지원리(大悟道之原理)'는 유교, 불교, 도교를 합치면 '무극'이라 한다고 한다. 무극은 인간의 마음과 정신 속에 있으며 선천적인 것이라 한다. 인간의 마음이 유쾌하면 '무극'으로 되고 극락세계에 닿을 수 있다. 신도들은 염불을 외우고 예배를 드리고 마음을 수련한다. 이래야만 '만사지(万事知)'의 경지역에 닿을 수 있다. 그러면 '무위이화(无为而化)'가 되고 무위이화면 무극 즉 극낙세계에 닿게 되어 성인이 될 수 있다.

청림교는 20세기 10년대에 간도의 용정과 토산자(화룡현) 일대에서 전파되었다. 간도 주교 임갑석(林甲石) 씨가 전도했다. 3·13반일시위에 많은 청림교도들이 참가했으며 교주 남정이 죽은 뒤 한병수(韓秉洙) 등이 청림교를 친일의 길에 몰아넣었다.

1925년, 청림교는 재차 반일경향을 띠어 주요 지도자들이 투옥되었다. 그해 6월 말 용정에는 청림교 교회 하나, 교도 30여 명밖에 없었다.

1935년, 청림교의 남홍광(南洪光) 등이 의연활동을 벌려 그해 12월에 용정 북산에 영막전(永幕殿)을 세워 교도들은 달마다 향을 지피고 예배를 하였다. 1936년에는 조선의 선조들을 기념하는 육태묘(六太廟)를 지었다. 1942년 3월, 귀석비(龜石碑) 14개를 건조하고 7개월이나 향불을 지피며 예배를 드렸다. 1942년 3월 반일사상이 있는 조선이주민들이 적극 교회에 참가하여 연길, 화룡 두 개 현에만 교도 1000여 명이 있었다. 1944년 용정에서 '청림교사건'이 일어났다(다음절에서 서술). 1946년 임창세(林昌世) 등은 비석을 세우고 청림교전도활동을 회복했다. 이듬해 임창세가 국외로 떠나자 청림교도 사라졌다.

6. 대종교

대종교는 조선이주민의 시조 단군을 신봉하는 까닭에 단군교라고도 이른다.

사람에게 '세 가지 진실(三眞)', '세 가지 맹동(三忘)', '세 가지 노정(三途)'이 있는데 성인은 그것을 '느끼고(感止)', '조절하고(调息)', '건드리지 않으면서(禁触)' 한 마음으로 참되게 행사하여 이상세계에 들어선다는 것이 대종교의 주장이다.

1910년 나철(罗哲)이 대종교를 창립하였고 1911년 전후 단군교의 이정완(李贞完)씨가 화룡현 학성촌 등 지역에서 전도했다. 1913년 10월, 심권(沈权), 박태익(朴泰益)이 왕청현 춘명향 유수구에서 암한묵(严汉默)의 집을 임시전도사로 삼고 전도했다. 1914년 나철이 총본사를 조선으로부터 화룡현 명신사 삼도구 청파호(현 화룡진 하동)에 옮겨와 반일활동에 종사했다. 당시 신도는 1만 5000여 명이다.

1915년 일제는 대종교를 불법단체로 공포하고 탄압했다. 1916년 9월 나철이 조선 황해도 구월산에서 자결하고 김교헌(金教宪)이 제2세 교주로 되었다. 1918년 4월 김교헌은 서일 등과 함께 '무오독립선언서'를 발표했고 대종교 교도를 중심으로 '중광단'을 조직하여 반일운동을 벌렸다. 그해 8월 중광단을 토대로 '정의단'을 조직했으며 12월에는 '북로군정서'로 고치었다. 서일이 총재를 맡고 김좌진이 총사령을 맡았으며 이장녕이 총참모장을 맡았다. 1923년 김교헌이 피로에 지쳐 세상을 떴고 윤세복이 제3세 교주에 취임했다. 1925년 일제와 군벌정부의 탄압으로 하여 '금교'가 되었다. 윤세복은 '순종교활동'을 하겠다는 조건으로 '포교'신청을 내어 허가를 얻었다. 1928년 대종교 총본사는 밀산현 당벽진으로 옮겨가 반일활동을 계속 해나갔다. 1936년 동경성에 '대종학원'을 개설하고 청년들에게 교의학습을 시켰다. 1936년 이후 또다시 흥성하였다.

1942년 11월 영안에서 신안진으로 가는 대종교 교주 윤세복과 이동주가 일제에 체포된 뒤 영안, 목릉, 밀산, 연길, 반석, 할빈, 돈화 등 광범한 지역에서 대종교의 20명 골간들이 체포되었다. 그중 10명은 목단강 감옥에서 학살당했고 10명은 '8·15'와 함께 출옥되었다. 즉 '대종교임오교변'이다. 그 후 대종교는 지하로 들어가고 신도들은 흩어져 포교활동이 중지되었다.

7. 원종교

1912년, 김중건(金仲建)씨는 조선 함경남도 영흥군에서 유교와 불교 및 도교의 사상을 섭취하여 「천기대경(天机大经)」, 「도경(道经)」, 「대종원부경(大宗元符经)」 등 저서를 펴내어 원종교(元宗教)의 원리를 창립했다. 이듬해 1월 1일 원종교의 창건을 전격 선고했다.

원종교는 '주역' 중의 천극설과 음양오행설을 토대로 '극원(极元)철학'사상을 제창하면서 '대공화무국(大共和无国)'의 '대동세계(大同世界)'를 건립할 것을 주장했다.

1914년 봄, 김중건은 원종교 신자 2명을 거느리고 훈춘현 소재지 밖의 신풍촌에서 선교했다. 이듬해 1915년 안도현의 도전동(道田洞)에서 건원학원을 꾸리고 원종교의 교리를 강의했다. 1918년 장백현 왕가동(王歌洞)에서 '왕가학원'을 꾸리고 민족독립운동의 인재를 양성했다. 1920년 김중건은 다시 훈춘지방에로 돌아와 '원종총사', '대진단'의 명의로 반일에 종사했다. 1923년 6월 원종교는 화룡현 삼도구 원화동, 청두구, 수평동, 복동 등 지역에서 전도했으며 교도가 90여 명에 달했다. 1925년 6월 원종교는 5개 교회에 272명 교도를 갖고 있었다. 동시에 '신풍(新风)'잡지를 간행했다.

원종교는 학교를 꾸리면서 교세를 확장했다. 1922년 6월에 연길현 동흥동에 경신학교를 세웠고 8월에 노은평에 원성학교를, 이듬해 10월에는 연길현 상의향 세린하에 애영학교를 세웠다. 1926년 3월, 평강 개척리에 현신학원과 원녀학교를 세웠고 신포(申跑)를 교장으로 농대학원을 세웠으며 그해 10월에는 정림동에 인일학교를 세웠다. 1928년 5월 현재 원종교는 7개 학교에 298명 학생을 두었다.

1928년 봄, 김중건씨는 일제의 제한과 반종교충격에 못 이겨 흑룡강 영안현 이도하자에 전이하여 계속 활동했다. 1931년 김중건은 '조선혁명군 군대' 지도처를 설립하고 무기를 사들여 반일무장투쟁준비사업을 다그쳤다. 1933년 3월 김중건씨는 뜻밖에 암살되었다. 그 후 원종교는 점차 사라졌다.

8. 유　교

　　유가사상은 기원전 1세기에 조선에 전해졌으며 기나긴 시일을 거쳐 하나의 종교- 유교로 되었다. 조선 이씨왕조 시기에는 국교로 되었다. 20세기 초, 조선이주민 유교인사들은 간도 각 지역에 사숙을 꾸리고 청소년들에게 '사서오경'을 가르치고 반일사상을 선전하였다.

　　유교는 '수신, 제가, 치국, 태평'설을 주장하면서 '지선'을 설교하였다. 인간관계에서는 '5륜'을 도덕규범으로 삼고 있었다.

　　1912년 1월 차의범(车义范) 등은 국자가에 연길공교회를 세웠다. 1913년 100여 명 유교인사들이 개산툰에서 '간도공교회'를 내왔으며 북경공교당회의 분회로 되었다. 당시 공교회 회원은 3000여 명이었다. 1916년 8월 연길공교회는 국자가 동쪽에 공자묘를 지었다. 1919년 3·13운동 후 이범윤씨가 유림인사들을 위주로 '광복단'을 조직해 반일무장투쟁을 벌렸다.

　　1920년 이후 유교회는 여러 개 파로 갈라졌다. 임창세씨는 청림교에서 갈라져 나와 용정촌에 대성유교파의 용정문묘회(文庙会)를 세웠고 그해에 대성중학교와 그 산하에 소학부를 꾸리였다. 1929년 12월, 이창환 등 10여 명이 용정촌에 대성원 동만총지원(大圣院东满总支社)을 꾸리였다. 1925년 전후, 공교회는 신, 구파로 나눠졌다. 1926년 4월 신파는 연길에서 '대동학원'을 꾸리고 옛 서숙을 개혁하고 신학을 보급했다. 그해 9월 공교회는 해산령을 받았고 1930년 6월 다시 회복되었다. 1933년 9월, 용정문묘회와 대성원 동만총지원은 합병하여 대성원동만총지회를 내왔다. 1936년 6월, 만주의 조선이주민 유교신자는 1만 5450명이며 전부가 간도지역에 모여 있었다. 1941년 유교는 연길에 '왕도서원'을 꾸리어 삼강오강사상과 충군애국사상을 크게 설교했다. 1944년 현재 간도에는 문묘 7개, 신도는 1만 명이 안 되었다. 해방 후 유교는 종교형태로는 존재하지 않았으나 공맹지도의 영향은 깊었다.

9. 불 교

불교는 조선이주민 중에서 오랜 역사를 갖고 있지만 그 신앙이 소극적이고 신도들이 심산유곡의 절간에만 국한되어 있으므로 널리 보급되지 못하였다. 불교의 교리에 따르면 인간은 본능적인 욕망을 갖고 있고 또 그것을 추구하기에 인생은 자고로부터 고달픔이 가득 차있다. 생명의 연장, 즉 이승에서 저승에로의 전환은 곧 고달픔의 계속이라고 간주한다. 고난에서 벗어나는 길은 오로지 도를 닦아 불교의 이치를 깨닫는 '원각(圓覚)'과 '원적(圓寂)'의 길밖에 없다고 역설한다. '무욕무아'의 경지에 이르러야 고난이 끝난다고 여긴다.

1911년 3월, 조선인 승려 김본연(金本然)이 용정촌에서 최기남(崔基南)의 협찬으로 운흥사(云兴寺)를 지었다. 사에 불상 3존을 모셨다. 당시 신도는 200여 가구에 달했다.

1915년 조선 경상남도 동래군 반어사(梵鱼寺)의 고승 김귀산(金龟山)이 간도에서 참법(忏法)활동을 하게 되면서 그를 주지승(主持僧)으로 모셨으나 절은 그냥 흥성하지 못하였다.

1920년 7월 화룡현 월청 용암동에서 조선인 승려 최승한(崔承韩)이 구리불상 하나를 발견하고 신흥사를 지었다. 1925년 4월 근처에 다시 별원을 증축했고 1928년에는 인수사(仁寿寺)로 개명했다. 그해 8월 절이 물에 밀려갔고 1931년에 새롭게 건축됐다. 1923년에 부암촌(현 용정시 팔도향 경내)에 용주사(龙珠寺)를 세웠다. 1924년 간도에는 6개 절과 2424명 신도가 있었다.

1931년, 도문 등 지역에 불교부인회가 세워졌으며 금연, 금주 등 운동을 벌려 세력을 얼마간 확장했다. 1936년 6월 말 현재 만주에는 23개 불교절간, 3899명 신도가 있었다. 봉천, 금주, 안동 등 지역에 개별적으로 신도가 700명 있는 외 나머지는 간도에 집중되었다. 불교는 남만, 북만에서 큰 발전이 없었다. 1944년 10월, 조선이주민 불교신도는 4578명이었다. 1946년 3월, 간도의 조선이주민 불교절간이 31개에 달했으며 '동북연변불교협회'가 나왔다. 그 대표인물로는 연길시의 김천해 씨였다. 1947년 토지개혁 후 불교는 종적을 감추었다.

10. 사만교

　사만교는 간도의 조선이주민, 만족들 속에서 널리 전파되고 영향을 끼쳤던 종교의 하나이다. 영혼숭배를 주요 내용으로 하며 세상 만물은 모두 영혼을 갖고 있다고 인정하였다. '무당(巫堂)'을 인류세계와 영혼세계를 이어놓는 중개자로 보고 있다. 무당은 일반적으로 여성이 담당하며 남자일 경우 '프크쓰'라 부른다. 신령의 도움을 받아야 할 때면 무당을 청하여 의식을 가진다. 의식이 끝난 후 제물을 무당에게 보수로 준다. 사만교는 고정적인 지점, 신조, 신도가 없지만 사람들은 무당을 찾아 도움을 바란다.

　조선이주민 가운데서 사만교는 매우 큰 영향을 일으켰다. 후에 통치계급이 유교를 제창하였기에 점차 자취를 감추었다. 해방될 때까지 사만교는 홀시할 수 없는 영향을 남겼다.

제3절 지방별 종교 상황

　만주의 지역에 따라 조선이주민이 신앙하는 종교는 조금씩 다르며 조선이주민생활에 끼친 영향도 다소 차이가 있다.

　봉천지방 서탑거리에 설교소를 정한 장로파의 기독교는 1922년경 120여 명의 신도를 갖고 있었으며 1922년 7월 초 개설된 동포기독교감리교는 만주선교사 배형식(裴亨植) 씨를 위수로 위원을 설치하고 봉천에 있는 조일환(曹日煥), 고시환(高時煥), 서해주(徐海主) 등의 노력하에 10칸 방에 설교소를 설치하게 되었으며 전도사 박희숙(朴熙淑) 씨 이하에 신도 60여 명에 달하였으며 부속사업으로 여자학교를 개설하여 양부령사의 부인 현영성(玄永成) 씨와 박영복(朴永福), 이도영(李道荣) 여사가 교편을 잡았으나 당시 학생 수는 30여 명이었다. 또 동포의 일부는 일본기독교 조합교회 목사 안재호(安在鎬) 씨의 교회에 있었으나 그 수는 극히 적다.

　다음 대도주 김유영(金裕泳) 씨는 흥경을 중심으로 집안, 환인, 통화에서, 더 멀리는 임강, 장백에서 수만의 신도를 갖고 있었다.

기타 통화, 흥경, 환인 지방에는 기독교미국장로회 선교사 도마국구 씨의 주재하에 흥경에 본부를 두고 지방에 수십 개의 교회 및 강의소를 설치하여 많은 신도가 있었으며 정말(丁抹)교회 및 프랑스천주교, 천도교 역시 신도를 각각 수백 명을 갖고 있었다.

해룡 기독교 장로파 신도가 가장 많았는데 1934년경 1100여 명에 달하였다. 불교신자는 거의 없었다.

영구 조선이주민이 경영하는 쌍교자(双橋子)복음당에서 일요일이면 60-70명의 기독교 장로파 신도가 집회를 가질 뿐이다.

안동 기독교 장로파가 가장 활약하여 각 지역에 교회를 건립하였으며 안동 시가지에 중앙유치원, 고려유치원 및 일요일학교 2개소를 경영하였다. 천도교는 봉성, 관전, 집안, 임강 등 현에 분포되었다.

금주 조선이주민이 많지 않았으며 대부분 빈곤했다. 종교신자가 적으며 종교는 보급되지 못했다.

길림 조선 개성에 있는 남김리교는 1921년에 목사를 길림에 파견하여 교회당을 설치하고 조선이주민 설교에 힘쓴 결과 한때 신자가 많았다. 9·18사변 후에는 상부 지역에 교회당을 설치하고 설교를 시작했으며 1934년경 신도는 120여 명이었다. 장로파는 1922년 화전현 소재지에 교회당을 설치하고 200여 명 신도에게 전문 설교했다.

길림시에 조선이주민 기독교신도가 급증한 것은 1935년 후이다. 변승옥 목사(조선 평양숭실전문학교 졸업)가 1935년 3월 길림시 강밀봉 관지촌에 3칸 초가집으로 된 예배당을 지었다. 이듬해 길림신학교를 꾸리고 교장에 취임했다. 몇 년 후에는 길림시 7경로에 벽돌로 예배당을 지었다. 1941년경 이 예배당에는 일요일마다 300여 명 신자가 있었다. 1943년 변성옥 목사는 일본인감옥에서 옥사했다.

1930년 중엽, 40명 좌우의 조선이주민 천주교신자가 있었으며 이들은 독립적인 교회당이 없어 중국인천주교회당에 예배하러 다녔다. 불교신자가 많았다. 당시 상공업계의 민족유지인사들인 이기행, 이룡조, 강로영, 황백화 등은 모두 불교신자였다.

돈화 1926년 4월, 용정촌 장로파 예수교회로부터 조선이주민 전도사 박경선(朴敬善)이 파견되어 당 지역에 많은 신자가 있게 되었다. 1932년에 돈화현 소재지에 예배당을 세웠다.

신경 재류조선이주민의 종교심은 극히 박약했다.

할빈 1935년경, 예수교 3개소, 천도교 1개소가 있었다. 예수교는 1930년 경성 본부에서 파견한 미국 선교사를 당 지역에 주재시켰고 그 후 조선이주민 목사 3명이 교체되어 계속 선교했다. 남감리파 예수교회는 80명의 신도를, 천도교는 교회당을 설치하고 20-30명 신도를 갖고 있었다. 1935년경, 영고탑를 거점으로 대종교가 발전돼 도외 정양거리에 설교소를 설치하고 일요일마다 집합의식을 거행함과 동시에 280명 이상의 신도를 발전시켰다.

수분하 관할 내 신안진에 천도교신도 다수가 있으며 평양진, 해림, 동녕 등 각 지역에 약간의 예수교신도가 있다.

치치하얼 조선이주민이 신봉하는 종교로는 천주교, 용화교, 유교 등이며 천주교가 가장 활약적이었다. 1906년 프랑스 목사가 설교를 시작했고 1916년 교회당을 지었으며 신도가 점차 많아져 해륜, 통북 두 현에 상당한 지반을 닦았다. 선목농장은 천주교회원조에 의해 조선이주민 신도 농장으로 되었다.

정가툰 1933년 8월, 봉천 성결교 교회의 전도사가 요원에 와서 설교하였는데

사진 1-08-01 소피아(索菲亚)성당,
1902년에 시공하여 1912년에 완공되었다.

1935년경 통료에 신도 25명, 조남 시내에 장로파 신도 5명이 있었다. 후엔 사원(寺院)교회를 설치하였다.

적봉 재류조선이주민 중 신도가 거의 없었다.

승덕 조선이주민 중 1/7은 기독교, 3/7은 유교, 나머지 3/7은 무종교신앙자이다.

해라얼 조선이주민 대부분은 종교를 믿지 않으며 일부분이 기독교를 신앙한다. 1922년 해라얼 교외에 있는 신도가 소규모의 교회당을 설치하였고 신도는 30명 좌

우였다. 할빈으로부터 전도사를 일 년에 한 번씩 청하여 전도하게 했다. 1935년경 신도는 29명이고 기타 기독교 신도가 7명이다.

만주리 1933년 6월 기독교전도사가 조남으로부터 당지에 와 설교했으나 1935년 조선이주민 신도가 거의 없어 해라얼에 돌아갔다.

용정촌 용정촌은 간도의 정치, 문화, 교육의 중심지로서 종교활동도 활발했다. 1898년 캐나다장로파교회 해외선교부에서 간도에 선교부를 정하고 1912년 용정에 기독교선교부를 세웠다. 10명의 캐나다선교사들이 있었는데 이들은 1903년 이민을 따라 용정에 왔다. 선교부는 초기에 용정가 서경시원 뒷마당의 초가집에 설치되었다가 1913년 동산언덕에다 1일경에 315엔 값으로 4.78일경의 땅을 사서 주택 2채와 건평이 100평방미터 되는 남향 2층 건물 한 채를 지었다. 선교사들은 사시절 검은 목사복을 입고 예모를 쓰고 조선글로 찍은 성경책과 여러 가지 약을 가지고 산 넘고 물 건너 촌촌마다 찾아다니면서 환자를 찾아 병보고 무대가로 약을 주는 자선활동을 하였다. 용정기독교는 1906년 홍순국, 박무림이 용정교회를 세운 후 발전하기 시작하여 간도 각 지역에서 교회당이 육속 일떠섰다. 1911년 북경에서 온 김본렬이 용정 시천교회당 남쪽에 운흥사를 세우려 하였고 결국은 최기남에 의해 사찰은 준공되고 한 시기 신도가 200여 호에 달하였다. 1922년 2월 선종파인 김교선이 주지하면서 보조사를 설립하였는데 신도는 300여 명이었다. 1923년 7월, 양우환이 용정의 부암촌에 용주사를 세웠는데 신도는 242명이었다. 1969년 스님이 병사하자 절간은 무너졌다. 1927년 3월, 대각교 대본사파의 교주 백룡성이 서울본부의 보조를 받고 불당을 세웠다. 1929년 3월에는 귀주사파의 임영준이 용정 부근에 보흥사를 세우고 주지하였는데 신도는 약 500명이었다.

용정촌에는 간도를 들썽한 청림교사건이 있었는데 이를 간단히 적는다.

청림교는 매월 초하루와 보름에 칠성기도를 드렸다. 용정가 서쪽 대포산 산중에서도 100일 기도를 드렸다. 1944년 청림교는 '미구에 미군이 조선으로 상륙할 것인데 미국국기를 만들어 그들을 영접할 준비를 하자'고 포치했다.

1944년 12월 10일 새벽, 용정일본헌병과 괴뢰경찰은 영정가 수남의 토성포촌을 포위하고 70여 명 조선이주민 '반일지사'와 청림교신도들을 체포하였다. 같은 때 투도구, 간도, 도문에서도 '청림교도'와 '반일지사'들이 체포되었는데 이번 사건으로 120여 명이 체포되었다.

통계에 따르면 많은 사람은 2-3일 후에 석방되었으나 50여 명은 계속 구금되었다. 그중 20여 명이 죽고 15명이 사형, 무기형을 받았다. 8·15를 맞아 감옥에서 나온 사람은 12명뿐이며 그중 집에 돌아와 앓다가 죽은 사람도 적지 않다. 청림교 교주 임창세는 사형을 언도 받았으나 8·15광복을 맞아 석방되었다. 기타 골간분자들은 많은 사망을 보았다.

간도의 기독교전파에서 정재면 목사는 중요한 인물이다. 정재면(1884-1962, 본명 정병태(鄭秉泰), 호는 벽가(碧蒯))은 조선 평남군 숙천에서 출생, 1907년 신민회의 파견으로 원산보광학교에서 교원으로 있었으며 이동휘 등의 권고를 받고 1908년 이상설이 운영하는 서전서숙의 교육사업을 계승하고자 원산을 떠나 용정으로 왔다. 서전서숙의 복구운영이 불가능하자 김약연과 상의하고 규암재서당을 명동서숙으로, 명동서숙을 명동학교로 고쳤으며 정재면이 교무주임 직을 맡았다. 정재민은 명동촌을 근거지로 배상희 전도사와 함께 1911년부터 1914년까지 간도 각 지역에 70여 개 학교와 교회를 설립하였으며 명동촌은 정재민의 전도에 힘입어 기독교민족운동의 책원지가 되었고 후에는 민족반일운동의 중심이 되었다. '간민회'가 발족하자 정재면은 총무 직을 맡았으며 1919년에는 명동촌 대표로서 의사부원으로 선출되어 상해임시정부 북간도대표로 되었다. 1923년 은진중학교 교감으로 부임되었으며 1928년부터 1930년까지 은진중학교 목사로서 기독교민족교육을 철저히 수행하였다. 1930년 후에는 조선 청진과 원산에서 종교운동을 통한 민족운동에 매진 중 1944년 9월 감옥에 있다가 광복을 맞고 이내 서울로 돌아갔다. 1949-1950년 한국일보사 이사장 직을 역임하였으며 후엔 중앙교회에서 목회자로서 삶을 살았다.

팔도구 1903년 말 조선에서 천주교 교도 석해일, 김두일, 박성규 등이 이주하여 교세가 성했다. 1908년 교도가 1000명에 가까웠다. 이들은 초가 10칸을 지어 예배장소로 하였다.

1910년 조선인 신부 최문식씨가 팔도에 파견되었으며 1917년에는 100평방미터 되는 교회당을 완공했다. 그 후 교도는 2000여 명에 달했다. 1921년부터 1928년까지 팔도구천주교는

사진 1-08-02 간도팔도 천주교회당

서울교구에서 분립된 원산교구에 귀속되었고 그 후부터 1945년까지 연길교구에 속했다.

팔도구에는 교도들이 세운 학교가 있었다. 1921년 독일인 구걸근 신부는 조양학교를 중심으로 인근 마을에 4년제 분교를 세웠다. 1924년 독일인 장리국 신부는 1917년에 지은 학교가 허름하여 출자하여 벽돌로 새 교사를 지었다. 지금의 팔도중학교 교사이다. 김구 신부(세계본도회 수도원 총원장)는 조양학교에 사범과를 설치하였으며 1928년 안락만 신부는 한인학교를 세우고 조선이주민학교에 20여 종의 관악기를 선사했다. 악기는 모두 독일제 수입품이다. 1932년경에 이 관악기를 연길교구에 넘겨주었고 해방을 맞아 연변가무단에 넘어갔다. 팔도는 연변조선이주민의 천주교 요람이라고 불려지고 있다.

도문 도문의 천주교는 연길, 용정에서 들어왔다. 1930년대 중엽 조선이주민 천주교 신도가 도문에 나타났다. 당시 종교활동은 가정범주를 벗어나지 못했다. 1938년 초 독일적 신부 두걸근이 도문에 파견되었고 가을에는 200평방미터 되는 교회당이 세워졌다. '천주교도문공소'라고 이름을 지었다. 많을 때는 신도가 100여 명에 이르렀다.

1935년 조선이주민 신도 오영도가 홍광향 오공촌에 이사온 후 신자 한수학씨의 5 칸짜리 집을 빌려가지고 장로교파 전도활동을 했다. 1938년 초, 조선 황해북도 평산군의 이동섭 목사가 도문에 정착했다. 그는 종교집회를 조직하여 전도활동을 크게 벌렸다. 신도가 많을 때는 180여 명이었다. 그해 가을 500평방미터 되는 2층 교회당이 낙성되었다. 교회당 이름을 '기독교장로회 도문중앙예배당'이라 지었다.

감리교파는 제일 먼저 도문에 들어온 종교의 하나이다. 1924년 조선이주민 김준근이 석현에다 '무호평기도처'를 세웠다. 이듬해 10월 김흥순 목사가 본부를 회막동(현 홍광촌 집중촌)에 옮기고 '무호평교회'를 세웠고 최세환 목사도 여러 곳에 기도처를 세웠다. 1938년 10월에는 건평 480평방미터 되는 새 교회당을 세웠는데 투자금은 1만여 원(구원 110원)에 달했다.

성결교는 일찍 1924년 조선 경상남도 경주 성결교회의 박장환 신자가 월청 일대에서 전도했다. 1936년 10월경, 150여 명의 신자를 갖게 되었다.

불교는 비교적 일찍이 도문에 들어왔으며 1932년경 12개의 절이 있었고 1938년에는 조선이주민 불교신자 295명이 있었다.

안도 1918년 1월, 이윤지, 장응세, 이형도, 신학봉 등 4명이 명월구기독교회를 창립했다. 교도가 가장 많을 때는 약 500명에 달하였다.

천주교회는 백화동(白化洞)이란 별명을 가진 독일인이 명월구에서 건립했다. 해성(海星)학교, 병원, 신학원노 구렸다. 해방 전 명월구엔 도교가 2000여 명이 있었다.

불교는 좀 늦어 창립되었는데 주요 활동지역은 송강진 일대이다. 1930년경 불교가 가장 흥성했는데 20명 교도가 있었다.

훈춘 주로 예수교와 천주교를 신앙했다. 특히 천주교가 흥했다. 천주교는 두 가지 경로를 거쳐 경신향 육도포촌에 들어왔으며 다른 한 경로는 북경에서 훈춘성으로 직접 전파되었다.

1897년 독일신부 베루스(白类思)가 원산교회의 파견으로 경신향에 와 설교했다. 1905년 3월 경신향 육도포천주교공소가 세워졌다. 연말에 훈춘천주교회가 창설되었다. 1927년 교회당은 훈춘성과 육도포에 2개소, 천주교공소는 14개소, 신봉자는 896명이다.

훈춘천주교회당은 독일수도원의 외방선교회와 로마교부 이탈리아 시시수도원에서 위만주국폐 10만 원의 자금을 대주어 1934년에 준공되었다. 집은 모두 7채였는데 건평이 1940평방미터이며 성당, 신부주택, 수녀원, 병원, 학교 등 건물이 망라되었다. 1945년 해방 직전 천주교 신자는 1942명이었다.

제4절 종교단체의 역사작용

종교는 재만조선이주민의 사회생활에서 없어서는 안 될 위치에 처해있었으며 특정한 역사시기에 커다란 작용을 놀았다. 특히 중국공산당이 창건되기 직전과 직후에 일으킨 작용은 뚜렷했다.

조선이주민의 증가와 집거구의 형성에 따라 전통적인 조선민족종교는 조선이주민 사회에서 주도적인 지위에 처해있었다. 즉 순수한 종교의 접수로 하여 정신상에서 안위를 가졌으며 어려운 생활환경과 악렬한 생존압력하에서도 자아만족을 얻었으며 생의 용기를 잃지 않게 되었다.

그 후 많은 종교인사들은 만주에 사립학교를 세우고 반일을 고취하면서 반일계몽운동을 이끌어 갔다. 그 실례로는 용정촌의 서전서숙, 국자가의 창동강습소, 화룡의 명동강습소, 정동학교 등을 들 수 있다. 이러한 사립학교는 반일계몽운동의 요람이며 반일독립운동의 책원지였다. 기독교 신도 이동휘가 일으킨 '백만구령운동'에서도 당시 종교인사들이 조선독립을 위해 극력 설교한 사실을 찾아볼 수 있는 것이다. 대종교, 원종교, 천도교, 청림교 등 많은 종교들이 학교를 꾸리고 민족정신을 고취했다. 많은 반일애국주의자들은 종교인사인 동시에 걸출한 교육가였다는 점은 의의가 깊다.

만주의 조선이주민 종교는 점차 항일무장대오와 손잡게 되었다. 그 전주곡으로는 1919년 3·13운동이었다. 여기서 짚고 넘어가야 할 점은 영도자가 대부분이 기독교, 천도교 계통의 인사들이었다는 점이다. 재만조선이주민이 10여만 명이나 참가한 이 반일시위 속에 종교단체와 종교인사들이 선도적, 고동적 역할을 하였다. 1919년 1월, 대종교의 김좌진, 기독교 장로파의 김약연, 유림파의 이범윤 등은 항일무장의 길을 택하였다. 기독교계통의 마??가 조직한 '충렬대', 김상호가 조직한 '암살대', 대종교 신도 서일 등이 조직한 '중광단', 원종교 김중건이 조직한 '대진당' 등 무장대오는 모두 성망이 높았다. 통계에 따르면 간도지역에 종교단체 무장대오 인수는 2500명으로서 독립군의 65%를 넘었다. 이런 종교무장단체는 자신의 신앙을 실천에 옮겼으며 휘황한 전과를 올렸다. 1920년 6월 홍범도, 최진동이 지휘한 봉오동전투, 그해 10월 홍범도,

김좌진이 지휘한 청산리전투가 범례로 청사에 남아있다. 할빈역에서 히로부미를 격사한 안중근 의사도 천주교신도였다.

20세기 20년대부터 종교는 일제의 탄압과 공산주의 전파로 하여 저조기에 접어들었으며 좌절을 겪었다. 종교계의 일부는 사회주의, 공산주의를 접수하였거나 그 경향을 띠었다. 대표인물은 구춘선, 안무이다. 종교의 역사작용은 제한되어 있었으나 특정한 역사·사회환경에서 일으킨 선진적 작용은 부인할 바가 못 된다.

조선이주민의 문화예술 및 의료위생, 체육

만주조선이주민의 문화예술은 천입 초기부터 조선고유의 문화유산을 계승하여 이루어졌으며 30여 년의 개척과 반일투쟁 가운데서 발전되어 자체의 특징을 소유하게 되었다.

제1절 조선이주민의 문학

1. 문학단체

청말, 문화계몽운동의 흥기와 더불어 계몽문학사단이 간도에서 육속 발족되었다. 1909년 연길에 '간도교육회'가 건립되었고 「월보」잡지가 창간되었다. 1914년, 연길, 용정 등 지역의 조선청년들이 '청년친목회', '대동협신회(大东协新会)' 등 문화단체를 조직하였으며 「청년」, 「대진」 잡지를 꾸렸다. 1921년, 이한수(李汉洙) 씨가 용정에 '신유시사(新酉诗社)'를 꾸렸으며 성원은 11명(다수가 조선이주민)이었다. 1925년 용정 대성중학교의 김시룡(金时龙) 씨가 '문우회'를 내오고 종합성잡지 「문우」를 창간했다. 1934년 용정영신중학교 이국복(李国福) 씨의 창의에 의해 북향회가 세워졌고 잡지 「북향」은 6기를 꾸려나갔다. '북향회'는 조선이주민 작가진을 형성하고 신인 작가 양성과 사실주의문학 확립에 일정한 기여를 하였다.

9·18사변 후 많은 진보적 문학단체가 취체되었다. 1945년 9월 '간도예문협회'가 건립되었고 동년 12월에 김유훈 등이 연길에서 '동라(铜锣)문인동맹'을 발기하였다.

2. 구두문학

천입 초기, 사회조건과 인쇄, 출판 등 여러 가지 제한으로 인해 만주조선이주민문학은 구두문학을 위주로 했다. 구두문학의 주요형식은 민요, 민간이야기, 민담 등이 있다. 내용은 대부분이 이민들의 비참한 처지를 반영하고 조선이주민의 총명과 지혜, 새 생활에 대한 갈망을 담았다. 「진달래」, 「홍송과 인삼」, 「춘향과 이도령」, 「심청의 이야기」 등이다.

1910년 이후에는 항일의 내용을 주세로 한 「안중근 이능박문을 쏘다」, 「이순신의 거북선」, 「의군분전」 등 작품들이 나왔다.

3. 소 설

20년대 말, 30년대 초에 반일사상을 지닌 조선이주민 작가 안수길, 최서해 등은 간도에서 소설 창작에 집념했다.

안수길(1911-1977)은 조선 함경남도 함흥에서 태어나 그곳에서 소학교를 다녔고 1926년 용정에서 중학교를 다녔다. 1932-1933년 여름까지 용정 팔도구소학교에서 교편을 잡았으며 1935년부터 광복까지 용정에서 문학활동을 벌렸다. 문학동인회 '북향'의 창건에 힘썼으며 1937년 이후부터 「간도일보」, 「만선일보」 기자로 지냈다. 안수길의 작품으로는 단편 「적십자 병원장」, 창작집 「북원」(1943), 장편 「북향보」, 단편 「장」이다. 그의 작품은 간도 조선이주민의 수난의 피눈물을 사실주의적으로 그려놓은 역사기록이다.

최서해(1901-1932)는 함경북도 성진(현 김책시)의 빈농가에서 태어났다. 보통학교 3학년을 중퇴하고 7년 동안 유랑생활에서 고난 많은 인생행로를 걸으면서 풍부한 생활경험을 쌓았다. 1923년 고국으로 돌아갔으나 다시 용정으로 들어왔다가 재차 귀국, 1923년 12월에 서울로 갔다. 최서해의 작품은 「고국」(1924), 「탈출기」, 「혈흔」, 「박돌의 죽음」, 「홍염」 등이 있다. 「탈출기」는 초기무산계급문학의 선구적 작품으로 인정받고 있다.

이 시기 향토작가로는 소설가 김창걸(1911-1992) 씨가 있다. 1911년 12월 조선 함경북도 명천군에서 태어났으며 중국 명동소학교를 마치고 용정 은진중학, 대성중학에서 공부했다. 다년간 홀몸으로 소련 연해주, 서울과 북관지방 등지로 방랑했다. 1934년 귀가하여 농사를 짓다가 교원, 점원, 사무원을 하였다. 대표작 「암야」, 「낙제」(1939), 「두 번째 고향」(1938), 「무빈골전설」(1936), 「개아들」(1943) 등이 있다. 광복 후 연변대학에서 교편을 잡으면서 소설, 희곡, 시조, 평론문장을 썼다. 그의 소설은 강렬한 민족감정이 흘러넘쳤다. 그는 중국조선이주민 향토문학의 개척자의 한 사람으로 인정받고 있다.

중국 국내해방전쟁시기 김창호씨의 「그들의 길」, 송악의 「전선」 등 우수한 단편소설은 조선이주민이 참군, 참전하여 전선을 지원하고 후방을 보위하는 전투생활을 묘사하였으며 많은 영웅형상을 부각했다.

이와 달리 한 부류의 작가는 일제가 수매한 반동적인 조선인 문인이다. 소설 「벼」, 「방목」, 「밀림속의 여인」, 「4호실」 등은 '왕토낙토'를 고취하면서 '만선일체'의 식민지 유론을 고취하는 기계로 되었다.

4. 시

이주 초기, 시조와 한문시가 적지 않게 창작되었다. 당시의 우국지사, 진보적 인사들이 창작한 것으로 전해진다. 「유화절(柳花节)」, 「장부사」, 「갑중검」, 「지사음」이 현존하고 있다. 「월강곡」, 「기다림」 등 한문시는 조선이주민의 비참한 생활을 반영하였다.

근·현대에 접어들어 많은 시가 창작되고 우수한 민족시인들이 활약했다.

이육(1907-1984)은 소련 블라디보스토크의 신안촌에서 태어났다. 1924년 「간도일보」에 처녀작 「생명의 예물」을 발표하였는데 이는 연변에서 비교적 일찍 발표된 자유서정 시이다. 이육은 시집 「북두성」 (1947), 「북륙의 서정」(1949) 을 출판하였다. 그의 시는 강 렬한 민족의식으로 암흑한 현

사진 1-09-01 〈월강곡〉노래비

실에 저항하고 미래에 대한 미학적 이상을 구가하였다.

윤해영(1909-1948?)은 1920년대 후반기에 용정에서 활동하다가 1932년 영안, 신 안진 등 지역에서 문화사업에 종사했다. 1930년 초부터 많은 시편을 내놓았는데 현 존하는 것은 가사 「선구자」(일명 「용정의 노래」, 1932)와 「만주시인집」에 수록된 서 정시 「해란강」(1939), 「오랑캐노래」(1939), 「사계(四季)」(1942), 「발해고지」(1942) 등이 있다. 「선구자」는 창작된 후 (조두남 작곡) 널리 보급되어 커다란 영향력을 과 시하였다.

윤동주(1917-1945)는 1917년 12월 30일 용정시 명동촌에서 출생, 1937년 명동중 학교를 마쳤고 이듬해에 서울 연희전문학교에 입학했으며 1942년 일본 유학, 1945년 2월 16일 일본에서 옥사했다. 윤동주는 1934년에 첫 서정시 「삶과 죽음」을 썼으며 1948년 1월 유고시집 「하늘과 바람과 별과 시」가 출판되었다. 윤동주는 독자적인 예 술추구로 조선이주민 시문학을 한결 높은 단계로 끌어올렸다는 평을 받고 있다.

이 시기 종합시집도 출판되었다. 「만주시인집」(1941), 「재만조선이주민시집」(1943), 「태풍」(1947)이 망라된다.

5. 산 문

1925년, 용정 「문우」잡지에 김진택의 「제2고향에」란 수필이 발표되었다. 1928-1930년 「민성보」에 일부 수필이 실렸고 1936년 「북향」잡지역에 「용정 인상기」가 실렸다. 1939년에는 「재만조선이주민수필선」이 출간되었다.

6. 가 요

조선이주민의 전통가요는 노동인민 중에서 제일 먼저 전해졌으며 수량도 극히 많다. 내용 역시 풍부한바 인간감정세계의 방방곡곡에 그 선율이 미치게 되었다.

이주 초기의 민요는 인민들의 생활과 사상감정, 염원을 담은 것이 주된다. 「북간도」, 「이사길」, 「신아리랑」 등은 생활의 실정과 불운의 신세를 개탄하였다.

항일전쟁시기 수백 수의 항일가곡이 보급되었다. 이러한 항일가요는 전문적인 작가, 예술가들에 의해 창작된 것이 아니라 항일투사의 집단적인 힘과 창조적 재능에 의해 창작되었다. 「총동원가」, 「유격대행진곡」, 「민족해방가」, 「부녀해방가」, 「농민 혁명가」, 「연길감옥가」, 「소년투사의 노래」 등은 모두 훌륭한 시가작품이다.

7. 극 본

조선이주민 항일투사에 의하여 항일을 주제로 하는 극본이 창작되고 공연되었다. 특히 30년대 전반기에 극작품이 많이 창작, 공연되었는데 장막극 「혈해지창」, 「싸우는 밀림」, 「유언을 받들고」가 대표작이다.

극 「혈해지창」(2막3장, 까마귀 작)은 1937년 항일문예전사들의 집단창작이다. 이 극은 1937년 8월 14일(음력) 하루 사이에 벌어진 사건을 통하여 30년대 후반기 항일무장투쟁의 본질적인 측면을 반영하고 있다. 극본은 중국인 송어머니와 그의 아들 왕핑이 일본군에게 추격당한 부상 입은 조선인 항일연군 정찰병을 구하기 위하여 장렬히 희생된 이야기를 통하여 두 민족 사이의 피로 맺은 우의를 구가하였다.

제2절 조선이주민의 예술

1. 예술단체

조선이주민의 예술단체는 1946년 초부터 건립되기 시작하였다. 연변에 '불꽃 극단', '길동군구 정치부 문공단'이 건립되었고 목단강에 '목단강민주연맹 문공단'(후엔「목단강시 문공단」으로 개명, 1949년 8월 할빈의 '송강성 로신문공단'과 합병)이 세워졌다. 할빈에 '송강군구 8퇀 선전대'(전신은 조선의용군 3지대 선전대)가 건립되었고 통화에 '요녕군구 이홍광지대 선전대' 등이 있게 되었다.

'길동군 정치부 문공단'은 1947년 12월 연변전원공서 소속으로 되었다가 단기간의 준비를 거쳐 1948년 3월 16일 '연변지구전원공서 민족사무처 문공단'('연변문공단'으로 약칭)으로 설립되었으며 1953년 1월에는 연변가무단으로 개칭되었다. 편제는 93명이었다.

2. 희 곡

조선민족예술에서 연극이 가장 중요한 자리를 차지한다.

1914년경 용정, 연길 등 지역에서 민권자유, 남녀평등과 자유혼인을 주장하는 신파극 '새 가정', '미신타파'가 출연되었고 1925년경 「경숙이의 마지막」, 「야학으로 가는 길」 등이 훈춘 일대에서 공연되었다. 1927년, 용정에 반과외적인 연극단체 「예우사」가 나타났고 이들은 무언극 「그렇다!」 등 여러 편의 희곡을 무대에 올렸다. 20년대 조선이주민의 희곡은 전업작가와 전업단체가 없었으나 대중들의 과외출연으로 많은 관중을 갖고 있었다.

9·18사변 후, 동북항일유격근거지역에서는 연극창작과 공연활동이 활발하게 진행되었다. 「혈해지창」, 「4·6제」, 「싸우는 밀림」이 보다 대표적 의의를 가진다. 일제통치구에서는 「흰 독수리(白鷲)」, 「왕자호동(王子好童)」 등 연극이 공연되었다.

1945-1949년 연극은 더욱 활기를 띠였다. 간도에서 창작, 공연된 「승리의 혈사」, 박노을의 장막극 「아침해 솟았다」와 「막다른 골목」, 고철의 「길」과 「꼬맹이의 참군」, 신활의 가극 「인민무장은 일떠섰다」와 장막극 「누가 죄인이냐?」, 그리고 장막극 「토성」, 가극 1승리의 대진군」 등이 있으며 이밖에 번역극 「애국자」와 「이완 꼬루비」가 있다. 목단강지구에서 출연된 것으로는 「밀림의 고백」, 「새 결의」, 「너?! 이 놈」, 가극 「그리운 강남」, 비극 「안중근」, 정극 「전선」, 희극 「추석명절」, 풍자극 「인생안내」 등이 있고 통화에 주둔하고 있던 이홍광지대 선전대에서 창작, 공연한 「이홍광」과 가극 「폭파영웅 조성두」, 그리고 제3지대 문공대에서 공연한 「우리의 맹세」 등이 있다.

「승리의 혈사」는 1930년대 초, 일제가 간도의 많은 부락을 잿더미로 만들고 무고한 백성을 살해한 해란강대유혈사건을 소재로 하였다. 1946년 겨울, 4일간 지속된 해란강청산대회 기간에 이스크라극단이 공연하였다. 이 극은 해방전쟁시기 조선민족 극문화에서 영향력이 가장 큰 작품이다.

3. 음 악

재만조선이주민은 오랜 세월 동안 조선에서 전해온 민요거나 계몽가요를 불렀다. 「월강곡」, 「요람곡」, 「달아, 달아」, 「아리랑」, 「농부가」 등이 널리 애창된 민요이다. 1954년 5월 연변에서 처음으로 되는 민가집이 출판되었는데 49수의 조선민요가 수록되었다. 1963년에는 180수의 가요를 수록한 「민가집」이 정리, 출판되었다.

20세기 초에 간도에서 전파되기 시작한 종교는 찬송가를 통하여 대량적으로 구라파음악을 접촉하게 되었다. 김선목이 지도한 용정동산예배당합창단은 조선인사회에 일정한 영향을 주었다.

20년대에 접어들어 중학교를 기반으로 하여 많은 음악사업자들이 신근한 노력으로 작곡, 성악, 기악 등 여러 면에서 민족적인 토대가 닦아졌다. 1920년대 중기부터 조선민족작곡가들이 나타나기 시작하였다.

윤극영(1903.9.6-1988.11.15)은 조선현대음악의 창시자의 한사람이다. 일본 도쿄음악학교를 졸업하고 서울에서 소년합창단을 조직하였고 「반달」 등 많은 노래를 작곡하여 조선아동음악창작의 선구자역할을 하였다. 1926년, 용정에 와서 동흥중학교, 광명중학교와 광명여자고등학교에서 음악교원으로 있으면서 「윤극영 100곡집」(등사본)을 출판했다. 1940년에는 할빈에서 예술단을 조직하였으나 일제의 탄압으로 1년밖에 지탱하지 못했다. 1947년 고향 서울로 돌아갔다.

황병덕은 일본음악학교를 졸업하고 1940년대 초에 용정 광명여자고등학교에서 음악교원으로 있으면서 많은 음악인재를 양성하였다.

허흥순은 1938년에 서울 이화전문학교 피아노과를 졸업하고 모교인 용정 명신여자고등학교에서 피아노연주를 널리 보급했다.

최남은 1943년에 서울 이화전문학교를 졸업하고 모교인 용정 광명여자고등학교 음악교원으로 있으면서 간도의 성악예술발전에 기여하였다.

김광희는 일본음악학교에서 바이올린을 배우고 30년대 초부터 용정에서 많은 바이올린연주가를 양성하였으며 자신의 독주회도 열었다.

30년대부터 40년대 초에는 조선이주민 전문예술단체가 없었지만 각 중학교와 교회당에 취주악대가 보편석으로 조직되었다.

박창해는 서울 연희전문학교를 다닐 때 관악기를 배웠으며 40년대 초 용정 은진중학교 음악교원으로 있으면서 관악대를 꾸려 연변의 취주악발전에 튼튼한 토대를 닦아놓았다.

문하연(1909.3.14-1987.5.17)은 일본고등음악학교를 졸업하고 30년대 중기부터 해방 직후까지 간도에 있으면서 용정 대성중학교 음악교원, 간도사도학교 교장 직을 맡고 재만조선이주민 음악발전에 커다란 기여를 하였다. 그는 용정 대성중학교에서 취주악대와 하모니카대를 조직하였는데 하모니카대는 각 성부를 구전하게 갖춘 악대였다. 문하연은 자기의 독창회도 열었으며 「두만강 뱃사공」 등 가요도 작곡하였다.

그땐 전문적인 조선이주민 악단은 없었으나 1943년에 건립된 과외악단인 간도방송국방송악단(허세록 지휘)과 '협화청년악대'(허세록 지휘)가 경상적으로 활동하였다.

작곡가 조두남은 흑룡강성과 간도 일대에서 과외악대를 조직하고 가극 「에밀레종」을 창작, 공연하였으며 「선구자」 등 우수한 가요도 작곡하였다.

김선문은 30년대 말에 평양숭실전문학교를 졸업하고 용정동산예배당의 피아노반주자로 있었고 그 후 명신여자고등학교에서 취주악대를 지도하였다.

그 시기 재능 있는 조선민족연주가들도 있었다. 위만주국 신경교향악단의 제1바이올리니스트 김동진(평양 숭실전문학교 졸업생), 할빈교향악단의 첼로연주원 김인수(일본 나까노음악학교 졸업생) 등은 저명한 연주가였다.

동 시기 조선이주민 음악의 한개 뚜렷한 분야는 항일가요이다. 항일가요는 항일근거지음악이 주체를 이루고 있다. 당시 애창되었던 의병가요, 계몽가요, 신민이요, 동요곡에 새로운 가사를 붙여 부른 항일가요들이 많았다. 동요 「고드름」(윤극영 곡)에 새 가사를 붙인 「여성해방가」를 그 일례로 들 수 있다. 「유격대행진곡」, 「총동원가」, 「결사전가」, 「의회주권가」가 항일가요의 주체를 이룬다.

해방전쟁시기에 허세록, 박우, 고자성, 정진옥 등이 음악창작과 악대건설, 공연활동에서 골간으로 작용했다.

허세록(1916.9.8(음력)-2000.) 소련 연해주 니꼴쓰크 우쑤리스키에서 태어났다. 1930년 용정에 이주온 후 선후하여 동흥중학교와 대성중학교에서 공부했다. 1937년 문하연의 건의하에 서울 연희전문학교 영문과에 입학하였으며 홍란파에게서 바이올린을 배웠다. 간도예문협회, 동라문인동맹, 중소한문화협회 등 조직의 음악부장 직을 담당하였다. 주요작품은 「베짜기 노래」, 취악곡 「승리행진곡」 등이 있다. 간도조선민족음악은 허세록이 등장해서야 자체의 걸출한 선구자를 맞이하였다.

4. 무 용

이 시기 전업무용예술단체는 없었다. 조선이민무용은 주요하게 민간무용이 주되는 위치에 있었다. 조선민간무용은 유구한 역사를 갖고 있는바 19세기 후반기에 만주에 전수되었다. 20세기 30년대경 간도의 조선이주민은 농악무, 탈춤, 학춤, 승무, 삼삼이춤 등을 추었다.

농악무 농촌에서 모내기, 김매기, 가을걷이, 길닦이 혹은 경사가 있을 때면 마을 남녀노소들은 한자리에 모여 먼저 막걸리를 마시고 흥김에 농악무를 춘다. 노동정서를 고무하거나 풍작을 경축하는 오락이다. 흥미 있는 것은 춤추는 남자의 머리에 씌워진 상모이다. 악기는 꽹과리, 징, 소고, 장고, 나팔, 통소 등을 쓴다. 1938년 3월 25일 70세대 조선인이 안도 새마을로 이주하였다. 그들은 돈을 모아 조선에서 여러 가지 악기, 옷, 상모 등을 사왔다. 새마을농민은 농악대를 꾸려 민족의 풍습에 따라 농악무를 추었다.

1943년, 신경에서 28개 민족이 참가한 문예경연이 있었다. 새 마을을 중심으로 구성된 조선이주민대표단은 김평권을 단장으로 그 번 경연에 참가하였으며 농악무가 동양민족무용 공연종목 1등상을 탔다.

탈춤 조선 팔도에 널리 유행된 탈춤은 조선 고대수렵춤과 전사춤에서 기원하였다. 이조 말엽에 이르러 종류도 상당히 많아졌다. 조선이주민이 간도에 정착한 후 조선 각 지역의 주민들이 잡거하였기에 탈춤도 많은 변화를 가져왔는바 각지의 탈춤의 우점을 받아들이는 동시에 중국인의 양걸춤의 정화까지 받아들여 간도의 특징이 두드러진 탈춤으로 되었다.

아박춤 아박이란 보드랍고 납작하게 간 상아조각 6개를 사슴가죽 끈으로 한 줄에 꿰어 색실로 술을 달아 만든 춤도구이다. 고조선민간에서 기원하였으며 고려시기에는 궁중춤으로 되었다. 조선이주민이 안도에 정착한 후 조선이주민 마을에서 광범히 보급되어 대중이 즐기는 춤으로 되었다. '동동' 하는 장단에 맞추어 여성들은 참대가락 또는 나무가락을 아박으로 삼아 신나게 치며 단오절을 즐기었다. 아박춤은 1982년 처음으로 무대에 올랐다.

이 시기 도시 조선이주민 문화권에서는 극장, 공회당이 나타나기 시작하였으며 무대무용을 중심으로 하는 현대무용이 조선이주민 사회에 큰 영향을 미치기 시작하였다. 1935년 4월 28일에 도문극장이 준공되고 6월 14일에 훈춘공회당이 낙성되었으며 9월 6일에는 연길 간도극장이 낙성되었다. 이러한 장소를 이용한 조선인, 일본인들의 순회공연이 빈번히 찾아왔다.

1935년부터 전통무용의 대집성가로 이름 높았던 한성준씨는 중국 만주지역의 공연을 진행하였으며 조택원은 1940년 4월 25일부터 26일까지 도문극장에서, 6월 30일에는 신경 만철사원구락부에서 무용조곡 「춘향전」 6곡 외 몇 가지 무용을 공연하여 굉장한 인기를 끌었다고 「만선일보」(1940년 7월 1일)가 보도하였다. 또 조선 악극단은

1940년 6월 18일부터 19일까지 목단강에서, 8월 3일부터 4일까지는 신경 풍난극장에서, 8월 5일부터 8일까지는 길림공회당에서, 6일에는 사평에서 음악, 노래, 무용, 연극 작품을 공연하였다. 그 작품 속에는 최승희가 창작한 무용 「초립동」도 있었다(「만선일보」 1940년 8월 8일자).

1937년 여름, 반석현 소재지의 고급조선인예기관 명월관이 개업되고 그곳에서 가야금병창, 창극 등이 출연됨과 아울러 궁중무용도 출현되었다. 1940년대에 흑룡강성, 목단강 등 지역에서 가야금병창이나 창극, 승무, 칼춤 등 춤과 노래가 출연되었으며 1942년 위만주국 성립 10돌 때 신경공회당에서 간도 안도현 명월구 「조선농악」이 공연되었으며 잡지에 평론까지 실렸다.

이 시기 세계적인 무희 최승희도 조선민족문화권에 영향을 끼치기 시작하였다. 1941년, 일본 공연을 마치고 중국 공연을 시작했을 때 10여만 명 조선이주민이 살고 있는 목단강 지역에서도 공연하였다. 이러한 공연은 광복 전까지 매년 지속되었으며 안동, 봉천, 신경, 할빈, 치치하얼, 대련, 목단강, 길림, 도문 등 지역에서 진행되어 처음으로 완벽한 극장무용을 조선이주민에게 보여주었다

5. 미 술

20세기 20년대 유화가 간도에 들어왔고 당시 용정의 중학교미술교원은 모두 유화를 가르쳤다. 30년대에 이르러 서양문화를 접수하는 열조가 일었으며 많은 청년들이 출국하여 고학의 길을 걸었다. 이리하여 조선이주민 화단에 예술가로서의 창작활동이 시작되었다.

한낙연(1898-1947)은 용정촌사람이다. 중국공산당 동북지구의 초기창시자의 한 사람이며 '중국의 피카소'라고 평가 받고 있다. 1923년 상해서 중공당에 가입하였다. 1924년 봄, 상해미술전문학교를 졸업하고 봉천에 사립미술전과학교를 세우고 교장직을 맡았다. 1925년 봉천에 동북의 첫 중공당지부를 세웠다.

1931년 파리미술학원에 입학하였으며 1936년 서안사변 후 양호성 장군과 함께 귀국선에 올랐다. 항일전쟁이 승리한 후 감숙성 돈황 및 신강 지구에서 '비단의 길' 예

술고고 사업에 종사하였으며 1943-1947년 난주, 우룸치, 서안 등 지역에서 20여 차 개인그림전시회를 가졌다.

한낙연의 작품은 수채사생이 많다. 색채가 명쾌하고 지방풍토와 인정미가 농후하며 짙은 생활의 숨결이 흘러넘친다. 200여 폭의 작품이 중국미술관에 소장되었다.

신룡검(1916-1948)은 조선 강원도 원산시 명석동에서 태어났다. 1937년 8월 도쿄 무사 시미술학교에서 유화를 전공했다. 1943년 10월 목단강인쇄공장에서 미술설계를 하였다. 1946년 목단강공민회관에서 제1차 미술전람회를 열었는데 조선역사를 반영한 작품 20폭을 내놓았다. 이 전시회를 계기로 '신흥미술협회'가 창립되었으며 신룡검은 조직자의 한 사람이다. 1947년 목단강시열사탑의 설계와 조각동상, 부각의 제작을 완성했다.

석희만은 1914년 8월 20일, 함경북도 무산시에서 출생, 명동중학교, 동흥중학교를 거쳐 1935년 지금의 일본미술대학에 진입하였다. 1940년 신자연파미술가협회 회원으로 추천되었다. 1939년 7월, 함경북도 청진에서 개인전람을 열었다. 석희만의 작품은 「도문시의 교외풍경」, 「용정남강리교회당」, 「와세다대학 소묘풍경」, 「연길거리」 등이 있다.

제3절 조선이주민의 신문, 잡지, 출판, 발행 및 기타

1. 신 문

1919년 중국 5·4운동은 문화운동의 위력을 과시하였다. 조선이주민 진보인사는 남만과 간도에서 반일무장투쟁을 배합하여 갖은 어려움을 이겨나가며 많은 간행물을 꾸렸다. 1919년 3월, 간도에서 발행한 조선문신문 「일민보」, 「신국보」, 「중외통신」, 「구국일보」, 「조선민보」가 있었고 남만 유하현 삼원포에서 1916년 6월에 발행한 「한족신보」(조선문)가 있었다.

1928년 1월, 「민성보」가 정식으로 발행되었다. 신문사는 용정촌 신안거리에 세워졌다. 「민성보」의 최고영도기구는 40명으로 구성된 「보무위원회」이다. 강위청(연길 현상회 회장)이 위원장으로, 관준언(화룡현교육국 국장)이 신문사 사장으로, 방지함(용정촌 전화국 국장)이 경리로 추대되었다.

「민성보」는 한문과 조선문으로 된 4절지 4개 면으로 된 일보이다. 그중 1, 2면과 3면의 전반부는 한문판이고 3면 후반부와 4면은 조선문판이다. 한문판 총편집은 안회음이 겸했고 조선문판 총편집은 윤화수였다. 일발행량은 2000부 좌우였지만 조선이주민 속에서 영향이 컸다.

「민성보」는 예봉을 직접 일제와 국내통치계급에 돌렸으며 각성하고 단합하여 다 같이 대적하며 외환을 막아나서라고 호소하는 진보적 신문이다. 1932년 9월에 일제의 엄중한 파괴로 정간되었다.

9·18사변 후 중국공산당의 영도하에 꾸려진 신문들은 1932년부터 1934년 사이에 발간되었다.

「양도전선」은 동장영(童长荣)이 주필을 맡고 1932년 하반년 중공동만특위에서 연길현 지신향 송림동에서 꾸렸다. 이밖에 연길현에 꾸려진 조선문신문은 「동만주보」, 「청년투쟁」, 「농민운동」, 「노력자의 생명」, 「소년선봉」, 「대중신문」, 「전투 종성」이 있고 화룡현에서 꾸려진 조선문신문은 「전투소식」, 「해방전선」, 「반제 전선」, 「적기신문」이 있다. 이외에 1930년대 중공동만특위의 지도 밑에 간도에서 발간된 신문은 또 「동만민주보」, 「전투일보」 등이 있다.

9·18사변 후 조선공산주의자들도 진보적 신문을 발간했다. 「서광」은 1937년 5월 3일에 창간된 항일부대기관지이다. 「종소리」는 항일부대가 마당거우밀영에서 군정훈련을 하던 시기인 1937년 12월 27일에 창간된 대내주간신문이다. 「철혈」은 1939년 항일부대의 돈화원정 나날에 창간된 반일청년동맹기관지이다. 이런 신문들은 공산주의 이론을 소개하고 조선혁명의 노선과 방침을 해설하였으며 민족해방투쟁과 반일민족통일전선을 선전하고 항일무장투쟁의 전과를 보도했다.

9·18사변 후 일제와 위만주국에서도 반동신문을 발간했다.

「만몽일보」는 1934년 8월 25일, 신경에서 창간되었다. 이사장에 이경재, 상담역(고문)에 이상협, 편집국장에 김우평였다. 이 신문은 순 한글로 발간되었다. 일제가 대륙침략의 야욕을 채우기 위해 창간한 신문으로서 연길, 용정에 분사가 있었다.

「만선일보」는 1937년 5월 5일「만몽일보」를 개제발간한 2절지 4개면 일간지이다. 사장에 이용석, 편지국장에 염상섭였다. 이 신문은 일제와 위만주국의 대변인으로서 광복 전 만주에서 영향력이 가장 큰 한글신문의 하나였다. 서울과 도쿄에 지국을 두었다.

사진 1-09-02 만선일보사, 현 장춘시 동지거리 영창로에 위치

「재만조선이주민통신」은 1930년대에 발간된 신문이다. '동아대동'을 공공연하게 찬양하면서 일제의 죄행을 변호해 나섰다.

「간도협화보」는 1940년경 위만주국 위간도성협화회본부에서 조선인협화회 회원을 대상하여 꾸린 8절지 2개 면 부정기 간행물이다. 주필은 윤벽남였다.

광복 후, 간도지방에는 중공기관지의 신문들이 출간되었다. 1945년 11월 5일, 연변민주대동맹에서 한문과 한글로 「연변민보」를 창간하였다. 1946년 5월, 길동군구 정치부에서는 연길에서 조선문 「길동일보」를 간행했다. 1948년 4월 1일, 중공연변지위 기관지인 「연변일보」 조선문이 연길에서 발행되었다.

북만에서도 이 시기 조선문신문이 발간되었는데 영향력이 비교적 컸던 신문으로는 「신민일보」, 「인민신보」, 「전투보」, 「민주일보」, 「동북어린이신문」이었다.

「신민일보」는 1946년 5월에 창간된 할빈시민주연맹기관지였다. 주필에 박진용씨었고 8절지 2면으로 되었다.

「인민신보」는 1945년 10월 16일에 창간된 목단강시조선인민주동맹기관지이다. 사장에 이홍렬이었고 매일 8절지 2면으로 발간되었다.

「전투보」(1947.3 창간), 「만주일보」(1948.4.1 창간)는 조선의용군 제3군 지대 정치처에서 발간한 신문이다.

이 시기의 신문들은 사회주의사상과 신민주주의 이론을 선전하고 대중을 조직, 동원하는 면에서 큰 기여를 하였다.

2. 잡 지

조선문잡지는 신문과 함께 발전을 보았다. 1920년대 초 동북에 「학우보」, 「새벽달」 등 조선문잡지가 출판되었다. 이런 잡지는 대중을 각성시키는 데 기여를 하였다.

9·18사변 후 간도에서 진보적 경향을 보여준 문학잡지가 발간되었다.

「북향」은 1935년 10월 용정에서 창간된 문학월간잡지로서 문학단체인 '북향회'에서 꾸렸다.

「카톨릭소년」은 1936년 2월에 용정에서 창간된 전도성격을 띤 아동문학월간지이다. 천주교 교회에서 꾸린 것으로서 사장은 백화동이고 주필은 황덕영씨였다. 이 잡지는 천주교를 선전하는 글과 사진, 동요, 동시, 아동소설 등을 실었다.

「북향」, 「카톨릭소년」은 당시 조선이주민 작가들에게 지면을 마련해주고 조선이주민 문학사적 흐름을 이어주는 데 일정한 역할을 놀았다.

9·18사변 후 조선공산주의자들에 의해서도 진보적 경향을 띤 잡지들이 꾸려졌다.

「3·1월간」은 1936년 12월 1일 조선조국광복회 기관지로 창간된 대중 정치이론 월간잡지이다. 이 잡지는 항일부대와 장백지구에는 물론 조선에도 보급, 침투되어 당시 조선문신문간행물 가운데서 주목을 끌었다.

「화전민」은 1937년 1월 조선민족해방동맹의 기관지로 창간되었다.

항일전쟁시기 유격근거지역에는 「레닌의 기발」, 「서광」, 「붉은기」 등 항일사상이 농후한 잡지, 책자가 발행되었다. 해방전쟁시기에는 문예잡지 「불꽃」(1946.1-1946.5), 종합잡지 「신건설」(1946.1-1946.5), 종합잡지 「민주」(1946.12), 월간잡지 「대중」(1948.3-1948.8, 주필 이욱), 월간집지 「연변문화」(1948.10-1949.4)가 간도에서 출간되었다. 이 시기 흑룡강성에서 출간된 조선문잡지는 「건설」, 「신청년」, 「사회과학연구통신강좌」, 「교육통신」 등이 있다.

「건설」잡지는 1946년 5월 1일에 창간된 목단강시 조선인민주동맹 선전부에서 발간한 종합잡지로서 문학작품이 많이 실렸다. 책임편집은 김례삼씨였다.

「신청년」은 목단강시 조선인민주동맹 청년부의 기관지로서 1946년 초에 창간된 등사물 월간잡지이다.

「사회과학연구통신강좌」는 목단강시사회과학연구소의 김약실씨가 책임지고 발간하였다.

「교육통신」은 1948년 12월 1일에 할빈에서 창간되어 동북에서 발행되었다. 교육간행물로는 첫 잡지이나.

3. 출판발행 및 기타

1945년 전 간도지구에는 출판기구가 없었다. 일부 인쇄소에서 몇 가지 출판물을 출판했을 뿐이며 그 부수도 매우 적었다. 1947년 3월 24일 연변교육출판사가 정식으로 간판을 걸었다. 출판사의 취지는 '동북조선이주민의 문화교육을 발전시키기 위하여 조선문 교재, 잡지와 기타 도서를 출판하는 것'이었다.

1945년 전, 간도에는 작은 서점이 몇 집 있었을 뿐 다수 서점은 문방구와 잡화를 겸하여 팔았다. 간도에서 가장 일찍 설립된 서점은 1946년에 선 인민서점이다. 1947년 6월 동북서점으로 개칭되었고 1948년에는 연변교육출판사의 소속으로 된 '대중서점'이 연길시에 설립되었다. 1949년에 연길, 왕청, 훈춘 등 지역에 신화서점이 섰다.

일제시기 연길에는 50여 명의 종업원을 가진 일제관변 측의 방송국- 연길방송국이 하나 있었는데 러시아어, 일어, 중국어로 방송했다. 해방 초기에 연길신화방송국을 세우고 조선말방송으로 개칭하고 중앙방송국의 뉴스보도를 중계방송하는 외 전부 조선말로 방송하였다. 1949년에 연변인민방송국이 정식 설립되었다.

1947년 초 연안의 '신화사방송국'이 목단강에 옮겨왔다. 그해 6월부터 신화사 방송국에서 조선말방송을 시작하였다. 편집 겸 방송원으로 처음엔 「인민일보」의 기자 임영춘 씨가 맡았고 후엔 임효원 씨가 맡았다. 1948년 9월경, 신화사방송국이 목단강을 떠나자 조선말방송이 중단되었다.

제4절 조선이주민의 의료위생

1. 개 황

재만조선이주민의 위생조건은 극히 차하였고 위생관념이 희박했다. 가옥의 구조를 보더라도 생활난으로 하여 대부분이 비좁고 창이 좁아 통풍이 잘되지 않으며 햇빛도 충족하게 받아들이지 못하는 형편이다. 더욱이 우사를 함께 하기에 파리와 모기들이 그칠 새 없었다. 또 변소는 허름하고 소변은 아무 곳에나 보고 오물도 집 앞 마당에 마구 버리는 상황이다. 일단 병에 걸리면 병원에는 별반 가지 못하며 풀뿌리나 나무껍질 또는 산열매 등 약재에 의해 민간요법으로 치료하며 또 원시적인 미신습성으로 비는 습관도 있다. 도회지 외의 지역은 목욕시설이 거의 없어 조선이주민은 목욕을 자주 못하며 특히 겨울에 그러했다. 여름에는 하천에서 목욕하는 정도이다. 재만조선이주민 대부분은 빈곤으로 하여 영양섭취가 충분하지 못하며 기후관계로 질병에 쉬이 걸린다. 만주는 여름과 겨울의 날씨 차이가 심하여 열대와 한대의 특색적인 질병을 모두 지니고 있다. 보통병으로는 소화계통병, 호흡계통병, 피부병, 오관과병, 치질 등이 있다. 전염병으로는 페스트(흑사병(黑死病)), 곽란, 카라아잘 등이 있다.

페스트(흑사병) 농안을 중심으로 약 10만 킬로미터 지대가 페스트의 중점지역이었다. 매년 여름에 발생하고(腺페스트) 때로는 겨울에(肺페스트)도 간간 발생한다. 그 실례로는 1910-1911년에 러시아 트란스바이칼 지방으로부터 만주에 침입한 肺페스트는 5만 명이란 생명 손실을 빚었고 1920-1922년에도 1만 명이란 희생자를 내었다.

곽란은 1902년 러시아 블라디보스토크에서 유행하다가 훈춘 일대까지 만연되었는데 400여 명이 전염되었고 많은 사망자를 냈다. 1933년에 연길 일대에서 유행되던 곽란은 많은 사망자를 냈다.

카라아잘은 만주에서 흔히 보는 질병으로 특히 남만의 발해만 연해지역에 많다.

이밖에 상한, 부상한, 발진상한, 마진(홍역), 성홍열 등 여러 급성전염병은 사시장철 끊임없이 크고 작게 유행되었는데 발병률은 간도지역이 0.27%에 달하였고 개별 지방은 41.5%에 달했다. 결핵병 같은 만성전염병의 발병률은 아주 높았다. 1944년 간도의 3만 9000명 건강한 중소학교 학생에 대한 조사통계에 의하면 결핵병 발병률이 1.8%이었다.

만주의 지방병은 수토병(大骨节病), 극산병, 지방성 갑상선종 등이 있다.

1934년 6월 말 현재, 만주에는 156개의 의료기관이 있었는데 그중 조선이주민이 경영하는 것이 99개였으며 교회에서 경영하는 것이 1개였다. 1914년 캐나다 장로파교회에서 용정 동산에 창설한 제창병원이 그것이다(사진 1-09-03).

1933년 7월-1934년 6월, 조선이주민이 전염병에 걸린 인수는 2263명, 그중 127명이 사망되었다. 천연두환자의 사망률이 가장 높은바 약 9.6%였다. 장(肠)티푸스환자가 764명으로서 가장 많으며 전염병환자의 33.8%를 점하며 사망률은 4.7%이다(「재만조선이주민 개황」, 일본외무성 편).

사진 1-09-03 용정 제창병원, 오른쪽이 김영 원장, 20세기 20년대 상해 영화계의 황제로 이름난 김염의 형이다.

2. 지역별상황

1) 간도지방

1905년 이전, 간도의 의료위생 특점은 살만(薩満)식 무의(巫医)의 의료활동을 위주로 하였는데 거기에는 약방까지 겸영하는 외지 중의업자들이 나타났다.

9·18사변 전 경찰기구에 위생행정기구를 설치하고 여러 위생법령을 반포하였으며 위만통치시기에는 '위생공작3대방침'(의료기관의 보급, 전염병의 예방 및 위생 행정기관의 충실)을 제기하여 위 민정청 소속으로 보건과를 설치하였으며 현공소 민정과 소속으로 보건고가 설치되었다.

1905년 이후 간도인구가 늘어남에 따라 조선 각 지역에서 중의와 약장사꾼이 모여들기 시작하였다. 1920년 이전 한의 200여 명이 있었다. 1922년 1월 연길경찰청에서는 '위경률(卫警律)'에 의해 '의사취체잠정규칙'(10조)를 반포하고 그해에 처음으로 '의사허가증'을 발급하였다. 1928년 간도의 한의는 319명으로 급증했다.

1899년, 러시아인이 훈춘에 병원을 세웠으나 중국 사람의 병을 보지 않았다. 1907년 일본인 의사 3명과 간호원 1명으로 용정에 '간도자혜병원'을 꾸렸는데 이는 간도의 첫 서의병원이다. 중국 측에서 간도에 세운 첫 공립병원은 문진부와 입원부(14개 침대가 있음)가 있는 '변무병원'이다. 1908년 6월 국자가에 세워졌다. 원장은 천진의학당 출신인 이소량(李绍良)이다. 1909년 11월, 일제는 '간도병원'을 내오고 의사를 초빙하였으며 후에 와서는 '간도자혜의원'으로 개명하였다.

1913년 캐나다해외선교부에서는 용정 '영국더기' 산비탈 길옆에 반지하실이 있는 100여 평방미터의 회색양옥으로 된 '제창병원'을 세웠다. 1918년 10월에 증축하여 내과, 외과, 부인과, 소아과, 전염병과 진찰부를 두었다. 선교사이며 의학박사인 마딩이 원장으로, 영국인 노은혜 여사가 간호장이었다. 3명의 조선이주민 간호원과 이익걸, 최관실, 정창성 등 5명의 의사가 초빙되었다. 20년대부터 '영국더기'에 있는 두 개소의 남녀중학교 사생들의 의료보건까지 맡아주었다. 봄, 가을에 신체검사를 하고 의사를 보내서 학교의 생리위생과 교수를 책임지었다.

1920년 간도에는 27개소의 사립서의병원이 있었고 30년대 초에는 52개소로 증가되었다. 일제통치시기에는 종합병원 3개소, 공립병원 20개소, 서의개인진료소 52개소, 중의, 한의 개인진료소 360개소가 있었다. 1940년 7월에는 용정에 '개척의학원'이 꾸려졌고 1945년까지 5기에 거쳐 157명의 신입생을 모집하여(그중 127명 졸업) 서의로 양성하였다. 해방 직전까지 간도에는 150개소의 서의병원, 197명의 서의, 130명의 간호원이 있었다.

1940년, 종업원 10여 명을 가진 '간도방역소'가 세워졌다. 당시 간도에는 전염병이 심하였다. 위만주국의 통계에 따르면 1940-1941년 간도 5개 현의 전염병환자는 2029명, 그해에 죽은 이는 256명으로서 사망률이 12.6%이다. 부녀의 산욕열발병률이 매우 높으며 난산으로 죽은 이가 적지 않았다. 영아사망률은 20% 좌우이며 신생아 파상풍 발병이 극히 많으며 사망률은 68%의 높은 숫자로 기록됐다.

1945년 말, 연변전원공서 민정과에 보건고를 설치하고 위생행정업무를 책임, 처리하였다. 1948년부터 선후하여 연변병원과 각 현 위생소를 세웠다. 연변방역소는 1952년에 세워졌다.

2) 남만지방

안동, 대련, 철령, 무순, 장춘, 길림과 같은 도회지역에 있어서는 상하수도시설이 구비되어 있고 의료기관도 구전했다. 그 외 지방에 있어서는 공기가 건조하고 먼지가 자주 일어 호흡계통질병환자가 많았고 음료수로는 강물과 우물을 그대로 마시기에 소화 계통질병환자가 많았다. 목욕을 자주 하지 않으며 의복을 오랫동안 세탁하지 않기에 피부병환자도 적지 않았다.

관동지방에 있어서 흥미 있는 일은 조선이주민 대부분이 산간에 거주하고 있기에 천연적인 혜택을 많이 보게 된 것이다. 신선한 공기, 청결한 냇물은 보건적 생활을 보장하며 교통 불편으로 하여 흑사병 같은 유행병이 만연되지 않는다.

1921년 조선총독부의 2400원의 의료보조금이 있어 병원이 섰고 이주자에게 그해 9월부터 무료진료를 시작했다.

봉천지방에 있어서는 조선총독부가 1921년 11월에 의사 나영환 씨를 파견하여 10칸 방에 협제병원을 앉혔고 지방농촌순회치료를 하였다. 흥경지방은 정치곤 씨, 통화

지방은 김영걸 씨, 유하지방은 피희태 씨, 양자소지방은 조병헌 씨가 조선총독부의 의료보조금으로 병원을 개업하였다.

철령지방에 있어서는 1922년 9월 1일, 조선총독부의 3000원의 의료보조금으로 철령 북대가에 공애병원(共愛病院)을 개설하고 최경하 씨가 책임졌다.

길림의 동포의료시설은 1921년 8월 서정목 씨가 2400원의 보조금으로 길림성 내에 동성병원(东省病院)을 개설하였다.

정가툰에 있어서는 이필근 씨가 보조금 2900원으로 요동병원(辽东病院)을 개설하였다.

3) 북만지방

북만지방에 있어서 도시 외 기타 지방의 조선이주민 의료위생상황은 간도나 남만과 별다른 구별이 없었다. 본 지방 조선이주민의 질병은 호흡계통, 소화계통 질병이 제일 많고 피부병과 부인병 및 아편중독자가 다음으로 가는 상황이다.

할빈에 있어서는 의사업종은 동포의 여러 직업 중 가장 성공한 직업이다. 20세기 20년대 초 이미 6000-7000원 내지 1만 원, 가장 많은 자는 3, 4만 원의 재력을 갖고 있었다. 당시 동포의 병원을 적어보면 고려병원(원장 이원재, 의사 박정식), 북만병원(원장 박동하, 의사 이종시), 조선병원(원장 이웅), 서법(西法)병원(원장 김도근, 의사 이웅), 극동병원(원장 유동운, 의사 이병천), 민제(民济)병원(원장 한민제) 등이다.

제5절 조선이주민의 체육

조선이주민은 예로부터 체육을 즐겼다. 만주 이주 후 조선이주민의 체육은 학교에서 사회로 보급되었다.

청나라 말, 학교 출현과 더불어 학교체육은 동시 발전되었다. 대부분 학교에서는 해마다 육상을 위주로 하는 교내운동회를 개최했다.

1914년 단오절에 국자가에서 간도 조선이주민사립학교연합운동회가 열렸는데 50여 개소 조선이주민학교 선수 499명과 관중 2만 명이 집결되어 일대 성황을 이루었다. 그 번 운동회에서 100여 명으로 이루어진 악대가 응원하였다고 한다. 당시 운동회에서는 경차별 대우작 전 「광복가」를 먼저 불렀고 경기가 시작되면 「응원가」를 불렀다. 「응원가」 가사는 다음과 같다.

> 응원가
>
> 무쇠골격 돌근육 소년남아야
> 황황한 대한혼 발휘하여라
> 다달았네 다달았네 우리나라에
> 소년의 활동시대 다달았네
> 반일대적 연습하여
> 후일 공훈 세우세
> 절세영웅 대사업이
> 우리 목적이 아닌가

그 외에도 「학도가」, 「한산도」를 불렀다.

초기에는 '학우회', '청년회' 등 단체들에서 체육경기를 조직하였으나 1926년 용정에 '간도체육회'가 설립되었고 이와 때를 같이하여 연길에 '체육회'가 나왔다. 이는 자발적인 군중조직이었다. 1935년에 이르러 '만주체육연맹 위간도성사무국'이 세워졌다. 이는 일제에 순응하는 조직이었다.

축구는 우리 민족이 즐기는 체육종목의 하나이다. 간도지역에 처음으로 김약연 교장의 지도 밑에 1908년에 설립된 명동학교에 명동학교축구팀이 탄생하였고 이어 1908년에 설립된 연길 와룡동의 창동학교에서 소련 블라디보스토크에서 온 박문호 씨가 축구를 가르쳤으며 블라디보스토크에서 온 노상렬 씨를 지도로 하는 화룡장동 학교축구팀이 나왔다. 명동학교와 장동학교에서는 해마다 두 차례씩 축구친선경기를 조직하였다.

1923년 5월 20일부터 21일까지 간도사립학교들인 해성중학, 동흥중학, 명동중학, 구산중학, 은진중학, 영신중학 등 학교팀이 참가한 축구경기를 가졌다. 용정 은진중학교팀이 우승을 하였다.

1923년 6월에 대립자에서 화룡현축구운동대회를 가졌다. 명동학교, 화룡현립제1소학교, 해성소학교, 덕흥소학교, 화룡현립제7소학교 등 학교축구팀이 출전하였다. 화룡현립제7소학교(장동학교)가 우승을 차지하였다.

1925년 5월, 국자가에서 사상 처음으로 되는 간도축구운동대회를 개최하였다. 경기는 청년조와 소년조로 나누었다. 용정 영신소학교팀이 소년우승을 하였다. 당시 선수들의 연령으로 청년조와 소년조로 나눈 것이 아니라 선수들의 키를 표준으로 하였다. 결국 운동경기의 실제수준을 가늠하기 어렵게 되었다. 이런 현상은 1945년 해방 직후까지 지속되었다.

1925년 6월, '청우장학회(靑友奬學会)'가 용정에서 간도축구운동회를 열었다. 영신소년팀, 보광소년팀, 예수교영신소년팀, 동흥소년팀 등 4개 팀이 참가했다. 영신소년팀이 소년조 우승을 하였다.

1926년 단오절에 용정시민체육장에서 제2차 간도축구운동회가 열리었다. 출전한 소년팀은 동산소년팀, 장남운동부소년팀, 국자가 숭신소년팀, 광일소년팀, 동아소년팀, 영신소년팀, 연일소년팀, 영실소년팀, 동룡소년팀, 현립제2소학교팀이었고 청년팀으로는 영신학우회팀, 대동학교팀, 경성동우친목회팀, 동흥학교팀, 은진학교팀, 국자가사범팀이다. 장남운동부소년팀이 소년조 우승을, 동흥학교팀이 청년조 우승을 따냈다.

1926년 6월 13일, 용정동흥중학교 25명 축구단 일행(감독 김영화, 간사 김구현)은 평양관서체육회에서 주최한 조선제2차축구대회에 참가하고자 용정을 떠났다. 6월 22일, 첫 경기에서 평양 광성고등학교축구팀에 1 대 3으로 패했다. 경기가 끝난 뒤 안주, 정주, 선천, 신의주 등 지방에서 친선경기를 치렀다. 축구단 일행은 신의주에서 한정규를 비롯한 각계 인사들한테서 190여 원의 후원을 받았다. 동흥중학교축구팀의 조선행은 간도축구사에서의 첫 출국방문이었다.

20세기 20년대, 간도지역의 축구경기는 현대축구의 윤곽은 있었지만 첫 시작에 불과했다. 이름난 선수들로는 '수캐'라는 별명으로 소문난 정수원씨와 '호랑이'라는 별명을 지닌 박주환씨이다.

1928년 8월 26일, 용정에서 제1회 탁구대회가 열렸다. 단체1등은 남감리교파교회 팀이고 개인 1등은 본원사의 윤용유씨이다.

사진 1-09-04 간도 제1회 탁구대회우승기념(1928. 8. 26)

1930년에 위만주국 위간도성축구팀이 나왔는데 대표인물은 최동현, 강학윤, 최세홍, 황동수, 이길덕, 김춘식, 정수일, 최창선, 박경민, 박광춘, 박동규, 김응호 등이었다.

간도의 축구시설을 보면 용정에 운동장이 16개가 있었고 화룡에 10개, 도문에 5개, 왕청에 5개, 훈춘에 3개, 안도에 12개. 연길에 2개가 있었다.

1932년 10월, 간도체육회에서는 용정시민체육장에서 제1차 축구대회를 소집하였으며 천도학생대표팀을 포함하여 5개 축구팀이 출전하였다. 10월 15일에는 용정체육회에서 중소학교축구경기를 주최하였다.

사진 1-09-05   위간도성 제1차 축구대회 개막식(1932년 용정)

1935년 제1차 위만주국 도시체육대회와 1936년 7월 11일 제2차 대회에서 조선건아들로 무어진 위간도성축구팀이 불패의 기록으로 우승했다. 1937년 8월 4일, 위만주국도시축구대항경기(장춘)에서 간도축구팀이 또 우승했다.

1938년 8월 위만주국중학생축구대회(장춘)에서 용정동흥중학교팀이 우승했으며 1939년 7월, 위만주국 제2회 중등전문학교축구대회(장춘)에서 연길국민고등학교 축구팀이 불패의 기록으로 우승했다. 1940년 제3회 대회에서 용정광명중학교팀이 우승했다.

1937년 2월, 간도빙상운동대회에서 용정의 김장현 씨가 500미터 우승을, 은진중학교 오기섭 씨가 1500미터 우승을, 홍득록 씨가 5000미터 우승을, 오기섭 씨가 1만미터 우승을 따냈다.

1940년 2월, 길림성빙상운동대회에서 이철호 씨가 5000미터 우승을, 지원백 씨가 500미터 2등을 하였다. 같은 해 7월, 용정광명중학교축구팀은 위만주국체육대회 축구경기에 출전하여 불패의 기록으로 우승을 하였다.

1941년 6월, 위만주국 도시대항체육대회 축구경기가 봉천천대전체육장에서 진행되었는데 조선건아들로 구성된 간도축구팀은 불패의 기록으로 또 한번 우승을 기록했다.

1942년 7월, 위만주국은 신경에서 선수권대회를 열고 일반부와 중학부로 나누어 축구경기를 벌였다. 중학부 경기에서 용정은진중학교팀이 우승을 하였다.

20세기 30년대 간도에서 활약한 축구명장들은 많았다.

최동현씨는 1917년 연길 와룡동에서 출생, 1933년 소학교를 졸업하고 연길시 공과중학교에 입학하였으며 거기에서 체계적인 축구훈련을 전수받았다. 연길서 축구팀 선수로 활약했으며 1935년부터는 위간도성축구팀에 뽑혀 위만주국도시대항경기에 참가했다. 그는 마지막으로 연길시축구팀을 대표하여 제3차 연변체육대회에 참가하여 연길시팀이 우승을 따내는 데 큰 기여를 했다. 50년대에 이르러 축구선수생애를 마쳤다. 1951년에는 중화체육총회 연변분회 위원으로 있었다.

정수일씨와 김응호씨는 1938년에 위만주국축구팀 선수로 일본 명치신궁대회에 참가했으며 이치호씨와 박돌씨는 1939년에 위만주국축구팀 선수로 선발되어 일만대항체육대회에 참가하였다. 1940년 최승준, 김상은, 윤성창, 이석용, 김병호, 유시민이 위만주국축구팀 선수로 선발되어 일본 제3차 국민체육대회에 참가하였다.

1948년 8월 15일, 일제투항 3주년 되는 날에 간도 제1차 운동회가 연길에서 성대히 진행되었다. 그 후부터 1955년까지 해마다 한 번씩 연변에서 종합체육운동회가 거행되었다.

조선이주민의 산업, 금융, 무역 및 교통운수

제1절 산 업

1. 공 업

20세기 초, 만주조선이주민의 공업은 맹아상태에 있어 그 규모를 논할 수 없는 상황이다. 1909년, 일본은 용정에 총영사관을 설치하였고 중국정부도 용정에 성부국을 내왔다. 용정은 수로로는 해란강이 있고 육로로는 용정에서 연길, 화룡, 삼도, 돈화에 이르는 도로가 있으며 철도로는 천도경편철도가 용정을 경유하고 있어 교통이 극히 편리한바 중외화물의 집산 중심이었다. 금세기 20년대에 접어들어 상공업이 흥성하는 국면이 나타났으나 20년대 말 일본자본의 등장과 독점의 형성으로 하여 민족공업은 요람에서 요절의 운명을 맞다시피 되었다.

간도의 공업은 주로 가공업으로서 그것은 독립적인 것이 아니라 농가의 부업에 속하였다. 대체로 양주업, 착유업, 제분업이 있었다. 술과 콩기름은 본 지방에서 소모하는 외 타지방에까지 수출되었다.

양주공업은 수수, 옥수수, 피난, 보리 등 지방토산물을 원료로 하기에 경영하기에 편리했다. 조작기술은 재래적이어서 순 인력으로 하고 있으며 생산량도 낮다. 1924년 간도에 24개소의 술공장이 있었는데 연길, 화룡, 왕청 등 4개 현에 18개소가 있었다. 그중 7개 술공장이 규모가 컸는데 술 생산량은 당시 3개 현(인구 37만 3000여 명) 매인당 2.3킬로그램씩 돌아간 셈이다. 간도에서 제일 큰 술공장은 동성용의 관만춘 씨가 노동자 40-59명을 고용하여 3명의 지주와 합작하여 꾸린 것이다. 이밖에 찹쌀이거나 기장쌀로 황주를 빚고 보리로 청주도 빚었다.

1924년에는 콩기름과 콩깨묵을 생산하는 전문공장이 32개소가 있었으나 설비가 원시적이고 생산량도 높지 못하였다. 연길, 화룡, 왕청 등 3개 현의 20개소 착유공장의 콩기름 연간생산량은 828만 킬로그램이고 콩깨묵은 84만 킬로그램이었다. 콩기름은 식료와 공업용으로 소모되는 외 국내와 해외에 수출되며 콩깨묵은 가축사료로 해외에 많이 수출되었다.

사진 1-10-01 연자매로 식량을 찧고 있는 재만조선이주민 여성

간도의 제분업도 원시적이었다. 1924년 국자가에 연자방아간이 24개소가 있었고 용정, 투도구에 약 20개소, 나머지 시가지와 농촌에는 약 2-5개의 전문제분소가 있었다. 농가의 부업으로 경영되는 것도 있었다. 기계동력을 이용하는 제분소(캐나다인이 경영)는 용정에 하나 있었고 기타는 말, 소와 같은 가축을 동력으로 삼았다.

농산물재조업에는 또 깨기름을 짜거나 감자농마국수를 누르는 것이 있으며 일부 조선이주민은 엿도 달이었다.

재만조선이주민의 제조업은 일상생활에 필요한 그릇, 도구들의 제작, 공급에 그치였으며 재래방법에 의한 옛 모습을 벗어나지 못하였다.

조선이주민은 놋그릇을 사용하는 습관이 있으나 당시 일본에서 수입된 백색도자기가 사용되는 탓에 놋그릇의 제작은 점차 줄어들어 종사자는 15호에 불과했고 연 제작액은 8000원 안팎으로 계산된다(동척발간 「간도사정」).

철공업은 몇 사람씩 경영하는 야장간 정도였다. 용정촌과 국자가에 조선식가마와 중국식밥가마를 전문 생산하는 공장이 4개소가 있었는데 여기서 일하는 주물공은 20여 명 밖에 안 되며 그 경영자는 모두 중국인이다. 그 후 일본과 러시아에 새 철제품과 기계제품의 수입이 증가됨에 따라 점차 위축되었다. 종사자는 대부분이 농업겸직자로서 약 70호 조선이주민이 종사하고 있으며 제작물로는 호미, 칼, 낫, 우마발굽철(马牛蹄) 등이다.

주물제품은 조선에서 제작된 것을 수입하였고 소소한 제품이 간도에서 만들어졌으나 후에 중국인이 주물업종을 독점하였다.

도자기업에 종사한 것은 조선이주민과 중국인이 비교적 많았다. 토기업은 규모가 작았으며 제품은 주민들의 일용품인 질그릇이었다. 이런 질그릇은 원시시대의 미관과 형태에서 벗어나지 못하였으며 시장가격도 매우 낮았다. 토기업자들은 또 기와도 생산하였다.

목공업은 주로 목조가옥을 건축하는 대목과 가구를 짜는 소목이 있었다. 목공업을 전문업으로 하는 사람은 매우 적었으며 많은 사람들은 농사를 하면서 겸하였다. 한때 용정촌에 있었던 목공 1명과 국자가에 있는 목공 2명이 전문 우마차를 만들었다. 종사인원은 중국인과 조선이주민을 합하여 120호에 달하였다.

피혁정제공업도 주로 국자가, 용정촌, 투도구에 많이 집중되고 기타 지방에는 희소했었다. 품종으로는 피물의복, 올로신과 소, 말 등 집짐승의 장식품이다.

장공장은 국자가와 용정촌에 3개소가 있었는데 모두 일본인이 경영하였다. 원료는 콩, 보리, 밀 등이었다. 당시 이런 원료는 많았지만 소금 값이 너무 비싸서 장을 생산하는 사람이 없었다. 많은 농민들은 자체로 장, 간장을 만들어 자급하였다.

벽돌공장은 주로 용정촌, 국자가, 투도구 등 시가지 부근에 있었으며 생산하는 벽돌의 종류는 붉은벽돌, 검은벽돌, 점박이벽돌, 푸른벽돌 등 4가지였는데 규격과 시장가격은 각기 부동하였다.

간도의 전등업, 전화업은 중국인자본가에 의해 1919년부터 시작되었다. 전화는 1919년에 국자가, 용정촌, 달라자, 남양평, 동불사 등 지역에 개통되었으며 1923년부터는 배초구, 의란구, 이도구 등 지역에도 개설되었고 조선 회녕 대안 경비의 전화까지도 가설되었다. 전등업은 무수툰 씨(중국인)가 1919년에 발기하였으나 1924년에야 발전소를 세우고 전기를 뽑았다. 훈춘지방도 1922년부터 전등을 볼 수 있었는데 도중 중시뇌었다가 1927년에 다시 영업을 시작했다.

민국시기 간도에는 제지업자가 모두 4호밖에 없었다. 생산량은 12만 5000킬로그램밖에 안 되어 연수요량 200만 킬로그램을 만족시킬 수가 없어 외지역에서 수입하였다.

용정은 조선이주민의 집거구이며 간도의 공상, 무역, 문화의 중심지였다. 용정의 공업은 당시 조선이주민의 공업 윤곽을 반영할 수 있다. 아래에 용정의 공업에 대해 간단히 적어둔다.

- **무삼목재주식회사** 방영지 씨가 경영한 용정에서 제일 큰 회사이다. 주로 목재를 경영하였는데 국내외에 널리 판매되었다. 그중 대부분은 일본으로 나갔다. 회사에서는 스스로 '무삼회사화폐'를 발행하였으며 후엔 이 '화폐'가 사회에서도 유통되었다.
- **유삼목재회사** 경리는 악보신 씨이다. 수로와 기차, 자동차로 목재를 실어냈다.
- **대흥전기회사** 무탁신, 무경남 부자가 경영하였다. 많은 지주자본을 받아들여서 지주가 실업자로 되게 한 선례이다.
- **용정전화회사** 방지함 씨, 서약정 씨가 경리이다. 경영범위는 연길, 돈화, 훈춘, 왕청이었다.

- **제분공장** 상해의 왕씨라는 자본가가 경영하였다.
- **전씨제지공장** 경리는 진옥 씨였다.
- **술공장** 백거용, 광흥원, 해원장 등 술공장이 있다. 광흥원이 조양천으로 옮겨갔는데 지금의 조양천술공장의 전신이다.
- **사탕공장** 화순탕장(和順糖庄) 등 여러 집이 있었다.
- **길순채석공장** 노동자가 수십 명이 있었다. 산의 돌을 여러 가지 모양새로 쪼아 건축에 제공하였다.
- **동양자동차회사** 화교 여소파 씨가 경영했다. 연길, 훈춘, 돈화, 왕청 등지로 통했다.
- **유원전호**(钱号) 화교 여임해 씨가 경영했다.

비교적 큰 상점은 복증원, 복성동, 순발상, 열래동 등이 있었고 큰 식당은 용원거, 유휘반점 등이 있었다.

중소형 철공장은 동아철공장 등이 있었고 관(官)상(商)이 합영한다는 회사로는 천도경편철도회사, 천보산은광회사, 연화금광회사가 있었다.

재만조선이주민의 공업 중 정밀업이 가장 뚜렷한 위치에 있었다. 가장 중요한 원인은 재만조선이주민이 쌀 생산자였다는 점이다. 1934년 6월 현재, 만주에는 조선이주민이 경영하는 정미소 240개소가 있었으며 점차적으로 기계화, 기업화로 나갔다. 아래에 간도 외 지방을 살펴보겠다.

철령에는 기계정미소 5개소가 있었으며 그중 2개소는 대규모였다. 1919년 장선근 씨 외 수명의 발기하에 철령제분소가 설치되었고 정미기계 6대(20마력), 그 가격은 1만 3000여 원이었다. 1926년에는 김치삼 씨가 경영하는 동흥정미소 등 5개소가 있고 1932년 말에는 철령, 해룡 지방에 정미소강덕정, 덕일정미소, 공익정미소, 조선정미소 등이 있었다.

봉천지방에는 1934년 현재 25개소의 조선이주민이 경영하는 정미소가 있다. 그중 개원회사(경리 홍순형 씨)는 자본금이 10만 원, 봉천의 신흥정미소(경리 김찬형 씨)는 자본금이 8만 원, 개원의 신익상회(경리 문봉덕 씨)는 자본금이 6만 원인 규모가 큰 정미소였다.

길림지방에는 1934년 현재, 조선이주민이 경영하는 정미소 5개소가 있다. 길림정미소는 일 생산능력이 100석이며 자본금은 2만 원이다.

북만에 있어서는 1923년 현재, 명성양행 경영인 한명성(韓明星) 씨가 할빈에 정미공장을 앉혔다. 한명성 씨는 할빈 재주조선이주민 중 유일한 자본가였다. 니코리스크, 해삼 위, 상해 등 지역에도 토지, 가옥을 소유하고 있으며 자본금은 200만 원으로 추측되었다.

정미업 외 기타 공업에 대해 적어보면 아래와 같다(간도 외 지방).

길림지방에는 인쇄, 어업, 야장, 비누 등 조선이주민이 경영하는 공장이 있었으며 자본금은 7000원을 넘기지 못하는 소규모였다.

봉천에는 삼성고무공장(경리 라경석 씨), 평안회사(경리 박민수 씨)가 있었다. 그중 삼성고무공장의 자본금은 3만 2000원이다.

이밖에 1940년 이후 새로 등장한 조선이주민 공장이 있었다. 그대로 적어보면

남만방직주식회사는 1940년에 설립되었다. 사장에 김년수 씨였고 자본금은 10만 원, 소재지는 봉천성 소가둔이다.

남만면화주식회사는 이세환(李世桓) 씨가 사장직을 맡았고 자본금은 10만 원, 봉천에 세워졌다.

동양양주주식회사는 자본금이 10만 원, 강영모 씨가 사장을 맡았다.

아래에는 할빈의 조선이주민 상공업을 적어보겠다. '할빈대안내'(1933), '할빈상공명록'(1936), '할빈상공명록'(1941) 등 자료에 의해 정리한 것이다.

종사자가 제일 많고 민족특색이 짙은 것은 음식업이다. 이름난 음식점으로는 반도냉면옥, 평양식당, 은세계, 해신관, 북일관, 항해루, 대성관, 송강관이다. 할빈에서 제1갑부로 불리는 한광숙 씨는 중앙대가 3호에 상해판점이라고 하는 댄스홀까지 꾸렸다. 할빈에는 수십 개의 조선여관이 있었는데 할빈여관, 조선여관, 태평여관, 흥아여관, 조만여관, 일선여관, 대북여관, 금광여관, 복순여관 등이 있었으며 할빈 조선이민 여관조합장인 김국제 씨가 경영하는 할빈여관은 객실을 50개 가지고 있어 조선인 중에는 가장 큰 것으로 주목된다.

조선이주농민과 연계가 많은 미곡, 농구와 정미기를 판매하는 상점들이 많았다. 미

곡소매상점으로는 이명훈 씨의 흥하리승기, 박명진씨의 동풍덕, 박의양 씨의 서만산업사, 박명진 씨의 동풍태, 박시욱 씨의 반도상회, 입중건 씨의 한림양행, 김종금씨의 사경사회, 이태명 씨의 영풍호, 최히송 씨의 삼강호, 신기영 씨의 삼익상회, 정준봉 씨의 동성장, 호거히 씨의 풍산상사, 농구용품상점으로는 김성환 씨의 56사회지점, 옥명전 씨의 농공상사기계부, 김서종 씨의 북만농구주식회사이다.

토목건축으로는 고광웅 씨의 고광공무사, 중개업으로는 박병문 씨의 삼화상사, 변호사업으로 김형순 씨의 김태법률사무소, 대서업으로 최근의 최근사무소가 있다.

정미업으로는 김영백 씨의 북만사업사, 박의양 씨의 선만상업사, 박명진 씨의 동풍대, 송을동씨의 태기정미공장, 최히송 씨의 삼강호, 양재칠 씨의 동아정미소, 김만세 씨의 익태호정미소 등이 있다.

1933년 조선이주인 김기섭 씨가 남강 마가구 문창가 138호에 오렌다루맥주공장을 세웠으며 1939년 김승만 씨가 동양맥주공장으로 개칭하였다. 공장설비로는 전발효못 7개, 후발효통 24개, 용량이 1650리터인 맥주를 병에 주입하는 주입기 한 대, 연 생산능력은 100만 병이었으며 종업원은 22명이다. 당시 할빈 8개 맥주공장의 연 생산량이 1400만 병임을 감안할 때 동양맥주공장의 규모는 비교적 컸다. 당시 맥주가격은 2급품으로 한 병에 28전이었다.

2. 광산업

간도의 광산자원은 매우 풍부하다. 일러전쟁 후 많은 사람들이 간도의 광산을 개발하려고 탐사설계하고 채굴도 하였지만 좋은 결과를 보지 못하였다.

간도의 천보산동은광, 봉밀구금광, 팔도구금광, 훈춘동구금광, 훈춘화보탄광, 로투구탄광 등은 비교적 큰 규모를 형성하였다.

천보산동은광 천보선동은광은 1884년 산동성 임구(臨朐)현에서 온 유야장(刘铁匠)이라는 사람에 의해 발견되었다. 워낙 훈춘에 있는 왕씨를 찾아 떠났는데 천보산에 이르러서는 더 갈 생각을 버리고 말았다. 어느 하루 산속에서 한 무리 노루들이 창졸간 뛰쳐나오는 바람에 그의 나귀가 얼결에 놀라 고삐를 끊고 달아나버렸다. 그는 행방 없이 산속을 헤매며 나귀를 찾았다. 문뜩 산 위에 있는 돌덩이에서 눈부신 빛이 번쩍이는 것을 보게 되었다. 가까이 가보니 은광석이었다. 그 후 한달 품을 들여 그와 이웃 3호는 은광석에서 새하얀 은덩이를 뽑아내게 되었다.

훈춘초간국 총관 청꽝띠(程光第)는 은전 3만 냥을 마련해가지고 1887년 정식으로 천보산은광을 운영하기 시작했다. 개업 초기는 비교적 흥성하여 은 일생산량은 700-800냥에 달하고 300-500명의 광부가 있었으나 1902년에 이르러서는 완전히 중지되었다.

1911년 9월, 심양에서 일본인의 '남만대흥회사'는 정광제와 결탁하여 50만 원을 투자하여 채굴권을 절취하였다. 제1차 세계대전 기간 약탈적 경영방식으로 동(銅)채굴을 다그쳤다. 세계대전이 끝나자 동 가격이 폭락되어 일본인은 광산을 폐광하고 광부 217명(조선이주민 194명)을 해고하였다.

1934년 천보산광산은 생산을 다시 시작하였다. 1936년 5월에 이르러 일당 광석 용해량은 80톤이며 순금속 5톤을 뽑아냈다. 1936년 10월, 일본인 이이다 등은 50만 엔 자금으로 신경에 '천보산광업주식회사'를 내왔으며 1942년에는 천보산광산을 일본 미쯔이재벌단에 팔았다.

간도에서는 비교적 일찍부터 채금을 시작하였다. 문헌에 따르면 1890년경, 훈춘 대평구지방에서 조선이주민이 금산지를 발견하고 채금하기 시작했다. 이것이 간도채금의 첫 시작으로 된다. 1897년경부터 간도에서는 많은 금산지가 발견되었으며 그중 유명한 금광은 봉밀구(투도구 서남쪽 약 4킬로미터 지점) 금광과 팔도구금광이다.

봉밀구금광 봉밀구금광은 사금과 석금광으로 이루어졌는데 사금광은 1897년부터 채굴하기 시작했고 석금광은 1901년부터 정광제에 의해 경영을 시작했다. 사금광은 첫 몇 년간은 매우 흥성하여 광부가 4000여 명에 달하였다. 전하는 데 의하면 이곳에서 70냥짜리 큰 금덩이도 나타났다고 한다. 후엔 여러 원인으로 매년 10여 명이 농가의 부업으로 채금하는 형편이다. 봉밀구 사금광 역시 첫 몇 년은 흥성하다가 민국시기에는 농가의 부업으로 매년 20여 명이 채광에 종사할 뿐이었다.

팔도구금광 1906년 청꽝디가 팔도구의 여름철 시냇물을 이용하여 소규모의 채금을 시작했으나 중지되었다가 민국시기 관상합영인 연화금광회사에 의해 계속 경영되었다. 여름철이면 50여 명 채금노동자가 있었으며 매일 매인 평균 3푼 내지 5푼의 금을 생산하였으며 금 함유량이 비교적 좋았다.

훈춘동구금광 19세기 60년대부터 채금을 시작했다. 1870년경, 마적달향 삼도구 금광에서 훈춘동구금광을 새로 꾸리고 대량의 사금을 캐내었다. 이 금광은 서쪽으로는 노룡구에 이르고 동쪽으로는 마적달에 이르는데 길이가 35킬로미터 되고 너비는 약 3-5리 되었다. 1910년 후부터 훈춘의 채금열은 진일보 고조를 이루었다. 훈춘 동구금광의 황금은 질이 좋아 소문이 높았다. 주로 천진과 상해 등 지역에 팔렸다. 1920년 일제의 '경신년대토벌'로 하여 채금열은 식어졌고 금점꾼들은 타향으로 흩어졌다.

훈춘화보탄광 훈춘시가지에서 서북쪽으로 약 20여 리 떨어진 영안향 관문주자촌 서산기슭에 자리 잡고 있었다. 1898년, 우씨가 10명 좌우의 탄부를 모집하여 가지고 훈춘 경내에서 맨 먼저 탄광을 개발하였다. 1923년 오영성 씨가 정부의 허가를 받고 탄광을 운영하였고 설비도 개선하여 생산규모도 확장하였다. 생산량은 한달에 400톤이었고 탄광에서 석탄 1톤의 가격은 9원 35전이었다. 훈춘시가지에까지 실어가면 운반비는 2.70원이었다. 9·18사변 후, 생산을 중지하였다가 1933년 7월 다시 회복하였다.

로투구탄광 로투구진 서북쪽 원보산기슭에 자리 잡고 있다. 탄광구역 내 면적은 100만 평방미터이다. 이 탄광은 1886년 개간민에 의해 발견되었다. 1888년 훈춘초간국이 정식으로 천보산은광을 경영하면서부터 로투구탄광은 신속히 개발되었다. 1915년에는 중국인 장봉의 씨가 한 시기 독점하였으며 1918년부터는 로투구매연회사에 경영권이 넘어갔다. 이 시기 매일 탄부 177명(조선이주민 125명)이 45톤 좌우의 석탄을 캐냈다. 이 석탄은 천도철도를 통해 여러 역과 민용공업에 공급되었다. 9·18사변 후, 일제가 탄광을 독점하였다. 1932년에는 33만 톤의 석탄을 빼앗아갔다. 로투구탄광에는 '만인갱'이 있었다. 로투구진 서북쪽 원보산 남쪽 기슭에 있는데 동서 길이는 1000

미터, 너비는 700미터이며 탄부의 유해 1만 900구가 묻혀 있었다. 1974년, 중국정부는 '만인갱' 옛터에 탑식기념비를 세우고 유골전시관을 꾸렸다. 많은 유골들은 왜놈의 쇠사슬에 얽매인 채 있으며 적지 않은 탄부의 두개골에는 쇠못이 박히어 있었다.

3. 목축업

조선이주민은 소로 경작하기 때문에 소를 많이 기른다. 광복 전 간도의 소품종은 조선소, 본지방소, 몽골소, 러시아소, 잡종소가 있다. 1821-1861년 조선이주민은 함북 등 지역에서 월강하여 개간함에 따라 조선소가 간도에 들어왔다. 1924년 조선소는 2만 8000마리였다. 일제통치시기 조선소는 소 총수의 60%를 점하고 몽골소가 30%, 러시아소 및 잡종소가 10%를 점하였다. 민간에서는 조선소로 지방소, 몽골소와 잡종하여 자발적으로 품종을 택하여 점차 간도농용소를 형성하였다.

소사양에서 조선이주민은 독특한 방법을 갖고 있다. 우사는 거실과 통하여 따뜻하고 사료는 가마에 넣어 끓였기에 소독되고 나른하며 먹이는 물은 쌀을 씻은 물이나 가마를 가신 물이므로 역시 따스한 것이다. 송아지 때부터 세심히 보살피고 사람과 소가 함께 지냈다. 밭갈이 전에는 힘내라고 찰떡을 먹이기도 한다.

간도조선이주민은 말을 기르기도 하였다. 1924년 간도에 3만 필 말이 있었는데 조선말 5000필이 있었다. 이밖에 본 지방말과 일본의 개량말, 러시아말도 있었다.

간도에는 본지방돼지, 조선돼지, 러시아돼지 등 품종이 있다. 1924년 간도에는 8만 1775마리 돼지가 있었는데 그중 조선돼지가 3만 2500마리였다. 1943년 간도의 돼지는 6만 8427마리로 줄어들었다. 조선이주민은 나머지 음식, 잡초, 겨를 돼지사료로 하였다.

1937년 간도에는 2만 6300호가 개를 3만 2667마리나 길렀다. 그중에는 조선개도 있었다. 당연히 지방개가 위주였다.

양과 염소는 주요하게 중국인들이 사양하였다. 1924년 간도에는 12호의 중국인이 395마리 염소를 길렀고 1943년 간도의 양은 3550마리였다. 1878년 중조변경 일대에 소급성 돌림병이 일어 대량의 소가 죽었다. 1913년 왕청현 하마탕 전하촌, 후하촌(현 홍일촌)

에서 소급성돌림병으로 103마리 소가 죽었으며 사망률은 64％이다. 1916-1930년 용정에서는 소급성돌림병으로 1161마리 소가 죽었다. 간도지방에는 여러 가지 짐승병이 돌았는데 마비저, 우역, 탄저, 광견병, 구제역 등이 가장 많았다.

제2절 금 융

만주조선이주민에 대해 금융업은 엄청난 업종이 아닐 수 없었다. 국가적인 후원을 상상치도 못할 형편에서 오로지 사회의 밑바닥에서 자체의 힘으로 한 푼씩 모아 기초를 닦아야만 했었다. 맨손으로 창업하기란 언제나 간고한 작업인 것이다.

초기, 조선이주민은 금융기관보다는 몇 사람으로 구성된 저축금을 모았다. 물론 금액은 보잘 것 없었으나 조선이주민에게 있어서는 이용할 만한 활동무대였다. 1919년 3월, 조선이주민의 금융기관으로서는 용정촌에 간도흥업주식회사가 세워진 것이다. 자금액은 10만 원이고 사장은 강재후 씨였고 1926년도에는 대부금 총액이 49만여 원이었다. 이는 위만주국 이전 간도의 유일한 조선이주민의 금융기관이었다. 대표적이고 규모가 큰 업체를 소개한다.

- **무역흥업주식회사** 본 회사는 처음에 조선이주민무역흥업회사로 불렸으며 간도 국자가에서 영업을 하였으나 1917년 9월 주식회사로 변경하고 용정에 본점을 개설하고 국자가, 투도구에 지점을 두고 간도 각 지역에 출장소를 내왔다. 자금은 10만 원이었고 조선과 간도의 생산품 매매, 수출업을 주요 업무로 했다.
- **협동저금계** 1915년 음력 1월에 설립되었다. 70여 명 조선이주민의 협동저금에 의한 것이며 1917년에는 자금이 4900원에 달하였다. 자금을 내줄 때는 첫째, 부동산을 담보로 하고 대부기한을 3개월로 정하며 이자는 월 3-4푼으로 하였다. 그러나 상업에 대해서는 연대책임으로 신용대부하며 주로 용정촌과 부근 지방의 조선이주민거주민에게 대부하였다.
- **저금조합** 연길현 동성용가 거주 조선이주민 원수천 외 4명의 공동출자에 의해

자본금 4000원으로 부근의 조선이주민에게 부동산을 담보로 대부하고 금리는 월 4푼이고 대부 기한은 2개월이다.

이외에 길동식산(殖产)회사, 식산상회, 연화조합, 공익저금조합, 식산저축단, 동신조합, 부흥전당포, 협신상회, 협성회, 공상회, 균평회사 등이 있다.

1926년 통계에 따르면 간도에 세워진 중국 측 금융기관으로 1909년 국자가에 설치된 '길림관은호은행', 1914년에 설치된 사영 '광익전장'(广益钱庄), 1917년 설치된 '중국은행지행', '식변(殖边)은행' 등이 있고 일본인의 금융기관으로는 조선은행 파견소, 동양척식회사 간도파견소, 간도상업 금융회사(이상 용정에 있음) 및 일본영사기구 소재지역에 분포된 5개 금융부가 있다. 이런 금융기구는 조선이주민도 대상하여 업무를 보았으며 조선이주민의 생활에 영향을 끼치었다.

- **조선은행파견소** 1916년 용정촌에 설치되었으며 주로 무역상과 거래하였다. 일찍 1911년 9월, 조선총독부에서 용정촌 화재민을 구제한다는 미명하에 일본영사관 안에 설치뇌었넌 산노구제회를 전신으로 하여 1918년부터 동양척식주식회사 간도파출소의 이름으로 나타난 이 금융기관은 주로 일본인과 조선이주민을 대상하여 농업자금 대부를 취급하였다.

- **간도상업금융주식회사** 1918년 11월 11일 조선이주민과 일본인이 조직한 것으로서 창립자금은 10만 원이다. 1926년 말 대부금 총액은 176만 8000여 원에 달하였고 저금 총액은 98만 2000여 원이었다. 1927년에 은행으로 고쳤다.

- **조선인민회금융부** 1920년 일본육군성에서 재만조선이주민에게 하달한 10만 원의 최초기금으로 용정촌, 국자가, 투도구, 훈춘, 배초구 등 상부 지역에 설치되었는데 주로 농촌의 중농 이하 서민계층을 대상했다.

- **금융부** 1920년 조선피난민을 구제한다는 명의로 일본정부에서 10만 원을 지출하여 조선이주민거이민회의 부속사업으로 삼고 총영사의 감독 밑에 영사관 소재지 5곳에 금융부를 설치하였다. 1926년 말 대부금 총액은 24만 원이었다.

다음 1930년 이후의 상황을 적으면 아래와 같다.

주식회사 동흥(东兴)은행 1933년에 자본금 100만 원으로 창립되었다. 대표인물은 방규환(方奎焕) 씨였고 본사는 도문에 두고 연길, 용정, 명월구, 돈화, 왕청, 훈춘, 목단강, 가목사, 안도, 임구, 영안, 동경성, 삼도구 외 수 곳에 있었다. 큰 주주는 石本惠吉(10만 원), 山本庄吉(30만 원), 강윤길(28만 원), 방규환(15만 원)이다. 동흥은행은 만주 내 조선이주민이 설립한 유일한 은행이며 1945년에는 만주중앙은행의 투자로 자본금이 500만 원으로 늘어나 일대 큰 은행으로 재출발하게 되었으며 명칭도 동만은행으로 개칭되었다.

- **간도흥산(兴产)주식회사** 1935년, 자본금 10만 원으로 창립되었다. 사장은 박헌 씨었고 본사는 용정촌에 앉혔다.
- **배초구권업주식회사** 1932년 자본금 8만 원으로 세워졌다. 사장은 김하청씨었고 전문업무는 강명길이 맡았다. 본사는 배초구에 앉혔다.
- **길림흥업사** 1922년 5월에 창립되었다. 자본금은 1만 원이고 사장은 오덕림, 이사는 박기백이며 본사는 길림에 있다.
- **돈화금융주식회사** 1933년에 창립되었다. 자본금은 10만 원이고 사장은 강윤길씨 이며 본사는 돈화에 있었다.

1926년 철령지방의 금융기관을 보면
- **철령금융조합** 1925년 12월에 창립되었다. 참가자는 54명이고 기본금은 1572소양원 (小洋元)이다.
- **개원금산조합** 1926년 6월에 창립되었다. 참가자는 90명이고 기본금은 400원이다. 본부는 개원에 있다.
- **3·1농우(能友)조합** 1925년 8월 개원에 세워졌는데 참가자는 156명이고 기본금은 2340원이다.
- **해룡농상무조합** 1926년 2월 해룡에 창립되었으며 참가자는 60명이고 기본금은 7470원이다.

1944년 위간도성금융기관으로는 주요하게 위만주국중앙은행 연길지행, 흥업은행 연길지행, 연길상공금융합작사, 간도은행, 만주척식회사지점, 간도무진회사, 대성은행 연길분행, 흥농합작사와 16개 전당포가 있었다.

- **만주중앙은행 연길지행** 원래의 연길영형관은전호를 접수, 관리하면서 세워진 것이다. 초기에는 현 연길시 진학가파출소 맞은 편 검은벽돌청사에 자리잡고 있었다. 1938년 총행 청사를 본따서 새 청사를 지었다. 옛터는 국자가와 해란로가 교차하는 어구의 동남쪽에 있다.

- **연길상공금융합작사** 위만주국의 관청금융기구이다. 총사는 신경에 있다. 1937년에 설립되었다. 전신은 '금융회'이다. 금융회는 조선총독부에 예속되었으며 구체적 임무는 연대책임을 지는 형식으로 조선농민에게 대부금을 내주어 부림소와 농구를 사게 하는 것이다. 중국인의 업무는 취급하지 않았다. 1941년 새로 영업층집을 지었는데 집터는 연길백화청사 새로 지은 층집 자리이다. 합작사는 중·소상공업자들을 주요대상으로 하여 저금, 대부금, 금액지불 등 실무를 취급하였다.

사진 1-10-02 간도 연길금융회

- **대성은행** 연길분행(후에 할빈은행 연길지행으로 고쳤음) 주식회사 성질을 띤 민

간 은행이다. 본행은 할빈에 있었다. 중국인 상공업자를 대상으로 실무를 취급했었다. 연길분행 옛터는 지금의 연변소수민족상점 자리이다.

· **연길무진회사** 월로임을 생활원천으로 하는 노동자, 직원을 위하여 봉사한 민간금융기구로서 '발회(拔会)'형식으로 자금을 융통하면서 몇 가지 금융실무를 취급하였다. 옛터는 연길계량기공장 길 서쪽의 단층집이었고 새로 이사한 층집은 지금의 연변전업국 남쪽에 있었다.

1936년 6월 말 현재 만주조선이주민금융기관 영사관별 상황은 표 1-10-01과 같다.

표 1-10-01 만주조선이주민 금융기관 영사관별 분포(1936년 6월 현재)

영사관별	금융기관수	자본금(엔)	대부금(엔)	보조금(엔)	회원 수(명)
신경	3	34040	268644	조—	3065
길림	1	60000	308867	조1000	5894
돈화	1	33770	133770	조1000	2803
봉천	4	189187	787704	조16940	6852
산성진	2	31700	172319	조5000	3348
통화	1	33970	115000	조3000	1925
안동	3	100960	158218	조3960	5614
정가툰	1	12096	99368	조80	574
영구	2	16036	548559	조3620	3768
치치할	1	67770	69208	——	850
할빈	10	181663	764238	조4420	14293
수분하	2	102577	130312	조4500	2277
간도	9	1551817	958604	조10000	4286
훈춘	6	203590	509562	——	2107
배초구	3	113945	262372	——	미상
연길	4	156353	274175	——	1837
투도구	6	141328	336695	조600	2315
도문	1	35238	110632	조18982	1241
합 계	60	3066040	6008247	조73822	63049

자료출처: 「在満朝鮮人現勢要覧」在満朝鮮人民聯合会発

8·15광복 후 한 시기 간도의 금융기구는 문을 닫았다. 1946년 4월 12일 해방 후 연변의 첫 은행인 길동은행이 탄생하였다. 경리는 엽극 씨였다. 후에 몇 차례 조절을 거쳐 1950년 말 동북은행연변지행으로 고쳤다. 소속으로는 안도, 왕청, 도문, 훈춘, 연길, 화룡에 6개 판사처와 석현, 로투구, 조양천, 투도구 등 5개 영업소가 있다. 322 명 직원 중 63%가 조선이주민이었다.

제3절 상업과 무역

일찍 1881년 봉금령 해제와 함께 훈춘부도통은 훈춘 득승문 밖에 우마시장을 열었다. 그 후 국자가, 용정 등 지역에 육속 정차별 대우장이 나타났다. 초기 간도의 상업활동은 농산물을 교환하는 무역시장이 위주로 되고 그 외 화폐를 매개로 하는 공업제품의 교환활동과 교환쌍방이 일정한 기한을 정하고 진행하는 외상매매도 있었다. 청나라 말, 민국 초기에 상업을 중심으로 하는 도시, 시가지가 형성되었으며 따라서 간도 상업도 점차 도시상업으로 넘어갔다.

상업활동이 비교적 흥성된 곳은 용정촌, 국자가, 투도구, 달라자, 남양평, 배초구, 명월구, 돈화 등지이다. 이런 곳에는 상점 등 시설이 있어 여러 상품을 매매하고 있었지만 기타 농촌에서는 장날을 정하며 인근의 주민에게 상품매매를 하였다. 1929년 통계를 보면 간도 경내의 시장은 30개였다.

연길현 경내에 14개:

국자가, 용정촌, 투도구, 이도구, 팔도구, 로투구, 동불사, 의란구, 세린하, 팔가자, 조양천, 화첨자, 옹성라자

화룡현 경내에 8개:

다라자, 개산툰, 회경가, 삼도구, 쟈피구, 석건평, 걸만동, 백도하자

왕청현 경내에 5개:

배초구, 대감자, 대두천, 가야하, 양수천자

훈춘현 경내에 3개

현성, 마적달, 연통라즈

화물대가지불에서는 소매와 도매를 불문하고 현금과 외상거래를 하고 있으며 현금거래가 위주고 신용 있는 고객에게는 1개월 기한으로 외상을 허용하는 상황이다. 시장에서 교역된 상품들로는 일본제품, 조선제품, 중국제품, 러시아제품, 유럽과 아메리카 제품이 있으며 조선제품은 수입량이 적으며 조선이주민의 식료품과 청진의 마른물고기는 대개 조선이주민 상인이 마차에 싣고 와서 현금과 교환하고 돌아가는 것이 통례이다.

농산물의 수출은 조가 첫자리를 차지하고 있으며 거개가 용정촌, 국자가, 투도구시장에서 일, 조, 중인의 손에 매수된 후 일조상인에 의해 조선이주민의 식량으로 회령과 청진 지방에서 수출되고 중국인에 의해 훈춘을 통해 러시아의 블라디보스토크에 수출된다.

용정촌은 간도상업의 중심지였다. 1907년 조선통감부용정파출소가 세워질 당시 용정촌은 96호 조선이주민과 5호 중국인이 있었으나 그 후 일본총영사관과 중국 측의 사무기구가 설치되고 천도경편철도가 부설됨에 따라 1924년에는 1만 5000여 명 인구를 소유한 시가지로 변모했다. 일본총영사관을 비롯한 병영, 세관, 세무국, 상부국, 체신국, 거유민회, 학교, 은행, 교회당, 여러 전문회사 등이 설치되었고 개인, 단체에서 경영하는 공장, 상점과 봉사업종이 흥성하였다. 용정촌은 일제의 간도통치 중심지였다. 매월 음력 2, 7을 장날로 정하고 2일은 남십자가를, 7일은 북십자가를 중심으로 장을 보았고 수레나 말 등에 물건을 싣고 모여왔다. 조선이주민은 주로 광목, 면화, 화장품, 모자, 신발, 일용잡화, 마른물고기, 절인물고기, 도자기, 우, 마, 닭, 알류, 화목 등을 교환하였다. 장날엔 많은 농민들이 모여들어 시내는 매우 흥성하였다. 기재에 의하면 용정촌 장날에는 보통 3만여 명 사람들로 붐비어 오가는 우마차가 통행할 수 없을 정도였다. 겨울, 가을 계절에는 상품교역액이 2-3만 엔에 달하였다.

사진 1-10-03 용정의 우시장

국자가는 간도에서 두 번째로 되는 도시이다. 일찍 초간총국 남강분국(1881년), 무민부 겸 이사부(1903), 변무독반공서(1908)가 설치되었으며 1909년에는 청나라의 변방아문인 연길부가 설치되어 연길, 화룡, 왕청, 훈춘, 돈화, 액목, 동녕, 영안 등 8개 현을 통관하는 길림성 동변행정의 중추로 되었다. 국자가는 민국시기 군벌이 간도를 통치하는 중심으로 되었다. 국자가는 중국상인을 위주로 하였다. 1924년 국자가에는 9576명 인구가 있었는데 중국인이 7883명으로서 총인구의 82%를 넘었다. 일본인은 191명이었다. 국자가의 상업은 용정촌 또는 간도의 기타 지방과 별다른 점이 없었다. 주로 조선이주민과 일본인을 대상하는 거래로서 상품은 일본제품 또는 한국제품이며 수입지는 청진, 서울, 용정촌이며 현금과 수부분의 외상으로 거래한다. 장날은 음력 4, 9로 하고 있으며 국자가 동쪽 조선이주민마을 부근에 시장을 설치하고 상인들은 길가에 난전을 벌이고 배천, 광목, 도자기, 모자, 신발, 마른 물고기, 절인 물고기, 성냥, 담배, 비누, 종이 등 일용품을 진열하였다. 고객은 대부분이 부근의 농민이며 농번기는 모여드는 사람이 적고 추수 후에는 평시와 달리 성황을 이룬다. 겨울에는 부림소도 끌고 와서 파는 자가 많았다.

기타 시가지의 상황도 용정촌, 국자가의 산업습관과 거의 같다.

간도의 무역은 거개가 일본이나 조선으로 나갔기에 일본인이나 조선이주민의 손을 거치게 되었으며 중국인은 별반 참여하지 못하였다. 또 농산물생산자가 거의 조선이주민이었으므로 지방에서의 매매가 전부 조선상인에 의해 진행되었고 수출업자의 3분의 2가 조선상인이었다.

간도지방에 있어서 조선이주민 기업으로서 두각을 나타낸 것은 간도흥업주식회사 소속회사 외 몇 개 회사가 있다.

- **용정무역주식회사** 1924년, 간도흥업주식회사에서 일본상인과 대항하기 위해 세웠다. 창립 시 자본금은 10만 원이고(후에 50만 원으로 증가) 사장은 이용석(李容錫) 씨였다. 용정에 본사를 두고 청진, 도문, 목단강, 돈화, 통화에 지사를 앉혔다.

- **간도곡물주식회사** 193?년 간도흥업회사에서 자본금 10만 원으로 세웠다. 사장에 이용석, 전기흥 씨이며 용정에 본사를 두고 목단강, 돈화에 지점이 있다.

- **북만상업주식회사** 1942년에 창립되었다. 자본금은 30만 원이고 사장은 강윤길(姜潤吉), 본사는 길림에 있다.

- **국자가무역주식회사** 1919년에 창립되었다. 자본금은 5만 원이며 사장은 장정룡, 본사는 국자가에 있다.

- **해동물산주식회사** 1935년에 창립되었다. 자본금은 10만 원이고 사장은 이용석 씨이며 본사는 신경에 있다.

- **주식회사신민공사** 1922년 7월 1일에 창립되었다. 대표자는 박영효씨 외 한국 유지인사이다. 봉천시 가모정 8번 지역에 있으며 경영항목은 농업, 임업, 국내외 물산의 수출입, 금융, 정미업, 신탁업 등이다.

청나라 말기와 민국시기의 간도무역은 조선, 노령연해지구, 길림 방면 등 크게 3개 경로로 진행하였다. 노령연해지구와의 무역은 훈춘을 중심으로 하여 진행되었는데 주요한 수출품은 조, 입쌀, 콩, 소, 돼지, 술, 담배, 깨기름 등이고 주요한 수입품은 면포류, 사탕, 통조림, 구두, 석유 등 제품이다. 훈춘 대 러시아 무역은 1909년 이래 뽀시에트자유항의 폐쇄로 감소되었다. 통계에 따르면 1909년 말 훈춘과 노령연해지구와의 무역액은 간도무역 총액의 20%였지만 1917년에는 10% 좌우로 하강하였다. 1918년 훈춘세관 통계에 따르면 대러시아 연해지방 무역수출은 19만 9210세관냥이고 수입은 7만 7275세관냥이다.

길림을 통해 간도로 들어오는 무역상품으로는 영구 자유항을 통해 중국에 들어온 구미상품과 국내 기타 지방에서 생산한 공업상품들이다. 간도의 수출상품은 주요하게 콩기름, 콩깨묵, 깨기름, 콩, 돼지, 짐승가죽, 약재 등이고 주요한 수입품으로는 소금, 면포, 올로신 등이다. 이 경로를 통한 무역은 1차 세계대전과 일본상품이 대량으로 간도에 밀려들자 그 무역액이 점차 줄어들었다. 통계에 따르면 1909년 길림을 경유한 간도무역은 총 무역액의 60%를 점하던 것이 1917년에는 20% 좌우로 내려갔다. 1917년 연길에서 길림에 수출한 무역액은 3만 5482엔이고 길림으로부터 수입한 무역액은 12만 2053엔이다.

소선과의 무역이 간도무역의 수체를 이루었다. 그 주요한 원인은 일제가 간도를 만주침략의 전략요충지로 만들려는 야심으로 정치, 경제, 문화 각 면에서 침략을 다그친 데 있다. 1919년 도문강 대안의 삼봉으로부터 회녕 간의 철도부설과 용정촌으로부터 삼봉 대안의 개산툰까지의 철도부설은 조선의 청진, 웅기 항구를 통한 일본과의 무역을 더욱 활기 띠게 하였다. 훈춘지방 역시 웅기항구의 개항으로 일본과의 무역이 촉진되었다. 간도, 훈춘과 조선, 일본 사이에 무역으로 수출된 상품은 콩, 잡곡, 소, 닭, 담배, 콩깨묵, 깨기름 등 농산물과 부산물, 농산물가공제품들이고 목재도 '훈춘재' 또는 '간도재'의 이름으로 적지 않게 수출되었다. 조선과 일본으로부터 간도에 수입된 상품은 소금, 해어, 석유, 면포, 사탕, 고무제품, 금포 등 공업품과 해산물이다. 1918년, 용정세관무역통계에 따르면 수입액은 158만 2425세관냥이고 수출액은 118만 7690세관냥이다. 1927년 용정촌 무역수입액은 760만 5078세관냥이고 수출액은 851만 1244세관냥이다(표 1-10-02, 표 1-10-03).

표 1-10-02 용정촌 수입품무역 분류표

단위: 세관량

품 종	가치액	품 종	가치액	품 종	가치액
정백미	1733	마대	12773	솜	1408
밀가루	228074	석회	31405	기타 면직물	1221419
생선	32214	쇠꼬챙이,양척	126692	기타 천 등속	15525
전고기	174255	기타 금색 및 제품	8064	장화, 구두	259522
청주	60394	기타 동물	3092	선철	58952
기타 술	25220	궐련	214160	기타 철	15165
된장	3339	약재,화학약 및 제품	2905	소	4484
원염	139634	석유	7727	조선종이	21028
소가죽	10699	콩	17	시계,학술의기 기타	98635
타면	404290	마른고기	32361	목재	195
표백명주	341001	사탕	341029	기타 우편물	175119
무명	14263	맥주	44	기타 제반물품	1349769
무명실	77620	간장	29189	재수입품(외국제품)	745025
성냥	60126	과실 및 씨	73466	기타	480
명주	1139301	통조림, 기타	43465	수 입 총 액	76050780

자료출처: 「연변조사실록」
심여추 주: 숫자에 오차가 있음

표 1-10-03 용정촌 수출품무역 분류표

단위: 세관량

품 종	가치액	품 종	가치액	품 종	가치액
가루 쌀	491	중국산 베 널	44931	가금알	12
기타 동물	77882	두병	60711	삼바	1110
보리와 쌀보리	7104	고추가루	3123	원목	210320
밀	6703	참깨	2608	자리	888
수수	969	재수입품	349	밀가루	1200
기장	68888	조	14348	생고추	1637
귀리	166725	옥수수	176985	기타 물품	28766
팥	283	메밀	629	가야하 목재	103900
녹두	284708	콩	6703		
중국소주	13014	백태	5717805	수출총액	8511224
마른국수 및	84	기타 두류	495939		
국수류	403	생나물과	8745		
콩기름	4726	마른나물	1535		

자료출처: 「연변조사실록」

민국시기 간도의 무역특점은 수출품 절대다수가 농산물과 공업원료이고 수입품의 절대다수는 공업제품이다. 일본과의 무역이 압도적 지위를 차지하고 수입 총액이 늘 수출 총액을 초과한다. 그 주원인은 수출되는 농산물 가격이 낮고 수입되는 공업품 가격이 상대적으로 높으며 세관세가 낮기 때문이다. 이는 식민지, 반식민지 국가의 무역에서 보편적으로 존재하는 특점이다.

위만시기 간도의 상업은 일제의 엄밀한 통제하에 있었다. 시장에서 거래되는 상품은 일본제품이 압도적이었으며 상품경영자도 그 자본액과 경영규모로 보아 일본인이 위주였다. 상업자들이 경영하는 일본상품은 사탕, 면직물, 철제품, 일용잡화 등 소비품이 위주였으며 상품거래지점은 용정촌과 간도시였다. 농산물에 대한 일제의 약탈범위가 넓어짐에 따라 농산물은 시장에 들어가지 못하고 많은 것이 통치당국에 빼앗겼다. 하여 무역시장의 작용도 상대적으로 약화되었다. 위만시기 간도에서 수출되는 농산물 중 콩과 콩제품이 첫자리를 차지하였으며 그 절대대부분이 일본에 수출되었다. 수입품은 주로 일본의 공업제품인데 그 종류는 면직물, 기계와 그 부속품, 일용잡화, 역품, 연료, 가구 등이나. 1936년 통계에 의하면 간도에 수입된 일본제품 중 면직물과 강철이 상품 총액의 40% 이상을 차지한다. 자지방의 원료가 많이 수출되고 자지방에서 능히 가공할 수 있는 공업제품, 특히 소비품이 수입되는 현상은 식민지 상업과 무역의 또 하나의 특점이다.

봉천지방에 있어서 조선이주민 특산 상인을 적어보면 개원의 동성상회(자본금 7000원) 경영자 이운만(李云万), 식산공사(자본금 1만 원)의 구수길(具寿吉), 대용상회(자본금 3000원)의 김운서(金云瑞), 신흥호(자본금 2000원)의 임중도(任重途), 삼익량기계(자본금 6000원)의 정면극(郑免极)과 봉천에 있는 반도상회(자본금 1만 원)의 김태호(金泰镐), 신익상회(자본금 3000원)의 문창헌(文昌宪), 구대공사(자본금 3000원)의 이종실(李锺实) 등이다.

아래에는 간도의 무역에서 중요한 위치에 처했던 세관들을 간단히 적는다.

훈춘총관

1909년 2월 27일, 훈춘총관이 지금의 훈춘시병원 자리에 세워졌다. 그해 11월 20

일(음력) '용정촌분관'을 설치하였다. 훈춘총관 관할구는 훈춘과 연길, 왕청, 화룡, 안도, 돈화, 액목, 화전 등 8개 현이다. 1924년 8월 1일, 원래의 용정분관이 총관으로 승격하고 원래의 훈춘총관이 분관으로 되었다. 1932년 6월 이후 일제가 직접 통제하였다. 1933년 8월, 도문세관이 성립되고 훈춘세관은 훈춘분세관이라고 고치였다. 해방 후 연변세관총관을 설립하고 도문과 훈춘에 분관을 설치하였다.

도문세관

1933년 9월 21일, 도문세관이 세워졌고 훈춘세관은 분세관이 되어 도문세관에 귀속되었다. 1934년 도문세관의 수입은 376.6만 엔으로 올라 도문세관수입의 5배였다. 1943년에 이르러 도문세관은 만주의 제일 큰 세관으로서 5개 성, 4개 분세관, 5개 출장소, 4개 파출소, 12개 분잡 및 26개 감시소를 관할하였다. 1945년 초에 신경세관 도문분관으로 고쳐졌다.

사진 1-10-04 간도 도문세관

제4절 교통운수

이주 초기 조선이주민은 떼목운수, 우마차운수, 썰매운수를 교통수단으로 삼았으나 후엔 철도개통으로 하여 도로, 철도가 중요한 교통수단으로 되었다.

두만강수상운수 명·청시기부터 두만강에서 중조 두 나라 백성들은 함께 고기잡이를 하였으며 나룻배가 오가면서 무역도 하고 친척방문도 하도록 건네어주었다. 청나라, 민국시기 훈춘 경내의 두만강에 양수천자-온성, 솔만자-훈융, 고려성-경원, 서위자-용당, 백석랍자-신아산, 벌동-하여평, 권하-아오지, 양관평-경흥 등 나루터가 있었다. 1910년 5월, 훈춘에 정식으로 부두를 꾸린 후부터 범선대는 훈춘시가지 남쪽의 홍기하부두에서 출항하여 서위자 함합화물창고부두를 지나 두만강에 들어선 다음 '토자비'를 거쳐 바다로 나아가 서남으로는 조선 웅기항 혹은 청진항에 이르고 동북쪽으로는 러시아의 모커위와 해삼위에 이르렀다. 「만주연감」에 따르면 1929-1931년 훈춘부두로 드나든 선박과 그 톤수는 입항선박이 2090척이고 출항선박이 1620척이며 수출입톤수는 6만 4343톤이다. 1935년 훈춘으로부터 조선 훈륭까지 경편철도가 정식으로 개통하였으며 훈춘으로부터 조선 경원으로 통하는 도로도 개통되어 두만강수상운수를 대체하게 되었다.

옛길 마을과 마을 사이로 사람들이 오가면서 자연 최초의 길이 생겨났다. 옛길의 통행은 계절성이 심해서 통행기가 겨울철에 집중되었다. 엄동계절 옛길의 통행이 편리할 때면 조선개간민은 거개 조선 회령에 다녀가서 소와 말로 콩이, 천, 소금, 물고기 등을 바꿔온다. 지금 용정에는 두 갈래 옛길이 있다. 용정에서부터 유신촌, 모아산을 거쳐 남강으로 들어오는 길이 한 갈래이고 용정에서 신화촌, 덕신사를 거쳐 개산툰진에 이르는 길이 다른 한 갈래인데 조선 온성군 삼봉지구와 통하는 유일한 옛길이기도 하였다.

도로 1928년부터 용정은 도로건축에 나섰다. 그해 188.66원을 투자하여 연길에서 용정촌에 이르는 40리 길(너비 3장 6척)을 수축했고 또 61.34원을 투자해서 용정촌으로부터 투도구까지의 40리 길(너비 3장)을 수축하였다. 위만시기 이미 47갈래, 총길이 1445리 되는 도로를 끝냈다. 상세한 상황은 아래와 같다.

연길-할바령(215리), 연길-길청령(70리), 연길-도문(110리), 연길-용정(40리), 용정-투도구(40리), 연길-팔도구(50리), 연길-마반산(25리), 의란구-위자구(15리), 연길-석인구(35리), 로투구-투도구(30리), 로투구-천보산(30리), 조양천-팔도구(30리), 투도구-이도구(23리), 투도구-장인강(60리), 투도구-복동촌(50리), 용정-동성용(15리), 용정-경안촌(17리), 경안촌-화검향(15리), 인의촌-송가촌(20리), 동성용-인의촌(10리), 용정-화룡현계(13리), 용정-제4구(투도구)지경(18리), 석정촌-백도하자(20리), 석정촌 -석건평(10리), 석정촌-평안향(10리), 석정촌-유림촌(15리), 석정촌-제1구(마반산)구계(15리), 석정촌-수풍촌(10리), 석정촌-종성동(7리), 묘구-명월구(20리), 태평촌-도안동(30리), 유수하자-명월구(20리), 차조구-경령(20리), 동불사-세린하(30리), 동불사-금불사(30리), 모아산-화룡현계(30리), 인의촌-고산촌(5리), 동불사-태평구(12리) 도로이다.

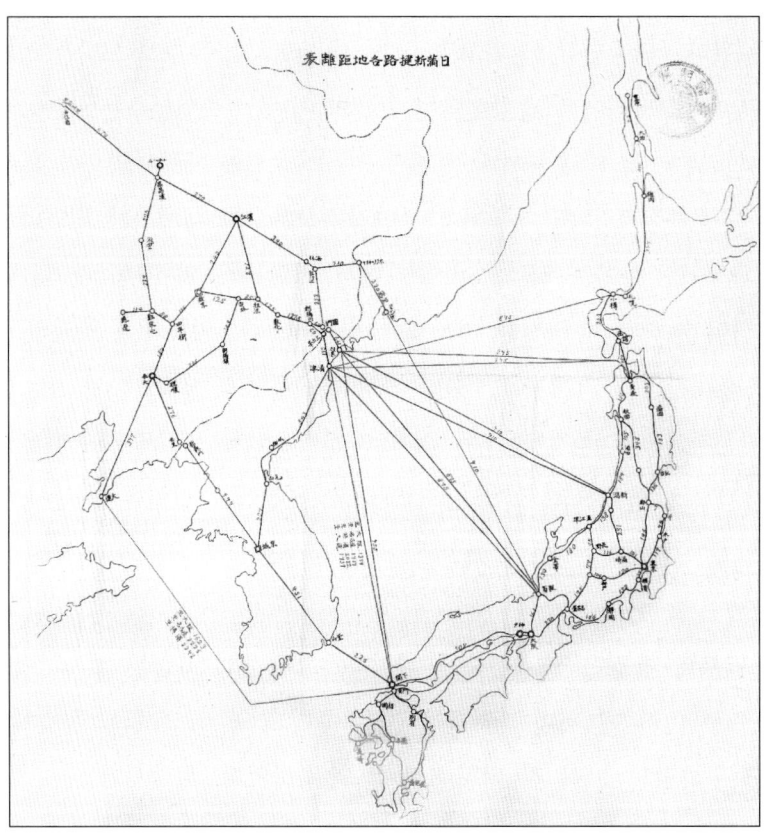

사진 1-10-05 위만시기 신첩로 각지 거리표

이상 도로는 부역방식으로 백성을 강박해서 수축한 것이다. 1932-1934년 3년간에 길닦이부역에 10여만 명이 동원되었다. 이들에게는 아무런 보수도 없었고 도구마저 자기 것을 휴대해야 했다. 킬로미터당 도로수축원가는 2000원도 안되었다.

도선장 대부분은 민간에서 운영하였으며 목선이 아니면 뗏목으로 행인과 물자를 실어 강물을 건넸다. 1935년 「만주자동차조사」에 따르면 해란강 유역의 도선장은 수남 나루터, 상장리 나루터, 중평리 나루터, 용정촌 나루터, 모아산 나루터, 유정 나루터, 상안촌 나루터 등 나루터 7개, 나룻배 9척이고 부르하통하 유역의 도선장들로는 토문자상촌 나루터, 차조구 나루터, 유수천 나루터, 백석라즈 나루터, 로투구 나루터, 로투구상촌 나루터, 소기촌 나루터, 대북구 나루터, 소북구 나루터, 마록구 나루터, 태양구 나루터, 곡구자 나루터, 연집강 나루터, 소영자 나루터 등 14개 나루터, 나룻배 17척이고 두만강 유역의 도선장으로는 소소동 나루터, 사동어구 나루터, 막기동 나루터, 대동 나루터, 마래동 나루터, 와사동 나루터, 소거리 나루터, 남치 나루터, 사기동 나루터, 비전동 나루터, 송동 나루터, 광덕봉 나루터, 대동 나루터, 사평 나루터, 산동 나루터, 가도 나루터, 구동 나루터, 향남동 나루터, 사동개문사 나루터, 학성개유사 나루터, 적와평 나루터, 병사평 나루터, 석건평 나루터, 학성평 나루터, 남양동 나루터 등 26개 나루터, 34척 나룻배가 있었다.

배사공은 경찰 측의 심사, 비준을 거쳐야 하며 한번 배 타고 강을 건너면 일본돈 3-8전을 받았다.

광복 후 절대다수의 도선장과 나룻배는 취소당하고 나루터 자리에 영구적인 다리를 수축하였다.

아래에 간도의 주요한 교량을 적어본다.

용문교는 1917년 목제구조로 수축되었고 1941년에는 콘크리트와 목제혼합구조로 세워졌는데 위만지폐 4000원이 투자되었다. 1969년 11월에 아치형돌다리로 바뀌어졌다. 투자액은 40만 원이다.

연길교는 시초에 너비 6미터인 목재구조였다. 1935년에 재건이 시작되어 이듬해 6월에 준공되었다. 총길이는 240미터고 너비는 12.9미터다. 다리의 윗부분 구조는 T형콘크리트 받침대이고 다리보는 20개로서 12미터 되는 횡단간마다 8개의 콘크리트

가름대로 이루어졌는데 간격은 1.58미터다. 총 투자액은 16.7만 원(위만지폐)이다.

개산툰국경철교는 조(양천)개(산툰)선철도의 종점이기도 하다. 1920년 10월 조선주둔 일본군 제19사단이 간도를 침범할 때 바로 이곳에 나무 떼를 무어놓고 그 위에 레일을 펴서 운수작업을 했다. 1926년 10월 착공하여 이듬해 10월에 강철판가름대로 떠받드는 철교가 준공되었다. 투자액은 35만 엔(위만지폐)이다. 1934년, 다시 철교를 철도, 도로 양용교로 고쳤는데 총길이는 327.7미터, 다리보는 14개로서 횡단구간마다의 거리는 20미터, 다리 위의 순 너비는 6.9미터, 철길 너비가 3.3미터이고 인도로 너비가 3.6미터이며 적재량이 45톤, 조선쪽은 55톤, 다리 높이는 9.7미터였다. 광복 후 다리 한복판이 중조 두 나라의 국경선으로 되었는바 중국 측에서 165미터, 조선 측에서 162.7미터 구간을 각기 책임지게 되었다.

삼합국경교는 삼합촌에서 남쪽으로 1.5킬로미터 상거한 두만강에 가로놓여 있다. 1941년 7월, 처음으로 가설된 콘크리트 다리로서 길이 300미터, 다리보 14개, 매 다리보의 길이 24미터, 다리 위의 순 너비 6미터이다. 다리 밑 부분은 중력식 교각이고 윗부분은 T형 강철가름대가 놓여졌는데 다리 높이가 9미터이며 적재량은 10톤이다. 다리 옆에는 국가1급 세관과 통상구가 있다.

도문도로대교는 1941년 11월에 가설된 시멘트구조로서 다리보가 20개, 다리보 사이의 거리는 24미터, 설계수위는 94.71미터, 수로통항거리는 23미터, 통항고도는 1.93미터, 다리 위의 순 너비는 6미터, 총 길이는 493미터이다. 두만강 물줄기의 중심을 국경선으로 하여 중국 측이 98미터, 조선 측에서 395미터를 차지하고 있다.

도문철도국제교는 42만 엔을 투자하여 1932년 8월 6일에 착공해서 이듬해 6월 20일에 완공하였다. 다리는 강철트라스로 된 도로, 철도 양용교로서 총 길이는 432.96미터이고 20미터 되는 강철판구조의 가름대 21개로 다리보를 이었고 설계수위는 95.883미터, 두 교각 간의 통항간격은 18.5미터, 통항고도는 3.62미터이다.

팔엽교(八叶桥)는 도문 동북부, 도(문)우(란호트)선도로의 시발점에서 남북향으로 해란강(가야하) 위에 가로 놓여져 있다. 1940년에 가설된 시멘트다리로서 길이 386미터, 다리보 11개, 다리보마다의 길이 24미터, 차도의 너비 6미터이고 인도는 없다. 다리 밑 부분은 콘크리트교각이고 윗부분은 강철가름대를 얹은 시멘트다리바닥으로 높이가 10미터이다.

자동차운수업 1927년 1월, 맨 처음으로 용정거리에 나타난 자동차는 미국제 '포트' 소형객차로서 운전수, 조수 외에 손님 여섯 명이 앉을 수 있었다. 발동기공률은 8마력이었다. 1930년 말, 6가구에 자동차 7대가 있었다. 이 차들은 주로 각 현 소재지와 그 부근의 철도연선역 사이를 오갔다. 1933년, 자동차를 소유한 집(기업소)은 15가구로 늘어났다. 1932년 7월 4일, 자동차 11대를 갖고 있는 용정 '신의양행'자동차부는 여객운수와 화물운수를 겸하였다. 주요 운수구간은 용정-연길, 연길-배초구, 연길-회막동, 용정-상삼봉(조선의 삼봉)이다. 이 시기 용정에서 자동차운수업을 경영한 기업소를 소개하면 일본인이 경영하는 '히로이께자동차부', '미즈노야자동차부', 조선이주민 조영송(赵永松) 씨가 경영하는 '삼우(三友)자동차수리부', 조선이주민 조계홍(赵溪洪) 씨가 1932년 8월 12일에 개업한 '서울자동차부'와 중국인이 경영하는 '해동자동차부', '등양자동차행', '용정촌자동차부', '영만(永满)상회자동차부', '용회(龙会)자동차부', '보한주식자동차행' 등이 있다. 국자가에 '이와이자동차부', '수수미사깐자동차부', '연길징거리자동차조합' 등 자동차운수업소가 있었다. 이밖에 도문에 일본인 부지이 시즈마가 1932년 8월 19일에 간도에서 개업한 '다아도자동차상회'가 있었다.

1936년, 위만당국은 용정의 15개 자동차운수기업소를 취체하여 '연길만철 분회사'에 예속시켰으며 따라서 용정에 '만철자동차영업소'가 세워졌다.

철도 천도경편철도는 두 구간으로 나누어 마무리 지었다. 첫 구간은 조선 상삼봉 대안의 개산툰에서 용정촌까지의 58.1킬로미터 되는 거리이다. 1923년 10월에 준공되었다. 두 번째 구간은 용정촌에서 로투구까지의 43.9킬로미터, 조양천에서 국자가까지의 10킬로미터, 도합 53.9킬로미터 거리이다. 1924년 10월에 완공되었다. 전반 공사의 투자액은 445만 8000여 엔이다.

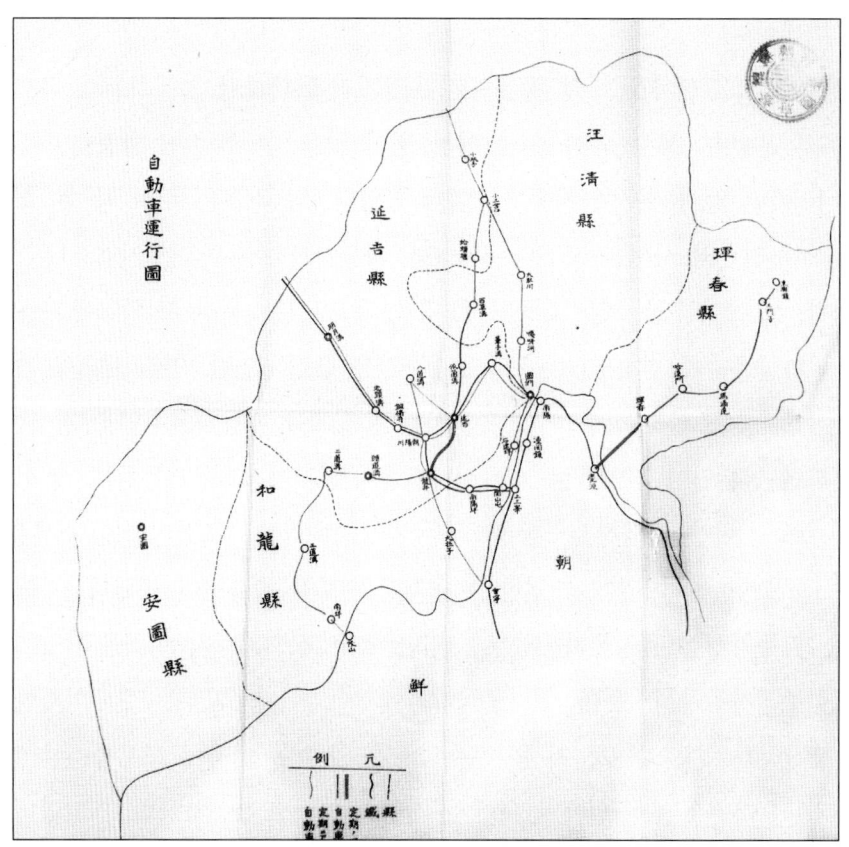

사진 1-10-06   간도지역 자동차운행도

　　돈도선 철도는 총 길이가 191.9킬로미터이다. 전반 부설공사는 1932년 5월에 착공
되었으며 1932년 8월에 전부 끝났다. 전반 부설공사에 든 품은 242만 2100공수인데
중국인이 177만 8200공, 조선이주민이 58만 5300공, 일본인이 5만 8600공수였고 총
투자액은 1659만여 원이었다.

사진 1-10-07 동청철도 시공의식(1897년 8월 27일)

조(양천)개(산툰)선철도는 총 길이 5만 9466킬로미터, 1월에 착공해서 이듬해 3월에 전반 공사가 마무리 지었으며 4월 1일 정식으로 개통되었다. 총 투자액은 5만 6000여 원이고 든 품은 190만 6160공수이며 그중 중국인이 91만 5450공, 조선이주민이 93만 4590공 일본인이 5만 6120공수였다.

용청선(지금의 화룡선)철도는 총 길이 52.399킬로미터이다. 1938년 5월에 착공하여 1940년 6월에 완공했다. 총 투자액은 692만 5000원이었다.

조선이주민의 투쟁

만주조선이주민의 역사는 눈물겨운 투쟁사이다. 앞에서 이미 서술한 각 분야에서 '합법적'인 투쟁을 끊임없이 견지하여옴과 동시에 일제와의 무장투쟁은 조선이주민의 중요한 투쟁내용으로 되었다. 특히 3·13반일운동 이후 만주 각 지역에는 반일무장 대오가 육속 성장하였으며 일제와 정면에서 혈전을 벌였다. 이러한 투쟁의 밑바닥에는 2백만을 넘는 만주조선이주민의 변함없는 지지와 후원과 직접참여가 떠받쳐주고 있었다.

제1절 반제반봉건 투쟁

1. 천보산광산폭동

천보산광산은 로투구 서남쪽으로 30리 남짓한 산골에 자리 잡고 있다. 개발 초기에는 은광이었다. 1898년경 500여 명 조선이주민, 중국인 광부가 있었으며 만주에서 가장 저명한 광산의 하나였다. 1899년 초, 4개월이나 광부의 노임을 체불하였고 4월 어느 날, 광부들은 파업을 단행하였다. 광산대리인 양한을 요정내고 그의 집에 불을 질렀으며 정광베(광산 경영주)의 재산을 몰수하고 집을 불살랐다. 그들은 또 용광로를 파괴해버렸고 광무국창고에 불을 질렀다. 광부들은 그날 밤으로 천보산을 떠나 사처로 흩어졌다.

간도에서 처음으로 일어난 천보산광산폭동은 자발적인 투쟁으로서 노동계층의 항쟁의 힘을 여실히 과시하였다.

2. 반관부투쟁

1908년 국자가 북쪽시교의 조선이주민은 지방관부의 착취와 억압을 반대하여 여러 비법적 징수를 취소하고 향약, 패두 등 탐관오리들을 징벌할 것을 연변변무공서에 강력히 요구하였다. 군중의 압력하에 지방관부는 민분이 큰 향약, 패두의 직무를 취소하였다.

1909년 1월 24일, 화룡현 개태사 호천포(현 용정시에 속함)의 200여 명 군중들은 회경가 파판소(派办所)에 가서 총향약과 개태사장이 강제로 세금을 안긴 죄중을 공소하고 당국에서 엄벌할 것을 요구하였다. 25일, 26일 연속 이틀간 촌민은 파반소 앞에서 시위했다. 당국은 핍박에 못 이겨 총향약의 직무를 취소하고 벌금처벌을 안겼다.

화룡현조선이주민은 토호 진천장과 화룡현지사 양배조를 반대하는 투쟁을 일으켰다. 진천장은 지방주둔군 툰장 멍푸우더와 결탁하여 '화간공사'란 간판을 내걸고 화룡현 내의 국유토지, 삼림, 광산을 비법적으로 독점하였다. 진천장은 또 현지사 양배조를 끼고 '총사'란 행정기구를 설치하여 조선이주민에게서 80여 종 세금을 징수하였다. 조선이주민은 대표를 파견하여 연길심판청에 보내어 이자를 기소하였으나 양배조는 심판청과 내통하여 군중대표를 체포, 구유하였다. 분노한 군중은 1년간의 투쟁을 견지하였으며 나중에 관부는 군중대표를 석방하였고 진천장과 양배조는 화룡에서 뺑소니쳤다.

1914년 1월 7일, 국자가 상발원의 조선농민은 '거민등장'의 기치를 들고 연길청을 포위하였다. 그들은 입적비를 탐오한 악질분자를 처단할 것을 강경히 요구했다. 연길현, 화룡현, 왕청현 조선이주민 부락의 '농민계'에서도 수백 명의 대표를 파견해 왔다. 당국은 지방주둔군 100여 명을 전신무장시켰으며 300여 명 시위군중을 체포, 감금하였다. 분노한 군중들은 체포된 사람들을 즉시 석방할 것을 요구하는 동시에 연 며칠 관청을 포위하고 버티었다. 최종 도윤 토오빈이 군중의 요구를 접수하였고 몇 놈의 악질분자를 철환시켰다. 이번 투쟁은 조선이민을 차별시하고 온갖 가렴잡세를 부담시킨 관부를 반대하여 일어섰다는 점에서 그 의의가 크다.

1915년 12월, 용정현 500여 명 조선이주민은 연길현지사가 입적비를 받고 2년이 지났지만 집조를 내주지 않은 불법행위에 항의해 북경정부에 기소했다. 북경정부의 외교, 내무 두 부문의 간섭으로 최종해결을 보았다.

1910년 5월, 훈춘상인은 지나치게 세금을 안기는 관청을 반대하여 철시를 단행하였다.

3. 반구축투쟁

1927년 11월 28일, 길림시조선이주민은 민족주의인사의 건의하에 '길림조선교민제지구축령'을 제정하였다. 그해 12월 대표단을 무어 길림성정부 측 대표를 만나 '반일단체를 취체한다는 구실로 조선이주민을 마음대로 체포하지 말며', '조선이민이 친척, 친우를 찾아 의거하는 것을 제한하지 말' 것을 요구하였다. 동시에 입적에 대한 일부 요구를 제기하였다. 길림성장은 입적요구에 동의를 표하였으며 기타 사항은 '상황에 따라 처리'한다고 표시하였다. 1928년 1월 8일, 본 단체는 성장과의 교섭내용을 조선이주민에게 공개, 발표하였다.

안동시조선이주민은 '청년회'의 주체하에 1927년 12월 18일, '안동조선인민회', '오동통제회', '실업협회' 등 조선이주민단체대표회를 열고 '안동조선이주민제저구축령'을 내왔으며 20일 '저제구축장정'을 통과하였다.

1927년 12월 4일, 여순, 대련 일대의 조선이주민은 '대련교려인회' 성원을 골간으로 '임시위원회의'를 내오고 '대련동포저제구축령동맹대회'를 개최할 것을 결정했다. 이후 영구, 안산, 철령, 개원, 장춘, 무순, 신민, 봉천 등 지역의 조선이주민도 선후하여 회의를 열고 여러 방식의 구축제지투쟁을 벌였다.

1928년 1월 9일, 동북 각지의 23개 단체의 40여 명 대표는 봉천 서탑 조선인기독교회당에서 회의를 열었다. 회의에서는 조선이주민박해 정황을 통보하였으며 입적문제를 토의하였다. 회의는 상설기구를 내오고 선언을 통과하였다.

제2절 반일투쟁

1. 반일투쟁을 위한 준비

1910년경 만주에는 조선정치이민이 급격히 늘어났다. 조선독립을 되찾고 민족해방을 위해 분투하는 유지인사들이었다.

1911-1914년 대종교 총본부가 서울로부터 화룡현 청파호에 전이되었다.

'신민회'의 이회영 6형제가 1910년 12월 13일부터 60여 명의 방대한 권속을 이끌고 유하현 삼원포에 오자 이동녕, 이상룡, 김동삼, 주진수, 윤기섭 등 애국유명인사들도 모여들어 중진을 이루었다.

1910년 가을, 이동휘 등 애국지사들은 고국을 떠나 타향길에 올랐다.

1910년 3월, 홍범도는 장백현 십칠도구 왕가구로 전략이동을 했다.

1911년 10월 이진용은 약간 명의 부하 의병을 거느리고 만주로 이동했다.

1917년 김좌진은 출옥한 후 만주로 망명하였다.

이외에도 김규식(1913), 김동삼(1911), 양기탁(1916), 안희제(1911), 서일(1910), 안무(1910), 조맹선(1910), 전덕원(1911), 백삼규(1911) 등이 만주로 건너왔다.

1909년, 이동춘의 발기로 '간민교육회'가 설립되었고 1913년 2월, 김약연, 이동춘은 '간민회'로 확대하였다.

1910년 말, 서일은 왕청현 덕원리에서 계화, 현천묵 등과 함께 '중광단'을 조직하였다.

이동휘는 용정에서 '삼국전교회'를 세우고 전도하는 한편 사립학교를 세워 계몽교육을 밀고나갔다.

황병길은 훈춘 일대에서 백삼규, 오병묵 등과 함께 반일을 주선으로 한 '기독교우회'를 조직했다. 황병길은 또 '훈춘상무회'를 조직하였다.

김익근, 김문호 등은 '배일흥한'을 고취하는 '나자구농상회'를 왕청에서 조직했다.

1915년, 이동휘, 장종휘 등의 노력으로 '만국개량회'가 조직되어 연해주와 간도와의 긴밀한 연결 속에서 대일작전을 추진키로 하였다.

1919년 3월, 구춘선을 회장으로 하는 '독립기성회'가 국자가에서 탄생하였다.

1919년 3월, 간도에서 영향력이 가장 큰 '국민회'가 설립되었다.

남만에서는 1910년대 '부민단'이 조직되었다. 허혁이 초대단장이었다.

1914년, 통화현 팔리소 소북차에 백서농장이라는 독립군농장이 건설되었다.

우병렬, 이진룡 등은 관전현 야하구에 '향약계', '농무계'를 조직했다.

북만에서는 1910년 4월 '대한인국민회 만주리지방총회'가 결성되었다.

1910년 봄, 김성무는 목릉하 유역, 흥개로 북쪽에 위치한 백포자 일대에서 '신한국민회'를 세웠다.

위와 같은 시기 만주에는 많은 사립학교들이 반일지사, 유지인사들에 의해 꾸려졌으며 반일사상은 날로 농후하였다

1919년 여름부터 간도에서는 반일무장대오를 건설하기 시작했다. 왕청현 서대파, 화룡현 삼도구, 용정현 도목구(현 안도현 복흥향)에 사관양성소를 건립하였다. 1920년 여름, 반일무장은 7개로서 2900여 명에 이르렀고 보총 2600여 자루, 기관총 5정을 갖고 있었다.

서일을 총재로, 본부를 왕청현 서대파에 둔 항일부대는 600여 명에 500여 자루 보총, 150자루 권총, 3척의 기관총을 갖고 있었다.

안무가 이끄는 무장대오는 400여 명에 보총 450여 자루를 갖고 있었다. 본부는 연길현 이란구에 두었다.

최명록을 사령으로, 박영을 참모장으로 한 왕청현 봉오동무장부대는 300여 명에 보총 350자루, 기관총 2자루를 갖고 있었다.

홍범도가 인솔하는 연길현 명월구(현 안도현에 귀속)무장부대는 300여 명에 보총

300여 자루를 갖고 있었다.

1920년 7월, 왕청현 가야하 장자동에서 반일무장단체대표대회를 열고 연합작전협의를 달성하였다.

2. 3·13반일시위

3·13반일운동은 조선3·1운동의 한 부분이다. 그 준비사업으로는 반일인사 33명이 국자가에 세운 '독립운동의 사부', '철혈광복단' 등이다.

3·1독립선언서는 안동을 거쳐 남만주에 전달되었고 3월 7일에는 용정에 전달되었다. (1919년 2월, '조선독립서'는 상품 속에 넣어 용정에 부쳐왔다(김규철 「해란강반의 봄우뢰」)는 일설, 3·1운동소식에 접한 용정 동명중학교 교원 최봉익이 즉시 서울에 가서 '조선독립선언서'를 가져왔다(「조선이주민백년사화」 제1집)는 일설도 있다.)

홍상표 씨는 3·13 당시의 기억을 「간도독립운동비화」에서 이렇게 적었다.

"……간도 원근 각처에서 모여든 7000-8000명이 태극기를 손에 들고 밀려왔다. 국민회에서는 연길 도윤 도빈에게 3월 13일에 독립선언식을 개최한다는 설명을 하고 식장의 경비를 하여 줄 것을 교섭하여 허락을 받았다. 그리고 도윤은 곧 육군 멍부더어 단장에게 명하여 경비책임을 지웠다. (중약) 국민회에서는 식장을 중앙학교 뒤 채소 밭으로 정하였는데 중앙학교 뒷마당의 울타리를 경계로 하여 일본총영사관 치외법권 지역 밖이 되어 있었던 때문이다. (중약) 정오가 되자 천주교 성당의 종이 울리기 시작하였고 이에 화답하여 시내 각 교회 종들이 일제히 울려 퍼졌다. 초조와 흥분은 종소리와 함께 긴장과 엄숙한 분위기로 바뀌었다. 종소리가 끝나자 부회장 배형식 목사의 개회선언이 있었고 백하 김영학 씨가 뒤이어 독립선언문을 낭독하였다. 이렇게 독립선언식을 끝내고 시가행진으로 들어가 오층대 길로 행진하는 찰나 경비를 하고 있던 중국 육군들 틈에서 일본형사들의 총성이 나더니 행렬 선두에 섰던 기수 박문호(이도구 장은평 학교 선생)가 현장에서 쓰러졌다. 그리고 연발되는 총성에 명동중학교 충열대장 김극서의 조카 김병영 군이 순사하였고 뒤를 이어 피바다를 이루며 사상자가 속출하여 행진현장에서 도합 17명이 순사하였고 수십 명의 중경상자가 생겼던 것이다. (중약) 중상자 중에서 16명이 사망하여 도합 33명의 순국자가 생겼던 것이다. 일본총영사관, 경찰서에서는 중국 육군 멍부더어의 부하가 발사하였다고 간도신보(영사관 기관지)에 보도하였으나 사상자에게서 **빼낸** 탄환이 일본경찰의 권총탄환이었음이 증명되었고 사실 중국 육군은 일발도 쏘지 않았던 것이다. 당시 국민회 간부와 필자는 민원장이 부상자에게서 적출한 탄환을 저장한 약병에서 목도하였는데 일본 권총탄환이었고 장총탄환은 일발도 없었다."

3·13반일시위는 전 만주에 신속히 퍼졌다.

연길현의 이도구, 팔도구, 투도구, 용두산, 국자가 등 지역에서 수천 명이 참가한 반일시위가 폭발하였고 왕청현의 배초구, 나자구, 석현과 안도현의 현 소재지, 관지, 훈춘현의 현 소재지, 횡부자구, 로황구 등 지역에서 반일시위가 육속 일어났다.

남만의 통화현, 금두화락, 흥경현의 왕청문, 환인현성, 유하현의 삼원포 대화사, 장백현의 장백가, 팔도구, 매방로, 집안현의 양목교자, 구채원자 등 지역에서 수천 명의 군중들이 집회하고 시위행진을 단행하였다. 3·13반일운동은 조선이주민의 반일투쟁이 무장반일투쟁에로 넘어가는 전환점으로 되었다. 4월부터 반일무장단체의 조직, 결사대원의 모집과 훈련, 군자금 모금, 무기구입 등에 동원되어 반일무장대오를 건립하고 무장투쟁에 궐기하였다.

사진 1-11-01 용정의 5층 건물, 오충대 거리에 위치하여 섰다.

3. 15만 원 탈취기

1920년 1월 4일 오후 6시경, 장로교회 신도이며 철혈광복단 성원인 윤준희(尹俊熙), 최봉설(崔凤高), 임국정(林国桢), 한상호(韩相镐) 등 4인(박세웅(朴雄世)은 불참)은 반일부대 군자금을 조달하기 위해 조선은행 회녕지행에서 용정촌출장소로 보내는 길회철도 부설자금 15만 원을 성공적으로 탈취하였다.

"……4인이 15만원을 약탈하여 가지고 해삼위 신한촌까지 무사히 도착하였다. 거기에서 교포의 집에 은신하고 있을 때 간도 일본총영사관 최홍섭 형사 지휘하에 형사대의 필사적인 수사로 은신처가 발견되어 급습을 받았다. 그리하여 임국정, 윤준희, 한상호의 3인은 1월 31일(28일 만)에 현장에서 체포되었고 일부밖에 소비하지 못한 현금 13만여 원도 압수되었다. 다행히 최봉설은 뒷문으로 도망하여 잡히지 않고 종적을 감추어 버렸다. (중약) 3인은 함흥지방법원 청진지청에서 재판을 받은 결과 임국정, 윤준희는 사형, 한상호는 무기, 전홍섭(은행원)은 1년 언도를 받았으므로 경성에 불복공소를 하였던바 결국 3인이 다 사형을 받고 청년의 몸으로 뜻을 이루지 못한 채 구구이 영령이 되었다. 은행원 전홍섭은 1년형 그대로 판결되었다."(「간도독립운동비화」 홍상표)

4. 봉오동섬멸전

1920년 5월 11일, 군무도독부와 신민단, 군정서, 광복단, 의군단, 국민회 등 6개 반일단체지도자들은 봉오동에 모여 연합작전협의를 달성하였다. 5월 22일, 홍범도를 사령관으로 하는 정일제1군사령부 소속부대와 안무를 지휘관으로 하는 간도국민회군은 연합하여 대한북로독군부를 세우고 북로제1군사령부를 구성하였으며 홍범도가 사령관으로 추대되었다.

봉오동은 간도 도문에서 서북쪽으로 15리 떨어진 곳인데 지금은 도문시봉오저수지로 사용되고 있다. 봉오동전투는 독립연합부대가 홍범도 장군의 지휘 밑에 간도에서 진행한 첫 저격전이다. 봉오동섬멸전은 청산리대첩과 더불어 간도지역 독립무장투쟁에서 가장 주목 받는 중대한 사건으로서 많은 학자들의 연구가 진행되어 왔다. 「간도역사연구』(윤병석) 등 학술저서에서도 상세한 자료와 견해를 밝히고 있는 상황이다. 여기서는 봉오동전투 후 거행한 중간촌에서의 홍범도 장군 환영회의 주최자였던 홍상표 씨가 홍범도 장군한테서 직접 들은 이야기를 적어둔다.

"봉옷골은 지형이 삿갓을 뒤집어 놓은 것 같다. 사면이 야산으로 둘러싸여 있다. 때는 보리 이삭이 핀 때였다……홍 장군은 주민들을 잠시 피하게 하고 서산에 올라 복병하였다. 예측대로 일본병사들은 고개를 올라와서 사면을 살피었다. 마을과 사면은 고요할 뿐 아무 이상이 없었다. 홍 장군과 장병들은 때를 놓치지 않고 학교를 포위하였다. 때마침 학교로 들어갔던 일본병사가 나오기 시작하여 교정에 다 나왔다. 홍장군은 일발을 사격하였다. 이에 호응하여 학교를 향한 총 사격이 시작되었다. 적은 당황하여 교정에서 갈팡질팡 하다가 쓰러져갔다. 이 포위전에서 적은 응사할 겨를도 없이 전멸되었다. 홍장군은 사격을 마치고 정세를 살핀 후 교정으로 내려갔다. 교정에는 일본병사의 시체가 즐비하였다. 홍 장군은 일본병사들이 남긴 장총과 탄환을 거둔 후 주민들에게 미안하다는 인사를 남기고 봉옷골을 철수하여 모방면으로 향하였다. 이 전투를 '봉옷골 전투'라고 한다.

(중략) 봉옷골 전투가 있은 지 며칠 되던 날 홍장군은 장병과 함께 노루구가 바라다 보이는 노두구 고개 참나무 숲 속에서 점심식사를 하고 있었다. (중약) 고개 밑 밭에는 보리가 한창 피어 무성한데 일경들이 허리를 굽히고 보리밭을 헤치며 오는 것이었다. 홍장군은 전 장병을 복병시킨 후 (중약) 적은 보리밭은 빠져나와 산을 오르려는 참이었다. 이에 때를 놓치지 않고 홍장군이 일발을 발사하였다. 이에 맞춰 총 사격이 시작되었다. 적은 불의의 사격에 마구 쓰러졌다. 혼비백산한 일본경찰은 사상자를 돌볼 겨를도 없이 총퇴각 도망쳐 버렸다. 이때 일경 지휘자는 간도 총영사관 경찰서 고등계 형사부장 평정삼대치라는 보고를 입수하였다. 홍장군은 전멸시키기 전에 수색하는 것은 위험한 일이라고 그대로 이동하여 대명월구(대묘구, 다묘거우) 영생동 중간 마을에 진주하여 약 2주간 있었다. 이 전투를 '노두구령 전투'라고 한다.

(중략) 두 차례의 전투에서 많은 왜적을 무찌른 홍 장군에 대하여 감격한 서부국민회와 옹성습자국민회, 그리고 숭례향 교포들은 연합적으로 홍범도 장군 전승 축하회를 열었다. (중약) 축하식이 끝난 후 식사가 있었는데 당시 숭례향에는 백미가 나지 않으므로 동불사(90리)에서 백미를 구입하여 왔고, 옹성습자국민회에서 커다란 소 1마리와 전 숭례향 교포들이 1마리를 잡아 장국밥으로 장병들을 만족하게 (입대후 백미밥과 육류식은 처음) 접대하였다. 홍장군 환영회에서는 무장 독립군 의군부와 정의부 장병들도 초대하였다(「간도 독립운동비화」 홍상표).

5. 청산리대첩

청사리전투는 한국독립운동사에서 '대첩'이라 불릴 정도로 높이 평가받고 있으며 청산리대첩에 대한 학술연구는 윤병석, 신용하, 박영석, 송우혜, 김정미 등 여러 학자들이 심도 있는 연구를 지속적으로 진행하였으며 중국에서도 「홍범도장군」 등 전문서적들이 출간되어 폭넓은 연구에 일조하였다. 본 지면은 다만 독립신문 제98호에 실렸던 김훈의 북로아군실전기2의 한 토막과 홍상표 씨의 청산리대첩에 관한 서술한 단락을 옮긴다.

"청산리 심림 중에서 적으로 하여금 자상충돌케 하고 거기서 160리 되는 2도구로 강야행군하여 갑산촌에 도착하여 잠깐 휴식하고 다시 거기서 30리 되는 천수평 부근에 이르니 때는 21일 상오 4시이더이다. 거기서 척후 2명을 천수동에 파견하였더니 적의 기병 40여 명이 천수동 인가에서 사영한 것을 방문까지 열고 회보하였나이다. 이와 동시에 적의 보병 1개 대대, 기병 1개 중대, 포병 1개 중대는 천수동에서 동으로 8리 되는 어랑촌에 숙영하는 것까지 탐지하였나이다. 아직 미명에 우리 여행단 80명이 포위하고 장차 습격하려 할 시에 아의 후방부대에서 수방의 방총을 발함에 적은 경기하여 혹 도보 주하며 혹 기마하고 도하는 것을 아군 400명이 일시에 사격하여 도주한 4기 외는 전부를 멸하였나이다."(김훈 「북로아군실전기2」)

또 홍상표 씨는 아래와 같이 청산리대첩을 적고 있다.

홍범도 안무 두 장군은 1920년 음력 9월 11일(양력 10월 22일) 청산리 백운평에 진주하여 여기서 왜군과 대결하기로 작전을 세웠다. (중약) 일전을 결심했던 두 장군은 정세의 불리함을 파악하고 결전의 다른 기회를 노리며 음력 9월 13일 이른 아침 북진하여 안도현 경내로 들어갔다. (중약) 안무 장군의 전 장병은 돈화현 중국인의 부락 양수천자에서 잠시 쉬었다가 40여리 더 가서 우리 교포들의 부락 사하얄(사하얄)에 집결하여 기독교인들의 따뜻한 사랑과 환영을 받았다. 홍장군의 전 장병이 양수천자에 집결하였을 때 돈화현가에 도착한 국민회 간부와 돈화현가 국민회 책임자 김정식 씨는 돈화 현장과 중국 육군단장에게 교섭하여 사하얄에 집결하여 한국인 부락에 주둔한 안장군과 방금 양수천자 중국인 부락에 주둔한 홍장군의 장병이 북진하는 도중 중국 관민으로부터 숙식에 대한 원조를 하여 줄 것을 요청하였다. 이에 현장과 단장은 이미 홍장군의 용명을 들은지라 쾌히 승낙하였다.

**사진 1-11-02 청산리항일대첩기념비, 500평방미터의 부지에 너비 25미터, 높이
17.6미터의 화강석으로 되었다.**

(중략)한편 군정서의 김좌진 장군은 장병을 통솔하여 음역 9월 12일 해 질 무렵 군정서
구역 정인강을 경유하여 어랑촌에 도착하였다. 그때 동편으로부터 왜군 보병이 척후병을
선두로 군정서 독립군을 목표로 어랑촌을 향해 추격해오고 있었다. (중략) 이렇게 대군의
진격을 맞게 된 김좌진 장군은 준마를 타고 선두에서 전 장병을 지휘하여 산골짜기를 따
라 질주시켜 적을 골짜기로 유인하였다. 적군은 독립군을 전멸시킬 기세로 골짜기로 추격
해 왔다. 용장 김좌진은 다시 명령을 내려 전 장병을 산으로 오르게 한 후 산마루를 타고
질주하게 하였다. 이렇게 산을 타고 후퇴하는 독립군을 발견한 왜군 다른 부대는 산마루
를 따라 우리 독립군을 추격해 왔다. 즉 왜군은 산 아래 위에서 독립군을 추격하고 있었
던 것이다. (중략) 김좌진은 시각과 거리를 이용하는 전법으로 산을 내려 서쪽 산으로 질
주 퇴각시켰다. (중략) 그리하여 산골짜기를 추격하던 적의 일대는 아군이 산상으로 도주
한 것이라고 판단케 하였고 산마루를 따라 추격하던 적의 일대는 아군이 산을 내려간 것
으로 판단하게끔 하였다. (중략) 일군은 추격을 멈추고 산 아래 위에서 자기편 군대를 적
으로 오인하고 서로 사격전을 벌이었던 것이다. 이 자군상전은 총격전으로 일군은 수불상
의 많은 사상자를 내었다. 이때를 이용하여 김좌진 장군의 우리 독립군들은 토벌군들의
추격이 미치지 못하는 곳으로 무사히 전진할 수 있었다. 어랑촌에서 휴식도 못하고 저녁
도 굶은 우리 군정서의 장병들은 무거운 장총과 200-300발의 탄알을 양 어깨에 메고 지

칠 대로 지친 피로한 몸을 이끌고 청산리의 연합결전을 이루지 못한 채 1920년 음력 9월 12일(양력 10월 23일) 황혼 준마를 탄 김좌진 장군의 지휘하에 북진하고 말았다. (「간도 독립운동비화」 홍상표)

그해 10월 하순부터 일제의 '경신년대토벌'이 시작되었다. 연길, 화룡, 훈춘, 왕청 4곳에서 10월 하순부터 11월까지 피살 3644명, 체포 155명, 소각된 민가 3520채, 소각된 학교 59개소, 소각된 교회당 19개소나 되는 피해를 보았다(「독립운동사」).

남만지구의 흥경, 유하, 관전 등 현의 피해자는 800여 명에 달하였다(「조선족혁명투쟁사」 황룡국).

그해 용정촌에 거주했던 캐나다장로파교회 의사 말틴의 「견문기」는 이렇게 적었다.

"나는 10월 31일(일요일), 북경식 마차로 12마일 떨어져 있는 비암촌을 향해 용정에서 출발했다. 지난 10월 29일에 벌어진 일을 조사해보려는 데서였다. 그날, 날이 채 밝기 전 쌓아놓은 낟가리에 불을 지르고는 사람을 밖으로 나오라고 명령하여 모두 총살했다. 그래도 채 죽지 않으면 물묻는 곡식단을 가져다가 불에 타 죽게 했다.

가까운 거리에서 세 번이나 사격한 후 불속에서도 숨이 붙어 일어나는 자가 있으면 총창으로 찔러 죽였다. 부녀들은 마을성년남자들이 한 사람도 남지 못하고 학살당하는 광경을 옆에서 보도록 강박되어 끝까지 서있어야 했다.

……나는 학살되고 방화당한 32개 촌의 마을이름과 정황을 잘 알고 있다. 한 마을에서는 145명이 살육됐다. 다른 곳에서도 30명 이상 살해된 마을이 많다. 서구동에서는 14명을 한 줄로 세워놓고 총살한 후 석유를 부어 태웠다.

장암동습격사건에서도 일제는 아무런 조사도 없이 30명을 살해하고 다수의 가옥을 불 태워버렸다. 일본병은 시베리아에 출병하여 하던 악습 그대로 조선부녀들의 머리에 꽂고 있는 은비녀마저 절취해갔다."

일본군은 1921년까지 북간도 및 서간도 지방에서 학살만행을 대대적으로 저질렀다. 대표적 사례를 간단히 살펴본다.

장암동(獐巖洞)학살사건

장암동은 용정 동성용향에 속한다. 용정동남쪽 약 6킬로미터가량 떨어져 있는 산비

탈에 자리 잡고 있다. 1909년 개척되었는데 부근 골짜기에 노루가 많다 하여 '노루바위골'이라 불렀다. 주민다수가 기독교도이다. 1920년 10월 30일, 일본군 14사단 스즈끼 대위가 거느리는 보병 72명, 헌병 3명, 경찰 2명은 남양평수비대와 합세하여 새벽 6시 30분경에 장암동을 포위, 청장년 33명을 독립군과 내통했다는 이유로 교회당에 가두고 불을 질렀다. 며칠 뒤, 다시 찾아와 무덤을 파헤쳐 시체들을 한데 모은 다음 석유를 쳐 소각해버렸다.

1999년 6월 30일, '용정 3·13기념사업회'에서 마을 입구에 '장암동참안유지'라는 기념비를 세웠다.

의란구학살사건

청산리전투 당시 의란구에는 간도국민회 의군부가 있었다. 의란구는 당시 독립군부대의 본거지라 할 수 있었다. 10월 20일, 일본군 19사단 이스츠카(石冢) 대대는 의란구에 침입하여 이동근 등 8명을 살해, 4일 뒤 일본군 74연대는 양만홍 등 10여 명을 죽이고 학교 한 채와 민가 다섯 채를 불태웠다. 11월 3일, 일본군 76연대는 농민 이국화 등 16명을 학살, 김창홍, 노우선, 길렬의 집을 비롯한 31채 민가를 소각, 역시 같은 달 3일과 4일, 태양촌에서 교사 노우선 등 2명과 농민 이주향 등 13명을 죽였다. 11월 5일, 의군부 총무 최우익, 서무부장 이을, 홍정필 등 10명을 살해했다(「중국조선민족발자취총서」 개척편).

송언동(松堰洞)학살사건

1920년 10월 19일, 회녕수비대 대장 나리다(成田) 중좌가 지휘하는 일본군은 화룡 북장패촌장 이용점과 농민 장환두, 신국현, 김종민을 체포하여 풍도령에서 사살, 화룡현 사무사(四茂社) 송언둔에서 지계순 등 14명을 학살, 석유를 끼얹어 시체를 소각했다.

이밖에 서래동, 학서동, 마패촌, 세린하촌, 유동촌, 진채구, 평양촌 학살사건이 있다. 총살, 사살, 참살, 자살, 타살, 고문, 생매장, 방화, 약탈, 강간 등 극히 잔인한 방법이 모두 동원되었다. 연길현 구사하에서는 피난 간 창동학교 교원 정기선을 체포하여 얼굴가죽을 벗겨내고 눈알을 빼서 서씨 집 가족과 함께 묶은 뒤 집에 가두어 놓고 불을 질러 태워죽이고 말았다(「独立新闻」 제93호).

일본군의 예봉을 피해 1920년 12월 중순까지 밀산에 집결한 독립군부대는 「대한독립군단」을 결성하였다. 총재에 서일, 부총재에 홍범도, 김좌진, 조성환이고 총사령에 김규식, 참모장에 이장녕, 여단장에 이청천이고 병력은 3500여 명에 달했다. 1921년 대한독립군단은 우수리강을 건너 구소련으로 이동했다. 그 후부터 간도의 독립군 무장투쟁이 자취를 감추었고 활동 중심이 남북만으로 옮겨졌다.

간도의 무장투쟁에서 홍범도와 김좌진은 대표적인 인물이다.

홍범도는 1868년 8월 27일, 조선 평양 서문안 문열사 부근의 농민가정에서 태어났다. 1889년-1895년 8월까지 강원도 북부 태백산줄기의 깊은 산속에 들어가 사격, 검술을 연마하였다. 1910년 3월, 만주로 망명했고 1913년 러시아 연해주로 이동하여 1918년까지 그곳에서 노동을 하며 지냈다. 1919년 이른 봄, 약 200명의 부대를 이끌고 간도로 돌아왔다. 봉오동전투와 청산리전투를 성공적으로 마친 뒤 1921년 1월경 러시아 땅으로 다시 이주했다. 1922년 홍범도는 소련공민이 되었고 1937년 조선이주민강제이주와 함께 소련 중앙아시아로 이주되어 그곳에서 1943년에 생을 마쳤다. 그의 무덤은 까자흐스딴 크즐오르다시에 있다. 홍범도 장군은 1962년 한국정부로부터 건국공로훈장(복장)을 수여 받았다. 한편 그는 '전설적인 빨치산 지휘자'로 구소련에서 불리어지고 있다.

김좌진(1889-1930)은 조선 충청남도 홍성군에서 출생, 「한성신보」의 이사, 오성학교 교감에 이어 신민회, 기호흥학회 같은 단체에 가입해 애국교육운동에 나섰고 북간도에 무관학교를 세워 독립군양성에 진력했다. 이 과정에 2년 6개월간 옥살이를 한 그는 출옥 후 비밀결사 대한광복단에 가입하고 다시 북간도로 돌아왔다. 3·1운동이 일어나고 상해임시정부가 수립되자 북로군정서 총사령관 직에 오른 김좌진은 홍범도 장군과 연합작전하여 청산리대첩을 이룩했다. 이후 영고탑에서 신민부라는 군사단체를 조직하고 성동사관학교를 세우고 한족연합회 주석으로 활동했으나 1930년 1월 24일 오전 7시경, 박상실(朴尚实)이 쏜 흉탄에 맞아 41세를 일기로 타계했다. 그 후 1934년 봄, 8로(김좌진의 8명 모사) 중 좌상인 정해식 노인의 지휘로 김좌진의 유해를 고향으로 반환하게 되었다.

고 강룡권 씨가 1990년 현지답사 당시 당지 노인들은 김좌진을 살해한 자는 김인관이라 했다고 적어두었다.

김좌진은 1926년에 19살 처녀 김영숙을 새 부인으로 맞았으며 딸 김강석을 보았다. 1990년 당시 김강석(애명 산조, 현 김순옥이라 개명)은 목단강시에 살고 있었다.

제3절 민족반일단체의 통일운동

일제의 '경신년토벌' 이후 많은 조선이주민 반일민족주의단체들은 흩어졌거나 지하로 들어갔으며 항일의 중점은 남만지구에로 옮겨졌다. 1920년부터 다시 대오를 정돈하고 여러 단체의 통일을 실현하기 위하여 노력하였다. 민족주의단체의 통일운동은 남만으로부터 시작되었다. 삼원포는 남만의 반일운동에서 중심 위치에 처해 있었으며 그 작용은 자못 컸다.

만주지역 특히 남만의 민족반일단체의 운동에 대하여 신주백 씨의 「만주지역 한인의 민족운동사(1920-45)」 등 저서와 연변대 박창욱 교수의 「1920-1930년대 재만민족주의 계열의 반일독립운동」(1994), 권립 교수의 「조선혁명군과 양세봉 장군의 반일독립운동 평술」(1995) 등 논문에서 상세히 언급되었다. 또 국민부와 한국독립당의 운동에 대하여서는 「재만 한인사회와 민족운동」(황민호) 등 저서에서 구체적으로 논의되었다. 본서는 상식적인 차원에서 개괄적으로 적어둔다.

1. 삼원포

유하현 삼원포는 반일애국운동에서의 남만중심지였다. 공화적 민주주의 계열의 반일근거지의 시조로 인정되는 경학사가 바로 삼원포에서 창설되었다.

경학사의 창시자는 이회영이다. 일제가 조선을 병탄한 후 가산을 몽땅 팔아 현금 40

만 원을 마련해가지고 가족 40여 명을 거느리고 1911년 초 유하현 삼원포 서쪽의 추가가(지금은 이도구향에 소속)로 이주한 후 웬스카이의 승낙을 얻어 거주권과 경작권, 교육권 및 자치권을 갖게 되었다. 이리하여 삼원포 일대에 조선이주민집거구를 형성하였으며 추가가에 반일민족기구인 '경학사'를 꾸렸다. 1000여명이 성립대회에 참가하였으며 사장에 이상룡, 부사장에 이시영(이회영의 아우)과 이동녕, 내무부장에 이회영, 농무부장에 장유순, 재무부장에 이동녕(겸직), 교무부장에 유인식이 추대되었다.

1914년까지 경학사는 유하현 경내에서 26개소의 학교를 꾸리었으며 그중 삼원포 동명학교는 소문이 자자했다. 1911년 4월, 도산자의 대두자에 '신흥무관강습소'(교장은 이동녕이 겸직, 후엔 이회영이 담당)를 꾸렸고 1913년 4월 통화현 합니하에 정식으로 '신흥무관학교'를 세웠다. 이상룡이 교장 직을 겸직했고 후엔 여준이 넘겨받았다. 1911년부터 1913년 4월까지 신흥무관강습소에서는 군사골간 1400여 명을 양성했으며 1913년 4월부터 1920년 8월까지 신흥무관학교에서는 군사골간 2100명을 양성해냈다.

1912년 가을, '경학사'를 토대로 '부민단'이 설립되어 자치범위를 넓히고 지도기구를 조절하였다. 이상룡이 총재로, 이회영이 부총재 겸 외무부장으로 되었다. 부민단은 관할범위를 5개 구로 나누었는데 총 1229호였다. 매 100-1000호에 구장을 두고 매 10호에 패장을 두었다. 부민단의 직책은 조선이주민 내부의 민사 및 형사 등 사무를 처리하며 조선이주민과 중국관리 및 민사분규를 해결하며 학교를 꾸리고 반일민족교육을 실시하며 토지를 세 맡고 본 지역 조선주민을 조직하여 농업생산에 종사하는 것이다.

1914년 부민단의 주체로 유하현 대전자향 팔리초 소북차에 '백서농장'이라는 군영이 세워졌고 김동삼이 농장장으로 추대되었다. 교원과 학원은 모두 385명, 적지 않은 군사골간을 양성해냈다.

1919년 3월, 남만 각지의 조선이주민반일단체 지도자들은 삼원포에 모여 부민단을 모체로 삼아 '한족회'를 무었다. 이삼석이 총장으로 되었다. 「한족신보」가 한족회기관지로 발간되었다.

1919년 11월, 육하와 통하, 해룡, 임강, 집안, 환인 등지의 반일단체가 삼원포에 모여 연합으로 전반 남만지구 조선이주민의 반일무장투쟁을 영도할 '서로군정서'를 건립하였다. 총재에 이택, 독판에 이상룡이 추대되었다. 그리고 이택, 이상룡, 박건, 주진수, 왕삼덕, 정무, 윤복단, 김정수, 이종림, 김창무, 곽영, 안동식 등이 중앙위원으로 당선되었다.

1919년 4월 15일, 삼원포 대화사에서 '대한독립단'이 성립되었다. 본부는 대화사(현 화평향에 소속)에 설치되었고 총 병력이 560명이었다. 변호는 남만제1사단이었다. 총재에 박장호, 부총재에 백삼규, 총단장에 조맹선, 사단장에 김창묵과 방사규가 추대되었다. 1919년 8월 대한독립단의 병력은 1500명으로 늘어났으며 1920년 5월에는 장총 3300자루와 권총 130자루, 수류탄 1550개, 기관총 4문 및 탄약 19만 5300발이 있었다. 1920년까지 대한독립단은 중조 국경 부근에서 일본군경과 32차나 싸움을 벌였다.

2. 참의부 · 정의부 · 신민부

1922년 6월 30일, 환인현에서 '서로군정서', '대한독립단', '한족연합회' 등 단체는 '대한통군부(統軍府)'를 건립하였으며 두 달 후에는 이를 발전시켜 '대한통의부(統義府)'를 세웠다. 총장에 김동삼, 중앙본부는 관전현 하루하(下漏河)에 두었다. 1923년 8월, 통의부에서 분립된 의군부는 명칭을 대한민국임시정부 육군주만참의부라 하고 군사와 민정을 아울러 통관하는 새로운 조직을 정비하였다. 관할구역은 백두산하 집안현을 중심으로 환인, 임강, 장백 등 압록강 이북 지구와 통화 이남 지구이다. 관할 호수는 1만 5000여 가구였다. 참의부는 지방행정 조직형식으로 관할지역을 구획, 관리하였다. 참의부는 초기의 무장투쟁우선주의 노선으로부터 1927년경에는 자치우선주의 노선으로 전환하였다. 참의부는 산업의 진흥과 문화계몽 그리고 민족교육에서도 자치정부로서 역할을 충분히 하였다.

1924년 11월 25일(성립날짜에 대하여 여러 가지 설이 있음), 12개 반일단체 대표들이 화전현 관가(官街)에서 정의부를 건립하였으며 이듬해 1월에는 '정의부헌장'을 발표하였다. 헌장에는 "본부는 인류평등의 정의와 민족생영(生榮)의 정신으로써 광복대업을 극성(克成)함을 목적으로 한다."고 밝혀있다. 정의부의 주요 활동구역으로는 길림, 장춘, 흥경, 통화, 화전, 반석, 관전 및 돈화, 액목이었다. 1926년 말, 참의부가 공제하는 지역을 제외한 남만 전역에 걸쳐 17개 지방총관소를 설치하고 1만 7000가구, 8만 7000여 명의 조선이주민을 관할하였다.

정의부는 행정, 입법, 사법 등 3권이 분립되고 구, 지방, 중앙 등 3급 조직을 가진 민주정체의 조직적인 면을 가지고 있었다. 정의부는 한인자치행정과 독립군의 행정을 담임하는 군정부로서 발전을 하였다. 정의부의 자치행정의 주목표는 교육과 산업의 향상에 있었다. 1929년 3월, 정의부가 해체되었다.

1925년 3월 10일, 북만에 있던 대한독립군단, 대한독립군정서, 중동선교육회, 북만지역 대표, 조선국내 대표 등이 영안성 내에서 회의를 개최하고 신민부를 창립하였다. 중앙집행위원장은 김혁이였고 참의원 원장은 이범윤, 검사위원장에 현천묵, 군사위원장에 김좌진이였다. 신민부는 목릉현 소추풍(小秋风)에 성동(城东)사관학교를 설립하여 500여 명의 사관을 배출하였다. 본격적인 독립전쟁에 대비해 무기장비를 갖추기 위하여 군수자금모집에서 적지 않은 성과를 거두었다.

신민부의 문화계몽사업은 조선이주민 자녀의 의무교육을 목표로 하여 소학교 50여 개를 설립하였다.

3개의 지방정부는 창립된 후 1-2년간의 조선국내 진격전도 벌이었고 군자금을 모금하거나 몇몇 주구를 청산하기도 하였다. 조선총독의 똑딱선을 습격한 사건이 그 일례이다.

1920년대에 접어들어 세계적 조류에 맞추어 정당정치가 실행되었고 '정당으로 나라를 다스리'는 길을 걷게 되었다.

3. 조선혁명군의 반일무장투쟁

1929년 12월, 민족유일당조직동맹이 조선혁명당으로 개칭되자 혁명나라 군대도 조선혁명군 군대로 개편되었고 이진택이 총사령으로, 양세봉이 부총사령으로 임명되었다.

조선혁명군 군대는 군사제일의 노선을 걸었다. 본부를 신빈현 왕청문 산구에 앉히고 조선청년을 모집하고 단기 군관학교를 꾸리며 군사인재를 양성하였다. 짧은 시간 내에 조선혁명군 군대는 400여 명 대원을 가진 반일무장대오로 발전하였다. 1932년 3월부터 동변도 보안사령인 우지산의 '토벌'을 분쇄하기 위하여 영릉가, 흥경 등 지역에서 혈전을 벌려 수많은 적들을 소멸하였다.

1932년 12월 하순에 조선혁명군 군대와 요녕민중자위군은 합작하여 항일민족자위군을 조직하였는데 흥경에서 1개 대대의 일본군을 격파하였으며 그곳에 항일민중자위군 본부를 두었다.

1933년 5월 8일, 일본관동군은 공군의 엄호 밑에 1500여 명의 정예화한 보병을 출동시켜 흥경, 청원 지대를 대거 공격하였다. 이에 대비해 조선혁명군 군대는 유격전술을 채택하여 세 개의 사령부로 나누어 연합적이면서도 독립적인 항일투쟁을 벌였다.

1934년 3월, 흥경현 쌍림자에서 조선혁명군 군대간부회의를 열고 동북인민혁명나라 군대 제1군과의 합동작전에 관한 결의를 채택하였다. 조선혁명군 군대는 양찡위, 이홍광이 거느리는 제1군 독립사와 연합하여 1934년 3월에 벌어졌던 유하현 삼원포 습격전, 5월에 있었던 통화현 괴뢰 보갑, 자위대, 파출소습격전, 8월에 있었던 흥경에 대한 일본군수비대의 공격을 물리친 전투 등 수십 차례의 전투를 활발하게 벌였다. 1937년 7월, 조선혁명군 군대간부 박대호 등은 항련 1로군의 건의를 접수하였으며 1938년 2월, 부사령원 박대호, 제2사 사장 최윤구, 참모장 최기홍 등 60여 명은 환인현 우무령에서 정식으로 동북항련 제1로군에 가입하였다. 조선혁명군 군대의 무장투쟁 제1주의는 민족주의 전선의 반일투쟁방략의 최고봉을 형성하였다.

조선혁명군 역사 중 양세봉은 가장 중요한 인물이다.

양세봉(梁瑞风, 또는 梁世奉)은 호가 벽해(碧海), 1894년 6월 11일 조선 평안북도 철산군에서 태어났다. 1917년 겨울, 요녕성 신빈현에 이사 온 그는 1922년 여름에 독립군에 가담했다. 1923년 초, 부대를 따라 압록강을 건너 유하현 화사구에 이르러 광복군총영에 편입, 광복군총영의 검사관으로 활동하였다. 1932년 3월에 조선혁명군 군대 부총사령으로 되었다. 그해 가을 원 총사령 양하산이 희생되자(관전현 하로하진 삼도구에 묘소가 있다) 양세봉이 총사령으로 추대됐다. 양세봉은 요녕민중자위단, 동북항일연군 등 반일부대와 연합작전하면서 동변도 일대에서 일제와 싸웠다.

그 가운데서도 1932년 4월과 5월 신빈현 일대에서의 승첩과 청원현전투, 무순진공전 등은 양세봉의 명성을 크게 높였다. 또 5월에 치른 여섯 차례의 전투에서 양세봉이 이끄는 조선혁명군 군대는 적 1000여 명을 살상하거나 생포하는 대전과를 거두었다.

대승을 거둔 후 조선혁명군은 통화 강변에 속성군관학교를 설립하고 양세봉이 교장을 맡았다.

1934년 9월 19일, 항일삼림대와 연합하자는 아동양이라는 '부대요인'의 건의를 듣고 그자를 따라가는 도중에 그자의 흉탄에 맞아 다음날 희생되었다. 환인에 있던 그의 묘는 1986년 9월에 평양의 애국열사릉에 이장되었다.

양세봉의 수하에는 장명도(張明道)가 있었다. 일명 장세량(張世良), 별명은 장포수, 싸창과 권총을 양손에 쥔 명사수였다. 1904년 4월, 조선 평안북도 신의주 출생, 11살에 압록강을 발구로 건너 중국 요녕성 관전현 마가자촌으로 이주, 다시 환인현 향수하자로 옮겼다. 독립군에 가담한 그는 1933년 1월 조선독립혁명나라 군대(총사령은 양세봉) 제3방면군 사령으로 있었다. 1937년 1월 27일, 군용자금을 모금하기 위하여 환인현 감장구촌에 갔다가 일·위경찰의 포위에 들어 포위돌파전에서 적탄에 맞아 희생, 그때 33세였다.

4. 한국독립군

1930년 즉 김좌진 장군이 암살된 그해 7월에 홍진, 이청천, 민무, 안훈 등은 한족총연합회를 토대로 한국독립당을 세웠다. 중앙위원장에 홍진, 군사위원장에 이청천이 맡았다.

1931년 11월 오상현 대석하자에서 한국독립당은 군사행동을 개시할 것과 한중합작을 상의할 것을 결정했다. 이 정신에 따라 한중연합군은 거의 날마다 일본군과 접전하였으며 특히 대전자령에서 한국독립군이 주력이 되어 일군 아즈까 연대를 전멸시킨 대첩에서는 노획물이 군복 2000벌, 박격포 5문, 군량, 문서, 군용품 20여 마차, 담요 3000매, 평사포 3문, 소총 1500정에 달하고 있다(「한국독립사」 277-278페이지).

1933년 하반년까지 한국독립군은 만주에서 싸움을 견지하다가 일제침략이 전면화됨에 따라 대한임시정부의 소명으로 중국 관내로 들어갔다. 이청천, 조경한 등 20여 명 골간들은 관내로 옮겨갔고 북만에 남았던 한국독립군의 골간도 선후로 관내에 들어가게 되어 한국독립당과 한국독립군의 동북에서의 투쟁은 결속되었다.

백산 지(이)청천(池青天 1888-1957)은 1888년 1월 25일 서울 삼청동(三清洞)에서 태어났고 배재학당에서 공부하였다. 1908년 2월 4일, 관비생 5명에 뽑히어 일본유학의 길을 떠나게 되었다. 1910년 유년학교, 1912년 동경육군사관학교를 졸업하고 육군소위가 되어 봉사하던 중 1914년 제1차 세계대전이 일어나 중위로 승진하여 청도전쟁에 참가하였다. 3·1운동이 일어나자 적진을 탈출, 남만에 도착하여 신흥무관학교를 찾았다. 만주땅을 밟으면서부터 이청천으로 개명하고 교관이 되어 군사교육을 스파르타교육방법으로 가르쳤다. 1920년 가을, 안도현 삼인방에서 홍범도가 이끄는 부대와 합유하고 밀산에서 김좌진 장군의 북로군정서를 비롯한 각 지역에서 모여 온 우군부대와 제휴하여 대한독립군단을 결성하였다. 1924년 전후하여 정의부 군사부 사령관으로 심혈을 기울여 노력했다. 9·18사변 후 홍진과 한독당을 조직하였고 1940년 9월 17일 광복군 사령관에 추대되었다. 1957년 1월 15일, 70세로 생애를 마쳤다.

제4절 중공영도하의 반일투쟁

1. 붉은오월투쟁

1930년 5월, 조선이주민은 중공당의 영도하에 간도를 중심으로 하여 '붉은오월투쟁'을 벌였다. 5월 1일, 용정 200여 명 노동자들이 동맹파업을 했고 간도의 20여 개 중소학교에서 동맹휴학하였다. 투도구, 화룡현 자동, 대립자, 명동(현 용정시에 속함), 왕청현의 북하마탕, 연길현 평강(현 화룡시에 소속), 석문, 팔도구 등 지역에서 군중집회와 반일시위가 있었다. 북만의 아성, 해구, 황산취자, 취인창 등 지역의 30여 명 조선청년은 할빈 일본총영사관을 습격하였다. 유하, 청원현의 500여 명 조선농민은 소금세, 고리대를 반대하는 투쟁을 전개하였다.

사진 1-11-03 1930년 5월 1일, 허흥식 등 조선청년의 습격을
받은 할빈일본총영사관, 깨진 유리창이 보인다.

5월 27일, 약수동 1000여 명 군중들은 심판대회를 열고 친일주구와 지주를 처단하
였으며 농민적위대와 약수동소비에트정부를 건립하였다. 이는 동북의 첫 노농정권이
다. 5월 29일, 삼도구조선이주민은 친일지주의 가옥을 불사르고 삐라를 뿌리며 '오주
폭동'의 서막을 열었다. 일제의 통계에 따르면 봉기군중은 지주 가옥 19채를 불살랐
고 다리 4곳을 파괴하였으며 전화선 10여 곳을 끊었으며 발전소 하나를 파괴하고 친
일학교 5개소와 조선인민회 여러 개를 불살랐다. 용정에서의 경제손실은 1만 7500여
원에 달했다.

2. 8·1길돈봉기

1930년 8월 1일 새벽, 돈화, 액목 두 현에서 대규모의 농민무장폭동이 일어났다.
폭동총지휘는 마천먹이였다. 조선 함경북도 길주군 사람인데 1924년에 돈화현 오동
향에서 중국국적에 가입했고 황포군관학교 출신으로서 남창봉기가 실패한 뒤 상해를

경유하여 간도에 왔다. 이번 폭동대원은 약 600명이였다. 이들은 철도선을 파괴하고 2개 나무철교를 불태웠으며 10여 대 전선대를 찍어버렸다. 신개도보위퇀 제1정대 제1분대 방비소를 습격하여 보총 16자루, 탄알 1000여 발과 일부 군용물자를 노획하였으며 5칸의 병영을 불태웠다. 또 마효 육군 제7퇀 유격연방소, 돈화현공안국 남황니하 제3분 국주재소, 액목현 관지의 군대기지를 습격하였다. 폭동이 끝난 뒤 임시소비에트조직과 적위대를 건립하였으며 삐라를 뿌리고 많은 양식을 몰수, 얼마 후 대오는 산속으로 들어갔다.

3. 추수 · 춘황투쟁

추수 · 춘황투쟁은 1931년 가을부터 1932년 봄에 이르는 사이 간도농민들이 중공동만특위의 직접적인 영도하에 조직 동원된 한차례 대규모 투쟁이다.

연길현 관도구, 대흥동, 연길 국자가, 화룡현 각 구위, 왕청현 배초구, 소왕청, 대왕청, 석현, 훈춘현의 밀강, 경신, 대황구 등 지역의 농민들이 소작료를 인하하고 채무를 폐지하는 투쟁을 진행하였고 주구들을 붙잡아 처단하였다. 통계에 따르면 약 1만 6000여 명이 추수투쟁에 참가하였다.

춘황투쟁은 추수투쟁의 계속이며 발전이다. 1932년 2월 초, 연길현 의란구 일대의 수백 명 농민은 중공당의 영도 밑에서 식량을 '꾸고' 식량을 빼앗아내는 춘황투쟁의 첫 포를 울리었다. 이번 춘황투쟁에 약 2만 명 농민이 참가하여 3개월이나 투쟁을 견지하였다. 춘황투쟁은 중공당이 농촌에 항일유격근거지를 건립할 수 있는 훌륭한 기초를 닦아놓았다.

4. 연길감옥투쟁

연길감옥을 당년에는 길림성 제4감옥이라고도 불렀으며 위치는 지금의 연변예술극장 자리이다.

1931년 초, 옥중의 혁명자들은 중공연길감옥위원회를 내왔다. 서기에 김훈, 조직위원에 이진, 선전위원에 오세국, 군사부 부장에 윤범, 감찰위원에 소승호였고 군사부에는 폭파대, 방화대, 무장탈취대 등 11개 분대를 두었다. 연길여자사범학교 학생 김인애(공청단원이며 김훈의 사촌누이)가 옥외연락을 책임졌다.

제1, 2차 파옥투쟁이 실패 후 감옥 내의 주요 영도자들이 연이어 암살되었다. 1935년 음력 5월 7일, 제3차 파옥 때는 김명주, 이영춘, 이태근 세 사람으로 파옥 지휘부를 구성하고 17명 '파옥결사대'를 내왔다. 하지만 의외의 상황으로 하루 미루어 7일 300여 명의 '죄수'가 파옥탈출에 성공하였으며 그중 약 절반은 도목구 신선동 유격근거지로 옮겨갔다.

사진 1-11-04 연길감옥탈옥기념비, 김명주 유가족에서 후원, 2000년
연변예술극장 울안에 세워졌다.

5. 항일유격근거지 건설

9·18사변 후 만주는 일제의 식민지로 전락되었으며 일제는 치안숙정을 벌리는 동시에 정치, 경제, 문화 등 면에서 파쇼통치를 실시하였다. 강대한 군사력을 가진 일

제와 대항하자면 일제의 통제가 상대적으로 박약한 지역에 항일근거지를 건설해야 했으며 이 역사적 발전규칙에 순응하여 만주에는 항일유격근거지가 창설되기 시작하였다. 만주에서의 마르크스레닌주의 전파. 동만, 남만, 북만의 중공조직의 건립, 항일유격대의 건립, 각 계층 인민들의 반제반봉건투쟁은 이 지역의 항일유격근거지의 창설조건으로 되었다

김창국 씨는 「동북항일유격근거지사연구」(1992)에서, 박청산 씨는 「연변항일유격근거지답사」(2004)에서 항일유격근거지에 대하여 상세한 연구를 하였다. 아래의 서술은 이에 기초한 것이다.

중공동만특위는 1932년 여름과 가을에 4개의 유격구를 개척하였다. 연길유격구는 둘레길이가 250킬로미터 되는 도가선 이서, 장도선 이북과 할바령 이남의 연길현, 안도현 북부와 왕청현 서부 지구였다. 왕청현유격구는 둘레길이가 250킬로미터 되는 지금의 도가선 이동, 마반산 이북의 왕청현 동부지구이다. 훈춘유격구는 둘레길이가 100킬로미터 되는 대황구, 밀강하를 중심으로 한 훈춘현 서북부 지역과 둘레길이가 100킬로미터 되는 연통라자를 중심으로 한 훈춘현 동남 지구였다. 화룡유격구는 둘레길이가 50킬로미터 되는 우복동을 중심으로 한 화룡현 남부 지구였다. 유격구를 토대로 1932년 봄부터 1936년 봄까지 왕우구, 팔도구, 삼도만, 어랑촌, 처창즈, 대황구, 연통라자, 소왕청, 요영구, 나자구, 내두산 등 11개 항일유격근거지를 창설하였다. 각 중공현위는 근거지에 구위와 당지부 등 중공기층조직을 건립하였으며 공청단, 반일회, 공회, 농민협회, 부녀회, 소선대 등 대중적 조직을 건립하였고 1932년 겨울부터는 소비에트정권을 수립하였다.

1932년 여름부터 1939년 가을까지 중공당이 영도하는 항일무장부대는 남만에서 선후하여 반석, 하리, 나얼홍, 환인, 흥경, 관전, 노령, 장백 등 6개 항일근거지를 창설하였다. 각 항일근거지에서는 당조직을 건립, 경제건설을 다그치는 동시에 지방무장조직을 건립하였다. 1937년 초에는 생산유격대 등 반군사조직도 세웠다.

북만에서는 팔도하자, 주하, 학립, 서북구, 태평천, 탕왕하, 조양산, 폭마정자, 대라륵밀 등 9개 항일유격근거지를 창설하였다.

동북항일유격근거지는 불안정성과 잠시성을 띠고 있었다. 따라서 활동범위도 극히

제한되어 있었다. 하지만 항일무장투쟁의 후방기지로서 역량을 보존, 장대시키는 위대한 사업에서 역사사명을 훌륭히 완수하였다.

동만항일유격근거지는 1936년에 이르러 종말 지었고 남만에서는 1939년 겨울, 북만에서는 1941년에 유격근거지가 기본상 파괴되었다. 적아역량의 현저한 차이, 중공당의 미성숙, 독립작전 등이 근본적인 원인으로 되었다.

6. 반'토벌'투쟁

1932년 가을, 일제는 대량의 병력을 출동하여 동만, 남만의 유격근거지역에 대한 '토벌'을 발동하였다. '어랑촌 13용사'가 바로 이 시기의 이야기이다.

1933년 음력 1월 18일 새벽, 어랑촌의 항일군민이 한창 자고 있을 때 토벌대가 어랑촌에 기어들었다. 일본수비대 200여 명, 일본경찰과 특무 10여 명, 삼도구에서 출동한 100명 등으로 무어진 360명 토벌대는 기관총, 박격포 등 중무기로 무장하고서는 어랑촌을 물샐틈없이 포위하고 날 밝기를 기다렸다. 김세 대장을 비롯한 10여 명 용사들은 수십 배나 되는 적들과 반나절 넘어 혈전을 벌였다. 토벌대는 18명이 죽고 20여 명이 중상을 입는 큰 대가를 냈다. 그날 저녁, 어랑촌 사람들은 13명 용사를 안장했다. 그들은 모두 조선인이었다. 이들은 자신의 생명으로 어랑촌 백성과 현, 구의 대부분 간부들이 안전하게 전이하도록 담보하였다. 1981년 8월 1일, 화룡현인민경기장 주석대 맞은쪽에 '13용사기념비'를 세웠다. 기념비 좌우 양쪽에는 조·한문으로 '희생된 선열들 그 뜻도 장하여라, 일월을 휘어잡아 새 세계 이룩하네'라는 중국 모저뚱 주석의 저명한 시구가 새겨져 있다.

1933년 11월, 일제는 보병, 기병, 포병, 공병 도합 6000여 명을 출동시켜 동만근거지역에 대한 제2차 토벌을 발동하였다. 이번 토벌의 주요한 목표는 연길현과 왕청현 유격근거지, 규모가 큰 전투는 팔도구습격전투와 동녕현 현소재지진공전투였다.

1934년 9월부터 1935년 초까지 일제는 동만유격근거지역에 대한 제3차 토벌을 발동하였다. 항일유격대는 부분적 유격근거지와 유격구에서 철퇴하여 새로운 지역에 옮겨갔다.

1933년 1월부터 6월까지 일제는 대량의 병력을 집중하여 버리하투 지역에 대해 포위토벌을 감행했고 1933년 10월에는 1만 2000여 명의 병력으로 버리하투 홍석라자 유격지를 향해 추기 대토벌을 감행했다.

1934년 11월 7일, 동북인민혁명나라 군대 제1군이 건립되었으며 양찡위(楊靖宇, 1940년 2월 23일, 몽강현 삼도위자 밀림에서 일본토벌대에 피살)가 군장 겸 정치위원으로 추대되었다. 제1군 산하에 2개 사를 두었고 이홍광이 제1사 사장 겸 정치위원으로 임명되었다. 1936년 10월, 일제는 괴뢰군을 주력으로 '추기겨울철 위만주국군 독립토벌'을 개시했다. 양찡위와 이홍광은 1000여 명의 대오를 거느리고 4개월 남짓한 기간에 적과 500여차 접전하였다. '통화토벌지도부'는 1936년 10월 1일부터 28일까지의 동변도동기대토벌에서 항일부대와 528차의 전투를 하여 살상자 297명을 내였는데 고위급군관 10명이 포함되었다고 밝히었다(「동북대사기」 하권).

1934년 6월 28일, 북만에 합동지대가 편성되었다. 북만유격대는 1934년 5월 중순의 오상보전투, 1934년 11월의 소전지전투, 1935년 1월 중순 대왕라자 섬멸전을 통하여 겨울철토벌을 분쇄하였다.

7. 동북항일연군

1936년 2월 10일, 중공중앙은 '전동복항일연군총사령부를 건립하기 위한 결의 초안'에서 동북항일연군의 건립을 명확히 지적하였다. 같은 달 20일에는 '동북항일연군 통일건군제도선언'을 발표하였다. 1936년 3월 동북인민혁명나라 군대 제2군을 동북항일연군 제2군으로 재편성하고 산하에 3개 사와 교도여단, 소년영을 소속시켰다. 제2군은 2000여 명 병력을 가진 부대로 급부상하였으며 1사의 대부분은 조선인으로 구성되었고 3사의 7여단과 8여단의 대부분 전사들도 조선인이다. 동북항일연군 각 군에는 우수한 조선인 지휘관들도 있었다.

남만지역에는 동북항일연군 제1군의 전신인 동북인민혁명나라 군대 제1군 독립사 참모장 이홍광, 동북인민혁명나라 군대 제1군 참모장 박한종, 제1사 참모장 이민환, 동북항일연군 제1군 군수처장 엄필순, 군의처장 서철, 제2사 참모장 이송파, 제3사

정치부 주임 유만희, 교도퇀 정치부 주임(후에는 경위여 1퇀 정위) 황해봉, 제2사 8
퇀 퇀장 박영호, 제1로군 군수처장 손영호, 경위여 제3퇀 퇀장 박선봉, 이송학 등 우
수한 조선이주민 지휘관들이 있었다.

동만지역에는 제2군의 전신인 동북인민혁명나라 군대 제2군 독립사 제1퇀 퇀장 김
순덕, 제2퇀 퇀장 김호철, 정위 차룡덕, 제3퇀 정위 남창익, 제4퇀 정위 김현, 항일연
군 제2군 제6사 사장 김일성, 제7퇀 퇀장 김주현, 제8퇀 정위 김산호, 제4사 제1퇀
퇀장 최현, 독립여 제1퇀 퇀장 최춘국, 제1로군 제2방면군 제7퇀 퇀장 오중흡, 제8퇀
정위 박덕산, 제3방면군 제 13퇀 정위 조정철, 제14퇀 퇀장 김동규, 정위 양형우, 제
15퇀 퇀장 겸 정위 이룡운, 정위 안길 등 우수한 지휘관들이 있었다.

북만지역에는 항일연군 제4군 정치부 주임 황옥청, 항일연군 제5군 제2사 정치부
주임 이광림, 항일연군 제6군 제1사 사장 마덕산, 정치부 주임 서광해, 항일연군 제7
군 군장 이학복, 항일연군 제8군 제1사 정치부 주임 김근, 항일연군 제11군 정치부
주임 김정국, 항일연군 제2로군 참모장 최석천(최용건), 중공북만성위 서기 겸 제3로
군 정위 김책, 제3로군 참모장 겸 제3로군 군장 허홍식, 제3로군 제12지대 지대상
박길송 등 우수한 지휘관들이 있었다.

동북항일연군은 창건되어서부터 1937년까지 4000여 차의 전투를 진행하였는바 그
중 일본군과의 접전이 근 2000차였다. 1940년 겨울부터 항일연군 제3로군의 일부
소부대가 흑룡강성과 요하평원에서 유격전을 벌리는 외에 동북항일연군 각 로군의
소속부대는 육속 구소련 경내로 들어가 정돈과 훈련을 하였다.

1945년 중국항일전선의 총반격과 함께 동북항일연군 주력부대도 전 동북의 56개
지점으로 진출해 일제와의 최후의 결전을 벌였다.

동북항일연군의 우수한 조선인 지휘관들의 위대한 업적을 쌓았다.

이학복(李学福) 1901년 음력 12월 11일, 길림성 연길현 태생, 원명은 이학만(李学
万), 또는 이보만(李葆满)이다. 1933년 가을, 중공당에 가입, 1937년 봄에는 제7군
제2사 사장(정위 및 군장대리는 최석천(일명 최용건), 1938년 1월에는 제7군 군장으
로 활약하였다. 장기간의 간고한 항일전쟁 중 하신불수증에 걸려 1938년 8월 8일 세
상을 하직하였다.

사진 1-11-05   동북항일연군 지도여 부분적 간부(1945.3). 첫 번째 줄 왼쪽부터 심태산 김경석 서철 박낙권 최명석 장광적, 두 번째 줄 왼쪽부터 와스커유츠(소) 최춘국 김책 강신태 양청해 도우봉 주암봉, 세 번째 줄 왼쪽부터 장석창 유철석 범덕림 고만유(이청산) 교수귀 유안래 진덕산

허흥식(许亨植) 1909년 조선 경상북도 선산군에서 출생, 1930년 초, 중공당에 가입, 1937년 7월에는 항일연군 제9군 정치부 주임, 1939년 1월에는 항일연군 제3로군 참모장 겸 제3군 군장(총지휘는 리이쪼린)으로 있었다. 1942년 8월 2일 아침, 파언, 목란, 동흥 등 지역에서 사업검사 중 토벌대의 포위를 뚫다가 2시간 남짓한 격전 끝에 희생되었다.

이홍광(李红光) 1910년 조선 경기도 용암군에서 출생, 본명은 이홍해(李弘海)였고 이의산이라고도 불렀다. 1930년 5월 중공당에 가입, 1931년 10월 '개잡이대' 대장 직을 맡았다. 1935년 5월 초, 노령구에서 200여 명의 일본수비대와 위만경찰과 뜻밖에 마주친 전투에서 희생되었다. 이홍광은 반석항일유격대의 창시자이며 양쩡위장군의 친밀한 전우였다.

김근(金根) 원명은 김광진(金光珍), 1903년 1월 조선 함경북도 경흥군에서 출생,

1928년에는 용정대성중학교에서 중국어와 영어를 가르쳤으며 1930년 6월, 영안에서 중공당에 가입, 1936년 9월 동북항일연군 제8군 제1사 정치부 주임으로 임명되었다. 1937년 12월 3일, 화천현 칠리립자 자신의 거처에서 경위련의 2명 반역자한테 피살되었다.

이동광(李东光) 원명은 이상준(李相俊), 1904년 함경북도 경원군에서 출생, 1922년 용정 사립동흥중학교 재학하였고 1930년에 중공당에 가입하였다. 이홍광과 함께 남만유격대를 창건하였다. 1937년 7월 16일, 신빈현 영릉진 부근의 황토강자에서 일본토벌대와 맞붙었는데 불행히 희생되었다.

박한종(朴翰宗) 1910년 경상남도 섬천군에서 출생, 1930년 중공반석현위가 건립된 후 이내 중공당에 가입하였다. 1934년에 동북인민혁명나라 군대 제1군(군장 겸 정위는 양찡위) 참모장으로 임명되었다. 1935년 양력설 후 괴뢰군 제5여 제5퇀 기병련을 임강에서 몽강으로 가는 도중에 습격하다가 전투가 결속될 무렵 총탄에 맞아 희생되었다.

한호(韩浩) 원명은 김한호(金翰浩), 1905년 조신에서 출생, 1932년 6월 초 반식유격대에 참가하였으며 1934년 가을, 동북인민군 제1군(군장 겸 정위는 양찡위) 제1사(사장 겸 정위는 이홍광) 부사장으로 임명되었다가 이홍광이 희생되자 제1사 사장으로 임명되었다. 1935년 8월 28일, 일본군, 괴뢰군과의 접전에서 희생되었다.

마덕산(马德山)과 서광해(徐光海) 마덕산의 원명은 김승호, 고향은 조선 평안북도이다. 서광해는 1907년 조선 경상남도 태생, 9·18사변 후 둘은 탕원 반일유격대에 가입하였다. 1937년 마덕산은 1사 사장으로, 서광해는 사정치부 주임으로 임명되었다. 1사는 삼강평원에서 거듭되는 승리를 거두었으며 총병력이 거의 1000명으로 늘어나 삼강평원에서 이름 있는 항일주력부대로 되었다. 1938년 3월 29일, 마덕산은 수빈현 삼간방에서 괴뢰경찰대를 매복습격하다가 희생되었다. 서광해는 1938년 11월 23일, 완달산맥 와회산후방병원의 20여 명 상병원과 병원일군을 거느리고 이동하다가 장가요에서 괴뢰군 35퇀과 격전을 치렀는데 서광해를 비롯한 20여 명이 희생되었다.

김정국(金正国) 원명은 김상주(金相周), 1912년 3월 조선 경상북도 예천군 산합동에서 출생하였다. 1930년에 중공당에 가입하였고 1937년 10월, 동북항일연군 제11

군 정치부 주임 겸 제1여 정치부 주임을 담임하였다. 1938년 5월 상순, 부찌인현 리가분방에서 변절자에게 살해되었다.

김책(金策) 제3군단 제4사 정치부 주임, 중국공산당 북만성위 서기를 역임하였다. 1903년 8월 14일 조선 함경북도 성진군에서 출생, 본명은 김홍계(金洪啓)였다. 3·1운동 후 용정 대성중학교에 입학하였다. 1927년 4월 7일, 조선공산당에 가입하였다. 1940년 북만의 항일부대가 소련 경내에 들어가 정돈하고 훈련하던 시기에도 북만성위 서기 김책과 항일연군 제3로군 총참모장 허형식은 소련에 들어가지 않았다. 1942년 9월 13일 중국공산당 동북당조직 특별지부국 집행위원회 위원으로 선거되었다. 김책은 북만지구 중공당의 최고지도자로서 제일 마지막까지 일제와 무장항쟁을 견지하였다. 1951년 1월 31일 조선 평양에서 서거하였다.

최현(崔賢) 걸출한 활동개고 군사지휘개다. 1907년 6월 8일(음력), 길림성 훈춘시 훌루투거우라는 작은 마을에서 출생, 본명은 최득권이고 그의 아버지는 홍범도, 임병국의 반일부대에 있었으며 홍범도, 임병국 등 반일부대장령들은 매일과 같이 최현의 집에 드나들었다. 1932년 10월 12일 최현은 중공당에 가입했으며 제1로군 4사1여 여단장, 제1로군 제3방면군 제13여단 여단장을 역임, 1940년 말 소련 경내에 진입하여 군사훈련기지를 건립하였고 일제가 투항하자 조선으로 나갔고 1982년 4월 9일에 평양에서 서거했다.

이밖에 동만에는 신춘(황포군관 출신, 중공훈춘현위 군사부장), 김훈(중공왕청현위 초대 서기), 김상화(중공왕청현위 제2임 서기), 채수항(중공화룡현위 초대 서기), 최상동(중공화룡현위 제4임 서기), 이용국(중공왕청현위 서기), 서광(중공훈춘현위 서기), 김일환(중공화룡현위 서기), 영성효(왕청항일유격대 대대장), 김철(왕청유격대 초대 대장), 이광(항일구국군 전방사령), 차룡덕(동북인민혁명나라 군대 제2군 독립사 제2퇀 정위), 박동근(중공연길현위 군사부장), 김순덕(동북인민혁명나라 군대 제2군 독립사 제1퇀 퇀장), 남창익(동북인민혁명나라 군대 제2군 독립사 제3퇀 정위), 최철관(항일연군 제1로군 경위여 제3퇀 퇀장), 김주현(항일연군 제2군 제6사 제7퇀 퇀장), 김산호(항일연군 제2군 제6사 제8퇀 정위), 오중흡(제1로군 제2방면군 제7퇀 퇀장), 양형우(항일연군 제3방면군 제14퇀 정위), 이룡운(제3방면군 제15퇀 퇀장 겸 정위) 등 열사가 있으며 남만에는 유만희(항일연군 제1군 3사 정치부 주임), 이민환 (동북인민혁명나라 군대 제1군 제1사 참모장), 박선봉(항일연군 제1로군 경위여 3퇀 퇀장), 이송파(동북인민혁명나라 군대 제1군 제2사 참모장), 엄필순(항일연군 제1군 군수처장) 등 열사가 있으며 북만에는 이성림(중공벌리현위 서기), 배치운(중공 탐 원중심현위 서기), 박봉남(중공밀산현위 서기), 이광림(중공길동국 순시원), 황옥청 (항일연군 제2로군 정무처 주임), 박진우(중공요하중심현위 서기), 박길송(항일연군 제3로군 제12지대 지대장) 등 열사가 있다.

동북의 항일투쟁 중 많은 여성열사도 있다.

김순희(金順姬) 1910년 길림성 안도현 신사하에서 출생, 1931년 약수동적위대 대 장 송태익과 결혼하고 약수동으로 왔다. 화룡현 약수동부녀구국회 주임, 1932년 11월 체포된 후 조직의 비밀을 수호하기 위하여 혀를 깨물어 끊었다. 적들은 김순희 등을 빈집에 밀어 넣고 불을 지른 후 기관총소사를 하였다. 그때 김순희는 22살, 만삭이 된 몸이었다.

김영신(金英信) 중공동만특위 부녀위원, 1932년 겨울에 제쏘뇌었다. 설개를 굽히 지 않고 영용히 희생되었다.

이추악(李秋岳) 중공에 가입한 첫 조선인여성, 양림의 부인, 중공주하중심현위 여 성위원, 1936년 8월에 체포돼 희생되었다.

배성춘(裴成春) 항일연군 제6군 피복공장장, 1938년 11월 23일, 보청현 장가요에 서 포위를 돌파하다가 희생되었다.

허성숙(許成淑) 1915년 안도현 차조구 중안촌에서 출생, 1931년 소년선봉대에 가 입, 1936년 중공당에 가입, 항일연군 제1로군 제2군 제4사 1퇀 1련의 첫 여기관총사, 1937년 6월에 있은 간삼봉전투에서 무비의 용맹을 떨쳤고 1939년 4월의 시베이차 (西北岔)전투에서는 단신으로 적기관총진지에 뛰어들어 적들을 쓰러 눕히고 기관총 한 자루를 노획하였다. 1939년 8월 23일, 대사하전투에서 적의 지원병을 혼자서 저 격하다가 희생되었다.

황정신(黃貞信) 반일의사 황병길의 둘째 딸, 훈춘현 연통라자 남구당지부 여성위 원, 1934년 정월 초하룻날, 토벌대의 추격으로 희생되었다.

이계순(李桂旬) 원 중공화룡현위 서기 김일환의 부인, 항일연군 제2군 6사에서 후원사업에 종사. 1937년 12월에 체포된 후 갖은 혹형과 유인을 물리쳤으며 1938년 1월에 희생되었다.

김로숙 남만항일지도자의 한 사람인 이동광의 부인, 홍석랍자, 금천하리 항일유격 근거지역에서 후원사업을 하였다. 1936년 10월, 물자구입 중 집안현 대청구에서 일본수비대과 싸우다가 희생되었다.

안순화(安順花) 동북인민혁명나라 군대에서 후원사업을 하였다. 1937년 3월, 부상으로 체포된 후 나무꼬챙이를 몸에 박는 등 갖은 혹형에도 굴하지 않다가 희생되었다.

안순복(安順福) 1915년 흑룡강성 목릉현 목릉진 신안툰에서 출생, 1936년 중공당에 가입했고 항일연군 제4군 피복공장의 책임자, 1938년 10월 상순, 대부대의 포위를 엄호하다가 탄알이 떨어진 상황에서 우스훈강에 몸을 던진 '8녀투강'의 한 사람(이외 조선인 여전사 이봉선이 있음)이다.

최희숙(崔姬淑) 항일연군 제2군 제6사의 재봉대 책임자. 1941년 2월 연길현 용신구에서 적의 포위를 뚫다가 부상입고 체포된 후 그녀의 두 눈을 오려내는 등 갖은 혹형에도 굴하지 않았다. 적들은 마지막에 그녀의 심장을 도려내었다.

제5절 토비숙청에서의 조선인

1945년 8월 8일, 구소련은 일본에 전쟁포고를 낸 후 동북에 출병하였다. 8월 9일, 마오저뚱은 '일본침략자에 대한 최후의 일전' 성명을 발표, 전면적인 대반공이 시작되었다.

간도의 주요한 시가지가 해방된 시간을 보면 훈춘은 8월 12일, 나자구는 14일, 왕청은 15일, 도문은 17일, 연길은 18일, 용정과 돈화는 19일, 화룡은 20일이다. 이로써 조선이주민은 일제의 통치하에서 해방되었다.

8월 19일, 용정 3·1소학교(현 용정실험소학교)운동장에서 구 소련홍군을 환영하는 대회가 성황리에 펼쳐졌으며 1946년 3월 1일, 3·1소학교 운동장에 동북해방기념비를 세웠다. 1945년 10월 하순, 도문시 각계 인사들은 우의거리와 명성로 교차점에 소련홍군열사기념탑을 만들었다. 도문해방전투에서 소련홍군은 20여 명이 전사, 그중 2명이 여전사였다. 탑은 '동북해방기념탑'으로 명명되었다가 '소련홍군열사기념탑'으로 개칭되었다.

1945년 9월 23일, 연길시에서 연변노농청부(勞農靑婦) 총동맹이 성립되었고 10월 에는 연변민주대동맹으로 개칭하였으며 그 인수는 14만 5000여 명에 달하였다. 같은 시기 조선독립동맹의 지하사업자인 김택명은 할빈에서 '조선독립동맹 북만특별위원회' 를 조직하였고 남만에서도 민주연맹이 건립되었다.

조선인무장대오가 신속히 조직되었다. 팔로군기열료군구에서 파견되어 심양에서 지 하사업을 하던 한청은 광복 후인 8월 18일부터 조선의용군 독립지대 창건사업을 추 진했으며 지대장으로 임명되었다. 조선독립동맹과 조선의용군에서 사업하던 기열료군 구의 주연이 조선의용군 선견대 100여 명을 영솔하고 동북으로 진군하였는데 9월 중 순 심양에 도착했을 때는 400명으로 늘어났다. 선견대와 독립지대는 곧 합병하여 조 선의용군 선견종대로 개편되었다. 당시 선견종대는 1400여 명의 부상대오로서 12개 중대를 갖고 있었다. 그리고 김택명은 할빈에서 길흑보안총대 조선독립대대를, 김광 협은 목단강에서 고려경찰대를, 강신해는 연길에서 연변경비퇀을 조직하였다. 그리고 팔로군 주더어 총사령의 명령을 받고 동북에 진출한 조선의용군은 1945년 11월에 제1, 3, 5지대로 편성되어 남만, 북만, 동만으로 진출하였으며 제5지대는 길림지구에 이르러 일부 병력을 떼어내 당지의 인민무장대오와 합쳐 제7지대를 조직하였다.

조선의용군 제3지대는 1945년 11월에 심양에서 조직되어 그 후 이홍광지대로, 동 북 민주연군 독립 제4사로, 중국인민해방군 제166사로 개편되었다. 제1지대 지대장은 김웅, 정치위원에 방호산, 참모장에 안빈, 정치부 주임에 주연이였다.

한청, 주연이 조직한 조선의용군 선견종대를 기초로 한 1600여 명 병력과 연안 조 선혁명나라 군대정학교 졸업생, 각 항일근거지역에서 북상한 청년군관들을 골간으로 하여 조직된 제1지대는 1946년 2월, 동북민주연군 이홍광지대로 개칭되었고 총 병력 은 6000명에 달하였는데 후에 또 한 개 대대가 증가되었다.

1945년 11월 25일, 할빈보안총대 조선독립대대가 조선의용군 제3지대로 재편성되었다. 지대장에 김택명, 정치위원에 주덕해, 부지대장에 이덕산였다.

조선의용군 제5지대는 1945년 11월 초순에 심양에서 조직되었고 9월에는 동만으로 진군하였다. 5지대는 원 태항산 조선혁명군 군정학교의 간부와 학생을 골간으로 조직되었다. 정위에 박일우(조선의용군 부사령을 겸임), 지대장에 이익성, 참모장에 전우와 이권무, 정치부 주임에 주혁, 대원이 900여 명이 되었다. 조선의용군 5지대의 성원을 골간으로 하여 조직된 포병대대는 그 후 포병퇀으로 확대, 발전되어 제4야전군 포병부대의 건설에 큰 기여를 하였다.

8·15광복 후 길림시에서는 길림성보안총대 제7대대가 조직되었다. 1945년 11월 29일 조선의용군 제7지대로 개편되었다. 이 부대는 화북에서 온 의용군을 골간으로 하고 7대대를 주력으로 하였다. 당시 지대장 겸 정치위원으로는 연안에서 온 조선의용군의 박훈일이고 부지대장 겸 부정위는 최명였다.

광복 후 동북근거지역에는 무려 10여 만을 헤아리는 토비들이 창궐하였다. 북만의 송강군구 8퇀, 목단강군구 제2지대와 359여에 편입한 조선인관병들은 아군부대와 배합하여 1947년 5월까지 7만 9000여 명의 토비를 숙청하고 북만근거지를 튼튼하게 건설하였다. 남만에서는 이홍광지대가 아군부대와 배합, 작전하여 통화의 2·3반혁명폭동을 진압한 뒤 해성, 수암, 내호산, 임강, 장백 등 지역에서 토비를 숙청하여 남만근거지 건설에 기여했다. 동만지구의 조선인관병들은 1945년 11월부터 6월까지 남만과 목단강지구의 아군과 배합, 작전하여 1만여 명의 토비를 숙청함으로써 한 시기 중단되었던 동만, 북만 두 근거지를 연결하였다.

제6절 중국 국내해방전쟁에서의 조선인

1946년 6월, 쨩쩨이스은 전면내전을 발동하여 사평, 장춘을 점령한 뒤 화동, 화북에 대한 대거진공을 감행하였으며 10월에는 동북근거지에 대한 대규모의 진공을 들이댔다. 연변경비여 주력은 교하, 랍법, 신참 지역에서 적들의 전략진공을 분쇄하여 동만근거지를 보위하였다. 중국 국내해방전쟁시기 조선청·장년 6만 2942명이 참군하였는데 송강성에 1만 2644명, 요녕성에 8753명이었다(「동북조선이주민 여러 통계표」). 연변 5개 현에서는 3만 4855명이 참군하였으며 동시에 10여만 조선인 공안부대, 기간대(基干队), 무장민병 등 지방무장조직에 참가하였다(「연변지위중요문건집」).

1946년 12월부터 1947년 4월까지의 3하 강남, '4보임강' 전역에서 주력부대에 참가한 조선인전사들은 송화강을 세 차례나 건너 1월에는 치따무전투, 2월에는 성자가전투, 3월에는 덕혜와 농안 간의 전투에 참가하였다.

1947년 5월 하기공세에서 동민독립사와 길동경비여는 6종대와 협동작전하여 화전, 반석, 해룡, 쌍양 등 현을 해방하고 동만과 남만 근거지를 하나로 연결시켰다.

추기공세에서 연변, 목단강, 송강, 통화 지구의 지방부대에서 싸우던 2만 여 명의 조선인 지휘관과 병사들은 야전군 각 종대에 편입되었다. 동만독립사는 동북군구 독립1사, 독립3사와 합쳐 10종대로, 이홍광지대는 동북군구 독립4사(후에는 166사로)로, 원 길동군구 독립3, 6퇀과 길남군부구 71퇀은 동북군구 독립6사(후에는 156사로)로, 송강군구 8퇀과 길남군분구 72, 74퇀은 동북군구 독립11사(후에는 164사)로 각기 편성되었다.

동기공세에서 10종대는 법고, 도가툰, 황화툰, 142고지, 동사산, 대고가자, 대쌍립자 등 전투에서 적 59사, 169사의 일부를 섬멸하고 그다음 이홍광지대와 기타 주력부대와 협동작전하여 적 62사를 섬멸하였으며 개원해방전투를 거쳐 적 53군 30사의 일부와 지방부대 도합 1000여 명을 섬멸하였다.

길림 외곽에서 활동하던 독립6사는 장춘으로 철퇴하는 국민당군 60군을 호가툰-산주자 일선에서 저격, 추격하여 2000여 명을 섬멸하였다.

1948년 가을, 요심전역에서 독립6사와 독립11사는 장춘포위전에 참가했고 이홍광지대는 심양해방전투에 참가하였다. 10종대는 흑산-대호산 일선에서 수량상 몇 배나 우세인 료요쌍병퇀의 5개 군, 12개 사를 밤낮 3일간 막아냄으로써 금주전역의 승리를 보장했다.

동북해방전쟁이 끝난 뒤 164사는 장춘위수임무를, 166사는 심양위수임무를 맡고 그 외의 4야전군 각 종대의 조선이주민 관병은 산해 관을 넘어 관내로 진출하였다.

동북해방전쟁에서 수많은 조선이주민 전투영웅과 전투모범단체가 용솟음쳐 나왔다.

왕청현조선농민으로 구성된 모 부 김성범(金成范)련은 '전투모범련'의 칭호를 받았고 오상현과 연길현의 조선인장병들로 무어진 28사 82퇀 3영 8련은 '강철8련'의 칭호를 지니었다. 대공 8차, 소공 2차를 세운 전투영웅 김복성(金福星), 1등 인민영웅 김천덕(金天德), 모택동상장을 받은 특등공신 한국화(韩国和), 주덕상장을 수여받은 박룡운(朴龙云), 다섯 차례나 간고분투상장을 수여받고 용감상장을 획득한 김학범(金学范) 등은 해방전쟁시기 조선인군인의 대표이다.

조선인은 전쟁후근사업에 적극 뛰어들었다. 1947-1948년 연변에는 연인수로 3만 6938 명이 전시사업에 뛰어들었고 여러 차량이 6420차 동원되었다(「연변지위주요문건집」). 원 송강성에는 1만 2000여 명 조선이주민이 전시후근사업에 참가하였다. 수많은 조선이주민들이 담가대, 운수대에 나가고 철도복구, 방어공사수축에 동원되었다. 훈춘병기공장, 로투구고무공장의 노동자들은 밤낮으로 일했고 도문철도국의 노동자들은 마사진 기관차를 다그쳐 수리하고 막힌 터널을 소통시키어 빠른 시일 내에 동만의 철도를 개통시켰다. 연변에는 37개 집체와 722명 개인이 입공하였으며 19개 집체와 1582명 개인이 모범으로 당선되었다(「연변지위주요문건집」).

해방전쟁시기 조선인의 많은 아들딸들이 귀중한 생명을 바쳤다. 1950년에 조사한 통계에 따르면 3년간 중국 국내해방전쟁에서 희생된 조선인열사는 도합 3550명, 그중 길림성에 2662명, 송화강에 521명, 원 요동성에 264명이었다. 최근 통계에 따르면 동시기 연변의 열사는 3350명인데 조선인이 3041명이다. 이는 조선인 5세대에 1명의 열사가 있는 셈이다.

제7절 조선공산당만주총국의 활동

1918년 6월 26일, 연해주의 하바롭스크에서 조선민족의 최초의 사회주의단체인 '한인사회당'이 건립되었다(의장 이동휘). 1921년 1월 10일, 상해에서 '고려공산당'으로 개칭되었는데 세칭 상해파였다.

1919년 9월 5일, 하바롭스크에서 '전 러시아한인공산당'(의장 김철훈)을 성립하였으며 1925년 5월 '전 러시아고려공산당'으로 개칭하였다. 세칭 이르꾸쯔크파이다. 이르꾸쯔크파에서 조선에 파견한 김재봉, 신용기 등이 1924년 11월 19일에 '화요회'를 성립하였으며 세칭 '화요파'이다.

1924년 2월, 일본유학 귀국생을 골간으로 '신청년동맹'이 건립되었다. 그 후 '건설사'를 흡수하면서 '북풍회'라고 개칭하였다. 세칭 '북풍파'이다.

공산주의계열의 상해파, 화요파, 북풍파가 서로 반목, 상쟁하던 끝에 1925년 4월 17일 서울에서 상해파 6명, 화요파 6명, 북풍파 5명이 참가하여 조선공산당을 창건하였다.

1925년 12월, 조선공산당의 김재봉 등 요원 30여 명이 일경에게 체포되었다. 12월 중순, 강달영이 두 번째로 조선공산당중앙기구를 조직하였으며 만주와 일본에 해외총국을 건립하기로 했다.

1926년 5월 16일, 조봉암(曹奉岩), 최원택(崔元泽), 윤자영(尹滋英), 김하구(金河亀), 김철훈(金哲勋) 등은 주하현 일면피 하동의 김철훈의 집에서 조선공산당만주총국을 설립하였다. 조봉암이 책임서기를 담임하다가 상해의 조선공산당해외연락부로 돌아간 후 오의선(吳义善)이 책임서기를 맡았다. 조직부장은 최원택, 선전부장은 윤자영이였다. 만주총국은 산하에 동만구역구, 남만구역구, 북만구역구를 세웠다.

1926년 10월 28일, 용정 삼리촌에서 만주총국에서 파견한 한응갑, 전룡락은 이주화, 김소연, 임계학, 채세진, 박두환, 이순, 김인국, 임민호) 등 각파 대표들은 동만구역국을 세웠다. 전룡락이 책임서기로, 김인국이 조직부장으로, 이순이 선전부장으로, 이주화, 김소연이 표면검사위원으로, 채세진, 김인주, 이주화가 기율검사위원으로 당선되었다. 동만구역국은 용정, 평강, 화룡, 국자가, 동불사, 명월구, 왕청, 나자구, 훈춘 등 지역에 17개 당지부 또는 당소조를 건립하였다.

남만구역국은 1927년 8월에 성립되었다. 김로해(金鲁海)가 책임서기를 맡았으며 후엔 이구호(李九浩)가 맡았다. 남만구역국은 길림, 화전, 교하, 청원, 집안, 통화, 흥경, 심양, 안동 등 지역에서 기층조직을 확대하였다.

북만구역국은 만주총국에 이어 이내 성립되었다. 총부를 의란현에 두었다가 선후하여 영안, 아성으로 옮겼다. 책임서기는 강화린, 우룡선, 이병서가 선후 임명되었다. 아성, 주하, 영안, 탕원에 4개의 기층조직이 있었고 후에는 해림, 목단강 일대에도 당지부가 있었다.

이상 3개 구역국 중 동만의 역량이 가장 강했다. 1927년 통계에 따르면 동만에는 19개 기층당조직, 116개 외곽단체가 있으며 성원은 9766명이었다. 만주총국의 임무는 민족민주 혁명을 진행하는 것이다. '일제의 침략세력을 내몰고 조선독립을 쟁취하는 동시에 일체 봉건제도를 없애며 독립자주적인 민주주의 국가를 건설하는 방침'에 따라 모든 사업을 진행하였다.

만주총국은 성립된 후 조기공선주의단체를 정돈하였으며 강령과 당장에 따라 당원을 발전시켰고 기층조직을 확대, 신건하였다. 반일혁명역량을 단결하여 반일민족통일전선을 건립하였고 동북조선이주민의 실제상황에 비추어 자치운동을 진행하였다. 이밖에 군중을 발동하여 반일시위를 조직하였다.

1927년 5월 1일, 동만구역국은 5·1절을 계기로 용정 및 부근의 수백 명 학생들을 동원하여 반일시위를 단행하여 좋은 성과를 보았다. 이에 고무를 받은 만주총국은 10월 2일에 대규모의 반일시위를 거행하여 일제가 제1차 조선공산당사건 중 체포된 반일지사를 공개심판하는 운동을 벌이려 했다. 이날따라 용정에 비가 왔기에 이튿날로 미루었고 총국과 구역국의 책임자들은 책임서기 안기성의 집에 모였다. 일본용정총영사관은 정보를 접한 뒤 군경을 풀어 29명 만주총국의 간부를 체포하였으며 동만구역국의 간부는 개별인을 제외하고는 다수가 체포되었다. 일제는 이번 사건을 단서로 100여 명 반일단체 의 간부와 군중을 체포, 구유하였다. 이것이 '제1차 간도공산당사건'의 진상이었다.

1928년 9월 3일, ML파는 국제청년절을 계기로 용정, 국자가 등 지역의 천 명 청년학생의 반일시위를 조직하였다. 이에 일제는 대규모의 수색을 해가며 72명 청년을 체포했다. 이것이 '제2차 간도공산당사건'이다. 제1차사건과 마찬가지로 제2차사건 중 미터L파의 많은 골간들은 남만 각지로 피난했다.

1930년 2월, 3·1운동 11주년을 기념하여 성세 호대한 반일시위운동을 거행하기로 결정짓고 화요파는 준비위원까지 구성하였다. 2월 28일과 3월 1일 용정과 화룡의 수천 명 청소년학생과 농민들이 시위에 참가하였다. 화요파는 이동선, 이철권, 김상근,

안평 등을 위수로 하는 동만폭동위원회까지 성립하고 무장봉기의 준비사업을 다그쳤다. 하지만 4월 17일 일제한테 폭로되어 5월 중순까지 130여 명 간부와 군중이 체포되어 투옥되었다. 이동선 등은 남만과 북만으로 피난했다. 이것이 '제3차 간도공산당사건'이다.

1927년 10월 29일, 제1차 간도공산당사건이 발생된 후 원래의 화요파, ML파, 서울-상해파의 대표로 구성되었던 조선공산당만주총국이 각파로 분립되어 세 개의 만주총국의 건립을 보았다가 1928년 7, 8월간에 열린 공산국제 제6차 대회에서 조선공산당의 공산국제지부자격을 취소하고 일국일당의 원칙에 따라 통일적인 조선공산당을 건립할 것을 요구하였기에 다 같이 중국공산당에 입당하는 기회를 얻었다. 이에 대응해 중공만주성위는 산하에 '소수민족운동위원회'를 설치하고 구체적인 문제를 지도하였다.

1930년 6월을 계기로 동북에서의 조선공산당의 활동은 결말을 지었다. 조선공산당원은 조선혁명과 조선해방의 노선에서 벗어나 중국혁명에 직접 참가하고 조선혁명을 간접적으로 지원하는 새로운 길에 들어서게 되었다.

조선공산당 만주총국은 1926년 5월에 건립되어 조선인 농민 대중에 마르크스주의를 전파하고 무산계급의 계몽교육을 진행하는 데 적극적인 작용을 놀았다. 그러나 파벌의 싸움으로 끝내는 해산되는 결과를 빚었다.

조선이주민의 민속

만주조선이주민의 풍속은 전적으로 옛것을 전통적으로 계승하여 왔고 완미하게 보존되다시피 되었다. 재만조선이주민의 의, 식, 주는 앞부분에서 이미 말한 바가 있고 9·18사변 후에 와서 좀 별다른 점이라면 옷천의 색깔, 품질의 차이와 주식물의 약간의 변화, 즉 입쌀을 위주로 하거나 좁쌀을 주식으로 한다는 등등이다. 본 장에서는 주요하게 가정의 연중행사, 출생, 결혼, 장례, 사회생활풍습을 적는다.

제1절 가정년중행사

1. 용신숭배

음력 12월 23일 밤중에는 부엌귀신이 승천한다는 폭죽소리가 여기저기서 들려와 땅을 뒤흔든다. 이 신은 집안의 길흉화복을 주관하는 부신(夫神)으로서 그날 밤에 승천하여 옥황상제를 만나 집안 한 해 동안의 일을 고해바치면 상제는 그것을 참작해가지고 그 이듬해에 그 집안의 길흉복화를 점지한다는 신앙에서 집집이 이날 밤엔 갖은 제물을 마련해 놓고 용신을 전송한다. 제물 가운데는 엿이 꼭 있어야 한다. 그 까닭은 엿이 귀신의 입에 붙어서 마음대로 언짢은 보고를 못하게 하도록 하는 것이다. 이레 만인 그믐날 밤에 길흉화복을 받아가지고 돌아온다고 한다. 이때 돌아오는 신을 맞아 폭죽소리 또한 요란하다.

2. 대회일

음력 그믐날은 정월 초닷새까지 먹을 음식준비도 하고 안팎을 청소하며 붉은 종이에다 형형색색의 길한 문자를 써서 방안기둥 문설주에 붙이고 또는 문신(門神)이라 하여 공자, 문제, 관세음보살 혹은 용신 등의 그림을 그려서 대문 쪽에다가 붙인다.

가장되는 이는 낮에는 묘지역에 향을 태우고 밤에는 접신하기 위해 집안 총출동으로 요란스럽게 폭죽을 울린다. 조선에서 묵은세배하는 것처럼 아이들이 웃어른께 세배를 하고 세뱃돈을 타며 밤을 거의 새운다.

3. 원 단

일 년 중 제일 큰 행사는 원단이다. 초하룻날 아침에는 새벽과 함께 문을 열고 새해를 맞아들이며 온 가족은 기쁜 마음으로 세수를 한 뒤 어린애들은 어른들이 선물한 설날옷을 입으며 차렷하고 조상님께 절을 올린다. 그 순서는 할아버지, 할머니, 아버지, 어머니 등이다. 그 다음 가족은 자리를 정하고 앉아 준비해 두었던 음식과 술과 음악, 오락으로 새날을 즐긴다. 아이들은 웃어른에게 절하며 새해 인사를 하는데 이것을 세배라고 하며 웃어른들이 아이들께 조금씩 돈을 주는데 이것을 세뱃돈이라고 한다.

이외에 상원(음력 정월 대보름), 청명, 단오, 칠석(음력 7월 7일), 추석(음력 8월 보름), 동지 등 주요한 연중행사가 있다.

제2절 출생 결혼 회갑 장례

1. 출 생

아이가 출생하면 즉시 따듯한 물에 부드러운 천이나 풀솜에 물을 적셔서 온몸을 닦아준 후 감초를 달인 물, 또는 들기름, 삼 달인 물을 숟갈로 세 번 입안에 넣어준다. 또는 들기름을 깨끗한 풀솜에 흠뻑 묻혀서 입안을 닦아주기도 한다. 이렇게 하면 잡병 특히 복학(제거) 등을 예방한다는 속담이 있다.

동시에 밥, 국을 각각 그릇에 장만하여 산신(産神)상을 차려 산신에게 바치고 영아의 명복과 산모의 건강회복을 기원한 후 이를 산모가 먹는다.

아이가 출생하면 곧 '인줄'이라 하여 왼새끼를 꼬아서 숯을 꽂고 남아인 경우는 붉은 통고추 그리고 여자애일 경우는 청송잎을 함께 꿰어 대문에 위쪽으로 좌우에 걸쳐서 매어단다. 따라서 일이 있어 그 집에 찾아왔다가도 인줄이 매어있는 것을 보면 그 대문 안에 들어가지 않는 것이 통례이고 이를 3. 7일에 철거한다.

아이가 출생해서 사흘이면 심삼(沈三)이라 하여 친척지우들을 모여 놓고 축하를 하며 한달이 되면 만월이라고 하여 출생아이에게 선물을 주며 손님을 초대한다. 백일이 되면 아이를 위하여 백일잔치도 치른다. 만 1년이 되면 첫돌잔치라 하여 주연을 베풀고 남자애면 붓, 먹, 주판, 저울, 칼, 책 등을 상 위에다 놓고 그 아이가 집는 것에 따라서 저울을 집었으면 장차 상인이 되든지, 붓과 책을 집었으면 선비가 되어 벼슬을 한다고 아이의 장래를 축복한다.

6-7살까지는 간단한 애명을 부르고 그 후부터 글 읽기 시작하면 양친이나 선생이나 그 지방 명망이 높은 이가 정식으로 이름을 짓는다.

2. 결 혼

옛적에 조혼이 있었으나 30, 40년대에 와서는 18, 19세 내지 30살 미만에 결혼하는 편이다. 남녀 간의 소개는 중매꾼을 통하여 부부 될 두 사람을 점쳐서 성이 합하라 하면 먼저 여자의 부모가 남자의 선을 보고 다음으로 여자 편을 보는데 당사자끼리는 결혼하는 그날까지 서로 보지 않는다. 선을 본 후 양편이 합의하면 사주를 교환하고 예물이 오가고 이쯤 되면 파혼하기 어렵고 성혼하기 전에 어느 일방이 죽는다 해도 상복을 입어주며 여자는 한평생 과부로 된다.

혼례방식은 1920년대 말까지는 반친영방식이었고 1930년대 이후부터는 친영방식으로 변화되었다.

반친영방식을 소개하면 잔칫날 신랑이 말을 타고 신부 집에 가고 혼례식은 신부 집 마당에서 치르며 신부 집에 도착하면 먼저 전안례(奠雁礼)를 치른 뒤 신랑신부가 교배례와 합근례를 치른다. 신랑이 큰상을 받은 뒤 혼례식을 마치고 신부 집에서 신부와 함께 잔다. 며칠 후 날을 택하여 신랑신부가 신랑 집으로 간다. 신랑은 말을 타고 신부는 가마에 앉아 간다. 신부는 신랑 집에 도착한 뒤 큰상을 받으며 이튿날 신부가 시부모와 기타 근친들께 인사를 올리며 예물을 증정한다. 즉 인문연이다.

친영방식을 소개하면 신랑이 신부 집 마당에서 전안례, 교배례, 합근례를 지르고 큰상을 받은 뒤 그날로 신부를 신랑 집으로 데려온다. 신랑이 신부 집 마당에서 전안례만 치르고 방안에 들어가서 교배례와 합근례를 치르고 큰상을 받는 경우도 있다. 신부는 신랑 집에 도착한 후 큰상을 받고 이튿날에 인문연을 한다.

다른 한 가지 경우는 신랑이 신부 집에 가서 전안례만 치르고 큰상을 받은 다음 신부를 신랑 집으로 데려간다. 신부는 신랑 집에서 큰상만 받고 교배례와 합근례는 치르지 않는다. 이튿날 아침식사 후 인문연을 하며 3일 날 신랑신부가 신부 집에 간 뒤 신랑다루기를 한다.

사진 1-12-01 간도 용정 보광촌에서의 결혼식(1933년), 신랑과 신부는 원
안도현문연 이용덕 씨의 부모이다. 뒤에는 만국기가 줄지어 걸려있다.

3. 회 갑

　61세가 되는 해를 회갑년이라 하는데 환갑년, 주갑년, 화갑년이라고도 한다. 간지
가 60년 만에 바퀴 돌아온다는 뜻에서 유래된 말로 이는 자기가 태어난 해로 돌아왔
다는 뜻이다. 많은 음식을 회갑상 위에 차려놓고 축배를 드리고 즐겁게 해드린다. 이
날에는 일가친척, 친지들을 초청하며 축하잔치를 베푸는데 시, 부를 올리면서 즐기기
도 한다.

4. 장 례

　만주조선인의 장례는 대체로 습(襲), 염(殮), 성복(成服), 빈(殯) 등 옛 습성을 그
대로 이어왔다.

생시에 가까이 있던 사람이 사자가 평상시에 입던 옷으로 홑두루마기나 적삼의 옷 깃을 왼손으로 잡고 마당에 나가서 마루를 향해 사자의 생시칭호를 세 번 부른 뒤에 그 옷을 시체에 덮고 남녀가 운다. '습'은 시체를 목욕시키고 옷을 갈아입히는 것이고 '염'은 시체에 새 옷을 입히고 삼이나 교표로 세 곳을 묶은 다음 시체를 관에 넣는 것이고 '성복'은 가족과 친척들이 상복을 입는 것이다. 관을 상여에 얹고 마을의 청장년들이 메고 출빈하였다. 기수 날을 택하여 장례하였으며 어른인 경우에는 3일 또는 5일, 7일 만에 출빈하였다. 영구를 내가기 전에 곡을 하고 제를 지낸 다음 출빈한다.

제3절 사회생활습성

1. 전통유희

씨 름

조선이주민의 전통적 민족운동항목이다. 해마다 단옷날이면 씨름장에 모여들어 경기를 진행한다. 간도에서는 함경도에서 살던 사람들이 많이 살고 있어 함경도씨름을 많이 하였다. 함경도씨름은 늦은 샅바걸이씨름으로 세상에 알려지고 있다. 씨름은 20년대에 와서는 단일종목경기대회까지 있었다. 사료들을 두루 적어보면 다음과 같다.

1923년 양력 6월 18일 용정동흥중학교 교정에서 단오씨름대회가 열렸는데 함경도씨름이었으며 관중은 6000-7000명에 달하였다. 결승전에서 용정의 김경준(24세), 조선 종성의 길용률(20세), 용정 영신의 황경식(24세)이 각각 1, 2, 3등을 따냈다.

1926년, 훈춘현에서 씨름대회를 열었는데 하다문향의 박광호 씨가 2등을 하였다. 박광호 씨는 그 후 훈춘, 조선 등지의 씨름경기에 참가하여 수차 1등을 따내었으며 일생 동안 황소 13마리나 탔다.

1927년 6월, 팔도구학교에서 단오절씨름경기가 있었는데 백하진 씨는 비교로부터 결승까지 무려 38명이나 넘어뜨리고 우승을 하였다.

1931년 6월 20일부터 22일까지 용정 육안교 부근 해란강가에 자리 잡은 광장에서 단옷날씨름대회가 열렸다. 이번 대회에서는 특별상을 걸었는데 1, 2, 3등에 각기 황소, 중축에 가는 소, 송아지를 상으로 주었다. 결과 1등은 윤중렬, 2등은 대성중학교의 김상수, 3등은 용정청년구락부의 박춘식이였다.

1935년, 국자가씨름대회에서는 연길뿐만 아니라 용정서 온 선수들도 참가하였으며 조선 청진에서 온 선수들도 있었다. 이번의 씨름은 함경도씨름이었다. 조선 청진의 강영필이 1등을 하고 연길의 김기률과 김동진이 각기 2등과 3등을 하였다.

씨름판은 마당 한가운데 모래를 둥그렇게 펴놓는다. 씨름꾼은 넓적다리에 샅바를 매는데 샅바를 매는 것도 어느 쪽 다리에 매는가에 따라 손잡는 법이 달랐다. 조선 이주민의 씨름은 아주 널리 보급되었다. 씨름을 할 때 샅바가 없으면 바지가랑이나 허리춤을 쥐고 씨름을 하였다. 그리고 모래판이 없으면 밭머리거나 잔디밭에서도 씨름을 하였다 .

농촌에서는 샅바를 매지 않고 하는 '민중씨름'(네굽씨름이라고도 함)을 많이 하였으며 때로는 선 채로 하는 '선씨름'도 하였다.

재만조선이주민은 씨름에서 오랫동안 무체급개인전의 경기방법을 사용하였다. 키가 크고 작고 간에, 체중이 무겁건 가볍건, 나이가 많든 적든 간에 상관없이 씨름판을 벌렸다. 이것은 조선이주민씨름이 아주 널리 보급될 수 있는 중요한 원인의 하나이다.

그 네

동네어구 등 곳에 서있는 큰 느티나무나 버드나무의 굵은 가지역에 매어놓고 동네 사람들이 수시로 나와서 뛰며 놀게 한다. 대개는 단옷날에 그네뛰기를 하는 것이 통례이다. 그네는 또 인공적으로 장대를 세워 매기도 한다. 혼자 뛰기도 하고 두 사람이 마주 서서 뛰기도 한다. 그네의 경기는 누가 제일 높이 올라가느냐에 따라 승부를 정한다.

재만조선이주민의 그네뛰기는 이주 초기부터 조선이주민이 집거한 촌마다에는 거의 그네터가 없는 곳이 없어 단옷날 여성들의 놀이로서 대성황을 이룬다. 하지만 운동종목으로서의 그네뛰기는 20년대 초기부터일 것이다. 「훈춘현체육지」에는 20년대 초에 그네 등 운동종목을 포함한 운동대회가 있었고 「도문시체육지」에는 석건평에서 1933년에 학생, 농민이 참가한 구(区)운동회가 있었는데 경기종목에 그네가 있다는 기재가 있다. 1935년 월청, 위자구 등 지역에서 단오절에 그네뛰기경기를 하였고 1937년 6월 13-14일 진행된 위자구 그네뛰기경기에서 안현숙 씨가 1등을 하였다.

널뛰기

널뛰기는 음력 정초를 비롯하여 5월단오, 8월추석 등 명절에 성행하였다. 재만조선이주민의 널뛰기는 이주 초기부터 시작되었으며 농촌에서 많아 성행하였다. 널뛰기가 경기종목에 들기는 1930년대이다. 훈춘현에서는 1938년과 1940년 단오절에 널뛰기, 그네, 씨름대회가 있었다. 널뛰기경기는 주로 단옷날에 진행되었다.

널뛰기 시설에는 널 고임목이 있다. 널은 흔히 홍송을 많이 쓴다. 고임목은 널 중간 밑에 괴는 것을 말하는데 옛날에는 짚단을 많이 썼다. 짚단이 아니고 가마니 같은데 흙을 넣어 쓰기도 했다. 널뛰기경기에는 줄뽑기와 표현이 있다. 선수들이 올라간 높이와 공중에서의 표현을 보고 우승을 정한다.

사진 1-12-02 설맞이 널뛰기 놀이(간도지방)

가면무

남만 지대에서 유행되었는데 집단생활 속에서 창조된 전통유희이다. 명절이거나 농한 때면 농민들이 가면을 쓰고 가짜옷(假裝)을 몸에 걸친다. 형상적인 유희로서 많은 환영을 받았다.

농악무

전통유희의 일종이다. 벼모내기, 물도랑을 수리하거나 제방을 쌓거나 풍년을 경축할 때 여러 가지 민족악기를 연주하여 한편 노래하고 한편 춤춘다. 농악무는 조선이주민의 근로하고 용감하고 활발한 품성과 창조정신을 반영하였다.

화 투

화투놀이는 여러 가지이다. 보통 월별로 그림을 맞춰가는 민화투는 끗수를 계산하여 가장 많이 딴 쪽이 이기는 것이다. '약'은 난초약, 단풍약, 비약, 오동약 등이 있는데 그달의 4장을 모두 차지하면 규정에 따라 한사람께 20 또는 40을 준다. 술과 돈을 걸고 놀이가 벌어지기도 한다.

이밖에 윷놀이, 목마타기, 팽이치기, 제기차기, 공기놀이, 연띄우기, 장기 등이 있다.

2. 예 의

재만조선이주민의 예절은 옛것을 그대로 보존하여 왔다. 서로 처음 만나면 경어를 쓰며 아랫사람은 웃어른한테 존경어를 써야 하며 노인과 손님한테는 따로 밥상을 차리고 노인이나 웃어른이 숟가락을 들어야 식사를 시작하여 술, 담배는 부자간이 좌석에서 마시고 피우지 못하며 아랫사람은 웃어른 앞에서 술, 담배를 회피한다. 회비할 수 없는 장소에서는 몸을 옆으로 돌리고 마시어 존경을 나타낸다. 연장자와 동행할 때는 젊은이가 반드시 노인의 뒤에 서서 걸어가야 한다. 길에서 아는 노인을 만나면 공순히 인사를 하며 문안하고 길을 피해주어야 한다. 부모와 선조에게 효성을 다하는 것은 사회공덕으로 되었다.

제4절 민간신앙

　재만조선이주민은 민족의 언어, 문자, 신앙, 심리를 그대로 이어왔으며 이는 민간신앙에서도 나타나고 있다.

　재만조선이주민의 민간신앙 중 해에 대한 숭배가 뚜렷했다. 이는 원시적 종교에서 자연에 대한 숭배의 한 개 내용이었다. 평생을 백두산 기슭에서 살아온 조선이주민 선조에게 있어서 해는 특수한 의미를 상징하고 있었던 것이다. 주몽을 해의 아들이라고 하는 것은 조선이주민이 해를 숭배하는 전형적인 실례이다. 동시에 달에 대한 숭배도 뒤따르고 있었다. 해는 양으로서 남성을 가리키고 제군을 상징하며 달은 음으로서 여성을 가리키며 제후를 상징했다.

　재만조선이주민은 장생장수를 숭상했다. 수놓은 병풍은 수복(寿福)을 소재로 한 것이 많으며 백수백복도(百寿百福图), 백수전도(百寿全图), 십장생도, 종정도(钟鼎图) 등이 그러하다.

　옷에 수를 놓은 것도 '산과 더불어 오래 살고 바다와 같이 복을 많이 누리자'는 소재가 많으며 구름, 소나무, 바위, 파도들로 이루어진 장생무늬가 많다.

　산, 돌, 구름, 물, 거부기, 학, 참대, 소나무 등은 모두 목, 화, 토, 금, 수, 음양오행에 망라된 것으로서 장생과 장수를 상징하며 하늘과 땅과 공존하는 세상만물의 기원으로 간주되어 왔다.

　재만조선이주민은 학을 숭상하였다. 특히 몸이 흰색이고 깃은 검은색, 머리 위는 새빨간 백학을 숭상했다. 학이 오래 산다는 것과 선인이 학을 타고 하늘에 올라갔다는 전설까지 있어 학을 상서로운 상징물로 간주하였다. 그러한 까닭에 민간무용, 무용자세는 백학을 모방한 것이 많으며 둥근 베개에 수놓은 것을 보더라도 학을 주체로 한 것이 많았다.

　재만조선이주민 역시 흰색을 숭상하는 심미풍속을 가지고 있었다. 즉 조선이주민의 '색상백(色尚白)'이다. 새야한 집에서 살고 새하얀 옷을 입고 새하얀 밥을 먹는 등이다. 겨울이건 여름이건 남녀노소가 모두 흰옷, 흰 바지, 흰 버선, 흰 치마를 즐겨 입으며 먹는 음식 또한 이밥, 찰떡, 국수 등 모두가 흰색으로서 흰색음식구조를 이루었다.

또 일상생활에서 부귀다남을 숭상했다. 즉 아들이 많은 것을 숭상하며 아들이 많으면 복하고 잘살게 되며 귀중하게 되는 것으로 간주해왔다. 「백자도(百子图)」, 「백동자도(百童子图)」, 「포도도(葡萄图)」가 그런 것이다. 불로초는 또 민간에서는 오래 살고 아들을 많이 보고 복을 많이 받는 마스코트로 간주되었다.

조선이주민의 민간신앙은 민족문화를 풍부히 하고 발전시켰으며 이는 근면과 지혜의 반영인 것이었다.

재만조선이주민의 사회단체

　만주에로의 조선인이주는 그 시간이 백여 년을 넘나들었고 이주민 숫자가 수백만의 규모를 이룩하였지만 자신에게 속하는 사회생활을 이룩하지 못하였으며 통일적인 범조선이주민의 단체를 뭁지 못하였다. 이는 조선이주민이 만주개발에 바친 비할 바 없이 큰 공헌에 비하여볼 때 일대 유감이 아닐 수 없다. 물론 망국노의 신세로 빈주먹만을 거머쥐고 이주라 하기보다 살길을 찾아 헤매던 그 처지에서 우선 명을 이어나갈 수 있는 생활의 기본바탕을 닦아야 했고 중국관리 측, 일본 측에서 오는 박해와 탄압을 이겨내야 했으며 나아가 자식들을 공부시키고 반일투쟁을 해야 함을 감안했을 때 재만조선이주민의 사회생활은 그때까지도 친척이나 씨족의 부락범위를 크게 넘지 못하였고 또 당시의 교통이 극히 불편하여 범만조선이주민의 통일적 단체의 출현은 너무나도 어려운 기대라는 생각을 할 수도 있는 것이다. 하지만 해당사료에 따라 만주에 조선이주민의 민족단체가 50여 개나 있다는 데 비하여 볼 때 그 어느 단체도 후세에 남길 그럴만한 업적을 쌓지 못한 것은 우리 민족의 모종 열근성이 작용한 것이 아닌가 하는 유감이 있다.

　재만조선이주민의 사회단체 중 일제 또는 조선총독부에서 부추기는 조선인민회 등 친일단체가 큰 규모를 형성하였지만 이는 어디까지나 조선광복과 독립과는 어긋나는 반동조직인 것이다.

제1절 친일단체

1. 조선인민회

1913년 11월 안동에서 첫 조선인민회가 세워진 뒤를 이어 1916년, 1917년에 훈춘, 용정, 투도구, 연길 등 일본영사관 소재 지역에 육속 세워졌으며 1918년 8월에 할빈, 1919년에 봉천, 무순, 길림, 신경 등 지역에 설치되었다.

1921년 후에는 그 조직이 확충되어 만주사변 전후에는 만주에 34개 조선인민회가 생기여 일본당국의 보조기관으로 작용했다.

1934년 그 수는 99개로서 회원은 10만 명을 넘었으며 일제 보조금이 하달된 곳이 85개 민회, 총금액은 14만 원에 달하여 재류조선이주민의 복리추진을 위한다는 미명 하에 교육, 위생, 권업, 기타 사회사업에 출자했다.

1935년 5월 말에 이르러 재만조선인민회는 150개로 늘어났다.

2. 기타 단체

만주사변 후 각 농촌에 세워진 농무계가 조선인민회를 제외하고는 주목되는 사회단체이다. 1934년 6월 총수는 500여 개, 계원 수는 1만 8000여 명을 넘긴 것으로 보인다. 부락민의 상호상조, 토착정신의 함양을 목적하고 계원의 경제생활의 향상을 위하여 생산품의 공동판매, 생활필수품의 공동구입 및 농자금융의 조절에 종사하고 있었다.

이외에 청년회, 노동조합, 농상무조합, 친목회, 부인회, 친교회, 구락부, 상조회, 상업조합, 산업조합, 협조회, 수양단, 체육회, 종교단, 자위단, 상민회, 용진단 등이 있으며 이 단체 모두가 일본제국주의의 국책에 비위를 맞추는 친일조직이다.

지역별로 적어보면

- **봉천** 여러 단체로는 학교조합, 청년회, 노동조합과 농무계가 있었다. 그 수는 147개나 되나 봉천학교조합을 제외하고는 뛰어난 활약이 없었다.
- **통화** 흥경과 통화에 청년단이 있었고 유사시에는 경비에 임하는 준비가 되어 있었다. 농무계가 7개 있으며 계원은 230명이다. 본부는 서울에 두었다.
- **해룡** 해류농상무조합과 농무계 둘이 있었다. 계원은 2100여 명에 달했다.
- **안동** 안동 부속지역에 노동조합과 조선이주민친목회, 청년회, 신문사 기자단, 기독교청년회, 면력청년회, 하숙옥조합, 대동구락부 등 12개가 있으나 활동자금부족으로 큰 움직임을 보이지 못했다.
- **금주** 조선이주민단체로는 금주조선인 상조회뿐이다.
- **길림** 길림시 내에는 동영회와 협조회 둘뿐이다.
- **돈화** 교하산업조합은 1931년 11월에 조직되었고 돈화산업조합은 사업의 물황으로 사무를 민회에 넘기였다.
- **신경 동** 지방 각 지역에 농무계 외 신경, 공주령, 사평가에 조선청년회가 있었다.
- **할빈** 농무계 53개, 협조회 1개가 있었다.

간도의 친일사회단체는 아래와 같다.

- **용정조선인민회** 1911년 5월 9일, 용정촌 시가지에 큰 화재가 발생해 조선이주민 피해자가 400가구가 되었다. 이달 하순에 조선이주민을 보호한다는 구실하에 구제회를 용정일본총영사관 내에 설치하였는데 이것이 조선인민회창립의 기원으로 되었다. 하지만 배일의 조선이주민은 입회를 거절하였으며 당시의 도윤 도빈은 잡거구의 조선이주민은 중국국민과 같은 처지이므로 조선이주민이 동회 회원이 됨은 불가하다는 항의가 있어 따라서 간도조선인민회의 명칭을 편의상 간도용정촌조선인민회라 개칭하였다.
- **조선인거류민회** 1917년 8월 31일, 용정촌에서 조선인거류민회 발회식을 거행하

였다. 입회자는 용정촌 상부지 내에 530가구, 상부지 외에 40가구로 총 570가구
였다. 용정상부지거류자 중 입회하지 않은 세대는 60가구이다. 본 회의 강령은
일본제국의 신위, 위생장려, 생산발전, 호구장성, 교육보급, 일중친선 등이었다.

- **국자가향도회** 국자가조선이주민 사이의 일종 조합으로 공동묘지의 관리, 장의 및
매장 등의 일을 목적하고 있으며 국자가 일본영사분관 보조금 100원과 유지인사
의 기부금에 의해 설립되었다.

- **배초구조선인민회** 배초구에 친목회라는 조직이 있었으나 1915년 10월 일본영사
관 배초구출장소의 강권으로 친목회를 조선인민회로 개칭하였다. 1917년 8월 회
원은 130여 명 이고 회비는 일인당 5전, 당시 동회의 자산은 90여 원이다.

- **간도협조회** 일본관동군 헌병사령부 연길헌병대의 외곽조직으로서 1934년 9월에
설립되었고 1936년 12월에 만주제국협화회에 합병되었다. 협조회는 '대동아공영
권을 목표로 하고 동아시아 제 민족의 대동과 단결을 공고화할 것이며 엄숙한
비판적 수단으로 일체 외래사상을 더욱 철저히 심사하여 완미한 아시아주의의
정신을 반영함으로써 위만주국의 건전한 발전을 도모한다'고 선언하였다.

　간도협조회 본부에는 고문(박두영, 최윤주, 장원준), 회장(김동환), 부회장(손지
환)을 두고 '본부특별공작대'와 '협조의용자위단'을 내왔다. 간도협조회는 중공당
의 당, 정, 군 간부를 체포하고 반일군중을 귀순시키는 별동대이며 항일근거지역
에 특무를 파견하고 정보를 수집하고 혁명대오를 이간하고 간부를 모해한 특무
조직이며 항일근거지를 토벌하는 데 결사대로 끼어든 충실한 앞잡이였다.

- **훈춘상조회** 1933년 1월 1일에 설립되었다. 회장은 김정 씨이고 고문은 헌병대
대장이 겸했다. 본부 사무소는 훈춘서대문 밖에 자리잡았다. 그 후 훈춘특무기관
두목, 영사분관 주임, 훈춘일본경찰서 서장, 훈춘조선이주민 민회장, 협화회 사무
처 처장 등이 상조회 고문으로 되었다. 훈춘상조회는 헌병대의 직접 조종하에
일본침략군의 대'토벌'에 긴밀히 배합하였으며 평시에는 치안관계자료를 수집하
고 지하사업자를 설복하여 귀순시키며 귀순수속자의 일시적 접대사무 같은 일도
하였다. 1934년 7월 훈춘정의단에 개편되었다.

- **훈춘정의단** 1934년 7월, 훈춘상조회를 훈춘정의단으로 개조직하였다. 단부는 훈

춘진 양조공장 부근이었고 단장은 김기룡(김제동), 부단장은 박두남였다. 단부 아래에는 본부, 총부, 선전, 훈련 4개 부를 두었다. 이도구, 대북성, 대서남차, 동흥진에 무장분견대를 두었다. 정의단은 훈춘 일본영사분관과 일본헌병대의 조종 밑에 투항권고활동을 크게 벌였으며 황국신민화를 고취하고 집단부락을 만들어 항일무장을 탄압하고 일본특무의 내탐자로 활약하였다.

- **훈춘정신대** 1941년 10월경에 훈춘정신대(挺身队)가 조직되었다. 연길특무기관에서 바바란 일본군 대위가 훈춘으로 와서 한간, 주구, 반역자, 불한당 58명을 끌어 모아 마적달의 류수하자와 이도구, 춘화의 난가당자(兰家堂子)에 각각 훈춘정신대를 내왔다. 일단 일소전쟁이 폭발되면 소련 경내에 파견되어 여러 파괴활동과 정탐활동을 진행할 간첩, 특무를 양성하는 특무조직이었다. 구소련이 일본에 전쟁포고를 내리고 일제가 무조건투항하자 정신대도 징벌을 면치 못하였다.

- **광명회** 일본인 히다까가 일본총영사관, 연길도윤공서, 연길경무청의 허가를 거쳐 1925년 6월 22일에 광명회를 세웠다. 그 취지는 이른바 신조, 목적, 사업 세 개 면으로 나누었다. 광명회는 반일의지를 마비시키고 계급성을 떠난 인노주의를 부르짖는 친일단체이다.

- **보민회** 1920년 최정규, 이인수 등이 구 일진회의 잔당을 긁어모아 이룬 친일단체이다. 그해 7월부터 시천교 교도들이 보민회에 많이 끼어들었다. 보민회는 조선총독부 간도주재원 히다까 헤이지로, 간도주재 무관인 사이또 대좌 등의 지휘 하에 조선독립운동을 탄압한 친일첩보단체이기도 하였다.

이외에도 간도에는 수양, 체육, 종교, 산업, 금융, 축산 관련의 단체가 각 지역에서 조직되었으나 뚜렷한 것은 별로 없었다.

제2절 조선이주민 민족단체

1. 간민회(생략)

2. 명동학교친목회

명동학교에 설립되었으며 회원 상호간의 친목을 종지로 지, 덕, 체의 교육실천을 목적으로 동교 재학생을 회원으로 하고 동교 직원 및 졸업생을 찬성회원으로 하여 조직되었다.

3. 만국개량회

중국인 짱중후이가 1915년에 국자가에 국자가만국개량회를 세웠고 이에 앞서 이동휘, 권사용, 정안립 등은 짱중후이와 몰래 회합하고 한중연합전도의 목적으로 3회에 거쳐 집회를 가진 바 있다. 이러한 관계가 있었으므로 정안립은 조선이주민 측을 대표하여 입회신청을 하였고 이로써 배일운동의 발판이 마련되었다.

4. 유림계

1899년 간도이주 조선이주민 중 유생들이 유림계를 조직, 매인당 엽전 1냥을 기금으로 모았다. 해마다 1회씩 시, 술로서 중국문짓기 등 활동을 벌렸으나 통감부파출소가 개설된 후 일본 측의 책동으로 인해 많은 영향을 받았다.

5. 한족회

부민단을 중심으로 유하, 통화, 흥경, 환인, 집안 등 각 현의 지도자들이 1919년 4월 초에 집합하여 삼원보에 군정부를 조직하는 외에 남만동포의 자치기관으로 한족회를 조직하였다. 한족회는 중앙에 총장을 두고 지방에 총관을 두었으며 중앙기관은 삼원포에 기관지로 「한족신보(韓族新報)」를 발행하였다가 후에 「새벽달」로 개제하였다. 1920년 가을에는 일제의 대참살로 근거지를 동만으로 옮겼고 나머지 일부는 대한독립단, 청년단연합회 등과 통합하여 광복군사령부가 되었다가 얼마 안 가서 다른 단체와 합작하여 통군부가 되었다.

6. 신흥학우단

신흥무관학교의 학생과 졸업생으로 신흥학우단을 결성하였다. 본부는 삼원포 대화사에 설치하였다.

7. 남감리파청년회

왕청현 배초구에서 최석봉, 김애마, 김리남 등의 발기로 예수교 남감리파 신도, 제자로 1926년 2월 10일에 조직되었다. 회원 간의 친목과 지적교양, 체육양성을 목적으로 하였다. 회원은 30명이다.

8. 진성운동부

화룡현 월신사 걸만동 남양촌 재주청년의 친목과 체육단련을 위하여 1925년 6월 2일에 설립되었으며 회원은 30명이다.

9. 광이청년회

1926년 2월 10일, 화룡현 사광사 삼동포에서 설립, 재주청년의 수양, 풍속, 습관의 개선, 교육, 위생, 체육의 장려를 목적으로 하였다. 회원은 70명이다.

제3절 사회주의 단체

1921년 우란우레와 치타에서 개최되었던 고려공산당회의가 만주에 끼친 영향이 크며 당시 상해파 및 '이루쿠쯔크'파에서는 상호 경쟁하여 만주나 조선 내에서 각 자의 세력 양성에 전념하였기 때문에 주의적 개념을 깊게 심어놓았다. 이는 만주에서 사회주의 또는 공산주의 운동이 전개될 수 있는 조건준비를 끝낸 셈이다.

1. 한족노동당(韓族勞動堂)

김응섭(金应燮) 등이 화전 반석 지방에서 재주한인으로 1924년 8월에 발기선언을 하였고 동년 11월 4일 반석현 부태하에서 창립총회를 열었다. 당시 당원은 818명이며 화전현에서 제1차 중앙의사위원회를 열고 간부조직사업방침을 결정하였다. 자유평등의 정신아래 공존공영의 대의로써 노동군중을 단결하고 새 생활 도모를 목적으로 하였다. 당원자격은 조선이주민으로 노동능력이 있고 당원의 소개에 의한 18세 이상의 남성, 1926년 당원 수는 1563명, 상무집행위원장은 김응섭 씨였다.

2. 북만노력청년총동맹

1925년 11월, 철영하에서 창립총회를 열었으나 간부 간에 의사소통이 있어 반대파는 탈퇴하였다. 석두하자에서 기관지 「노력청년」을 발행하였다. 그 후 주동진 등 간부의 러시아 진입으로 불진을 겪었으나 영고탑에 옮기고 북만조선이주민청년총동맹과의 합작을 추진했다. 노력청년의 조직단체로서 사회건설의 역군(役军)훈련과 교양 향상을 도모했다. 고려민족의 해방과 무산대중의 이익을 위해 투쟁하였다. 중앙집행위원장에 주동진(朱东振) 씨이고 1926년 현재 당원은 380명이다.

3. 북만조선이주민청년총동맹

북만노력청년총동맹에 반항해서 세운 단체이다. 중등선조선인청년연합회, 동일청년
연합회, 아성청년회, 노동청년회, 대동청년회, 신성청년회, '푸로'청년회, 9월청년회의
연합으로 1926년 5월 15일 아성현 개신학교에서 창립총회식을 가졌다. 기관지「농군」
을 발행하였다. 계급적 및 조직적인 청년운동의 통일을 촉진하고 혁신전선에 참가할
군중의 훈련교양을 향상하였으며 모순적인 현 사회를 타파하고 합리적인 사회를 건
설하며 조선민족의 해방과 사회혁명을 시도하였다. 중앙집행위원장은 박삼근, 회원은
520명(1926년)이었다.

4. 동만청년총연맹

1926년 1월 26일, 간도 16개 청년회의 대표를 참가시켜 용정촌 시천교회당에서
발회식을 올리었다. 불합리한 사회를 타파하고 합리한 사회를 건설하는 것을 강령으
로 삼았다. 회장은 이린구, 회원은 1000명(1926년)이었다.

5. 왕청현청년연합회

최동순, 한일 등의 발기, 창립으로 동만청년총연맹에 가입하고 지방청년회를 본회
에 규합하여 1926년 3월 27일 제2회 총회에서 동만청년연맹을 본따 위원제도로 조
직변경을 하였다. 상무집행위원은 최동순, 최일홍 등 5명이고 회원은 473명이다.

이외에 몇 십 개의 단체가 있었는데 회원 수는 적어서 10여 명, 많으면 100여 명
의 규모였다. 일일이 기록하지 않는다.

[추가부분] 시베리아조선이주민 재이주

재만조선이주민의 절대다수는 조선에서 이주하여 왔지만 극소수는 시베리아로 이주했던 조선이주민이 만주로 재이주한 것이다. 재만조선이주민에 관한 사료에 비해 시베리아의 조선이주민사료는 극히 적은바 계통적인 서술은 불가능하나 그렇다고 공백으로 남긴다는 것은 끝없이 유감스러운 일이라고 생각되어 약간의 자료라도 추가부분으로 맨 끝 부분에 남겨둔다.

조선이주민의 시베리아이주는 19세기 중엽에 시작되었다. 19세기 60년대에 있은 조선북부의 자연재해로 하여 경원, 경흥, 종성, 온성, 웅기 등지의 조선이주민들이 러시아 연해주로 밀려들었다. 1863년 최초의 가족동반자 13세대가 보씨에트에 자리 잡았다. 그 후 연해주 각 지역에 조선이주민 부락이 생기었는데 1869년에 벌써 4500여 명에 달했다. 20세기 30년대에 그 수는 20여만 명에 달했다.

시베리아조선이주민의 만주재이주는 19세기 후반기부터 있었다. 1860년경, 시베리아로 갔던 조선이주민들이 재이주의 길을 택하여 중국 동년현 경내에 들어섰고 1867년에는 애훈 등 지역에 발을 붙였다. 1880년에는 우수리강을 넘어 요하현에, 1889년에는 밀산현에, 1890년대 초에는 영안현에 접어들었다.

그중 중동철도 동부의 부설을 같이하여 많은 조선이주민들이 민공의 신분으로 만주에 왔으며 공사가 끝난 뒤 당지에 남아 정착을 택하였다.

소련 10월혁명 후에는 일본의 시베리아 출병으로 정세가 혼란해지자 많은 시베리아 조선이주민이 국경을 넘어 만주에 들어왔고 적지 않은 독립운동가와 반일지사들도 만주로 옮겨왔다. 그 후 북벌과 항일투쟁시기 중국의 북벌을 지원하라는 공산국제의 지시에 따라 조선이주민 혁명가들이 중국으로 건너왔다.

20세기 30년대에 와서는 소련의 숙반운동과 1937년 중아시아로의 강제이주 등 객관원인으로 일부 조선이주민이 다시금 만주이주를 택했다. 1934년에 이르러 중소 변경선에 위치한 동녕, 밀산, 목릉, 호림, 요하, 무원, 보청 등 7개 현의 조선이주민은 2만 9000여 명에 달했는데 많은 부류는 시베리아의 조선이주민이 만주에로 재이주한 것이다.

제2편

중국 관내지방

조선이주민의 이주는 만주에 국한된 것이 아니라 산해관을 넘어 중국 관내까지 뻗쳤다. 본 편에서는 1910년 '한일합병' 후, 중국 관내에서의 조선이주민의 활동을 주요 내용으로 적는다. 그 이전의 조선이주민의 관내천입은 본서의 앞부분에서도 많이 언급하였기에 여기서는 생략하겠다.

'한일합병' 후 많은 반일지사들이 해외에 독립기지를 건설하고 조국광복의 반일투쟁에 전념하였다. 이러한 해외기지는 만주는 물론 중국 관내까지 뻗쳤으며 당시 상해가 중심 지역으로 되었다. 이 시기 중국 관내에로의 조선인의 이주는 이들이 주류를 이룬다고 생각하고 있다.

더욱이 1931년 9·18사변 후 이런 추세는 성장세를 보였으며 특히 만주 방면에서 관내로 이주하는 자가 많았다. 당시 조선이주민에 대한 체계적인 통계숫자는 없었고 다만 일본 측에서 발표한 불완전한 개별적인 숫자가 남아있을 뿐이다. 실제숫자는 이보다 더욱 많다는 점을 명기하고 있다.

일본 측의 통계에 따르면 1932년 관내조선이주민은 3551명(「更生途上滿蒙의 朝鮮人」 金晓星), 1934년에는 2561명(대육연감 1934년)이다. 7·7사변 직전에는 약 3만으로 짐작되고 1944년 1월 1일 조사숫자는 10만 명으로 추측된다.

1948년도 조선연감을 기준하면 1945년 관내재유동포는 귀환조선이주민이 7만 1611명, 남은 자가 1만 1500명으로 중국 관내에 10만 명 안팎의 조선이주민이 있은 것으로 볼 수 있다.

당시 관내조선이주민에 관한 자료는 극히 불완전하고 많은 것들은 일본 측의 조사가 남겨놓은 것이므로 그 정확성을 긍정하기 매우 어려우며 편면적이고 심지어 반동적인 견해가 있다. 이는 연구에서 극히 불리한 요소이다. 본 편에서 인용하는 많은 숫자는 「관내지구조선족반일독립운동자료집」에 근거한 것이므로 특별사항이 없이는 따로 자료출처를 밝히지 않는다.

조선이주민 인구 및 직업

제1절 인 구

1. 화중·화남지방

조선이주민 인구수는 '한일합병' 전후는 20호, 100명 좌우이다. 그 후 조선의 진일보로 되는 식민지 위치와 3·1운동의 영향하에 동 지방 조선이주민 수는 급격히 불어나 1919년 말에는 109구, 688명에 달하였다. 그 후 점차 늘어나 1936년 말에는 563가구, 2171명(약 100가구, 300명이 통계되지 않았음)이다.

1937년 7·7사변 후 일본이 중국에 대한 전면적인 침략과 더불어 동 지방 조선이주민은 급속히 늘어나 그해 10월 말에는 5951가구, 1만 3588명에 달했다. 하지만 실제 숫자는 6000가구, 1만 5000명을 넘는 것으로 보고 있다.

상해는 국제적인 자유도시로서 많은 독립지사와 이주자들이 몰려들었다. 1919년 말 상해조선이주민은 109가구, 688명이던 것이 해마다 다소의 증가를 보여 1936년에는 496가구, 1797명, 1940년에는 4668가구, 7855명이었다.

1940년 상해거주조선이주민은 평안북도 출신이 가장 높은 비례(20.8%)를 점하고 그 버금으로는 평안남도, 경기도, 경상남도 등 순위이다. 이상 원적지의 조선이주민은 총 인수의 70.1%를 점한다.

남경의 조선이주민 이주는 그 시작이 불명하나 지식분자들의 남경 이주로 보면 1914년에 여운형, 서병호 등이 남경금릉대학에서 유학하였으며 그 후 유학생은 점점 늘어났고 1928년 남경이 수도로 된 후 많은 조선이주민이 남경의 국민정부 및 당, 군 기관에서 임직했다. 1931년 남경조선이주민은 60여 명이나 되었다. 7·7사변 후 상해, 화북에서 오는 새로운 이주자가 다수였다.

1938년 남경조선이주민은 81가구 377명, 1940년에는 143가구, 523명이다.

한구의 조선이주민 이주사는 그 역사가 불명하나 1912년경 6가구의 인가가 중약업과 인산업에 종사하였다. 1926년 7월, 쨩쩨이스이 북벌을 일으킨 뒤 적지 않은 조선이주민이 중국군관의 신분으로 한구에 왔었다. 1926년 2월, 무한정부가 성립된 후 100여 명의 조선이주민 청년, 학생들이 100여 명에 달하였다. 이 시기 일반 조선이주민의 수량도 증가되었는바 7·7사변 직전 조선이주민은 83호 98명이었다. 1939년 10월 말, 한구의 조선이주민은 254가구, 1151명, 무창의 조선이주민은 27가구, 299명이었다.

기타 지역의 조선이주민인구를 보면 안휘성 소재지이며 강북평원의 물자집산지 중심인 방부의 조선이주민은 303가구, 1354명(1939년 10월 말)인데 1938년 2월에 화북 방면에서 유입한 것이 대부분이며 7·7사변 시 단 한 명의 조선이주민이 무호(芜湖)제2직업학교에서 교원에 종사하였지만 1939년 10월 말에는 25가구, 120명으로 늘어났다. 안경(安庆)에는 조선이주민 거주민이 없었지만 7·7사변 후부터 거주조선이주민이 있게 되어 1939년 10월에는 23가구, 174명으로 기록됐다. 구강에는 1939년, 조선이주민이 29가구, 231명, 남창에는 1939년 10월, 조선이주민이 33가구, 230명, 그 해 말에는 약 500명으로 늘어났으나 그 후 경기불황으로 인해 1940년에는 9가구, 158명으로 줄어들었다. 악주에는 15가구, 94명, 소주에는 34가구, 115명, 항주에는 15가구, 35명이었다(1940년 10월).

광동의 조선이주민은 상해 등 지역에서 남하한 것이 많다. 1915년경, 이미 약 30

명 조선이주민의 내왕이 있었으며 대부분은 조선인 삼장사였다. 7·7사변 시 이 부류의 조선이주민은 100명 좌우였다.

1926년 봄에는 손두환, 양녕 등이 황포군관학교에서 취직했고 이들의 노력으로 200명 조선청년들이 이 학교에 입학하였다. 1933년에는 30명 조선청년이 광주 중산 대학에서 공부하였으며 7·7사변 당시 이미 80명의 입학자를 보았다. 1939년 광동의 조선이주민은 520명이었다. 하문의 조선이주민은 14가구, 51명, 산두는 9가구, 83명, 해남도는 약 50가구, 150명으로 기록됐다.

2. 화북지방

화북지방의 재류조선이주민 수는 1937년 말 약 8000명에 달하였다. 이는 7·7사 변 직전의 1200명 재주조선이주민에 비해 많은 증가를 보인 것이다.

일본 천진총영사관 관하에 있어서는 7·7사변 후 약 70%의 조선이주민이 천진을 떠났으며 산동성 관할 내에 있어서는 재류조선이주민 전부가 그해 8월 말부터 9월 상순까지 한국, 만주 또는 북경, 천진 쪽으로 피난했다.

전쟁 때문에 조선 내의 조선이주민의 중국 관내 이주도 행하여졌으며 이에 따라 1939년 3월 말, 화북지방의 조선이주민은 2만 8985명에 달하여 7·7사변 전보다 2만 1131명이 증가하여 2.7배를 넘는 성장을 보여주고 또 이는 일본영사관 측의 통계 이지만 실제로는 약 5만 명으로 추산된다.

1939년 말, 화북지구의 주요도시의 조선이주민분포를 보면 북경에 3124가구 8516명, 석가장에 631가구 2260명, 태원에 860가구 1334명, 천진에 1669가구 7833명, 청도에 353가구 1882명, 서주에 193가구 619명, 제남에 346가구 1398명, 진황도에 39가구 185명, 산해관에 54가구 254명, 당산에 106가구 402명, 보정에 70가구 311명이었다.

3. 내몽골 · 신강지구

내몽골, 신강지구의 조선이주민은 대부분이 7 · 7사변 후 만주에서 직접 이주했거나 천진이나 북경을 경유해 이주했다. 1939년 3월 말, 재주조선이주민은 379호 1345명, 그중 장가구에 127호 452명, 대동에 107호 453명으로 가장 많았다.

이외 기타 지역으로는 서안에 한국광복군 제2지대에 100여 명, 팔로군에 약 300명 외 중경에 약 300명 조선이주민이 거주하고 있었다.

제2절 직   업

앞 절에서 보다시피 조선이주민의 관내이주는 7 · 7사변 후에 급격한 성장을 보았는데 이로 인해 조선이주민은 직업상에서 만주지방과는 다른 특수한 점을 가지고 있다. 예컨대 군인과 밀접한 관계가 있는 위안소나 잡화업 등이다. 1940년경, 중국 중부와 남부 지방에는 군위안소가 약 200개소, 위안부는 2000여 명이었다. 이밖에 마약판매가 흥성했다. 주요지방 조선이주민직업상황은 아래와 같다.

1. 화중 · 화남지구

· **상해** 1940년, 1927명 조선이주민 직업에 대한 통계에 따르면 업종별로 보면 식품잡화상이 137명으로서 가장 많고 다음으로는 고기장사, 위안부, 커피점, 음식점 등 순위이다. 직업으로 보면 여초대 525명. 점원 515명이 앞자리를 점하고 은행직원, 여봉사원, 직공 등이 아래 순위를 차지한다. 부정당한 직업(마약매매)에 종사하는 이가 극히 많은바 20%가 전업으로 삼고 있다. 상해의 공공조계, 프랑스조계지역에 거주하는 588명 조선이주민 중 62명이 무역에 종사하고 46명은 은행직원이며 무녀가 40명이다. 무직업자는 314명으로 기록됐다. 상해에 거주

하는 조선이주민의 재력을 보면 자산이 50만 원 이상이 12명, 5만 원 이상 12
명, 5000원 이하가 4426명이다.

- **남경**　조선이주민의 대부분은 군인과 연계되는 직업에 종사하고 있다. 위안소를
꾸리거나 무역잡화상이거나 군인과 연계 있는 상인이 가장 많았다. 또 중국인과
합작하여 전당포를 13개나 꾸렸다. 기타 여관업, 택시업, 쌀 가공업 등에서도 일
정한 발전을 보였다. 또 다른 한 편으로는 중국인들이 마약을 많이 수요하기에
상당 수량의 조선이주민은 이러한 불법업종에 종사하였는데 그 프로수가 70%를
넘는다고 분석되고 있었다.

- **한구**　잡화점, 사진관, 시계점, 여관, 음식점, 커피점, 위안소 등 대부분 군인을 대
상으로 영업하고 있다. 그중 위안부, 여접대, 점원, 운전수가 가장 많다. 비법업
종에 종사하는 이는 극히 적어 5가구로 기록되었다. 위안부는 256명이었다.

- **방부**　방부는 자고로 강북평원의 농산물집산지이며 회하와 진포철도로 하여 운
수가 편리하여 많은 조선이주민은 쌀무역과 식품잡화무역에 종사한다. 이밖에 운
수전업호가 5가구 있다. 조선이주민의 80%가 마약 등 비법업송에 종사하며 100
여 가구는 전업호로서 생계를 유지하고 있는 상황이다.

기타 지역의 조선이주민 직업 상황을 적으면 무호의 조선이주민 절반은 위안부와
관련된 직업에 종사하며 안경에는 109명 조선이주민 위안부가 있으며 구강에는 35명
의 위안소 업주와 89명 위안부가 있으며 정당한 직업으로는 사진업(50명)이며 남창
에는 22명 위안소 업주, 165명 위안부가 있다. 악주에는 49명 위안부, 소주에는 전당
포, 금융업, 폐청수매업에 종사하는 조선이주민이 많으며 위안부는 13명이며 항주에
는 위안부업주 1명 외 기타는 번역, 무역, 직원, 점원 등으로 있었다. 광동의 조선이
주민은 위안부, 여접대원이 290명으로서 가장 많으며 여관, 판점, 식품잡화 등을 경
영하는 자도 있었다. 하문의 조선이주민은 대만과 인삼장사를 하였는데 7·7사변 후
에는 조선이주민이 급증하여 위안소, 무역상이 가장 많았다. 산두의 조선이주민은 위
안부 외 어업과 잡화상에 종사했다.

2. 화북지구

재류조선이주민의 대부분이 7·7사변 후 전쟁을 따라 횡재의 꿈을 품고 이주하였기에 안정된 직업을 택한 자가 적고 일본 측 조사 때는 잡화상의 명의로 등기되었으나 기실 대부분은 금지물품매매에 종사했다.

- **북경** 재류조선이주민 9353명 중 잡화상으로 4536명이 등록되었고 회사직원은 214명, 군대번역 155명, 운전수 137명, 판점경영자 236명, 무직업이 3063명이다.
- **천진** 6711명 재류조선이주민 중 무역행에 215명, 은행직원 151명, 목사 2명, 판점 115명, 쌀점 146명, 점원 165명이다. 잡화상은 356명이고 여봉사원은 45명, 여접대원은 146명이다.
- **청도** 1852명 재류조선이주민 중 목사가 17명, 선원 147명, 어업 308명, 판점 171명, 무직업 303명이다.
- **제남** 1093명 재류조선이주민 중 상행(商行) 228명, 여접대원 191명, 무직업 58명이다. 잡화상은 405명으로 씌어졌다.
- **장가구** 174명 재류조선이주민 중 여접대원 22명, 은행직원 21명, 정부직원 10명, 고용인 16명, 점원 13명, 서양물품점 13명, 무직업 13명이다.
- **대동** 예기, 시녀, 창기가 89명으로서 재직조선이주민의 30%에 접근한다. 음료제조, 운전수 및 마차부 20명이 있었다. 기타 많은 직업엔 약간 명의 종사자가 있을 뿐이다.

조선이주민의 문화, 교육, 종교, 금융 및 의료위생

제1절 조선이주민의 문화

중국 관내조선이주민의 문화는 어느 단체의 활동이기보다는 개개인의 창작활동을 주선으로 하고 있으며 이는 중국조선이주민문화의 형성에 커다란 영향을 미친 것이다. 특히 문학에 있어서는 초석으로 주목되고 있다.

김택영(金澤荣)은 자가 우림(于霖)이고 호는 창강(沧江)이며 1850년 10월 15일, 조선경기도 개성부 자남산(子男山)에서 탄생하였다. 1905년 9월, 중국 산동 연해를 거쳐 10월 3일 상해에 도착하였다. 그는 당시 중국 근대입헌파 수령으로 활약 중인 대실업가 짱쨴의 알선으로 남통 한묵림서국에 취직하여 조선민족문화유산의 정리, 출판 사업에 정진하면서 수많은 시와 산문들을 발표하였다. 1912년에 중국국적에 가입하였으며 1927년 4월 말 아편을 먹고 자살하였다. 그의 유체는 당조시인 낙빈왕의 묘와 함께 낭산의 양지 쪽에 모셔졌다. 중국의 계몽사상가 앤푸우은 김택영 씨의 문학성과를 언급할 때 "그의 시재는 리이바이, 뚜우푸와 흡사하고 공의 사부는 추양과 매승을 따라 잡았노라"고 높이 평가하였고 량치이초우는 김택영 씨의 시문을 읽고

"탄복한 바 있다"고 솔직히 고백한 적이 있다.

　김택영 씨의 산문에서 「안중근전」, 「황진이전」 등을 대표작으로 꼽을 수 있으며 수필과 기행문에서는 높은 예술성과를 이룩한 「시진창강실기」, 「한묵림서국 연못에서 노닐며」 등을 대표작으로 볼 수 있다. 중국학자 쑨팅제이(孙廷阶) 씨는 김택영의 산문을 "당·송 8대 산문가와 같은 문풍이 있다"고 높이 평가하였다. 김택영씨는 조선민족한문학의 최후를 장식한 가장 걸출한 시인으로 남아있다.

　신정(申棖)은 1879년 1월 13일, 조선 충천북도 문의군에서 태어났다. 호는 예관(睨观), 자는 공집(公执)이며 원명은 신규식(申圭植)이다. 1911년 봄에 중국에 망명하였고 쑨쭝산의 동맹회에 가입하고 그해 10월에 오상봉기에 직접 참가하였다. 신정 씨는 중국 신해혁명에 참가한 유일한 조선인이다. 동맹회의 중견인물들인 쑹죠런, 천치이메이, 후한삔, 료우중카이 등이 가입한 '신아동제사'를 발기, 조직하였다. 1921년 5월 국무총리대리 겸 외교총장에 취임하였으며 그해 11월에 광주에 가서 쑨쭝산의 회견을 받고 북벌서사식에 참가하였다. 북벌이 좌절한 소식을 접하고 단식하다가 25일 만인 1922년 8월 5일에 43살을 일기로 세상을 떠났다. 신정씨가 별세한 지 17년 만인 1939년 중국문인들은 신정 탄생60돌을 즈음하여 1910년부터 1922년까지의 그의 한시 160여수를 묶은 시집 「아목루(儿目泪)」를 중경에서 출판하였다.

　신채호(申采浩, 1880-1936)의 자는 단재(丹斋)이며 무애생(无涯生)이라고도 하였다. 1880년 11월 7일 충청남도 대덕군에서 태어났다. 1905년에 박사로 되었으며 1906년에는 대한매일신문의 주필을 맡았다. 1910년 4월, 청도, 연해주, 남만, 북경을 거쳐 1919년 4월에 상해에 가 대한민국임시정부의 요직을 맡기도 하였다. 1921년 1월 북경에서 잡지 「천고(天鼓)」를 간행하였고 통일책진회(统一策进会)도 무었다. 그는 10여 년에 걸쳐 「조선사통론」, 「조선상고사」, 「조선상고문화사」, 「조선사연구초」 등 역사거편들을 완성하였다. 그 외에도 진보적인 낭만주의문학 계열에 속하는 소설 「꿈하늘」, 「용과 용의 대격전」, 시 「너의 것」, 「새벽의 별」 등을 창작하여 재중조선이주민문화 발전의 기수로 되었다. 1928년 신채호는 민족해방운동의 경비를 해결하려고 대만으로 갔다가 일제경찰에게 체포되어 비밀리에 3년간이나 심문을 받다가 1930년에야 10년 판결을 받고 여순감옥에 갇혔고 1936년 2월 21일 56세를 일기로 옥사했다.

주요섭은 1902년생으로 1920년대 초 중국에 온 후 상해 호강대학에서 공부하며 소설을 썼다. 그 후 미국에 가서 스탠포드대학에서 석사학위를 받았다. 1934년부터 북경보인대학 교수로 취임하여 교육과 창작에 종사했다. 1920년대의 대표작으로는 소설 「인력거꾼」과 「개밥」 등이다.

최상덕은 1901년생으로서 1920년대에 중국 상해로 망명한 뒤 「상해일일신문」 기자, 「중외일보」의 학예부장을 지내면서 창작활동을 하였다. 단편소설 「유린」, 「유모」, 1소작인의 딸」, 「바보의 진노」 등을 발표하였다.

이육사는 1904년 경상북도 안동군 출생, 본명은 원록이며 '육사'는 그의 호로서 처음 투옥되었을 때의 수인번호 64에서 따온 것이다. 1933년 처녀작 「황혼」을 발표하였으며 노신과 대면한 적도 있다. 노신이 서거했을 때 「노신」론을 썼다. 대표작으로는 시 「청포도」 등이 있다. 이육사는 1942년 일제에게 체포되었다가 북경감옥에 이감되었고 1944년 40세를 일기로 북경감옥에서 옥사했다.

작곡가 정률성(鄭律成)은 많은 조선인작곡가 중의 걸출한 대표이나. 1918년 7월 7일(음력) 전라남도 광주군에서 출생하였다. 1933년 5월 중국 남경 '조선혁명간부학교'에서 학습하면서 반일비밀사업에 종사했다. 1937년 연안으로 갔으며 이듬해에 중공당원으로 되었다. 항일전쟁연대에 「연안송」, 「밀림에서」, 「팔로군군가」, 「팔로군행진곡」, 「결사전가」 등 저명한 가곡들을 창작하였다. 「팔로군행진곡」은 후에 「중국인민해방군군가」로 명명되었다. 1942년 8월, 정률성 씨는 화북조선혁명군 군대정학교의 교무장으로 임명되어 태항산근거지로 갔다. 일제가 투항한 후 한때 조선에 가서 사업하였다. 그가 작곡한 「조선인민군행진곡」은 후에 「조선인민군군가」로 되었다. 1976년 12월 17일, 뇌출혈로 일생을 마감했다.

김염(金焰 1911-1983), 본명은 김덕린(金德麟), 1911년 4월 7일, 조선 서울에서 조선독립운동 중견자의 한사람이었던 김필순의 셋째아들로 태어났다. 1912년 길림성 통화에 이주하였고 1916년에 치치하얼에 정착하였다. 그는 탠한, 쑨위, 네에얼을 스승으로 모셨다. 「열혈남아」, 「야초한화」, 「연애와 의무」, 「세 현대여성」 등 영화를 찍었으며 1930년대에 '영화황제'로 명성을 떨쳤다. 29년이란 배우생애에 33부 영화의 배역을 맡았는데 그중 27부에서 주역을 맡았다. 1943년에는 성도에서 빠이양과 더불어 셰익스피어의 비극 「로미오와 줄리엣」의 남녀주인공을 맡았다. 1983년 12월 7일에 별세하였다.

명동중학교 출신인 춘사 나운규(罗云奎, 1902-1937)는 영화문학작개자 영화연출가였고 재능 있는 배우였다. 함경북도 회녕군에서 태어났으며 1926년에 조선에서 첫 장편예술영화로 알려진 「아리랑」을 제작하였으며 비판적 사실주의계열의 영화를 창작하였다. 10년간의 창작생활기간에 18편의 영화문학을 창작하고 19편의 예술영화를 연출하였으며 25편의 영화에서 주역을 담당하였다.

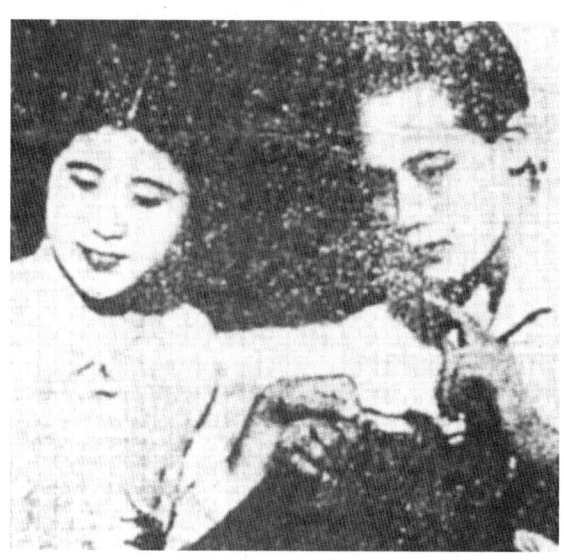

**사진 2-02-01 무성영화 「아리랑」(1926년)에서의
나운규와 신일선**

관내조선이주민의 극작가에 의해 많은 작품이 창출되었다. 「호가장전투」, 「국경의 밤」, 「도문강변」, 「조선의 딸」, 그리고 풍자극 「나발철학」, 「이발관」 등이 있다. 1940년 5월 22일부터 서안 남원문 실험극장에서는 연일 한국청년전선공작대에 의해 무극 「아리랑」(한유한 작)과 「한국의 한 용사」(박동운, 한유한 작), 「국경의 밤」(한국청년전선공작대 집체작)이 공연되어 대성황을 이루었다. 당시의 「대공보」, 「문화일보」,

「한국청년」 등 신문잡지들에서는 '대성황리에 비상한 성과를 거둔' 공연이라고 높이 평가했다.

관내조선이주민은 주간중국문신문 「진단(震坛)」을 간행, 「천고」, 「신한청년」, 「광명」 등 중국문잡지도 발행하였다.

「진단」은 1920년 10월 10일 상해에서 창간되었다. 북경, 상주, 무석, 남경에 대리사무처를 두었고 외국에 통신처까지 설치하였다. 「광명」은 1921년 12월 1일 광주에서 창간되었다. 16절지로 된 이 종합성 잡지는 매달에 한 책씩, 반년에 6책을 한 권으로 묶었다. 「광명」잡지는 많은 정론문 외에 시, 소설, 수필도 실었다.

7·7사변 후 관내에서는 조선의용대와 반일민족독립운동자들에 의해 많은 조선문신문간행물이 꾸려졌다. 당시 조선의용대에서 꾸린 신문간행물들로는 「조선민족전선」, 「귀」, 「우리의 살길」, 「조선의용대통신」, 「조선의용대」 등이다.

「조선민족전선」은 1938년 4월 10일 한구에서 발간된 2주간 중국문신문이다.

「귀」는 1938년 장사에서 발간된 한문간행물이다. 「우리의 살길」은 1938년 장사에서 발간된 간행물이다. 「조선의용대통신」은 1939년 1월 21일에 계림에서 발간된 한문순간신문이다. 1940년 2월에 호북성 노하구에서도 「조선의용대통신」이 꾸려졌는데 이는 한글 순간신문이다. 「조선의용대」는 1940년 중경에서 발간되었다.

7·7사변 후 반일민족독립운동자들에 의해 「한청」, 「항전시보」, 「한민」, 「한국청년」, 「광복」, 「앞길」 등 조선문신문간행물이 꾸려졌다.

「한청」은 1937년 8월 상해에서 창간된 한국국민당 청년단기관지이다. 「항전시보」는 1939년 10월 5일에 상해에서 창간된 중한청년연합회 기관지이다. 「한민」은 1940년 3월 1일 중경에서 발간된 한국국민당의 기관지이다. 「한국청년」은 1940년 7월 15일 한국청년전지공작대가 서안에서 꾸린 한문신문이다. 「광복」은 1941년 한국광복군 사령부에서 서안에다 꾸린 월간잡지이다. 「앞길」은 1942년 중경 탄자석 대불단에서 꾸린 월간잡지이다.

1940년대 초에 이르러 민족독립운동자에 의해 꾸려진 한글신문간행물들은 국내의 모든 혁명역량을 단합하여 항일해야 한다는 점, 특히 중국과 조선은 통일전선을 맺어야 한다는 점을 뚜렷이 제기하였다.

제2절 조선이주민의 교육

관내 조선이주민교육의 특점은 조선이주민이 경영하는 몇 개소의 학교는 외부의 압력에 의해 점차 폐교되고 특히 7·7사변 후에는 그 존재를 상실하였기에 조선이주민 자녀들은 일본인이 설립, 경영하는 학교와 중국 측에서 경영하는 학교에서 중국인, 일본인 학생들과 동학하게 되었다.

1. 화중·화남지역

화중·화남지역의 조선이주민 자녀는 상해거류민단에서 꾸리는 일본인학교에 많이 다녔는데 그중에서도 일본보통소학교에 다니는 조선이주민 학생이 비교적 많았다. 조선이주민유치원후원회, 한구조선인민회에서 꾸리는 유치원에 다니는 어린아이들도 60여 명이 있었다. 조선총독부경무국에서 1940년 출간한 「화중·화남·북중미주거주조선이주민개황」에 따르면 화중·화남조선이주민 학생은 814명이며 이들은 상업학교, 실업학교, 보통고등소학교, 유치원에서 일본인, 중국인과 동학하였다.

- **상해** 과거 프랑스조계지역에 강렬한 민족색채를 띤 사립조선인민성학교와 부속유치원이 있었으나 1936년 11월 11일, 일본영사관의 '경고'에 의해 문을 닫게 되어 조선이주민의 독자적인 교육기구는 소실되었다. 493명 조선이주민 학생들이 고등여교, 상업학교, 청년실업학교, 중(동, 부, 서)부 소학 등 일본학교에서 공부하였고 32명 조선이주민 학생이 중국 중(초등)학교, 유치원, 프랑스 중(초등)학교, 영국 중(초등)학교에서 상학하였으며 151명 아동이 상해 교외 조선인민회에서 경영하는 양정유치원에 다니었다.

- **남경** 남경의 조선이주민 학령아동은 대부분이 일본소학교에 다니며 남경일본고등여자학교에는 5명 조선이주민 여학생이 있었다. 남경 일본심상(尋常)고등소학교에 다니는 조선이주민 학생은 47명이다.

- **한구** 조선이주민 대부분은 교육시설의 불완전, 가족의 생활관계 등 요소를 고려하여 가족을 상해나 조선 국내에 남겨두었기에 일본학교에서 상학하는 조선이

주민 학생은 59명으로서 좀 적은 느낌이 든다. 교거조선인민회에서 경영하는 흥아(興亞)유치원에는 31명 조선이주민 어린이가 있었다.

• **방부** 1939년 6월 3일, 일본학교를 지었으며 이듬해에 126명 학생을 모집하였는데 조선아동이 90명이다. 적지 않은 조선이주민 학생들은 상해, 남경 등 지역에 가서 소학교를 다니기도 했다.

무호, 안경, 구강, 남창, 악주, 소주, 항주, 광동, 하문, 산두 등 지역에는 약간 명의 조선이주민 학생들이 일본학교에 다니었다.

2. 화북지역

북경, 천진, 당산, 산해관, 제남, 청도, 석가장, 장가구 등 지역의 일본교민단체가 꾸린 일본보통소학교에 2728명 조선이주민 학생이 있었다. 대부분의 일본학교는 1934년 이후에 설립되었으며 장점(張店), 청도 등 지방의 일본보통소학교는 일찍 1915년, 1916년에 건교되었다.

조선이주민 중학생들은 북경, 천진, 제남, 청도 등지의 11개 중학교(일본학교)에 입학하였으며 조선이주민 학생 수는 280명이다. 이런 중학교는 여고, 상업학교, 실업학교, 보통중학교 등이 포함되었다.

제3절 조선이주민의 종교

기독교는 조선이주민과 유구한 연계가 있기에 상해 조선이주민의 기독교도 그 맥을 이어왔다. 상해 조선이주민은 처음에는 프랑스조계지의 영국인교회단을 빌어 예배, 전도활동을 하였으며 1926년초엔 신도가 100여명이나 되었다. 1934년 10월에는 조선에서 주임목사 김성신이 건너왔으며 1939년 2월에는 규강로 117번지의 교회당을 빌어 교회활동을 벌렸다. 이로써 조선인기독교교회당이 독립적으로 존재하였다.

1940년 11월에는 2만 원을 내 규강지로 212번지에 자리 잡은 벽돌기와집을 샀다.

1934년에는 조선성결기독교본부에서 전도사 이범조(李范祚)를 파견하여 전도에 힘쓴 보람으로 신도 20여 명이 있었으나 7·7사변 후에는 거의 폐쇄상태였다.

제4절 조선이주민의 금융과 기업

상해의 조선이주민은 은행 등 기타 금융기구를 크게 이용하지 않았으며 경영자는 더욱 없었다. 저금, 송금 및 일부 무역종사자들이 은행을 통해 결산을 하는 등 경우가 있을 뿐이었다. 영업에서 극히 드물게 은행을 이용했으며 은행자금을 이용한 자는 2, 3명에 불과했다. 하지만 민간적으로 개인금융자로부터 매달 10%의 비법고리대를 이용한 자는 상당한 수량을 점하고 있었다.

상해의 조선이주민 중 중국의 은행계통과 관계를 갖고 있는 사람이 상당한 수였으며 특히 비밀저금을 위해서 중국 측의 은행을 이용하였던 것이다. 프랑스조계지나 공공조계지역에 거주하는 조선이주민들도 그런 추세를 보였다. 약 50명 좌우, 금액은 100만 원을 넘는 것으로 추측된다.

7·7사변 전 상해의 조선이주민은 자금상의 곤란으로 근근이 제약업, 만년필제조, 잡화상 등 몇몇 기업소를 경영하였으나 7·7사변 후에는 운수, 공정, 여관, 음식점 등을 경영하였으며 내지와 물자교역을 하는 기업도 활기를 띠고 있었다. 상해의 조선이주민이 경영하는, 자본금이 15만 원을 넘는 기업을 적어보면 삼하흥업주식회사(三河兴业株式会社, 江鸠命石, 30만 원), 상해정밀기계공예사(上海精密机械工艺社, 孙田昌植, 20만 원), 삼화흥업회사(三河兴业会社, 秋野养铉 20만 원), 영화무역회사(永华贸易公司, 木户东彦 20만 원), 영화양행(永华洋行, 山冈晖卓 50만 원), 구중회사(九重公司, 金田尚用 20만 원), 원동상업회사(远东商业会社, 星野一夫15만 원), 동신양행(同信洋行, 白井源一 15만 원), 전촌양행(田村洋行, 田川忠治 15만 원), 금택서복점(金泽西服店, 金泽永周 15만 원), 목기회사(木器公司, 金

時会 15만 원), 임성회사(林盛公司, 林承业 15만 원), 한영무역회사(韩永贸易 公司, 韩田奎永 15만 원), 신흥회사(新兴公司, 木村解生 15만 원), 인삼상점(人参商店, 林根哲 15만 원), 영생병원(永生医院, 刘兴云 15만 원) 등이다. 자본금이 10-15만 원인 기업은 6개소, 5-10만 원인 기업은 30개소다.

한구의 조선이주민은 전부가 일본의 은행(지점)을 이용하여 저금, 송금 등 교역을 진행한다. 업무확대의 수요로 자금이 필요되나 은행을 이용할 방법이 없어 비법적인 고리대로 난관을 이겨내곤 하였다.

방부의 조선이주민 중 몇 명은 일정한 규모의 기업을 운영하였다. 김덕련 씨가 10만 원 자본금으로 무역전당포를 갖고 있었고 이길송 씨가 10만 원 자본금으로 잡화어점을 꾸렸으며 김민제 씨가 10만 원 자금으로 무역에 종사했고 신석 씨가 10만 원 자금으로 무역, 잡화를 진행해왔으며 이승언 씨가 5만 원 자금으로 잡화상업에 종사했다.

무호의 조선이주민 중 기업을 운영한 이들로는 임룡홍 씨가 2만 엔 자금으로 운수 및 무역에 종사했고 김룡섭 씨가 3만 엔으로 부역을 해왔고 김사내연(金子泰渊) 씨가 3만 엔 자금으로 시계수리방을 꾸렸으며 김성학 씨가 2만 엔 자금으로 병원업에 종사했고 홍국철 씨가 5만 엔 자금으로 기생집을 꾸렸다.

안경의 조선이주민 중 김경환 씨가 10만 엔 자금으로 무역을 해왔고 김대현 씨, 오영섭 씨, 이성창 씨. 김진복 씨가 1-2.5만 엔 자금으로 잡화, 무역에 종사했고 정원길 씨, 윤인택 씨, 진식탁 씨가 1-2.5만 엔 자금으로 기생집을 꾸렸다.

악주의 이묵재 씨가 판점을 경영하였다.

소주의 김수인 씨, 최태룡 씨가 각기 4만 엔, 1만 엔 자금으로 금융업에 종사했으며 조병철 씨가 2.5만 엔 자금으로 기생집을 움직이었다.

광동에는 실력 있는 조선이주민이 비교적 많다. 김규현 씨가 3만 원 자금으로 석탄매매업에 종사했고 김일현 씨가 5만 원 자본금으로 협화(协和)회사를 꾸려 자동차운수를 하였으며 김명근 씨가 7만 원 자금으로 금광(金光)회사를 꾸며 정미업에 나섰고 박승기 씨가 3만 원으로 기생집을 꾸렸다. 金谷喜次郎 씨는 6만 원 자금으로 서성(瑞成)양행을 꾸려 무역상으로 있었으며 홍승호 씨는 3만 원, 김정섭 씨는 4

만 원, 윤상만 씨는 3만 원, 이원업 씨는 4만 원 자금으로 각기 기생집을 경영하였다. 정리월 씨는 3만 원 자금으로 운수업과 기생집을 운영하였다.

산두의 조선이주민 중 고광필 씨가 2만 엔 자금으로 어업에 종사했고 김광홍일(金光洪一) 씨가 2.5만 원 자금으로 기생집을 경영하였다.

제5절 조선이주민의 의료위생

상해의 조선이주민은 위생의식이 보급되어 있었다. 1940년경 예방주사도 실시 중이었다. 조선이주민은 의료기구를 몇 개 경영하였으나 중국인의사를 고용하거나 경영을 위탁하는 경우가 많았다. 1940년 7월, 민단진료소 이비과는 조선이주민 의사가 과장을 담임하였다. 상해 조선이주민이 경영하는 의료기구를 적어보면 유기석 씨가 1935년 4월 1일에 개설한 복세(福世)병원, 유일평 씨가 1939년 6월 1일에 개업한 영생(永生)병원, 연안정자(延安晶子) 씨가 1940년 1월 1일에 세운 성인(圣仁)병원(부산과), 의평승장(乂平胜长) 씨가 1940년 7월 31일에 개설한 남향(南乡)병원, 1940년 9월 20일, 하산태웅(夏山泰雄) 씨가 세운 대륙(大陆)병원(내과, 화류과), 대구정웅(大丘正雄) 씨가 1940년 9월 17일에 개설한 대동(大同)병원(내과), 송원수헌(松原秀宪) 씨가 1940년에 세운 민단진료소(이비과)이다. 이외 조선이주민이 경영한 약재상점으로는 두대(都大)약방(최오덕), 대화(大华)약품회사(최병욱), 금정(金井)약방, 남궁(南宫)약방 등이다.

조선이주민 반일독립운동

　앞부분에서 서술한 바와 같이 관내조선인의 이주는 '한일합병' 이후에 시작을 보았으며 만주에로의 이주와는 달리 지리적 요소보다 정치적 요소가 더욱 큰 작용을 놀았으며 또 상해가 외국조계지인 점도 홀시할 수 없는 것이다. 더욱이 7·7사변 후 일본이 중국에 대한 침략은 중국인민의 반일정서를 극도에 끌어올렸으며 이는 다른 한편으로는 조선이주민의 반일투쟁에 공동한 목표를 세워주어 조선이주민의 관내에서의 반일운동은 중국정부로부터 동정과 후원을 받게 되었다.

　관내조선이주민의 반일투쟁은 정치적인 망명객과 애국지사들을 주선으로 긋고 있으며 일본의 세력을 빌어 돈벌이 목적으로 관내에 유입한 조선이주민들에게는 독립이니 광복이니 하는 것은 논할 바가 못 된다.

　중국 관내에서의 조선독립운동에 대해 이미 많은 전문연구저서가 출간되었고 또 본서는 투쟁사가 아닌 이주사를 중심으로 하는 차원에서 저서의 전면성과 완전성에서 출발하여 독립투쟁의 가장 기본적인 중점만을 요약해서 적는다.

제1절 대한민국임시정부

일찍 1911년, 동맹회에 참가하였고 쑨쭝산과 함께 무창기의에 참가한 유일한 조선인 신정은 박계식, 김규식, 신채호 등 300여 명과 함께 상해에서 국권회복을 목적으로, 독립운동에 종사함을 중심 임무로 하는 동제사를 조직하였다. 이들은 유럽, 미국 등 각 지역에 분사를 세워 해외에서 제일 큰 독립운동기구로 되었다. 신정은 또 신아공제사(新亚共济社)를 발기하여 중국국민당과 사회지명인사인 쑹쏘런, 후한민, 따이지토, 료쭝카이 등이 가입하였다.

1919년 1월 22일, 일본의 독사계책으로 한국 광무황제가 세상을 떴다. 이것이 1919년 3월 1일 독립운동이 폭발하였고 외국에 유망하였던 지사들이 상해에 모여 임시정부의 성립준비사업에 착수하였다. 서울의 정부도 홍진(洪震)을 대표로 임시정부에 가입하였다. 여운형(呂云亭) 등이 상해 불란서조계지 보창도에서 임시정부조직 사업을 하였고 임시의정원을 설립하고 이동녕이 의장 직을 맡았다.

1919년 4월 11일, 대한민국임시정부와 임시의정원이 상해서 성립되었다. 대한민국임시정부는 일제의 조선통치를 반대하고 민족자결주의를 기본으로 하는 조선독립단체이다. 한국임시정부는 최초에 국부총리제를 채용하였으며 이승만(李承晚)이 국무총리를 담임하였다. 제2기부터 대통령제로 고쳤는데 이승만이 제1임 대통령이다. 1925년 제7기부터 국무령제로 고치고 1929년 제10기부터 국무위원제로 고치였다. 1940년 제15기부터 주석제로 고치였다. 김구가 주석에 취임했다.

대한민국정부는 소재지를 빈번히 옮기었다. 1919년 4월에는 상해 불란서조계지, 1933년에는 남경, 1934년 1월에는 진강(镇江), 1934년 3월에는 항주, 1937년에는 진강, 1937년 11월에는 장사, 1938년 7월에는 광동, 1938년 10월에는 광서 유주(柳州), 1939년 3월에는 사천 기강(綦江), 1940년 9월에는 중경이었다.

1931년 9·18사변 후 중일관계가 날로 악화됨에 따라 임시정부의 활동도 빈번하였다. 이동휘, 김구 등은 임시정부 국무원회의를 열고 일본에 대한 공포적 암살파괴 단행을 결의하고 그 실행기구로서 김구가 책임을 맡은 특무기관을 설치하였다. 이

특무기관에서는 많은 무력, 비밀투쟁을 계획하고 실행하였는데 그 돌출한 일례로는 일본황 히로히도 저격사건과 상해홍구공원의 폭발사건이다.

　일련의 암살사건 뒤 일제의 수색은 대단하였고 반일독립운동은 저조기를 벗어나지 못하였다. 1936년 김구, 이동녕 등이 한국국민당을 창립했고 7·7사변 후에는 '한국광복전선'이 조직되어 임시정부의 외곽단체가 되었다. 1940년 9월에는 중경에서 광복군을 설립하였다. 1945년 2월에 일본과 독일에 선전포고를 내렸으며 임시정부는 8·15광복의 날을 맞았다.

　김구를 위수로 하는 임시정부 성원들이 귀국하게 될 때 쩌우언라이, 풍삐이우 등이 중공당을 대표하여 중경에서 환송연회를 베풀었으며 쌍쩨이스 부부도 다과연을 베풀었다. 1945년 11월 23일, 김구 일행은 개인 신분으로 귀국하였다.

　9·18사변 후 관내의 민족주의자들의 대일항전은 주로 김원봉(일명 김약산)과 김구를 위주로 하여 전개되었다.

　1920년대부터 의열단을 거느리고 항일을 해왔던 김원봉은 1932년 10월에 조선혁명군 군대사정치간부학교를 창설하였고 교장을 담임했다. 1938년 10월 10일, 김원봉은 조선의용대를 무한에서 결성하였으며 총대장에 임했다. 1941년 5월, 김원봉이 이끌어오던 조선민족혁명당은 임시정부에 참가할 것을 선언하였다. 원 조선의용대 대원들은 임시정부 산하의 광복군 제2지대로 편성되었고 김원봉이 지대장 직을 맡았다. 미구에 광북군에 부사령제가 실시되면서 김원봉은 부사령으로 임명되었다. 김원봉은 광복군을 거느리고 일제에 대한 항쟁을 멈추지 않았다.

제2절 임시정부에 대한 중국국민당정부의 원조

　대한민국임시정부는 그 자체의 발전과정에 중국국민당정부와 밀접한 연계를 가지고 있었으며 7·7사변 후에는 항일의 공동목적과 이익에서 중국국민당정부는 정치, 군사, 자금 등 다면에서 임시정부에 지원의 손길을 보내었다.

1. 임시정부에 대한 입장

일찍 1921년 10월 대한민국임시정부는 신정에게 명하여 5개 조건의 외교문서를 지니고 광동으로 향하여 비상대통령으로 있던 쑨쭝산을 만났으며 그해 11월 18일 호법정부가 거행한 북벌선서대회에서 쑨쭝산은 한국임시정부의 국사를 정식으로 회견하였으며 두 나라 정부는 정식으로 상호 승인하였다. 이 역시 임시정부가 성립된 이래 처음으로 되는 정식국제외교였다.

1945년 8월 24일, 쨩쩨이스은 '민족주의를 완성하고 국제평화를 위호하자'라는 연설 글에서 국민혁명의 목표와 가장 긴박한 사업으로 세 가지를 지적하였는데 그중 세 번째 것으로는 '고려의 독립자주를 회복하는 것이다. 국민혁명은 만청을 뒤엎고 일본에 반항하며 중국 자체의 자유, 평등을 위해 분투할 뿐만 아니라 고려의 해방, 독립을 위하여 분투해야 한다.'는 것이다. '동아와 세계평화 및 동아 각 민족의 독립과 자유를 위하여 우리는 반드시 먼저 조선으로 하여금 독립, 자유를 실현하게 해야 한다. 이것이 바로 국민당이 조선에 대한 유일한 원칙이다.'

2. 군사인재 양성

일찍 중국국민정부혁명나라 군대 성립 당시 천치메이(陳其美)는 황포군관학교에 조선청년 200여 명을 무료로 입학시켜 이들의 교육을 원조하는 한편 자기의 혁명나라 군대편성에 이용하자고 하였으며 그 후 쨩쩨이스이 황포군관학교 교장에 취임하자 장래 한국혁명에서 근무할 조선청년을 받아들여 군사교육을 실행하였다.

중국군사위원회 간부훈련반 제6대(조선혁명간부학교)

쨩쩨이스의 의도에 따라 매달 3000원의 원조를 받아가지고 의열단에서 성립한 조선혁명간부학교이다. 양성목적은 '일, 만 요인을 암살하고 중요한 기관을 파괴하며 재만반일단체를 연합하여 가짜지폐를 만들어 위만주국의 경제를 요란시켜 한국독립을 실현하고 만주를 되찾아오는 것이다.'

제1기생은 26명으로서 1932년 10월 20일, 남경 교외의 당산선(湯山善)사에서 건교개학식을 하고 1933년 4월 20일에 졸업식을 하였다. 제2기생은 34명(원 55명 학원 중 1명은 병퇴하고 20명은 중국육군군관학교 낙양분교에 전학)으로서 1933년 9월 16일에 개학하고 1934년 4월 17일에 졸업식을 올렸다. 제3기생은 자금 및 기타 사항으로 인해 중지되었다.

중국육군군관학교 낙양분교

1933년 5월, 김구는 남경중앙군관학교에서 있은 쨩쩨이스과의 면담에서 낙양군관학교에 한국독립군을 위하여 특별반을 설치하여 군사인재를 양성키로 약속했다. 그 후 이청천(李青天)의 독립군소속청년과 김구의 수하청년들이 중국육군군관학교 낙양분교에서 공부하였다. 1934년 2월에 개학하였으며 보통반과 특별반으로 나누었는데 보통반은 92명 학생이었다. 특별반은 1년 후 일제의 엄중한 간섭으로 인해 해산되었다.

1934년 8월, 김구는 중국 측과 재차 교섭하여 낙양분교 학생 25명을 중앙육군군관학교 제10기 제10총대에 입대시켰다. 「중국 경내의 한국독립운동」(호준혜)의 기재에 따르면 1932-1937년 중국군관학교에서 양성한 조선군사인원은 약 350여 명(입학 수는 478명)이다. 1940년 중국군대 내의 조선인 소좌급 이상 군관의 분포를 보면 중앙군에 130여 명, 산서군에 7명, 19로군에 18명, 쨩파아큐이군에 10명, 산동군에 7명, 광동군에 4명, 광서군에 11명, 동북군에 38명, 서북군에 40여 명, 사천 각 군에 27명, 운남군에 12명(「동아일보」 1934년 1월 30일)이다.

제3절 공산주의자의 활동

상해의 조선공산당주의자의 활동은 1917년 만국사회당대회에 참가하고자 신정의 발기로 성립된 조선사회당을 그 시작으로 본다.

1918년 여운형, 조동우(趙東佑) 등에 의하여 한국독립, 민족해방을 목적으로 하는 신한청년당이 조직되고 1920년 5월, 이동휘는 여운형과 함께 고려공산당을 조직하였다.

1925년 4월, 서울에서 조선공산당이 조직되고 상해에 지부가 설치되었으며 여운형이 수뇌자로 활약하였으나 국제공산당의 일국일당원칙에 의하여 지부 전체 인원이 중공당에 가입하고 중공강소성위 홍남구위의 한인지부를 조직하였다. 1929년에는 몇 개의 표현단체를 조직하였고 9·18사변 후에는 조봉암 등의 체포로 인하여 동 지부는 괴멸상태에 처하였다. 1936년 최창익, 허정숙, 김창만 등은 낙양을 거쳐 연안으로 갔다.

상해의 반제단체로는 1931년 11월, 홍남작 등에 의해 한인반제동맹이 창설되었으나 그 활동이 쇠퇴하여 갔다. 1933년 6월 25일, 중국영토보장동맹회가 조직됨에 따라 그해 8월 4일에 상해한인반제동맹도 상해한인독서회로 하고 후엔 좌익사회과학자대연맹소조로 개칭하였다.

제4절 무정부주의자의 활동

1928년 2월경에 상해 불란서조계지역에서 재중조선무정부주의자연맹을 조직한 것을 첫 시작으로 본다. 그 후 동방무정부주의자연맹, 남화한인청년연맹, 흑색공포단 등 조직이 설립되었다. 이들은 주되게 중국 측의 원조를 받으며 일제 및 그 주구에 대한 무시무시한 암살사건을 조직하였다. 1933년 3월의 상해일본총영사관 有吉 공사의 암살예비사건, 1935년 3월의 상해조선이주민거이민회 부회장 이용로를 암살 등이 돌출한 예이다.

제5절 당파, 단체

조선이주민은 수십 년 간의 반일독립광복운동 중 만주 또는 중국 관내지방에 수많은 당파, 단체를 건립하였다. 이들은 조국광복이란 신성한 공동목표가 있음에도 불구하고 당파 사이, 동일한 당파 내부에 늘 모순이 치열하고 수 없는 분열상태와 해산 국면이 나타났으며 각 파별은 자신의 이익을 위하여 일을 처리함으로써 전체 국면의 단결에 손상을 끼치었다. 총적으로 볼 때 여러 당파, 단체의 활동은 정치적, 외교적인 것이 큰 비례를 점하고 있는 것이 사실이다. 이들에게는 광범한 대중과의 연계가 결핍하고 무장대오건설이 박약하며 너무나 큰 정도에서 타인의 힘을 바라고 일하였다. 물론 당시 역사적 배경에서 이 역시 적극적인 움직임이지만 아무튼 한개 나라를 구한다는 커다란 사업을 놓고 볼 때 이는 극히 우tm운 일이 아닐 수 없다. 재중조선이주민의 여러 당파, 단체 활동의 치명적인 약점은 조선혁명을 영도할 수 있는 위대하고 권위적인 정당이 없으며 또 이러한 정당을 영도할 수 있는 수령이 없는 것이다. 대부분 당파, 단체는 견고한 근거지가 없으며 대중기초가 없으므로 일제의 타격에 쉬이 무너지고 한개 당파, 단체의 운명은 어느 개별적인 개인한테 달려있었다. 따라서 집체영도가 결핍했다. 이는 유명무실한 존재가 될 수 있는 근본적 원인이다.

　이상의 많은 부족점과 유감스러운 점, 나아가서는 부끄러운 점들이 있음에도 불구하고 이들의 활동에 있어서 소중하고 헌신석이고 민족적인 분두가 스며있으며 이는 일제의 침략과 확장에 커다란 타격을 주었으며 수많은 반일의사들이 민족의 존엄과 광복을 위하여 이국땅에 선혈을 뿌리었다. 조선이주민의 당파, 단체의 활동은 조선이주민반일운동의 주요한 구성부분이며 아울러 이들에 대한 요해 및 평가는 필요한 것이다. 아래에 1919년 이후의 주요한 당파, 단체의 개황을 요약한다.

신한청년당(新韓青年党)

　1918년 11월 28일에 창설되었다. 취지는 '인류문화를 증진하고 평등, 자유, 순결 및 박애의 진리를 실현하며 점차적으로 인생의 천직을 완성'하는 것이다. 진정서(陳情书)를 미국 웰슨 대통령께 보냈으며 1919년 4월에는 대한민국임시정부 대표의 명의로 파리평화 회의에서 청원서를 제기하였다. 1919년 12월 1일, 기관지「신한청년」을 발간했다. 1920년 2월 당시 당장은 여운형이다.

신한독립당(新韓獨立党)

1930년 7월 26일, 만주 위하에서 조직되었다. 군사부는 한국독립군이라 불렀으며 이청천이 사령관으로 임명되었다. 당의는 '민족주의를 기초로 하는 정권, 생활, 문화의 독립과 만주의 건설을 실현하여 전 세계의 평등, 행복을 추진'하는 것이다. 강령에는 농후한 사회주의 색채가 있다. 당수는 홍진이다. 1935년 7월 15일, 민족혁명당이 성립되자 해소선언과 함께 이에 합쳤다.

조선의열단(朝鮮義烈團)

1919년 11월 10일, 길림성 호림문외에서 김원봉 등 13명이 조직하였다. 후에 근거지를 북경, 상해 교외, 남향, 무창 등지로 옮기였다. 1929년 12월 2일에 해체설명서를 발표하였다. 의열단의 초기강령은 '왜놈구축, 조국광복, 계급타파, 지권평균'이며 후기의 강령 요지는 일제관리와 일본시설을 암살, 파괴하는 것이다. 조선의열단은 10개의 공약을 세우고 7개 부류의 암살대상과 '5개 파괴' 대상을 확정하였다. 파괴사건의 돌출한 예로는 1921년 9월 12일 김익상(金益相) 씨가 총독부를 폭격하였고 1923년 1월 12일, 김상옥(金相玉) 씨가 경성종로경찰서를 폭격하였고 1925년 12월 28일, 나석주(罗锡畴) 씨가 조선은행과 동양척식회사를 폭격한 것이다.

한인애국단(韓人愛國團)

김구가 영도하였는데(참모는 안공근) 강령이나 규약이 없으며 1932년 10월 김구의 명의로 윤봉길 의사의 장거과정을 발표한 것이 '한인애국단'이 사회에 알려진 첫 시작이다. 1935년 11월, 한인애국단은 해산되었고 김구는 한국국민당 의사장으로 추대되었다.

사진 2-03-01 죄악의 탄알이 윤봉길 의사의 이마를 관통하는 순간

(구)한국독립당

1928년 3월 25일, 이동녕 등은 임시정부 성원을 기초로 하여 상해 불란서조계지 임시정부판공실에서 본당 결성회의를 가졌다. 당의는 '혁명적 수단으로 일본의 침략 세력을 쇠약시키며 국토와 국권을 광복하고 정치, 경제, 교육의 평등을 기초로 하는 신민주국을 건설'하는 것이다. 본당은 외곽단체를 갖고 있었는데 상해한인청년당, 상해한인청년동맹, 한교협회, 한국모병(募兵)회, 한교전지(战地)공작대, 한인소년척후(斥候)대 등이다.

한국국민당

김구의 애국단을 중심으로 조직되었다. 이사장에 김구가 추대되었다. 국가의 주권의 완전한 회복과 전 민족적으로 정치, 경제, 교육의 평등을 원칙으로 하였다.

조선청년전위동맹

1938년, 무한에 이른 조선의용대의 50명 조선공산주의자들은 최창익 씨의 영도하에 무한조선청년전시봉사단을 조직하였다. 그 후 조선청년전위동맹으로 개칭하고 적극적으로 활동하였다. 그 후 최창익, 왕지연 등은 낙양을 거쳐 연안으로 갔다.

한국대일전선통일동맹

1932년 10월 12일, 한국독립당 대표 3명, 조선혁명당 대표 2명, 조선의열단 대표 2명, 광복단 대표 1명 등 8명이 상해에서 5명 위원을 선거하여 연합체의 성질, 대표 인수 및 자격을 규정하였다. 11월 23일, 상해에서 각 단체 연합체의 이름을 한국대일전선통일동맹으로 짓고 성질은 협의기구이고 대표 수는 9명으로 규정되었다. 본 동맹의 강령은 '혁명적 방법으로 한국의 독립을 완성하며 혁명역량의 집중과 지도를 통일하며 대일전선을 확대, 강화하며 필요한 우군을 연합'하는 것이다. 1935년 7월 5일, 본 동맹은 해체선언을 발표했다.

조선혁명당

본 당은 1926-1927년 만주의 정의부를 중심으로 하여 1929년 9월 신빈현에서 조직되었다. '조선혁명군 군대'를 조직하여 항일유격전쟁을 활발히 전개하여 일제를 타격하였다. 이청천, 현익철이 중앙간부를 맡고 1940년까지 독립적인 명의로 활동하였다.

한국독립당

1940년 5월 9일, (구)한국독립당, 한국국민당, 조선혁명당 등 3개 당이 합병하여 구성되었다. 당의의 요지는 혁명수단으로 일제의 침략세력을 소멸하고 국토, 주권을 완전히 광복하고 정치, 경제, 교육균등의 기초상에서 신민주국가를 건설하는 것이다. 당내의 주요한 영도자들로는 김구가 집행위원장, 이시영이 감찰위원장으로 있었다. 1943년 6월, 동당 제3차 대표대회에서 조소앙이 집행위원장으로 당선되었으나 경제 실권은 의연히 국쇄파의 손안에 쥐어졌다.

조선민족혁명당

1932년, 요녕의 조선혁명당, 항주의 한국독립당, 남경의 조선의열단, 신한독립당, 미국의 대한인독립단 등 5개 단체는 대일전선통일동맹을 무었다. 이것이 조선민족혁명당의 전신이다. 1935년 7월 5일, 상술한 5개 단체는 원래의 단체를 해산하고 조선민족혁명당을 조직했다. 동당은 조선혁명간부학교를 창립하였고 기관지 「전도」, 「민족혁명」을 한국어, 중국어로 발간했으며 조선의용대를 창립하였다. 1943년 김규식이 중앙집행위원회 주석으로 있었다.

신한민주당

1945년 2월 중순, 유동얼은 김붕준, 신기언 등과 함께 본당을 조직하였다. 동당의 강령은 '한민족의 일체 역량을 동원하여 일제의 통치를 뒤엎고 민주공화국을 건립'하는 것이다.

북벌, 광주봉기의 조선이주민

관내조선이주민의 반일광복활동은 대한임시정부를 주류로 하는 민족주의자 및 공산주의자, 무정부주의자들을 무대로 이어지는 반면 중국국민당과 공산당의 영도하에 조선혁명을 중국혁명의 일부분으로 간주하고 중국혁명에 투신한 많은 조선이주민들의 투쟁으로 다른 측면을 이어가고 있었다.

제1절 황포군관학교의 조선이주민

황포군관학교는 중국국민당에 의해 세워진 군사학교로서 처음에 교명을 '중국국민당 육군군관학교'로 정했지만 학교터가 광동 황포장주도에 있었으므로 황포육군군관학교라고 불렀으며 '황포군교'라고 약칭하였다. 1924년 5월에 설립되어 6월 16일에 개학식을 거행하였다. 건교 초기에 학교본부 최고영도자들로는 교총리 쑨원, 교장 짱쭝쩡, 교당대표 료쭝카이 등 3명이다. 1930년 9월, 황포본교 제7개 학생들이 졸업 후 10월 24일 교무를 결속 지었다.

'유오(留粤)한국혁명청년회', '조선의열단', '한국노병(勞兵)회' 등 관내의 조선혁명 단체 및 여운형, 조소앙, 박찬익, 이유필, 차리석, 최우강 등 조선지명인사들은 대량 의 조선청년을 황포군교로 추천 또는 소개하였다.

중국 관내대혁명 초기, 황포분교 및 소속부대의 조선청년은 약 200명에 달하였다. 황포군교 특무대대 제2중대 중대장이었던 최용건은 1963년 6월 8일, 중국혁명박물관 을 참관할 때 '그때 광주의 황포군교에는 매우 많은 혁명청년들이 왔는데 그중 조선 이주민이 200여 명이나 되었다. 리쩌썬이 배반한 후 당시 왕찡워이는 의연히 혁명하 는 체하였다. 그래서 200여 명 조선이주민은 모두 무한으로 옮겨갔는데 나는 여전히 황포에 남아있었다. 이후 무한에 황포군교 무한분교가 성립되었는데 약 150여 명 조 선인이 참가하였다.'고 회억했다.

또 「화중 화남 북중아메리카주의 조선인개황」(1940)에는 "대정 12년(1922년) 봄, 손두환(孫斗煥, 황해도)이 광동 황포군교 교장판공청 부관 겸 정치교관으로 취임하 였고 양녕(楊宁, 별명 楊林, 평북도 또는 황해도)은 동교의 보병기술과 주임으로 취 임하였으며 그들은 앞에서 언급한 박태화(朴太和)와 연계하여 조선, 화북, 만수 등 지역에서 약 200여 명 조선청년을 모집하여 동교에 들어가 학습하게 하였다."고 씌 어 있다. 하지만 양녕이 맡았던 직무는 보병기술과 주임이 아니라 제4기의 기술조교 와 제5기의 기술주임교관이다.

황포 「동학록」에 의하면 조선인졸업생 수는 제3기(1925.7.5 - 1926.1.17)는 5명, 제 4기(1926.3.8 - 1926.10.4)는 24명, 제5기(1926.11.15 - 1927.8.15)는 6명, 제6기 (1927.10.3 - 1929.2.24)는 10명으로 총 45명이었다. 제1기(1924.6.26 - 1924.11.30), 제7기(1924.1.14 - 1930.9.26) 조선인졸업생이 없었다. 조선인교직원은 제3기에 1명, 제4기에 3명, 제5기에 7명, 제6기에 3명 도합 14명이었다. 그중 중복자 6명을 포함하 였으므로 실제 인수는 8명이다. 조선인교직원은 대부분이 본교졸업생인 외에 전부가 중 국 및 기타 나라의 정규 군사학교 또는 대학교졸업생이다. 중국국내혁명 후기, 무한분교 에 집결한 조선청년은 이미 150여 명에 달했으며 그 다수가 중공당에 기울고 있었다.

건교 초기, 조선청년들이 광동에 와서 황포군교의 교직원이 되었다. 구소련군사학 교 졸업생 강섭무(姜燮武) 씨는 건교 초기에 포술훈련교관 겸 소련고문의 통역으로 있었다(「광주봉기와 조선용사들」 흑룡강조선민족출판사). 상해임시정부로부터 광주로 온 김철남(金铁男, 김병두) 씨는 일찍 황포군교에서 상위참모, 교도 제3연대 소좌 부연대장 등 직무를 역임했다. 손두환 씨는 일본 메이지대학교의 법과졸업생으로서 황포군교에서 제4기 교장판공청 부관을 맡았고 후에는 남경중앙육군군관학교에서 일본어교관을 맡았다. 운남 강무당학교의 이계동(李启动, 李友白) 씨와 이검운(李剑云, 철호) 씨도 일찍 황포군교에서 각각 부관과 조교를 맡았다.(「군관학교의 진상」, 조선총독부 경무국, 1934년 12월) 「동학록」에 의하면 가장 일찍 황포군교에서 임직한 조선이주민은 양녕이다. 황포군교 제4기 조선인교직원은 양녕 외 양도부(梁道夫)와 이빈(李彬)이 있다.

양도부는 별호가 추인(秋人)이고 별명이 양달부(杨达夫)이며 러시아 연해주에서 태어났다. 1920년대 초, 이만에서 한국의용군 러시아통역관을 맡았다. 1922년 여름, 모스크바 육군사관학교에서 군사를 배웠다. 졸업 후 러시아의 군사고문단과 함께 황포군교 훈련부로 왔으며 제4기 러시아포교련관을 맡았다.

이빈은 별호는 청파(清波)이며 함경북도 사람이다. 그는 원래 황포군교 제3기 보병대 학생이었는데 졸업 후 학교에 남아 제4기 정치과대대의 구대장을 맡았다.

제5기 조인교직원은 양녕, 오성륜(吴成岺), 채원개(蔡元凯), 오명(吴明), 이일태(李逸泰), 최추해(崔秋海, 崔镛键), 안응근(安应根) 등 7명이 있다.

제6기 조선인교직원은 채원개, 박효삼(朴孝三), 공주선(孔周宣)이다.

제7기 조선인교직원은 방우용(方禹镛)이다.

제2절 북벌전쟁에서의 조선이주민

북벌전쟁이란 1926년부터 1927년 사이에 국공 양당 합작으로 이루어진 10만 '국민혁명나라 군대'가 광동성을 근거지로 우페이무, 쑨촨팡, 짱줘린을 대표로 한 북양군벌을 토벌한 전쟁을 가리킨다. 1926년 5월, 예팅독립퇀이 선발대로 호남성을 진공하였다. 독립퇀은 1925년 11월, 쩌우언라이의 지도 밑에 광동에서 조직되었는데 160여 명 조선이주민이 양림을 영장으로 한 제3영에서 한 개 련을 구성하였다. 양림은 1926년 4월, 황포군교로 돌아가고 조선혁명개며 독립퇀 포병영장인 이용과 기타 조선인장병들이 예칭을 따라 북벌의 길에 올랐다.

7월 9일, 10만 북벌군은 세 길로 나누어 북벌을 시작하였다. 국민혁명나라 군대 제2군, 제3군, 제6군, 제8군에 편입한 조선용사들은 거의 전부가 군관학교나 대학을 졸업한 전문인재들이다 제2군의 포병련장 권준, 부관 안동만, 제6군 55퇀 기관총련의 소좌교관 김준섭 등이 대표적 인물이다.

북벌에서 적지 않은 조선청년이 전사하였다. 제2군 포병련 련장 강파는 남창공격전에서 희생되었고 제6군 55퇀 기관총련의 소좌교관 김준섭은 낙화전투에서 희생되었다. 남창성을 점령한 후 제6군에서는 성대한 추도회를 열고 김준섭을 추모하였다.

북벌이 실패한 후 조선청년은 남창봉기에 뛰어들었다. 예팅의 국민혁명나라 군대 제11군 24사에는 박인, 김철광, 방월성 등 조선용사들이 있었고 허룽의 제20군에는 강석필, 홍범기, 김래준 등 수십 명 조선용사들이 있었다. 류즈밍은 남창봉기에 참가한 조선사람이 약 200명에 달한다고 했다(「조선족백년사화」 제2집).

제3절 광주봉기의 조선인

중공당은 남창봉기와 추수봉기를 이어 1927년 12월에 광주에서 또 한 차례 무장봉기를 일으켰다.

광주봉기에 참가한 조선청년들은 주로 제4군 교도퇀과 황포군교 특무영에 집중되었다. 광주경위단과 중산대학의 조선청년들도 봉기에 참가하였다. 예쩬잉(후날 중국 중앙군위 부주석, 원수)이 거느린 원 국민혁명나라 군대 제4군 교도퇀의 제2영 제2련은 80여 명 조선인을 위주로 구성되었다. 박영, 박근만, 박근수, 박건웅 등 이름난 혁명가, 포병능수들이 5련에 있었으며 김규광이 5련의 당책임을 맡고 있었다. 황포군교 특무영의 3개 련 200여 명 전사들도 봉기에 참가하기로 되었는데 제2련은 최석천(용건)을 련장으로 한 150여 명 조선인들로 구성되었다.

광주봉기 전야에 국제공산당에서는 소련에 있던 많은 조선인군사지휘원과 군사기술인재를 광주에 파견했다. 모스크바군관학교 포병과 졸업생인 양도부(달부)는 봉기군 총지휘 예팅(훗날 신사군 군장)의 참모로, 중공당원이며 황포군교 교관인 김산은 예팅의 수행으로, 모스크바 홍군대학 졸업생 이용은 교도퇀 지휘관 엽용의 군사고문으로, 황포군교 제3기 졸업생 이빈은 광주봉기 북부전선 지휘관으로 임명되었다. 모스크바동방공산주의노동대학 졸업생이며 중공당원이며 황포군교 교원인 오성륜(吳成倫), 러시아공산당원인 박영(朴英), 황포 군교 제4기 졸업생인 박건웅(朴建雄) 등은 소부대를 거느리고 몇몇 군벌두목을 생포할 특수임무를 맡았다.

봉기 날, 광주소비에트정부창립대회가 서과원에서 열렸다. 김규광, 김산 등 10여 명 조선인대표들이 참석하였다. 김규광은 소비에트정부 반혁명숙청위원회에서, 김산은 노동무장부에서 사업했다.

12일 저녁, 봉기총지휘부에서 철거명령을 내렸지만 명령을 접하지 못한 박영이 거느린 조선용사 60여 명을 망라한 200여 명 봉기군은 영남대학 부근에서 적의 포위에 들어 연속 5일간 굶으며 혈전하였다. 박영 등 120여 명 전사들이 희생되었고 조선용사 50명을 망라한 80여 명 봉기군이 체포된 후 집단도살을 당하였다.

광주봉기에 참가한 조선청년 중 양도부, 이용 등 25명은 신분이 밝혀졌다.

양도부는 저명한 포병전문개며 하남성에서 작전할 때 쨍파쿠이의 포병부대를 관리하였다. 쨍쩨이스이 '청당'할 때 제일 먼저 동로군총지휘부로부터 쫓겨나 한구로 갔다. 광주봉기 때 예팅의 참모로 있으면서 탁월한 포술재능을 보였으나 그 후 행방불명이었다.

이빈 역시 포병지휘원으로서 대포 한 발로 일본군함 '山本号'에 심각한 손상을 입혔는데 그 번 전투에서 적탄에 맞아 희생되었다.

오성륜은 봉기실패 후 해륙봉 등지를 에돌아 상해로 가서 중국본부 한인청년동맹에 가입하였으며 동맹집행위원으로 선거됐다. 1929년 여름 동북에 파견되어 전광(全光)이라 변명하고 남만중공조직 및 동북항일연군에서 활동하다가 1941년에 체포되었다.

최용건(1906년 평안북도 영주군 출생)은 1926년 중공당에 가입, 봉기 후 상해로 돌아와 중국본부 한인청년동맹에 가입하였다. 1932년 10월 요하지구의 첫 항일무장 대오인 간첩대를 건립하였다. 1940년 후에는 동북항일연군 제2로군 참모장으로 임명되었고 1942년 8월 1일, 동북항일연군 교도여 부참모장으로 임명되었다. 1945년 최용건은 조선공작단위원회 서기 신분으로 귀국하였으며 1976년 9월 병환으로 평양에서 서거하였다. 그는 조선의 당과 국가의 탁월한 지도자의 한 사람이었다.

박건웅과 이기환은 원래 의열단이었으나 후에 박건웅은 공산주의자로, 이기환은 무정부주의자로 전향하였다.

대혁명 이후 의연히 중국혁명대오에 남아 군직에 종사한 황포군교 조선청년들로는 양녕, 차정신(车廷信), 장성철(张圣哲), 이일태(李逸泰), 손두환(孙斗焕), 채원개(蔡元凯), 양검(杨俭), 박효삼(朴孝山), 권준(权?), 김종(金钟), 노일룡(卢一龙), 장흥(张兴), 박시창(朴始昌), 이춘암(李春岩), 최문용(崔文镛), 김은제(金恩济) 등이다.

중국 예쩬잉 원수는 광주의 '중조인민혈의(血谊)정'에 아래와 같은 비문을 썼다.

一九二七年 十二月 十一日, 广州工人阶级和革命士兵在中国共产党的领导下, 举行了轰轰烈烈的武装起义。

在参加起义的革命士兵中, 有朝鲜青年一百五十余人。他们与中国战友高举义旗, 并肩作战, 最后在沙河之役, 坚守阵地, 大部分英勇牺牲, 表现了伟大的无产阶级国际主义精神和大无畏的革命英雄气概。

在广州起义中牺牲的朝鲜同志永垂不朽！

中朝两国人民的战斗友谊万古长青！

제5장

중공당 령도하의 조선인무장대오

중국인민해방군 제40군에는 많은 조선인 장병이 있었다. 제118사의 경위제1련, 제2련, 제119사의 경위제2련, 제355퇀의 경위련, 제120사의 경위제2련은 조선인장병으로 구성되었다. 1946년 7월, 제40군의 각 사에 산포영을 편성하였는데 제118사와 제119사의 산포영에는 조선인장병들이 50%였다.

제119사 경위제2련은 남진의 행군 길에서 '공고한 모범련'이란 붉은기를 사부로부터 수여받았으며 집체1등공 1차를 세웠다.

40군에는 많은 조선인 전투영웅과 공신들이 나타났다. 제118사 제354퇀 제1영 기포련 포병반 전사인 전투영웅 김기남, 제118사 산포영 부패장 리영철은 1등공 1차를 세웠고 그가 거느린 포병반은 대공 3차를 세웠다. 제119사 제359퇀 제5련 제2패 패장 김력준이 거느리는 패는 료심전역에서 대공 1차를 세웠다.

제40군의 후방부대에서도 많은 조선인 영웅과 모범이 나타났다.

정화주는 제120사 제359퇀의 제1련 위생원으로서 대공 4차, 소공 수차 세워 갑급영웅, 모범대표대회에 참가하였다. 그가 구해낸 전상자는 무려 160여 명이나 된다. 1948년 동북인민해방군 제3종대에서는 그에게 '구호영웅'칭호를 수여하였다.

전운백은 제40군 후근부대의 기계수리소 소장으로서 줄곧 후방에서 싸웠다. 전운백과 김광윤은 도항작전에서 첫 공을 세워 '도항비호영웅'이라고 불리었다.

많은 조선인 관병들이 40군의 기층간부, 기술골간, 전투골간으로 있었다. 1951년 제40군 내의 패장 이상 조선인이 237명이었다. 1986년에는 퇀 이상 조선인이 41명이고 사급이 10여 명이며 군급 간부가 3명이었다. 1951년의 통계에 따르면 제40군에서 중공당에 가입한 조선이주민이 447명이나 되었다.

사진 2-05-01 해남도전역에 참가하러 떠나는 중국인민해방군 40군 포병영 조선인 관병

중국인민해방군 제4야전군 13병퇀 47군은 동북민주연군 제10종대가 1949년 1월에 개칭된 것인데 조선인이 비교적 집중된 부대이다. 그중 139사, 140사, 141사에 조선인이 특별이 많았다. 이들은 장강을 건너 형보전역 등 수십 차의 전투를 거듭하면서 하남, 강서, 광동, 호남, 광서, 귀주 등 성을 해방하였다.

1949년, 141사의 조선인 관병들의 통계 수를 기준으로 한 추산에 따르면 47군의 조선인 지휘원은 89명, 정치일군 51명, 공급부문에 38명, 위생인원 87명, 전투인원 913명, 기타 494명, 도합 1678명이다. 동북민주연군 10종대 건립 초기에 조선인 관병은 이때보다 훨씬 더 많았다. 1950년 47군의 조선인 관병들이 정주에 집결하였을 때는 약 2500명이었다.

47군의 조선인 관병 중 많은 걸출한 인물이 배출되었으며 조선인 관병이란 미명은 인민해방군 속에서 천하무적의 대명사로 불렸다. 139사 416퇀의 강철8련, 141사 90퇀의 허국원반, 원 독립1사 1퇀의 조선인 여위생원 조영희는 야전군총부로부터 표창을 받았고 전군이 따라 배울 여영웅으로 되었다.

30사의 모범공산당원 명단에는 유영섭, 박호섭 등 15명 조선인 관병들이 들어있다. 이는 30사에서 평의한 모범공산당원의 반수를 차지하였다.

38군에도 조선인 관병이 적지 않았다. 모 사 산포영 1련 1패는 1946년 3월에 조선인으로 조직되었다. 일찍 강밀봉전투에서 '비범한 포반'이라는 칭호를 수여받았으며 화북으로 진군하는 행군 중 '공고모범패'란 칭호를 수여받았다. 1949년 10월에는 사령부와 정치부로부터 '단결전투모범패'란 칭호와 깃발을 수여받았다.

동북민주연군 공병 1퇀 2영 6련은 3명의 중국인을 제외하고는 138명 조선열혈청년으로 묶어졌다. 천진해방전역에서 전 련이 집체대공을 세웠고 지도원 김창룡을 비롯하여 송천화, 이영필, 김영도 등 18명이 대공을 세웠으며 23명 전사들이 소공을 세웠다.

해방전쟁시기 중국인민해방군 철도병부대에도 조선인 장병들이 3000여 명이나 있었다. 경한철도선, 북녕철도선, 농해철도선, 월한철도선 그리고 동북의 각 철도선 그 어디에나 조선이주민 철도병들의 발자국이 역력히 남아있다.

1950년 3월 중순, 중공중앙군사위원회의 명령에 의해 독립15사의 편성의식이 하남성 정주시에서 있었다. 이는 사장으로부터 병사에 이르기까지 모두 조선인으로 무어진 1만 8000여 명 무장부대였다. 사에는 4개 보병퇀, 1개 포병퇀과 공병영, 통신영, 반탱크영, 경위중대, 야전병원이 있었고 사급기관으로는 정치부, 참모부, 공급부가 있었다. 사장은 전우, 참모장은 지병학, 정치부 주임은 양근, 공급부 주임은 김윤식이다. 이날 편성의식대회에는 110여 폭의 축기가 바람에 나부끼고 있었다. 이 축기들은 조선인 건아들이 여러 차례의 전투와 전역에서 수여받은 것이었다.

독립15사의 지휘원과 전투원 중 대공 이상을 세운 사람만 해도 2000여 명이 되었고 그중 영웅칭호를 받은 사람이 100여 명이었으며 85% 이상이 중공당원이었다.

관내조선이주민들 중에는 중공당의 많은 걸출한 지도자가 나왔다.

이철부(李铁夫, 원명 한위건)는 1901년 함경남도 홍원군에서 출생, 조선공산당중앙위원이다. 중국에 온 후 중공당에 가입하였으며 중공하북성위 선전부장, 조직부장, 성위 서기 겸 천진시위 서기를 담임하였다. 이철부는 사업의 수요로 국민당군 중장이며 북평경찰총감인 장벽의 여동생이며 공산당원인 장수암(공개신분은 남개중학교 교원)과 결혼하였다. 그는 장수암의 조카들인 장결청(평쩐의 부인 평쩐은 훗날 중국인대위원장으로 있었다), 장문송(해방 후 원 국가교육부 부부장) 등을 혁명의 길로 이끌었다. 1937년 5월, 이철부는 연안에서 열린 당중앙전국대표대회에 참가하여 두 차례나 연설을 발표하였다. 두 달 후인 7월 10일에 병환으로 연안 교아구요양소에서 서거하였다. 모저뚱 주석은 이철부를 '왕명〈좌〉경 모험주의노선을 반대한 화북지구의 우리 당의 수령'이라고 높이 평가하였다.

양림(杨林, 원명은 김훈(金勋), 별명은 양주평, 양녕, 필사제이며 중국소선인 중 가장 성망이 높은 군사활동가의 한 사람이다. 1898년, 조선 평안북도의 한 반일지사 가정에서 태어났고 1924년 6월, 황포군교 집훈처 교관으로 임명되었다. 1925년 양림, 이추악 부부는 중공당에 가입하였다. 이추악은 중공당에 가입한 첫 조선인여성이다. 양림은 쑨중싼이 영도하는 광주혁명투쟁에 참가한 조선인의 주요 대표이다. 1930년 중공만주성위 군사서기로 임명되었다. 1932년 초에는 반석 지대로 내려가 중공반석현위를 도와 반석노농의용군을 창건하였다. 1934년 1월, 양림은 중화소비에트공화국 제2차 전국대표대회에서 중앙집행위원으로 당선되었으며 장정이 시작되자 양림, 무정을 비롯한 30여 명 조선인이 이 위대한 행렬에 들어섰다. 1936년 초, 섬북에 도착한 후 홍군 제15군단 75사 참모장 직을 맡았다. 2월, 황하강행도하전투에서 양림은 복부에 중상을 입고 38세를 일기로 눈을 감았다.

김산(金山, 원명은 장영, 일명은 장지락, 한산)은 중공당의 조기당원이다. 1905년 3월 10일, 조선 평안남도 용천군에서 태어났다. 1919년 여름, 일본제국대학에서 공부했고 북경협화의과대학에서 유학, 중공당원으로 되었다. 1925년, 광주에서 황포군관학교

교원으로 있으면서 중산대학에서 경제를 연구하였다. 김산은 광주봉기에 참가했으며 1929년 봄에 중공북경시위 조직부장을 맡았다. 1930년 12월 9일 북경에서 사복경찰에게 체포되었고 1933년 5월 변절자에 의해 김산은 재차 경찰에 체포되었다가 두 달 후에 석방되었다. 1941년 윌스가 미국에서 출판한 「아리랑의 노래」는 김산을 원형으로 하였다. 1938년 섬감녕변구 보안처에서는 김산에게 일본간첩이란 누명을 씌우고 연안에서 비밀리에 살해하였다. 1983년 1월, 중공중앙은 김산의 명예를 회복하였다.

사진 2-05-02 소설 「아리랑」의 영문판 표지. 1941년 뉴욕에서 발간되었다.

주문빈(周文彬, 원명 김성호)은 1908년 9월 23일, 조선 평안북도 의주군에서 태어났다. 1914년, 중국에 이주하였고 중국국적에 가입하였다. 1927년 통현의 첫 중공당지부를 세웠고 초대 서기로 선거되었다. 1937년 여름에는 중공 당산시사업위원회 서기로 임명되었고 1938년 3월 조각장탄부들의 파업을 조직하였다. 1943년 주문빈은 중공 기열변특별위원회 조직부장으로 임명되었다. 1944년 10월 16일, 풍윤현 장장자에서 5000여 명이나 되는 일본군에게 포위되었고 주문빈은 36세를 일기로 희생되었다.

무정(武亭, 본명은 김무정, 별명은 武丁, 武静)은 1905년 조선 함경북도 경생군에서 태어났다. 1924년 보정육군군관학교에서 포병과에 입학하였다. 졸업 후 국민군 앤시쌴부 포병대위로 있다가 22살에 포병중좌로 승급하였고 1925년 중공당에 가입하였다. 서금에서는 홍군제3군단 포병련장을 담임하면서 펑더어화이(원 중공중앙군위 부주석, 원수.의 수하에서 사업하였다. 1934년 10월 장정의 길에 올랐다. 장정도중 홍군은 노획한 국민당 비행기로 삐라를 뿌린 일이 있었는데 그 비행사가 바로 조선인이었다(「조선 의용군사령 무정 장군」 김순기). 그러나 섬북에 도착한 사람은 양림과 무정 두 사람뿐이었다. 1936년 6월, 무정은 중국인민항일홍군대학 제1기 고급간부과에서 학습하였다. 학원 중 린뱌오, 뤄룽환, 뤄레이칭, 천꽝 등 홍군고급지휘원들이 있었다. 무정은 중국인민해방군 제1임 포병퇀장이다. 1942년 말에 조선의용군 사령원으로 임명된 무정은 태항산에 가서 화북조선혁명학교를 창설하고 교장 직을 맡았으며 1945년 8월 11일 동북으로 진군하였다. 광복 후 무정 등 일부 조선독립동맹의 주요 간부들은 개인 신분으로 조선에 갔다. 무정은 조선임시인민위원회 중앙위원, 조선노동당 제2서기, 보안간부훈련대대 포병사령관, 조선인민군 제2군 군단장, 수도방위사령관 등 직무를 역임하다가 1951년 7월 평양에서 병사했다.

제6장

조선인항일무장대오

제1절 조선의용대

7·7노구교사변과 8·13상해사변을 계기로 국공합작을 기초로 하는 중화민족의 항일국면이 나타났다. 관내의 조선이주민단체들은 이 형세에 맞추어 새로운 움직임을 보였다.

1937년 11월 12일, 조선민족혁명당, 조선민족해방운동동맹, 조선혁명자연맹 등 반일단체들은 남경에서 회의를 열고 통일적인 '조선민족전선연맹'을 결성하였다. 조선혁명당 총서기였던 김원봉(김약산)을 수반으로, 김학무, 김규방, 유자영 등이 지도부를 구성하였다. 12월 초에 연맹은 한구에서 창립선언을 정식으로 발표하였다.

1938년 10월 10일, 조선의용대창건의식이 한구에서 열렸다. 국민정부 군사위원회 정치부 부부장 저우언라이가 창건식에 참가하여 '동방의 피압박민족과 해방투쟁'이란 연설을 발표하였고 정치부 제3처 처장 궈머뤄가 자작시를 읊었다. 조선의용대는 창립선언에서 3대 구호를 제기하였다. 1. 중국에 있는 모든 조선이주민 혁명역량을 동원하여 중국의 항일전쟁에 참가한다. 2. 광범한 일본군인들이 귀순하도록 쟁취하며 동방의 여러 약소민족들을 발동하여 일본군벌을 공동 타도한다. 3. 조선의 혁명운동을 추진하며 조선민족의 자유와 해방을 쟁취한다.

사진 2-06-01 한구에서 창립된 조선의용대 기념사진(1938년 10월 10일)

조선의용대에 맨 처음 참가한 100여 명은 그 절대다수가 황포군교, 조선혁명간부학교 등 각 군사, 정치 학교에서 전문교육과 훈련을 받은 인재들이었다. 그들은 거의 모두가 군사지휘자이자 정치일군이며 오랜 혁명자들이었다.

고 김학철 씨에 의해 정리된 조선의용대 명단은 다음과 같다.

01 金元凤(김원봉 호 약산)

02 金抖奉(김두봉 호 白淵)

03 石正(석정, 본명은 尹世胄)

04 崔昌益(최창익 일명 李建宇)

05 韩斌(한빈 본명 한미라일, 가명 王志延)

06 金星淑(김성숙)

07 朴孝三(박효삼)

08 李益星(이익성, 일명 李乂兴)

09 王通(왕통, 일명 金铎)

10 金学武(김학무, 일명 金俊吉)

이상 지도부 성원

11 姜振世(강진세, 본명 洪淳官)

12 高峰起(고봉기)

13 孙明宇(공명우)

14 权彩玉(권채옥, 여)

15 金京云(김경운)

16 金东学(김동학)

17 金武(김무)

18 金世光(김세광 일명 金世日)

19 金仁 ?(김인철 본명 具在洙)

20 金鼎熙(김정희)

21 金昌奎(김창규 가명 王克强)

22 金昌满(김창만)

23 金铁远(김철원 본명 金斗声)

24 金河 ?(김하철)

25 金学铁(김학철 본명 洪性杰)

26 金炜(김위 일명 金幼鸿)

27 金化(김화)

28 金辉(김휘)

29 金鑫(김흠)

30 罗仲敏(나중민 일명 李明)

31 鲁民(노명 본명 张海云)

32 卢哲龙(노철룡 가명 崔成章)

33 廖天铎(요천택 본명 朴成律)

34 李疆(이강 일명 李锺乾)

35 李达(이달)

36 李大成 (이대성)

37 李东浩 (이동호)

38 李始荣 (이시영)

39 刘晚华(유만화 본명 최진오)

40 刘文华(유문화 본명 刘元衡)

41 李万永(이만영)

42 李明善(이명선 본명 崔约翰)

43 李相朝(이상조, 일명 胡一华)

44 李成镐(이성호)

45 李苏民(이소민 일명 이경산)

46 李维民(이유민 일명 崔莹来)

47 李贞浩(이정호)

48 李志刚(이지강)

49 李集中(이집중 본명 李钟熙)

50 李铁重(이철중 일명 程毅夫)

51 李春岩(이춘암 일명 潘海亮)

52 马德山(마덕산 본명 李元大)

53 马一新(마일신)

54 马春植(마춘식 일명 李鸿林)

55 文明哲(문명철 본명 李逸坤)

56 文正一(문정일 본명 李云龙)

57 文靖珍(문정진)

58 李海鸣(이해명)

59 李鸿斌(이홍빈 본명 全英吉, 일명 田荣)

60 林相秀(박상수)

61 林平(임평)

62 徐觉(서각)

63 徐相锡(서상식)

64 朴茂(박무 본명 朴英镐)

65 白正(백정)

66 石成才(석성재 일명 张志民)

67 申岳(신악)

68 沈星云(심성운 본명 沈相微)

69 安昶孙(안영순)

70 杨民山(양민산 일명 金民山)

71 杨大峰(양대봉 일명 郭震)

72 余省三(여성삼 일명 宋银山)

73 余海岩(여해암)

74 叶鸿德(염홍덕)

75 吴民星(오민성)

76 王守义(왕수의)

77 王子仁(왕자의)

78 王现淳(왕현순 일명 李志烈)

79 尹公钦(윤공흠 일명 李哲)

80 尹治平(윤치평 본명 尹瑞章)

81 张文海(장문해 본명 李孝相)

82 张凤翔(장봉상)

83 蒋元福(장원복 일명 韩青)

84 张毅(장의 본명 权泰杰)

85 张重光(장중광 본명 康炳学, 일명 丸山鶴吉)

86 张重镇(장중진)

87 张之福(장지복)

88 张振光(장진광)

89 张平山(장평산)

90 全容燮(전용섭 일명 柳新)

91 郑如海(정여해)

92 郑炎(정염)

93 郑仓拨(정창파)

94 赵烈光(조렬광 일명 马铁雄)

95 赵少卿(조소경 일명 李圣根)

96 朱东旭(주동욱)

97 周世敏(주세민)

98 朱然(주연 본명 裴俊逸)

99 周云龙(주운룡 일명 李克)

100 朱革(주혁)

101 陈国华(진국화)

102 陈敬诚(진경성 본명 申松植)

103 陈东明(진동명)

104 陈乐三(진락삼)

105 陈元仲(진원중)

106 陈一平(진일평)

107 陈汉中(진한중 일명 金汉中)

108 崔昌源(최계원)

109 崔铁镐(최철호 일명 韩清道)

110 冯仲天(풍중천 일명 李东林)

111 河振东(하진동 본명 河奉禹)

112 韩?(한경)

113 韩得 ?(한득지 일명 李根山)

114 许金山(허금산 일명 金演)

115 胡维伯(호유백)

116 胡哲明(호철명)

117 韩志成(한지성)

118 黃起凤(황기봉), 후날 변절

119 黃民(황민 본명 金胜坤)

120 黃载然(황재연, 가명 矢键)

121 于自强(우자강)

122 崔庆珠(최경수), 훗날 변절

사진 2-06-02 석정의 생가에서 유가족과 함께 있는 김학철씨(오른쪽 첫 사람)

김학철은 훗날 중국조선족문단의 거장으로 주목받았다. 원명은 홍성걸(洪性杰, 1916년-2001년) 함경남도 원산에서 출생하였다. 1936년에는 조선민족혁명당에 가입하였다. 1937년 7월에 중국 황포군관학교에 입학하였고 10월에는 조선의용대창립대원으로 제1지대 소속으로 되었으며 1940년 중공당에 가입하였다. 1941년 12월 일본군과의 접전 중 부상 입고 포로되었다. 1945년 왼쪽다리 절단, 10월 출옥하게 되었다. 주요작품으로는 자서전 「최후의 분대장」(한국문학과 지상사), 장편소설 「20세기 신화」(한국창작과비평사) 등이 있다.

조선의용대는 6개 전구(战区)의 정면싸움터에 나갔으며 13개 성을 누비며 악북회전으로부터 대서남회전까지 참가하며 남정북전하였다. 그들은 또 각 전구사령부를 도와 6만여 명의 대적사업일군을 훈련시켰고 진지선전대와 유격선전대를 조직하여 일본군 와해사업에서 큰 성과를 올렸다. 제1지대는 국민당의 제9전구에서, 제2지대는 제1전구, 제5전구 에서, 제3지대는 제6전구에서 활동했다.

1940년 11월 4일, 조선의용대는 제1차 간부확대회의를 중경에서 열었다. 대회에서는 '전선에로!'의 구호를 '적후에로!'로 바꾸었다.

조선의용대 3개 지대는 호남, 강서 등 지역에서 출발하여 갖은 신고를 겪으며 북상하여 1941년 7월에 선후하여 팔로군총부 소재지인 태항산항일근거지역에 도착하였다.

1941년 7월, 조선의용대는 그해 1월에 무정을 회장으로 하여 성립된 화북조선청년연합회의 지도 밑에 박효삼을 지대장으로 하는 조선의용대 화북지대로 재편성되었다.

조선의용대 화북지대는 첫 1년 동안에 40여 차의 전투에 참가하였다. 1942년 5월 태항산근거지역에 대한 일본군의 '5월소탕'에서 진광화(陈光华, 일명 金昌华), 윤세주(石鼎(正) 尹世胄, 일명 尹小龙) 등 많은 조선의용대 화북지대 전사들이 희생되었다.

석정 윤세주, 경남 밀양 출신. 1919년 11월 9일 길림성 파호문(巴虎门) 밖의 화성여관에서 김원봉 등과 의열단을 조직, 한국내로 밀파되었다가 일경에 체포되어 7년형을 받고 투옥되었으며 1932년 남경으로 망명하여 조선민족혁명당간부학교 1기 수료, 교관으로 근무하였다. 1935년 4월 낙양군관학교 졸업하였다. 1936년 8월 민족혁명당 중앙집행위원, 1938년 10월 한구에서 조선의용대에 참가하여 기관지 「전고(战鼓)」를 편찬, 발행하였으며 1942년 6월 태항산 마전반격전에서 전사, 순국하였다.

진광화, 평남 평양 출신. 1929년 철혈단에 참가하였으며 기관지 「우리 길」을 간행하였다. 1933년 중산대학 문학원 교육학부에서 재학하면서 조선인용진학회(朝鮮人勇进学会)학집행위원, 1941년 화북조선청년연합회 진기로예회장, 화북조선청년연합회 부회장(회장은 무정)으로 있으면서 구체적인 조직사업을 책임졌다. 1942년 태항산마전반격전에서 전사, 순국했다.

1942년 8월, 팔로군총부와 태항구당위원회는 희생된 조선동지들의 철저한 혁명정신과 고상한 품성을 따라 배울 것을 호소하는 결정을 내렸다. 같은 해 10월 10일에 팔로군총부, 중공중앙 화북국, 팔로군 129사, 태항군구, 진기로예변구정부는 연합으로 섭현에서 추도대회를 열고 팔로군 부총참모장 줘첸과 조선의용군 지도자들인 진광화, 석정 등을 추모하였다. 주더어 총사령과 예쩬잉 총참모장이 족자에 쓴 조사가 걸려있었고 류버어청, 뭐뭐이칭 등이 대회에 참석하였다. 그리고 줘첸의 분묘 양쪽에 진광화와 석정의 묘지를 앉혔다.

1942년 7월, 화북조선청년연합회 제2차 대표대회가 태항산에서 열렸다. 회의에서는 조선의용대 화북지대를 조선의용군 화북지대로 고쳤다.

제2절 조선의용군

조선의용군 화북지대는 사령원에 무정, 정치위원에 박일우, 참모장에 박효삼 등을 임명하였고 화북조선독립동맹은 위원장에 김두봉, 부위원장에 최창익, 한빈 등을 임명하였다. 이번 기구개혁을 통하여 해방구의 조선이주민은 화북조선의용군과 화북조선독립동맹의 기치하에 단합되었으며 중공당의 영도를 받는다고 선포하였다. 이 두개조직은 당시 화북지구 20여 만 조선이주민들의 항일중견역량으로 되었다. 이들은 항일근거지의 반'소탕'전투에서 헌신적으로 싸웠다. 그들의 업적은 항일근거지학교의 교과서에 오르기까지 하였다.

1942년 12월 1일, '화북조선청년혁명나라 군정학교'가 창설되었으며 무정이 교장을,

정률성이 교육장을 담당하였다. 1943년부터 1944년간 화북조선독립동맹과 화북조선
의용군은 항일근거지건설에 적극 참가하는 한편 화북지구의 조선청년들을 단결, 조직
하여 항일에 참가하게 하는 사업과 적후에서 선전공세를 발동하여 적군을 와해시키
는 사업을 전개하였다.

1944년 초, 태항산근거지의 '동맹'본부와 '화북지대'본부는 연안으로 이동하였다. 이
때부터 '화북조선독립동맹'을 '조선독립동맹'으로, 조선의용군 화북지대를 조선의용군
으로 고쳐 불렀다. 이때의 독립동맹 주석은 김두봉, 부주석들로는 최창익과 한빈이였
으며 조선의용군 총사령은 무정, 부사령은 박효삼과 박일우였다.

1943년 하반년부터 연안에 있는 조선독립동맹과 조선의용군의 책임자들인 김두봉,
최창익, 한빈, 박일우, 박효삼 등은 중공당의 배려하에 조선혁명군 군대정학교의 창설
에 착수하였다. 연안해외연구반의 주덕해, 전우, 장복 등은 학교를 건조할 나가평에
가서 구체적인 준비사업에 착수하였다. 반년 남짓한 노력 끝에 500여 무의 황무지가
개간되었고 81섬의 알곡을 거두어들였다. 그리고 17채의 움집과 19칸의 보통집을 지
었으며 3만여 근의 남새와 1만 7000근의 복탄을 구워내고 벽돌 5반여 장과 기와 4
만여 장도 구워냈다. 1944년 12월 10일 교사가 드디어 일떠섰다.

1945년 2월 5일 오전, 조선혁명군 군대정학교개학식이 있었다. 김두봉 교장이 개
막사를 올렸고 주더어 총사령이 중공당을 대표하여 참석하였으며 연설을 발표하였다.
학교에는 조직교육과와 총무과를 설치하였는데 부교장인 박일우가 조직교육과 과장
을 겸했고 주덕해가 총무과장 직을 맡았다.

주덕해(1911 - 1972, 본명 오기섭)는 러시아 극동 연해주 우쑤리스크에서 출생, 1920
년 2월 두만강을 건너 화룡현 수동촌(현 용정시 광신향 승지촌)에 정착하였다. 1931년
5월에 중공당 당원으로 되었다. 1930년부터 1936년 사이에 흑룡강성 영안, 밀산, 벌리
일대에서 항일구국투쟁을 하였으며 1937년에 모스크바동방노동대학에서 학습하였다.
1939년에 연안에 돌아온 후 팔로군 359여 련지도원으로 있었다. 1945년 할빈에서 의
용군 3지대 정위로 있다가 1947년에는 동북행정위원회 민족사무처 처장으로 사업하였
다. 1949년 3월, 중공연변지위 서기 겸 연변전원공서 전원, 1952년 9월 3일에는 연변
조선족자치구 제1임 주장으로 되었다. '문화대혁명'기간 박해를 받아 61세기를 일기로

무한에서 별세하였다.

1945년 8월, 소련홍군이 동북에 진출하였고 8월 11일 조선의용군이 동북에 진출할 데 관한 주더어 총사령의 제6호 명령이 하달되었다. 9월 초, 조선의용군의 간부와 장병, 조선 혁명나라 군대정학교의 간부와 학원 300여 명이 선후하여 연안을 떠나 동북진출에 나섰다.

사진 2-06-03 연변조선족자치구성립대회에서 연설하는 주덕해 주장(1952년 9월 3일)

제3절 한국광복군

김구를 위수로 하는 임시정부는 건군사업을 다그쳐 1940년 9월 17일, 중경시 가릉호텔에서 한국광복군 창건의식을 거행하였다. 한국광복군 총사령은 이청천, 참모장은 이범석, 부관장은 황화수, 주계장은 안훈(조경한)이였다. 중국의 제도에 따라 총무, 참모, 부관, 경리, 정훈, 편련, 군의, 선전 등 8개 처와 처에는 과, 계 등의 제도를 두었다. 1940년 11월 총사령부를 산서성 서안에 옮겼다.

1941년에는 3개 지대로 편성하였으며 그 임무는 1. 주로 징병과 훈련 2. 본군의 선전과 정보수집 3. 적정심사 4. 경우에 따라 유격활동을 전개하는 것이다.

제1지대 지대장은 이준식(李俊植), 산서성 대동에 거점은 두고 산서성, 하남성 등 지역에서 활동하기로 하였고 제2지대 지대장은 공진원(公震远), 수원성 돈두에 거점을 두고 차할, 하북성 일대에서 활동하기로 하였고 제3지대 지대장은 김학규(金学奎), 안휘성 부양에 거점을 두고 안휘성, 강소성, 산동성 등 지역에서 활동하기로 하였다. 1941년 1월에는 서안에서 활동하던 '한국청년전지공작대'가 광복군에 편입되어 제5지대로 되었다. 지대장은 나월환(罗月焕), 서안에 거점을 두고 총사령부를 호위하며 신병을 모집하고 사병을 훈련시키는 한편 하남, 하북, 만주 등 지역에서 활동하였다.

광복군대오를 신속히 확대하기 위하여 1942년부터 '화북징모총판사처', '화중징모총판사처', '화남징모총판사처'를 설치하였으며 그 외에 1941년 1월 숭경에 '제3징모분처'를 설치하고 강서성 상요에 김문호, 이지일, 이규학, 한돈명 등을 파견하였다.

1942년 9월, 광복군사령부 내부부서를 개혁하고 각 지대도 개편, 정돈하였으며 부내에 부사령제도를 두어 김원봉(金元凤)을 광복군 부총사령으로 임명하고 참모장에 김홍일 (金弘一), 3개 처로 축소하여 총무처장에 최용덕(崔用德), 참모처장에 채형세 (蔡衡世), 군수처장에 중국인 모모 씨, 정훈실장 대리에 양우조(杨宇朝), 법무처장에 조시원(赵时元)이 임명되었다. 원 조선의용대를 제1지대로 개편하고 김약산을 지대장으로, 신악을 부지대장으로 임명하였다. 원 광복군 1지대, 2지대, 5지대를 합하여 제2지대를 구성하였는데 원 광복군 참모장 이범석이 지대장으로 임명되었다. 제3지대장엔 김학규가 유임되었다.

한국광복군은 1941년 12월 9일 대한민국임시정부의 대일선전포고에 따라 연합군의 일원으로 참전하여 한중, 한영 합동작전에 미얀마로 출병했고 종전 직전에는 한미 OSS 공동작전에 참가한 광복군 제2지대, 제3지대가 크게 활약하였다.

1945년 8월, 일제가 패망하자 조국광복의 군대로서의 한국광복군은 일본군과의 일전도 치르지 못한 채 일본항복의 날을 맞이하였다. 1946년에 해외정규부대의 공식입국을 시도하였으나 주한미군정당국의 거부로 인해 중경, 서안 일대에서 활동하던 한국광복군은 개인 신분으로 서울로 돌아갔다.

한국광복군 중 김원봉은 중요한 인물이다.

약산 김원봉은 1898년 경상남도 밀양군에서 태어났다. 1919년 11월 9일, 길림 파문호 밖에 있는 중국인 농부 반(潘)씨네 집에서 윤세주(석정) 등 13명과 함께 독립단체인 의열단을 결성, 김원봉이 단장으로 추대되었다. 1926년 1월, 최림이란 가명으로 황포군관 학교를 졸업, 의열단을 조선민족혁명당으로 개칭하고 최고지도자로 추대되었다. 1927년 남창에서 김원봉은 허룽 군장의 20군에 소속되었고 남창봉기에 참가한 후에는 상해로 돌아왔다. 1932년 10월 20일, 조선정치군사간부혁명학교 개교식을 가지고 교장을 맡았다. 1937년 1월, 민족혁명당 총서기를 맡았다. 1938년 10월 10일 조선의용대가 결성되었고 대장에 선거되었다. 그 외 부녀봉사단이 있었는데 김원봉의 부인 박차정이 책임을 맡았다. 광복군에 부사령제가 실시되면서 김원봉은 그 직책을 맡았다. 1944년 민족혁명당 제36차 회의에서 김원봉은 국무처장 겸 군무부장으로 선거되었다. 1945년 11월 임정요인들과 함께 귀국, 1958년 별세했다.

조선인종군위안부

　　조선인종군위안부는 일본이 저지른 인권유린의 국가적 범죄의 산물이다. 위안부는 일본어의 특유한 명사이다. 1973년 千田夏光이 「종군위안부」책을 출판한 후 「종군위안부」란 단어가 널리 사용되기 시작하였다. 이들은 특수한 형식으로 조선이주민이 중국 관내, 만주 지방에서의 피눈물의 역사를 엮었다. 종군위안부의 본질은 일본군 성노예이다. 종군위안부의 모집은 일본정부와 군부의 공권력을 배경으로 하여 진행되었는데 여기에는 국가와 군부의 모든 기구들이 동원되었다.

　　일찍 1920년 말부터 조선주둔 일본군대에 이미 종군위안소가 있었고 중국 동북에 주둔한 관동군이 9·18사변 이듬해부터 종군위안소를 갖고 있었다는 주장이 있다. 위안부제도의 시점은 1932년 초 상해다.

　　1932년 1월 28일, 상해 제1차 송로사변 시 일본군 사령관은 白川一則 대장이다. 2월 25일 송병연회에서 白川一則는 冈村宁次를 상해파견군 부참모장으로 임명할 것을 군부에 요구하였으며 그해 3월 6일 冈村宁次은 부참모장 신분으로 상해에 도착하였다. 당시 상해주둔 일본군은 3만 명에 달했으며 도처에서 당지 부녀를 강간하는 사건이 발생하여 중국과 세계 각국 여론의 준열한 질책을 받았다. 대규모의 강간과 성병의 만연을 방지하기 위하여 冈村宁次는 일본군에게 성 봉사를 제공하는 장소를 설치하기로 하였다. 이는 白川一则 사령관의 동의를 받았으며 冈村은 고급참모 冈部直三郎에 구체적인 사업을 맡기였고 시설의 건립은 永见俊德中 중좌가 책임졌다. 冈部와 永见는 함께 상세한 계획서를 작성하여 冈村宁次에 바쳤으며 冈村宁次의 동의를 거친 뒤 실시단계에 들어갔다.

그들은 처음으로 일본 西尖지역의 부녀자들을 모집하였다. 상해의 육군 관병 다수가 일본 西尖에서 왔으며 西尖이 상해와 가장 가까웠기 때문이었다. 长崎현 지사는 冈村宁次의 전보를 받고 매음경험이 있는 여성들을 모집하여 상해로 보냈으며 이들 여성들은 상해 파견군에 의해 오송, 보산, 묘항, 진로 등 지역에 최초의 육군위안소에 배치되었다.

해당 학자에 의하면 상해주둔 일본해군은 1934년에 이미 위안소 14개나 가지고 있었고 매주 두 차례씩 위안부들에 대한 성병검사가 있었다고 한다. 1937년 12월, 남경대학살 당시 일본군은 이미 종군위안소를 설치하였다.

사진 2-07-01 1932년 개설한 해군지정 위안소 대일샬룡, 일본교민
近藤 부부가 경영, 현 주소는 상해 동보흥로 125弄이다.

1937년 12월 말 화중방면군 松井石根 사령관은 소속부대에 대한 신체검사에서 제 18, 11, 3, 9, 11, 13사와 重藤지대, 国崎지대에 성병이 만연되고 있음을 놀랍게 발견하였으며 부대 내에 위안부제도를 건립할 것을 인식, 화중방면군 참모장 冢田攻이 획책하고 상해파견군 참모장 飯沼守이 구체적인 실시를 책임졌다. 飯沼守는 참모부 제2과 长勇 중좌에 명하여 '여랑옥'(즉 위안소)을 건립할 상세한 계획을 작성케 하였다. 이리하여 상해, 남경 등 지역 위안소 건립이 의사일정에 올랐으며 지금까지 정식적으로 확인할 수 있는 일본군이 경영하는 제1위안소인 상해 양가택육군오락소가 1938년 1월 13일에 간판을 걸고 영업을 시작하였다. 그 위치는 군공로 양가택, 상해 파견군 제11군단 병참사령부 소속으로 되었다. 후에 육군위안소라 이름을 고쳤다. 위안소에는 아래와 같은 규정제도를 세웠다.

1. 본 위안소는 육군군인, 군속(군대역부는 제외함) 외의 입장을 허용하지 않음, 입장자는 반드시 위안소외출증을 휴대하여 함.
2. 입장하는 자는 반드시 접수실에서 값을 치르고 입상권과 삭구 하나를 사셔야 함.
3. 입장권 가격은 하사관, 병사, 군속은 2원임.
4. 입장권의 효력은 당일에 국한함. 만약 입실하지 않았을 때에는 현금과 다시 바꿀 수 있음. 그러나 일단 접대부에게 넘겼을 경우에는 물리지 못함.
5. 입장권을 지닌 사람은 지정된 번호의 방에 들어가야 함. 시간은 30분으로 함.
6. 입실과 동시에 입장권을 접대부에게 넘겨야 함.
7. 실내에서는 음주를 금함.
8. 일이 끝나면 즉시 방에서 나와야 함.
9. 해당 규정을 어기거나 군기, 풍기를 문란히 하는 자는 퇴장시킴.
10. 삭구를 사용하지 않는 자는 접대부와의 접촉을 금지함.
11. 입장시간: 병사는 오전 10시부터 오후 5시까지.

1938년 4월. 일본군은 전면적인 위안부제도를 추진하였다. 육군성 병무사는 화북, 화중 방면군 참모장에게 보낸 '군대위안부를 모집할 데 관한 문건'에서 '(위안부)모집시 파견군에 영도, 합당한 인선을 선정, 각 방면의 관계를 잘 처리하여야 한다. 당지 헌병, 경찰과 합작하며 군대의 위신을 보존하며 여러 불량한 사회영향을 조성하지 말아야 한다.'고 밝혔다. 1942년 9월 3일, 육군성회의에서는 장교군관 이하의 위안설치를 늘릴 데 관하여 아래와 같이 규정하였다. 화북 100개소, 화중 140개소, 화남 40개소, 남방 100개소, 남해 10개소, 庫页岛 10개소, 총 400개소였다.

위안소는 여러 가지 경영형식으로 운영되었다. 1. 일본군이 직접 경영하는 고정적인 위안소, 일본관병들만 사용하게 되었다. 2. 일본교민이 민간형식으로 경영하는 위안소, 하지만 일본군도 경영에 참여, 이런 위안소는 대부분이 일본군 측의 위탁을 받고 경영되었다. 3. 일본군이 지정한, 일본군관병들만 사용하는 민간기생집 형식의 위안소이다. 일본군부는 군관 또는 헌병을 파견하여 기생집의 영도를 책임진다. 4. 일본군 또는 민간에서 경영하는 유동식 위안소. 일본군은 기차, 자동차, 윤선 심지어 마차를 조직하여 유동위안소를 만들며 이들을 일본군이 급수하는 전선 등 지역에 보낸다. 1933년 5월 관동군은 첫 위안열차를 조직하였으며 1935년 5월에는 두 번째로 위안열차를 조직하였다. 봄, 여름, 가을을 이어가며 260일을 뛰어 1만여 명을 접대하였다. 1938년 화중방면군 제11병참사령부에서는 조선인위안부와 일본인위안부를 조직하여 상해에서 기차 편으로 항주로 향발, 도중 열차는 유동위안소가 되었다. 5. 위만정권 또는 중국의 업주를 부축하여 위안소를 설립하였다.

일제는 주로 군대병원 간호원, 병영청소부, 세탁원, 취사원 등 좋은 직업을 알선해준다고 유괴하거나 강제연행 혹은 '정신대'의 모집형태로 수만의 조선여성들을 끌어갔다. 이들 중에는 어린 소녀들로부터 결혼식을 앞둔 약혼녀, 유부녀가 있었다. 조선인종군위안부 모집을 담당했던 일본 요시다 세이지의 증언에 따르면 그는 전쟁기간 육군본부로부터 트럭과 군인 등을 제공받아 조선에서 '노예사냥'하듯 여성들을 닥치는 대로 잡아 강제로 끌고 갔다.

1942년까지 여자징용은 주로 일본과 조선 남부에서 진행되었지만 그 후부터는 점차 조선 전 지역에서 대규모적으로 감행되었다. 만주의 조선이주민 집거구역에서도 근로봉사대, 여자정신대 등 강제모집이 있었다고 한다.

사진 2-07-02 전선으로 이동하는 조선인위안부 전용배

여성정신대의 징용대상은 12살부터 40세까지의 미혼여자이다. 순응하지 않으면 '국가총동원법' 제36조 등에 의하여 1년 이하의 징역 또는 천원 이하의 벌금을 안기었으며 박해가 가해졌다.

조선 황해도 은파군 구련리에 살고 있는 윤경애(증언당시 72세)의 증언:

1941년이 다 가던 때였다. 평양거리에 낯선 사나이들이 나타나서 인부모집을 한다고 하였다. 일본놈인 그자들은 처녀애들만 꼬였다. "지금 황군은 아시아의 맹주로 승전고를 울리고 있다. 너희들에게는 좋은 일자리가 차례지게 되었다."고 하면서 자기들의 소개를 받게 되면 잘 먹고 잘 입고 돈을 많이 버는 곳에 직업을 얻게 된다고 하였다. 술집종살이에 지칠 대로 지친 나는 그만 그놈의 속임수에 넘어갔다.

부산에 도착하니 거기에는 전국 각 지역에서 모여온 조선처녀들이 수천 명이나 되었다. 나이는 모두가 20살 안팎이었다. 부산항은 출전준비를 갖춘 일본군대와 끌려온 조선처녀들로 꽉 들어찼다. 여기서 10여 일간 머무르다가 가나꼬라는 이름을 받고 탱크며 대포 등을 싣고 일본군이 욱실거리는 군함에 올랐다. 7척의 군함에 수천 명의 처녀들 모두가 올랐다. 부산항을 떠난 일본군함은 파도 사나운 대양을 지나 40여 일만에 싱가포르에 닻을 내렸다. 그곳에서 우리를 기다리고 있는 것은 일자리가 아니라 성노예의 처참한 운명이었다.

조선여성들은 수백 대의 짐차에 실려 가면서 개보다 못한 놈들의 성노리개가 되어 능욕을 당하였다. 한 번은 한 처녀가 필사적으로 반항하자 놈들이 그를 다섯 필의 말에 팔과 다리, 목을 매어 각을 뜯어 죽이면서 "너희들도 황군에게 복종하지 않을 때에는 이렇게 죽을 것이다."라고 하였다(조선 「노동신문」 1992년 6월 24일자).

한국에 살고 있는 길갑순(68세)의 증언:

나는 1924년 12월 7일, 전라북도의 지주의 딸로 태어났다. 1940년 음력 12월, 갑자기 5명의 군인이 나의 방에 들어와 "잠깐 일이 있어." 하며 나를 집 밖으로 끌어냈다. 집에 나오자 집대문 앞에 서있는 트럭에 실리었다. 도중에 몇 번이고 여자들을 태워 트럭이 가득 찼다. 트럭의 양끝에 붙은 의자에는 대여섯 명의 군인이 앉아있었다. 트럭은 하룻밤을 달려 커다란 건물 앞에 섰다. 여자들을 그 건물 안에 넣었다. 안에는 여자가 수백 명이 있었고 군인도 다수였다.

그중에서 30명의 여자가 불리어 배 바닥에 실렸다. 배에 실릴 때 나는 후지꼬라는 이름이 붙여졌다.

배가 육지역에 도착했다. 나가사끼라는 단어가 귀에 들려왔다. 항구 근처의 2층 시멘트건물로 끌려갔다. 거기서 우리 30명은 30세 정도의 일본여자 3명으로부터 한 달간 훈련을 받았다.

한 달간의 훈련 후 우리는 배에 실리고 트럭에 실려 3층으로 된 훌륭한 건물의 3층에 끌려갔다. 각자 작은 방을 배당받았다. 곧 도망가려고 했던 그녀는 붙잡혀 지하실에 끌려갔다. 그리고 여자 전체가 지하실에 끌려와 늘어서라는 명령을 받았다. 그녀는 발가벗긴 채 거꾸로 매달려 맞았다. 군인은 군도로 그녀의 유방을 도려내고 배를 갈라 내장을 꺼내 우리에게 던지면서 "너희들도 도망치려 하면 이런 꼴이 돼." 하고 했다(한국 「정신대자료집」).

일본군에 끌려간 조선인위안부의 숫자에 대하여 1992년 이후에는 20만 명 좌우에 달한다는 설이 많아졌다. 어떤 학자는 1943년부터 1945년까지 여자정신대에 끌려간 조선여성은 모두 25만 명이고 그중에서 위안부로 된 여성은 18만이라고도 한다. 일부 학자들은 조선인위안부들이 중국점령지역에서는 약 80% 이상을 차지하고 동남아지역에서는 절반 이상을 차지하였다고 추측하기도 한다.

평안남도 대동군에서 살고 있는 이경재(75)의 증언:

나는 그만 임산되어 아무것도 먹지 못하고 자리에 눕게 되었다. 장교놈이 이런 나를 보고 "저년은 인물이 고우니 그냥 내버려서는 안 되겠다."고 하는 것이었다. 그 후 나는 놈들에게 강제로 끌려갔다. 일본군의란 놈이 나의 배를 가르고 태아를 꺼냈으며 나중에는 자궁을 들어냈다(한국 「정신대자료집」).

조선 양강도 혜산시에 살고 있는 김영실(69)의 증언:

그때 내가 보고 들은 참혹한 사실들도 많다. 도끼고라는 처녀가 조선말을 하고 또 제놈들의 말을 잘 듣지 않는다고 하여 우리가 보는 옆에서 칼로 목을 베어 죽였다. 준꼬라는 처녀가 임신했을 때였다. 놈들은 임신한 그녀에게 그냥 달려들었을 뿐만 아니라 그가 아이를 낳았을 때는 그 애를 집어던지고 앓아누운 준꼬도 어디론가 실어갔다. 후에 들은데 의하면 강물에 던져졌다고 한다. 놈들의 야수 같은 만행을 참지 못해 한 처녀애는 모포를 찢어 목을 매고 자살하였다. 옆방에 있던 연자라는 처녀가 말을 잘 듣지 않는다고 하여 일본놈은 그의 유방을 도려내고 때려죽였다(한국 「정신대자료집」).

조선에 살고 있는 김대일(76세)의 증언:

나는 1932년 일본 오사까에 있는 텐노지병원에서 잡부로 일하다가 종군위안부로 강제연행되었다. 처음 끌려간 곳은 중국 장춘에 있는 일본군 동경 제12사단의 위안소였다. 부대가 주둔한 근처에 있었는데 판자로 지은 단층건물이었다.

보리밥 한 덩어리와 소금에 절인 무 한쪽이 전부인 아침식사가 끝나기 바쁘게 치욕스러운 봉사를 낮에 밤을 이어 계속해야 했다.

나는 가는 곳마다에서 위안부들에 대한 일본군의 잔인한 학살만행을 많이 목격하였다. 위안부들을 성노리개로 실컷 부려먹다가도 전염병에 걸리면 한꺼번에 여러 명씩 산 채로 불태워 죽이기도 하고 구덩이에 쓸어 넣고 수류탄을 마구 던지고는 묻어버리곤 하였다.

내가 일본군 제6사단의 종군위안소에 옮겨진 어느 날 이런 일이 있었다. 평양이 고향인 하나꼬라고 불리는 처녀가 임신을 하였다. 어느 날 다나까라는 일본군이 술을 먹고 달려들었다. 하나꼬 여성이 반항하자 그 놈은 그녀를 사정없이 걷어차서 유산시키고 말았다. 다나까 놈은 정신을 잃고 쓰러진 하나꼬의 배를 군도로 아래까지 쭉 째고 내장을 마구 들어내어 여성들에게 뿌려 던지는 것이었다. 그때 너무 놀란 나머지 심장이 파열되어 그 자리에서 죽은 여성도 있었다(한국 「정신대자료집」).

중국 연변에 살고 있는 (1997년) 이옥선의 증언:

나는 1927년 10월 10일, 부산시 보서정 8번 지역에서 6남매 중 둘째로 태어났다. 1940년 봄, 나를 공부시켜주겠다기에 한 술집에서 일했고 후엔 울산으로 팔려갔다. 울산에서 고통스러운 나날을 보내던 어느 날 백화점에 잠깐 들렀다가 집으로 돌아가는데 웬 건장한 사나이가 나를 훌쩍 들어 트럭에 싣는 것이었다. 영문도 모르는 사이에 트럭은 떠났다. 천막 덮개를 친 트럭에는 우리 또래의 여자애 대여섯 있었다. 일본사람 하나와 조선사람 하나가 우리를 감시하고 있었다. 그날 저녁에 기차를 탔다. 기차를 탈 때 우리 같은 애들이 30명 정도 있었다.

며칠 탔는지 기억나지 않는다. 내려서 들으니 도문이라 했다. 이튿날, 함께 온 여자들이 도문에서 여러 곳으로 갈라졌다. 나는 다른 네 명과 함께 연길로 왔다. 연길에 와서 내린 곳이 동비행장(소영자촌)이다. 비행장 주변에는 철조망을 쳐놓았다. 중간에 전기철조망까지 있어 아침에 일어나 보면 개들이 전기에 붙어 죽는 일도 가끔 있었다. 동비행장에는 우리 5명을 합하여 15명 여자들이 있었다. 연길에 도착한 날은 1942년 7월 23일이다. 나는 '도미꼬'라는 이름으로 등록부에 올랐다. 우리를 비행장 철조망 안에 있는 일본군 병영으로 들여보냈다. 우리 5명은 한방에 2명, 다른 방엔 3명이 들었다. 옆방에는 일본군인들이 들어있었다. 그날 저녁부터 일본군이 몰려들었다. 한 칸에 둘, 셋씩 들어있었지만 성폭행을 해댔다. 며칠이 지나서 합판으로 중간을 막아 작은 칸에 한 사람씩 들게 했다.

결국 우리는 위안부로 떨어졌다. 위안소 관리는 일본인이었다. 식당은 일본군과 함께 썼으며 일본군이 다 먹은 뒤에 우리가 가서 밥을 타왔다.

북방의 겨울은 혹독하게 추웠다. 여름에 준 게다 하나가 유일한 신이었다. 양말이 없어 아예 밖으로 나가지 못했다. 그해 겨울을 비행장 안에서 보내고 이듬해 봄 연길서시장 부근으로 자리를 옮겼다. 그곳은 비행장보다 더 큰 위안소였다. 대문 옆에 무슨 위안소란 커다란 간판도 붙어 있었다. 2층으로 된 벽돌건물의 내부구조도 전문적으로 영업하도록 되어 있었다.

위안부들은 화장을 하고 군인들이 올 시간에 복도에 있는 긴 걸상에 앉아 있어야 했다. 머리 위 복도 벽에는 나의 사진과 '도미꼬'라는 나무패쪽이 걸려 있다. 성병에 걸렸을 때는 나무패쪽을 뒤집어 놓는다. 그러면 어느 누구도 그 방으로 들어가지 못한다. 우린 비행장의 군인, 하남부대 군인, 북산부대 군인 등 세 곳에서 몰려드는 군인을 접대해야 했다. 하루에 적어야 7, 8명이고 일요일처럼 많을 때는 40-50명 정도였다. 이런 날에는 밥도 못 먹고 완전히 죽은 사람이 된다.

위안소 내에서 조선말은 엄금되었다. 전문적으로 감시하는 여자가 있었다. 그 여자는 돈을 넣는 작은 통을 가지고 돌아다니면서 누가 조선말 하는가 적발하였다. 적발당한 여자는 그 통에 벌금액을 넣어야 했다.

일본군에는 조선인도 있었지만 위안소에는 오지 않았다. 간혹 오더라도 성관계는 하지 않고 살구, 왜지와 같은 과일을 사가지고 와서 먹으며 한담하다가 돌아가곤 했다.

일주일에 한 번씩 군의가 와서 검사했다. 병이 없어도 한 달에 한 번씩 606호 주사를 맞아야 했다. 군인들은 피임주머니(삿쿠)를 쓰도록 규정되었다. 피임주머니는 주인이 각 방마다 나누어 주었다. 병사들은 그래도 모두 사용하였는데 소위 이상 군관들은 사용하지 않으려고 할 때가 많았다.

나는 그렇게 주의했는데도 어느 틈에 매독에 걸렸다. 부위가 가렵다가 헐기 시작했고 속이 메스꺼워 밥을 먹을 수가 없었다. 그 독한 606호 주사를 일주일에 한 번씩 강제적으로 맞아야 했다. 하루는 군의가 수은을 가지고 와서 여차여차하라고 일러주었다. 수은을 담은 컵을 화로에 올려놓고 그 연기를 쐬었다. 과연 치료효과가 좋았다. 그러나 나는 영원히 임신할 수 없게 되었다.

배고픈 것이 제일 고생이었다. 납작 보리쌀을 좀 주던 것이 나중에는 그것도 없고 조밥과 수수밥뿐이었다. 게다가 문제는 밥술 양이었다. 일본군이 한 끼 먹는 밥이 우리에게는 하루 먹는 분량이었다. 두 숟갈 잘 뜨면 밑굽이 드러난다. 그나마 토요일과 일요일에는 병졸들이 개미떼처럼 몰려나와 위안소 밖에 기다랗게 줄을 서서 기다리고 있으니 이런 날에는 온종일 굶는 판이다. 나와 함께 부산에서 잡혀온 여자 하나는 끝내 위안소 안에서 굶고 병들고 지쳐서 스르르 죽어버렸다.

일일 내내 고기란 구경도 못했고 기름 맛도 몰랐다. 서시장 부근의 위안소에서 1년간 있다가 지금의 연변병원 남쪽으로 또 자리를 옮겼다.

여자들은 생리기에도 손님을 받아야 했다. 주인에게 말하면 누런 솜 같은 것을 주어 그것을 깊숙이 밀어 넣고 계속 손님을 받았다. 어떤 때는 그 솜 같은 것이 너무 깊이 들어가 다른 사람의 도움을 받아 꺼내기도 했다. 목욕은 집 안에 있는 큰 참대통 안에서 하였는데 매일 불을 때서 물을 데워주는 일꾼이 있었다. 한 번에 2, 3명씩 들어갈 수 있었다.

하루는 주인이 우리들더러 행장을 꾸리라고 하였다. 행장이래야 옷 몇 벌밖에 없었다. 주인은 우리들을 데리고 큰길을 가로 건너 북쪽 계곡을 따라 약 20리 들어갔다. 지금 보면 연길공원 뒷산이다. 거기에는 이엉새가 한 절반 벗겨져 있고 문도 없는 오두막 세 채가 있었다.

주인은 양식을 가져올 터이니 여기 그냥 있으라 하고는 돌아갔다. 주인은 이튿날에도 오지 않았다. 지나가던 농민 둘이 일본이 망하였다는 것을 말해 주어서야 우리는 광복이 된 줄 알았다. 우리들 중에는 간도에서 끌려온 애들도 있었으므로 끼리끼리 무리지어 어디론가 떠나갔다.

마지막에 남은 것은 나를 포함한 넷이었다. 우린 연길에서 유랑하다가 연길 동비행장에 근로봉사로 왔던 심영순이란 분을 만났다. 나에게 행운이 텄다. 심영순을 따라 연길현 팔도구로 갔다. 내 나이 그때 18살, 심영순은 나보다 10살 연상이었다. 심영순의 부모를 만나보고 모두 동의를 표시하여 우리는 결혼하였다.

근년에 한국에 있는 동생들을 찾아 서신 왕래가 있던 중 초청장이 와 금년 1997년에 한국 나들이를 갔다왔다(「끌려간 사람들, 빼앗긴 사람들」 강용권).

중국 훈춘에 살고 있는 박서운의 증언:

1915년 11월 23일, 조선의 남대문인 부산에서 태어났다. 항렬로는 열 번째인데 내 위로 아홉이 모두 요절하였기에 열 형제에서 내가 외동딸로 자랐다. 열서너 살 때부터는 도에언니들을 따라 다니며 미역을 걷어오는 일을 하였다.

내가 19살이 되어 어느 농촌마을로 시집갔다. 남편은 나보다 다섯 연상이었다……일 년도 못 되어 나는 시집에서 쫓겨나고 말았다. 몇 달 후 여관집의 양딸로 들어갔다. 어느 날, 여공모집하는 사람이 여관에 머물렀다. 그의 말은 달콤하였다.

"북간도는 복지다. 농사를 지으면 조이삭이 개꼬리만하고 감자가 사발만큼씩 하다. 노루가 길가에서 자고 꿩이 집 안으로 날아 들어온다. 공상에 가 일하려고 하면 빙직공장, 옷공장, 과자공장, 신공장 등 별의별 공장이 다 있는데 각자가 요구하는 대로 들어가 일할 수 있다. 대우가 좋고 로임이 높아 간도에서는 누구나 풍족한 생활을 한다. 마누라들이 시장에 나갈 때는 개들이 돈가방을 물고 앞서 간단다. 돈이 가랑잎처럼 날려가고 있으니 돈벌러 갈 사람은 자원하라."

우리를 데리러 온 사람은 50여 세되는 부부였는데 모두 조선 사람이었다. 나는 22살인 1937년도에 사람장사꾼을 따라 부산에서 도문까지 기차를 타고 왔다. 그리고 다시 도문에서 훈춘 춘화까지 자동차를 타고 왔다. 여관에서 2일 묵고 간판까지 붙어있는 군위안소에 들어가게 되었다. 나는 문맹이여서 어떤 글이었는가는 모른다.

작은 방에 한 사람씩 넣을 때에야 우리는 공장에 들어가는 것이 아니라 위안부로 떨어졌다는 것을 알게 되었다. 나와 함께 온 여자애들 중 넷은 팔려온 돈을 도로 내놓고 끝내 조선으로 돌아갔다. 나와 같이 돈 없는 여자들은 제자리에 눌러앉고 말았다.

내가 있는 군위안소 남쪽으로 100미터에 군위안소가 또 하나 있었다. 거기에도 10여 명의 위안부들이 있었다. 이 두 위안소를 제외하고는 허허벌판에 다른 건물이 없었다. 우리는 방에 들어간 첫날부터 일본군에게 성폭행을 당했다. 제일 어린 여자는 14살이었다. 대부분이 농촌에서 팔려온 문맹소녀들이었다.

군위안소는 일본군부대와 약 1시간 정도의 거리가 있었다. 백성은 한 명도 들어올 수 없었고 일본군인만 들어왔다. 한 사람이 한 시간에 2원씩 내면 주인이 표와 삿쿠 하나씩을 주었다. 일본군이 표를 나에게 주고 내가 그 표를 다시 주인에게 바친다.

목욕탕은 군위안소 근처에 없어서 일본군부대 주둔지로 한 시간가량 걸어야 했다. 군위안부들은 일주일에 한 번씩 일본군부대병원에 가서 성병검사를 하였다. 부대에 간 김에 병원에도 들고 목욕까지 하고 오는 경우가 많았다.

군위안소 안에서 조선말과 일본말을 마음대로 할 수 있었다. 하루 두 끼씩 먹었다. 오전에는 11시경에 먹고 오후에는 4시경에 먹었다. 화장품은 주인이 사올 때도 있고 우리가 상점에 나가 살 때도 있었다. 주인이 사온 것을 가질 때에는 그 값이 우리 빚으로 오르게 된다. 화장품은 주로 구리무(크림), 분, 향수, 머릿기름, 구지뻰(루즈) 등을 썼다. 아마 내가 빚을 다 갚은 모양인지 1942년에 군위안부에서 풀려나게 되었다. 1943년에 일본군관가족의 보모로 들어갔다. 1년이 못 되어 노두구촌(춘화에서 17리 떨어진 촌)에 있는 홀아비한테 시집을 갔다. 광복은 로투구에서 맞이했다(「끌려간 사람들, 빼앗긴 사람들」 강용권).

전쟁터에서 요행 살아남은 조선인위안부 중 많은 이는 일본패잔병 무리에 뒤섞여 일본으로 갔다. 그녀들은 주로 오사카, 고베시거나 나가노시의 번화한 거리에 몸을 숨기고 있거나 미군기지주변에 자리 잡고 있다. 사할린에 끌려갔거나 동남아 열대지방에 떨어져 남아 근근이 목숨을 이어가는 조선여성도 적지 않다.

1991년 12월, 원 위안부였던 한 한국여성이 일본정부에 배상을 요구하는 소송을 제기하였으나 일본정부는 '증거자료가 없다'면서 일본국가의 관여를 완전히 거부하였다.

1992년 1월 11일, 일본정부 관방장관 가또는 기자회견에서 종군위안부문제에 관하여 "당시 군의 관여는 부정하지 못한다."고 말함으로써 국가의 책임을 인정하였다. 1월 14일, 일본수상 미야자와 기이찌는 일본군의 종군위안부로 끌려간 사실을 인정하고 이를 진심으로 사죄하며 반성한다고 말하였다. 29일에 그는 일본국회 참의원 본회의에서 종군위안부노릇을 강요한 사실을 인정하고 사죄하면서 "일본황군이 그러한 행위를 한 데 대해 부인할 길이 없다. 조선여성들이 형언할 수 없는 고통을 겪게 한 데 대하여 정부가 진심으로 사죄하고 양심상 가책을 느낀다."고 말하였다. 이는 일본 수상이 국회 본회의에서 전쟁 시 범죄에 대하여 사죄한 첫 예이다.

2000년 8월 17일, 유언인권소위는 일본정부에 위안부에 대한 법적배상을 요구하는 내용의 '군위안부를 비롯한 현대판 성노예에 관한 결의안'을 만장일치로 채택했다. 결의안은 "일본정부는 제2차 세계대전 중 운영한 '군위안부'에 대한 국제법상의무를 이행하지 않고 있다"면서 법적 배상과 책임처벌을 역설한 게이 맥두걸 특별보고관의 최종보고서를 적극 지지했다.

결의안은 이어 유엔인권판무관에게 일본정부가 맥두걸보고서내용을 이용했는지 여부를 2001년 53차 유엔인권소위에 보고하도록 요청, 군위안부문제는 유엔인권유치위에서 계속 중요한 의제로 다뤄지게 됐다.

또 이를 이어 9월 18일, 제2차 세계대전 당시 일본군에 강제로 끌려가 군위안부로 일했던 한국, 중국, 필리핀, 대만 지역의 11명 여성이 일본정부의 배상을 요구하는 소송을 워싱턴연방법원에 제기하기로 했다.

미국에서 군위안부연소소송이 제기되기는 이번이 처음이다.

머지않은 장래 일본의 군위안부문제배상이 실현될 것이며 수십만 명의 군위안부는 역사의 증거로 영원히 살아남을 것이다.

참고표 목록

참고사진목록

참고서적 목록

满洲帝国地方事情大系刊行会编 满洲帝国地方事情

外务省通商局编纂　　　　　北满洲

　　　　　　　　　　　　　在满朝鲜人概况

满洲事情案内所编　　　　　满洲国各县事情

日满农政研究会新京事务所编　康德7年7月附录：参考资料

辽东新报社发行　　　　　　满洲的富源 吉林省

陈明　　　　　　　　　　　中国东北境内的朝鲜民族

吴振辉　　　　　　　　　　在北满鲜人农家的入植过程和鲜满的土地所有及利用事情

外务省通商局　　　　　　　满洲事情第二辑(第二回)

延边朝鲜族自治州档案局　　间岛省概况(初稿)

国务院总务厅情报处　　　　省政要览

厚生省人口问题研究所　　　人口问题研究 第一卷 第三号

玄奎焕　　　　　　　　　　韩国流移民史

满洲朝鲜人亲爱义会本部发行 满洲와 조선인

牛丸润亮　　　　　　　　　最近间岛事情

韩俊光 主编(1989)　　　　中国朝鲜民族迁入史论文集 黑龙江朝鲜民族出版社

현용순 외　　　　　　　　조선족백년사화(1, 2, 3) 요녕인민출판사

吴禄贞　　　　　　　　　　延吉边务报告

匡熙民　　　　　　　　　　延吉厅领土问题之解决

朝鲜族简史编辑组　　　　　朝鲜族简史 延边人民出版社

延边朝鲜族自治州档案局　　延边朝鲜族自治州旧政权时期统计资料

哈尔滨商品陈列馆　　　　　北满鲜人农村概括

梁焕俊　　　　　　　　　　朝鲜族人民이 东北에 移住한 역사

全满朝鲜人民联合会发　　　在满朝鲜人现势要览

南满洲铁道株式会社　　　　会社补助鲜人学校调

东亚问题调查会　　　　　　满洲移民

金三民	在满朝鲜人的穷状及解决策
赤冢正朝	在满鲜人论策
东洋协会调查部	朝鲜农民的满洲移民问题
伪民政部总务司调查科编	在满朝鲜人事情
桑田忍	在满朝鲜人与教育问题
天野元之助	间岛朝鲜人问题 (日)
朝鲜总督付内务局社会课编	满洲及西伯利亚朝鲜人事情 (日)
	满蒙的米作与移住鲜农问题
	南满及东蒙朝鲜人事情
光天	十九世纪末朝鲜人迁人我州的发展
	朝鲜人移民关系资料
朝鲜总督府警务司	吉林省东部地方的状况
고영일	**조선족역사연구**
拓务大臣官房文书课	满洲与朝鲜人
	在满朝鲜人概况
间岛省珲春县公署	珲春县一般状况
南满洲铁道株式会社总务部调查课	吉会线关系地方
	朝鲜人满洲移民问题及状况
	满洲国移住指南
沈茹秋(1987)	延边调查实录延边大学出版社
	满洲开发四十年
满洲统计协会发行	满洲帝国面积及人口统计
南满洲铁道株式会社	满洲帝国职业别人口统计
国务院总务厅统计处编纂	满洲帝国人口统计
满洲劳工协会编	满洲劳动年鉴
间岛省公署	间岛省统计年报
间岛省公署警务厅	省内户口调查表
	半岛史话和乐土满洲

参事官 平林三治	安图县事情
满铁调查部	移民地调查资料（第一辑）
	满洲开拓年鉴
国务院总务厅统计处	第一次临时人口调查报告书
国务院总务厅统计处	第二次临时人口调查报告书
国务院总务厅统计处	第一（二）次满洲国年报
吉林省公署总务厅总务科	吉林省统计年报
国务院总务厅统计处	满洲帝国年龄别人口推计统计
国务院总务厅统计处	康德三年 满洲帝国现住户口统计
治安部警务司	康德四－八年 满洲帝国现住户口统计
警务总局	主要城市，市街地户口统计表
民政部	第一，二次统计年报
间岛省公署	朝鲜人农业移民入植概括
	满拓的概要满洲开拓业书第一辑
哈尔滨铁路局北满经济调查所	北满朝鲜人移民流入及定著情况
总务厅统计处 警务总局	满洲帝国现住人口统计（总编及年龄别编）
王海波编	东北移民问题中华书局印行
东洋协会调查部	朝鲜农民的满洲移住问题
	敦化
	沈海铁路沿线的朝鲜人一般事情
满洲事情案内所编	满洲国地方志
国务院总务厅情报处	满洲帝国概览
吉林省公署总务厅总务科	新吉林省概说
总务厅企画处	第七部 人口资源 满洲国综合国力判定说明书第五分册(一)
南满铁道株式会社	满洲经济统计月报
	满洲劳动事情综览目次
满铁产业调查部编	「满洲农业移民概括」产业调查资料52篇
	珲春贸易年报(昭和十年)

間島日本总领事馆   間島貿易年报

〈봉화〉편집조   봉화민족출판사

        중국공산당연변조선족자치주조직사, 연변인민출판사

        동북항일유격근거지사연구, 연변인민출판사

        연변여성운동사, 연변인민출판사

한준광   외중국조선족인물전, 연변인민출판사

        연변조선족자치주개황, 연변인민출판사

강룡권   홍범도장군, 연변인민출판사

연변주당위   발전도상의 연변, 연변인민출판사

중국조선족발자취편집조 결전민족출판사

연변주정협위   연변문사자료(1-9), 연변인민출판사

조성일 권철 외   중국조선족문학사, 연변인민출판사

중국조선족교육지편찬조 중국조선족교육지, 동북조선민족교육출판사

임범송   중국조선민족예술론, 요녕민족출판사

        해방전연변경제, 연변인민출판사

        연변경제사, 연변인민출판사

朱成华(1989)   延边人口研究, 延边大学出版社

        韩国의历史, 新丘文化社

        长白丛书, 吉林文史出版社

金钟国 外   中国朝鲜族史研究(1-3), 延边大学出版社

박금해   중국조선족역사상식, 연변인민출판사

반용해 외   21세기로 매진하는 중국조선족발전방략연구, 요녕민족출판사

연변사회과학원 역사연구소 中国朝鲜族史研究연변대출판사, 서울대출판사

        延边朝鲜族自治州志 (上, 下) ,中华书局

辽宁民族出版社   关内地区朝鲜人反日独立运动照料汇编

        조선민족문화연구, 요녕민족출판사

        조선족민족연구, 연변대학출판사

	용정3 · 13반일운동80돐기념문집, 연변인민출판사
	中国朝鲜族历史研究, 延边教育出版社
	中国朝鲜族历史研究, 延边大学出版社
	支那及满洲国现势地理(下), 东京白杨社刊行
满铁调查部	移民地调查资料
中国科学院民族研究所	朝鲜族间史(初稿)
新京铁路局图们铁路办事处编	间岛地方概要
日满农业研究会新京事务所	附录：参考资料
南满铁道株式会社(昭和5年)	在满鲜人学校调
이훈구	满洲与朝鲜人
龙井市档案馆编	间岛省人口资料
	항일투쟁반세기, 요녕민족출판사
	조선의용군 최후의 분대장, 김학철 연변인민출판사
강용권	끌려간 사람들 빼앗긴 사람들, 해와달 출판사(한국)
강용권(1996)	죽은자의 숨결 산자의 발길, 도서출판 장산
홍범도(1996)	홍범도, 도서출판 장산
政协长白县县委	长白县民委, 长白朝鲜族
	长白朝鲜族自治县, 中华书局
珲春县政协	珲春县文物志
延吉县政协	延吉县文物志
敦化县政协	敦化县文物志
양소전(1996).	중국에 있어서의 한국독립운동사, 한국정일원
양소전 이보온(1995).	조선의용군항일전사, 도서출판 고구려
염인호(2001)	조선의용군독립운동, 나남출판사
김재승(2002)	청산리전역 강화린 중대장과 그의 동지들, 도서출판 혜안
서중석(2001)	신흥무관학교와 망명자들, 역사비판
손춘일	일제의 재만한인에 대한 토지정책연구
강대민(2004)	(여성조선의용군)박차정 의사, 도서출판고구려

판곡영생(1943)   만주농촌기/선농편.대동인서관

석원화(1997)   김원봉장군: 재중국 조선의용대대장, 고구려

양소전(1995)   조선의용군항일전사, 고구려

윤병묵   국외한인사회와 민족운동

윤병묵   한국독립운동의 해외사적탐방기

윤병묵(2003)   간도역사의 역사, 국학자료원

윤병묵(2002)   중국항일과 조선민족(1910-1952년 조선민족 총사)
                             백암출판사

신주백(1999)   만주지역한인의 민족운동사(1920-1945)아세아문화사

서굉일 동암 편저(1993).   간도사신론(상, 하)서울도서출판

〈조선의용군발자취〉집필조(1987), 중국의 광활한 대지 위에서, 연변인민출판사

・저자・

주성화(朱成華)

•약 력•

1963년 중국 연길 출생
중국 연변대 수학과 졸업
연변주정부 공무원, 신문사 기자 등을 거쳐 현재 한국 한림대 언론정보학
박사과정
E-mail: zhuandtaining@hanmail.net

•주요논저•

연변인구연구(연변대학교 출판사, 1989년, 중문)
연변인구통계자료집(연변대학출판사, 1990년)
발전도상의 연변(인구 편)(연변인민출판사, 1993년, 중문)
연변조선족자치주(인구 편)(중화서국, 1996년, 중문)
시집(숲에 떨어지는 해와 빛을 잃어가는 무리(시집) (한국학술정보. 2007년)

중국 조선인 이주사

• 초판 인쇄	2007년 5월 15일
• 초판 발행	2007년 5월 15일
• 지 은 이	주성화
• 펴 낸 이	채종준
• 펴 낸 곳	한국학술정보㈜
	경기도 파주시 교하읍 문발리 526-2
	파주출판문화정보산업단지
	전화 031) 908-3181(대표) · 팩스 031) 908-3189
	홈페이지 http://www.kstudy.com
	e-mail(e-Book사업부) ebook@kstudy.com
• 등 록	제일산-115호(2000. 6. 19)
• 가 격	47,000원

ISBN 978-89-534-6749-1 93910 (Paper Book)
978-89-534-6750-7 98910 (e-Book)